책장을 넘기며 느껴지는 몰입의 기쁨
노력한 만큼 빛이 나는 내일의 반짝임

새로운 배움, 더 큰 즐거움

미래엔이 응원합니다!

1등급 만들기
윤리와 사상 800제

WRITERS

이상일 건대부고 교사 | 건국대 대학원 윤리교육과
이희성 하남고 교사 | 한국교원대 윤리교육과
신종섭 군포고 교사 | 서울대 대학원 윤리교육과
강혜원 중동고 교사 | 서울대 윤리교육과
안인선 한가람고 교사 | 서울대 윤리교육과
노유리 서울사대부고 교사 | 서울대 윤리교육과

COPYRIGHT

인쇄일 2024년 3월 25일(2판8쇄)
발행일 2021년 9월 30일

펴낸이 신광수
펴낸곳 (주)미래엔
등록번호 제16-67호

교육개발2실장 김용균
개발책임 김문희 **개발** 이현자, 전승원

디자인실장 손현지
디자인책임 김병석 **디자인** 진선영, 송혜란

CS본부장 강윤구
제작책임 강승훈

ISBN 979-11-6413-875-3

머리말
Introduction

인생의 목표를 정하고

그 목표를 향해

담담하게 걸어가는 것은

정말 어려운 일입니다

다른 사람들이 뭐라고 하든

자신이 옳다고 믿는 길이 최선의 길이지요

자신감을 가지고

1등급 만들기와 함께 시작해 보세요

1등급 달성!

할 수 있습니다!

구성과 특징

Structure&Features

핵심 개념 정리

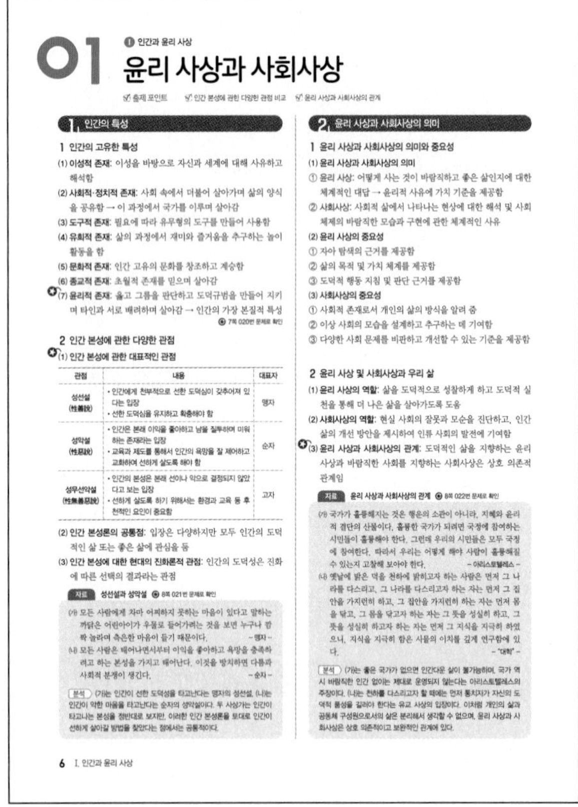

시험에 꼭 나오는 [핵심 개념 파악하기]

학교 시험에 자주 나오는 개념과 자료를 일목요연하게 정리하여 핵심 개념을 빠르게 파악할 수 있도록 구성하였습니다.

자료 시험에 자주 나오는 자료를 엄선하여 분석하였습니다.

문제로 확인 핵심 개념 및 필수 자료를 이해했는지 확인할 수 있도록 관련 문제를 연결하였습니다.

3단계 문제 코스

1등급 만들기 내신 완성 3단계 문제를 풀면 1등급이 이루어집니다.

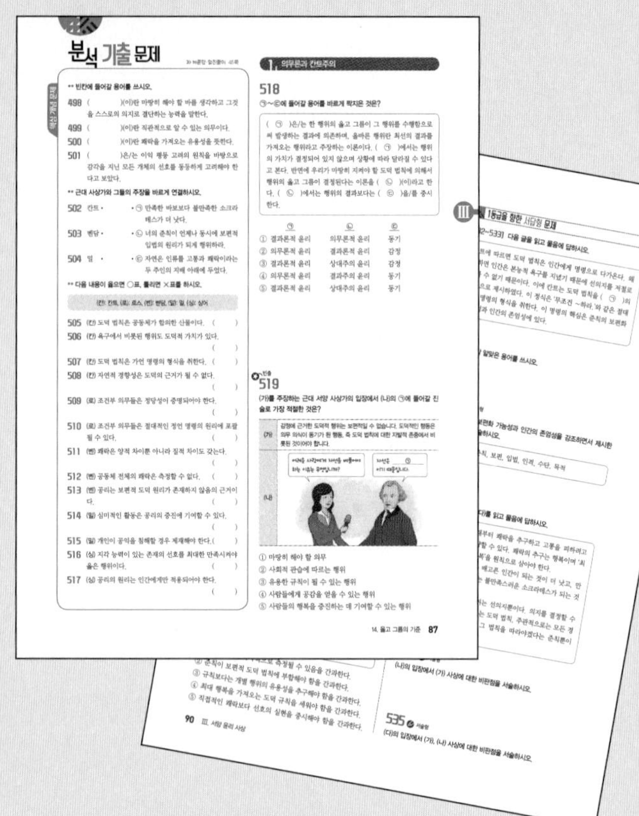

Step 1 기출 문제로 실전 감각 키우기

분석 기출 문제

기출 문제를 분석하여 학교 시험 문제와 유사한 형태의 문제로 구성하였습니다.

핵심 개념 문제 핵심 개념을 얼마나 이해하고 있는지 바로 확인할 수 있도록 개념 문제를 제시하였습니다.

1등급을 향한 서답형 문제 학교 시험에 자주 출제되는 단답형과 서술형 문제의 대표 유형을 모아서 수록하였습니다.

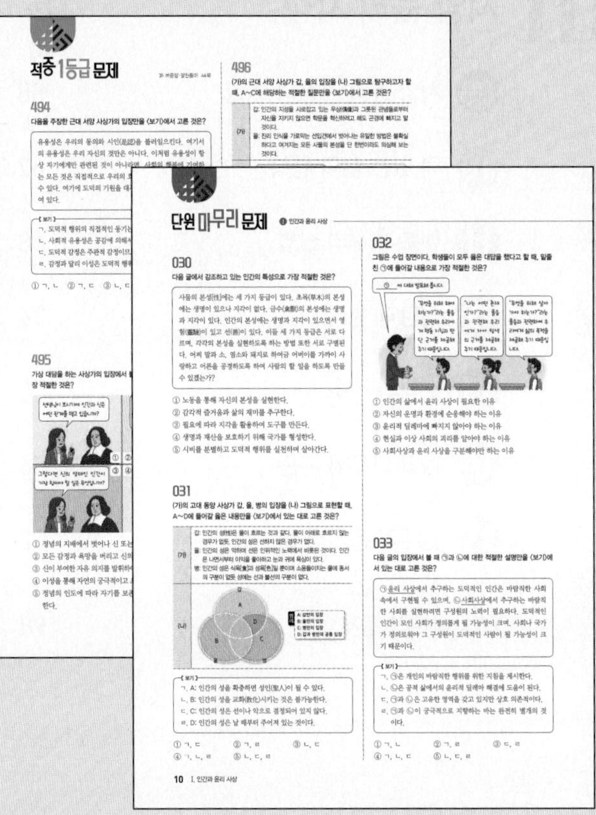

1등급 문제로 실력 향상시키기

적중 1등급 문제

학교 시험에서 고난도 문제는 한두 문항씩 출제됩니다.
등급의 차이를 결정하는 어려운 문제도 자신 있게 풀 수 있도록 응용력과 사고력을 기를 수 있는 고난도 문제로 구성하였습니다.

마무리 문제로 최종 점검하기

단원 마무리 문제

중간고사와 기말고사를 대비할 수 있는 실전 문제를 학교 시험 진도에 맞추어 학습이 용이하도록 구성하였습니다. 시험 직전 학습 내용을 마무리하고 자신의 실력을 점검할 수 있습니다.

바른답·알찬풀이

알찬풀이로 [핵심 내용 다시보기]

문제에 대한 정답과 알찬풀이를 제시하였습니다. 바로잡기 는 자세한 오답풀이로 어려운 문제도 쉽게 이해할 수 있습니다.

- **1등급 정리 노트**
  시험에 자주 나오는 핵심 개념을 다시 한번 정리하였습니다.
- **1등급 선택지 분석**
  선택지에 대한 분석과 자세한 설명을 제시하였습니다.

차례

Contents

5종 윤리와 사상 교과서의 단원 찾기를 제공합니다.

단원	강	1등급 만들기	미래엔	비상교육	천재교육	씨마스	교학사
I 인간과 윤리 사상	01 윤리 사상과 사회사상	6~9	10~25	10~23	10~21	14~31	10~25
II 동양과 한국 윤리 사상	02 동양과 한국 윤리 사상의 연원	12~15	30~37	28~33	26~33	36~43	28~35
	03 인의 윤리	16~21	38~48	34~43	34~43	44~51	36~45
	04 도덕적 심성	22~27	49~58	44~51	44~51	52~59	46~55
	05 자비의 윤리	28~33	59~68	54~63	52~61	60~67	56~65
	06 분쟁과 화합	34~39	69~75	64~71	62~69	68~75	66~73
	07 무위자연의 윤리	40~45	76~84	72~81	70~79	76~83	74~83
	08 한국과 동양 윤리 사상의 의의	46~51	85~93	82~88	80~87	84~93	84~91
III 서양 윤리 사상	09 서양 윤리 사상의 연원	58~61	98~105	94~101	94~101	98~107	94~103
	10 덕 있는 삶과 행복	62~67	106~115	102~110	102~111	108~115	104~113
	11 행복 추구의 방법	68~73	116~123	112~119	112~119	116~123	114~123
	12 신앙과 윤리	74~79	124~132	120~126	120~127	124~131	124~133
	13 도덕의 기초	80~85	133~141	128~135	128~135	132~141	134~143
	14 옳고 그름의 기준	86~91	142~151	136~147	136~145	142~153	144~153
	15 현대의 윤리적 삶	92~97	152~159	150~157	146~153	154~163	154~163
IV 사회사상	16 사회사상과 이상 사회	104~107	164~170	162~167	160~167	168~175	166~173
	17 국가	108~113	171~180	168~175	168~175	176~183	174~183
	18 시민	114~119	181~189	176~185	176~185	184~191	184~193
	19 민주주의	120~123	190~197	186~193	186~195	192~199	194~203
	20 자본주의	124~127	198~205	196~203	196~203	200~207	204~213
	21 평화	128~131	206~215	204~209	204~211	208~217	214~221

Ⅰ 인간과 윤리 사상

01 윤리 사상과 사회사상

출제 포인트 | 인간 본성에 관한 다양한 관점 비교 | 윤리 사상과 사회사상의 관계

1. 인간의 특성

1 인간의 고유한 특성

(1) 이성적 존재: 이성을 바탕으로 자신과 세계에 대해 사유하고 해석함

(2) 사회적·정치적 존재: 사회 속에서 더불어 살아가며 삶의 양식을 공유함 → 이 과정에서 국가를 이루며 살아감

(3) 도구적 존재: 필요에 따라 유무형의 도구를 만들어 사용함

(4) 유희적 존재: 삶의 과정에서 재미와 즐거움을 추구하는 놀이 활동을 함

(5) 문화적 존재: 인간 고유의 문화를 창조하고 계승함

(6) 종교적 존재: 초월적 존재를 믿으며 살아감

(7) 윤리적 존재: 옳고 그름을 판단하고 도덕규범을 만들어 지키며 타인과 서로 배려하며 살아감 → 인간의 가장 본질적 특성

7쪽 020번 문제로 확인

2 인간 본성에 관한 다양한 관점

(1) 인간 본성에 관한 대표적인 관점

관점	내용	대표자
성선설 (性善說)	• 인간에게 천부적으로 선한 도덕심이 갖추어져 있다는 입장 • 선한 도덕심을 유지하고 확충해야 함	맹자
성악설 (性惡說)	• 인간은 본래 이익을 좋아하고 남을 질투하며 미워하는 존재라는 입장 • 교육과 제도를 통해서 인간의 욕망을 잘 제어하고 교화하여 선하게 살도록 해야 함	순자
성무선악설 (性無善惡說)	• 인간의 본성은 본래 선이나 악으로 결정되지 않았다고 보는 입장 • 선하게 살도록 하기 위해서는 환경과 교육 등 후천적인 요인이 중요함	고자

(2) 인간 본성론의 공통점: 입장은 다양하지만 모두 인간의 도덕적인 삶 또는 좋은 삶에 관심을 둠

(3) 인간 본성에 대한 현대의 진화론적 관점: 인간의 도덕성은 진화에 따른 선택의 결과라는 관점

자료 성선설과 성악설 8쪽 021번 문제로 확인

(가) 모든 사람에게 차마 어찌하지 못하는 마음이 있다고 말하는 까닭은 어린아이가 우물로 들어가려는 것을 보면 누구나 깜짝 놀라며 측은한 마음이 들기 때문이다. - 맹자 -

(나) 모든 사람은 태어나면서부터 이익을 좋아하고 욕망을 충족하려고 하는 본성을 가지고 태어난다. 이것을 방치하면 다툼과 사회적 분쟁이 생긴다. - 순자 -

분석 (가)는 인간이 선한 도덕성을 타고난다는 맹자의 성선설, (나)는 인간이 악한 마음을 타고난다는 순자의 성악설이다. 두 사상가는 인간이 타고나는 본성을 정반대로 보지만, 이러한 인간 본성론을 토대로 인간이 선하게 살아갈 방법을 찾았다는 점에서는 공통적이다.

2. 윤리 사상과 사회사상의 의미

1 윤리 사상과 사회사상의 의미와 중요성

(1) 윤리 사상과 사회사상의 의미

① 윤리 사상: 어떻게 사는 것이 바람직하고 좋은 삶인지에 대한 체계적인 대답 → 윤리적 사유에 가치 기준을 제공함

② 사회사상: 사회적 삶에서 나타나는 현상에 대한 해석 및 사회 체제의 바람직한 모습과 구현에 관한 체계적인 사유

(2) 윤리 사상의 중요성

① 자아 탐색의 근거를 제공함

② 삶의 목적 및 가치 체계를 제공함

③ 도덕적 행동 지침 및 판단 근거를 제공함

(3) 사회사상의 중요성

① 사회적 존재로서 개인의 삶의 방식을 알려 줌

② 이상 사회의 모습을 설계하고 추구하는 데 기여함

③ 다양한 사회 문제를 비판하고 개선할 수 있는 기준을 제공함

2 윤리 사상 및 사회사상과 우리 삶

(1) 윤리 사상의 역할: 삶을 도덕적으로 성찰하게 하고 도덕적 실천을 통해 더 나은 삶을 살아가도록 도움

(2) 사회사상의 역할: 현실 사회의 잘못과 모순을 진단하고, 인간 삶의 개선 방안을 제시하여 인류 사회의 발전에 기여함

(3) 윤리 사상과 사회사상의 관계: 도덕적인 삶을 지향하는 윤리 사상과 바람직한 사회를 지향하는 사회사상은 상호 의존적 관계임

자료 윤리 사상과 사회사상의 관계 8쪽 022번 문제로 확인

(가) 국가가 훌륭해지는 것은 행운의 소관이 아니라, 지혜와 윤리적 결단의 산물이다. 훌륭한 국가가 되려면 국정에 참여하는 시민들이 훌륭해야 한다. 그런데 우리의 시민들은 모두 국정에 참여한다. 따라서 우리는 어떻게 해야 사람이 훌륭해질 수 있는지 고찰해 보아야 한다. - 아리스토텔레스 -

(나) 옛날에 밝은 덕을 천하에 밝히고자 하는 사람은 먼저 그 나라를 다스리고, 그 나라를 다스리고자 하는 자는 먼저 그 집안을 가지런히 하고, 그 집안을 가지런히 하는 자는 먼저 몸을 닦고, 그 몸을 닦고자 하는 자는 그 뜻을 성실히 하고, 그 뜻을 성실히 하고자 하는 자는 먼저 그 지식을 지극히 하였으니, 지식을 지극히 함은 사물의 이치를 깊게 연구함에 있다. - "대학" -

분석 (가)는 좋은 국가가 없으면 인간다운 삶이 불가능하며, 국가 역시 바람직한 인간 없이는 제대로 운영되지 않는다는 아리스토텔레스의 주장이다. (나)는 천하를 다스리고자 할 때에는 먼저 통치자가 자신의 도덕적 품성을 길러야 한다는 유교 사상의 입장이다. 이처럼 개인의 삶과 공동체 구성원으로서의 삶은 분리해서 생각할 수 없으며, 윤리 사상과 사회사상은 상호 의존적이고 보완적인 관계에 있다.

분석 기출 문제

» 바른답·알찬풀이 2쪽

●● 빈칸에 들어갈 용어를 쓰시오.

001 (   )(이)란 자신과 세계에 대해 끊임없이 사유하고 해석하는 존재로서의 인간을 의미한다.

002 인간은 필요에 따라 다양한 유무형의 도구를 만들어 사용하는 (   )이다.

003 (   )은/는 "어떻게 사는 것이 바람직하고 좋은 삶인가?"라는 물음에 대한 체계적인 대답이다.

004 (   )은/는 바람직한 사회의 모습과 그것을 구현하는 방법에 대한 체계적인 생각이다.

●● 인간의 특성과 그에 알맞은 설명을 바르게 연결하시오.

005 정치적 존재 • • ㉠ 인간다움을 추구함

006 문화적 존재 • • ㉡ 문화를 창조하고 계승함

007 종교적 존재 • • ㉢ 이해관계를 떠나 재미를 추구함

008 유희적 존재 • • ㉣ 초월적 존재를 믿고 의지하며 살아감

009 윤리적 존재 • • ㉤ 공동체의 문제를 서로 협의하고 조정함

●● ㉠, ㉡ 중 알맞은 것을 고르시오.

010 성선설은 인간에게는 선한 도덕심이 (㉠ 선천적으로, ㉡ 후천적으로) 존재한다는 입장이다.

011 성악설의 입장에서는 인간의 본성을 (㉠ 변화시켜야, ㉡ 확충해야) 한다고 본다.

012 성무선악설에서는 인간답게 살아가기 위해서는 환경이나 교육과 같은 (㉠ 선천적, ㉡ 후천적) 요인이 중요하다고 주장하였다.

●● 다음 설명이 옳으면 ○표, 틀리면 ×표를 하시오.

013 윤리 사상은 인간의 자기 이해에 필요한 올바른 기준을 제공해 준다. (   )

014 윤리 사상은 우리가 살아가며 마주치는 다양한 도덕적 문제를 해결하는 데 도움을 준다. (   )

015 사회사상은 이상적인 사회의 모습을 설계하고 계획하는 데 중요한 이론적 토대를 제공한다. (   )

016 사회사상은 개인이 사회 구성원으로서 바람직한 삶을 살아갈 수 있는 기준을 마련하는 일과는 무관하다. (   )

017 도덕적인 삶을 지향하는 윤리 사상은 바람직한 사회를 지향하는 사회사상과 언제나 함께 가야 한다. (   )

018 윤리 사상과 사회사상은 모두 궁극적으로 인간다움의 실현을 목표로 한다. (   )

1. 인간의 특성

019

다음 글에서 강조하는 인간의 특성으로 가장 적절한 것은?

> 인간은 동물과 달리 '결핍된 존재'입니다. 인간은 동물처럼 자연조건으로부터 보호받을 수 있는 털을 가지고 있지 않습니다. 또한 자연적 공격 기관을 가지고 있지도 않고, 도망가기에 적합한 신체도 없습니다. 대부분의 동물은 감각의 예리함에서 인간보다 뛰어납니다. 인간은 이러한 참된 본능들이 결핍되어 있고, 본능의 결핍은 생존에 위험합니다. 이렇게 결핍된 존재로서의 인간은 자연을 개조하며, 협동 체계 등을 구성하는 문화를 창조하였습니다. 즉 문화는 인간적이고 자발적으로 만들어 낸 '제2의 자연'이며, 인간은 자연 대신 바로 제2의 자연에서만 살아갈 수 있습니다.

① 초월적 존재에 대한 믿음을 추구하며 살아간다.
② 다양한 학문 활동을 통해 진리를 추구하며 살아간다.
③ 동물처럼 자연에서 주어진 능력만을 지니며 살아간다.
④ 인간 고유의 다양한 문화를 창조하고 계승하며 살아간다.
⑤ 다른 존재와 함께 살아가는 삶에서 벗어나 독자적 자유를 추구하며 살아간다.

빈출 020

㉠에 대한 옳은 설명만을 〈보기〉에서 고른 것은?

> 본질이라는 말은 때로 어떤 사물이 마땅히 구현해야만 하는 바람직한 이상이라는 의미를 띈다. 이러한 관점에서 인간의 본질을 이해한다면, 여기에는 ㉠<u>바람직한 인간 상태로서의 사람다움 혹은 인간다움</u>이라는 의미가 반드시 담기게 된다.

[보기]

ㄱ. 자연법칙에 순응하는 것이 사람다움의 핵심이다.
ㄴ. 사람다움이라는 용어는 인간이 삶의 재미를 적극적으로 추구하는 존재라는 점을 함축한다.
ㄷ. "사람이면 다 사람이냐, 사람다워야 사람이지."라는 속담의 사람다움은 이러한 인간 상태를 의미한다.
ㄹ. 사람이 사람다우려면 윤리적이어야 한다는 의미가 담겨 있으며, 윤리적 존재가 인간의 본질이라는 주장도 담고 있다.

① ㄱ, ㄴ ② ㄱ, ㄷ ③ ㄴ, ㄷ ④ ㄴ, ㄹ ⑤ ㄷ, ㄹ

021

고대 동양 사상가 갑, 을이 모두 긍정의 대답을 할 질문으로 가장 적절한 것은?

> 갑: 모든 사람에게 차마 어찌하지 못하는 마음이 있다고 말하는 까닭은 어린아이가 우물로 들어가려는 것을 보면 누구나 깜짝 놀라며 측은한 마음이 들기 때문이다.
> 을: 모든 사람은 태어나면서부터 이익을 좋아하고 욕망을 충족하려고 하는 본성을 가지고 태어난다. 이것을 방치하면 다툼과 사회적 분쟁이 생긴다.

① 본성은 후천적인 수양에 의해 형성되는가?
② 본성에는 선과 악 모두가 내재되어 있는가?
③ 도덕 교육 없이도 인격은 완성될 수 있는가?
④ 인간의 타고난 본성은 변화되어야 할 대상인가?
⑤ 도덕적인 삶을 위해 선행(善行)을 강조해야 하는가?

2. 윤리 사상과 사회사상의 의미

022

갑, 을의 입장으로 옳지 않은 것은?

> 갑: 국가가 훌륭해지는 것은 행운의 소관이 아니라, 지혜와 윤리적 결단의 산물이다. 훌륭한 국가가 되려면 국정에 참여하는 시민들이 훌륭해야 한다. 그런데 우리의 시민들은 모두 국정에 참여한다. 따라서 우리는 어떻게 해야 사람이 훌륭해질 수 있는지 고찰해 보아야 한다.
> 을: 옛날에 밝은 덕을 천하에 밝히고자 하는 사람은 먼저 그 나라를 다스리고, 그 나라를 다스리고자 하는 자는 먼저 그 집안을 가지런히 하고, 그 집안을 가지런히 하는 자는 먼저 몸을 닦고, 그 몸을 닦고자 하는 자는 그 뜻을 성실히 하고, 그 뜻을 성실히 하고자 하는 자는 먼저 그 지식을 지극히 하였으니, 지식을 지극히 함은 사물의 이치를 깊게 연구함에 있다.

① 갑: 공동체의 도덕성은 시민의 도덕성과 관련된다.
② 갑: 올바른 사회로 나아가려면 윤리 사상도 요구된다.
③ 을: 개인적 선(善)이 도덕적 사회의 토대가 된다.
④ 을: 스스로 바르지 않은데 세상을 바르게 할 수는 없다.
⑤ 갑, 을: 모든 사회는 개인의 집합이므로 사회적 올바름이 아니라 개인의 올바름을 추구하는 것이 타당하다.

023

다음 선생님의 질문에 대한 대답으로 적절하지 않은 것은?

〈 A 〉
사회적 삶에서 나타나는 현상에 대한 해석과 사회 체제나 제도의 바람직한 모습 및 그것의 구현에 관한 체계적 사유
인간의 삶에 A가 중요한 이유는 무엇일까요?

① 현실 사회에 대한 진단과 평가에 도움을 줄 수 있습니다.
② 가치 중립적 태도로 사회를 평가할 수 있는 틀을 제공해 줄 수 있습니다.
③ 공동체 구성원으로서 개인이 해야 할 일에 대한 이해를 제공해 줄 수 있습니다.
④ 공적 삶의 영역에서 마주치는 윤리 문제를 해결하는 데 도움을 줄 수 있습니다.
⑤ 이상 사회의 모습을 설계하고 실천하는 방안을 모색하는 데 도움을 줄 수 있습니다.

1등급을 향한 서답형 문제

[024~025] 다음 글을 읽고 물음에 답하시오.

> 인간의 삶과 관련하여 사상은 크게 ㉠윤리 사상과 ㉡사회사상으로 구분된다. 두 사상 모두 인간의 좋은 삶 또는 옳은 삶을 지향한다는 점에서는 동일하지만 구분 가능하다는 것이다. 아리스토텔레스는 "훌륭한 국가가 되려면 국정에 참여하는 시민들이 훌륭해야 한다."라고 말한다. 반면 개인이 아무리 도덕적으로 살고자 하더라도 사회가 정의롭지 않다면 도덕적인 삶을 살기는 어렵다는 견해도 존재한다. 예를 들어 뿌리 깊은 노예제 사회에서는 노예제를 옹호하지 않는 사람조차도 노예들을 돕거나 그들의 자유와 권리를 옹호하는 일이 쉽지 않다는 것이다. 이러한 의견들을 종합해 보면 개인 윤리와 사회 윤리의 관계를 짐작할 수 있고, 이를 통해 윤리 사상과 사회 사상의 관계도 유추할 수 있다. 즉 윤리 사상과 사회사상은 ㉢__________ 관계라고 볼 수 있는 것이다.

024 서술형

㉠, ㉡의 구체적 의미를 서술하시오.

025

㉢에 들어갈 알맞은 내용을 쓰시오.

적중 1등급 문제

» 바른답·알찬풀이 3쪽

026

그림의 강연자가 강조하고 있는 인간의 특성으로 가장 적절한 것은?

생각하면 할수록 더욱 큰 감탄과 존경으로 내 마음을 채워 주는 두 가지가 있습니다. 하나는 내 위에서 반짝이는 별을 보여 주는 하늘이며, 다른 하나는 내 안에 있는 도덕 법칙입니다. 도덕 법칙은 동물성으로부터, 더 나아가 모든 감성계의 지배로부터 벗어나 있는 삶을 나에게 드러내 줍니다. 이러한 도덕 법칙은 유한한 이성적 존재자인 인간에게는 의무의 법칙입니다.

① 이성으로써 자연법칙을 활용하여 과학 기술을 개발한다.
② 자연적 욕구를 극복하고 도덕 법칙을 자율적으로 따른다.
③ 자신의 유한성을 인정하고 신에게 귀의하여 은총을 구한다.
④ 하늘을 도덕 법칙의 근원으로 삼아 자신의 인격을 함양한다.
⑤ 삶의 양식을 타인과 공유하고 공동체에 대한 의무를 다한다.

027

다음은 고대 그리스 사상가의 주장이다. ㉠에 들어갈 내용으로 가장 적절한 것은?

가장 좋은 정치의 형태는 가장 좋은 사람들에 의하여 통치되는 것이다. 이것은 1인, 또는 한 가족 전체, 또는 여러 명의 사람들이 다른 사람들보다 뛰어난 선(善)을 가졌고, 지배자나 피지배자 모두 그들의 역할을 수행하기에 적합할 때 이룩할 수 있는 형태이다. 이러한 사실로부터 우리는 ___㉠___ 는 것을 알 수 있다. 따라서 사람이 선을 이룩하는 것과 똑같은 방식과 수단으로 귀족정과 왕정의 유형에 따라 정의로운 국가를 건설해야 한다는 결론에 도달한다.

① 좋은 사람은 통치자가 아니라 피치자로만 남아야 한다
② 좋은 사람은 귀족정이나 왕정의 시민이 되어서는 안 된다
③ 좋은 사람의 선은 국가의 선에 어떤 영향도 미치지 못한다
④ 좋은 사람은 수단을 가리지 않고 정의로운 국가를 건설한다
⑤ 좋은 사람으로서의 선과 좋은 시민으로서의 선은 같아야 한다

028

(가)의 고대 중국 사상가 갑, 을, 병의 입장에서 서로에게 제기할 수 있는 비판을 (나) 그림으로 표현할 때, A~E에 해당하는 내용으로 옳은 것은?

(가)

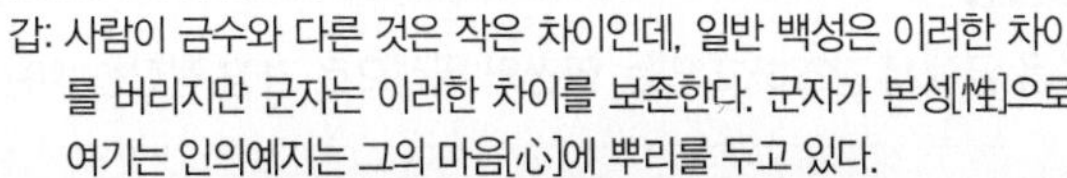

갑: 사람이 금수와 다른 것은 작은 차이인데, 일반 백성은 이러한 차이를 버리지만 군자는 이러한 차이를 보존한다. 군자가 본성[性]으로 여기는 인의예지는 그의 마음[心]에 뿌리를 두고 있다.
을: 사람이 사람답게 되는 까닭은 분별[辨]이 있기 때문이다. 선왕은 분별을 위해 예(禮)를 제정하였다. 예는 인위에서 생겨난 것이지 본성에서 생겨난 것이 아니다.
병: 사람의 본성은 버드나무와 같고 의로움은 버드나무로 만든 그릇과 같다. 사람의 본성을 가지고 인의를 행하는 것은 버드나무로 그릇을 만드는 것과 같다. 타고난 생리적 욕망[生]이 본성이다.

(나)

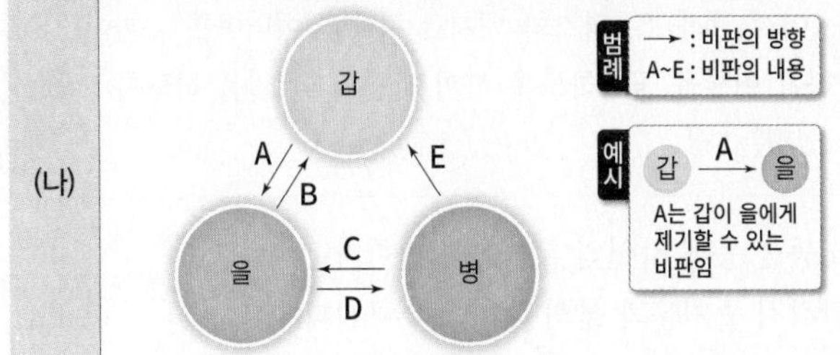

① A: 인간의 마음에는 욕구를 절제할 능력이 있음을 간과한다.
② B: 인간의 선한 본성이 항상 발현되는 것은 아님을 간과한다.
③ C: 인간의 본성은 교화를 거쳐야만 선하게 변함을 간과한다.
④ D: 인간은 욕구뿐 아니라 선한 본성도 지니고 있음을 간과한다.
⑤ E: 인간의 본성은 선이나 악으로 고정되어 있지 않음을 간과한다.

029

(가), (나)에 대한 옳은 설명만을 〈보기〉에서 고른 것은?

(가) 어떻게 사는 것이 올바르게 사는 것이며 잘 사는 것인지에 대한 체계적인 생각
(나) 바람직한 사회의 모습과 구현 방법 및 운영 방안에 대한 체계적인 생각

[보기]

ㄱ. (가)는 당위보다 사실에 대한 지식을 추구한다.
ㄴ. (가)는 도덕 문제 해결의 이론적 토대를 제공한다.
ㄷ. (나)는 현 사회를 비판하거나 정당화하는 근거가 된다.
ㄹ. (가)와 (나)는 각기 고유한 영역을 갖지 않으며 구분되지 않는다.

① ㄱ, ㄴ ② ㄱ, ㄷ ③ ㄴ, ㄷ ④ ㄴ, ㄹ ⑤ ㄷ, ㄹ

단원 마무리 문제

Ⅰ 인간과 윤리 사상

030

다음 글에서 강조하고 있는 인간의 특성으로 가장 적절한 것은?

> 사물의 본성[性]에는 세 가지 등급이 있다. 초목(草木)의 본성에는 생명이 있으나 지각이 없다. 금수(禽獸)의 본성에는 생명과 지각이 있다. 인간의 본성에는 생명과 지각이 있으면서 영험(靈驗)이 있고 선(善)이 있다. 이들 세 가지 등급은 서로 다르며, 각각의 본성을 실현하도록 하는 방법 또한 서로 구별된다. 어찌 말과 소, 염소와 돼지로 하여금 어버이를 가까이 사랑하고 어른을 공경하도록 하여 사람의 할 일을 하도록 만들 수 있겠는가?

① 노동을 통해 자신의 본성을 실현한다.
② 감각적 즐거움과 삶의 재미를 추구한다.
③ 필요에 따라 지각을 활용하여 도구를 만든다.
④ 생명과 재산을 보호하기 위해 국가를 형성한다.
⑤ 시비를 분별하고 도덕적 행위를 실천하며 살아간다.

031

(가)의 고대 동양 사상가 갑, 을, 병의 입장을 (나) 그림으로 표현할 때, A~D에 들어갈 옳은 내용만을 〈보기〉에서 있는 대로 고른 것은?

(가)	갑: 인간의 성(性)은 물이 흐르는 것과 같다. 물이 아래로 흐르지 않는 경우가 없듯, 인간의 성은 선하지 않은 경우가 없다. 을: 인간의 성은 악하며 선은 인위적인 노력에서 비롯된 것이다. 인간은 나면서부터 이익을 좋아하고 눈과 귀에 욕심이 있다. 병: 인간의 성은 식욕[食]과 성욕[色]일 뿐이며 소용돌이치는 물에 동서의 구분이 없듯 성에는 선과 불선의 구분이 없다.
(나)	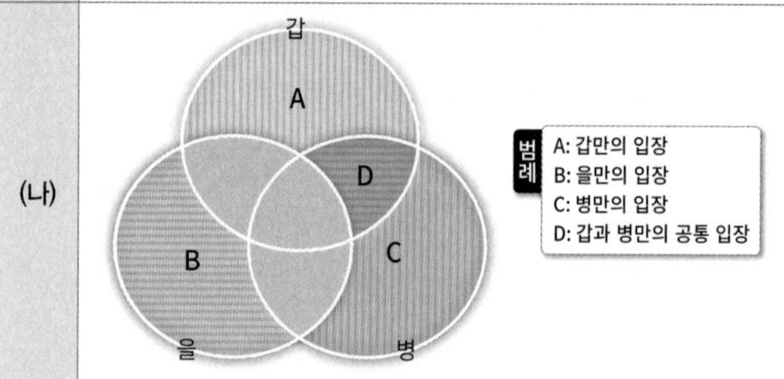

[보기]
ㄱ. A: 인간의 성을 확충하면 성인(聖人)이 될 수 있다.
ㄴ. B: 인간의 성을 교화(敎化)시키는 것은 불가능하다.
ㄷ. C: 인간의 성은 선이나 악으로 결정되어 있지 않다.
ㄹ. D: 인간의 성은 날 때부터 주어져 있는 것이다.

① ㄱ, ㄷ　② ㄱ, ㄹ　③ ㄴ, ㄷ
④ ㄱ, ㄴ, ㄹ　⑤ ㄴ, ㄷ, ㄹ

032

그림은 수업 장면이다. 학생들이 모두 옳은 대답을 했다고 할 때, 밑줄 친 ㉠에 들어갈 내용으로 가장 적절한 것은?

① 인간의 삶에서 윤리 사상이 필요한 이유
② 자신의 운명과 환경에 순응해야 하는 이유
③ 윤리적 딜레마에 빠지지 않아야 하는 이유
④ 현실과 이상 사회의 괴리를 알아야 하는 이유
⑤ 사회사상과 윤리 사상을 구분해야만 하는 이유

033

다음 글의 입장에서 볼 때 ㉠과 ㉡에 대한 적절한 설명만을 〈보기〉에서 있는 대로 고른 것은?

> ㉠윤리 사상에서 추구하는 도덕적인 인간은 바람직한 사회 속에서 구현될 수 있으며, ㉡사회사상에서 추구하는 바람직한 사회를 실현하려면 구성원의 노력이 필요하다. 도덕적인 인간이 모인 사회가 정의롭게 될 가능성이 크며, 사회나 국가가 정의로워야 그 구성원이 도덕적인 사람이 될 가능성이 크기 때문이다.

[보기]
ㄱ. ㉠은 개인의 바람직한 행위를 위한 지침을 제시한다.
ㄴ. ㉡은 공적 삶에서의 윤리적 딜레마 해결에 도움이 된다.
ㄷ. ㉠과 ㉡은 고유한 영역을 갖고 있지만 상호 의존적이다.
ㄹ. ㉠과 ㉡이 궁극적으로 지향하는 바는 완전히 별개의 것이다.

① ㄱ, ㄴ　② ㄱ, ㄹ　③ ㄷ, ㄹ
④ ㄱ, ㄴ, ㄷ　⑤ ㄴ, ㄷ, ㄹ

034

밑줄 친 ㉠의 역할로 적절한 것만을 〈보기〉에서 있는 대로 고른 것은?

사회란 한 개인이나 가정을 넘어서는 보다 넓은 조직이자 삶의 영역이며, 한 개인은 필연적으로 사적 영역을 넘어서 공적 영역과 관계를 맺으며 살아간다. 결국 개인의 행복한 삶이 사회 안에서만 가능하므로 인간은 누구나 자신이 속한 사회가 더 바람직하고 좋은 모습으로 변화하기를 바란다. 이러한 인간의 바람을 체계화한 것이 바로 ___㉠___ 이다.

[보기]
ㄱ. 사회적 삶의 여러 현상을 설명하고 해석한다.
ㄴ. 사회 제도나 관행 등을 정당화하거나 비판한다.
ㄷ. 사회가 나아가야 할 바람직한 방향을 제시한다.
ㄹ. 사회 문제에 대한 가치 중립적인 신념을 심어 준다.

① ㄱ, ㄴ ② ㄱ, ㄹ ③ ㄷ, ㄹ
④ ㄱ, ㄴ, ㄷ ⑤ ㄴ, ㄷ, ㄹ

035

(가), (나)로부터 추론할 수 있는 내용으로 적절하지 않은 것은?

(가) 홍콩의 A 기업 회장의 경영 철학은 "의롭지 못하게 모은 재물은 나에게 뜬구름과 같다."이다. 이는 "논어"의 한 구절을 그대로 가져온 것이다. 그는 이 경영 철학에 따라 정직과 신뢰를 중시하며 기업을 경영하였고, 그 결과 A 기업은 사람들에게 존경받는 기업이자 지속적으로 성장하는 기업이 되었다.

(나) 한때 큰 가뭄으로 B 국가에서는 100만 명이 식량난으로 사망한 반면, C 국가에는 식량난으로 사망한 사람이 없었다. 한 사회사상가는 이러한 차이에 대해 B 국가가 당시 군부 독재 국가였던 반면, C 국가는 민주주의가 제대로 작동하는 나라였다는 점을 밝혔으며, B국의 민주주의 실현을 촉구하였다.

① (가): 윤리 사상은 개인의 공적인 삶에도 영향을 미친다.
② (가): 윤리 사상의 역할은 과학적 지식으로 대체될 수 없다.
③ (나): 사회사상은 사회 현상에 대해 사실만을 기술해야 한다.
④ (나): 사회사상은 정치 체제의 정당성을 판단하는 근거가 된다.
⑤ (가), (나): 윤리 사상과 사회사상은 궁극적으로 행복의 실현을 추구한다.

036

(가)~(다)로부터 추론할 수 있는 인간의 특징을 순서대로 쓰시오.

(가) 인간은 본성적으로 국가 공동체를 구성하며, 공동체 구성원으로서 살아갈 때 자아를 실현할 수 있다.
(나) 인간은 자연에서 가장 연약한 갈대에 불과하다. 하지만 인간은 생각하는 갈대이다.
(다) 자신이 무엇을 해야 하는지 답하려면 자신이 어떤 이야기의 일부인가를 답할 수 있어야 한다.

[037~038] 다음 글을 읽고 물음에 답하시오.

성선설(性善說)을 주장한 맹자는 모든 인간에게 선한 네 가지 마음인 ___㉠___ 이/가 있다고 강조하였으며, 성악설(性惡說)을 주장한 ___㉡___ 은/는 생리적 욕구를 근거로 인간에게 이기심이 내재해 있다고 주장하였다. 한편 ___㉢___ 설을 주장한 고자는 인간이 타고나는 것은 식욕과 성욕뿐이며 이는 선하지도 악하지도 않다고 보았다. 이처럼 인간의 본성에 대한 관점은 다양하지만, 모두 인간이 선한 삶을 살기 위해서는 ___㉣___ 고 보았다는 점에서 공통적이다.

037

㉠~㉢에 들어갈 알맞은 용어를 쓰시오.

038 서술형

㉣에 들어갈 알맞은 내용을 서술하시오.

039 서술형

다음의 주장을 참고하여 ㉠을 구체적으로 서술하시오.

개인이 아무리 도덕적으로 살고자 해도 그가 살고 있는 사회 구조가 정의롭지 못하다면 도덕적인 삶을 살기는 어려울 것이다. 반대로 어떠한 사회 제도가 잘 마련되어 있다고 해도 개인이 도덕적이지 않으면 사회 제도는 형식에 불과할 뿐일 것이다. 이러한 사실은 도덕적인 삶을 지향하는 윤리 사상과 바람직한 사회를 지향하는 사회사상이 ㉠어떤 관계에 있는지를 시사한다.

02

Ⅱ 동양과 한국 윤리 사상

동양과 한국 윤리 사상의 연원

✓ 출제 포인트 ✓ 동양 윤리 사상의 공통적 특징 ✓ 한국 윤리 사상의 조화 정신 및 인본주의적 특징

1. 동양 윤리 사상의 연원

1 동양 윤리 사상의 기원

(1) 동양 윤리 사상의 배경

① 농경 중심의 사회가 정착되면서 사람들이 자연의 운행과 변화 질서에 관심을 가짐

② 가족을 기초로 공동체 사회가 형성되면서 가족 윤리를 중시하고, 이를 바탕으로 사회 및 국가의 윤리를 정립하려고 함

③ 자연의 원리를 통해 인간의 본성을 설명하고 이에 근거하여 인간 삶의 목적과 방향을 설정하려고 함

(2) 동양 윤리 사상의 등장

구분	내용
유교	• 인간과 사회의 도덕적 완성에 관심을 기울임 • 인간을 하늘의 이치를 이어받아 실현하는 중간자적 존재로 봄 • 인(仁)의 윤리를 바탕으로 인격의 수양과 도덕적 실천을 강조함
불교	• 인간은 수행을 통해 고통에서 벗어나 깨달음에 이를 수 있는 존재라고 봄 • 만물은 서로 연결되어 있으며 상호 관계 속에서만 존재한다는 연기의 법칙을 통해 모든 존재가 소중하다는 진리를 깨닫게 되면 자비의 마음이 저절로 생겨난다고 봄
도가	• 우주와 자연의 질서에 순응하는 무위자연의 삶을 강조함 • 인간을 소박한 본성을 지닌 존재로 이해함 • 인위적 가치와 제도에 반대하고, 자연에 따라 소박한 삶을 사는 소규모의 공동체를 제시함

유교	개인의 도덕적 수양을 바탕으로 사회적 실천을 강조한 수기이안인(修己以安人)의 정신을 제시함
불교	연기의 관계에 있는 중생을 불쌍히 여겨 구제해 주려는 자비의 윤리를 제시함
도가	자연과 공존하며 소박하고 만족할 줄 아는 삶을 중시함

자료 동양 사상의 이상적 인간상 ⓒ 13쪽 056번 문제로 확인

• 남이 알아주지 않아도 성내지 않으면 군자가 아니겠는가? - "논어" -

• 존재하는 일체 모든 종류의 중생들을 열반의 세계로 인도하여 완전한 멸도(滅道)에 들게 하라. - "금강경" -

• 오리 다리가 짧다 하여 늘리면 오리가 근심할 것이요, 학의 다리가 길다 하여 자르면 학이 슬퍼할 것이다. - "장자" -

분석 유교에서는 자신을 수양하여 도덕성을 함양하고 인을 실천하는 군자를, 불교에서는 스스로 깨달은 자가 이를 바탕으로 모든 중생을 깨달음으로 인도하는 자비심을 지닌 보살을, 도가에서는 자연에 순응하는 물아일체의 경지에 오른 지인, 진인을 이상적 인간상으로 제시하였다.

2 동양 윤리 사상의 공통적 특징

(1) 유기체적 세계관: 세계를 모든 존재가 상호 의존적으로 살아가는 하나의 유기체로 파악함 ⓒ 14쪽 057번 문제로 확인

유교	윤리의 근원을 하늘로 두고 자연과 조화롭게 공존하고자 함
불교	연기설에 따르면 만물은 어떤 것도 독자적으로 존재할 수 없고 상호 의존적임
도가	자연과 인간이 하나가 되는 물아일체를 삶의 이상으로 지향함

(2) 공존과 공생의 사회관: 인간을 만물과 더불어 살아가는 존재로 보고, 타인 및 자연과의 관계를 중시함

2. 한국 윤리 사상의 연원

1 한국 윤리 사상의 배경

(1) 민간 신앙: 점이나 굿을 통해 신과 인간을 연결하는 샤머니즘이나 특정 자연물을 숭배하는 토테미즘이 대표적임

(2) 경천(敬天)사상 및 천인합일(天人合一) 의식: 고조선의 건국 신화 및 무속 신앙 등에서 찾을 수 있음

(3) 조화 정신 및 인본주의: 우리 전통의 고유 사상들에서 꾸준히 발견되는 정신으로, 대표적 예로 풍류도와 동학이 있음

자료 고조선 건국 신화와 풍류도 ⓒ 14쪽 058번, 060번 문제로 확인

(가) 쑥과 마늘을 먹으며 햇빛을 피한 지 삼칠일 만에 곰은 여자가 되었으나 범은 이것을 지키지 못해 사람이 되지 못하였다. 곰은 혼인할 상대가 없음에 늘 신단수 아래에서 잉태하기를 빌었다. 환웅이 이에 사람으로 변하여 웅녀와 혼인을 하고, 웅녀가 아들을 잉태하여 낳으니 그 이름을 단군왕검이라 하였다. - 일연, "삼국유사" -

(나) 우리나라에 현묘한 도(道)가 있으니 풍류(風流)라 한다. …… 집에서는 효를 행하고 나가서는 나라에 충성하는 것은 공자의 가르침과 같고, 무위(無爲)로 일을 처리하고 말 없는 가르침을 행하는 것은 노자의 뜻과 같으며, 악을 짓지 말고 모든 선을 받들어 행하는 것은 석가모니의 가르침과 같다. - 최치원, '난랑비서문' -

분석 고조선 건국 신화에서는 땅의 웅녀가 하늘의 신 환웅에게 기도하는 모습에서 경천사상을, 환웅[天]과 웅녀[地]가 결합하여 단군[人]이 태어났다는 부분에서 천인합일 및 화합과 조화 정신을 살펴볼 수 있다. 풍류도는 유교의 충효(忠孝), 도가의 무위자연(無爲自然), 불교의 자비(慈悲) 사상을 융합한 것으로, 이를 통해 우리 고유 사상에 깃든 조화의 정신을 확인할 수 있다.

2 한국 윤리 사상의 특징

(1) 인본주의 정신: 인간을 존중하고 존엄히 여기는 사상을 발전시킴 예 한국 유교의 민본주의, 동학의 인간 존중 사상 등

(2) 현세 지향적 가치관: 현세에서 사람들의 좋은 삶을 실현하기를 염원함 예 고조선 건국 신화의 홍익인간 정신 등

(3) 화합과 조화의 정신: 갈등과 대립보다는 융합과 조화 및 평화를 지향함 예 원효의 화쟁 사상, 의천과 지눌의 교선일치 사상, 유·불·도 사상을 융합하여 조화한 근대 신흥 종교 등

(4) 도덕적 삶의 강조: 도덕적 삶의 실현 방법을 지속적으로 탐구함

분석 기출 문제

» 바른답·알찬풀이 5쪽

핵심 개념 문제

•• 빈칸에 들어갈 용어를 쓰시오.

040 유교에서는 ( )의 윤리를 제시하여 인격의 수양과 도덕적 실천을 강조하였다.

041 동양의 ( )(이)란 세계를 모든 존재가 연결되어 상호 의존하는 유기체로 파악하는 것을 말한다.

042 고조선 건국 신화에는 한국 윤리 사상의 바탕이 되는 경천사상과 ( ) 의식이 드러나 있다.

043 한국의 불교 윤리 사상은 다양한 교리를 종합하고 선종과 교종의 ( )을/를 추구하는 특징이 있다.

•• 다음 내용이 옳으면 ○표, 틀리면 ×표를 하시오.

044 농경 중심 사회에 살았던 동양 윤리 사상가들은 인간 삶의 윤리를 자연의 법칙과 관련지어 탐구했다. ( )

045 불교에서는 인간의 죽음은 기(氣)가 흩어지는 과정이므로 두려워할 필요가 없다고 보았다. ( )

046 유교에서는 인간을 하늘의 이치를 이어받아 실현하는 중간자적 존재로 보았다. ( )

047 도가에서는 자연에 순응하는 삶을 강조하고, 인간을 소박한 본성을 지닌 존재로 이해하였다. ( )

•• 다음 사상과 관련 내용을 바르게 연결하시오.

048 경천사상 • • ㉠ 환웅과 웅녀가 결혼하여 단군을 잉태함

049 천인합일 • • ㉡ 웅녀가 환웅에게 인간이 되기를 기원함

•• ㉠, ㉡ 중 알맞은 것을 고르시오.

050 한국 고유의 (㉠ 국가 의식, ㉡ 민간 신앙)은 점이나 굿을 통해 신과 인간을 연결하는 샤머니즘이나 특정 자연물을 숭배하는 토테미즘이 대표적이다.

051 도가에서는 인위적 관점에서 벗어나 자연에 순응하는 (㉠ 지인, ㉡ 보살)을 이상적 인간상으로 제시한다.

052 고조선 건국 신화에는 인간을 존중하고, 모두가 평화롭게 공존하면서 서로를 이롭게 하는 정신인 (㉠ 홍익인간, ㉡ 무위자연)의 정신이 담겨 있다.

•• 다음 문장과 관련 있는 개념을 〈보기〉에서 고르시오.

053 화랑도로도 불리는 사상이다. ( )

054 사람이 곧 하늘이며, 모든 사람은 존엄하다. ( )

[보기]
ㄱ. 동학 ㄴ. 풍류도

1. 동양 윤리 사상의 연원

055

다음 글을 통해 알 수 있는 동양 윤리 사상의 특징으로 가장 적절한 것은?

> 동양에서는 일찍부터 농업 중심의 사회가 발달하였다. 농경에 종사하는 사람들은 특별한 기회가 생기지 않는 한 삶의 터전이 되는 토지 주변에 살았다. 한 지역에 몇 대의 후손들이 모여 살면서 대가족 제도를 형성하게 되었는데, 이러한 사회에서 무엇보다 중요한 것은 가족 간의 질서였다.

① 가족 관계에 있어서 계약적 관계를 중시하였다.
② 가족 간의 올바른 윤리가 무엇인지에 대해 관심을 가졌다.
③ 가족 간의 질서와 자연의 법칙에 대해 관심을 갖지 않았다.
④ 농업 발달을 위해 자연을 잘 이용해야 한다고 생각하였다.
⑤ 가족 공동체보다는 개인의 독립성이 더 중요하다고 여겼다.

빈출
056

(가)~(다) 사상에 대한 옳은 설명만을 〈보기〉에서 있는 대로 고른 것은?

> (가) 남이 알아주지 않아도 성내지 않으면 군자가 아니겠는가?
> (나) 존재하는 일체 모든 종류의 중생들을 열반의 세계로 인도하여 완전한 멸도(滅道)에 들게 하라.
> (다) 오리 다리가 짧다 하여 늘리면 오리가 근심할 것이요, 학의 다리가 길다 하여 자르면 학이 슬퍼할 것이다.

[보기]
ㄱ. (가): 내세의 삶에 큰 관심을 보였다.
ㄴ. (가): 인격의 수양에 관심을 기울였다.
ㄷ. (나): 자비심을 이상적 인간의 중요 조건으로 여겼다.
ㄹ. (나): 한국 고유의 사상으로 경천사상을 근간으로 한다.
ㅁ. (다): 깨달은 자는 죽음을 두려워하지 않는다고 보았다.
ㅂ. (다): 인간을 소박한 본성을 지니는 존재로 이해하였다.
ㅅ. (가), (나), (다): 만물 하나하나를 독립적이고 개체적인 것들로 보았다.

① ㄱ, ㄷ, ㅁ, ㅂ ② ㄱ, ㄴ, ㄹ, ㅅ ③ ㄴ, ㄷ, ㅁ, ㅂ
④ ㄴ, ㅁ, ㅂ, ㅅ ⑤ ㄷ, ㄹ, ㅁ, ㅂ

빈출
057

다음 동양 윤리 사상의 세계관으로 가장 적절한 것은?

> • 자연은 만물을 낳는 것을 마음으로 삼고, 인간은 자연의 마음을 물려받아 자신의 마음으로 삼는다.
> • 하늘을 아버지라 하고, 땅을 어머니라 한다. 나는 그 가운데 혼연히 있다. 그러므로 천지에 가득 찬 기운은 나의 몸이요, 천지를 운용하는 원리는 나의 본성이 된다. 사람들과 나는 한 몸에서 나왔고, 만물은 나와 더불어 한 형제이다.

① 생명체들 사이에는 위계 질서가 존재한다.
② 모든 존재의 독립성과 개별성이 중요하다.
③ 모든 존재의 가치는 유용성을 기준으로 판단된다.
④ 자연의 수많은 요소들이 서로 의존하고 조화를 이룬다.
⑤ 인간은 자연의 주재자이며 자연에 대한 활용 능력을 가진다.

2. 한국 윤리 사상의 연원

빈출
058

(가), (나)에 나타난 한국 윤리 사상의 특징으로 적절하지 않은 것은?

> (가) 쑥과 마늘을 먹으며 햇빛을 피한 지 삼칠일 만에 곰은 여자가 되었으나 범은 이것을 지키지 못해 사람이 되지 못하였다. 곰은 혼인할 상대가 없음에 늘 신단수 아래에서 잉태하기를 빌었다. 환웅이 이에 사람으로 변하여 웅녀와 혼인을 하고, 웅녀가 아들을 잉태하여 낳으니 그 이름을 단군왕검이라 하였다. – 일연, "삼국유사" –
> (나) 우리나라에 현묘한 도(道)가 있으니 풍류(風流)라 한다. …… 집에서는 효를 행하고 나가서는 나라에 충성하는 것은 공자의 가르침과 같고, 무위(無爲)로 일을 처리하고 말 없는 가르침을 행하는 것은 노자의 뜻과 같으며, 악을 짓지 말고 모든 선을 받들어 행하는 것은 석가모니의 가르침과 같다. – 최치원, '난랑비서문' –

① (가): 인간과 인간의 세상 중시
② (가): 하늘과 인간 세상을 연결하려는 경천사상
③ (나): 유·불·도의 종합을 도모하는 조화의 정신
④ (나): 개인의 안녕을 기원하는 기복적·현세 지향적 면모
⑤ (가), (나): 화합과 조화의 정신

[059~060] 다음 한국 사상가의 글을 읽고 물음에 답하시오.

> 우리나라에 현묘한 도(道)가 있으니 풍류라 한다. …… ㉠ 집에서는 효를 행하고 나가서는 나라에 충성하는 것은 공자의 가르침과 같고, ㉡ 무위(無爲)로 일을 처리하고 말 없는 가르침을 행하는 것은 노자의 뜻과 같으며, ㉢ 악을 짓지 말고 모든 선을 받들어 행하는 것은 석가모니의 가르침과 같다.

059

㉠~㉢과 관련 깊은 동양 윤리 사상을 바르게 짝지은 것은?

	㉠	㉡	㉢
①	유교	불교	도교
②	유교	도교	불교
③	불교	유교	도교
④	불교	도교	유교
⑤	도교	유교	불교

빈출
060

윗글의 사상가가 주장하는 풍류도의 특징으로 가장 적절한 것은?

① 보살을 이상적 인간상으로 제시하였다.
② 유·불·도의 가르침을 조화하여 제시하였다.
③ 문명에서 벗어난 무위와 무욕의 사회를 추구하였다.
④ 인의(仁義)를 바탕에 둔 도덕적 이상 사회를 추구하였다.
⑤ 시비(是非)나 선악(善惡)을 구분하는 사고방식에서 벗어나 도(道)의 경지에서 사물을 바라보는 삶을 추구하였다.

1등급을 향한 서답형 문제

[061~062] 다음 글을 읽고 물음에 답하시오.

> 죽음 이후의 삶보다는 ㉠ ______ 을/를 추구하였다는 것이 한국 윤리 사상의 특징이다. 예를 들어 고조선 건국 신화 속 홍익인간 정신은 당대의 바로 그 땅에서 인간들이 모두 이롭고 행복한 삶을 살기를 바란 것이다.

061

㉠에 들어갈 알맞은 내용을 쓰시오.

062 서술형

㉠ 이외에 한국 윤리 사상의 특징을 두 가지 이상 서술하시오.

적중 1등급 문제

» 바른답·알찬풀이 6쪽

063

㉠의 특징으로 가장 적절한 것은?

> 우리나라에 ㉠ 현묘한 도(道)가 있으니, 집에서는 효를 행하고 나가서는 나라에 충성함은 공자의 가르침과 같고, 무위(無爲)로 일을 처리하고 말 없는 가르침을 행하는 것은 노자의 뜻과 같으며, 악을 짓지 말고 모든 선을 받들어 행하라는 것은 석가모니의 가르침과 같다.

① 유교와 불교, 도교 사상에 풍류도를 융합하여 형성되었다.
② 유교와 불교, 도교의 성립에 기여한 우리의 고유 사상이다.
③ 유교와 불교, 도교의 특수성을 극복하고 하나로 통합하였다.
④ 유교와 불교, 도교에서 강조하는 핵심 내용이 포함되어 있다.
⑤ 유교와 불교, 도교의 전래 이후 생겨난 조상들의 생활 지침이다.

064

그림은 형성 평가 문제와 학생 답안이다. 학생의 답이 옳게 표시된 것만을 ㉠~㉣ 중에서 있는 대로 고른 것은?

> 형성 평가
>
> ○학년 ○반 이름: □□□
>
> ※ 다음 동양 사상의 입장으로 옳으면 '예', 틀리면 '아니요'에 ✓표를 하시오.
>
> 네 가지 거룩한 진리가 있다. 인생이 괴로움이라는 사실[苦], 괴로움이 생기는 원인[集], 괴로움이 소멸된 경지[滅], 괴로움을 소멸시킬 수 있는 방법[道]을 말한다. 이 진리를 아직 밝게 깨닫지 못하였다면, 더욱더 정진하고 참고 견디어 바른 생각과 바른 앎으로 깨달아야 한다.
>
> • 입장 1: 연기(緣起)에 의한 모든 것은 일시적 현상일 뿐이다.
> 예 [✓] 아니요 [ ] ······ ㉠
> • 입장 2: 의도적 행위[業]로 인해 태어남과 죽음이 반복된다.
> 예 [ ] 아니요 [✓] ······ ㉡
> • 입장 3: 모든 고통의 발생과 소멸에는 반드시 원인이 있다.
> 예 [✓] 아니요 [ ] ······ ㉢
> • 입장 4: 연기를 깨달으면 나와 타자를 하나로 여기게 된다.
> 예 [ ] 아니요 [✓] ······ ㉣

① ㉠, ㉡　② ㉠, ㉢　③ ㉡, ㉣
④ ㉠, ㉢, ㉣　⑤ ㉡, ㉢, ㉣

065

(가), (나)는 동양 윤리 사상이다. (가)에 비해 (나)가 갖는 상대적 특징을 그림의 ㉠~㉤ 중에서 고른 것은?

> (가) 대장부는 천하의 가장 넓은 집[仁]에 거처하며, 천하의 가장 바른 자리[禮]에 서서, 천하에서 가장 큰 도[義]를 실행한다. 자신의 뜻을 펼칠 기회를 얻게 되면 백성과 함께 도를 실행하고, 기회를 얻지 못하더라도 도를 홀로 굳게 지킨다.
>
> (나) 대장부는 예(禮)를 충성과 신의가 엷어진 것이며 혼란이 생겨나는 시작이라고 여긴다. 도(道)를 잃게 되면 덕(德)이 나타나고 덕을 잃게 되면 인(仁)이 생긴다. 인을 잃게 되면 의(義)가 나타나고 의를 잃게 되면 예(禮)가 생겨나기 때문이다.

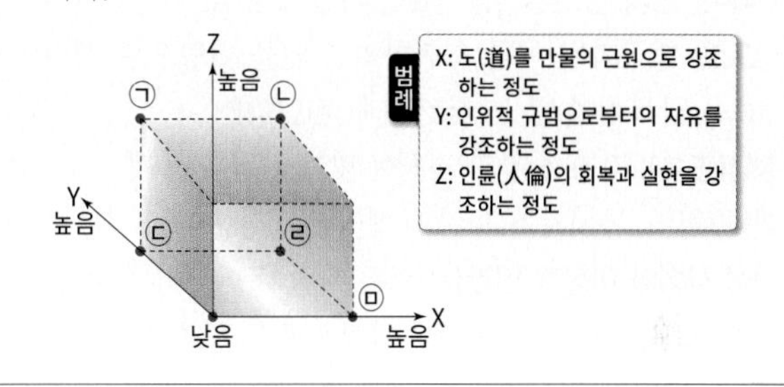

① ㉠　② ㉡　③ ㉢　④ ㉣　⑤ ㉤

066

A~C에 대한 설명으로 적절하지 <u>않은</u> 것은?

> 동양 윤리 사상의 연원 중 하나인 ___A___ 은/는 인(仁)의 윤리를 바탕으로 개인과 사회의 도덕적 완성에 관심을 기울였다. 한편 ___B___ 은/는 우주의 근원을 도(道)로 규정하고, 우주와 자연의 질서에 순응하는 무위자연(無爲自然)의 삶을 제시하였고, ___C___ 은/는 현실의 고통에서 벗어나 진정한 행복에 이르기 위한 길을 탐색하면서 우주 만물을 비롯한 인간의 삶과 죽음을 논하고 자비의 윤리를 제시하였다.

① A는 자연의 운행 원리를 도덕의 원리로 재해석하였다.
② B는 자연과 인간은 서로 분리될 수 없는 하나라고 보았다.
③ C는 자연의 어떤 것도 독자적으로 존재할 수 없다고 보았다.
④ A와 B는 자연을 절대자의 뜻에 따라 창조된 유기체로 보았다.
⑤ B와 C는 자연적으로 주어진 자신의 본성에 따라 살 것을 강조하였다.

Ⅱ 동양과 한국 윤리 사상

인의 윤리

☑ 출제 포인트 ☑ 공자, 맹자, 순자의 사상 비교 ☑ 주희와 왕수인의 사상 비교

1. 도덕의 성립 근거

1 공자의 사상

(1) 인(仁)과 예(禮) 17쪽 083번 문제로 확인

① 인(仁)

- 의미: 인간됨의 본질을 이루는 사랑의 정신이자 사회적 존재로서 완성된 인격체의 인간다움 → 분별적 사랑
- 실천: 효제(孝悌)와 충서(忠恕)를 실천 덕목으로 제시함

② 예(禮)

- 의미: 인의 정신을 담고 있는 외면적 규범
- 실천: 형식화된 예를 회복하려면 인을 바탕으로 개인의 사욕을 극복해야 함 → 극기복례(克己復禮)

(2) 정명(正名): 각자 신분과 직책에 맞게 행동하는 것

(3) 덕치(德治): 통치자가 도덕과 예의로 백성을 다스리는 정치

(4) 이상 사회와 이상적 인간상: 모든 사람이 더불어 잘 사는 대동사회(大同社會)와 인과 예를 바탕으로 덕을 갖춘 군자(君子)

2 맹자의 사상 18쪽 085번 문제로 확인

(1) 인(仁)과 의(義): 공자를 계승하여 인과 함께 의를 강조함

(2) 성선설(性善說): 인간은 선천적으로 선한 도덕심을 타고남

① 사단(四端): 사덕의 실마리 → 측은지심(惻隱之心), 수오지심(羞惡之心), 사양지심(辭讓之心), 시비지심(是非之心)

② 사덕(四德): 인의예지(仁義禮智) → 양지(良知)와 양능(良能)을 토대로 사단을 확충할 때 이를 수 있음

(3) 이상적 정치: 왕도 정치와 민본주의를 제시함 → 백성을 저버린 군주는 교체할 수 있다는 민본주의적 혁명론을 주장함

(4) 이상적 인간상: 호연지기(浩然之氣)를 갖춘 대장부 또는 대인

자료 항산과 항심 18쪽 087번 문제로 확인

항산(恒産)이 없어도 항심(恒心)을 지니는 것은 오직 선비만이 할 수 있는 일이다. 일반 백성은 항산이 없으면 항심을 지닐 수 없다. 항심이 없으면 방탕하고 편벽되며 간사하고 사치스러워져서 못하는 짓이 없게 된다. - "맹자" -

분석 〉 맹자는 일반 백성들은 고정적 생업인 항산(恒産)이 이루어질 때 도덕적 마음인 항심(恒心)이 유지될 수 있다고 보아, 통치자가 백성들의 경제적 안정에 힘쓸 것을 주장하였다.

3 순자의 사상 18쪽 088번 문제로 확인

(1) 예(禮): 인간의 본성을 교화하고 규제하는 외면적 도덕규범

(2) 성악설(性惡說): 인간은 이기적이고 악한 본성을 타고남 → 악한 본성을 선하게 교화하는 화성기위(化性起僞)가 요구됨

(3) 예치(禮治)

의미	예를 바탕으로 사회와 국가를 다스림
방법	덕의 유무에 따른 사회적 지위 결정, 능력에 따른 관직의 위임, 재화의 공평한 분배

2. 도덕 법칙의 탐구 방법

1 주희의 사상

(1) 성즉리(性卽理): 인간이 선천적으로 가지고 있는 선한 본성[性]이 곧 우주 만물의 보편적 법칙인 이(理)라고 봄

(2) 핵심 사상 19쪽 090번 문제로 확인

이기론	• 우주 만물은 근본 원리이자 도덕 법칙인 이(理)와 이가 현상으로 드러나기 위한 재료인 기(氣)가 결합하여 나타남 • 이와 기는 떨어질 수 없고, 동시에 섞일 수 없음
심성론	• 인간의 본성[性]에는 인의예지가 모두 갖추어져 있음 • 인간 본성은 순선한 본연지성(本然之性)과 기질의 영향을 받은 기질지성(氣質之性)으로 구분됨 → 기질지성은 선악이 혼재하므로 기질을 맑게 하도록 노력해야 함
수양론	• 존천리거인욕(存天理去人欲): 우주 자연으로부터 부여받은 도덕 본성을 보존하고, 인욕을 제거함 • 격물치지(格物致知): 사물의 이치를 탐구하여 앎을 이루어 나감 • 존양성찰(存養省察): 양심을 보존하여 본성을 함양하고 나쁜 마음이 스며들지 않도록 잘 살핌 • 거경궁리(居敬窮理): 항상 마음을 경건하게 하며 이치를 탐구함 • 선지후행(先知後行)·지행병진(知行竝進): 도덕적 지식을 먼저 알아야 행동할 수 있으나 지식 탐구와 실천은 함께 나아가야 함
경세론	수기이안인(修己以安人)의 원리를 계승하여 민본과 위민의 이념 아래 덕치와 예치를 구현해야 함

2 왕수인의 사상

(1) 기존의 성리학 비판

① 주희의 성즉리설(性卽理說), 격물치지설(格物致知說) 등을 비판하고 유학 경전을 새롭게 해석함

② 도덕 원리의 인식과 실천의 문제를 도덕 주체인 인간의 마음[心]을 중심으로 이해하고자 함

(2) 심즉리(心卽理): 인간의 마음[心]이 곧 하늘의 이치[理]라고 봄 → 마음[心] 밖에 이치가 없고, 마음 밖에 사물도 없음

(3) 도덕 법칙의 탐구 및 실천 19쪽 092번 문제로 확인

양지(良知)	인간이라면 누구나 타고나는 것으로 시비와 선악을 즉각적으로 가려내고 행하는 능력
치양지(致良知)	마음의 양지를 자각하고 그대로 따르는 것 → 사욕을 극복하고 순선한 마음을 유지(존천리거인욕)해야 함
격물치지(格物致知)	바르지 못한 마음을 바로잡아 자기 마음의 양지를 개별 사물에서 실현하는 것
지행합일(知行合一)	• 앎은 행함의 시작이고, 행함은 앎의 완성임 • 앎과 실천은 별개의 것이 아니라 본래 하나임

분석 기출 문제

» 바른답·알찬풀이 7쪽

•• 빈칸에 들어갈 용어를 쓰시오.

067 공자는 인(仁)을 실현하기 위한 방법으로 (　　　　　) 와/과 충서(忠恕)를 제시하였다.

068 맹자는 인간이 선한 마음을 타고난다는 (　　　　　) 을/를 주장하였다.

069 (　　　　　)은/는 천인분이(天人分二)의 입장을 바탕으로 인간을 하늘로부터 독립된 존재로 보았다.

070 성리학에서는 근본 원리이자 도덕 법칙인 (　　　　　) 와/과 만물을 생성하는 재료인 (　　　　　)이/가 결합하여 우주 만물이 나타난다고 본다.

071 왕수인은 "앎은 행함의 시작이고, 행함은 앎의 완성이다."라는 (　　　　　)을/를 제시하였다.

•• 다음 내용이 옳으면 ○표, 틀리면 ×표를 하시오.

072 공자는 인을 갖추고 예를 실천하는 이상적 인간을 소인(小人)이라고 불렀다. (　　)

073 맹자는 군주가 백성을 잔혹하게 다스린다면 혁명을 통해 군주를 교체할 수 있다고 주장하였다. (　　)

074 순자는 덕의 유무에 따라 사회적 지위를 결정하고 능력에 따라 관직을 기용할 것을 주장하였다. (　　)

•• 다음 사상가와 그들이 강조한 내용을 바르게 연결하시오.

075 공자 • 　　　　• ㉠ 예를 통한 통치

076 맹자 • 　　　　• ㉡ 항산과 항심

077 순자 • 　　　　• ㉢ 정명론

•• ㉠, ㉡ 중 알맞은 것을 고르시오.

078 공자는 덕을 갖춘 통치자가 도덕과 예의로 백성을 교화하는 (㉠ 덕치, ㉡ 예치)를 강조하였다.

079 순자는 예를 통해 인간의 악한 본성을 인위적으로 교화하는 (㉠ 호연지기, ㉡ 화성기위)를 주장하였다.

080 주희는 인간의 본성 중 하늘로부터 부여받은 악이 전혀 없는 완전한 선 그 자체를 (㉠ 본연지성, ㉡ 기질지성)이라고 말하였다.

•• 다음 문장과 관련 있는 개념을 〈보기〉에서 고르시오.

081 마음 밖에는 이치가 없다. 또 마음 밖에는 어떤 사물도 없다. (　　)

082 성(性)이 곧 이(理)이다. 마음에서는 성이라고 하고 일[事]에서는 이라고 한다. (　　)

[보기]
ㄱ. 성즉리 　　　　ㄴ. 심즉리

1. 도덕의 성립 근거

083 빈출

다음을 주장한 고대 동양 사상가의 입장만을 〈보기〉에서 고른 것은?

> 자기를 이겨 내고 예(禮)로 돌아가는 것이 인(仁)이다. 하루만이라도 자기를 이겨 내고 예로 돌아가면, 천하가 인에 귀의할 것이다. 인을 실천하는 것은 자신에게 달린 것이지 다른 사람에게 달린 것이 아니다. 따라서 예가 아니면 보지 말고, 예가 아니면 듣지 말며, 예가 아니면 말하지 말고, 예가 아니면 움직이지 말아야 한다.

[보기]
ㄱ. 사회 혼란의 근본 원인을 개인의 도덕적 타락으로 본다.
ㄴ. 외면적 규범인 인(仁)과 함께 내면적 도덕성인 예(禮)를 강조한다.
ㄷ. 인을 실천하는 구체적인 덕목으로 효제(孝悌)와 충서(忠恕)를 제시한다.
ㄹ. 자신을 희생하고자 하는 마음을 극복하고 진정한 예를 회복할 것을 주장한다.

① ㄱ, ㄴ　② ㄱ, ㄷ　③ ㄴ, ㄷ　④ ㄴ, ㄹ　⑤ ㄷ, ㄹ

084

그림의 가상 편지를 쓴 고대 동양 사상가의 입장으로 가장 적절한 것은?

> 자고로 현명한 임금은 덕으로 정치를 행한다네. 군자는 도를 도모하고, 신하는 도로써 임금을 섬기는 것이지. 또한 정치에서 중요한 것은 명분을 바로 세우는 것이 아니겠는가? 군주는 군주답고 신하는 신하다워야 하네.

① 세속적 욕망에서 벗어나도록 예(禮)를 버려야 한다.
② 양생 수련으로 불로장생의 신선이 되도록 노력해야 한다.
③ 만인에게 무조건적이고 무차별적인 사랑을 베풀어야 한다.
④ 자신의 도덕 수양에 힘써 타인에게 서(恕)를 실천해야 한다.
⑤ 초월적 존재에 대한 믿음을 통하여 현세의 고난을 극복해야 한다.

분석 기출 문제

» 바른답·알찬풀이 7쪽

빈출
085

그림은 수행 평가 문제와 학생 답안이다. 학생 답안의 ㉠~㉣ 중 옳은 내용만을 고른 것은?

◎ 문제: 다음과 같이 주장한 사상가의 주요 사상을 서술하시오.

어린아이가 우물에 빠지려는 것을 목격한 사람이 있다면, 깜짝 놀라서 구해 주고자 할 것이다. 그것은 순수하게 착한 마음에서 즉각적으로 나온 것이지, 그 아이의 아버지와 사귀기 위해서도 아니고, 마을 사람들에게 자랑하기 위해서도 아니며, 구해 주지 않았을 때 듣게 될 비난을 두려워해서도 아니다.

◎ 학생 답안

그는 전국 시대의 사상가로서 ㉠ 인간의 도덕적 본성에 대한 신뢰를 강조하면서 인간의 본성이 선하다는 성선설을 주장하였다. 그는 도덕 규범의 원천으로 예(禮)를 제시하였는데, ㉡ 예를 외면적인 것이 아니라 내면적 규범으로 보았다. 또한 ㉢ 그는 본래부터 자기 안에 있는 사단을 확충하여 인의예지(仁義禮智)를 실현해야 한다고 보았다. 그리고 ㉣ 그는 아무리 잘못된 군주라 할지라도 백성이 군주를 바꿔서는 안 된다고 보았다.

① ㉠, ㉡ ② ㉠, ㉢ ③ ㉡, ㉢
④ ㉡, ㉣ ⑤ ㉢, ㉣

086

다음 고대 동양 사상가에 대한 설명으로 옳지 않은 것은?

왕께서는 어째서 이익에 대해서만 말씀하십니까? 진정 중요한 것으로는 인의(仁義)가 있을 뿐입니다. 만약 한 나라의 왕이 "어떻게 하면 나라를 이롭게 할 수 있을까?"라고 생각하면, 그 아래에 있는 대부는 "어떻게 하면 내 집안을 이롭게 할 수 있을까?"라고 생각하게 되고, 선비와 서민들은 "어떻게 하면 내 한 몸을 이롭게 할 수 있을까?"를 생각하게 됩니다. 이처럼 위아래가 다투어 자신의 이익을 취하려 하면 나라가 위태로워집니다. …… 왕께서는 인의를 말씀하셔야지 어째서 이익에 대해서 말씀하십니까?

① 힘에 의한 정치인 패도(覇道)를 비판하였다.
② 민본주의(民本主義)적 혁명론을 긍정하였다.
③ 백성을 나라의 근본으로 생각해야 한다고 보았다.
④ 옳고 그름을 분명히 구분하는 사회적 올바름을 강조하였다.
⑤ 백성의 도덕성 함양을 통해 경제적 안정을 실현해야 한다고 보았다.

빈출
087

다음을 주장한 고대 동양 사상가의 입장에만 모두 '✓'를 표시한 학생은?

항산(恒産)이 없어도 항심(恒心)을 지니는 것은 오직 선비만이 할 수 있는 일이다. 일반 백성은 항산이 없으면 항심을 지닐 수 없다. 항심이 없으면 방탕하고 편벽되며 간사하고 사치스러워져서 못 하는 짓이 없게 된다.

입장 \ 학생	갑	을	병	정	무
본성을 교화하도록 예법을 익히는 것을 게을리해서는 안 된다.	✓			✓	✓
날마다 옳은 일을 반복하여 실천함으로써 의로움을 쌓아야 한다.	✓	✓	✓		
왕은 백성의 일정한 생업을 보장하는 왕도 정치를 실천해야 한다.		✓	✓		✓
시비 분별에서 벗어나 자유롭게 자연과 어울리는 삶을 살아야 한다.			✓	✓	✓

① 갑 ② 을 ③ 병 ④ 정 ⑤ 무

빈출
088

다음을 주장한 고대 동양 사상가의 입장만을 〈보기〉에서 고른 것은?

구부러진 나무는 도지개에 넣거나 불에 쬐어야 바로잡을 수 있고, 무딘 칼은 숫돌에 갈아야 날이 서듯이 사람의 악한 본성은 스승의 가르침으로 바로잡히고 예의가 있어야 한정된다. 어떤 사람이 배가 고파도 손윗사람이 있을 경우에 음식에 먼저 손을 대지 않는 것은 양보할 이유가 있다고 보기 때문이며, 피로해도 쉬지 않는 것은 대신해서 일할 이유가 있다고 보기 때문이다. 이런 행위는 인간의 본성을 거스르는 것이지만 그것이야말로 예의의 규범이다.

[보기]
ㄱ. 사람은 누구나 도덕적 수양을 하면 성인이 될 수 있다.
ㄴ. 외적인 행동을 규제하는 예의 실천과 교육이 필요하다.
ㄷ. 불인인지심(不忍人之心)에 입각한 정치를 추구해야 한다.
ㄹ. 사람은 누구나 양지(良知)와 양능(良能)을 가지고 태어난다.

① ㄱ, ㄴ ② ㄱ, ㄷ ③ ㄴ, ㄷ ④ ㄴ, ㄹ ⑤ ㄷ, ㄹ

089

고대 동양 사상가 갑, 을의 입장에 대한 옳은 설명만을 〈보기〉에서 고른 것은?

갑: 본성을 알면 하늘을 알게 된다. 마음을 보존하여 본성을 기르는 것은 하늘을 섬기는 것이요, 수명이 길고 짧음을 의심하지 않고 몸을 닦고서 죽음을 기다리는 것은 명을 세우는 것이다.

을: 본성은 사람에게 주어진 것이고, 감정은 본성의 바탕이며, 욕망은 감정의 반응이다. 욕망을 다 충족시킬 수는 없지만 그 가까이 이를 수 있고, 다 버릴 수는 없지만 적절히 조절할 수는 있다. 군자가 없으면 예의와 법통은 없다.

[보기]

ㄱ. 갑은 도덕규범이 아닌 자연적 흐름에 따라 살아야 한다고 본다.

ㄴ. 갑은 인간이 옳고 그름을 가리는 마음을 선천적으로 타고 난다고 본다.

ㄷ. 을은 하늘을 인륜의 모범으로 여기는 도덕적 삶을 살아야 한다고 본다.

ㄹ. 갑, 을은 욕구를 절제하고 인의의 도덕을 실현해야 한다고 본다.

① ㄱ, ㄴ ② ㄱ, ㄷ ③ ㄴ, ㄷ ④ ㄴ, ㄹ ⑤ ㄷ, ㄹ

2. 도덕 법칙의 탐구 방법

빈출

090

다음을 주장한 동양 사상가의 입장으로 옳지 <u>않은</u> 것은?

• 지(知)와 행(行)은 항상 서로를 의지하니, 마치 눈만 있고 발이 없으면 가지 못하고, 발만 있고 눈이 없으면 보지 못하는 것과 같다. 선후(先後)를 논하자면 지가 먼저이고, 경중을 논하자면 행이 더 중요하다.

• 성인이 되려면 먼저 자기 자신을 포함한 세계의 참모습에 대하여 밝게 알아야 하고, 양심을 보존하고 본성을 함양하면서 나쁜 마음이 스며들지 않도록 잘 살펴서 단호하게 물리쳐야 하며, 천리를 보존하고 인욕을 제거해야 한다.

① 마음 자체가 곧 하늘의 이치이다.
② 격물은 사물의 이치를 탐구하는 것이다.
③ 세상 만물의 어디에든 이치가 존재한다.
④ 인격 완성을 위해서는 앎과 실천을 함께 중시해야 한다.
⑤ 성인이 되려면 반드시 사물에 관한 지식을 확충해야 한다.

091

㉠에 대한 옳은 설명만을 〈보기〉에서 고른 것은?

내 마음의 <u>㉠ 양지(良知)</u>가 다름 아닌 천리(天理)이다. 내 마음에 있는 천리로서의 양지를 사사물물(事事物物)에서 극진히 이루면 사사물물은 모두가 다 그 이(理)를 얻게 된다. 이처럼 내 마음의 양지를 극진하게 이루는 것이 바로 치지(致知)이며, 사사물물이 모두 그 이를 얻는 것이 바로 격물(格物)이다.

[보기]

ㄱ. 특정한 사람들만이 가지고 태어나는 능력이다.

ㄴ. 철저한 이론적 학습을 통해서 얻을 수 있는 능력이다.

ㄷ. 이(理)를 자각하고 실천한다면 올바르게 행동할 수 있게 된다.

ㄹ. 시비(是非)와 선악(善惡)을 즉각적으로 가려낼 수 있는 능력이다.

① ㄱ, ㄴ ② ㄱ, ㄷ ③ ㄴ, ㄷ ④ ㄴ, ㄹ ⑤ ㄷ, ㄹ

빈출

092

다음 동양 사상가가 긍정의 대답을 할 질문만을 〈보기〉에서 고른 것은?

지(知)와 행(行)은 분리될 수 없으며, 분리될 수 없는 것이 지행의 본체이다. …… 그런데 오늘날 사람들은 오히려 지와 행을 별개의 것으로 분리시키고, 반드시 지를 먼저 갖춘 후에야 능히 행할 수 있다고 생각한다. …… 그 결과 그들은 죽을 때까지 결코 행하지 못하며, 또한 앎에 이르지도 못한다. 이러한 이론의 병통은 결코 사소한 것이 아니며, 이와 같은 일은 결코 엊그제부터 있었던 것이 아니다. 내가 지금 말하고 있는 지행합일은 이와 같은 병통을 고치기 위한 약이다.

[보기]

ㄱ. 도덕적 앎이 도덕적 실천보다 우선하는가?

ㄴ. 마음의 본체인 양지를 적극적으로 발휘해야 하는가?

ㄷ. 경(敬)의 자세로 개별 사물의 이치를 탐구해야 하는가?

ㄹ. 성인이 되려면 천리를 보존하고 인욕(人欲)을 극복해야 하는가?

① ㄱ, ㄴ ② ㄱ, ㄷ ③ ㄴ, ㄷ ④ ㄴ, ㄹ ⑤ ㄷ, ㄹ

[093~095] 다음 그림은 중국 사상가 갑, 을의 가상 대화이다. 가상 대화를 보고 물음에 답하시오.

> 격물(格物)의 격(格)이란 '이른다[至]'는 것이며, 격물이란 사물의 이치를 끝까지 궁구(窮究)하는 것입니다.

> 격물의 격이란 '바르게 한다[正]'는 것이며, 격물이란 그 마음의 바르지 못함을 바로잡는 것입니다.

빈출

093

갑, 을에 대한 옳은 설명만을 〈보기〉에서 있는 대로 고른 것은?

[보기]

ㄱ. 갑은 이치[理]가 개개의 사물에 내재한다고 본다.
ㄴ. 갑은 선(善)을 실천하려면 이론적 지식을 갖추어야 한다고 본다.
ㄷ. 을은 앎[知]과 실천[行]은 본래 하나라고 주장한다.
ㄹ. 을은 선악(善惡)을 즉각적으로 가려내는 양지를 획득해야 한다고 본다.

① ㄱ, ㄷ　② ㄴ, ㄹ　③ ㄷ, ㄹ
④ ㄱ, ㄴ, ㄷ　⑤ ㄱ, ㄴ, ㄹ

094

갑이 을에게 제기할 수 있는 비판으로 가장 적절한 것은?

① 지식과 행위는 본래 하나임을 잊어서는 안 된다.
② 마음 밖에서 따로 사물의 이치를 구하면 안 된다.
③ 천리를 인간 본성에 부여된 것으로 보아서는 안 된다.
④ 이론 공부에 치우쳐 현실 문제를 소홀히 해서는 안 된다.
⑤ 하늘의 이치가 만물에 깃들어 있음을 간과해서는 안 된다.

095

갑, 을의 공통 입장에 대한 설명으로 가장 적절한 것은?

① 마음과 이치를 둘로 나누지 말아야 한다.
② 이론적 지식을 공부하는 것을 우선시해야 한다.
③ 천리(天理)를 보존하고 인욕(人欲)을 제거해야 한다.
④ 사사로운 욕심을 버리고 양지(良知)를 획득해야 한다.
⑤ 마음을 중심으로 하는 것이 학문의 핵심이 되어야 한다.

1등급을 향한 서답형 문제

096

㉠~㉢에 들어갈 알맞은 용어를 쓰시오.

> 공자는 (㉠)을/를 실천하기 위한 출발점으로 효제(孝悌)를 제시하고, 특히 그 구체적인 방법으로 (㉡)을/를 제시하였다. 또한 예(禮)의 실천과 관련하여서는 형식화된 예를 회복하려면 인을 바탕으로 개인의 사욕을 극복해야 한다는 (㉢)을/를 제시하였다.

[097~098] 다음 글을 읽고 물음에 답하시오.

> 본성은 본래 바탕으로서 가공되지 않은 것인데 반하여, 인위, 즉 예(禮)는 형식과 이치가 융성할 것이다. 본성이 없으면 인위적인 노력을 가할 곳이 없으며, 인위적 노력이 없으면 본성은 스스로 아름다워질 수가 없다.

097

위와 같이 주장한 고대 동양 사상가를 쓰시오.

098 서술형

위 사상가의 본성관을 서술하시오.

[099~100] 갑, 을은 중국 사상가이다. 물음에 답하시오.

> 갑: 하나의 사물[事]이 있으면 하나의 이(理)가 있다. 이를 궁구하여 밝히는 것이 격물(格物)이다. 또한 사물 속의 당연한 이치와 그렇게 되는 까닭을 아는 것이 격물이다.
> 을: 마음 밖에 물(物)이 없고, 마음 밖에 일[事]이 없으며, 마음 밖에 이(理)가 없고 마음 밖에 선(善)도 없다. 격(格)은 바로잡음이고, 물(物)은 내 마음이 닿는 일이다.

099

갑, 을이 누구인지 쓰시오.

100 서술형

갑과 을의 '격물치지'에 대한 해석 차이를 서술하시오.

> [key words] 이르다, 궁구하다, 바로잡다, 마음의 의지

적중 1등급 문제

» 바른답·알찬풀이 9쪽

101

갑, 을은 고대 동양 사상가들이다. 갑의 입장에서 을에게 제시할 수 있는 견해로 가장 적절한 것은?

갑: 군자와 소인의 본성[性]은 다르지 않다. 그들은 모두 이익을 좋아하고 손해를 싫어한다. 그럼에도 군자를 귀하게 여기는 것은 그가 본성을 교화하고 인위를 일으킬 수 있기[化性起僞] 때문이다.
을: 군자는 마음에 뿌리박고 있는 인의예지(仁義禮智)를 본성으로 삼는다. 군자는 소인과 달리 그 마음을 보존한다. 군자는 인으로써 마음을 보존하고 예로써 마음을 보존한다.

① 성인의 본성과 일반 백성의 본성은 동일함을 모르고 있다.
② 누구나 도덕적 실천 능력을 가진 것이 아님을 모르고 있다.
③ 인위를 더하지 않으면 본성은 선해질 수 없음을 모르고 있다.
④ 하늘을 도덕과 통치의 근거로 삼아야 함을 바르게 알고 있다.
⑤ 군자는 소인과 달리 본성에 순응하지 않음을 바르게 알고 있다.

102

다음을 주장한 중국 사상가가 긍정의 대답을 할 질문만을 〈보기〉에서 있는 대로 고른 것은?

• 양지(良知)는 사람에게 본래 있는 것이지만 궁리(窮理)를 하지 못하는 것은 이미 알고 있고 통달한 데 만족하여 아직 알지 못하고 통달하지 못한 것을 궁구하지 않기 때문이다.
• 마음은 본래 한 몸을 주재하는 것이지만 그 체(體)는 허령(虛靈)하여 천하의 이치를 모두 아우를 수 있다. 이치는 비록 온갖 일에 흩어져 있지만 그 용(用)이 미묘하여 실로 한 사람의 마음 밖에 있지 않다.

[보기]
ㄱ. 천리를 사물에서 실현하면 사물은 그 이치를 얻게 되는가?
ㄴ. 지행(知行)은 선후(先後)와 경중(輕重)을 따질 수 있는가?
ㄷ. 양지는 하늘이 부여한 성(性)이자 내 마음의 본체인가?
ㄹ. 궁리하면 어느 날 갑자기 이치를 훤히 깨닫게 되는가?

① ㄱ, ㄴ ② ㄱ, ㄷ ③ ㄴ, ㄹ
④ ㄱ, ㄷ, ㄹ ⑤ ㄴ, ㄷ, ㄹ

103

(가)의 갑, 을 사상가의 입장을 (나) 그림으로 탐구하고자 할 때, A~C에 해당하는 옳은 질문만을 〈보기〉에서 있는 대로 고른 것은?

(가)
갑: 마음[心]과 이치[理]는 자연스럽게 구분된다. 신령하게 밝은 것은 마음이요, 실제적인 것은 성(性)이다. 신령하게 밝은 것은 곧 깨닫고 느끼는 주체이다.
을: 마음의 본체[體]는 성이요, 성은 곧 이치이다. 천하에 어찌 마음 바깥에 성이 있고, 성 바깥에 이치가 있겠으며, 이치 바깥에 마음이 있겠는가?

(나)

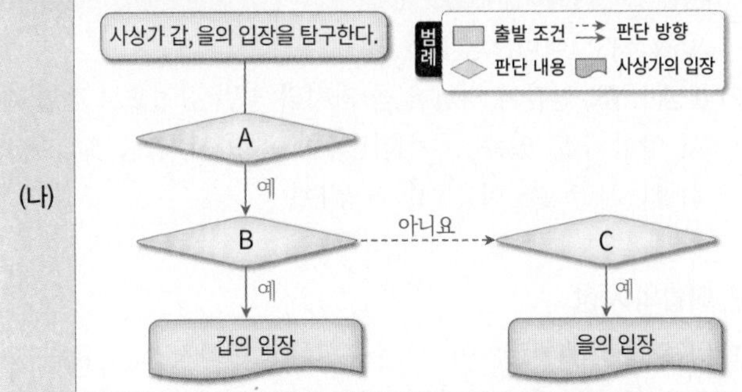

[보기]
ㄱ. A: 격물치지는 천리(天理)의 보존으로 수렴될 수 있는가?
ㄴ. B: 인간의 성과 마음은 그 의미가 명확하게 구분되는가?
ㄷ. B: 개개 사물의 이치와 마음의 이치는 다른 근원을 갖는가?
ㄹ. C: 우둔한 사람도 양지를 실현하면 성인(聖人)이 될 수 있는가?

① ㄱ, ㄷ ② ㄱ, ㄹ ③ ㄴ, ㄷ
④ ㄱ, ㄴ, ㄹ ⑤ ㄴ, ㄷ, ㄹ

104

다음은 고대 동양 사상가의 주장이다. ㉠에 대한 이 사상가의 입장으로 적절하지 <u>않은</u> 것은?

• 천하에 도(道)가 있으면 예악이 천자로부터 나오고 도가 없으면 예악이 제후로부터 나온다. ___㉠___ 은/는 도를 도모하고, 신하는 도로써 임금을 섬긴다.
• 이름[名]이 바르지 않으면, 말이 순조롭지 못하고 일이 이루어지지 않으며 예악이 일어날 수 없다. ___㉠___ 이/가 정한 이름은 반드시 명료하게 말할 수 있고 행할 수 있다.

① 천명(天命)과 대인(大人)을 두려워하는 사람이다.
② 경(敬)으로써 수양하고 남을 편안하게 하는 사람이다.
③ 현인을 존중하고 예의 없는 사람을 미워하는 사람이다.
④ 이기적 욕심을 버리고 예(禮)를 따라 행동하는 사람이다.
⑤ 도에 따르기 위해 몸과 마음의 활동을 잊는[坐忘] 사람이다.

Ⅱ 동양과 한국 윤리 사상

04 도덕적 심성

✓ 출제 포인트 ✓ 이황과 이이의 이기론 비교 ✓ 정약용의 성기호설

1. 도덕 감정

1 성리학의 사단과 칠정

(1) **사단(四端)**: 인간이 지닌 네 가지의 도덕 감정으로 그 자체로 선함 → 측은지심(惻隱之心), 수오지심(羞惡之心), 사양지심(辭讓之心), 시비지심(是非之心)

(2) **칠정(七情)**: 인간이 지닌 일곱 가지의 일반 감정으로 선할 수도, 악할 수도 있음 → 기쁨[喜], 노여움[怒], 슬픔[哀], 두려움[懼], 사랑[愛], 미움[惡], 욕망[欲]

2 이황의 사상

(1) **이귀기천(理貴氣賤)**: 이(理)는 순선하고 귀하지만 기(氣)는 천함 → 순수한 도덕 본성으로서의 '이'를 중시함

(2) **이기호발설(理氣互發說)** 23쪽 122번 문제로 확인

성질	• 사단은 '이'의 발현이기에 순선무악(純善無惡)함 • 칠정은 '기'의 발현이므로 선악(善惡)이 정해지지 않았음
발현	• 사단은 이가 발하고 기가 그것을 따르는 것 • 칠정은 기가 발하고 이가 그것을 타는 것

(3) 수양법

① 경(敬): 도덕 본성을 실현하기 위한 일종의 도덕적 긴장 상태

② 경의 실천

주일무적(主一無適)	의식을 집중시켜 마음이 흐트러지지 않도록 함
정제엄숙(整齊嚴肅)	몸가짐을 단정히 하고 엄숙한 태도를 유지함
상성성(常惺惺)	항시 또렷이 깨어 있도록 함

3 이이의 사상

(1) 이기론

이기지묘(理氣之妙)	'이'와 '기'는 하나이면서 둘이고 둘이면서 하나인 묘한 관계임 → 이와 기는 사물에서 오묘하게 어우러져 있음
이통기국(理通氣局)	'이'는 보편적으로 통하지만, '기'는 현실 세계에서 운동 변화하는 것으로 시간과 공간에 국한됨

(2) **기발이승일도설(氣發理乘一途說)** 24쪽 124번 문제로 확인

성질	• 사단과 칠정은 서로 분리될 수 없다고 파악함 • 사단은 칠정에 포함된 것으로 칠정 중 선한 부분임
발현	• 사단과 칠정 모두 기가 발하고 이가 탄 것 • 현실에서 작용하는 것은 '기'이며, '이'는 '기'의 근거임

(3) 수양법

① 교기질(矯氣質): 기질을 바로잡아 도덕 본성인 '이'를 실현해야 함 → 사사로운 욕망을 극복하는 극기(克己) 강조

② 경(敬)을 실천하여 마음의 본체인 성(誠)에 이를 것을 강조함

(4) **무실, 경장**: 실질에 힘쓰고, 사회 전반의 점진적 개혁 강조

자료 이황과 이이의 이기론 비교 24쪽 125번 문제로 확인

(가) 이(理)가 발함에 투철하지 못하여 기(氣)에 가려진 연후에 불선함이 있다. 본래 사단(四端)의 정(情)은 이가 발하는 것으로 순선하여 악이 없다. - 이황 -

(나) 이(理)는 기(氣)가 움직이면 거기에 타는 것이지 이가 움직이는 것이 아니다. 사단(四端)은 정(情)의 선한 측면이 맑고 밝은 기를 타고 천리를 따라 곧바로 나온 것이다. - 이이 -

분석 〉 (가)는 이황, (나)는 이이의 주장이다. 이황은 이의 운동성과 자발성을 강조하여 사단을 이가 발하여 생긴 감정으로 본 반면, 이이는 사단과 칠정이 모두 기가 발하고 이가 거기에 탄 것이며, 사단은 칠정의 선한 부분만을 가리키는 것이라고 보았다.

2. 도덕 본성

1 실학(實學)

사변화된 성리학을 비판하며 현실적 사회 문제 해결 중시 → 성리학과 구분되는 인간관과 윤리관 제시

2 정약용의 사상

(1) **심성론** 25쪽 128번 문제로 확인

① 성기호설(性嗜好說): 인간의 본성은 일종의 경향성, 즉 마음의 기호임

영지(靈知)의 기호	선을 좋아하고 악을 미워하는 도덕적 기호로 인간만이 지니고 있음
형구(形軀)의 기호	육체적이고 감각적인 것을 좋아하는 생리적 기호로 인간과 동물이 모두 지니고 있음

② 자주지권(自主之權): 인간은 선악을 선택할 수 있는 자유 의지인 자주지권을 부여받은 존재임 → 도덕적 자율성 강조

③ 욕구의 긍정: 인간의 욕구가 지닌 긍정적 측면을 인정함

(2) **덕론**: 덕은 인간의 본성에 내재하는 것이 아니라 실천을 통해 형성되는 것임 → 타고난 선한 마음인 사단을 일상생활에서 확충할 때 인의예지라는 사덕이 형성될 수 있음

자료 덕의 형성 25쪽 129번 문제로 확인

인의예지라는 이름은 일을 행한 뒤에 이루어진다. 사람을 사랑한 뒤에 인(仁)이라고 하지 사람을 사랑하기 전에 인이라 하지 않고, 자신을 선하게 한 뒤에 의(義)라고 하지 자신을 선하게 하기 전에 의라고 하지 않는다. 손님과 주인이 절하고 읍한 뒤에 예(禮)라 하고, 사물을 분명히 분간한 뒤에 지(智)라고 말할 수 있다. 어찌 인의예지 네 알맹이가 복숭아씨나 살구씨처럼 사람의 마음 가운데 주렁주렁 매달려 있는 것이겠는가?

- 정약용, "맹자요의" -

분석 〉 정약용은 사덕을 인간의 선천적 본성으로 보는 성리학적 입장을 비판하고, 사덕은 사람의 마음에 처음부터 있는 것이 아니라 덕 있는 행동을 통해 형성되는 것이라고 주장하였다.

분석 기출 문제

» 바른답·알찬풀이 10쪽

핵심 개념 문제

•• 빈칸에 들어갈 용어를 쓰시오.

105 성리학에서 (　　　　)(이)란 인간이 선천적으로 갖고 있는 사덕을 구현할 수 있는 단서이다.

106 이이는 정치적·사회적으로 묵은 제도를 시의적절하게 개혁하여 새롭게 하는 (　　　　)을/를 강조하였다.

107 정약용은 인간 본성을 일종의 경향성인 마음의 기호로 보는 (　　　　)을/를 주장하였다.

108 (　　　　)은/는 인의예지의 사덕이 인간의 마음에 선천적으로 내재해 있는 것이 아니라 사단의 실천을 통해 후천적으로 형성된다고 보았다.

•• 다음 내용이 옳으면 ○표, 틀리면 ×표를 하시오.

109 이기호발설(理氣互發說)이란 이와 기는 서로 섞일 수 없다는 것이다. (　　)

110 이이는 사단과 칠정 모두 기가 발하고 이가 그것에 탄 것이라는 기발이승(氣發理乘)을 주장하였다. (　　)

111 이황과 이이 모두 칠정(七情)은 기(氣)가 발함에 이(理)가 타는 것이라고 보았다. (　　)

112 선을 좋아하고 악을 미워하는 마음의 기호를 일컬어 영지(靈知)의 기호라고 한다. (　　)

•• 한국 사상가와 그들이 강조한 내용을 바르게 연결하시오.

113 이황 • 　　• ㉠ 일상의 실천을 통한 덕(德) 형성

114 이이 • 　　• ㉡ 경(敬)을 통한 이(理)의 함양

115 정약용 • 　　• ㉢ 경(敬)을 통한 성(誠)의 실현

•• ㉠, ㉡ 중 알맞은 것을 고르시오.

116 이황은 이를 함양하기 위한 수양법으로 항상 깨어 있는 마음인 (㉠ 교기질, ㉡ 상성성)을 강조하였다.

117 이이는 민본과 위민의 이상을 현실에서 실현하기 위해 실질에 힘써야 한다는 (㉠ 극기, ㉡ 무실)을/를 주장하였다.

118 정약용은 인간이 선이나 악 중에서 어느 쪽을 행할지 스스로 선택할 수 있는 (㉠ 주일무적, ㉡ 자주지권)을 부여받았다고 주장하였다.

•• 다음 문장과 관련 있는 개념을 〈보기〉에서 고르시오.

119 이는 귀하고 기는 천하다. (　　)

120 이는 보편적이고, 기는 제한적이다. (　　)

[보기]
ㄱ. 이귀기천　　　ㄴ. 이통기국

1. 도덕 감정

121

다음을 주장한 한국 유교 사상가의 입장만을 〈보기〉에서 고른 것은?

- 이(理) 없는 기(氣)도, 기 없는 이도 없습니다. 사단은 이가 발하여 기가 따르고, 칠정은 기가 발하여 이가 타는 것입니다. 기가 따르지 않는 이는 나올 수가 없고, 이가 타지 않는 기는 곧 이욕(利慾)에 빠져서 금수가 되는 것이니, 이는 확고한 이치입니다.
- 사단은 이가 발하매 기가 따르는 것이어서 본래 순선무악(純善無惡)하지만 반드시 이의 발함이 이루어지지 못하고 기에 가리어지면 불선(不善)으로 됩니다. 칠정은 기가 발한 것이 중절(中絕)하지 못하여 그 이를 어그러뜨리면 악으로 되는 것입니다.

[보기]
ㄱ. 이와 기는 모두 운동성을 가지고 있다.
ㄴ. 이는 기에 따라 선할 수도 악할 수도 있다.
ㄷ. 사단과 칠정의 연원은 근본적으로 하나이다.
ㄹ. 사단은 이가 발한 것이고, 칠정은 기가 발한 것이다.

① ㄱ, ㄷ　② ㄱ, ㄹ　③ ㄴ, ㄷ　④ ㄴ, ㄹ　⑤ ㄷ, ㄹ

빈출
122

다음을 주장한 한국 유교 사상가의 입장으로 옳은 것은?

사단과 칠정을 대응시켜 각각 나누어 말한다면 칠정과 기의 관계는 사단과 이의 관계와 같습니다. 그것이 발현하는 데 각각 혈맥이 있고, 그 이름에는 각각 가리키는 바가 있습니다. 그러므로 그 주로 하는 바에 따라서 이와 기로 분류하여 소속시킬 수 있습니다. 나도 칠정이 이와 무관하게 바깥 사물과 우연히 만나 감응하여 발동하는 것이라고 말하지는 않았습니다. 그리고 사단이 사물에 감응하여 움직이는 것은 칠정과 다르지 않습니다. 다만 사단은 이가 발함에 기가 그것을 따르는 것이고, 칠정은 기가 발함에 이가 그것을 타는 것입니다.

① 이(理)는 통하고 기(氣)는 국한된다.
② 사단(四端)은 도덕 감정으로서 순선하다.
③ 사덕(四德)은 일상적인 행위 속에서 실천하여 형성된다.
④ 사단과 칠정은 모두 정(情)으로서 기(氣)에서 발한 것이다.
⑤ 칠정은 사단을 포함하며, 사단은 칠정의 선한 면일 뿐이다.

123

㉠에 들어갈 진술로 가장 적절한 것은?

> 이이는 이와 기의 관계를 설명함에 있어 "모난 그릇과 둥근 그릇은 서로 다르지만 그 속에 담겨진 물은 서로 같다."라고 하였다. 즉, 물은 그릇의 모양에 따라 서로 다른 것처럼 보이지만 실제로는 그릇의 형태에 따라 다르게 보일 뿐이며, 물 그 자체는 다르지 않다는 것이다. 이러한 이이의 설명에 따른다면 ㉠ 이라고 볼 수 있다.

① 이와 기는 모두 불완전하고 국한된 것
② 이는 보편적인 반면 기는 국한되는 것
③ 이는 기에 국한되는 형이하(形而下)의 것
④ 이의 선과 악은 기의 주재에 따라 결정되는 것
⑤ 이는 기를 주재하는 것이고 기는 시간과 공간을 주재하는 것

빈출
124

다음을 주장한 한국 유교 사상가의 입장만을 〈보기〉에서 고른 것은?

> 대개 사람의 성(性)에는 인(仁), 의(義), 예(禮), 지(智), 신(信)의 다섯 가지가 있을 뿐이니 이 다섯 가지 이외에는 성이 없고, 정에는 희(喜), 노(怒), 애(哀), 구(懼), 애(愛), 오(惡), 욕(欲)의 일곱 가지가 있을 뿐이니 이 일곱 가지 외에는 정이 없다. 사단이란 선한 정의 별칭에 불과하니 칠정을 말하면 사단은 그 가운데 들어 있는 것이요, 인심(人心)과 도심(道心)과 같이 상대적으로 이름 지은 것이 아니다.

[보기]

ㄱ. 인의(仁義)의 실현을 위해 예(禮)로써 본성을 변화시켜야 한다.
ㄴ. 기(氣)가 아니면 발할 수가 없고, 이(理)가 아니면 발할 근거가 없다.
ㄷ. 이(理)는 무형이고 기(氣)는 유형이니, 이는 통하고[通] 기는 국한된다[局].
ㄹ. 순선한 원리적 개념인 이(理)는 존귀하고, 현상적 개념인 기(氣)는 비천하다.

① ㄱ, ㄴ ② ㄱ, ㄷ ③ ㄴ, ㄷ ④ ㄴ, ㄹ ⑤ ㄷ, ㄹ

빈출
125

갑, 을은 한국 유교 사상가이다. 갑은 부정, 을은 긍정의 대답을 할 질문으로 옳은 것은?

> 갑: 이(理)가 발함에 투철하지 못하여 기(氣)에 가려진 연후에 불선함이 있다. 본래 사단(四端)의 정(情)은 이가 발하는 것으로 순선하여 악이 없다.
> 을: 이(理)는 기(氣)가 움직이면 거기에 타는 것이지 이가 움직이는 것이 아니다. 사단(四端)은 정(情)의 선한 측면이 맑고 밝은 기를 타고 천리를 따라 곧바로 나온 것이다.

① 사단은 이가 발현한 것으로서 순선무악한 것인가?
② 사단과 칠정 모두 기가 발하고 이가 기에 탄 것인가?
③ 사단과 칠정의 발현에 있어서 이의 능동성을 인정해야 하는가?
④ 태어날 때부터 선한 존재인 인간은 누구나 사덕을 갖고 있는가?
⑤ 사단은 인의예지를 구현할 수 있는 네 가지의 실마리에 해당하는가?

126

다음을 주장한 조선 시대 사상가의 입장에만 모두 '✓'를 표시한 학생은?

> 이 세상의 모든 것은 형이상자(形而上者)로서의 이(理)와 형이하자(形而下者)로서의 기(氣)가 묘합된 것이다. 왜 묘합이라 하는가? 그것은 이와 기가 아주 다른 둘이지만 하나의 존재 양태로 있고, 그러면서도 이와 기는 또 둘로 구별될 수 있기 때문이다. 이와 기는 하나이면서 둘이요, 둘이면서 하나이다.

입장 \ 학생	갑	을	병	정	무
이(理)와 기(氣)는 함께 있는 것이다.	✓	✓			
기질지성과 본연지성은 그 근원이 다른 것이다.	✓		✓	✓	✓
모든 정(情)은 기(氣)가 발하고 이(理)가 탄 것이다.		✓	✓		✓
악을 부끄럽게 여기는 성향[嗜好]은 인간의 본성[性]이다.				✓	✓

① 갑 ② 을 ③ 병 ④ 정 ⑤ 무

127

갑, 을은 한국 유교 사상가이다. 갑 사상가에 비해 을 사상가의 입장이 갖는 상대적 특징을 그림의 ㉠~㉤ 중에서 고른 것은?

갑: 성을 이와 기로 나누어 말할 수 있다면 정 또한 이와 기로 나누어 말할 수 있다. 각각의 유래와 관련하여 주되거나 중요한 것을 가리켜 말한다면 어떤 것은 이라고 하고, 어떤 것은 기라고 하는 것이 어찌 불가하겠는가?

을: 사단은 칠정을 겸할 수 없으나 칠정은 사단을 겸할 수 있다. 전체를 아우른다는 측면에서 볼 때 사단은 칠정만 못하며, 순수성이란 측면에서 볼 때 칠정은 사단만 못하다.

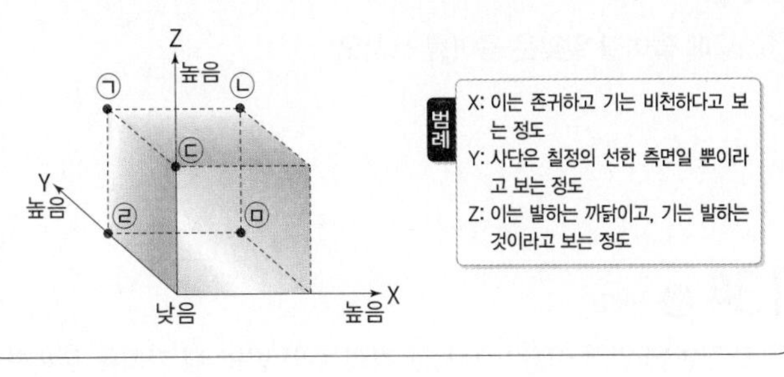

① ㉠ ② ㉡ ③ ㉢ ④ ㉣ ⑤ ㉤

2. 도덕 본성

빈출

128

(나) 사상이 (가) 사상에 비해 강조하는 바에 대한 옳은 설명만을 〈보기〉에서 고른 것은?

(가) 하늘이 음양오행(陰陽五行)으로 만물을 형성할 때 이(理)가 동시에 여기에 부여된다. 이렇게 하여 인간과 동식물은 탄생과 함께 각각 부여받은 이(理)를 덕(德)으로 삼게 되는데, 이것이 곧 각 사물의 본성이다.

(나) 하늘이 사람에게 자주의 권한을 주어서, 그로 하여금 선하려 하면 선을 하도록 하고 악하려 하면 악을 하도록 하니, 고정되어 있지는 않다. 그 권한이 자기에게 있어서 짐승의 정해진 마음과 같지 않다. 그러므로 선을 행하면 자신의 공이 되고, 악을 행하면 자기의 죄가 된다.

[보기]
ㄱ. 도덕적 자율성과 주체성을 중시하였다.
ㄴ. 선행의 실천을 통한 덕의 형성을 중시하였다.
ㄷ. 도덕적 실천에 있어 욕구의 제거를 중시하였다.
ㄹ. 하늘에서 받은 선한 본성의 보존과 함양을 중시하였다.

① ㄱ, ㄴ ② ㄱ, ㄷ ③ ㄴ, ㄷ ④ ㄴ, ㄹ ⑤ ㄷ, ㄹ

빈출

129

다음을 주장한 한국 사상가의 입장만을 〈보기〉에서 있는 대로 고른 것은?

인의예지라는 이름은 일을 행한 뒤에 이루어진다. 그러므로 사람을 사랑한 뒤에 인(仁)이라고 하지 사람을 사랑하기 전에 인이라 하지 않고, 자신을 선하게 한 뒤에 의(義)라고 하지 자신을 선하게 하기 전에 의라고 하지 않는다. 손님과 주인이 절하고 읍한 뒤에 예(禮)라 하고, 사물을 분명히 분간한 뒤에 지(智)라고 말할 수 있다. 어찌 인의예지 네 알맹이가 복숭아씨나 살구씨처럼 사람의 마음 가운데 주렁주렁 매달려 있는 것이겠는가?

[보기]
ㄱ. 본성에 내재한 사덕을 실천해야 한다.
ㄴ. 덕은 일상의 도덕적 실천을 통해 형성된다.
ㄷ. 인간은 선악을 선택하고 행할 수 있는 의지를 지닌다.
ㄹ. 인간의 본성은 곧 하늘의 이치이자 마음의 경향성이다.

① ㄱ, ㄴ ② ㄴ, ㄷ ③ ㄷ, ㄹ
④ ㄱ, ㄴ, ㄹ ⑤ ㄴ, ㄷ, ㄹ

130

고대 동양 사상가 갑과 한국 사상가 을의 공통된 입장에 대한 옳은 설명만을 〈보기〉에서 고른 것은?

갑: 사람은 나면서부터 이익을 좋아한다. 사람의 본성[性]이 악하다면 예의(禮義)는 어떻게 해서 생기는가? 인위[僞]에서 생기는 것이지, 본성에서 비롯되는 것이 아니다. 맹자는 사람의 본성이 착하다고 했지만 이는 틀린 것이다.

을: 인의예지[四德]의 근본은 사단(四端)이므로 이것을 확충하여야 한다. 사단의 안에 사덕이 있는 것이 아니며, 사단의 확충을 통해 사덕을 형성할 수 있다. 사단은 마음[心]이 될 수는 있지만 본성이나 덕(德)은 아니다.

[보기]
ㄱ. 육체적 욕구를 인간이 타고난 것으로 보지 않는다.
ㄴ. 인간의 본성이 선으로 결정되어 있다고 보지 않는다.
ㄷ. 선천적인 본성을 확충하면 누구나 군자가 될 수 있다고 본다.
ㄹ. 인의(仁義)의 덕은 선천적인 것이 아니라 후천적인 것이라고 본다.

① ㄱ, ㄴ ② ㄱ, ㄷ ③ ㄴ, ㄷ ④ ㄴ, ㄹ ⑤ ㄷ, ㄹ

131

다음을 주장한 한국 사상가가 긍정의 대답을 할 질문으로 가장 적절한 것은?

> 사단은 영명한 본체로부터 일어나며, 영명한 본체는 선을 좋아하고 악을 부끄러워하는 성품일 뿐이다. 이 성품이 만물에 신묘하게 응대하므로 맹자는 사단을 논할 때는 반드시 성선으로 사단의 근본을 삼고, 인의예지를 논할 때는 모두 행사를 주로 하여 말하였다.

① 사단은 사덕의 존재를 알게 하는 단서인가?
② 이는 만물에 두루 통하고 기는 국한된 것인가?
③ 사단은 하늘로부터 부여받은 인간의 본성인가?
④ 사덕은 기호를 실천한 결과로 형성되는 것인가?
⑤ 행위의 실천보다 규범의 절대적 법칙성이 더 중요한가?

132

(가)의 한국 사상가 갑, 을의 입장을 (나) 그림으로 표현할 때, A~C에 해당하는 옳은 진술만을 〈보기〉에서 고른 것은?

(가)	갑: 성이란 하늘의 진실한 이치이자 마음의 본체이다. 경으로 주재하여 사특함을 제거하면 그 본체가 온전해질 수 있다. 경은 노력의 요체이며 성은 노력을 거둬들이는 바탕이므로 경을 통해 성에 이를 수 있는 것이다. 을: 인의예지라는 이름은 일을 행한 뒤에 이루어진다. 그러므로 사람을 사랑한 뒤에 인(仁)이라고 하지 사람을 사랑하기 전에 인이라 하지 않고, 자신을 선하게 한 뒤에 의(義)라고 하지 자신을 선하게 하기 전에 의라고 하지 않는다.
(나)	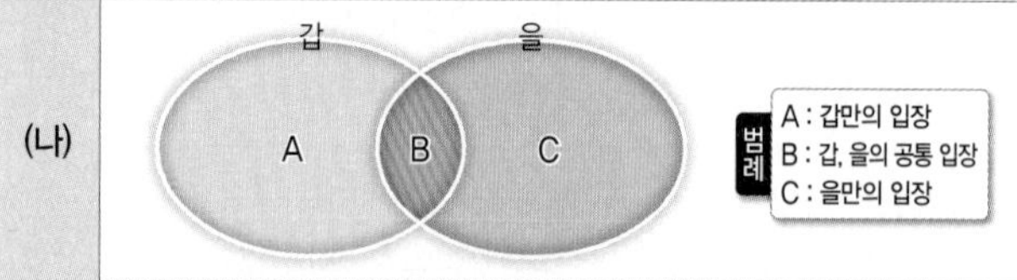

[보기]
ㄱ. A: 이의 본연을 실현하기 위해 기질을 바로잡아야 한다.
ㄴ. B: 인의예지의 사덕이 실현된 도덕 사회를 추구해야 한다.
ㄷ. B: 인간은 선악을 선택할 수 있는 자주지권을 부여받았다.
ㄹ. C: 선을 좋아하는 경향성은 자유 의지에 의해 형성된다.

① ㄱ, ㄴ ② ㄱ, ㄷ ③ ㄱ, ㄹ ④ ㄴ, ㄷ ⑤ ㄷ, ㄹ

1등급을 향한 서답형 문제

[133~134] 다음 글을 읽고 물음에 답하시오.

> (㉠)와/과 (㉡)은/는 성리학에서 강조하는 감정을 의미한다. (㉠)은/는 도덕 감정으로 그 자체로 선한 것이며, 사덕인 인의예지를 구현할 수 있는 네 가지 단서이다. (㉡)은/는 일반 감정으로 선할 수도, 악할 수도 있다. 이는 인간의 감정 전체를 일곱 가지로 구분하여 제시한 것이다.

133

㉠, ㉡에 들어갈 알맞은 용어를 쓰시오.

134 서술형

㉠의 구현을 위해 이황이 제시한 경의 수양 방법 세 가지를 구체적으로 설명하시오.

[135~136] 다음 한국 유교 사상가의 글을 읽고 물음에 답하시오.

> 물은 둥근 그릇에 담으면 둥글게 되고, 네모난 그릇에 담으면 네모가 된다. 그러나 둥글게 되든지 네모나게 되든지 그것이 물이라는 것에는 변함이 없다. 여기서 물처럼 모든 사물에 두루 통하는 것이 이(理)이고, 그릇처럼 고정된 형식에 국한된 것은 기(氣)이다.

135

윗글에서 설명하는 용어를 한 단어로 쓰시오.

136 서술형

위 사상가의 입장에서 사단과 칠정의 관계를 서술하시오.

> [key words] 발하는 까닭, 발하는 것, 순선한 부분

137 서술형

성리학자들과 정약용의 덕(德)의 대한 관점을 비교하여 서술하시오.

적중 1등급 문제

» 바른답·알찬풀이 12쪽

138

갑, 을은 한국 사상가들이다. 갑이 을에게 제시할 수 있는 견해로 가장 적절한 것은?

> 갑: 본연지성은 가리키는 바가 이(理)에 있지 기(氣)에 있지 않기 때문에 순선무악하다. 만일 서로 떨어지지 않는다는 이유로 이를 기와 함께 말한다면, 그것은 이미 성(性)의 본래 모습이 아니다.
> 을: 기질지성과 본연지성은 결코 두 가지 성(性)이 아니다. 기질 중에서 이(理)만을 가리키면 본연지성이고, 이와 기를 합하여 말하면 기질지성이다. 성이 이미 하나인데, 정(情)에 어찌 두 근원이 있겠는가?

① 이는 하나이지만 기를 타면 그 나뉨이 다름을 모르고 있다.
② 이가 발한 사단과 달리 기가 발한 칠정은 악함을 모르고 있다.
③ 이는 기질에 따라서 선하거나 악하게 됨을 바르게 알고 있다.
④ 이의 동정(動靜)이 기가 발하는 근거임을 바르게 알고 있다.
⑤ 이는 기와 결합해야 현상으로 드러날 수 있음을 바르게 알고 있다.

139

갑, 을은 한국 사상가들이다. 을의 입장에서 갑에게 제기할 수 있는 반론으로 가장 적절한 것은?

> 갑: 맹자는 사단의 발(發)을 마음이라는 표현으로 설명하였다. 이처럼 본래 마음은 이(理)와 기(氣)의 합이지만 이를 위주로 표현할 수 있다. 이를 위주로 말하면 사단은 이가 발함에 기가 따르는 것이다.
> 을: 맹자는 사단을 논할 때 반드시 성선(性善)을 사단의 근본으로 삼았다. 이것은 인의예지를 실천하는 일[行事]로 말한 것이다. 귀한 손님이 왔을 때 공경하면서도 절하여 맞이하지 않는다면 예라고 할 수 없다.

① 이(理)는 마음에 부여된 이법적 실체가 아님을 모르고 있다.
② 경(敬)은 마음을 다스리기 위한 수양이 아님을 모르고 있다.
③ 천(天)은 도덕 본성과 무관한 비인격적 존재임을 모르고 있다.
④ 덕(德)은 자주지권의 발휘로 회복되는 것임을 모르고 있다.
⑤ 성(性)은 선행을 통해 획득된 기호(嗜好)임을 모르고 있다.

140

한국 사상가 갑, 을의 입장에 대한 설명으로 가장 적절한 것은?

> 갑: 사람의 성(性)은 마음의 본체이고, 정(情)은 마음의 작용이다. 정은 하나이지만 사단이다 칠정이다 말하는 것은 오직 이(理)만 말할 때와 기(氣)를 겸하여 말할 때가 같지 않기 때문입니다.
> 을: 사람의 성이 선(善)을 좋아함은 물의 성이 아래로 흘러가기를 좋아하는 것과 같다. 성과 행함[行] 때문에 덕이라는 명칭이 있게 되었다. 사단은 사람의 성이 본래 가지고 있는 것이다.

① 갑은 치우친 기질을 교정해야 사덕이 생성될 수 있다고 본다.
② 을은 선을 좋아하는 기호를 따를 때 사단이 형성된다고 본다.
③ 갑과 을은 사덕을 인간의 순선한 도덕적 본성[性]으로 본다.
④ 갑은 을과 달리 사단은 이치[理]나 덕(德)이 아니라고 본다.
⑤ 을은 갑과 달리 사단의 확충 없이는 사덕이 있을 수 없다고 본다.

141

(가)의 중국 사상가 갑, 한국 사상가 을, 병의 입장에서 서로에게 제기할 수 있는 비판을 (나) 그림으로 표현할 때, A~E에 해당하는 내용으로 옳은 것은?

(가)	갑: 부모에게서 효(孝)의 이치를, 임금에게서 충(忠)의 이치를 구할 수 없다. 마음이 곧 이치이다. 마음이 사욕에 가려지지 않은 것이 천리(天理)이니 밖에서 조금이라도 보탤 필요가 없다. 을: 부모에게 자극을 받으면 효의 감정이, 임금에게 자극을 받으면 충의 감정이 반응한다. 감정은 마음의 움직임이다. 마음뿐 아니라 천지의 모든 변화는 기(氣)가 발하고 이(理)가 올라탄 것이다. 병: 부모를 효로써 섬김이 인(仁)이며, 임금을 충으로써 섬김이 인이다. 무릇 사람과 사람이 그 본분을 다한 연후에 그것을 인이라 일컫는다. 마음에는 본래 덕이 없는데 어찌 인이 있을 수 있겠는가?
(나)	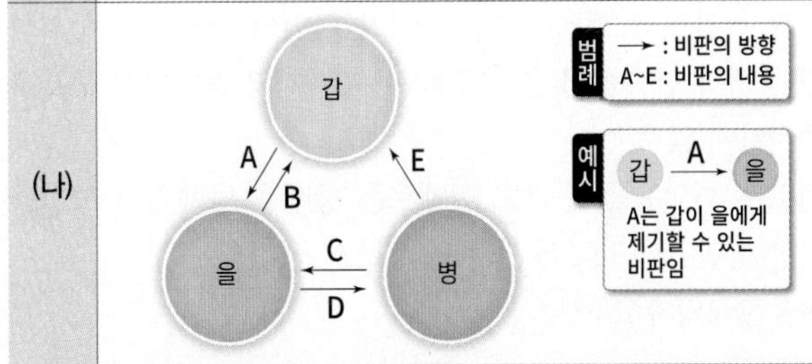

① A: 인간과 사물이 지닌 천리는 서로 다름을 간과한다.
② B: 하늘로부터 부여받은 이치가 곧 성(性)임을 간과한다.
③ C: 인의예지는 덕이지만 이(理)라고 할 수 없음을 간과한다.
④ D: 인(仁)의 근본은 타인을 측은히 여기는 마음임을 간과한다.
⑤ E: 누구나 호선오악(好善惡惡)의 감정을 타고남을 간과한다.

05 Ⅱ 동양과 한국 윤리 사상

자비의 윤리

☑ 출제 포인트 ☑ 불교의 근본 사상 ☑ 대승 불교의 특징 ☑ 교종과 선종의 특징 비교

1. 깨달음

1 불교의 연원과 근본 사상

(1) **연원**: 싯다르타가 전통 사상을 비판적으로 계승하여 창시

(2) **근본 사상** 29쪽 156번, 30쪽 160번 문제로 확인

① 연기설(緣起說): 모든 존재와 현상은 원인과 조건의 상호 관계로 생겨난다는 것 → 숙명론과는 다름

② 사성제(四聖諦): 고통의 원인과 그것을 멸하는 길을 밝힌 것

고성제	인생 자체가 고통이라는 현실 판단
집성제	고통이 생기는 원인 → 인간은 세상의 실상을 모르는 무명(無明)과 이로 인한 애욕으로 고통을 겪게 됨
멸성제	괴로움이 소멸한 상태에 관한 진리
도성제	열반에 도달하기 위한 길을 밝힌 진리 → 석가모니는 중도(中道)의 수행법인 팔정도(八正道)를 제시함

③ 삼법인(三法印): 세 가지의 진실한 가르침으로 제행무상, 제법무아, 열반적정 또는 일체개고를 말함

제행무상	모든 것은 고정됨이 없이 끊임없이 변함
제법무아	고정된 실체가 없음
열반적정	열반에 이르면 모든 고통과 번뇌에서 벗어나 고요하고 청정한 마음 상태를 갖게 됨
일체개고	일체의 모든 것이 고통일 수밖에 없음 → 인간은 탐(貪)·진(瞋)·치(痴)의 삼독(三毒)에 빠져 고통받음

④ 석가모니는 체계적 수행을 위한 계(戒)·정(定)·혜(慧) 삼학을 제시하고 남을 나처럼 사랑하는 자비의 윤리를 제시함

2 불교의 전개

(1) **부파 불교(소승 불교)의 특징**: 개인의 해탈을 중시하고 가장 높은 경지에 오른 수행자인 아라한을 이상적 인간상으로 봄

(2) **대승 불교의 특징**

① 수행자 자신의 깨달음뿐만 아니라 타인의 깨달음도 중시하여 중생과 함께할 것을 강조함 → 재가자와 출가자의 구분을 중시하지 않음

② 위로는 깨달음을 구하고 아래로는 중생을 구제하는 보살을 이상적 인간상으로 봄

③ 대승 불교의 주요 사상

중관(中觀) 사상	• 모든 존재는 연기에 의해 원인과 결과로 얽힌 상호 존재이므로 고정불변하는 실체가 없는 공(空)이라고 봄 • 깨달음을 얻기 위해서는 고정불변하는 유(有)나 아무것도 없는 무(無)의 양 극단에 빠지지 않는 중도(中道)가 중요하다고 봄
유식(唯識) 사상	• 마음의 작용을 떠나서는 어떠한 실체도 없다고 봄 → 모든 존재의 실체를 부정하는 중관 사상과 달리 마음의 작용인 식(識)은 존재한다고 봄 • 모든 것은 마음이 만든다는 일체유심조(一切唯心造)를 주장함

자료 용수의 중관 사상 31쪽 164번 문제로 확인

여러 가지 인연으로 생긴 법(法)을 무(無)라고 설하며, 가명(假名)이라고도 하고, 또한 그것을 중도(中道)의 의미라고도 한다. 어떤 한 가지 법도 인연으로부터 생기지 않는 것이 없으니, 모든 법이 공(空) 아닌 것이 없다. - 용수, "중론" -

분석 용수에 따르면 모든 존재는 인연에 따라 원인과 결과로 얽혀 끊임없이 생멸하는 상호 의존적 존재이므로 고정불변하는 독자적인 성질, 즉 자성(自性)이라는 것은 존재하지 않는다. 그래서 모든 존재는 실체가 없는 공(空)이라는 것이다.

2. 깨달음의 길

1 교종(敎宗)

(1) **특징**: 부처의 말씀인 경전을 통해 진리를 깨닫고 실천하는 것을 중시함 → 경전 이해에 기초한 체계적인 이론 제시

(2) **대표적 종파**: 천태종과 화엄종

천태종	깨달음을 얻기 위해서는 이론[敎]과 실천[觀]이 어우러져야 한다는 교관이문(敎觀二門) 강조
화엄종	우주 만물은 서로의 원인이 되며, 대립을 초월하여 하나로 융합된다는 무진연기(無盡緣起)의 법칙 강조

2 선종(禪宗)

(1) **연원**: 달마에 의해 형성되고 혜능에 의해 본격적으로 발전함

(2) **특징**: 불성에 대한 직관을 중시함 → 누구든 자신의 본성을 보면 즉각적으로 깨달음에 이를 수 있다는 돈오(頓悟)를 강조함

이심전심(以心傳心)	마음을 통해 마음에 진리를 전달함
불립문자(不立文字)	진리 전달에 있어 언어와 문자가 불필요함
교외별전(敎外別傳)	석가모니의 교설 외에 석가모니의 마음을 전달함
직지인심(直指人心)	자신의 마음을 직접 봄
견성성불(見性成佛)	자기 마음속 불성을 깨달으면 부처가 될 수 있음

자료 혜능의 돈오돈수(頓悟頓修) 31쪽 167번 문제로 확인

깨닫지 못하면 바로 부처와 중생이 있고, 깨달으면 중생이 곧 부처이다. 어리석으면 부처와 중생이 있고, 지혜가 있으면 중생이 곧 부처이다. 마음에 번뇌가 있으면 부처와 중생이 있고, 마음이 평등하면 중생이 곧 부처이다. 만약 마음에 번뇌가 생(生)한다면 부처는 중생 속에 있고, 한 생각에 평등해지면 중생은 스스로 부처가 된다. 내 마음에 스스로 부처가 있고 자불(自佛)이 바로 진불(眞佛)이다. 만약 스스로에 부처가 없다면 어디에서 부처를 구할 것인가. - 혜능, "육조단경" -

분석 선종을 집대성한 혜능은 부처가 되기 위해 단계적인 수행 과정이 필요 없다고 보았다. 왜냐하면 모든 중생이 이미 불성을 지니고 있기 때문이다. 따라서 자신의 본성을 직관하면 수행 과정 없이 단박에 부처가 될 수 있다. 그래서 혜능의 입장을 돈오돈수(頓悟頓修)라고 한다.

분석 기출 문제

» 바른답·알찬풀이 13쪽

핵심 개념 문제

•• 빈칸에 들어갈 용어를 쓰시오.

142 (　　　　)설은 우주와 인생의 모든 존재와 현상은 원인과 조건의 상호 관계에 의해 생겨난다는 이론이다.

143 중관 사상에서는 깨달음을 얻기 위해서는 (　　　　) 이/가 중요하다고 보았다.

144 선종에서는 누구든 자신의 본성을 보면 어떠한 외부의 도움 없이도 즉각적으로 깨달음에 이를 수 있다는 (　　　　)을/를 강조하였다.

•• 다음 내용이 옳으면 ○표, 틀리면 ×표를 하시오.

145 불교에서는 세상의 실상을 모르는 무명과 이로 인한 애욕 때문에 집착이 생기고 그 결과 고통을 겪는다고 본다. (　　)

146 유식 사상은 마음의 작용을 떠나서는 어떠한 실체도 존재하지 않는다고 본다. (　　)

147 천태종은 선종의 대표적인 종파이다. (　　)

•• 삼법인과 그 의미를 바르게 연결하시오.

148 제행무상 • 　　　　• ㉠ 모든 것이 고통임

149 제법무아 • 　　　　• ㉡ 모든 것이 생멸 변화함

150 일체개고 • 　　　　• ㉢ 고정된 실체가 없음

•• ㉠, ㉡ 중 알맞은 것을 고르시오.

151 부파 불교의 이상적 인간상인 (㉠ 아라한, ㉡ 보살)은 일반적으로 가장 높은 경지에 오른 수행자를 의미한다.

152 천태종은 (㉠ 화엄경, ㉡ 법화경)을 주요 경전으로 삼아 깨달음을 얻고자 하였다.

153 혜능은 (㉠ 돈오, ㉡ 점오)를 주장하였다.

•• 다음 문장과 관련 있는 개념을 〈보기〉에서 고르시오.

154 진리를 전하려고 따로 언어를 사용하지 않는다. (　　)

155 현상을 구성하는 모든 것은 마음이 만든 것이다. (　　)

[보기]
ㄱ. 이심전심(以心傳心)　　ㄴ. 불립문자(不立文字)
ㄷ. 일체유심조(一切唯心造)　　ㄹ. 견성성불(見性成佛)

1. 깨달음

빈출
156

다음을 주장하는 동양 윤리 사상의 입장으로 옳은 것은?

> 이것이 있기 때문에 저것이 있고, 이것이 생기기 때문에 저것이 생긴다. 이것이 없기 때문에 저것이 없고, 이것이 사라지기 때문에 저것이 사라진다.

① 모든 일은 이미 숙명적으로 결정되어 있다.
② 인간만이 고정불변의 독자성을 가지고 있다.
③ 만물은 서로 관련을 맺으면서 생성 소멸한다.
④ 삶의 고통은 인간이 결코 벗어날 수 없는 현실이다.
⑤ 괴로움을 없애기 위해 무명(無明)의 경지에 도달해야 한다.

157

다음을 주장하는 불교 사상의 특징으로 가장 적절한 것은?

> 예전에는 벼를 잘 말리기 위하여 볏단을 서로 기대 세워 볏가리를 만들었다. 두 개의 볏단이 서로 기대 있을 때 그것은 볏가리이지만, 기대 있지 않을 때는 더 이상 볏가리가 아니다. 두 개의 볏단은 서로 기대 있을 때 서 있을 수 있다. 그 두 볏단은 이것이 서 있으므로 저것이 서 있고, 저것이 서 있으므로 이것이 서 있는 것이다. 그러나 그 두 개의 볏단에서 어느 하나를 떼어 내면 다른 한쪽도 넘어진다. 이것이 없으므로 저것이 없고, 이것도 없는 것이다.

① 스스로 세상의 진리를 깨달아야 한다고 강조한다.
② 원인과 조건이 있기 때문에 모든 것이 생겨나고 소멸한다고 본다.
③ 인간은 자신의 의지와 행동으로 운명을 스스로 개척할 수 있다고 본다.
④ 인간의 문제를 해결하는 것은 전적으로 인간의 의지와 행동에 따라 이루어진다고 본다.
⑤ 만물이 서로가 서로를 의지하며 만들어 나갈 때 비로소 만물의 고정된 실체가 생성될 수 있다고 본다.

158

다음을 주장한 동양 사상의 입장만을 〈보기〉에서 있는 대로 고른 것은?

> 꽃의 뿌리·줄기·잎·꽃술·향기가 꽃은 아니지만 꽃은 이것들을 떠날 수 없다. 나도 이와 같다. 육체[色]가 나는 아니지만 나는 육체를 떠날 수 없다. 감수[受]·표상[想]·의지[行]·인식[識]이 나는 아니지만 나는 이것들을 떠날 수 없다. 이 다섯 가지[五蘊]를 바르게 통찰해야 나에 대한 모든 번뇌가 사라진다.

[보기]
ㄱ. 모든 사물뿐만 아니라 자아 역시 실체가 없다.
ㄴ. 인간은 삶의 무상함이 주는 고통에서 벗어날 수 없다.
ㄷ. 인생이 고통이라는 현실을 직시할 때 해탈도 가능하다.
ㄹ. 바른 수행으로 무명(無明)을 실천할 때 해탈할 수 있다.

① ㄱ, ㄴ ② ㄱ, ㄷ ③ ㄷ, ㄹ
④ ㄱ, ㄴ, ㄹ ⑤ ㄴ, ㄷ, ㄹ

159

다음을 주장한 동양 윤리 사상에 대한 옳은 설명만을 〈보기〉에서 고른 것은?

> 중생들이여, 참된 나를 보지 못하는 어리석음인 무명(無明)이 먼저 있기 때문에 좋지 못한 생각이 생기며 이것으로 말미암아 부끄러워하지도 않으며, 겸손해하지도 않는다. 참된 나를 볼 수 있는 밝은 지혜가 먼저 있기 때문에 좋은 생각이 생기며 이것으로 말미암아 부끄러워하며, 겸손해 하는 마음이 생긴다. 밝음을 따르는 지혜 있는 사람에게는 존재하고 있는 모습들의 본질을 바로 볼 수 있는 정견(正見)이 생긴다. 정견이 있으면 바른 생각이 생기고, 바른 생각이 있으면 바른 말이 생기고, 바른 말이 있으면 바른 행위가 생기고, 바른 행위가 있으면 바른 생활이 생기고, 바른 생활이 있으면 바른 정진이 생긴다.

[보기]
ㄱ. 진리가 현실을 벗어나 있음을 강조한다.
ㄴ. 개체들의 상관성에 대한 깨달음을 강조한다.
ㄷ. 팔정도(八正道)의 수행을 통해 해탈을 지향한다.
ㄹ. 초월적 실체를 근거로 유와 무의 관계를 파악한다.

① ㄱ, ㄴ ② ㄱ, ㄷ ③ ㄴ, ㄷ ④ ㄴ, ㄹ ⑤ ㄷ, ㄹ

빈출
160

다음 글은 불교의 사성제에 대한 설명이다. ㉠~㉤ 중 옳지 않은 것은?

> ㉠ 사성제는 괴로움이 생기는 원인과 그것을 멸하기 위한 방법을 밝힌 것이다. ㉡ 고제는 인간의 삶 자체가 고통으로 가득 차 있다는 것이다. ㉢ 집제는 이러한 고통을 일으키는 원인을 말한다. ㉣ 멸제는 고통과 집착으로부터 벗어난 이상적 경지를 말한다. ㉤ 도제는 열반에 도달하기 위한 수행이며, 대표적인 방법으로 팔관회(八關會)를 들 수 있다.

① ㉠ ② ㉡ ③ ㉢ ④ ㉣ ⑤ ㉤

161

다음을 주장한 동양 윤리 사상의 입장만을 〈보기〉에서 고른 것은?

> 감각적 욕망들이 주는 저열한 쾌락에 몰두하는 것과 괴로운 자기 학대에 몰두하는 것은 출가자가 가까이 가지 않아야 할 두 가지 극단이다. 이러한 두 극단에 의지하지 않는 길이 바른 깨달음과 열반으로 인도한다.

[보기]
ㄱ. 깨닫기 위해 고행을 견디는 훈련을 지속해야 한다.
ㄴ. 괴로움의 원인이 애욕과 집착에 있음을 깨달아야 한다.
ㄷ. 모든 현상이 인연(因緣)에 의해 생겨남을 알아야 한다.
ㄹ. 최대한의 감각적 쾌락을 추구할 때 열반에 이를 수 있음을 깨달아야 한다.

① ㄱ, ㄴ ② ㄱ, ㄷ ③ ㄱ, ㄹ ④ ㄴ, ㄷ ⑤ ㄷ, ㄹ

162

다음 사상가가 강조하는 삶의 자세로 알맞은 것만을 〈보기〉에서 고른 것은?

> 세상의 모든 것은 끊임없이 변하는 것이니, 순간순간 생겨나서 사라진다. 생기고 사라짐도 다하여 없어지면, 그 자리가 다름 아닌 극락이다.

[보기]
ㄱ. 삶의 허무함을 깨닫고 은둔하며 살아야 한다.
ㄴ. 만물의 의존성을 깨닫고 자비를 베풀며 살아야 한다.
ㄷ. 물질적 만족에 집착하지 말고 욕심 없이 살아야 한다.
ㄹ. 모든 일을 숙명으로 받아들이고 순응하며 살아야 한다.

① ㄱ, ㄴ ② ㄱ, ㄷ ③ ㄴ, ㄷ ④ ㄴ, ㄹ ⑤ ㄷ, ㄹ

163

다음을 주장한 동양 사상의 입장만을 〈보기〉에서 있는 대로 고른 것은?

- 모든 법(法)은 생겨나지도 없어지지도 않으며, 지속되지도 단절되지도 않으며, 같지도 다르지도 않으며, 오지도 가지도 않는다.
- 만약 모든 존재를 자성을 가진 실체로 본다면 그대는 그 존재가 인연 없이 존재한다고 보는 것이다. 어떤 존재도 인연에 의해 생겨나지 않은 것은 없다.

[보기]

ㄱ. 사물을 사물답게 만드는 자성(自性)은 없다.
ㄴ. 모든 존재의 실상이 공(空)임을 깨달아야 한다.
ㄷ. 분별적 인식을 통해 궁극적 깨달음에 도달해야 한다.
ㄹ. 모든 현상적인 것은 공(空)이지만 이를 만드는 것은 마음의 작용이다.

① ㄱ, ㄴ　② ㄴ, ㄹ　③ ㄷ, ㄹ
④ ㄱ, ㄴ, ㄷ　⑤ ㄱ, ㄷ, ㄹ

빈출
164

다음 불교 사상가가 지지할 주장으로 옳은 것은?

여러 가지 인연으로 생긴 법(法)을 무(無)라고 설하며, 가명(假名)이라고도 하고, 또한 그것을 중도(中道)의 의미라고도 한다. 어떤 한 가지 법도 인연으로부터 생기지 않는 것이 없으니, 모든 법이 공(空) 아닌 것이 없다.

① 만물을 인식하는 마음은 실재한다.
② 모든 존재는 독자적 실체로서 존재한다.
③ 만물은 유(有)이지만 마음은 무(無)이다.
④ 모든 존재는 인과로 얽힌 상호 의존적 존재이다.
⑤ 불변하는 독자적 본성을 깨달아야 해탈할 수 있다.

165

다음 유식 사상에 해당하는 내용에만 모두 '✓'를 표시한 학생은?

입장 \ 학생	갑	을	병	정	무
어떤 사물도 독자적 성질을 지니지 않는다.	✓		✓	✓	
마음의 작용을 떠나서는 어떠한 실재도 존재하지 않는다.		✓	✓		✓
구체적 사물뿐만 아니라 마음 작용인 식(識)도 실은 존재하지 않는다.				✓	✓

① 갑　② 을　③ 병　④ 정　⑤ 무

166

갑, 을은 불교 사상가이다. 갑, 을의 입장으로 옳지 않은 것은?

갑: 연기란 무엇입니까? 이것이 있기 때문에 저것이 있고, 이것이 생기기 때문에 저것이 생깁니다. 또한 생(生)이 있음으로 말미암아 늙고 죽음이 있습니다. 이것이 법(法)입니다.
을: 연기로 생겨난 모든 것을 공(空)하다고 부릅니다. 그것은 임시로 지어진 것이며 중도(中道)입니다. 어떤 것이든 연기적으로 성립하지 않은 것은 존재하지 않으므로 공하지 않은 어떤 것도 존재하지 않습니다.

① 갑: 연기를 깨달으면 해탈하여 육체적으로 영생할 수 있다.
② 갑: 우리가 경험하는 세계에서 고정된 불변의 실체는 없다.
③ 을: 현상 세계에 있는 어떠한 사물도 자성(自性)이 없다.
④ 을: 상호 의존 관계를 맺지 않는 사물은 존재하지 않는다.
⑤ 갑, 을: 자아 역시 연기로 생겨난 것임을 깨달아야 한다.

2. 깨달음의 길

빈출
167

(가) 사상가의 입장을 (나) 그림과 같이 탐구하고자 할 때, A, B에 들어갈 질문으로 적절한 것은?

(가) 깨닫지 못하면 바로 부처와 중생이 있고, 깨달으면 중생이 곧 부처이다. 어리석으면 부처와 중생이 있고, 지혜가 있으면 중생이 곧 부처이다. 마음에 번뇌가 있으면 부처와 중생이 있고, 마음이 평등하면 중생이 곧 부처이다. 만약 마음에 번뇌가 생(生)한다면 부처는 중생 속에 있고, 한 생각에 평등해지면 중생은 스스로 부처가 된다. 내 마음에 스스로 부처가 있고 자불(自佛)이 바로 진불(眞佛)이다. 만약 스스로에 부처가 없다면 어디에서 부처를 구할 것인가.

(나)

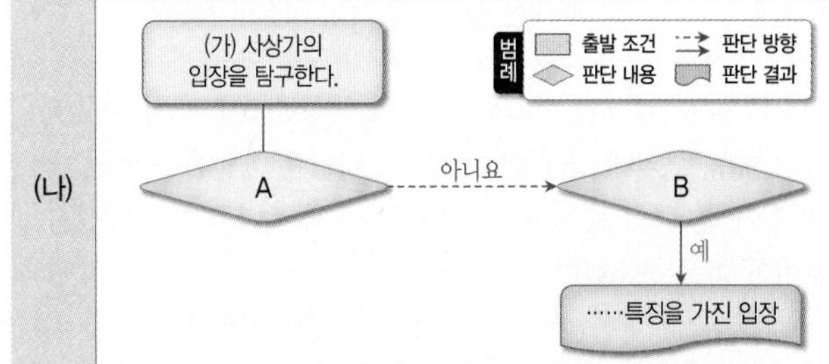

① A: 자신의 본성에서 벗어날 때 깨달음을 얻을 수 있는가?
② A: 깨달음을 얻으려면 자신의 본성을 단번에 봐야 하는가?
③ B: 지속적으로 수행해야 불성을 얻을 수 있는가?
④ B: 진리는 언어가 아닌 마음으로 전달할 수 없는가?
⑤ B: 부처가 되려면 불경을 이론적으로 공부해야만 하는가?

168

갑, 을은 중국 불교 사상가이다. 갑은 부정, 을은 긍정의 대답을 할 질문으로 옳은 것은?

> 갑: 사람의 본성은 본래 청정하지만 먼지가 끼어 있기 때문에 그 청정한 본성이 드러나지 못하고 있다. 따라서 좌선을 방편 삼아 부지런히 털고 닦아야 한다.
> 을: 밖으로 형상을 벗어나는 것이 선(禪)이요, 안으로 혼란되지 않는 것이 정(定)이다. 본생(本生)은 그 자체로 깨끗하고 정립되어 있으나 다만 대상을 보고 대상을 생각하므로 혼란해진다.

① 만물은 인연에 의해 생겨나고 사라지는가?
② 점진적 수행 없이 진리를 단박에 깨달을 수 있는가?
③ 모든 중생은 불성을 선천적으로 가지고 태어나는가?
④ 깨달음을 얻기 위해서는 반드시 경전 공부를 해야 하는가?
⑤ 언어는 진리 그 자체가 아니라 진리를 이해하기 위한 수단인가?

169

교종의 대표적 종파인 다음 사상의 입장으로 적절하지 않은 것은?

> 하나는 많은 것을 포함하며, 많은 것은 하나를 포함한다. 하나는 일체와 같으며, 많은 것은 하나와 같다. 한 티끌이 모든 곳의 우주를 포함하며, 모든 티끌들 또한 그러하다.

① 만물은 대립을 초월하여 하나로 융합된다.
② 종파 간의 분열과 대립은 큰 틀에서 지양될 수 있다.
③ 만물은 무한의 시간과 공간 속에서 서로의 원인이 된다.
④ 세계에 존재하는 모든 것들은 서로 차별함 없는 하나이다.
⑤ 궁극적 진리는 상호 의존 관계를 유지하는 독자적 실체이다.

170

다음 밑줄 친 '이 사상'에 대한 설명으로 가장 적절한 것은?

> 인도의 승려 달마를 시조로 하는 이 사상은 6대 조인 중국의 승려 혜능에 의해 집대성되었다. 이 사상은 깨달음을 얻는 데에 있어 선(禪)을 중시하며, 수행자들에게 자기 마음의 실상을 보아야 함을 강조한다.

① 부처가 말한 진리는 오직 경전을 통해 전달된다고 본다.
② 문자에 얽매이지 않아야 진리를 깨달을 수 있다고 본다.
③ 선입견에 빠지지 않기 위해 불경을 멀리해야 한다고 본다.
④ 언어 분석에 집중하여 부처의 말씀을 깨달아야 한다고 본다.
⑤ 불성을 얻기 위해서는 화두를 통해 실상을 깨달아야 한다고 본다.

1등급을 향한 서답형 문제

[171~172] 다음 글을 읽고 물음에 답하시오.

> 불교의 (㉠)은/는 모든 존재와 현상이 원인과 조건에 따라 생겨난다는 의미이다. 즉 "이것이 생(生)하면 저것이 생하고 이것이 멸(滅)하면 저것이 멸한다."라는 진리에 의해 우주, 만물, 인생이 성립되고 유지되며 존재하거나 소멸한다는 것이다. 석가모니는 이에 따라 세 가지 변하지 않는 진리인 삼법인을 제시하였다. 삼법인은 구체적으로 ㉡ 제행무상(諸行無常), ㉢ 제법무아(諸法無我), ㉣ 열반적정(涅槃寂靜) 또는 ㉤ 일체개고(一切皆苦)를 말한다.

171

㉠에 들어갈 알맞은 용어를 쓰시오.

172 서술형

㉡~㉤의 의미를 각각 서술하시오.

[173~174] 다음 글을 읽고 물음에 답하시오.

> 자성(自性)에는 잘못됨도 없고 어리석음도 없고 어지러움도 없다. 생각마다 반야로써 비추어 보아 법의 모습[法相]에서 벗어나면 자유자재하게 되니 세울 것이 무엇이 있겠는가? ㉠ 자성을 스스로 깨달음은 단박에 깨닫고 단박에 닦는 것이다.

173

㉠이 의미하는 용어를 쓰시오.

174 서술형

위 불교 사상이 제시하는 다섯 가지 진리관과 그 의미를 서술하시오.

적중 1등급 문제

» 바른답·알찬풀이 16쪽

175

다음을 주장한 고대 동양 사상가가 긍정의 대답을 할 질문으로 가장 적절한 것은?

> • 색(色)은 물방울 같고 수(受)는 물거품 같으며 상(想)은 봄날의 아지랑이 같고 행(行)은 파초와 같으며 식(識)은 허깨비와 같다고 관찰하라.
> • 고통[苦], 그 고통을 발생시키는 원인, 고통을 남김없이 다 없앤 상태, 고통이 없는 곳으로 나아가는 바른 도(道), 이 네 가지를 알지 못한다면 항상 잠들어 있는 것과 같으니라.

① 탐욕과 집착을 모두 버려야 무명(無明)을 얻을 수 있는가?
② 고통의 원인을 모두 제거해도 윤회에서 벗어날 수 없는가?
③ 자아는 다섯 가지 요소[五蘊]로 구성된 불변의 실체인가?
④ 중도(中道)를 버리고 팔정도(八正道)를 실천해야 하는가?
⑤ 연기(緣起)에 의해서 생겨난 모든 존재는 무상(無常)한가?

176

대승 불교 사상가 갑, 을의 입장에 대한 옳은 설명을 〈보기〉에서 있는 대로 고른 것은?

> 갑: 인연(因緣)으로부터 생기지 않은 어떠한 법(法)도 없으니, 모든 법이 공(空) 아닌 것이 없다. 여러 가지 인연으로 생긴 법을 무(無)라 설하며, 가명(假名)이라고도 하고 '중도(中道)'의 이치라고도 한다.
> 을: 연(緣)에 따라 오식(五識)이 일어난다. 모든 의식이 전변해서 분별과 분별되는 것으로 나뉜다. 이것들에 의지해서 나타나는 저것들은 존재한다고 볼 수 없다. 따라서 일체는 오직 의식[唯識]뿐이다.

[보기]
ㄱ. 갑은 정신은 물질과 달리 어떤 원인과 조건 없이 존재한다고 본다.
ㄴ. 을은 마음의 작용에 따라서 사물이 다르게 인식될 수 있다고 본다.
ㄷ. 갑, 을은 마음을 포함한 일체의 현상은 모두 자성(自性)을 갖는다고 본다.
ㄹ. 을은 갑과 달리 현상 세계를 만들어 낸 마음을 비우기 위한 수행이 필요하다고 본다.

① ㄱ, ㄴ ② ㄴ, ㄷ ③ ㄴ, ㄹ
④ ㄱ, ㄷ, ㄹ ⑤ ㄴ, ㄷ, ㄹ

177

다음을 주장한 불교 사상의 입장만을 〈보기〉에서 고른 것은?

> 보살의 길로 들어선 자는 일체의 중생을 아무 것도 남지 않는 열반(涅槃)의 세계로 인도하여 완전한 멸도(滅度)에 들게 하리라는 다짐을 해야 한다. 그리고 마땅히 색(色)에 머무는 바 없이 보시를 해야 한다.

[보기]
ㄱ. 열반에 이르려면 반드시 무아(無我)를 자각해야 한다.
ㄴ. 모든 것은 연기에 의해 발생하므로 자성(自性)이 없다.
ㄷ. 중도(中道)와 바라밀(波羅蜜)은 탈속하여 행해야 한다.
ㄹ. 생사(生死)와 열반은 엄격히 구분되고 분리되어야 한다.

① ㄱ, ㄴ ② ㄱ, ㄷ ③ ㄴ, ㄷ ④ ㄴ, ㄹ ⑤ ㄷ, ㄹ

178

(가)의 중국 사상가 갑, 을의 입장을 (나) 그림으로 표현할 때, A~C에 해당하는 진술로 가장 적절한 것은?

(가)	갑: 마음의 바탕[心地]에 그릇됨이 없는 것이 자성(自性)의 계(戒)이고, 산란함이 없는 것이 자성의 정(定)이며, 어리석음이 없는 것이 자성의 혜(慧)이다. 자성을 문득 깨닫고[頓悟] 문득 닦으면[頓修] 늦고 더딤이 없으므로 '일체법'을 세우지 않는다. 을: 마음은 몸을 주재하는 것으로 그 본체는 성(性)이고 천리(天理)이며 참된 앎[良知]이다. 마음의 본체는 천하의 이치를 포괄하고 있다. 그러므로 효의 마음이 있기 때문에 효의 이(理)가 있다. 효도하는 마음이 없다면 그러한 이도 존재하지 않는다.
(나)	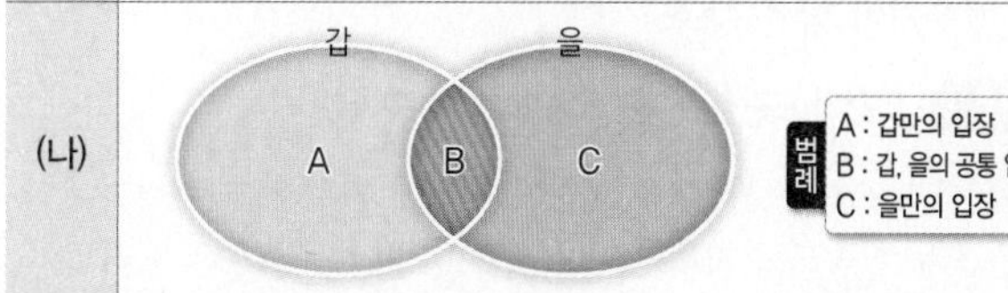

① A: 참된 앎과 행함은 본래 별개가 아니라 하나이다.
② A: 지선(至善)에 이르려면 사욕(私欲)을 없애야 한다.
③ B: 이미 마음에 갖춰진 이상적 인간됨을 발현해야 한다.
④ C: 이론적 학습을 거치지 않아도 진리를 깨달을 수 있다.
⑤ C: 타고난 본성을 교화해야 시비와 선악을 분별할 수 있다.

06 분쟁과 화합

Ⅱ 동양과 한국 윤리 사상

출제 포인트 ✓ 원효의 일심과 화쟁 사상 ✓ 의천의 교관겸수 ✓ 지눌의 돈오점수와 정혜쌍수

1. 한국 불교의 전통

1 원효의 사상

(1) 일심(一心) 사상 35쪽 195번, 36쪽 200번 문제로 확인

① 일심은 깨끗함과 더러움, 참과 거짓, 나와 너 등 일체의 이원적 대립을 초월하는 것임

② 서로 다른 이론들은 하나인 마음인 일심(一心)의 진리를 다른 시각에서 본 것일 뿐임

(2) 화쟁(和諍) 사상: 서로 대립하는 여러 불교 종파의 주장들을 보다 높은 차원에서 하나로 종합하여 모든 논쟁을 조화시키고자 하는 사상

자료 원효의 일심과 화쟁 사상 35쪽 197번 문제로 확인

바람 때문에 고요한 바다에 파도가 일어나지만 파도와 바다는 둘이 아니다. 우리의 일심(一心)에도 무명(無明)과 깨달음의 경지인 진여(眞如)가 동시에 있을 수 있지만 이 역시 둘이 아닌 하나이다. 모든 사람의 뜻은 모두 부처님의 뜻이며, 백가(百家)의 학설이 모두 옳지 않음이 없다. – 원효, "대승기신론소" –

분석 원효는 일심을 일체의 이원적 대립을 초월하는 것으로 보면서, 일심을 바탕으로 수많은 이론이 생기지만 이는 다시 일심으로 종합되는 것임을 밝혔다. 그는 이러한 일심 사상에 근거하여 당시 여럿으로 분화되어 대립·갈등하는 불교 종파의 주장들을 보다 높은 차원에서 하나로 아우르고 조화시키려는 화쟁 사상을 주장하였다.

(3) 실천 지향적 불교 사상

① 무애행(無碍行): 전국을 다니며 불경을 읽지 못해도 염불을 외우면 극락에 갈 수 있다고 가르침

② 당시 왕실 중심의 불교를 대중화하는 데 기여함

2 의천의 사상

(1) 특징: 원효의 화쟁 사상을 계승하여, 교종을 주(主)로 하고 선종을 종(從)으로 하는 교종과 선종의 조화 추구

(2) 내외겸전(內外兼全): 교종의 수양 방법과 선종의 수양 방법을 모두 갖출 것을 강조

(3) 교관겸수(敎觀兼修): 경전 읽기와 참선을 함께 수행하여 진리를 깨우쳐야 함을 강조

자료 의천의 교관겸수 37쪽 202번 문제로 확인

교(敎)를 닦으면서 관(觀)을 폐하거나 관에 치우쳐 교를 버리는 것은 모두 한쪽으로 치우쳐 나온 것이다. 따라서 교종의 승려도 선(禪)을 닦아야 하며 선종의 승려도 교리를 익히지 않으면 안 된다. – 의천, "대각국사문집" –

분석 의천은 교만 닦고 선을 없애거나 선만 주장하고 교를 버리는 것은 완전한 불교가 될 수 없다고 보았다. 그래서 교와 관의 어느 한쪽에 치우치지 않고 둘을 함께 닦는 것[敎觀兼修]이 불교 수행의 바른 길이라고 주장하였다.

3 지눌의 사상

(1) 특징: 선종의 입장에서 교종을 융화하고자 함

(2) 돈오점수(頓悟漸修): 단번에 진리를 깨친 뒤 나쁜 습기(習氣)를 차차 소멸시켜 가는 수행법

(3) 정혜쌍수(定慧雙修): 점수의 구체적인 실천 내용으로, 마음의 본체인 정(定)과 마음의 인식 작용인 혜(慧)를 함께 닦아야 한다는 것

(4) 선교일원(禪敎一元): 선(禪)은 부처의 마음과 같으며, 교(敎)는 부처의 말씀이므로 선종과 교종은 본래 하나임

자료 돈오점수와 정혜쌍수 37쪽 204번 문제로 확인

(가) 돈오(頓悟)란 홀연히 선지식의 지시로 바른길에 들어가 자기의 본래 성품을 보고, 이 성품에는 원래 번뇌가 없고 완전한 지혜의 성품이 본래부터 스스로 갖추어져 있어서 모든 부처와 다르지 않음을 아는 것이다. …… 비록 본래의 성품이 부처와 다름이 없음을 깨달았으나 오랫동안의 습기(習氣)는 갑자기 버리기 어려우므로 깨달음에 의하여 닦아 차츰 공이 이루어지기 때문에 점수(漸修)라 한다. – 지눌, "수심결" –

(나) 마음이 어지럽지 않음이 성(性)의 정(定)이며, 마음이 어리석지 않음이 그 성의 혜(慧)이다. 이와 같음을 깨달아서 고요함과 앎에 걸림이 없으며 정과 혜가 둘이 아니게 되면 그것이 정혜를 겸해 닦는 것이 된다. – 지눌, "수심결" –

분석 (가)는 돈오점수이다. 지눌은 혜능과 달리 돈오 이후에도 몸과 마음에 밴 나쁜 습관인 습기(習氣)를 제거하기 위해 점진적 수행인 점수가 필요하다고 보았다. 단 반드시 돈오가 점수보다 우선해야 한다고 주장하였다. (나)는 선정(禪定)과 지혜(智慧)를 함께 연마하라는 의미의 정혜쌍수이다. 지눌에 따르면, 선정은 흩어진 마음을 집중시켜 정신적 통일을 이룬 상태이고, 지혜는 사물의 본질을 깨닫는 것이다.

2. 한국 불교의 특징과 현대적 의의

1 한국 불교의 특징

(1) 개인의 해탈과 더불어 자비의 실천을 강조함

(2) 다양한 종파를 아우르고 통합하려는 회통적 경향을 보여 줌

(3) 유교, 무속 신앙 등 기존의 사상과 융합함

(4) 대승 불교의 전통을 확장하여 민족과 국가를 수호하고자 하는 호국 불교의 성격을 띰

2 한국 불교의 현대적 의의

(1) 현대 사회의 문제 해결과 미래 조망에 기여할 수 있음

(2) 현대 사회의 다양한 의견을 조화시키는 원리가 될 수 있음

(3) 개인이 자신의 행복을 찾아가는 데 도움을 줄 수 있음

(4) 타인과 공동체를 이롭게 하고 나눔의 가치를 되살릴 수 있음

분석 기출 문제

» 바른답·알찬풀이 17쪽

핵심 개념 문제

•• 빈칸에 들어갈 용어를 쓰시오.

179 원효가 말한 (   )(이)란 마음이 모든 것의 근거이고 바탕이라는 뜻이다.

180 원효는 일심을 바탕으로 여러 불교 종파의 주장들을 보다 높은 차원에서 아우르는 (   ) 사상을 주장하였다.

181 의천은 (   )을/를 중심으로 선종을 융합하려고 노력하였다.

182 지눌은 돈오(頓悟) 이후 누적된 습기를 제거하기 위해 점진적 수행인 (   )이/가 필요하다고 보았다.

•• 다음 내용이 옳으면 ○표, 틀리면 ×표를 하시오.

183 원효는 화쟁 사상을 통해 다양한 불교 이론 사이의 논쟁을 화해시키고자 하였다. (   )

184 의천은 교종의 수양 방법과 선종의 수양 방법을 모두 갖추어야 한다는 뜻에서 무애행을 실천하였다. (   )

185 지눌은 자기 마음이 곧 부처이며, 모든 중생이 불성을 가지고 있다고 보았다. (   )

186 의천과 지눌은 모두 진정한 깨달음을 위해서는 경전 공부와 함께 참선 수행이 필요하다고 보았다. (   )

•• 다음 불교 사상가와 그들이 강조한 내용을 바르게 연결하시오.

187 원효 •　　　　• ㉠ 내외겸전

188 의천 •　　　　• ㉡ 원융회통

189 지눌 •　　　　• ㉢ 돈오점수

•• ㉠, ㉡ 중 알맞은 것을 고르시오.

190 지눌은 (㉠ 교종, ㉡ 선종)을 중심으로 놓고 선교(禪敎) 갈등을 해결하려고 하였다.

191 원효는 표주박에 '걸림이 없다'라는 뜻의 (㉠ 무명, ㉡ 무애)을/를 새기고 사람들에게 불교를 전파했다.

192 의천은 (㉠ 원효, ㉡ 지눌)의 사상을 계승하여 선종과 교종의 갈등을 화해시키려 하였다.

•• 다음 문장과 관련 있는 개념을 〈보기〉에서 고르시오.

193 선정과 지혜는 함께 닦아야 한다. (   )

194 경전 읽기와 참선을 함께 수행해야 한다. (   )

[보기]
ㄱ. 교관겸수(敎觀兼修)　　ㄴ. 원융회통(圓融會通)
ㄷ. 정혜쌍수(定慧雙修)　　ㄹ. 돈오점수(頓悟漸修)

1. 한국 불교의 전통

빈출
195

다음을 주장한 한국 불교 사상가에 대한 설명으로 옳지 않은 것은?

> 이문(二門) 안에서는 온갖 뜻을 허용하되 산만하지 않고, 한량없는 뜻이 일심(一心)에서 같아져 혼융(混融)하니, 이런 까닭에 열어도 번거롭지 않고 합하여도 협소하지 않으며, 세워도 얻음이 없고 깨뜨려도 잃음이 없다.

① 모든 중생을 구제하기 위해 노력하였다.
② 사상 간 대립을 높은 차원에서 종합하려고 하였다.
③ 다양한 불교 종파 간의 갈등을 조화시키려고 하였다.
④ 민중에게 염불만 외우면 극락에 갈 수 있다고 가르쳤다.
⑤ 일심(一心) 안에서 서로의 차이가 더 심화된다고 보았다.

196

원효의 입장에 부합하는 진술에만 '✓'를 표시한 학생은?

입장 \ 학생	갑	을	병	정	무
선종을 중심으로 교종을 융합해야 한다.	✓			✓	
일심으로 돌아가 모든 생명을 이롭게 해야 한다.		✓			✓
불경을 읽지 못해도 염불만 외우면 극락에 갈 수 있다.			✓	✓	✓

① 갑　② 을　③ 병　④ 정　⑤ 무

빈출
197

다음 사상가가 긍정의 대답을 할 질문만을 〈보기〉에서 고른 것은?

> 바람 때문에 고요한 바다에 파도가 일어나지만 파도와 바다는 둘이 아니다. 우리의 일심(一心)에도 무명(無明)과 깨달음의 경지인 진여(眞如)가 동시에 있을 수 있지만 이 역시 둘이 아닌 하나이다. 모든 사람의 뜻은 모두 부처님의 뜻이며, 백가(百家)의 학설이 모두 옳지 않음이 없다.

[보기]
ㄱ. 인간의 본성은 본래 맑고 깨끗한가?
ㄴ. 진리는 현실을 떠나야만 얻을 수 있는가?
ㄷ. 여러 종파 간의 논쟁은 조화될 수 있는가?
ㄹ. 모든 진리와 가치 판단의 근원은 항상 다른가?

① ㄱ, ㄴ　② ㄱ, ㄷ　③ ㄴ, ㄷ　④ ㄴ, ㄹ　⑤ ㄷ, ㄹ

198

다음 한국 불교 사상가에 대한 옳은 설명만을 〈보기〉에서 고른 것은?

'일심(一心)'이란 무엇인가? 더러움과 깨끗함은 그 성품이 둘이 아니고, 참과 거짓 또한 서로 다르지 않다. 그러므로 '하나[一]'라고 한다. 이 둘이 아닌 곳에서 모든 법은 가장 진실되어 허공과 같지 않으며, 그 성품은 스스로 신령스레 알아차리므로 마음[心]이라 한다. 그러나 이 둘이 없는데 어찌 하나가 있으며 하나가 없는데 무엇을 일러 마음이라 하겠는가! 이 같은 마음의 도리는 말을 여의고 생각을 초월했으니, 무엇이라고 지목할 바를 몰라 억지로 이름하여 '일심(一心)'이라고 한다.

[보기]
ㄱ. 진리와 현실이 분리되어 있음을 강조하였다.
ㄴ. 화쟁(和諍)의 논리로 대립된 이론을 조화시키려 하였다.
ㄷ. 귀족화된 불교를 민중 불교로 전환시키려고 노력하였다.
ㄹ. 조화를 위해서는 특정한 교설과 학설을 굳게 지켜야 한다고 주장하였다.

① ㄱ, ㄴ ② ㄱ, ㄷ ③ ㄴ, ㄷ ④ ㄴ, ㄹ ⑤ ㄷ, ㄹ

199

한국 불교 사상가 갑, 을의 입장으로 옳지 않은 것은?

갑: 중생이 삶과 죽음의 바다에 빠져서 열반의 언덕에 이르지 못하는 것은 다만 의혹과 잘못된 집착 때문입니다. 그러므로 일심(一心)의 법을 세워 진여(眞如)와 생멸(生滅)의 두 가지 문[二門]에 들어가야 합니다.
을: 마음은 물과 같아서 물결이 흔들리면 그림자가 부서지고, 물이 맑고 고요하면 그 작용이 완전해진다. 정(定)이 없으면 미치광이요, 혜(慧)가 없으면 어리석은 자이다. 이 두 가지를 함께 닦아야 부처가 될 것이다.

① 갑: 중생의 마음에 진여와 생멸이라는 별개의 마음이 있다.
② 갑: 종파 간의 교리 차이라는 것도 결국 일심으로 귀결될 수 있다.
③ 을: 바람직한 수행은 점진적인 과정을 통해 이루어진다.
④ 을: 습기(習氣)를 없애려면 정(定)과 혜(慧)를 함께 수행해야 한다.
⑤ 갑, 을: 연기(緣起)를 철저히 깨달아야 해탈할 수 있다.

빈출

200

한국 불교 사상가 갑, 을의 입장에 대한 옳은 설명만을 〈보기〉에서 있는 대로 고른 것은?

갑: 중생들의 감각적·심리적 기관은 하나인 마음[一心]에서 생겨난 것이지만, 그것은 도리어 그 스스로의 근원을 배반하고 뿔뿔이 흩어져 부산한 먼지를 피우기에 이르렀다. 모든 번뇌가 이로부터 나온다.
을: 연못물을 마실 능력도 없으면서 어떻게 바다의 물을 마시겠는가. 불법을 배우는 자들이 돈오(頓悟)했다고 하면서 교리를 업신여기다가 잘 알지 못해 사람들의 비웃음을 사곤 하는데, 이는 겸학(兼學)을 제대로 하지 못한 잘못이다.

[보기]
ㄱ. 갑은 종파적 편견에서 벗어나 일심으로 돌아가야 한다고 본다.
ㄴ. 갑은 경전이 깨달음의 도구이므로 집착할 필요가 없다고 본다.
ㄷ. 을은 경전 공부와 참선 수행을 함께해야 한다고 본다.
ㄹ. 갑, 을은 돈오 후에 정(定)과 혜(慧)를 함께 닦아야 한다고 본다.

① ㄱ, ㄴ ② ㄱ, ㄹ ③ ㄷ, ㄹ
④ ㄱ, ㄴ, ㄷ ⑤ ㄴ, ㄷ, ㄹ

201

다음을 주장한 한국 불교 사상가의 입장만을 〈보기〉에서 고른 것은?

대저 진리[法]는 말[言]의 모습이 없으나 말의 모습을 떠나는 것은 아니다. 말의 모습을 떠나면 전도되어 미혹하고, 말의 모습에 집착하면 진실에 미혹한다. 세상에는 재주가 온전한 사람이 적으며, 사람의 아름다움을 갖추기는 어렵다. 교(敎)를 배우는 사람은 대개 안을 버리고 밖에서 구하려는 경향이 강하고, 반면에 선(禪)을 익히는 사람은 밖의 대상을 잊고 안으로만 파고들기를 좋아한다. 그러나 이 둘은 모두 치우친 집착으로서 두 변에 막혀 있다.

[보기]
ㄱ. 오로지 개인의 해탈을 추구할 것을 강조하였다.
ㄴ. 참선을 중심으로 선종과 교종의 조화를 추구하였다.
ㄷ. 교리 연구와 참선의 수행을 함께할 것을 강조하였다.
ㄹ. 경전 공부를 중심으로 교종과 선종의 조화를 추구하였다.

① ㄱ, ㄴ ② ㄱ, ㄷ ③ ㄴ, ㄷ ④ ㄴ, ㄹ ⑤ ㄷ, ㄹ

빈출

202

다음을 주장한 한국 사상가의 입장만을 〈보기〉에서 고른 것은?

> 교(敎)를 닦으면서 관(觀)을 폐하거나 관에 치우쳐 교를 버리는 것은 모두 한쪽으로 치우쳐 나온 것이다. 따라서 교종의 승려도 선(禪)을 닦아야 하며 선종의 승려도 교리를 익히지 않으면 안 된다.

[보기]

ㄱ. 교와 관을 함께 닦으면 보살행이 필요 없다.
ㄴ. 내적인 선과 외적인 교를 함께 수행해야 한다.
ㄷ. 분별적 인식을 통해 궁극적 깨달음을 얻어야 한다.
ㄹ. 교종을 주로 하고 선종을 종으로 하는 교종과 선종의 조화 추구가 필요하다.

① ㄱ, ㄴ ② ㄱ, ㄷ ③ ㄴ, ㄷ ④ ㄴ, ㄹ ⑤ ㄷ, ㄹ

203

(가)의 갑, 을의 입장을 (나) 그림으로 표현할 때, A~C에 해당하는 적절한 진술만을 〈보기〉에서 있는 대로 고른 것은?

(가)
갑: 옛날의 선은 교를 바탕으로 선을 닦는 것인 반면, 오늘날의 선은 교를 떠나 선만을 말한다. 선만을 말하는 것은 그 형식에 집착하여 그 내용을 잊어버린 것이다. 교와 관을 함께 닦아야 한다.
을: 본래 자신에게 불성이 있음을 홀연히 깨닫더라도 지속적 수행이 없으면 부처가 되기 어렵다. 이는 아이가 어른처럼 신체 기관을 갖추더라도 근력을 키우지 못해 어른처럼 힘을 발휘하지 못하는 것과 같다.

(나)

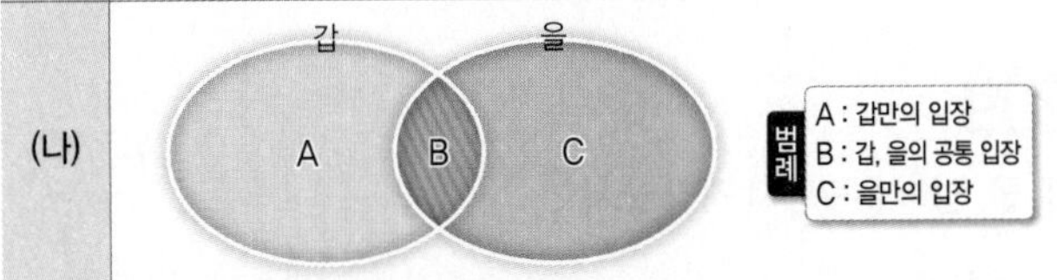

[보기]

ㄱ. A: 교종을 중심으로 선종을 융합해야 한다.
ㄴ. B: 집착에서 벗어나려면 무아(無我)를 깨달아야 한다.
ㄷ. B: 깨달음을 먼저 얻어야만 올바르게 수행할 수 있다.
ㄹ. C: 양 극단에서 벗어나 중도(中道)를 실천해야 한다.

① ㄱ, ㄴ ② ㄱ, ㄷ ③ ㄷ, ㄹ
④ ㄱ, ㄴ, ㄹ ⑤ ㄴ, ㄷ, ㄹ

빈출

204

다음을 주장한 한국 불교 사상가의 입장으로 옳은 것은?

> • 돈오(頓悟)란 홀연히 선지식의 지시로 바른길에 들어가 자기의 본래 성품을 보고, 이 성품에는 원래 번뇌가 없고 완전한 지혜의 성품이 본래부터 스스로 갖추어져 있어서 모든 부처와 다르지 않음을 아는 것이다. …… 비록 본래의 성품이 부처와 다름이 없음을 깨달았으나 오랫동안의 습기(習氣)는 갑자기 버리기 어려우므로 깨달음에 의하여 닦아 차츰 공이 이루어지기 때문에 점수(漸修)라 한다.
> • 마음이 어지럽지 않음이 성(性)의 정(定)이며, 마음이 어리석지 않음이 그 성의 혜(慧)이다. 이와 같음을 깨달아서 고요함과 앎에 걸림이 없으며 정과 혜가 둘이 아니게 되면 그것이 정혜를 겸해 닦는 것이 된다.

① 점진적 수행 이전에 단박에 깨달아야 한다.
② 경전 공부를 부정하고 참선에 매진해야 한다.
③ 깨달음을 얻기 위해 점진적 수행이 필요하다.
④ 선정을 먼저 수행한 후에 지혜를 수행해야 한다.
⑤ 부처의 본성을 얻기 위해 지속적으로 수행해야 한다.

205

다음 수행 평가 문제에 대한 학생 답안 ㉠~㉤ 중 옳지 않은 것은?

◎ 문제: 불교 사상가 갑, 을의 입장을 설명하시오.

> 갑: 고통을 끊으려면 탐욕을 버려야 한다. 색(色)의 실상에 대해 알지 못하고 탐욕을 떠나지 못하면 마음이 해탈하지 못한다.
> 을: 고통에서 벗어나는 길은 부처를 찾는 것이 최고이다. 내 마음이 부처임을 단박에 깨닫고, 깨친 뒤에도 오래 비추고 살펴야 한다. 선정[定]과 지혜[慧]를 함께 닦아야 한다.

◎ 학생 답안

우주와 인생의 모든 현상은 반드시 원인과 조건에 따라 일어난다고 본 갑은 ㉠ 세상의 모든 것이 홀로 존재하지 않고 상호 관계 속에서만 존재한다고 보았으며, ㉡ 고통을 멸하는 길을 사성제로 제시하였다. 또한 을은 ㉢ 다양한 경전을 구분하고, 이 중 핵심 경전을 중심으로 다른 모든 경전을 해석하였으며, ㉣ 부처의 마음과 말씀이 다르지 않은 것처럼 선종과 교종은 본래 하나임을 주장하였다. 한편, ㉤ 갑과 을은 모두 사람들이 연기의 법칙을 깨닫게 되면 모든 것에 대하여 자비의 마음이 생긴다고 보았다.

① ㉠ ② ㉡ ③ ㉢ ④ ㉣ ⑤ ㉤

빈출
206

한국 불교 사상가 갑, 을의 입장으로 옳은 것은?

> 갑: 관(觀)도 배우지 않으면 안 되고, 경(經)도 전수하지 않으면 안 된다고 하신 스승의 말씀처럼, 교관(敎觀)에 마음을 다해야 한다.
> 을: 망상이 들끓으면 정(定)으로 그 마음을 다스려 본래의 고요함으로 되돌리고, 혜(慧)로 멍한 상태를 다스리면 결국 대자유인이 될 것이다.

① 갑: 화쟁의 폐단에서 벗어나 선교 조화를 이뤄야 한다.
② 갑: 언어에 의존하지 말고 마음으로만 진리를 전달해야 한다.
③ 을: 점진적 수행 과정을 거쳐 단박에 깨달음을 얻어야 한다.
④ 을: 장기간 쌓인 습기(習氣)를 제거하려면 수행이 필요하다.
⑤ 갑, 을: 선종을 중심으로 교종을 융합해야 한다.

207

다음을 주장한 한국 사상가의 입장만을 〈보기〉에서 있는 대로 고른 것은?

> 비록 돈오돈수가 최상의 근기라야 들어갈 수 있는 문(門)이라고 하지만, 만약 과거를 거슬러 올라가면 이미 여러 생을 깨달음에 의지해서 닦아서 점점 익혀 오다가 금생에 이르러서 듣자마자 깨달음이 열려서 한순간에 모두 마친 것이다. 그래서 이 또한 먼저 깨닫고 뒤에 닦은 것이다.

[보기]
ㄱ. 부처의 말씀과 마음이 같듯이 선종과 교종은 본래 하나이다.
ㄴ. 깨닫기 전에 점진적인 수행의 과정이 반드시 이루어져야 한다.
ㄷ. 자신이 부처임을 깨닫더라도 나쁜 습관이 남아 있을 수 있음을 알아야 한다.
ㄹ. 돈오(頓悟) 이후의 수행은 잘못된 길을 열심히 가는 것이니 피해야만 한다.

① ㄱ, ㄴ ② ㄱ, ㄷ ③ ㄷ, ㄹ
④ ㄱ, ㄴ, ㄹ ⑤ ㄴ, ㄷ, ㄹ

2 한국 불교의 특징과 현대적 의의

208

다음 동양 사상에서 강조하는 삶의 태도만을 〈보기〉에서 고른 것은?

> 깨달음의 길은 넓고 확 트여 걸림이 없고 범주가 없다. 무엇에 기대는 것이 아주 없기 때문에 타당하지 않음이 없다. 이 때문에 일체의 다른 가르침이 모두 깨달음의 가르침이요, 온갖 학파들의 주장이 옳지 않음이 없으며, 온갖 법문이 다 진리에 들어갈 수 있다. 만약 한 쪽에 치우쳐 고집한다면 곧 미진함이 있게 된다.

[보기]
ㄱ. 자기 견해만 옳다는 독선에서 벗어나려 한다.
ㄴ. 회통(會通)을 위해 여러 의견을 획일화시킨다.
ㄷ. 일심(一心)을 깨달아 이분법적 차별 의식을 버린다.
ㄹ. 현실에서 벗어나서 참된 진리를 찾기 위해 수행한다.

① ㄱ, ㄴ ② ㄱ, ㄷ ③ ㄴ, ㄷ ④ ㄴ, ㄹ ⑤ ㄷ, ㄹ

1등급을 향한 서답형 문제

[209~210] 갑, 을, 병은 한국 불교 사상가이다. 물음에 답하시오.

> 갑: 모든 종파와 사상은 일(一)이면서 다(多)이고, 다이면서 일의 관계에 있다. 마음을 통찰하여 하나의 마음의 근원으로 돌아가라.
> 을: 선은 본체요, 지혜는 작용이니, 지혜는 선정을 떠나지 않고 선정은 지혜를 떠나지 않는다. 정과 혜는 함께 닦아야 한다.
> 병: 교를 배우는 사람이 내를 버리고 외를 구하며, 선을 익히는 사람이 인연을 잊어버리고 안으로 밝히기를 좋아하는 것은 모두 한쪽으로 치우친 것이다.

209

갑, 을, 병이 누구인지 각각 쓰시오.

210 서술형

갑, 을, 병의 구체적 사상을 근거로 한국 불교 사상의 특징을 간략히 서술하시오.

> [key words] 원융회통, 내외겸전, 정혜쌍수

적중 1등급 문제

» 바른답·알찬풀이 19쪽

211

갑은 한국 불교 사상가, 을은 중국 불교 사상가이다. 갑, 을의 입장으로 옳지 않은 것은?

> 갑: 중생의 마음이 법(法)이다. 대승에서는 모든 법이 별도의 본체를 가지는 것이 아니다. 일체의 법이 곧 일심(一心)이다. 진여(眞如)와 생멸(生滅)의 두 가지 문[二門]도 오직 일심일 따름이다.
> 을: 중생은 마음이 미혹되어 자기 자신 밖에서 부처를 찾는다. 이는 자성(自性)을 깨닫지 못한 어리석음 때문이다. 밖에서 닦지 말고 돈교(頓敎)의 이치에 따라 오직 자신의 마음에서 본성을 바로보아야 한다.

① 갑: 유(有)와 무(無)의 실상을 깨달아야 참된 지혜를 얻는다.
② 갑: 형식에 얽매이지 않는 무애행(無碍行)을 실천해야 한다.
③ 을: 선(禪)의 수행을 통해 어지러운 마음을 가라앉혀야 한다.
④ 을: 중생이 한순간에 자기 본성을 직관하면 곧 부처가 된다.
⑤ 갑, 을: 철저한 고행을 통해 부처의 가르침을 체득해야 한다.

212

한국 불교 사상가 갑, 을의 입장으로 가장 적절한 것은?

> 갑: 일심(一心)과 두 개의 문[二門] 안에 일체의 법(法)이 포함되어 있다. 진(眞)과 속(俗)은 둘이 아니지만 하나를 고수하지도 않는다. 둘이 아니므로 곧 일심이다.
> 을: 일심을 몰라 번뇌를 일으키면 중생이고, 일심을 깨달아 지혜와 능력을 발휘하면 부처이다. 돈오(頓悟)와 점수(漸修) 두 개의 문[兩門]은 성인이 닦은 길이다.

① 갑: 각 종파의 특수성을 부정해야 화쟁(和諍)을 할 수 있다.
② 갑: 일반 백성의 경우 염불 수행만으로 극락왕생할 수 없다.
③ 을: 점수는 지혜[慧]에서 벗어나 선정[定]을 닦는 수행이다.
④ 을: 습기(習氣)는 돈오 이전과 이후 모두에 존재할 수 있다.
⑤ 갑, 을: 일체의 존재와 현상은 공(空)이 아닌 무(無)이다.

213

한국 불교 사상가 갑, 을의 입장에 대한 설명으로 가장 적절한 것은?

> 갑: 교학(敎學)과 지관(止觀)을 함께 해야 한다. 교종은 외적인 공부에 치중하고, 선종은 내적인 공부에 치중한다. 따라서 내외겸전(內外兼全)하지 못하는 수행은 참다운 수행의 방법이 아니다.
> 을: 선정[定]은 본체이고 지혜[慧]는 작용이다. 지혜는 본체를 마주하여 나온 작용이므로 선정을 떠나지 않고, 선정은 작용을 마주하여 나온 본체이므로 지혜를 떠나지 않는다.

① 갑은 내적인 교(敎)와 외적인 선(禪)이 모두 필요하다고 본다.
② 을은 선은 부처의 말씀이며 교는 부처의 마음과 같다고 본다.
③ 갑은 을과 달리 정혜(定慧)를 닦아야 윤회에서 벗어난다고 본다.
④ 을은 갑과 달리 교학을 버리고 자성(自性)을 직관해야 한다고 본다.
⑤ 갑과 을은 깨달음과 중생 구제를 함께 추구해야 한다고 본다.

214

(가)의 중국 불교 사상가 갑, 한국 불교 사상가 을의 입장을 (나) 그림으로 탐구하고자 할 때, A~C에 해당하는 질문으로 가장 적절한 것은?

(가)
> 갑: 자성(自性)에는 잘못됨도 없고 어지러움도 없다. 생각마다 반야로써 비추어 보아 법의 모습[法相]에서 벗어나면 자유자재하게 되니 자성을 스스로 깨달음은 단박에 깨닫고 단박에 닦는 것이다.
> 을: 자성이 부처와 다르지 않다는 것을 깨달았더라도 습기(習氣)를 단번에 제거하기는 어렵다. 따라서 깨달음에 의지하여 닦아 나가 점차로 익힘[漸修]으로써 공덕을 이루어야 한다.

(나)
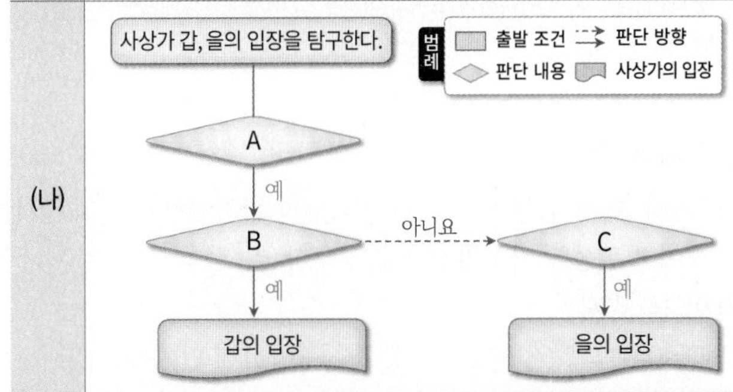

① A: 불성(佛性)을 먼저 형성해야 자성을 깨달을 수 있는가?
② A: 마음 밖에 있는 진리를 찾아야 돈오에 이를 수 있는가?
③ B: 선(禪) 수행으로 단박에 깨달으면 보살행이 필요 없는가?
④ C: 화두(話頭)를 활용한 수행으로써 깨달음을 얻을 수 있는가?
⑤ C: 지혜는 참된 마음의 본체이고, 선정은 그 마음의 작용인가?

II 동양과 한국 윤리 사상

07 무위자연의 윤리

✓ 출제 포인트 ✓ 노자 사상의 특징 ✓ 장자 사상의 특징 ✓ 도교 사상의 특징

1. 도가 사상의 전개

1 노자의 사상

(1) 사회 혼란의 원인: 그릇된 인식과 가치관, 인위적 사회 제도 → 유교의 인의(仁義)와 같은 것도 인위적 규범에 불과함

(2) 도와 덕 41쪽 230번 문제로 확인

① 도(道): 천지 만물의 근원이자 변화의 법칙

② 덕(德): 도(道)가 현실 속에서 구체적으로 드러난 것으로, 도에 따를 때 소박하고 순수한 덕을 회복할 수 있음

(3) 이상적인 삶

① 무위자연(無爲自然): 자연의 질서를 따르는 것

② 상선약수(上善若水): 물처럼 만물을 이롭게 하고 겸허(謙虛)와 부쟁(不爭)의 덕을 갖춰야 함

(4) 이상적인 사회: 나라의 영토가 작고 인구가 적으며, 백성이 인위적 규범이나 제도에 얽매이지 않고 무위와 무욕에 따라 살아가는 소국과민(小國寡民) 사회

(5) 수양법: 마음에 내재한 일체의 인위적인 것을 비워 낸 본래의 마음 상태인 허정(虛靜)에 힘쓸 것을 강조함

(6) 이상적 인간: 무위자연의 삶을 살아가는 성인(聖人)

자료 노자의 소국과민 41쪽 231번 문제로 확인

영토는 작고 백성의 수가 적다. 비록 다양한 도구가 있더라도 쓰지 않는다. 백성들로 하여금 저마다 삶을 아끼고 떠돌아다니지 않게 한다. 비록 배나 수레가 있어도 타고 다닐 필요가 없고, 갑옷과 무기가 있어도 쓸 필요가 없도록 한다. - 노자, "도덕경" -

분석 〉 노자는 인위적인 제도와 규범에 따른 정치에 반대하고, 무위의 다스림[無爲之治]을 통해 백성들의 무지(無知)와 무욕(無欲)을 실현하는 정치를 이상적인 정치로 보았다. 그는 이러한 다스림이 실현된 이상 사회로 작은 영토에 적은 백성이 모여 살아가는 소국과민(小國寡民)을 제시하였다.

2 장자의 사상

(1) 도(道): 천지 만물의 근원 → 도(道)의 관점에서 만물의 상대적이고 평등한 가치의 인식을 강조함

(2) 이상적 경지

① 제물(齊物): 도의 관점에서 만물을 평등하게 인식하는 것

② 소요(逍遙): 정신적 자유의 경지

③ 물아일체(物我一體): 자연의 섭리에 자신을 내맡기는 것

(3) 수양법 42쪽 235번 문제로 확인

① 좌망(坐忘): 조용히 앉아서 현재의 세계를 잊고 무아(無我)의 경지에 들어가는 것

② 심재(心齋): 잡념을 없애고 마음을 비워 깨끗이 하는 것

(4) 이상적 인간: 수양을 통해 절대적 자유의 경지에 오른 인간으로 성인(聖人), 지인(至人), 신인(神人), 천인(天人) 등으로 칭함

자료 장자의 사상 43쪽 237번 문제로 확인

여희는 모든 사람들이 인정하는 미녀이지만, 물고기가 그녀를 보면 깊이 숨고, 새가 그녀를 보면 높이 날아가 버린다. 사슴이 그녀를 보면 급히 도망가 버린다. 누가 천하의 참다운 아름다움을 아는 것인가? - "장자" -

분석 〉 장자는 인간의 자기중심적인 편견에서 비롯된 분별, 즉 시비(是非), 귀천(貴賤), 미추(美醜) 등은 상대적이며 사회 혼란을 초래하는 것일 뿐이라고 보았다. 그래서 그는 차별 의식에서 벗어나 도의 관점에서 만물을 평등하게 바라보아야 한다고 주장하였다.

2. 도가 사상의 영향

1 도교의 성립과 전개

(1) 도교의 성립: 도가 사상에 민간 신앙을 비롯한 다양한 요소가 결합되어 종교화함 → 현세적인 길(吉)과 복(福)을 추구하면서 불로장생과 신선술을 믿음

(2) 도교의 전개 44쪽 242번 문제로 확인

① 황로학파(黃老學派): 무위(無爲)로써 다스린다는 제왕의 통치술을 주장함 → 도가를 바탕으로 유가·묵가·법가 등을 수용

② 태평도(太平道): 황로학파와 민간 신앙을 바탕으로 천하태평의 이상 사회를 현실에 실현시키고자 함

③ 오두미교(五斗米敎): 교리를 믿고 규정된 규율과 의식을 따르면 병이 낫는다고 주장하면서 도덕적 선행을 권장함

④ 현학(玄學): 도가 사상을 철학적으로 계승하면서 형이상학적·예술적 논의를 중시하고 정신적 자유를 추구하는 청담(淸談) 사상을 제시함 예 죽림칠현(竹林七賢)

2 도가·도교 사상과 한국 고유 사상의 융합

(1) 우리 전통 사상에 나타난 도가·도교적 요소

① 풍류 사상: 최치원의 '난랑비서문'이나 원광법사의 세속오계 속에서 도가적인 요소를 발견할 수 있음

② 신선 사상: 고대 고분 벽화나 단군 신화에 등장하는 신선의 모습을 통해 도교적 요소를 찾아볼 수 있음

③ 고유 사상에 깃든 도가·도교적 요소는 중국으로부터 도가·도교 사상이 우리 땅에 자연스럽게 수용되는 바탕이 됨

(2) 한국의 도가·도교의 특징

① 도교의 국가적 수용: 국가적 차원에서 도교의 제례인 재초(齋醮)를 시행함 → 삼국 시대부터 시작되어 조선 초까지 명맥이 이어짐

② 양생술과 수련 도교의 수용: 불로장생을 추구하는 신선 사상의 영향을 받음 → 허준의 "동의보감"은 도교의 양생술에 영향을 받은 의학서임

③ 민간 신앙과 도교의 융합: 성황·칠성·조왕 등 여러 신 숭배, 자연의 기운을 통해 복을 기원하는 풍수지리 사상 등

분석 기출 문제

» 바른답·알찬풀이 20쪽

핵심 개념 문제

•• 빈칸에 들어갈 용어를 쓰시오.

215 도가에서 (　　　　)(이)란 우주 만물의 근원이자 변화의 법칙이라고 할 수 있다.

216 장자는 어떠한 외물에도 얽매이지 않고 자유롭게 노니는 이상적 경지인 (　　　　)을/를 추구하였다.

217 장자는 수양 방법으로 조용히 앉아서 자신을 구속하는 일체의 것을 잊는 (　　　　)을/를 제시하였다.

•• 다음 내용이 옳으면 ○표, 틀리면 ×표를 하시오.

218 노자는 물처럼 자신을 비우고, 남과 쓸데없이 다투지 않는 삶이 좋은 삶이라고 보았다. (　　)

219 장자는 구속에서 자유로워지기 위한 수양법으로서 모든 것을 다 잊어버리는 거경을 강조하였다. (　　)

220 한나라 초기, 황로학파는 무위(無爲)로써 다스리는 제왕의 통치술을 주장하였다. (　　)

•• 도가 사상의 용어와 그 개념을 바르게 연결하시오.

221 덕 • 　　　　• ㉠ 만물을 평등하게 봄

222 심재 • 　　　　• ㉡ 도가 현실에 드러난 것

223 제물 • 　　　　• ㉢ 마음을 비워 깨끗이 함

•• ㉠, ㉡ 중 알맞은 것을 고르시오.

224 노자는 세상이 (㉠ 도, ㉡ 인)을/를 잃은 후에 인위적인 덕이 생겨났다고 본다.

225 장자는 내면의 욕심을 씻어서 인간 본연의 (㉠ 도덕적, ㉡ 소박한) 본성을 회복해야 한다고 보았다.

226 위진 시대의 현학은 (㉠ 청담 사상, ㉡ 제왕의 통치술)을 제시하였다.

•• 다음 내용과 관련 있는 개념을 〈보기〉에서 고르시오.

227 성황·칠성·조왕, 성황당, 풍수지리 (　　)

228 '난랑비서문'과 세속오계 (　　)

【 보기 】
ㄱ. 현학　　　　ㄴ. 신선 사상
ㄷ. 민간 신앙　　ㄹ. 풍류 사상

1. 도가 사상의 전개

229

다음 고대 동양 사상가가 강조하는 삶의 태도로 적절한 것은?

> 도(道)라고 말할 수 있는 도는 참된 도가 아니다. 이름 지어 부를 수 있는 이름은 참된 이름이 아니다. 무(無)는 천지의 시초요, 유(有)는 만물의 모태다.

① 인의(仁義)의 덕을 함양하여 만물을 이롭게 한다.
② 타고난 덕성이 실현되도록 예(禮)에 따라 행동한다.
③ 인위적으로 일을 도모하지 않고 겸허하게 살아간다.
④ 만물의 연계성을 자각하여 중생의 해탈을 위해 힘쓴다.
⑤ 분별적인 지식을 쌓아 도의 관점에서 만물을 바라본다.

빈출 **230**

다음 고대 동양 사상가에 대한 설명으로 옳은 것은?

> 성인(聖人)은 다스릴 때 백성들의 마음을 텅 비게 하되 그들의 배는 채워 주며, 그들의 뜻은 약하게 만들되 그들의 뼈는 강하게 해 준다.

① 도덕의 근원인 하늘을 본받아야 한다고 본다.
② 자연을 따르는 삶이 사회 질서를 해친다고 본다.
③ 예(禮)를 익혀 인의(仁義)를 실현해야 한다고 본다.
④ 경제력을 바탕으로 문화 강국을 세워야 한다고 본다.
⑤ 인위적인 규범이 오히려 사회 혼란의 원인이라고 본다.

빈출 **231**

다음 이상 사회의 특징으로 옳은 것은?

> 영토는 작고 백성의 수가 적다. 비록 다양한 도구가 있더라도 쓰지 않는다. 백성들로 하여금 저마다 삶을 아끼고 떠돌아다니지 않게 한다. 비록 배나 수레가 있어도 타고 다닐 필요가 없고, 갑옷과 무기가 있어도 쓸 필요가 없도록 한다.

① 차별이 없는 사랑이 실현되는 사회
② 군주가 도덕과 예의로 백성을 교화하는 사회
③ 예와 같은 인위적 도덕규범이 사라진 사회
④ 지혜의 덕을 갖춘 철학자가 통치하는 사회
⑤ 법(法)과 술(術)의 정치를 통해 부강해진 사회

232

다음을 주장한 고대 동양 사상가의 입장에만 모두 '✓'를 표시한 학생은?

> 참된 도(道)에는 이름이 없다. 도는 통나무처럼 소박하지만 천하의 누구도 도를 부릴 수는 없다. 제후와 왕들이 이를 터득하면 명령을 내리지 않아도 백성들이 저절로 조화를 이루게 된다.

입장 \ 학생	갑	을	병	정	무
언어로 표현할 수 있는 도는 참된 도가 아니다.	✓		✓	✓	
이기적인 본성을 교화시켜 소박하게 만들어야 한다.		✓			✓
백성을 무지 상태에 있도록 하는 정치를 해야 한다.		✓	✓	✓	✓
인간이 가진 도덕성의 근원은 하늘이다.	✓			✓	✓

① 갑 ② 을 ③ 병 ④ 정 ⑤ 무

233

(가)의 갑, 을의 입장을 (나) 그림으로 표현할 때, A~C에 들어갈 적절한 진술만을 〈보기〉에서 있는 대로 고른 것은?

(가)
갑: 으뜸가는 선(善)은 물과 같다. 성인(聖人)은 만물을 이롭게 하고 다투는 일이 없으며 모두가 싫어하는 낮은 곳에 처한다. 성인의 다스림은 백성들의 마음을 비우고 배를 든든하게 한다.
을: 도(道)는 오로지 빈[虛] 곳에만 모이는 것이니 이렇게 마음을 비움이 심재(心齋)이다. 성인의 다스림은 밖을 다스리는 것이 아니라 자기를 바르게 한 후에 행동하는 것에 그친다.

(나)
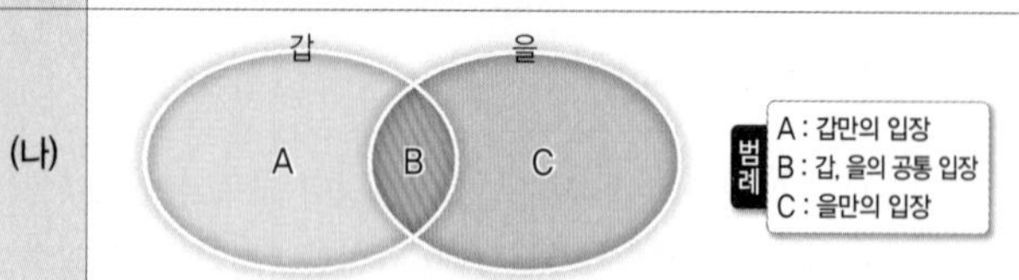

[보기]
ㄱ. A: 본성을 확충하여 충서(忠恕)를 실천해야 한다.
ㄴ. B: 소박한 본성에 따라 무위(無爲)의 삶을 살아야 한다.
ㄷ. B: 도(道)를 본받아 차별과 선입견에서 벗어나야 한다.
ㄹ. C: 외물에 얽매이지 않고 자연스러운 삶을 살아야 한다.

① ㄱ, ㄴ ② ㄴ, ㄷ ③ ㄷ, ㄹ
④ ㄱ, ㄴ, ㄹ ⑤ ㄱ, ㄷ, ㄹ

234

(가)의 고대 동양 사상가의 입장을 (나) 그림으로 탐구하고자 할 때, A, B에 들어갈 질문으로 적절한 것은?

(가) 성인(聖人)은 백성들로 하여금 총명하게 하지 않고 어리석게 하였다. 백성들을 다스리기 어려운 것은 지혜가 많기 때문이다. 그러므로 지혜로 나라를 다스리는 것은 나라에 화(禍)가 된다.

(나)
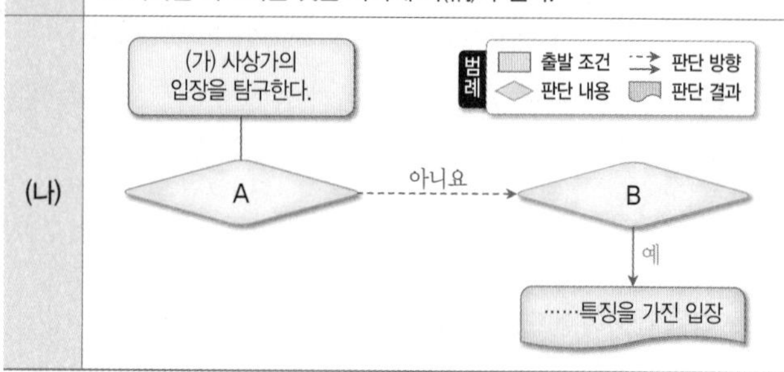

① A: 군주는 다스림 없는 다스림을 추구해야 하는가?
② A: 군주는 백성이 순박하게 살도록 예를 가르쳐야 하는가?
③ B: 군주는 법(法)에 의해 백성을 다스려야 하는가?
④ B: 군주는 백성이 현자(賢者)를 숭상하도록 해야 하는가?
⑤ B: 군주는 백성이 무위(無爲)하도록 학문을 가르쳐야 하는가?

빈출
235

그림은 춘추 전국 시대 어느 사상가에 대한 수업 장면이다. A 사상가에 대한 설명으로 가장 적절한 것은?

① 인(仁)의 덕을 본받아야 한다고 보았다.
② 내적 깨달음과 정신적 자유를 중시하였다.
③ 분별적 지혜를 갖추기 위해 노력해야 한다고 보았다.
④ 인위적인 예법으로 본성을 교화해야 함을 강조하였다.
⑤ 인의(仁義)의 도덕을 통해 사회 혼란을 극복하고자 하였다.

236

다음을 주장한 고대 동양 사상가의 입장으로 옳은 것은?

> 성인(聖人)은 아무것에도 얽매이지 않고 마음을 자유로이 노닐게 한다. 그는 지식을 재앙의 근원으로 여기고 예의 규범을 몸을 얽매는 것으로 생각한다. 세상의 도덕을 교제 수단으로 간주하고 기교를 장사의 솜씨로 여긴다. 성인은 모략을 하지 않으니 어찌 지식이 필요하겠는가.

① 누구나 수양을 통해 성인(聖人)이 될 수 있다.
② 바람직한 군주는 법(法)으로 백성을 다스린다.
③ 성인의 정치는 인의(仁義)의 덕을 펼치는 것이다.
④ 윤회에서 벗어나기 위해 좌망으로 수행해야 한다.
⑤ 이기적인 본성을 고치기 위해 도(道)를 닦아야 한다.

빈출
237

다음을 주장한 고대 동양 사상가의 입장으로 옳은 것은?

> 여희는 모든 사람들이 인정하는 미녀이지만, 물고기가 그녀를 보면 깊이 숨고, 새가 그녀를 보면 높이 날아가 버린다. 사슴이 그녀를 보면 급히 도망가 버린다. 누가 천하의 참다운 아름다움을 아는 것인가?

① 선악에 대한 사회적 기준은 절대적이다.
② 배움을 통해 소박한 본성을 변화시켜야 한다.
③ 인간은 수양을 통해 자유로운 삶을 살 수 있다.
④ 도덕규범을 실천하라는 천명(天命)을 완수해야 한다.
⑤ 군주는 자신의 인격을 닦은 후에 예로써 다스려야 한다.

238

고대 동양 사상가 갑, 을의 입장으로 옳지 않은 것은?

> 갑: 뛰어난 덕은 덕을 마음에 두지 않으니 이 때문에 덕이 있고, 하찮은 덕은 덕을 잃지 않으려고 하니 이 때문에 덕이 없다. 뛰어난 덕은 무위(無爲)하다.
> 을: 옳음으로 말미암아 그릇됨이 있고, 그릇됨으로 말미암아 옳음이 있다. 그래서 성인은 자연(自然)에 비추어 만물을 생각하는 것이다.

① 갑: 하늘은 민심을 통해 자신의 의지를 나타낸다.
② 갑: 백성을 무지 상태에 머물게 하는 정치가 좋은 정치다.
③ 을: 선입견에서 벗어나 절대 자유를 추구해야 한다.
④ 을: 자연의 흐름에 순응하여 소요의 삶을 살아야 한다.
⑤ 갑, 을: 도의 관점에서 보면 만물은 상대적인 가치를 지닌다.

239

다음 가상 대담의 ㉠에 들어갈 진술로 가장 적절한 것은?

장자라면 오늘날 우리 사회의 성형 수술 열풍을 어떻게 평가할까요?
장자는 성형 수술을 부정적으로 평가할 것입니다. 왜냐하면 성형 수술은 ㉠ 입니다.

① 만족스러운 결과를 얻기 어렵기 때문
② 인위적인 미의 기준에 맞추고자 하기 때문
③ 외모에 대한 뚜렷한 기준이 아직 존재하지 않기 때문
④ 외모에 대한 집착과 욕심은 해탈에 방해가 되기 때문
⑤ 외모보다는 그 사람의 도덕성을 더욱 중시해야 하기 때문

2. 도가 사상의 영향

240

다음 동양 사상에 대한 옳은 설명만을 〈보기〉에서 고른 것은?

> • 노장 사상과 주역(周易)을 재해석하고 담론을 즐겼다.
> • 대표적 사상가들로 죽림칠현(竹林七賢)이 있다.

[보기]
ㄱ. 세속적 가치를 넘어서는 예술적인 사유를 중시한다.
ㄴ. 무위로써 백성을 다스리는 제왕의 통치술을 강조한다.
ㄷ. 현실을 떠나 관념적 주제에 대한 철학 토론을 추구한다.
ㄹ. 황로학파와 민간 신앙을 결합하여 이상 사회를 추구한다.

① ㄱ, ㄴ ② ㄱ, ㄷ ③ ㄱ, ㄹ ④ ㄴ, ㄷ ⑤ ㄷ, ㄹ

241

다음 글을 통해 알 수 있는 도교가 당시 사람들에게 미친 영향으로 가장 적절한 것은?

> "공과격(功過格)"은 도교에서 만든 책으로, 공덕과 과오의 기준을 제시한 것이다. 좋은 행위와 나쁜 행위에 점수를 매겨 매일 스스로의 행동을 채점하게 하였던 것이다.

① 국가의 법률에 대한 이해를 도왔다.
② 당대의 시대 상황에 대한 이해를 도왔다.
③ 도덕적 선행에 관심을 기울이도록 하였다.
④ 전통적 도덕관념에서 벗어날 수 있도록 도왔다.
⑤ 철학적이고 예술적인 담론에 관심을 기울이게 하였다.

242

다음 동양 사상에 대한 설명으로 가장 적절한 것은?

> • 무(無)는 만물을 생성하는 근원적인 존재로 유(有)는 무(無)에서 생겼으며 모든 것은 무(無)로 돌아간다.
> • 일곱 명의 선비가 대나무 숲에 모여 거문고와 술을 즐기며 청담(淸談)으로 세월을 보냈다.

① "도덕경"을 경전으로 삼아 종교적 면모를 갖추었다.
② 무위의 다스림을 통해 천하를 통치할 것을 강조하였다.
③ 도덕적 선행을 통해 불로장생을 이룰 수 있다고 주장하였다.
④ 도가의 무위 사상과 더불어 유가, 묵가, 법가의 사상을 수용하기도 하였다.
⑤ 부패한 현실에 등을 돌리고 우주론적 최고의 원리와 경지에 대해 토론하였다.

243

다음 사례에 대한 설명으로 가장 적절한 것은?

> • 조왕신 • 칠성신 • 성황당(서낭당)

① 외래 사상을 무비판적으로 수용한 사례이다.
② 사람을 하늘처럼 여기는 동학 사상의 흔적이다.
③ 유교적 풍습이 오늘날까지 전해지고 있음을 알려 준다.
④ 도교가 우리의 민속에 깊이 융합되어 있음을 보여 준다.
⑤ 불교의 신앙 대상이 민간으로 전파되었다는 것을 보여 준다.

244

교사의 질문에 옳지 않게 대답한 학생은?

> 교사: 우리나라의 도가·도교 사상에 대해 말해 보세요.
> 갑: 고려 시대에는 도교가 융성했습니다.
> 을: 최치원은 '난랑비서문'에서 도교를 언급하였습니다.
> 병: 재초를 통해 시행된 도교가 과의 도교입니다.
> 정: 조선 시대에는 도교를 국가적 차원에서 장려하였습니다.
> 무: 민간 신앙에 등장하는 서낭신, 칠성신 등은 도교가 우리의 민속과 융합되었음을 보여 줍니다.

① 갑 ② 을 ③ 병 ④ 정 ⑤ 무

1등급을 향한 서답형 문제

[245~246] 다음 글을 읽고 물음에 답하시오.

> 고대 동양 사상가인 그는 ㉠작은 영토에 적은 백성이 모여 살아가는 사회를 이상 사회로 제시하면서, 정치의 목표를 "백성들로 하여금 아는 것도 없고 욕망도 없게 만드는 것이다."라고 하였다.

245

㉠에 해당하는 개념을 쓰시오.

246 서술형

위 사상가가 지향한 바람직한 정치와 실현 방안을 서술하시오.

[247~248] 다음 글을 읽고 물음에 답하시오.

> 사람들은 소, 양을 잡아먹고, 사슴은 풀을 먹고, 지네는 뱀을 먹는다. 과연 어느 동물의 입맛이 올바른 것인가? 내가 보건대 세상 사람들이 인의(仁義)와 시비(是非)를 어지럽게 주장하지만 어찌 그것을 구분할 수 있겠는가?

247 서술형

위 사상가가 주장하는 사회 혼란의 원인을 서술하시오.

> [key words] 평등, 차별, 편견

248 서술형

위 사상가가 다음 문제 상황에 대해 제시할 조언을 서술하시오.

> 다문화 이웃 중에서 어떤 사람들은 생활 수준이 높은 유럽이나 북미 출신의 외국인은 호의적으로 대하는 반면, 생활 수준이 낮은 동남아시아나 아프리카 출신 외국인은 퉁명스럽게 대하기도 한다.

249

다음 글에서 설명하는 개념을 쓰시오.

> 이리저리 자유롭게 거닐며 노닌다는 의미로 속된 세상을 초월하여 참다운 정신적 자유를 누리는 경지를 의미한다.

적중 1등급 문제

» 바른답·알찬풀이 22쪽

250

고대 동양 사상가 갑, 을의 입장으로 가장 적절한 것은?

> 갑: 지인(至人)은 기(氣)의 변화에 얽매이지 않고 어떤 것에도 거리낌이 없다. 그의 마음 씀은 거울과 같아서 보내지도 않고 맞이하지도 않는다.
> 을: 성인(聖人)은 백성으로 하여금 교활한 지식과 말재간을 버리도록 하여 그들의 이로움을 크게 늘린다. 또한 인의(仁義)를 버리도록 하여 효도와 자애를 회복한다.

① 갑: 도는 인간의 길흉(吉凶)을 주재하는 인격적 존재이다.
② 갑: 도를 행하면 분별적 지식이 늘어나고 덕성이 함양된다.
③ 을: 도는 감각적으로 경험할 수 없지만 언어로써 규정된다.
④ 을: 도를 체득해야 본성[性]을 교정하여 선을 이룰 수 있다.
⑤ 갑, 을: 도에서 만물이 생겨나고 도에 따라 만물이 움직인다.

251

(가)의 고대 동양 사상가 갑, 을의 입장을 (나) 그림으로 탐구하고자 할 때, A~C에 해당하는 옳은 질문만을 〈보기〉에서 있는 대로 고른 것은?

(가)
갑: 해와 달은 본래 밝고 수목은 본래 서서 자란다. 자연의 덕을 본받아 행하고 자연의 도(道)를 따를 뿐, 애써 인의(仁義)를 내세울 필요가 없다.
을: 선비[士]가 거처해야 할 곳은 인(仁)이며, 선비가 걸어야 할 길은 다름 아닌 의(義)이다. 인에 거처하고 의를 따르면 대인(大人)의 일이 갖추어진다.

(나)

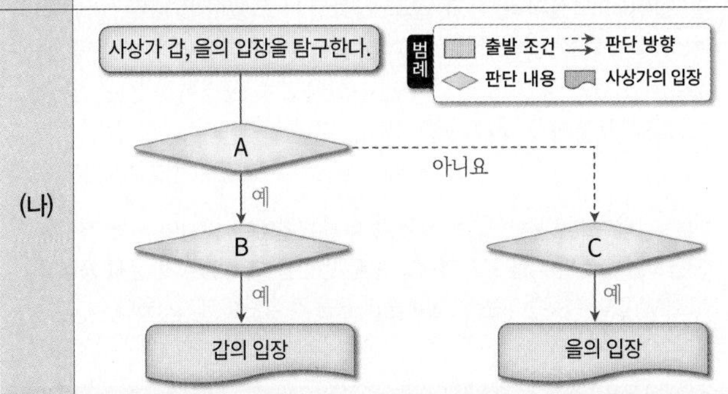

[보기]
ㄱ. A: 이상적 경지에 이르려면 도를 따라야 하는가?
ㄴ. A: 예(禮)는 인간의 본성과 세상을 어지럽히는가?
ㄷ. B: 만물은 상이한 본성[性]과 능력을 가지고 있는가?
ㄹ. C: 선비는 항산(恒産)이 없어도 항심(恒心)을 지니는가?

① ㄱ, ㄷ ② ㄱ, ㄹ ③ ㄴ, ㄷ
④ ㄱ, ㄴ, ㄹ ⑤ ㄴ, ㄷ, ㄹ

252

(가)의 고대 동양 사상가 갑, 을, 병의 입장에서 서로에게 제기할 수 있는 비판을 (나) 그림으로 표현할 때, A~F에 해당하는 옳은 진술만을 〈보기〉에서 있는 대로 고른 것은?

(가)
갑: 도(道)란 큰길과 같다. 어찌 알아보기 어렵겠는가? 대장부는 뜻을 얻으면 백성과 함께 도를 행하고 뜻을 얻지 못하면 홀로 도를 행한다. 인(仁)은 사람의 마음이고 의(義)는 사람의 길이다.
을: 도는 고금(古今)의 올바른 판단 기준이다. 이 도는 하늘의 도가 아니요 땅의 도도 아닌 인간의 도이다. 인간의 본성[性]은 악하나 도를 받들어 선을 쌓으면 누구나 성인이 될 수 있다.
병: 도는 실재하고 진실하지만 하는 일도 없고 형체도 없다[無爲無形]. 도는 스스로가 근본이 되고 하늘과 땅을 생성하였으며 개미, 쭉정이, 기왓장 등 어디에나 있지 않은 곳이 없다.

(나)

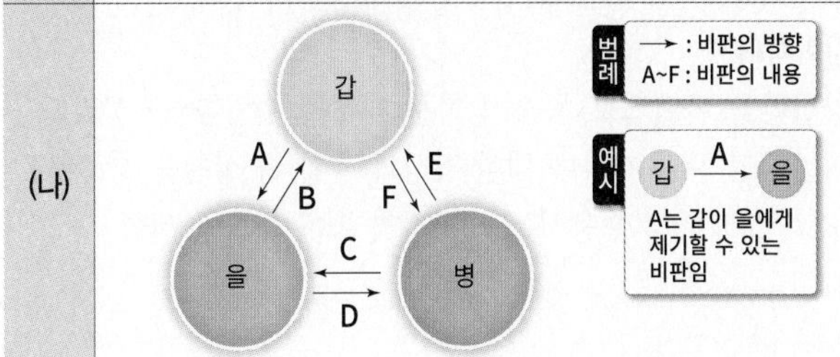

① A: 인위를 더하지 않으면 본성은 선해질 수 없음을 간과한다.
② B: 본성의 변화 없이는 도덕적 인식이 불가능함을 간과한다.
③ C: 본성을 닦아서[性修] 타고난 덕을 회복해야 함을 간과한다.
④ C, E: 시비는 도의 관점에서 보면 절대적인 것임을 간과한다.
⑤ D, F: 도덕과 통치의 원리는 하늘에 근거해야 함을 간과한다.

253

고대 동양 사상가 갑, 을의 입장으로 가장 적절한 것은?

> 갑: 가장 훌륭한 지도자는 사람들에게 그 존재 정도만 알려져 있다. 그 다음은 사람들이 가까이하고 칭찬하며, 그 다음은 사람들이 두려워한다. 성인(聖人)은 무위(無爲)하지만 다스리지 못하는 것이 없다.
> 을: 가장 훌륭한 도(道)가 행해지면 천하는 모두의 것이 된다. 현명한 사람을 지도자로 뽑고 유능한 자에게 관직을 주며 신의와 화목을 가르친다. 홀아비와 과부, 고아와 홀로 남은 노인이 모두 보살핌을 받는다.

① 갑: 무위의 다스림을 통해 이름을 똑바로 세워야[正名] 한다.
② 갑: 마음을 비우고 고요하게[虛靜] 해야 도를 따를 수 있다.
③ 을: 최상의 덕이란 사람을 차별 없이 사랑하는[兼愛] 것이다.
④ 을: 인(仁)은 내면적 도덕성을 잃어버린 후에 생겨난 것이다.
⑤ 갑, 을: 성인의 다스림은 백성을 무욕과 무지의 상태에 둔다.

08 Ⅱ 동양과 한국 윤리 사상

한국과 동양 윤리 사상의 의의

☑ 출제 포인트 ☑ 위정척사 사상과 동도서기론의 공통점과 차이점 ☑ 동학, 증산교, 원불교의 중심 사상 비교

1. 한국 전통 윤리 사상의 근대적 지향성

1 조선 후기의 사상

(1) 실학

① 성리학의 공리공론을 비판하면서 실용적인 학문을 추구함
② 성리학과 다른 세계관과 인간관 및 도덕관을 제시함
③ 우리의 역사, 지리, 문화 등에 대한 독자적 탐구를 전개함
④ 경세치용, 이용후생, 실사구시의 방향으로 전개됨

(2) 강화학파

① 양명학을 바탕으로 독자적 학문 체계를 수립함 → 성리학을 비판하고 참된 자아에 대한 각성과 생활 속 실천을 강조함
② 도교, 불교까지 수용하는 개방적인 학문 태도를 취함

2 근대 격변기의 사상과 신흥 민족 종교

(1) 위정척사(衛正斥邪) 사상 48쪽 272번 문제로 확인

① 특징: 성리학에 바탕을 둔 유교적 질서를 지키고 서양의 종교와 문물을 배척해야 한다고 주장함
② 의의 및 영향: 주체성을 지키려는 의식과 절의를 강조하는 선비 정신의 표출로서 의병 운동에 영향을 줌

(2) 개화사상

① 급진적 개화론: 유교 질서의 근본적 변혁 강조 → 전통적 정치 체제를 혁파하고 서구식 정부의 수립을 주장함
② 온건적 개화론: 유교 질서[東道]를 지키는 가운데 서양 과학 기술[西器]의 수용 강조 → 동도서기(東道西器)론
③ 의의 및 영향: 근대화된 서양 문물의 능동적 수용을 통한 부국강병과 사회 개혁을 도모함 → 애국 계몽 운동으로 계승됨

자료 위정척사 사상과 동도서기론 48쪽 273번 문제로 확인

(가) 양적(洋賊)을 공격하자는 것은 우리 쪽 사람의 설(說)이고, 양적과 화친하자는 것은 적국 쪽 사람의 설이다. 전자를 따르면 나라 안에 인덕(仁德)의 정치를 보전할 수 있을 것이지만, 후자를 따르면 인류가 금수(禽獸)의 지경에 빠질 것이다.

– 이항로, "아언" –

(나) 대개 동양인들은 형이상(形而上)에 밝기 때문에 그 도가 천하에 홀로 우뚝하며, 서양인들은 형이하(形而下)에 밝기 때문에 그 기는 천하에 대적할 자가 없다. 동양의 도로서 서양의 기를 행한다면 지구의 오대주는 평정할 것도 없다.

– 신기선, "농정신편" –

분석 (가)는 이항로의 위정척사 사상이고, (나)는 신기선의 동도서기론이다. 위정척사 사상이 일체의 서양 문물을 배척해야 한다고 주장한 반면, 동도서기론은 국가의 발전을 위해 근대화된 서양 문물을 수용해야 한다고 주장하였다. 하지만 위정척사 사상과 동도서기론은 모두 유교적 가치와 질서를 지켜야 한다고 주장한 점에서는 공통적이다.

(3) 신흥 민족 종교 49쪽 277번 문제로 확인

① 대표적 신흥 종교

동학	성립	최제우가 제창한 민족 종교로, 경천(敬天)사상에 유·불·도 사상을 융합하여 보국안민(輔國安民)을 주장함
	중심 사상	• 시천주(侍天主): 모든 사람은 자기 안에 한울님을 모시고 있음 • 인내천(人乃天): 사람이 곧 하늘임 • 오심즉여심(吾心卽汝心): 내 마음이 곧 네 마음임 • 사인여천(事人如天): 사람 대하기를 하늘같이 함
증산교	성립	강일순이 고유 사상을 바탕으로 유·불·도 사상을 재해석하여 만든 종교
	중심 사상	• 해원상생(解冤相生): 원한을 풀고 서로 살리며 함께 살아감 • 보은(報恩): 작은 은혜에도 보답함
원불교	성립	박중빈이 기존 불교 사상을 재해석하여 만든 종교로, 불교의 현대화, 생활화, 대중화를 주장함
	중심 사상	• 일원상(一圓相): 우주의 근본 원리이자 모든 중생의 청정한 마음을 상징함 • 영육쌍전(靈肉雙全): 정신과 육체를 균형 있게 발전시켜 나감

② 신흥 민족 종교의 공통점

- 우리 겨레의 고유 사상을 바탕으로 유·불·도 사상을 주체적으로 수용함
- 내세보다 현세에서 살기 좋은 이상 사회를 이루고자 함 → 후천 개벽 사상

자료 동학의 사상 49쪽 275번 문제로 확인

사람이 곧 하늘이니 평등하고 차별이 없어야 한다. 사람의 귀천을 분별함은 곧 한울님의 뜻을 어기는 것이다. …… 사람이 오거든 손님이 오셨다 말하지 말고 한울님이 오셨다 말하라. 마음을 떠나 한울님을 생각할 수 없고 사람을 떠나 한울님을 생각할 수 없으니, 사람 공경은 멀리하면서 한울님을 공경하는 것은 꽃을 따 버리고 열매가 생기기를 바라는 것과 같다.

– 이돈화, "천도교 창건사" –

분석 동학은 신분, 남녀, 노소의 차별이 심했던 당시의 사회 질서에 저항하면서, 한울님을 모시면서도 모든 인간을 그 한울님과 같이 공경하고 차별 없이 대우하라는 인간 존중과 평등의 정신을 제시하였다.

2. 동양의 이상적 인간상이 주는 시사점

1 동양의 이상적 인간상 유교의 군자, 불교의 보살, 도가의 지인 등 동양의 이상적 인간상은 현대인에게 많은 시사점을 제공함

2 동양의 이상적 인간상의 현대적 의의 자기 수양의 필요성, 정신적·윤리적 가치의 중요성, 모든 생명의 소중함, 조화로운 삶의 중요성 등을 인식하게 함

분석 기출 문제

» 바른답·알찬풀이 23쪽

•• 빈칸에 들어갈 용어를 쓰시오.

254 실학자들이 강조한 (   )의 태도란 경험적 사실에 근거하여 진리를 추구하는 것을 말한다.

255 위정척사를 주장한 조선의 유학자들은 (   )만을 바른 학문이라고 보고 다른 학문을 배척하였다.

256 박중빈은 기존 불교를 개혁하여, 일원상의 진리를 추구하고 따르는 (   )을/를 창립하였다.

•• 다음 내용이 옳으면 ○표, 틀리면 ×표를 하시오.

257 정제두는 왕수인의 양명학을 수용하여 조선 양명학을 정립하고 기존 성리학의 폐단을 비판하였다. (   )

258 급진적 개화론은 유교적 질서는 유지하되, 서양의 우수한 과학 기술을 수용하자는 주장이다. (   )

259 최제우는 유교의 신분 질서를 비판하고, 서양의 학문을 수용하여 동학을 창립하였다. (   )

•• 동학의 용어와 그 개념을 바르게 연결하시오.

260 시천주 • • ㉠ 내 마음이 곧 네 마음

261 사인여천 • • ㉡ 사람을 하늘처럼 섬김

262 오심즉여심 • • ㉢ 내 안의 한울님을 모심

•• ㉠, ㉡ 중 알맞은 것을 고르시오.

263 실학은 (㉠ 중국, ㉡ 서양) 중심의 사상에서 벗어나 근대 지향적인 학문을 추구하였다.

264 (㉠ 온건적, ㉡ 급진적) 개화파는 동양의 도(道)와 서양의 기(器)를 함께 추구할 필요가 있다고 보았다.

265 증산교는 하늘의 운이 다한 낡은 시대는 가고, 새 시대가 온다는 (㉠ 해원상생, ㉡ 후천 개벽) 사상을 제시하였다.

•• 다음 문장과 관련 있는 개념을 〈보기〉에서 고르시오.

266 사용을 편리하게 하여 생활을 나아지게 함 (   )

267 바른 것을 지키고 거짓된 것을 물리침 (   )

[보기]
ㄱ. 이용후생(利用厚生)　　ㄴ. 경세치용(經世致用)
ㄷ. 동도서기(東道西器)　　ㄹ. 위정척사(衛正斥邪)

1. 한국 전통 윤리 사상의 근대적 지향성

268

다음을 주장한 한국 사상가의 입장만을 〈보기〉에서 고른 것은?

> 양반들은 아무리 심한 곤란과 굶주림을 겪더라도 팔짱 끼고 편하게 앉아 농사를 짓지 않는다. …… 그러므로 재물이 어찌 궁하지 않을 수 있으며, 백성이 어찌 가난하지 않을 수 있겠는가? 따라서 사농공상에 관계없이 놀고먹는 자에 대해서는 관(官)에서 벌칙을 마련하여 세상에 용납할 수 없도록 하여야 한다. 재능과 학식이 있다면 비록 농부나 상인의 자식이 관직에 들어가 앉더라도 분수에 넘칠 것이 없고, 재능과 학식이 없다면 비록 관리의 자식이 하인으로 돌아간다 할지라도 한탄할 것이 없다.

[보기]
ㄱ. 서양의 문물을 적극 배척해야 한다.
ㄴ. 유교적 사회 질서를 굳건히 지켜 나가야 한다.
ㄷ. 현재의 신분제에는 폐단이 있음을 인정해야 한다.
ㄹ. 국부(國富)의 증진을 도모할 수 있는 정책이 필요하다.

① ㄱ, ㄴ　② ㄱ, ㄷ　③ ㄴ, ㄷ　④ ㄴ, ㄹ　⑤ ㄷ, ㄹ

269

실학의 입장만을 〈보기〉에서 있는 대로 고른 것은?

[보기]
ㄱ. 사실에 토대를 두어 진리를 탐구하여야 한다.
ㄴ. 인위적 기준에서 벗어나 정신적 자유를 추구해야 한다.
ㄷ. 유교적 가치 체계와 문물, 인륜과 의리 정신을 지켜 나가야 한다.
ㄹ. 사회적 가치에 얽매이지 않는 개인주의적 삶의 방식을 지향하여야 한다.
ㅁ. 학문은 세상을 다스리는 데에 실질적인 이익을 줄 수 있는 것이어야 한다.
ㅂ. 기구를 편리하게 쓰고 먹을 것과 입을 것을 넉넉하게 하여 국민의 생활을 나아지게 해야 한다.

① ㄱ, ㅁ, ㅂ　② ㄴ, ㄷ, ㅁ　③ ㄷ, ㄹ, ㅁ
④ ㄱ, ㄷ, ㄹ, ㅂ　⑤ ㄴ, ㄷ, ㄹ, ㅁ, ㅂ

270

다음은 강화학파 정제두의 주장이다. ㉠에 대한 설명으로 가장 적절한 것은?

> 사람의 ㉠ 마음에서 생생하게 활동하는 이치[生理]는 능히 밝게 깨달을 수 있으며 만사에 두루 통하여 어둡지 않다. 그렇기 때문에 측은(惻隱)·수오(羞惡)·사양(辭讓)·시비(是非) 어느 것이나 능히 못하는 것이 없게 된다. 이것이 그 고유한 덕(德)으로서 이른바 양지(良知)란 것이고 또 인(仁)이란 것이다.

① 양지(良知)를 말한다.
② 사단이나 칠정과 같은 정(情)을 말한다.
③ 사물에 대한 탐구를 통해 얻을 수 있는 것이다.
④ 선을 좋아하고 악을 미워하는 마음의 기호이다.
⑤ 사람이 타고날 수 없는 것으로서 반드시 외부에서 주어져야 하는 것이다.

271

다음을 주장한 조선 후기 유교 사상가의 입장으로 옳은 것은?

> • 나는 양명(陽明)의 책들을 보고서 그 도(道)가 간단하고 요긴하며 매우 정밀한 점이 있어서 좋아하였다. 그런데 어느 날 홀연히 양명의 치양지설(致良知說)이 간혹 감정에 맡기고 욕심을 방임할 위험성이 있음을 알게 되었다.
> • 나의 본성의 성스러운 앎을 닦음이 있기 때문에 외부 사물과 통할 수 있는 것이지, 밖에 있는 사물들의 조리 있는 흐름에서 진리를 구하여 통하게 되는 것이 아니다.

① 도덕 판단의 기준은 '나' 자신에게 있다.
② 개개의 사물에도 이치가 내재되어 있다.
③ 이는 두루 통하고, 기는 한정되고 국한된다.
④ 인간의 본성에는 선(善)과 불선(不善)의 구분이 없다.
⑤ 덕(德)은 선천적인 것이 아니라 일상의 실천 속에서 형성되는 것이다.

빈출
272

다음 조선 후기 사상에 대한 설명으로 옳은 것은?

> • 서양 오랑캐가 우리나라에 잠입하여 널리 사설(邪說)을 전파하는 것에 어찌 다른 목적이 있겠는가! 자기와 같은 무리를 심어 안과 밖이 서로 응하고 우리의 허실을 정탐하여 군대를 이끌고 들어오려는 것이다.
> • 스스로 몸을 깨끗이 다스리고 집을 가지런히 하며 국정을 바로 하면 저절로 양물(洋物)이 쓰이는 일이 없게 되어 교역은 끊기고 외적도 할 일이 없어 넘나들지 않을 것이다.

① 기존의 신분 질서에 반대하는 반봉건주의를 표방하였다.
② 경천사상에 유·불·도를 융합하여 민족 사상을 제시하였다.
③ 유교적 질서를 유지하는 가운데 서양 문물의 수용을 주장하였다.
④ 전통적인 유교적 사회 질서를 거부하고 만민 평등 사상을 주장하였다.
⑤ 민족의식과 호국 정신을 정신적 기반으로 삼았으며, 후에 의병 활동으로 발전하였다.

빈출
273

(가), (나) 사상에 대한 옳은 설명만을 〈보기〉에서 고른 것은?

> (가) 양적(洋賊)을 공격하자는 것은 우리 쪽 사람의 설(說)이고, 양적과 화친하자는 것은 적국 쪽 사람의 설이다. 전자를 따르면 나라 안에 인덕(仁德)의 정치를 보전할 수 있을 것이지만, 후자를 따르면 인류가 금수(禽獸)의 지경에 빠질 것이다.
> (나) 대개 동양인들은 형이상(形而上)에 밝기 때문에 그 도가 천하에 홀로 우뚝하며, 서양인들은 형이하(形而下)에 밝기 때문에 그 기는 천하에 대적할 자가 없다. 동양의 도로써 서양의 기를 행한다면 지구의 오대주는 평정할 것도 없다.

[보기]
ㄱ. (가)는 인내천 사상을 바탕으로 사해 평등주의를 표방하였다.
ㄴ. (가)는 성리학과 유교적 질서를 고수하였다.
ㄷ. (나)는 유교적 질서를 지키는 가운데 서양 기술을 수용하고자 하였다.
ㄹ. (나)는 성리학적 심성론을 비판하며 인간의 도덕적 자율성을 강조하였다.

① ㄱ, ㄴ ② ㄱ, ㄷ ③ ㄴ, ㄷ ④ ㄴ, ㄹ ⑤ ㄷ, ㄹ

274

다음을 주장한 한국 사상가가 긍정의 대답을 할 질문으로 옳은 것은?

> 동서고금을 막론하고 바꿀 수 없는 것은 도(道)이고 수시로 바뀌어 고정적일 수 없는 것은 기(器)이다. …… 우리의 도를 행하는 것은 정덕(正德)을 위한 것이요, 서양인들의 기를 본받는 것은 이용후생을 위한 것이니, 이것이 이른바 "병행하여 서로 어긋나지 않는다."라는 것이다.

① 과감한 신분제 개혁이 필요한가?
② 유교적 질서를 지켜 가야 하는가?
③ 서양의 과학 기술을 배척해야 하는가?
④ 개화론을 척결하여 우리의 정신을 지켜야 하는가?
⑤ 성리학을 부정하고 새로운 학문으로 나아가야 하는가?

빈출
275

다음 근대 신흥 종교에 대한 옳은 설명만을 〈보기〉에서 있는 대로 고른 것은?

> 사람이 곧 하늘이니 평등하고 차별이 없어야 한다. 사람의 귀천을 분별함은 곧 한울님의 뜻을 어기는 것이다. …… 사람이 오거든 손님이 오셨다 말하지 말고 한울님이 오셨다 말하라. 마음을 떠나 한울님을 생각할 수 없고 사람을 떠나 한울님을 생각할 수 없으니, 사람 공경은 멀리하면서 한울님을 공경하는 것은 꽃을 따 버리고 열매를 바라는 것과 같다.

[보기]
ㄱ. 보국안민을 목표로 하였다.
ㄴ. 인간 존중과 평등의 정신을 제시하였다.
ㄷ. 시천주(侍天主), 오심즉여심(吾心卽汝心) 등의 교리를 제시하였다.
ㄹ. 내세에는 신분 차별이 사라진 평등한 사회가 도래할 것이라고 주장하였다.

① ㄱ, ㄴ ② ㄴ, ㄷ ③ ㄷ, ㄹ
④ ㄱ, ㄴ, ㄷ ⑤ ㄴ, ㄷ, ㄹ

276

(가)의 한국 사상가 갑, 을의 입장을 (나) 그림으로 탐구하고자 할 때, A~C에 들어갈 적절한 질문으로 옳은 것은?

(가)
갑: 무릇 천도(天道)는 형상이 없는 것 같으나 자취가 있고, 지리는 넓은 것 같으나 방위가 있다. 한울의 음과 양이 조화를 이루어 천지만물이 나오지만 오직 사람이 가장 신령한 것이다.
을: 인도(人道)는 인의(仁義)가 주체인데, 근래에 그 주체가 자리를 잃어 크게 어지럽다. 이에 안으로는 정신문명을, 밖으로는 물질문명을 촉진하여 정신과 육체를 함께 발전시켜야[靈肉雙全] 한다.

(나)
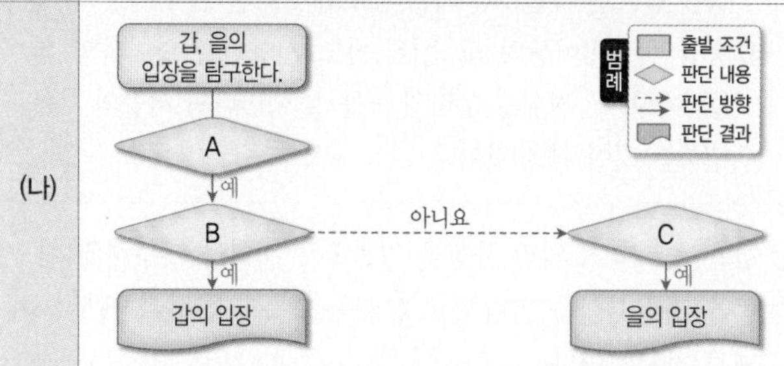

① A: 신분에 따라 사람을 차별해서는 안 되는가?
② A: 서양의 문물을 수용하여 나라를 개혁해야 하는가?
③ B: 유교와 불교 입장을 전면적으로 배척해야 하는가?
④ B: 한울님이 자기 마음속에 생겨나도록 수양해야 하는가?
⑤ C: 성리학적 질서를 바탕으로 거짓된 종교를 없애야 하는가?

빈출
277

한국 근대 신흥 종교 (가)~(다)에 대한 옳은 설명만을 〈보기〉에서 고른 것은?

> (가) 사람은 한울님을 몸과 마음에 모시고 있다. 사람이 곧 한울님이니 사람 섬기기를 한울님과 같이 해야 한다.
> (나) 만고의 원한을 풀고 상생의 도로써 선경을 열며, 말 없는 가르침으로 백성을 변화시키고 세상을 고쳐야 한다.
> (다) 일원(一圓)은 우주 만물의 근원이고 부처님의 깨우치신 마음이며 일체 중생의 본래 마음이다. 이러한 일원을 믿음의 대상으로 모셔야 한다.

[보기]
ㄱ. (가)는 유·불·도의 영향을 받았다.
ㄴ. (나)는 사농공상의 신분 질서를 중시하였다.
ㄷ. (다)는 기존 불교 사상을 재해석하였다.
ㄹ. (가), (나), (다)는 하늘의 일과 사람의 일은 구분된다고 보았다.

① ㄱ, ㄴ ② ㄱ, ㄷ ③ ㄴ, ㄷ ④ ㄴ, ㄹ ⑤ ㄷ, ㄹ

278

근대 한국 사상가 갑, 을, 병에 대한 설명으로 옳지 않은 것은?

> 갑: 혼란한 세상을 구하려면 이단(異端)을 먼저 물리쳐야 하고, 이단을 물리치기 위해서는 정학(正學)을 밝혀야 하며, 정학을 밝히려면 천리와 인욕을 구별해야 한다.
> 을: 우리 도(道)는 무위이화(無爲而化)라. 그 마음을 지키고 그 기운을 바르게 하고 한울님 성품을 따르고 한울님의 가르침을 받으면 자연스런 가운데 조화가 나온다.
> 병: 동양인은 형이상의 도(道)에 밝고 서양인은 형이하의 기(器)에 밝다. 진실로 우리의 도를 잘 행한다면 서양의 기를 행하는 것이 쉬울 것이다.

① 갑은 성리학적 의리 사상을 기반으로 서학을 거부하였다.
② 을은 경천사상을 바탕으로 유·불·도를 융합하여 새로운 종교를 창시하였다.
③ 병은 부국강병을 위해 서양의 과학 기술 수용을 주장하였다.
④ 갑, 을은 국가의 수호를 위해 외세 배척을 주장하였다.
⑤ 을, 병은 신분제를 폐지하고 평등한 사회 건립을 추구하였다.

2. 동양의 이상적 인간상이 주는 시사점

279

다음에 제시된 이상적 인간상의 입장에서 오늘날의 사회 갈등과 관련하여 제시할 수 있는 적절한 조언만을 〈보기〉에서 고른 것은?

> • 군자는 아우르되 당파를 짓지 않으나, 소인은 당파를 지을 뿐 아우르지 않는다.
> • 보살은 깨달음을 통해 자비의 마음으로 타인을 구제하기 위해 노력한다.
> • 진인은 세속의 차별 의식에서 벗어나 도(道)의 관점에서 모든 사물을 평등하게 인식한다.

[보기]
ㄱ. 군자: 소외된 이웃을 살펴라.
ㄴ. 보살: 사회적 약자를 위한 복지에 관심을 기울여라.
ㄷ. 진인: 구성원들이 같은 목표와 가치관을 지향할 수 있도록 노력하라.
ㄹ. 군자, 보살, 진인: 사회적 삶에서 벗어나 개인의 자유를 우선적으로 추구하라.

① ㄱ, ㄴ ② ㄱ, ㄷ ③ ㄴ, ㄷ ④ ㄴ, ㄹ ⑤ ㄷ, ㄹ

1등급을 향한 서답형 문제

[280~281] 다음 글을 읽고 물음에 답하시오.

> 근대 격변기에는 나라의 어려움을 해결하기 위해 다양한 사상들이 생겨났다. 그중에서 신기선과 같은 온건 개화파 인물은 유교적 질서를 유지하는 가운데 서양의 군사 및 과학 기술을 수용하자는 (㉠)을/를 주장하였다. 이러한 개화사상은 지방 유림을 중심으로 형성된 위정척사 사상과 비교되었다.

280

㉠에 들어갈 알맞은 용어를 쓰시오.

281 서술형

㉠과 급진적 개화론의 공통점과 차이점을 서술하시오.

[282~283] (가)~(다)를 읽고 물음에 답하시오.

> (가) 민족 고유 사상인 경천사상을 토대로 유·불·도 사상을 융합하여 형성되었다.
> (나) 강일순이 무속 신앙과 유·불·도 등의 사상을 재해석하여 만든 종교이다.
> (다) 기존 불교를 개혁하여 생활 속에서도 수행할 수 있는 많은 방법을 제시한 한국형 불교이다.

282

(가)~(다)에 제시된 근대 신흥 종교의 명칭을 각각 쓰시오.

283 서술형

(가)~(다)의 공통점을 두 가지 서술하시오.

> [key words] 한국 고유 사상, 차별, 평등

적중 1등급 문제

» 바른답·알찬풀이 25쪽

284

근대 한국 사상 (가), (나)의 입장에 대한 설명으로 적절한 것만을 〈보기〉에서 있는 대로 고른 것은?

> (가) 선천(先天)은 물질 개벽이요 후천(後天)은 인심(人心) 개벽이다. 모든 사람을 한울같이 공경하라. 며느리와 노비를 사랑하며 가축을 천대하지 마라.
> (나) 선천은 원한이 쌓이고 맺혔으니 천지가 상도(常道)를 잃어 참혹하게 되었다. 이에 만고의 원한을 풀어 후천(後天)의 선경(仙境)을 세우고자 한다.

[보기]

ㄱ. (가)는 한울님은 선천이 아닌 후천에 존재한다고 보았다.
ㄴ. (나)는 원한을 없애는 천지공사(天地公事)를 강조하였다.
ㄷ. (나)는 상극(相剋)의 이치를 따르는 세상을 추구하였다.
ㄹ. (가), (나)는 현실 세계에서 후천이 실현된다고 보았다.

① ㄱ, ㄴ ② ㄴ, ㄷ ③ ㄴ, ㄹ
④ ㄱ, ㄷ, ㄹ ⑤ ㄴ, ㄷ, ㄹ

285

(가)를 주장한 사상가의 입장에서 볼 때, (나)의 질문에 답변할 내용으로 가장 적절한 것은?

(가)	• 천지 만물은 모두 한울님을 모시고 있다[侍天主]. 새의 울음소리 역시 시천주의 소리이다. • 공자의 가르침을 다시 밝힌 것이 수심정기(守心正氣)이다. 정성껏 제사를 지내고 주문(呪文)을 외우며 한울님을 모시고 성실하게 살아야 한다.
(나)	개벽의 시대에 우리는 무엇을 해야 하는가?

① 일원상(一圓相)을 신앙의 대상으로 삼아 수행해야 한다.
② 서구 문물을 수용하되 봉건적 신분 질서를 유지해야 한다.
③ 한울님을 믿고 따르기 위해 성(誠)과 경(敬)을 버려야 한다.
④ 천인합일의 관점에서 노소(老小)도 차별 없이 대해야 한다.
⑤ 샤머니즘을 배격하고 유·불·도 사상을 조화롭게 따라야 한다.

286

근대 한국 사상가 갑, 을의 입장으로 옳지 않은 것은?

> 갑: 이웃이 정성을 담아 만든 음식이 맛이 없다고 하면 원한이 쌓이게 된다. 원한은 참혹한 재앙의 원인이므로 반드시 풀어야 한다. 반 그릇의 밥을 얻어먹더라도 이를 잊어서는 안 된다.
> 을: 길가의 한 그루 소나무가 아름답다고 자기 집에 옮겨 심을 필요가 없으니, 만물은 모두 하나의 원[一圓] 안에 있는 것이기 때문이다. 일원은 우주 만유의 본원이요, 일체 중생의 본성이다.

① 갑: 무속과 도가를 재해석하여 시대 혼란에 대응해야 한다.
② 갑: 보은(報恩)과 해원(解冤)으로써 새 시대를 열어야 한다.
③ 을: 물질문명을 거부하고 도학(道學)을 올바로 세워야 한다.
④ 을: 정신[靈]뿐만 아니라 육체[肉]의 발전에도 힘써야 한다.
⑤ 갑, 을: 인본주의를 바탕으로 차별 없는 사회를 구현해야 한다.

287

근대 한국 사상가 갑, 을, 병이 서로에게 제기할 수 있는 반론으로 가장 적절한 것은?

> 갑: 우리의 도(道)를 밝혀 백성을 교화하고 의복, 식용, 기용에 양물(洋物)이 하나라도 있으면 모두 찾아내어 버려야 한다. 이것이 바로 정심(正心)의 증거이다.
> 을: 우리의 도는 그 무엇과도 같지 않은 무극대도(無極大道)이다. 이제 개벽의 운이 회복되었으니 이 도를 천하에 펼쳐 백성을 구제하는 것은 한울의 명령이다.
> 병: 우리의 도를 잘 시행하면 서양의 기(器)를 행하는 것이 쉬울 것이다. 도란 삼강, 오상, 효제충신이고, 기란 예악, 형정(刑政), 복식(服食), 기용(器用)이다.

	~이	~에게	반론 내용
①	갑	을	외세의 침략에 맞서 나라를 바로 세우고 백성을 편안하게 해야 함을 간과한다.
②	을	갑	유교 사상을 모두 부정하고 새로운 가치관을 정립해야 함을 간과한다.
③	을	병	시천주(侍天主) 사상을 토대로 내세에서 후천 개벽을 이뤄야 함을 간과한다.
④	병	갑	유교적 질서의 유지와 서양 기술의 수용이 양립 가능함을 간과한다.
⑤	병	을	동양의 도리와 정신문화를 바탕으로 서양 종교를 수용해야 함을 간과한다.

단원 마무리 문제

288

다음은 '사상가 맞추기 게임'이다. ㉠에 들어갈 사상가가 긍정의 대답을 할 질문으로 가장 적절한 것은?

> 힌트 1: 춘추 시대에 하(夏)·은(殷)·주(周) 삼대(三代)의 문화와 사상을 집대성하였다.
> 힌트 2: 개인의 도덕적 타락이 당시 사회적 혼란의 원인이라고 보았다.
> 힌트 3: 정명(正名)이 이루어질 때, 사회적 혼란이 사라지고 안정을 이룰 수 있다고 보았다.
> 정답: ______㉠______

① 통치자는 백성을 무지하고 무욕하도록 이끌어야 하는가?
② 통치자는 공평한 분배보다 재화의 적음을 걱정해야 하는가?
③ 통치자는 자신보다 남의 인격 완성을 먼저 실현해야 하는가?
④ 통치자는 모든 사람을 조건 없이 동등하게 사랑해야 하는가?
⑤ 통치자는 상벌보다는 덕성과 예의로써 백성을 교화해야 하는가?

289

고대 동양 사상가 갑, 을 모두가 긍정의 대답을 할 질문만을 〈보기〉에서 있는 대로 고른 것은?

> 갑: 사람들을 무력으로 복종시키려 하면서 인을 행하는 것처럼 꾸미는 것은 패도(覇道)이다. 덕으로써 인을 행하는 왕도(王道)를 실천하면 사람들이 진심으로 복종하게 된다.
> 을: 사람들이 모두 성정(性情)을 따르게 되면 틀림없이 혼란한 상태에 이르게 된다. 이에 반드시 스승과 법도에 따른 교화가 있어야 하며 예의의 도리를 가르쳐야 한다.

[보기]
ㄱ. 인간에게는 도덕적 인식 능력이 주어져 있는가?
ㄴ. 예는 사람들의 욕망을 조절해 주는 역할을 하는가?
ㄷ. 인의의 도덕 실현을 통치의 목적으로 삼아야 하는가?
ㄹ. 성인과 백성의 차이는 본성의 차이에서 비롯된 것인가?

① ㄱ, ㄴ　　② ㄱ, ㄹ　　③ ㄷ, ㄹ
④ ㄱ, ㄴ, ㄷ　　⑤ ㄴ, ㄷ, ㄹ

290

고대 동양 사상가 갑, 을 중 적어도 한 사람이 부정의 대답을 할 질문만을 〈보기〉에서 있는 대로 고른 것은?

> 갑: 사람들은 추하면 아름다워지기를 바라며 좁으면 넓어지기를 바라고 가난하면 부유해지기를 바라며 천하면 귀해지기를 구하니, 진실로 자기에게 없는 것은 반드시 밖에서 구하려 한다. 이로써 본다면 사람이 선하게 되려고 하는 것은 본성[性]이 악하기 때문이다.
> 을: 사람들은 아름다운 것을 신기하다고 하고 추한 것을 고약하고 흉하다고 한다. 그러나 고약하고 흉한 것이 변하여 신기한 것이 되고, 신기한 것은 변하여 고약하고 흉한 것이 된다. 만물은 하나[一]이다. 성인은 만물의 이치를 통달한 사람이다. 그러므로 성인은 작위(作爲)가 없다.

[보기]
ㄱ. 성인의 가르침에 따라 성정(性情)을 바로잡아야 하는가?
ㄴ. 예(禮)는 혼란과 갈등 상황에서 형성된 인위적 산물인가?
ㄷ. 개인과 국가의 길흉화복은 하늘[天]의 의지에 달려 있는가?
ㄹ. 만물에 대한 분별적 지식을 버려야 이상적 삶이 가능한가?

① ㄱ, ㄴ　　② ㄱ, ㄹ　　③ ㄷ, ㄹ
④ ㄱ, ㄷ, ㄹ　　⑤ ㄴ, ㄷ, ㄹ

291

가상 대화의 스승이 강조한 삶의 태도로 가장 적절한 것은?

> 제자: 스승님, 세상이 혼란스럽게 된 이유는 무엇입니까?
> 스승: 도(道)를 잃어버렸기 때문이라네. 도를 잃어버리자 결국 예(禮)가 생겨났는데, 바로 이 예로부터 혼란이 시작되었다네.
> 제자: 그렇다면 도란 무엇입니까?
> 스승: 도란 천지(天地)의 시초이며 만물의 어머니라네. 도는 만물을 낳고 덕은 만물을 기른다네.

① 예를 배우고 몸에 익혀 본성의 불선함을 제거해 나간다.
② 겸손히 자신을 낮추고 가식이 없는 소박한 삶을 살아간다.
③ 의로운 행동을 반복하여 크고 굳센 도덕적 기개를 기른다.
④ 도의 관점에서 사물을 보고 시비(是非)를 엄격하게 분별한다.
⑤ 연기(緣起)의 이치를 깨달아 집착을 버리고 자비를 실천한다.

292

다음은 중국 유교 사상가의 주장이다. ㉠에 들어갈 진술로 옳은 것은?

마음 밖에 물(物)이 없고 마음 밖에 일[事]이 없으며 마음 밖에 이(理)가 없다. 격물(格物)은 그 마음이 바르지 못함을 제거하여 본체를 온전히 하는 것이다. 그런데 어떤 사상가는 "마음 안에 모든 앎이 갖춰져 있고 천하의 사물에는 모두 이가 내재되어 있으므로 앎을 온전히 이루려면 사물에 나아가 그 이치를 궁구해야 한다."라고 주장한다. 내가 보기에 이 사상가는 ㉠

① 마음이 성(性)과 정(情)을 주재한다는 것을 모르고 있다.
② 마음과 이치는 둘로 나눌 수 없음을 지나치게 강조하고 있다.
③ 격물이란 양지를 개별 사물에 실현하는 것임을 모르고 있다.
④ 이론적 학습 없이는 성인(聖人)이 될 수 없음을 모르고 있다.
⑤ 도덕적 앎과 도덕적 실천은 본래 하나임을 지나치게 강조한다.

293

(가)를 주장한 중국 사상가의 입장에서 볼 때, (나)의 ㉠에 들어갈 적절한 진술만을 〈보기〉에서 있는 대로 고른 것은?

(가)	배우는 사람의 공부는 오직 거경(居敬)과 궁리(窮理)라는 두 가지 일에 달려 있다. 이 두 가지는 서로 촉발시킨다. 궁리하게 되면 거경 공부가 나날이 발전하고 거경하게 되면 궁리 공부가 나날이 정밀해진다.
(나)	제자: 성인이 되려면 어떻게 해야 합니까? 스승: ㉠

[보기]
ㄱ. 천리(天理)를 보존하고 사욕(私欲)을 제거해야 하네.
ㄴ. 사물의 이치를 깊이 탐구하여 앎을 지극히 해야 하네.
ㄷ. 마음의 본체인 양지(良知)를 적극적으로 발휘해야 하네.
ㄹ. 경건한 마음과 자세를 유지하여 본성을 바로잡아야 하네.

① ㄱ, ㄴ ② ㄱ, ㄷ ③ ㄷ, ㄹ
④ ㄱ, ㄴ, ㄹ ⑤ ㄴ, ㄷ, ㄹ

[294~295] 갑, 을은 한국 유교 사상가들이다. 물음에 답하시오.

갑: 측은지심의 근본은 인(仁)이며, 어린아이가 우물에 빠지려는 것을 보고 측은히 여기는 것은 기(氣)이다. 측은지심은 기가 발하고 이(理)가 올라탄 정(情)이다.
을: 측은, 수오, 사양, 시비의 마음은 각각 인의예지라는 성(性)에서 발동한다. 희노애구애오욕은 밖의 사물이 형기에 닿으면 마음속에서 움직여 대상을 따라 밖으로 나온다.

294

갑, 을의 입장을 탐구하고자 할 때, A~C에 들어갈 옳은 질문만을 〈보기〉에서 있는 대로 고른 것은?

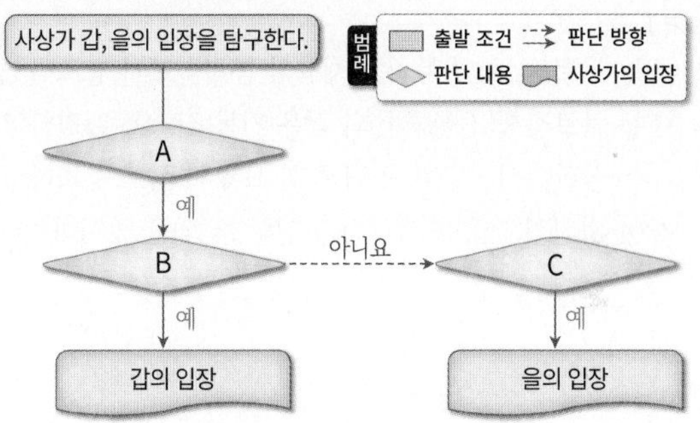

[보기]
ㄱ. A: 측은지심은 모든 인간이 날 때부터 가지고 있는 정인가?
ㄴ. B: 측은지심은 칠정의 선한 측면으로서 칠정에 포함되는가?
ㄷ. B: 측은지심은 인(仁)을 형성하기 위해 확충해야 할 정인가?
ㄹ. C: 측은지심은 이(理)가 마음 밖에서 발하여 드러난 것인가?

① ㄱ, ㄴ ② ㄱ, ㄷ ③ ㄷ, ㄹ
④ ㄱ, ㄴ, ㄹ ⑤ ㄴ, ㄷ, ㄹ

295

다음을 주장한 한국 사상가가 갑, 을에게 제기할 수 있는 반론으로 가장 적절한 것은?

시연(始然)이란 불의 시작이고 시달(始達)은 물의 시작이며 측은은 인(仁)의 시작이다. 측은이 확충되어 자상함의 극치에 이르면 인이 천하를 뒤덮게 된다. 단(端)은 시작[始]을 뜻한다.

① 갑은 사덕이 자주지권에 의해 회복될 수 있음을 모르고 있다.
② 갑은 사단이 사덕의 존재를 알게 해 주는 단서임을 모르고 있다.
③ 을은 사단이 이가 발하고 기가 이를 따른 것임을 모르고 있다.
④ 을은 사덕이 누구나 지닌 마음의 기호(嗜好)임을 모르고 있다.
⑤ 갑, 을은 사단의 확충 이전에 사덕이 존재할 수 없음을 모르고 있다.

296

다음은 도교 사상의 전개를 도표로 정리한 것이다. (가), (나), (다)에 대한 적절한 설명만을 〈보기〉에서 있는 대로 고른 것은?

사상	시대	특징
(가)	전한	• 전설상의 제왕인 황제와 노자를 숭상함 • 유가, 묵가, 법가 등을 수용함
(나)	후한	• 모두가 잘사는 태평(太平) 시대를 추구함 • 황건적의 난을 일으킴
(다)	후한	• 노자를 신격화하고 "도덕경"을 경전으로 삼음 • 천사도(天師道)라고도 불림
(라)	위·진	• 무(無)의 세계를 진실한 세계로 봄 • 죽림칠현(竹林七賢)이 대표적인 사상가들임

[보기]
ㄱ. (가)는 무위(無爲)의 통치를 제왕의 통치술로서 강조하였다.
ㄴ. (나)는 불로장생(不老長生)과 같은 기복 신앙을 배격하였다.
ㄷ. (다)는 삼관수서(三官手書)를 통한 도덕적 삶을 강조하였다.
ㄹ. (라)는 정신적 자유를 추구하고 청담(淸談)을 중시하였다.

① ㄱ, ㄴ　② ㄱ, ㄷ　③ ㄴ, ㄹ
④ ㄱ, ㄷ, ㄹ　⑤ ㄴ, ㄷ, ㄹ

297

다음을 주장한 고대 동양 사상가의 입장에서 긍정의 대답을 할 질문으로 가장 적절한 것은?

수행자가 닦아야 할 세 가지 공부가 있다. 작은 허물에도 두려움을 내어 계율을 지켜 나가는 공부[戒學], 즐거움과 괴로움이 소멸되어 괴롭지도 즐겁지도 않으며 마음이 평온하여 생각이 청정한 선정(禪定)에 머무르는 공부[定學], 네 가지 거룩한 진리[四聖諦]를 참되게 아는 공부[慧學]이다.

① 바른 수행[八正道]으로써 윤회(輪廻)를 반복해야 하는가?
② 쾌락과 고통 양 극단을 벗어나 무명(無明)을 추구해야 하는가?
③ 다섯 가지 요소[五蘊]로 구성된 불변의 자아를 찾아야 하는가?
④ 더 나은 후생(後生)을 얻기 위해 모든 지혜를 버려야 하는가?
⑤ 만물이 상호 의존하고 있음을 깨달아 이타적인 삶을 살아야 하는가?

298

(가), (나) 사상의 입장에 대한 설명으로 가장 적절한 것은?

(가) 어느 한 가지 법(法)도 인연(因緣)으로부터 생기지 않는 것이 없으니, 이 법을 중도(中道)의 이치라 한다. 모든 법이 공(空)이 아닌 것이 없으니 모든 것이 공하지 않다면 생겨남과 없어짐도 없고 사성제(四聖諦)도 없다.
(나) 세계는 오직 식일 뿐[唯識]이다. 존재하지도 않는 대상이 나타난 것이기 때문이다. 그것은 예를 들면 눈병이 걸린 사람에게 존재하지도 않는 머리카락이나 달 등이 보이는 것과 같다. 마음을 떠나서는 어떠한 실상도 없다.

① (가)는 만물은 각각 고유한 자성(自性)을 지닌다고 본다.
② (나)는 외부 대상은 항상 마음과 무관하게 존재한다고 본다.
③ (가)는 (나)와 달리 모든 물질은 인연에 따라 생멸한다고 본다.
④ (나)는 (가)와 달리 보살(菩薩)의 삶을 이상적인 삶으로 본다.
⑤ (가)와 (나)는 공의 원리를 통찰해야 깨달음을 얻을 수 있다고 본다.

299

중국 불교 사상가 갑에 비해 한국 불교 사상가 을이 강조하는 내용으로 가장 적절한 것은?

본성이 곧 부처요, 본성을 떠나 따로 부처가 없습니다. 미혹은 여러 겁에 걸친 것이지만, 깨달음은 순간적입니다. 만약 자기 본성을 안다면 단번에 깨달아서[頓悟] 곧 부처의 경지에 이를 것입니다.
갑

얼음 언 연못이 온전히 물인 것을 알았지만 햇빛을 받아야 녹는 것처럼 범부(凡夫)가 바로 부처인 것을 깨달았지만 법력(法力)을 빌려 익히고 닦아야만 부처의 경지에 이를 수 있습니다.
을

① 자신의 마음을 직관하여 단박에 깨달아야[頓悟] 한다.
② 자신의 깨달음을 구하고 중생의 구제에도 힘써야 한다.
③ 자신의 습기(習氣)를 불성(佛性)으로 변화시켜야 한다.
④ 자신의 본성을 깨친 후에도 선정과 지혜를 닦아야 한다.
⑤ 자신의 불성을 형성하기 위하여 반드시 경전을 공부해야 한다.

300

근대 한국 사상가 갑, 을 모두가 긍정의 대답을 할 질문만을 〈보기〉에서 있는 대로 고른 것은?

갑: 서양의 학문은 이(理)가 만물의 근원임을 알지 못하고, 도리어 형체가 있는 것이 천지 만물을 만들었다고 인식한다. 이를 버리고 학문을 논하는 것은 사설(邪說)이다.
을: 서양 사람의 말에는 차례가 없고 글에는 분별이 없으며, 한울님을 위하는 단서가 없고 다만 제 몸만을 위하여 빌 따름이다. 그들의 도(道)는 허무에 가깝다.

[보기]
ㄱ. 만민 평등사상에 따라 신분 차별을 철폐해야 하는가?
ㄴ. 참된 도를 밝히고 성(誠)과 경(敬)을 닦아야 하는가?
ㄷ. 서구 문물의 적극적 수용을 통해 국난을 극복해야 하는가?
ㄹ. 유교적 가치는 이상 사회를 실현하는 데 기여할 수 있는가?

① ㄱ, ㄷ ② ㄱ, ㄹ ③ ㄴ, ㄹ
④ ㄱ, ㄴ, ㄷ ⑤ ㄴ, ㄷ, ㄹ

301

근대 한국 사상가 갑, 을의 입장으로 옳지 않은 것은?

갑: 천지도수(天地度數)를 뜯어고치며 신도(神道)를 바로잡아 만고의 원한을 풀고 상생(相生)의 도로써 선경(仙境)을 열고 하염없는 다스림과 말 없는 가르침으로 백성을 화(化)하여 세상을 고치리라.
을: 안으로 정신문명을 촉진하여 도학(道學)을 발전시키고 밖으로 물질문명을 촉진하여 과학을 발전시켜야 영육이 쌍전[靈肉雙全]하고 내외가 겸전(兼全)하여 결함 없는 세상이 되리라.

① 갑: 천지공사(天地公事)를 통해 모든 원한을 풀어야 한다.
② 갑: 선천(先天)에서는 상극(相剋)에 지배되어 환란이 생긴다.
③ 을: 일원(一圓)은 우주 만유의 본원이자 모든 인간의 본성이다.
④ 을: 깨닫기 위한 수행과 일상생활이 분리되어서는 안 된다.
⑤ 갑, 을: 내세에 열리는 후천(後天) 세상에는 사랑과 정의가 넘친다.

302

㉠의 일반적인 특징으로 가장 적절한 것은?

임진왜란과 병자호란 이후 조선 사회는 농촌 경제의 파탄과 국가 재정의 위기, 신분제의 동요 등으로 사회적 혼란이 가중되었다. 그러나 당시 지배적인 사상이었던 성리학은 사회의 문제들을 해결하는 데 일정한 한계를 드러내었다. 이에 따라 성리학을 비판하면서 도덕의 실천과 사회의 여러 문제를 해결하고자 하는 (㉠)이/가 등장하였다.

① 공리공론(空理空論)을 학문의 목표와 원리로 삼았다.
② 화이관(華夷觀)을 바탕으로 역사와 문화를 탐구하였다.
③ 청나라의 고증학과 서양 사상을 비판적으로 수용하였다.
④ 인간의 욕구를 긍정하기보다는 제거할 것을 강조하였다.
⑤ 자연을 물리적이며 객관적인 대상으로 보는 것을 거부하였다.

303

그림은 서술형 평가 문제와 학생 답안이다. 학생 답안의 ㉠~㉤ 중 옳지 않은 것은?

◎ 문제: 조선 후기의 사상인 (가), (나)의 입장을 비교하여 서술하시오.

(가) 서양 도적(洋賊)을 공격해야 한다는 것은 내 나라 쪽 사람의 주장이고, 그들과 화친해야 한다는 것은 적국 쪽 사람의 주장이다. 전자를 따르면 기존의 문화 전통을 보전할 수 있지만, 후자에 따른다면 인류가 금수(禽獸)의 지경에 빠지고 말 것이다.
(나) 동양인들은 형이상(形而上)에 밝기 때문에 그 도(道)가 천하에 홀로 우뚝하며, 서양인들은 형이하(形而下)에 밝기 때문에 그 기(器)는 천하에 대적할 자가 없다. 우리의 도를 행하는 것은 정덕(正德)을 위한 것이요, 저들의 기를 본받는 것은 이용후생을 위한 것이다.

◎ 학생 답안

(가)는 ㉠ 정학(正學)을 밝힘으로써 이단을 물리쳐야 한다고 보았으며, ㉡ 특히 서양의 과학 기술 및 종교를 철저하게 배척할 것을 주장하였다. 이에 비해 (나)는 ㉢ 동양의 도를 기반으로 서양의 기를 수용해야 한다고 보았으며, ㉣ 특히 시대 상황에 맞는 새로운 가치관의 정립을 위해 서양의 과학 기술을 수용할 것을 주장하였다. 그러나 (가), (나)는 모두 ㉤ 유교적인 가치 체계와 윤리 규범을 중시하였다.

① ㉠ ② ㉡ ③ ㉢ ④ ㉣ ⑤ ㉤

304

㉠~㉣에 대한 적절한 설명만을 <보기>에서 있는 대로 고른 것은?

> 옛날, ㉠하느님인 환인의 아들 환웅은 하늘 아래에 자주 뜻을 두고서 인간 세상을 탐내어 구하였다. 아버지가 아들의 뜻을 알고서 내려다보니 ㉡삼위태백(三危太白)이 인간을 널리 이롭게 할 수 있어, 천부인(天符印) 셋을 주며 내려가서 다스리도록 하였다. …… 현세에서 통치 감화할 때 ㉢곰 한 마리와 범 한 마리가 같은 굴에 살면서 늘 환웅에게 인간이 되기를 기원하였다. …… 곰 여인은 혼인할 상대가 없음에 늘 신단수 아래에서 잉태하기를 빌었다. ㉣환웅이 이에 거짓으로 변하여 혼인을 하고, 웅녀가 아들을 잉태하여 낳으니 그 이름을 단군왕검(檀君王儉)이라 하였다.

[보기]
ㄱ. ㉠: 인간을 중시하는 인본주의 정신을 보여 준다.
ㄴ. ㉡: 현세의 좋은 삶을 지향하는 가치관을 보여 준다.
ㄷ. ㉢: 사회 정의 실현을 중시하는 도덕성을 보여 준다.
ㄹ. ㉣: 자연과 인간의 조화를 염원하는 정신을 보여 준다.

① ㄱ, ㄴ ② ㄴ, ㄷ ③ ㄷ, ㄹ
④ ㄱ, ㄴ, ㄹ ⑤ ㄱ, ㄷ, ㄹ

305

다음을 주장한 고대 동양 사상가의 입장에서 ㉠~㉤에 대한 설명으로 적절하지 않은 것은?

> • 한 사람이라도 죄 없는 이를 죽이면 ㉠인(仁)이 아니며, 자기 것이 아닌데도 그것을 취하면 ㉡의(義)가 아니다. 인에 거처하며 의를 따르면 ㉢대인(大人)의 일이 갖추어진 것이다.
> • 선왕(先王)은 ㉣남에게 차마 어찌하지 못하는 마음[不忍人之心]을 가지고 ㉤남에게 차마 어찌하지 못하는 정치를 베풀었다. 그런 정치를 하면 천하를 다스리는 것도 손바닥 위에 물건을 놓고 주무르듯이 쉬운 일이다.

① ㉠의 존재를 알려 주는 단서는 측은지심(惻隱之心)이다.
② ㉡를 계속 실천하면 호연지기(浩然之氣)를 길러 낼 수 있다.
③ ㉢은 잃어버린 마음을 되찾아[求放心] 자기 본성을 교정한다.
④ ㉣은 양지(良知), 양능(良能)과 같이 태어날 때부터 주어진다.
⑤ ㉤은 패도(覇道)보다는 왕도(王道)를 추구하는 정치이다.

306

다음은 고대 동양 사상가의 주장이다. 이 사상가의 입장에서 밑줄 친 '그'에 대한 설명으로 가장 적절한 것은?

> '그'는 아무런 속박이 없이 자연에 노닌다. 지식을 재앙의 근원으로 여기고, 예의 규범을 몸에 얽매는 *갖풀로 여기며, 도덕을 교제의 수단으로 여기고, 기교를 장사하는 솜씨로 여긴다. '그'는 모략하지 않으니 어찌 지식이 필요하고, 깎고 다듬지 않으니 어찌 갖풀이 필요하겠는가!
>
> * 갖풀: 짐승의 뼈나 가죽을 고아 굳혀 만든 풀

① 외물(外物)에 구애되지 않고 선악을 분별하는 사람이다.
② 경(敬)으로 주재하여 마음의 사사로움을 제거한 사람이다.
③ 의로움[義]을 쌓아 올곧은 도덕적 기개를 길러 낸 사람이다.
④ 만물의 실상이 공(空)임을 깨닫고 이타적으로 사는 사람이다.
⑤ 세속의 차별적 의식을 버리고 만물을 평등하게 대하는 사람이다.

307

다음을 주장한 한국 사상가의 입장에만 모두 '✓'를 표시한 학생은?

> • 불도(佛道)는 넓고 커서 걸림이 없고[無碍] 범주가 없다. 이 때문에 일체의 다른 교의(敎義)가 모두 다 불교의 뜻이요, 백가(百家)의 설이 옳지 않음이 없으며, 팔만의 법문(法門)이 모두 이치에 들어간다.
> • 경전에서 '깨닫기만 하면 된다[一覺了].'라고 말했다. 이는 모든 존재가 오직 한 마음[一心]이요, 모든 사람들의 마음이 하나뿐인 본디 맑은 마음이므로, 차별이 있을 수 없고 모두 똑같다는 의미이다.

입장 \ 학생	갑	을	병	정	무
일체의 존재와 현상은 마음이 지어낸 것이다.	✓	✓		✓	
부처의 마음과 중생의 마음은 둘이 아니다[不二].	✓			✓	✓
깨달음을 위한 수행에는 일정한 형식이나 방법이 없다.			✓	✓	✓
각 종파의 이론들을 하나의 근원[一心]으로 회통하는 것은 불가능하다.		✓	✓		✓

① 갑 ② 을 ③ 병 ④ 정 ⑤ 무

308

다음 한국 사상의 입장으로 가장 적절한 것은?

> 천지부모(天地父母)의 네 글자는 비록 각각 다르나, 실은 한울 천(天) 한 글자이니라. 천지는 곧 부모요, 부모는 곧 천지이다. 목숨이 한울에 있음과 한울이 만민을 내심은 선성(先聖)이 이른 바요, 하늘을 아버지라고 하고 땅을 어머니라고 한 것은 선현(先賢)이 말한 바이니라.

① 사람은 하늘이므로 만인을 평등하게 대우해야 한다.
② 동양의 도를 바탕으로 서양 기술을 받아들여야 한다.
③ 유교를 철저히 배격하고 외래 사상을 도입해야 한다.
④ 원한(怨恨)을 풀어냄으로써 선천 개벽을 실현해야 한다.
⑤ 현실에서 벗어나 은둔자의 삶을 통해 진리를 찾아야 한다.

[309~310] 다음은 불교의 전개 과정이다. 물음에 답하시오.

인도	초기 불교	• 기원전 6세기경, (ⓐ)에 의해 창시됨 • 연기설, 삼학, 사성제, 팔정도 등을 가르침
	부파 불교	• 석가모니 입멸 후 교파 분열로 발생 • 사회와 분리된 엄격한 종교성, (ⓑ)의 해탈 중시
	대승 불교	• 대중과 동떨어진 부파 불교를 비판하며 등장 • 용수의 (ⓒ) 사상, 세친의 유식 사상
중국	교종	• (ⓓ)을/를 통한 깨달음을 강조하는 종파 • 천태종(법화경), 화엄종(화엄경), 정토종(아미타경)
	선종	• 참선을 통한 깨달음을 강조하는 종파 • 혜능의 돈오 사상
한국	통불교	㉠원효의 일심·화쟁 사상, 의천의 교관겸수, 내외겸전, 지눌의 (ⓔ), 정혜쌍수

309

ⓐ~ⓔ에 들어갈 알맞은 용어를 쓰시오.

310 서술형

㉠을 통해 알 수 있는 한국 불교의 특징을 서술하시오.

311 서술형

㉠~㉢의 의미를 서술하시오.

> 노자는 무위자연(無爲自然)이라는 이상적 경지에 이르기 위한 수양 방법으로 ㉠ 허정(虛靜)을 제시하였으며, 장자는 제물(齊物)과 소요(逍遙)라는 이상적 경지에 이르기 위한 수양 방법으로 ㉡ 좌망(坐忘)과 ㉢ 심재(心齋)를 제시하였다.

[312~313] 다음은 이황과 이이의 사상을 비교한 도표이다. 물음에 답하시오.

구분	이황	이이
이기론	• 이기불상잡(理氣不相雜)의 측면 강조 • ㉠이귀기천(理貴氣賤), 이기호발(理氣互發)	• (ⓐ)의 측면 강조 • 이통기국(理通氣局) • 기발이승일도(氣發理乘一途)
사단 칠정론	㉡사단과 칠정의 연원이 다르다고 보고, 양자를 명확하게 구분함	사단과 칠정은 부분과 전체의 관계이며, (ⓑ)은/는 (ⓒ)을 포함함

312

ⓐ~ⓒ에 들어갈 알맞은 용어를 쓰시오.

313 서술형

㉡처럼 주장한 근거를 서술하시오.

[314~315] 다음 글을 읽고 물음에 답하시오.

> 성리학에서 (㉠)은/는 우주 자연의 원리이자 궁극적 실체이며, 동시에 선천적으로 갖추어진 도덕 본성으로서의 실체이기도 하다. 하지만 정약용은 이러한 성리학적 입장 대신 인간의 본성은 일종의 경향성, 즉 마음의 기호(嗜好)라고 주장하였다. 그가 말하는 기호는 두 가지이다. 하나는 인간만이 지닌 ㉡ 영지(靈知)의 기호이고, 다른 하나는 인간과 동물이 모두 지닌 ㉢ 형구(形軀)의 기호이다.

314

㉠에 들어갈 알맞은 용어를 쓰시오.

315 서술형

㉡과 ㉢의 의미를 서술하시오.

09 서양 윤리 사상의 연원

Ⅲ 서양 윤리 사상

✔ 출제 포인트　✔ 소피스트와 소크라테스의 사상 비교　✔ 윤리적 상대주의와 윤리적 보편주의의 비교

1. 고대 그리스 사상과 헤브라이즘

1 고대 그리스 사상

(1) **특징**: 자연을 비롯한 사물과 인간의 본질 및 보편성에 관심을 지니고, 이성적이고 합리적인 사고와 논변을 중시함

(2) **영향**

① 인간 이성에 대한 관심, 행복과 같이 삶에 있어 추구해야 할 좋은 것 등이 서양 윤리 사상에서 중요한 탐구 주제가 됨

② 윤리의 보편성 및 다양성을 둘러싼 논쟁 과정에서 서양 윤리 사상은 인간과 사회에 대한 다양한 관점을 제시하게 됨

2 헤브라이즘

(1) **의미**: 고대 유대 민족의 유대교로부터 이후 전개된 그리스도교에 이르기까지의 사상과 문화 및 전통

(2) **특징**: 신(神)에 대한 믿음을 강조하고, 보편적인 윤리적 행동 지침을 신의 명령이자 인간 삶의 규율로 제시함

(3) **영향**

① 신, 신과 인간의 관계 및 인간 삶의 본질과 원리에 대한 탐구가 서양 윤리 사상에서 중요한 탐구 주제가 됨

② 인간 존재의 존엄성과 근거 및 절대적 규칙에 대한 탐구가 이루어지는 데 큰 영향을 줌

2. 규범의 다양성과 보편 도덕

1 소피스트의 윤리적 상대주의

(1) **윤리적 문제 중시**: 좋은 삶, 삶의 방법 등 인간 삶의 구체적이고 윤리적인 문제에 깊은 관심을 기울임

(2) **경험 중시**: 인간의 감각적 경험을 지식과 도덕의 근원으로 봄

✪ (3) **윤리적 상대주의**: 보편타당한 도덕 법칙은 존재하지 않는다는 윤리적 상대주의를 제시함

(4) **세속적 성공 중시**: 현실 삶에서의 성공을 위해 수사학, 변론술, 처세술, 웅변술 등을 중시함

자료 **소피스트의 사상** Ⓒ 59쪽 332번 문제로 확인

(가) 인간은 모든 것의 척도이다. 존재하는 것에 대해서는 그것이 존재한다는 척도이며, 존재하지 않는 것에 대해서는 그것이 존재하지 않는다는 척도이다. – 프로타고라스 –

(나) 정의란 더 강한 자 및 통치자의 이익이고, 복종하고 섬기는 사람들의 입장에서는 해롭다. – 트라시마코스 –

(다) 아무것도 존재하지 않는다. 비록 어떤 것이 존재한다 해도 우리는 그것을 알 수 없다. 우리가 그것을 알 수 있다고 해도 다른 사람에게 전할 수 없다. – 고르기아스 –

분석 〉 (가)는 각 개인의 지각(경험)만이 진리 판단 및 도덕 판단의 기준이라는 입장, (나)는 정의가 강자의 이익을 위한 것에 불과하다는 입장, (다)는 회의주의적 관점에서 절대적 진리를 부정하는 입장이다.

✪ 2 소크라테스의 윤리적 보편주의

(1) **윤리적 문제 중시**: 소피스트들과 마찬가지로 인간 삶의 구체적이고 윤리적인 문제에 깊은 관심을 기울임

(2) **윤리적 보편주의**: 인간은 이성을 통해 보편적 윤리를 파악할 수 있다는 윤리적 보편주의를 주장함

① **무지의 자각 강조**: 비도덕적 행동은 무엇이 옳고 그른지 모르기 때문에 발생함 → 참된 앎에 이르기 위해서는 먼저 자신의 무지(無知)를 자각해야 함

② **참된 앎의 추구 강조**: 절대적 진리와 도덕규범은 존재하며, 참된 앎을 지닌 사람은 도덕적인 삶을 살아가게 됨 → 인간의 이성을 바탕으로 참된 앎을 추구해야 함

(3) **지덕복 합일설(知德福合一說)**: 참된 앎을 지닌 사람은 덕 있는 사람이 되고, 덕 있는 사람은 행복한 삶을 살게 된다고 봄

(4) **문답법(산파술)**: 소크라테스가 사용한 참된 앎을 추구하는 방법으로, 상대가 제시하는 의견에 논리적이고 이성적인 물음을 계속 제기하여 답변자가 스스로 진리를 찾도록 하는 방법

(5) **도덕적 삶의 강조**: 소피스트들을 비판하면서 세속적인 성공보다는 선하고 도덕적인 삶의 추구를 강조함

자료 **소크라테스의 주지주의** Ⓒ 60쪽 334번 문제로 확인

• 만일 덕이 정신적인 것 중의 하나이고 유익한 것임에 틀림없다면 덕은 마땅히 지식이어야 하네. 왜냐하면 정신적인 모든 성질들은 그 자체만으로는 유익하지도 해롭지도 않지만, 지식이 더해지느냐 아니면 무지가 더해지느냐에 따라 유익하게도 되고 유해하게도 되기 때문이네. 이제 이러한 주장에 따르면 덕이란 어쨌든 유익한 것이므로 마땅히 지식의 일종이어야만 하네. – 플라톤, "메논" –

• 아무도 자발적으로 악한 행위를 하지 않는다. 아름다운 것과 좋은 것을 아는 사람은 그 반대의 것을 택하지 않을 것이다. 그리고 아름다운 것과 좋은 것에 대하여 무지하면 그것을 추구한다 하더라도 실패하게 될 것이다. – 크세노폰, "소크라테스 회상" –

분석 〉 소크라테스는 비도덕적인 행동을 하는 것은 무지(無知)하기 때문이며, 참된 앎을 지닌 사람은 도덕적인 삶을 살아가게 된다고 보았다. 참된 앎을 지닌 사람은 무엇이 옳고 그른지 잘 알고 있을 뿐만 아니라, 비도덕적인 행위가 자신에게 해롭다는 것도 잘 알기 때문이다.

✪ 3 윤리적 상대주의와 윤리적 보편주의의 의의와 한계

Ⓒ 60쪽 335번 문제로 확인

윤리적 상대주의	의의	서로 다른 개인과 사회의 상이한 도덕규범을 이해하고 관용하는 데 도움을 줌
	한계	비도덕적 행위의 정당화에 따른 가치관의 혼란이나 윤리적 회의주의를 불러올 수 있음
윤리적 보편주의	의의	다원화된 사회에서 발생할 수 있는 가치관의 혼란을 극복하는 데 도움을 줌
	한계	개인의 자율적 삶을 침해하고 사회를 획일화할 수 있음

분석 기출 문제

» 바른답·알찬풀이 29쪽

•• 빈칸에 들어갈 용어를 쓰시오.

316 서양 윤리 사상은 고대 그리스 사상과 (　　　　)에 뿌리를 두고 있다.

317 그리스도교의 뿌리인 유대교는 유대인만이 구원받을 수 있다는 (　　　　)사상을 제시하였다.

318 그리스도교는 유대교의 전통과 (　　　　)의 가르침을 바탕으로 성립하였다.

•• 사상가와 해당 사상가의 주장을 바르게 연결하시오.

319 프로타고라스 •　　• ㉠ 정의는 강자의 이익이다.

320 트라시마코스 •　　• ㉡ 아무것도 존재하지 않는다.

321 고르기아스 •　　• ㉢ 인간은 모든 것의 척도이다.

•• 다음 내용이 옳으면 ○표, 틀리면 ×표를 하시오.

322 소피스트는 보편타당한 도덕 법칙은 존재하지 않는다는 윤리적 상대주의를 제시하였다. (　　)

323 윤리적 상대주의가 극단화될 경우 개인의 자유를 침해하고 사회를 획일화할 수 있다. (　　)

324 소크라테스의 사상은 서양 윤리 사상에서 이성주의 윤리 사상의 전통과 깊은 관련이 있다. (　　)

•• ㉠, ㉡ 중 알맞은 것을 고르시오.

325 소피스트는 인간의 (㉠ 감각적 경험, ㉡ 이성)을 지식과 도덕의 근원으로 보았다.

326 (㉠ 소피스트, ㉡ 소크라테스)는 현실에서 세속적 성공을 위해 수사학, 변론술 등을 가르쳤다.

327 (㉠ 소피스트, ㉡ 소크라테스)는 보편적이고 객관적인 윤리가 존재한다고 주장하였다.

328 (㉠ 프로타고라스, ㉡ 소크라테스)는 참된 앎을 지닌 사람이 행복을 누린다고 주장하였다.

•• 다음 문장과 관련 있는 개념을 〈보기〉에서 고르시오.

329 절대적인 도덕적 진리가 존재한다. (　　)

330 어떤 상황에서는 매우 유용한 것이 어떤 상황에서는 그렇지 않으며 도덕도 마찬가지이다. (　　)

[보기]
ㄱ. 윤리적 상대주의　　ㄴ. 윤리적 보편주의

1. 고대 그리스 사상과 헤브라이즘

331

㉠, ㉡의 특징으로 옳지 않은 것은?

• ㉠ 헤브라이즘에서는 세상이 신에 의해 창조되었다고 설명하면서, 세상 만물은 신의 피조물이라고 주장하였다.
• ㉡ 고대 그리스의 자연 철학에서는 신에 대한 언급 없이 세상의 기원을 설명하려고 노력하였다.

① ㉠: 유일무이한 절대자인 신에 대한 믿음을 중시하였다.
② ㉠: 신에 대한 절대적 믿음을 특정 사제만 지켜야 할 규율로써 제시하였다.
③ ㉡: 자연의 변화를 논리적으로 설명하고자 하였다.
④ ㉡: 자연의 다양한 현상을 보편적 원리에 의해 설명하고자 하였다.
⑤ ㉠, ㉡: 서양 윤리 사상의 뿌리가 된 사상이다.

2. 규범의 다양성과 보편 도덕

빈출

332

고대 서양 사상가 갑, 을, 병에 대한 옳은 설명만을 〈보기〉에서 고른 것은?

갑: 인간은 모든 것의 척도이다. 존재하는 것에 대해서는 그것이 존재한다는 척도이며, 존재하지 않는 것에 대해서는 그것이 존재하지 않는다는 척도이다.
을: 정의란 더 강한 자 및 통치자의 이익이고, 복종하고 섬기는 사람들의 입장에서는 해롭다.
병: 아무것도 존재하지 않는다. 비록 어떤 것이 존재한다 해도 우리는 그것을 알 수 없다. 우리가 그것을 알 수 있다고 해도 다른 사람에게 전할 수 없다.

[보기]
ㄱ. 갑은 인간만이 보편적 진리를 인식할 수 있다고 본다.
ㄴ. 을은 정의가 보편적 진리가 될 수 없다고 본다.
ㄷ. 병은 인간이 인식 가능한 진리는 없다고 본다.
ㄹ. 갑, 을, 병은 개개인의 경험적 판단은 진리가 될 수 없다고 본다.

① ㄱ, ㄴ　② ㄱ, ㄷ　③ ㄴ, ㄷ　④ ㄴ, ㄹ　⑤ ㄷ, ㄹ

333

그림은 고대 서양 사상가 갑, 을의 가상 대화이다. 둘 중 적어도 한 사람이 부정의 대답을 할 질문으로 적절하지 않은 것은?

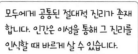

① 경험적 지식은 인간 본질 구현에 도움이 될 수 없는가?
② 절대적 지식에 따라 살아가기만 하면 행복할 수 있는가?
③ 자연보다 인간과 사회를 탐구 대상으로 삼아야 하는가?
④ 행복한 삶은 덕에 대한 지식을 갖추었을 때 가능해지는가?
⑤ 개인에 따라 옳음의 판단 기준이 다름을 인식해야 하는가?

빈출
334

다음을 주장한 고대 서양 사상가의 입장만을 〈보기〉에서 고른 것은?

- 만일 덕이 정신적인 것 중의 하나이고 유익한 것임에 틀림없다면 덕은 마땅히 지식이어야 하네. 왜냐하면 정신적인 모든 성질들은 그 자체만으로는 유익하지도 해롭지도 않지만, 지식이 더해지느냐 아니면 무지가 더해지느냐에 따라 유익하게도 되고 유해하게도 되기 때문이네. 이제 이러한 주장에 따르면 덕이란 어쨌든 유익한 것이므로 마땅히 지식의 일종이어야만 하네.
- 아무도 자발적으로 악한 행위를 하지 않는다. 아름다운 것과 좋은 것을 아는 사람은 그 반대의 것을 택하지 않을 것이다. 그리고 아름다운 것과 좋은 것에 대하여 무지하면 그것을 추구한다 하더라도 실패하게 될 것이다.

[보기]
ㄱ. 참된 앎을 지닌 사람은 행복하다.
ㄴ. 선악의 객관적 기준은 존재하지 않는다.
ㄷ. 지식과 의지가 부족할 때 악(惡)이 생겨난다.
ㄹ. 덕 있는 사람이 되려면 덕이 무엇인지 알아야 한다.

① ㄱ, ㄴ ② ㄱ, ㄹ ③ ㄴ, ㄷ ④ ㄴ, ㄹ ⑤ ㄷ, ㄹ

빈출
335

다음 ㉠~㉤ 중 적절하지 않은 것은?

윤리적 상대주의는 행위의 도덕적 옳고 그름이 개인이나 사회에 따라 다양하며, ㉠ 모든 시대의 모든 사람에게 구속력 있는 보편적인 도덕 기준은 존재하지 않는다는 입장이다. 이러한 윤리관은 ㉡ 다양한 삶의 모습과 가치의 다양성을 인정하고 수용하는 장점이 있다. 그러나 다양성의 지나친 강조로 인해 ㉢ 도덕의 예외를 인정하지 않아 경직되고 독선적인 태도로 흐를 수 있는 문제점이 있다. 반면 윤리적 보편주의는 모든 사람과 모든 사회에 타당한 객관적이고 보편적인 도덕 원리들이 존재한다는 입장이다. 이러한 윤리관은 ㉣ 윤리적 상대주의가 빠지기 쉬운 회의주의와 허무주의를 극복할 수 있는 근거를 제공한다. 그러나 ㉤ 다양한 삶의 방식을 획일적으로 평가할 수 있다는 단점이 있다.

① ㉠ ② ㉡ ③ ㉢ ④ ㉣ ⑤ ㉤

1등급을 향한 서답형 문제

336

㉠, ㉡에 들어갈 알맞은 용어를 쓰시오.

소피스트의 대표자인 프로타고라스는 '인간은 만물의 척도'라고 하여 윤리적 (㉠)을/를 표방한다. 반면 소크라테스는 언제 어디서나 지켜야 할 윤리가 있다는 윤리적 (㉡)을/를 표방한다.

[337~338] 다음 글을 읽고 물음에 답하시오.

인간은 누구도 자발적으로 자신에게 해로운 행위를 하지 않는다. 따라서 덕이 무엇인지 아는 사람은 절대 정의롭지 못하거나 나쁜 행위를 할 수 없다. 결국 용기, 절제, 정의 등 각각의 ㉠ 덕에 관한 지혜를 갖춘 사람은 실제로 덕 있는 사람이 되고, 그 결과 행복을 얻을 수 있다.

337

㉠과 같은 주장을 일컫는 용어를 쓰시오.

338 서술형

윗글의 사상가의 입장에서 악행을 저지르는 이유와 도덕적 행위를 실천하기 위한 전제 조건을 서술하시오.

적중 1등급 문제

» 바른답·알찬풀이 30쪽

339

다음을 주장한 고대 서양 사상가의 입장으로 가장 적절한 것은?

> 자신이 모르면서도 알고 있다고 믿는 것이 인간이 가진 무지 중에서 가장 큰 무지입니다. 내가 대다수 사람들과 다른 점이 있다면, 그것은 바로 나는 내가 무지하다는 것을 알고 있다는 것입니다. 나는 아테네 시민들을 찾아다니며 신체나 재산이 아니라 각자의 영혼을 최상의 상태로 가꾸라고 설득할 것입니다.

① 나의 유덕한 행동은 나의 행복과 무관하다.
② 부와 명예를 얻기 위해 진리를 탐구해야 한다.
③ 덕이 무엇인지 몰라도 유덕하게 행동할 수 있다.
④ 인간은 보편타당한 윤리가 무엇인지 알 수 없다.
⑤ 자신의 무지를 자각하고 영혼 수련에 힘써야 한다.

340

(가)의 고대 서양 사상가 갑, 을의 입장을 (나) 그림으로 표현할 때, A~C에 해당하는 적절한 진술만을 〈보기〉에서 고른 것은?

(가)	갑: 진리는 상대적인 것이다. 인간은 존재하는 모든 것들에 있어 판단의 기준이기 때문이다. 을: 진리는 객관적이고 보편적인 것이다. 우리는 무지의 자각에서 출발하여 감각이 아니라 사유를 통해 진리를 직접 파악해야 한다.
(나)	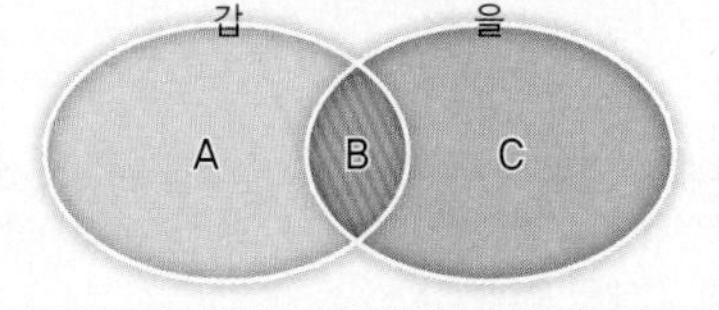

[보기]

ㄱ. A: 진리는 개인적 경험에 따라 변화할 수 있는 것이다.
ㄴ. B: 개인이 모든 것의 척도이자 가치 판단의 기준이다.
ㄷ. B: 자연보다 인간과 사회에 대한 지식이 중요하다.
ㄹ. C: 절대적 진리는 존재하지만 인식할 수 없다.

① ㄱ, ㄴ ② ㄱ, ㄷ ③ ㄴ, ㄷ ④ ㄴ, ㄹ ⑤ ㄷ, ㄹ

341

그림은 고대 서양 사상가 갑, 을의 가상 대화이다. 갑, 을의 입장으로 옳은 것은?

정의란 더 강한 자 및 통치자의 이익이지만, 복종하고 섬기는 자에게는 자신에게 해가 되는 것이며 부정의는 그와 반대되는 것입니다.
갑

정의는 덕의 한 종류로 보아야 합니다. 정의에 대한 참된 지식이 있어야 그것이 덕인지, 그것을 지닌 사람이 행복한지 알 수 있습니다.
을

① 갑: 수사학과 변론술을 통해 보편적 윤리를 정립해야 한다.
② 갑: 정의는 통치자의 이익보다 피치자의 이익을 위한 것이다.
③ 을: 참된 지식을 얻기 위해서는 자신의 무지를 부정해야 한다.
④ 을: 정의에 대한 참된 앎이 없이는 좋은 삶을 영위할 수 없다.
⑤ 갑, 을: 감각에 의한 경험은 지식과 도덕의 근원이 될 수 없다.

342

갑, 을은 고대 서양 사상가들이다. 을의 입장에서 갑에게 제기할 수 있는 비판으로 가장 적절한 것은?

> 갑: 존재하는 것은 없다. 설사 있다 할지라도 그것을 알 수 없다. 알 수 있다 할지라도 그것을 다른 사람에게 전할 수 없다.
> 을: 선(善)에 대한 지식은 무지의 자각과 영혼의 수련을 통해 얻을 수 있다. 인간은 이를 행함으로써 선한 삶을 살 수 있다.

① 객관적이고 보편적인 지식은 없음을 간과한다.
② 영혼보다 육체를 돌보는 것이 중요함을 간과한다.
③ 선악을 판단하는 절대적 기준이 존재함을 간과한다.
④ 참된 앎만으로는 덕의 실천이 불가능함을 간과한다.
⑤ 진리는 이성이 아니라 경험으로 알 수 있음을 간과한다.

10 Ⅲ 서양 윤리 사상
덕 있는 삶과 행복

✓ 출제 포인트 ✓ 플라톤의 이데아론과 영혼론 ✓ 플라톤의 이상 국가론 ✓ 아리스토텔레스의 덕론과 중용

1 영혼의 정의(正義)와 행복

1 플라톤의 이원론적 세계관 완전한 세계인 이데아계와 불완전한 세계인 현상계를 구분함 63쪽 358번 문제로 확인

이데아계	이데아는 사물의 불변하는 본질이자 참된 실재로, 이성에 의해서만 파악됨 → 최고의 이데아는 선(善)의 이데아임
현상계	이데아계를 모방한 불완전한 세계로, 감각적 경험에 의해 파악됨

자료 동굴의 비유 64쪽 361번 문제로 확인

태어날 때부터 온몸이 묶인 채로 살아가며 동굴의 벽면만 쳐다볼 수 있는 죄수들을 상상해 보자. 이들의 뒤쪽에서는 불이 타오르고 있고, 불과 죄수들 사이에는 담이 세워져 있다. 그 담 위로 사람과 여러 동물의 상이 지나가면 벽에는 그들의 그림자만 비친다. 그림자 외에 다른 어떤 것도 보지 못하는 죄수들은 그림자가 진정한 사람이나 동물이라고 믿을 것이다. - 플라톤, "국가" -

분석 동굴의 비유에서 죄수들은 실제 사물이 아닌 사물의 그림자만을 경험하고, 이를 참된 존재인 양 믿으며 살아간다. 플라톤에 따르면 이처럼 우리가 현상계에서 감각적으로 경험하는 것들은 이데아를 모방한 것일 뿐이다.

2 플라톤의 영혼론과 이상 국가론

(1) 영혼론

① 영혼은 이성과 기개, 욕구의 세 부분으로 이루어져 있음

② 이성에는 지혜, 기개에는 용기, 욕구에는 절제의 덕이 각각 요구됨

③ 영혼의 각 부분이 각자의 덕을 갖추어 전체적으로 조화를 이룰 때 정의의 덕이 실현됨

자료 인간 영혼에 대한 마차의 비유 64쪽 364번 문제로 확인

인간의 영혼은 마차에 비유될 수 있다. 마차를 끄는 두 마리의 말이 있는데, 한 마리는 말을 잘 듣는 좋은 말이고 다른 말은 채찍을 들어야 말을 듣는 좋지 않은 말이다. 마차가 잘 굴러가려면 마부가 두 마리의 말을 잘 조절해서 보조를 맞추도록 해야 한다. - 플라톤, "파이드로스" -

분석 플라톤의 비유에서 마부는 이성을, 좋은 말은 기개를, 좋지 않은 말은 욕구를 상징한다. 플라톤에 따르면 각 부분이 각자의 일을 잘 하면서도 이성적인 부분(마부)이 나머지를 잘 이끄는 것이 중요하다.

(2) 이상 국가론 64쪽 362번 문제로 확인

① 인간의 영혼이 세 부분으로 구성되듯이, 국가도 통치자, 수호자(방위자), 생산자의 세 계층으로 구성됨

② 생산자는 절제, 수호자는 용기, 통치자는 지혜의 덕을 갖추어야 함 → 특히 절제의 덕은 모든 계급에 요구됨

③ 각 계층이 지혜의 덕을 갖춘 통치자(철인)의 통치 아래 각자의 일을 잘 수행하여 조화를 이룰 때 국가의 정의가 실현됨

2 이론과 실천의 탁월성과 행복

1 아리스토텔레스의 현실주의적 세계관 세계는 개별적인 실체들로 이루어진 하나의 세계라고 주장함 → 선(善)은 이데아계가 아닌 현실 세계에 존재한다고 봄 65쪽 366번 문제로 확인

2 아리스토텔레스의 행복론과 덕론

(1) 행복론

① 인간의 모든 행위는 선(善)을 목적으로 추구함

② 인간 행위의 궁극적인 목적인 최고선(最高善)은 행복임

③ 행복은 덕에 따른 영혼의 활동임

(2) 덕론

① 덕: 인간의 고유한 기능인 이성이 탁월하게 발휘되는 상태

② 덕을 지적인 덕과 품성적인 덕으로 구분함

지적인 덕	• 영혼의 이성적 부분과 관련된 덕 예 실천적 지혜, 철학적 지혜 • 교육을 통해 얻어지고 길러짐 • 실천적 지혜: 각 상황에서 어떤 행동이 중용의 상태인지 알려 줌 → 품성적 덕을 갖추기 위해 필수적인 요소
품성적 덕	• 영혼의 감각과 욕구의 기능이 이성에 귀를 기울이고 이성의 명령에 따를 때 얻어지는 덕 예 용기, 절제 등 • 중용: 품성적 덕의 중요한 특징으로 과도함과 부족함 사이의 적절한 상태 → 산술적 중간이 아니라 가장 적절한 상태로, 상황마다 중용에 따른 선택과 행동도 달라짐 • 지속적인 도덕적 실천을 통해 형성됨 → 의지가 나약하여 실천하지 못할 수 있으므로 도덕적 행동의 습관화가 필요함

③ 인간을 사회적 존재로 보아 덕 있는 사람이 되려면 사회적 책무에 충실해야 한다고 봄

자료 아리스토텔레스의 중용 65쪽 367번 문제로 확인

품성적 덕은 감정과 행동에 관계하고, 이 감정과 행동 속에 과도와 부족 및 중용이 있다. 예를 들어 두려움과 대담함, 또 욕욕이나 분노 및 연민, 일반적으로 쾌락과 고통을 느끼는 일을 너무 많이 또는 너무 적게 할 수 있는데, 양쪽 모두 잘하는 것이 아니다. 반면, 이것들을 마땅한 때에, 마땅한 일에 대해, 마땅한 사람들에 대해, 마땅히 그래야 할 목적을 위해, 마땅한 방식으로 느끼는 것이 중용이나 최선이며, 이것이 덕의 특징이다. - 아리스토텔레스, "니코마코스 윤리학" -

분석 아리스토텔레스에 따르면 품성적 덕의 중요한 특징은 중용이다. 이때 중용이란 단순히 산술적 중간이 아니라, 지나침과 모자람 사이의 가장 마땅한(적절한) 상태를 의미한다.

(3) 아리스토텔레스 사상과 현대 덕 윤리

① 도덕적 품성과 실천을 강조한 아리스토텔레스의 윤리 사상은 현대 덕 윤리로 계승됨

② 현대 덕 윤리: 행위 중심이 아닌 행위자 중심의 윤리를 전개하고, 도덕적 품성을 바탕으로 한 자발적인 도덕적 실천을 강조함

분석 기출 문제

» 바른답·알찬풀이 31쪽

•• 빈칸에 들어갈 용어를 쓰시오.

343 플라톤은 사물의 불변하는 본질이자 참된 실재를 (　　　　)(이)라고 하였다.

344 플라톤은 이데아에 대한 지식은 오직 (　　　　)을/를 통해서만 얻을 수 있다고 보았다.

345 아리스토텔레스에 따르면 선(善)은 이데아의 세계가 아닌 (　　　　) 세계에 존재한다.

•• 플라톤의 덕과 그에 해당되는 영혼의 부분을 바르게 연결하시오.

346 지혜 •　　　　• ㉠ 기개

347 용기 •　　　　• ㉡ 욕구

348 절제 •　　　　• ㉢ 이성

•• 다음 내용이 옳으면 ○표, 틀리면 ×표를 하시오.

349 플라톤은 각각의 이데아를 이데아이게 하는 최고의 이데아를 선의 이데아라고 주장하였다. (　　)

350 아리스토텔레스에 따르면 품성적 덕은 선천적으로 타고난다. (　　)

351 품성적 덕은 과도함과 부족함 사이의 적절한 상태, 즉 중용을 그 특징으로 한다. (　　)

•• ㉠, ㉡ 중 알맞은 것을 고르시오.

352 플라톤은 현실에 존재하는 것들은 이데아를 모방한 (㉠ 완전한 것, ㉡ 불완전한 것)이라고 보았다.

353 플라톤은 (㉠ 이성, ㉡ 감정)을 통해 얻은 진리에 따라 살아갈 때 행복해진다고 보았다.

354 플라톤의 입장에서 볼 때 통치 계급의 경우 (㉠ 지혜, ㉡ 용기)의 덕이 요구된다.

355 (㉠ 철학적 지혜, ㉡ 실천적 지혜)는 각 상황에서 어떤 행동이 중용의 상태인지 알려 준다.

•• 다음 문장과 관련 있는 개념을 〈보기〉에서 고르시오.

356 영혼의 순수하게 이성적인 기능이 탁월하게 작용할 때 얻을 수 있는 덕이다. (　　)

357 영혼의 감각과 욕구의 기능이 이성에 귀를 기울이고 이성의 명령에 따를 때 얻을 수 있는 덕이다. (　　)

[보기]
ㄱ. 품성적 덕　　　ㄴ. 지적인 덕

1. 영혼의 정의(正義)와 행복

빈출

358

㉠에 대한 옳은 설명만을 〈보기〉에서 고른 것은?

> 플라톤에 따르면 현실에는 아름다운 사람, 아름다운 노을, 아름다운 그림 등이 존재하는데, 이때 이 모든 것을 아름답게 만드는 아름다움의 본질이 아름다움의 (㉠)이다.

[보기]
ㄱ. 사물의 불변하는 본질이다.
ㄴ. 상황에 따라 달라질 수 있다.
ㄷ. 감각적이고 경험적인 것이다.
ㄹ. 오직 이성을 통해서만 관련된 지식을 얻을 수 있다.

① ㄱ, ㄴ　② ㄱ, ㄹ　③ ㄴ, ㄷ　④ ㄴ, ㄹ　⑤ ㄷ, ㄹ

359

다음을 주장한 고대 서양 사상가의 입장으로 옳은 것은?

> 정의로운 국가란 소수의 철인 통치자가 군인 계급의 도움을 받아 생산자 계급을 다스리는 국가이다.

① 국가의 최고 권력은 국민에게 있다.
② 철인 통치자에게 요구되는 덕은 용기이다.
③ 철학과 정치권력이 하나로 결합해야 한다.
④ 각자의 역할은 필요에 따라 계속 변화할 수 있다.
⑤ 사람들의 합의에 의해 중요한 결정이 이루어진다.

360

다음을 주장한 고대 서양 사상가의 입장만을 〈보기〉에서 있는 대로 고른 것은?

> 나라 안에 세 부분이 있듯이 모든 개인의 영혼 안에도 세 부분이 있다. 인간이 올바르게 되는 것은 나라가 올바르게 되는 방식과 같다.

[보기]
ㄱ. 진리는 불변하는 것이다.
ㄴ. 통치자는 지혜와 절제를 갖춘 인물이다.
ㄷ. 의지의 굳건함을 통해서만 도덕적 실천을 해 나갈 수 있다.
ㄹ. 정의는 각 부분이 역할을 다하여 전체적인 조화를 이룬 상태이다.

① ㄱ, ㄴ　② ㄱ, ㄷ　③ ㄷ, ㄹ
④ ㄱ, ㄴ, ㄹ　⑤ ㄴ, ㄷ, ㄹ

분석 기출 문제

≫ 바른답·알찬풀이 31쪽

빈출
361

다음 고대 서양 사상가의 비유에 대한 설명으로 옳은 것은?

> 태어날 때부터 온몸이 묶인 채로 살아가며 동굴의 벽면만 쳐다볼 수 있는 죄수들을 상상해 보자. 이들의 뒤쪽에서는 불이 타오르고 있고, 불과 죄수들 사이에는 담이 세워져 있다. 그 담 위로 사람과 여러 동물의 상이 지나가면 벽에는 그들의 그림자만 비친다. 그림자 외에 다른 어떤 것도 보지 못하는 죄수들은 그림자가 진정한 사람이나 동물이라고 믿을 것이다.

① 동굴 안 세계는 참된 세계를 의미한다.
② 그림자는 이데아를 모방한 것을 의미한다.
③ 선의 이데아만이 벽면에 그림자로 등장한다.
④ 죄수들은 사물의 불변하는 본질만을 볼 수 있다.
⑤ 그림자는 끊임없이 변화하는 이데아에 대한 상징이다.

[362~363] 다음 글을 읽고 물음에 답하시오.

> 플라톤은 국가 구성원을 세 계층, 즉 생산자, 수호자, 통치자로 구분하여 설명하고, 생산자는 (㉠)의 덕을, 수호자는 (㉡)의 덕을, 통치자인 철인은 (㉢)의 덕을 갖추어야 한다고 보았다. 그리고 이들이 조화롭게 국가를 이룰 때, 국가는 올바르고 완벽한 상태인 (㉣)의 덕을 실현할 수 있다고 주장하였다.

빈출
362

㉠~㉣에 들어갈 내용을 바르게 짝지은 것은?

	㉠	㉡	㉢	㉣
①	절제	용기	지혜	정의
②	절제	지혜	용기	정의
③	용기	지혜	정의	절제
④	지혜	용기	정의	절제
⑤	지혜	정의	절제	용기

363

윗글을 통해 알 수 있는 내용으로 가장 적절한 것은?

① 생산자, 수호자가 통치하는 사회를 주장한다.
② 구성원은 추첨을 통하여 자신의 역할을 결정하고 수행한다.
③ 모든 구성원은 필요할 때마다 서로의 일을 도와줘야 한다.
④ 완벽한 이상 사회에서는 그 누구도 권력을 독점할 수 없다.
⑤ 절제와 용기 및 지혜가 서로 조화를 이루어 정의의 덕이 실현될 때 모두가 행복할 수 있다.

빈출
364

다음은 어느 고대 서양 사상가의 주장이다. ㉠~㉤에 대한 설명으로 옳지 않은 것은?

> • 인간의 영혼은 마차에 비유될 수 있다. 마차를 끄는 두 마리의 말이 있는데, 한 마리는 ㉠말을 잘 듣는 좋은 말이고 다른 말은 ㉡채찍을 들어야 말을 듣는 좋지 않은 말이다. 마차가 잘 굴러가려면 ㉢마부가 두 마리의 말을 잘 조절해서 보조를 맞추도록 해야 한다.
> • 국가는 영혼이 확대된 것으로 볼 수 있다. 국가를 구성하는 세 계층의 사람들이 ㉣각각의 계층에 적합한 덕목을 실천하여 전체적으로 조화를 이룰 때 ㉤이상 국가가 실현된다.

① ㉠은 기개, ㉡은 욕망, ㉢은 이성을 상징한다.
② ㉠, ㉡, ㉢이 각자의 역할을 잘 수행하며 조화를 이루어 마차가 잘 굴러간다면 그것은 정의를 상징한다.
③ ㉣의 구체적인 내용은 지혜, 용기, 절제이다.
④ ㉤에서는 사회의 모든 계층이 생산에 참여한다.
⑤ ㉤은 선의 이데아에 대한 지식을 지닌 통치자가 다스린다.

365

(가)의 고대 서양 사상가의 입장에서 대답할 때, (나)의 가상 대담 상황의 ㉠에 들어갈 적절한 진술로 옳은 것은?

(가)	인간의 영혼은 이성, 기개, 욕망으로 이루어져 있고, 국가는 통치자, 군인, 생산자 계층으로 구성되어 있다. 국가의 세 계층과 영혼의 세 부분에는 각각 적합한 덕목이 있다.
(나)	

① 지혜, 용기, 절제의 덕이 조화를 이룬 것입니다.
② 민주적 절차에 따라 정치권력이 부여되는 것입니다.
③ 기개가 욕망과 이성을 지배하고 조절하는 것입니다.
④ 강자에게 이익이 되고 약자에게 해가 되는 것입니다.
⑤ 다스릴 권한과 다스림에 대한 책임을 모든 부분이 평등하게 나누어 가지는 것입니다.

2. 이론과 실천의 탁월성과 행복

빈출
366

다음을 주장한 고대 서양 사상가의 입장만을 〈보기〉에서 있는 대로 고른 것은?

> 행복은 모든 것 가운데 가장 바람직한 것이요, 이러한 선(善)들 중 최고의 선이다. 따라서 행복은 궁극적이고 자족적이며, 모든 행동의 목적이라고 할 수 있다. 무엇이 행복인지를 알려면 인간의 기능에 대해서 생각해 보아야 한다. 인간만이 지닌 특별한 기능은 정신의 이성적 활동 능력이다. 인간의 기능을 훌륭하게 수행하는 것은 바로 이성적 활동을 잘 수행하는 것이다. 어떠한 행동이 잘 수행되는 것은 그것에 알맞은 덕을 가지고 수행될 때이다. 그러므로 행복이란 덕과 일치하는 정신의 활동이라고 할 수 있다.

[보기]
ㄱ. 참된 실재는 현실에서 찾을 수 없다.
ㄴ. 인간의 모든 행위는 어떤 궁극적 목적을 지향한다.
ㄷ. 실천적 지혜 없이는 참된 선(善)을 실천할 수 없다.
ㄹ. 마땅한 일에 대해 마땅한 정도로 행동할 때 유덕한 사람이 될 수 있다.

① ㄱ, ㄴ ② ㄱ, ㄷ ③ ㄴ, ㄹ
④ ㄱ, ㄷ, ㄹ ⑤ ㄴ, ㄷ, ㄹ

빈출
367

다음을 주장한 고대 서양 사상가가 긍정의 대답을 할 질문으로 가장 적절한 것은?

> 품성적 덕은 감정과 행동에 관계하고, 이 감정과 행동 속에 과도와 부족 및 중용이 있다. 예를 들어 두려움과 대담함, 또 육욕이나 분노 및 연민, 일반적으로 쾌락과 고통을 느끼는 일을 너무 많이 또는 너무 적게 할 수 있는데, 양쪽 모두 잘하는 것이 아니다. 반면, 이것들을 마땅한 때에, 마땅한 일에 대해, 마땅한 사람들에 대해, 마땅히 그래야 할 목적을 위해, 마땅한 방식으로 느끼는 것이 중용이나 최선이며, 이것이 덕의 특징이다.

① 악덕에도 중용의 상태가 존재하는가?
② 최고선은 보편적 자연 법칙에 순응하며 사는 삶인가?
③ 지적인 덕은 좋은 행동의 습관화를 통해 형성되는가?
④ 모든 감정으로부터 벗어나야 행복한 삶을 살 수 있는가?
⑤ 실천적 지혜는 무엇이 중용인지 알게끔 해 주는 지적인 덕인가?

368

다음은 어느 고대 서양 사상가의 주장이다. ㉠에 들어갈 진술로 가장 적절한 것은?

> 나는 자제력이 없는 사람은 자신의 행위가 악하다는 것을 알면서도 그것을 행하지 않을 수 있기 때문에 유덕한 사람은 덕에 대한 앎을 의지적으로 실천할 수 있는 사람이라고 생각한다. 그런데 어떤 사람은 어느 누구도 악하다고 알고 있는 것을 고의로 행하지 않으며, 앎과 덕은 같은 것이라고 주장한다. 나는 이러한 주장이 ____㉠____는 것을 간과하고 있다고 생각한다.

① 덕행의 원천은 덕에 대한 앎에 있다
② 무지의 자각이 참된 앎의 기반이 된다
③ 행복한 삶을 위해서는 성찰적 자세가 중요하다
④ 덕의 형성을 위해서는 실천 의지를 길러야 한다
⑤ 세속적 명예의 추구보다는 참된 지혜의 탐구가 중요하다

369

(가)의 고대 서양 사상가 갑, 을의 입장을 (나) 그림으로 표현할 때, A~C에 해당하는 적절한 진술만을 〈보기〉에서 있는 대로 고른 것은?

(가)	갑: 용기 있는 사람은 비겁한 사람에 비해 무모하고, 무모한 사람에 비해 비겁해 보인다. 양 극단의 두 성향은 대립적이며, 중간의 성향은 양 극단의 두 성향과 대립적이다. 을: 용기 있는 사람은 두려워해야 할 것과 두려워하지 말아야 할 것에 대한 이성의 지시를 언제나 간직한다. 이성이 기개를 지배하고, 기개는 이성에 복종하며 협력해야 한다.
(나)	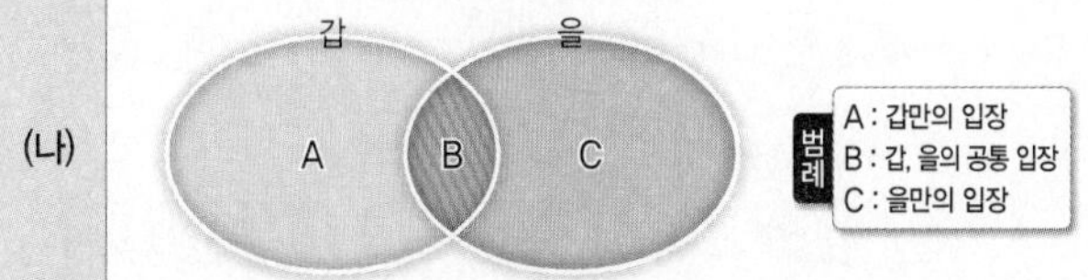

[보기]
ㄱ. A: 선(善)에 대한 참된 기준은 현실 속에 존재한다.
ㄴ. B: 덕은 지적인 측면과 품성적인 측면으로 구분된다.
ㄷ. B: 선에 관한 지식이 없으면 유덕한 행위가 불가능하다.
ㄹ. C: 덕을 이성적으로 깨닫더라도 실천하지 않을 수 있다.

① ㄱ, ㄴ ② ㄱ, ㄷ ③ ㄴ, ㄹ
④ ㄱ, ㄷ, ㄹ ⑤ ㄴ, ㄷ, ㄹ

370

그림은 고대 서양 사상가들의 가상 대화이다. ㉠에 들어갈 진술로 가장 적절한 것은?

이데아의 세계만이 참된 세계입니다.
저는 현실 세계에서 중용의 덕을 습관화하며 살아가는 것이 중요하다고 생각합니다.
현실 세계는 이데아를 모방한 그림자 세계에 불과합니다.
선생님의 생각은 ㉠ 을 간과하고 있습니다.

① 세상 모든 것은 신에 의해 결정됨
② 현실에서 무지에 대한 자각이 중요함
③ 이데아가 실재하는 모든 것의 본질임
④ 진리는 감각과 경험에 따라 상대적인 것임
⑤ 이데아가 실재하는 사물과 분리되어 존재할 수 없음

371

(가)의 갑, 을, 병 사상가들의 입장을 (나) 그림으로 탐구하고자 할 때, A~D에 들어갈 옳은 질문만을 〈보기〉에서 있는 대로 고른 것은?

(가)	갑: 영혼의 수련을 통해 참된 앎을 얻고, 자신의 삶을 성찰하여 유덕한 사람이 되어야 한다. 을: 마땅히 화를 낼 만한 경우에, 화를 낼 만한 대상에게 마땅한 때와 방법으로 화를 내는 덕을 가진 사람이 되어야 한다. 병: 각자는 자신의 본분에 맞는 덕을 잘 발휘해야 하며, 철학자인 통치자도 그에 맞는 덕을 잘 발휘해야 한다.
(나)	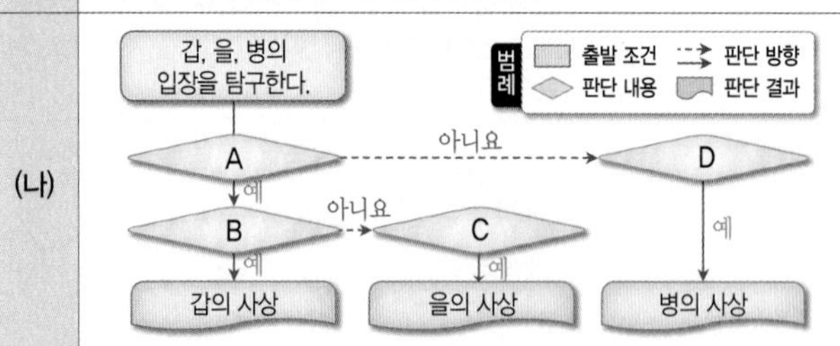

[보기]
ㄱ. A: 개인의 가치 있는 삶은 공동체에서 의미를 갖는가?
ㄴ. B: 부덕한 행위는 오직 지식의 결여로부터 비롯되는가?
ㄷ. C: 반복을 통한 습관화가 지적인 덕을 형성하는가?
ㄹ. D: 계층 간의 역할 교환은 나라의 해악인가?

① ㄱ, ㄴ ② ㄱ, ㄷ ③ ㄴ, ㄹ
④ ㄱ, ㄷ, ㄹ ⑤ ㄴ, ㄷ, ㄹ

1등급을 향한 서답형 문제

[372~373] (가), (나)를 읽고 물음에 답하시오.

(가) 플라톤은 (㉠)에 대한 인식과 실현이 가능한 철학자들이 모든 나라의 왕이 되거나, 최고 권력자들이 철학을 하지 않는 한 악은 종식되지 않을 것이라고 주장하였다.
(나) 국민이 권력을 가지고 그 권력을 스스로 행사해야 한다. 누구에게 권력을 줄 것인지, 결과의 책임은 누가 질 것인지는 국민 모두가 결정해야 한다.

372

㉠에 들어갈 알맞은 용어를 쓰시오.

373 서술형

(가), (나) 입장의 차이점을 서술하시오.

[374~375] (가)는 어느 고대 서양 사상가의 주장이고, (나)는 이 사상가의 덕 이론을 설명한 글이다. 물음에 답하시오.

(가) 행복은 모든 것 가운데 가장 바람직한 것이요, 여러 선들 중에서 최고의 선이다. 따라서 행복은 궁극적이고 자족적이며, 모든 행동의 목적이라고 할 수 있다. …… 인간의 기능을 훌륭하게 수행하는 것은 바로 이성적 활동을 잘 수행하는 것이다. 어떤 활동이 잘 수행되는 것은 그것에 알맞은 덕을 가지고 수행할 때이다. 그러므로 행복이란 덕과 일치하는 정신의 활동이라 할 수 있다.
(나) 덕에는 (㉠)와/과 (㉡)(이)라는 두 종류의 덕이 있다. (㉠)은/는 대체로 교육에 의해 생기고 성장하며, 많은 경험과 시간을 필요로 한다. 이에 비해 (㉡)은/는 습관의 결과로 생기며, 중용을 선택하여 행동하는 성품이다.

374

㉠, ㉡에 들어갈 알맞은 용어를 쓰시오.

375 서술형

㉠ 중 ㉡을 갖추기 위해 반드시 필요한 덕이 무엇인지 쓰고, 그 덕은 구체적으로 어떤 역할을 하는지 서술하시오.

적중 1등급 문제

» 바른답·알찬풀이 34쪽

376

고대 서양 사상가 갑, 을, 병의 입장에 대한 설명으로 옳은 것은?

> 갑: 존재하는 것에 대해 보편적 정의를 내려 무지를 자각하고 본질을 알아야 한다. 경건한 것은 경건하기 때문에 신들의 사랑을 받는 것이지, 그 반대는 아니다.
> 을: 존재하는 모든 것들의 근원은 선의 이데아이다. 수호자들 중 실무와 학식 등 모든 면에서 가장 뛰어난 자들을 선발해서 선의 이데아를 인식하게 해야 한다.
> 병: 존재하는 것은 모두 각자의 좋음을 추구한다. 인간에게 있어 좋음은 탁월성에 따르는 영혼의 활동이고, 최상의 탁월성을 따르는 영혼의 활동이 행복이다.

① 갑은 악한 행위가 무지가 아닌 악한 의지에서 생긴다고 본다.
② 을은 선의 이데아가 모든 선한 것들을 모방한 것이라고 본다.
③ 병은 실천적 지혜로써 질투에 대한 중용을 찾을 수 있다고 본다.
④ 갑은 병과 달리 덕을 행하기 위해서는 지식만으로 충분하다고 본다.
⑤ 을은 병과 달리 개체들로 이루어진 하나의 세계만이 존재한다고 본다.

377

그림의 강연자가 부정의 대답을 할 질문으로 옳은 것은?

> 인간 행위의 최종 목적인 행복은 여러 가지 좋은 것들로 구성됩니다. 여기서 '좋음'의 의미를 생각해 봅시다. '좋음'은 여러 가지 것들에 대해 말해질 수 있습니다. "덕이 좋다."라고 말할 때처럼 덕에 대해 말하기도 하고, "적당량이 좋다."라고 말할 때처럼 양에 대해 말하기도 하고, "때가 좋다."라고 말할 때처럼 시점에 대해 말하기도 합니다. 여기서 보듯 좋음이 어떤 공통적이고 단일한 보편자로 존재하지 않을 것이라는 점은 분명합니다.

① 행복은 덕과 일치하는 영혼의 활동인가?
② 행복은 인간 행위의 궁극적인 목적인가?
③ 행복은 덕을 갖추어야만 얻을 수 있는가?
④ 행복은 여러 좋음들 중에서 최고의 좋음인가?
⑤ 행복은 현실에서 성취할 수 없는 초월적 좋음인가?

378

(가)의 고대 서양 사상가 갑, 을의 입장을 (나) 그림으로 탐구하고자 할 때, A~C에 들어갈 옳은 질문만을 〈보기〉에서 있는 대로 고른 것은?

(가)
갑: 좋음의 이데아에 근거를 둔 절제와 정의는 아름답지만 얻기 힘든 것이다. 반면, 무절제와 불의는 달콤하고 얻기 쉽지만 수치스러운 것이다.
을: 덕에 따르는 정신의 활동을 행복이라고 한다. 행복은 완전하고 자족적인 것이며, 인간 본성에 따라 나오는 좋음을 추구하는 것이다.

(나)

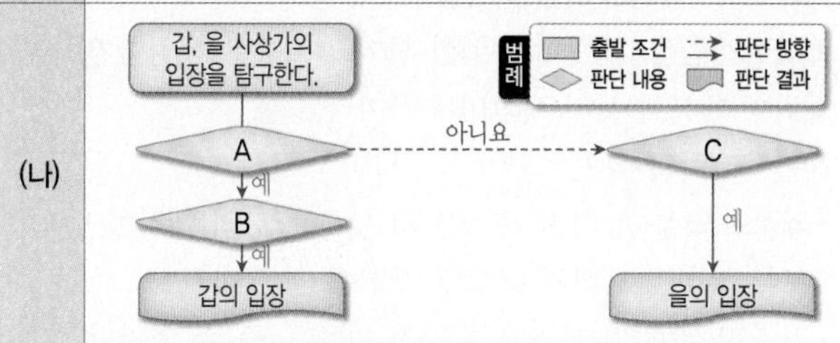

[보기]
ㄱ. A: 좋은 것들로부터 분리된 좋음 자체가 존재하는가?
ㄴ. B: 감각 능력으로는 이데아를 파악하는 것이 불가능한가?
ㄷ. C: 지성적 덕과 달리 품성적 덕 중에는 선천적인 것도 있는가?
ㄹ. C: 실천적 지혜는 각 상황에서 중용을 알려 주는 품성적 덕인가?

① ㄱ, ㄴ ② ㄱ, ㄹ ③ ㄷ, ㄹ
④ ㄱ, ㄴ, ㄷ ⑤ ㄴ, ㄷ, ㄹ

379

고대 서양 사상가 갑, 을의 입장으로 옳지 않은 것은?

> 갑: 영혼의 세 부분인 이성, 기개, 욕구가 전체적으로 조화된 상태가 정의이며, 어떤 부분이 전체에 어긋나는 것은 부정의이다.
> 을: 영혼의 감정이나 욕구와 관련된 덕은 옳은 것에 미치지 못하거나 넘어서는 것을 피하고 그 중간을 택해 반복적으로 실천함으로써 함양된다.

① 갑: 덕을 갖추지 않고 정의로운 사람이 될 수 있는 길은 없다.
② 갑: 이성이 욕구를 지배하여 얻는 덕은 모든 이에게 필요하다.
③ 을: 용기의 덕을 갖춘 사람은 어떤 것도 두려워하지 않는다.
④ 을: 어떤 경우에는 중용 상태에 이를 수 없는 행동이 있다.
⑤ 갑, 을: 인간은 선의 본질을 인식할 수 있는 능력이 있다.

Ⅲ 서양 윤리 사상

11 행복 추구의 방법

출제 포인트 ✓ 에피쿠로스학파의 사상적 특징 ✓ 스토아학파의 사상적 특징

1. 쾌락과 평정심

1 쾌락의 의미와 평정심

(1) 에피쿠로스학파의 사상적 특징

① **쾌락주의 입장**: 쾌락이 유일한 선이고 고통은 유일한 악이며, 쾌락이 행복한 삶의 시작이자 끝이라고 봄

② **정신적 쾌락의 추구**

- **쾌락의 역설**: 감각적 쾌락은 더 높은 강도의 쾌감을 탐닉하도록 부추겨 오히려 더 많은 고통을 낳게 함
- 감각적(육체적) 쾌락은 순간적 만족을 줄 수 있지만, 지속적이지 않기 때문에 우리는 정신적 쾌락을 추구해야 함

③ **소극적 쾌락주의**: 적극적인 욕망의 충족에 따른 쾌락이 아닌 고통을 제거함으로써 주어지는 쾌락을 추구함

(2) 아타락시아(ataraxia, 평정심): 몸의 고통과 마음의 불안이 모두 소멸한 상태 → 참된 행복을 얻을 수 있음

자료 에피쿠로스의 쾌락주의 70쪽 397번 문제로 확인

우리가 쾌락의 부재로 인해 고통을 느낄 때에는 쾌락을 필요로 하지만, 고통을 느끼지 않는다면 더 이상 쾌락을 필요로 하지 않는다. 이런 이유로 우리는 쾌락이 행복한 삶의 시작이자 끝이라고 말한다. - 에피쿠로스, "쾌락" -

분석 에피쿠로스는 적극적 욕망의 충족에 따른 쾌락보다는 고통의 부재로서의 쾌락을 추구하였으며, 궁극적으로 모든 고통이 제거된 상태가 지속됨으로써 주어지는 쾌락을 통해 참된 행복에 이를 수 있다고 보았다.

2 평정심에 이르는 길

(1) 평정심에 이르는 방법 70쪽 398번 문제로 확인

① 자연적이고 필수적인 욕망만을 최소한으로 충족하는 소박한 삶을 살아야 함

자연적이고 필수적인 욕망	의식주에 대한 기본적 욕구
자연적이지만 필수적이지 않은 욕망	성적인 욕구
자연적이지도 않고 필수적이지도 않은 욕망	부, 명성, 권력 등에 대한 욕구

② 우주, 신, 죽음 등에 대한 잘못된 믿음을 제거하여 두려움에서 벗어나야 함

③ 욕망을 분별하고 죽음 등에 대한 잘못된 생각에서 벗어나기 위해서는 이성을 통해 자연과 사물을 올바로 이해해야 함

④ 공적인 삶을 멀리하고 사적인 공간에서 친구들과 우정을 나누며 정의롭게 살아가야 함

(2) 에피쿠로스학파 윤리 사상의 한계와 영향

① **한계**: 개인적 쾌락을 중시한 나머지 공적 삶을 경시함

② **영향**: 감각적 경험을 중시한 근대 경험론과 쾌락을 중시한 공리주의에 영향을 줌

2. 금욕과 부동심

1 금욕의 추구와 부동심

(1) 스토아학파의 사상적 특징

① **금욕주의 입장**: 온갖 욕망과 정념의 지배에서 벗어날 것을 강조함

② **스토아학파의 정념**: 외부의 자극으로 일어나는 마음의 모든 격렬한 움직임으로, 평온한 삶을 깨뜨리는 원인임 → 자연적 정념과 비자연적 정념으로 구분됨

비자연적 정념	• 욕망, 공포, 쾌감, 슬픔 등 • 우리의 판단을 흐리게 하고 우리를 잘못된 행위로 이끌기 때문에 평온한 삶을 위해 벗어나야 하는 대상임
자연적 정념	• 자신의 건강을 돌보려는 마음, 부모를 사랑하는 마음 등 • 평온한 삶을 위해서는 비자연적 정념뿐 아니라 자연적 정념에 대해서도 초연해야 함

(2) 아파테이아(apatheia, 부동심): 어떤 상황에서도 동요하지 않는 정신 상태, 즉 정념으로부터 해방된 상태

2 부동심에 이르는 길

(1) 부동심에 이르는 방법 71쪽 403번 문제로 확인

① 이성에 따른 삶을 살아야 함

- **이성(logos)**: 만물의 본질이자 만물의 생성과 변화를 이끌어 가는 힘 → 신, 자연 등으로 표현됨
- **이성에 따른 삶**: 자연의 필연적 질서와 법칙에 순응하는 삶이자 신의 섭리와 예정에 따른 삶을 의미함

② 운명에 순응하는 삶을 살아야 함

- 자연 안에서 일어나는 모든 일은 신에 의해 운명 지어진 것으로 바꿀 수도 없고, 바꿀 필요도 없음
- 자신에게 주어진 조건과 상황을 변화시키기보다 자신의 운명으로 받아들여야 함

③ 자연법에 따른 삶을 살아야 함

- **자연법**: 우주를 지배하는 이성의 명령이자 자연법칙임
- **자연법의 구체적 내용**: 가족, 친구, 시민, 나아가 인류 전체에 대한 사랑을 제시함 → 이성을 가진 모든 이들은 누구나 평등하다는 세계 시민주의 사상이 전제되어 있음
- 각 개인은 사회적 역할뿐 아니라 인류의 공동선 실현에 기여해야 함

(2) 스토아학파 윤리 사상의 한계와 영향

① **한계**: 운명에 대한 순응을 중시한 나머지 도덕적 삶에서 개인의 의지와 정서의 역할을 간과함

② **영향**: 중세와 근대의 자연법 사상가들, 정념으로부터의 자유를 강조한 스피노자, 이성에 부합하는 삶을 강조한 칸트에게 영향을 줌

분석 기출 문제

» 바른답·알찬풀이 35쪽

핵심 개념 문제

•• 빈칸에 들어갈 용어를 쓰시오.

380 에피쿠로스는 (   )이/가 행복한 삶의 시작이자 끝이라고 주장하였다.

381 에피쿠로스는 몸의 고통과 마음의 불안이 모두 소멸한 상태인 평정심, 즉 (   )의 추구를 강조하였다.

382 스토아학파는 정념으로부터 해방된 상태인 부동심, 즉 (   )의 추구를 강조하였다.

•• 에피쿠로스가 제시한 욕망과 그 욕망의 구체적 사례를 바르게 연결하시오.

383 자연적·필수적 욕망 •　　　• ㉠ 성적 욕망

384 자연적·비필수적 욕망 •　　　• ㉡ 식욕, 수면욕

385 비자연적·비필수적 욕망 •　　　• ㉢ 사회적 명성

•• 다음 내용이 옳으면 ○표, 틀리면 ×표를 하시오.

386 에피쿠로스는 평정심에 이르기 위해 공적인 삶을 멀리할 것을 강조하였다. (　　)

387 스토아학파는 자신에게 주어진 상황과 조건을 스스로의 의지로 개선해 나가야 한다고 주장하였다. (　　)

388 스토아학파가 주장한 이성에 따른 삶이란 자연의 필연적 질서와 법칙에 순응하는 삶을 의미한다. (　　)

•• ㉠, ㉡ 중 알맞은 것을 고르시오.

389 에피쿠로스에 의하면 사치, 향락 등으로부터 주어지는 쾌락은 결국 더 많은 (㉠ 고통, ㉡ 행복)을 불러온다.

390 에피쿠로스는 자연적이고 필수적인 욕망을 (㉠ 충족, ㉡ 억제)하는 소박한 삶을 살아야 한다고 보았다.

391 스토아학파는 부동심에 이르는 방법으로 (㉠ 정신적 쾌락, ㉡ 이성)에 따른 삶을 제시하였다.

392 스토아학파에 의하면 (㉠ 영원법, ㉡ 자연법)이란 우주를 지배하는 이성의 명령이자 자연법칙을 의미한다.

•• 다음 내용과 관련 있는 개념을 〈보기〉에서 고르시오.

393 욕망, 공포, 쾌감, 슬픔 등 (　　)

394 건강을 돌보는 마음, 부모를 사랑하는 마음 (　　)

[보기]
ㄱ. 자연적 정념　　ㄴ. 비자연적 정념

1. 쾌락과 평정심

395

다음에서 설명하는 시대의 사상적 특징에만 모두 '✓'를 표시한 학생은?

> 유럽, 아시아, 아프리카에 이르는 대제국을 건설한 알렉산드로스 대왕이 죽은 기원전 323년 이후부터 기원전 30년 로마가 이집트를 지배하기 전까지의 약 300여 년간의 시기를 말한다.

특징 \ 학생	갑	을	병	정	무
마음의 평온을 추구하는 윤리관이 형성되었다.	✓		✓	✓	✓
인간의 삶보다는 자연 현상에 대한 설명을 더 중시하였다.		✓	✓	✓	
에피쿠로스학파의 사상과 스토아학파의 사상이 대표적인 사상이다.	✓	✓	✓		

① 갑　② 을　③ 병　④ 정　⑤ 무

396

다음 편지를 쓴 고대 서양 사상가가 강조하는 삶의 태도만을 〈보기〉에서 고른 것은?

> 메노이케우스에게
> 목마르고 배고픈 사람에게 물과 빵은 가장 큰 쾌락을 준다네. 배고픔 때문에 생긴 고통이 사라지고 포만감을 느끼게 되면 진수성찬도 싸구려 음식과 다를 게 없어지지. 그러니 맛있는 음식을 일부러 찾아다니기보다는 평범한 음식에 익숙해지는 것이 필요하다네. 그러면 비싼 음식의 유혹에 빠지지 않게 되고, 혹 그런 음식을 먹게 되더라도 미련 없이 평범한 음식에 다시 만족하게 된다네.

[보기]
ㄱ. 공적인 일에 헌신하는 삶을 살아야 한다.
ㄴ. 물질적 욕망을 추구하는 삶을 살아야 한다.
ㄷ. 필수적인 욕망을 충족하는 소박한 삶을 살아야 한다.
ㄹ. 육체적 고통이 없고 마음에 불안이 없는 삶을 살아야 한다.

① ㄱ, ㄴ　② ㄱ, ㄷ　③ ㄴ, ㄷ　④ ㄴ, ㄹ　⑤ ㄷ, ㄹ

빈출
397

다음 내용과 관계 깊은 고대 서양 사상이 추구하였던 이상적 상태로 옳은 것은?

> 우리가 쾌락의 부재로 인해 고통을 느낄 때에는 쾌락을 필요로 하지만, 고통을 느끼지 않는다면 더 이상 쾌락을 필요로 하지 않는다. 이런 이유로 우리는 쾌락이 행복한 삶의 시작이자 끝이라고 말한다.

① 감정과 욕망 등의 정념에 초연한 상태
② 이성을 통하여 정념으로부터 벗어난 상태
③ 영혼의 수련을 통하여 깨달음을 얻은 상태
④ 몸에 고통이 없고 마음에 불안이 없는 상태
⑤ 어느 쪽으로도 치우치지 않으려는 의지를 습관화한 상태

빈출
398

다음을 주장한 고대 서양 사상가의 입장만을 <보기>에서 고른 것은?

> 향락의 대상을 없애고 죽음이나 고통에 대한 두려움을 없애 버리면, 사방이 쾌락으로 가득 차게 될 것이다.

[보기]
ㄱ. 감정적·정신적 동요와 혼란이 없는 상태를 지향하였다.
ㄴ. 절제하는 삶보다 감각적이고 육체적 쾌락을 추구하였다.
ㄷ. 고통과 근심을 제거하는 소극적 쾌락주의를 지향하였다.
ㄹ. 자연적이고 필수적인 욕구까지 제거한 금욕적 삶을 지향하였다.

① ㄱ, ㄴ ② ㄱ, ㄷ ③ ㄱ, ㄹ ④ ㄴ, ㄷ ⑤ ㄷ, ㄹ

399

다음을 주장한 고대 서양 사상가가 긍정의 대답을 할 질문으로 가장 적절한 것은?

> 쾌락 때문에 더 큰 불쾌가 초래될 경우 우리는 그 쾌락을 포기한다. 마찬가지로 고통의 시간 뒤에 더 큰 쾌락이 따를 경우, 우리는 그 고통을 쾌락보다 낫다고 본다.

① 자연적이고 필수적인 욕구도 제거해야 하는가?
② 행복에 이르기 위해서는 이성의 역할이 필요한가?
③ 욕망의 속박에서 벗어나 자연의 질서에 따라야 하는가?
④ 참된 행복을 위해 모든 종류의 쾌락을 추구해야 하는가?
⑤ 공적인 삶에 헌신하고 다른 사람의 가치를 존중해야 하는가?

2. 금욕과 부동심

400

(가)의 고대 서양 사상가의 입장을 (나) 그림으로 탐구하고자 할 때, A, B에 들어갈 옳은 질문만을 <보기>에서 있는 대로 고른 것은?

(가) 앞으로 일어날 모든 것이 너와는 관계없으며 너에게는 아무것도 아니다. 그러므로 현재 일어나고 있는 일들이 있는 그대로 일어나기만을 바라야 한다. 이것이 마음의 안정과 자유를 얻을 수 있는 방법이다.

(나)
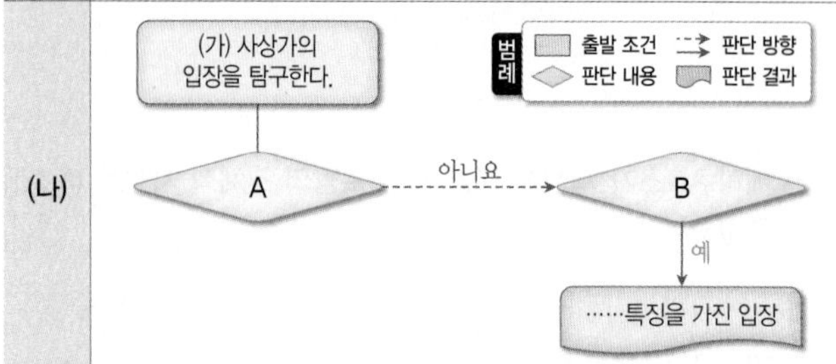

[보기]
ㄱ. A: 자연에 순응하는 삶의 태도가 중요한가?
ㄴ. A: 행복은 욕구의 충족을 통해서만 가능한가?
ㄷ. B: 행복에 이르기 위해 이성의 역할이 필요한가?
ㄹ. B: 정념에 흔들리지 않는 마음의 상태를 유지해야 하는가?

① ㄱ, ㄴ ② ㄱ, ㄷ ③ ㄴ, ㄹ
④ ㄱ, ㄷ, ㄹ ⑤ ㄴ, ㄷ, ㄹ

401

다음의 내용과 관계 깊은 고대 서양 사상에서 강조하는 삶의 태도로 가장 적절한 것은?

> 에픽테토스가 노예 시절, 하루는 주인이 그에게 몹시 화가 나서 그의 다리를 비틀기 시작하였다. 주인은 오랫동안 계속해서 그의 다리를 비틀었지만, 그는 평온하게 "주인님, 그렇게 계속하신다면 저의 다리가 부러질 것입니다."라고 말하였다. 그러나 이 말은 주인의 화를 더욱 돋우게 되었고, 결국 다리를 부러뜨려 버렸다. 그런데 이 순간에 그는 평온함을 잃지 않고 "제가 그렇게 될 것이라고 말씀드리지 않았습니까?"라고 말하였다.

① 자신의 운명을 개척하는 삶
② 이데아 세계에서 참된 진리를 찾는 삶
③ 정신적이고 지속적인 쾌락을 추구하는 삶
④ 인격적 존재인 신이 부여한 계율을 지키는 삶
⑤ 우주의 필연적인 질서에 순응하고 복종하는 삶

402

(가)에서 설명하는 학파의 입장에서 (나)의 퍼즐 속 세로 낱말 (A)에 대한 설명으로 옳은 것은?

(가)	그리스어인 이 학파의 이름은 건물의 복도나 회랑(回廊)을 의미한다. 이상적인 상태로 아파테이아(apatheia)를 강조하였다.
(나)	(A) (B) 【가로 열쇠】 (A): 플라톤이 주장한 개념으로 사물의 불변하는 본질을 말함 (B): 석가모니의 네 가지 성스러운 진리 【세로 열쇠】 (A): …… 개념

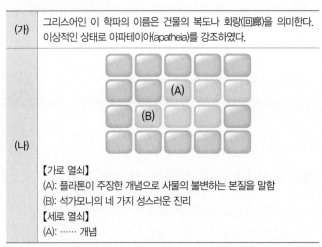

① 유쾌하고 즐거움 또는 그런 느낌
② 감정에 따라 일어나는 억누르기 어려운 생각
③ 인간의 본성일 뿐만 아니라 신과 세계의 본성
④ 돈이나 물건, 자원 따위를 낭비하지 않고 아껴 쓰는 것
⑤ 모든 행위의 궁극적 목적이며, 덕이 있는 삶을 통해 누릴 수 있는 것

빈출

403

(가)를 주장한 고대 서양 사상가의 입장에서 볼 때, (나)의 ㉠에 들어갈 내용으로 가장 적절한 것은?

(가)	당신이 가는 길 위에 가시덤불이 가로놓여 있는가? 그렇다면 비켜서 가라. 이러면 충분하거늘, "세상에는 왜 이런 것들이 존재하는가?"라고 불평하지 마라. 어떤 외적인 일로 당신이 괴로움을 당할 때, 당신을 괴롭히는 것은 그 외적인 일이 아니라 그에 대한 당신의 판단임을 깨달아야 한다.
(나)	진정한 행복을 얻기 위해서는 어떻게 해야 할까요? ㉠

① 자연의 질서에 순응하는 삶을 살아야 합니다.
② 주체적 판단을 통해 자연적 필연성에서 벗어나야 합니다.
③ 죽음으로 인한 고통에서 벗어나 평온함을 유지해야 합니다.
④ 초월적인 인격신의 계시에 따라 자신의 의무를 다해야 합니다.
⑤ 쾌락의 적극적 추구보다는 고통의 원인을 제거하려고 노력해야 합니다.

404

다음 고대 서양 사상가의 입장에만 모두 '✓'를 표시한 학생은?

> 인간의 본성에 맞지 않는 사건은 인간에게 일어날 수 없다. 소의 본성에 맞지 않는 사건이 소에게 일어날 수 없고, 포도나무의 본성에 맞지 않는 사건이 포도나무에 일어날 수 없는 것이다. 그렇다면 어떻게 우리가 자신의 숙명에 불만을 가질 수 있겠는가?

입장 \ 학생	갑	을	병	정	무
정신적 쾌락을 추구하는 삶이 덕이 있는 삶이다.	✓			✓	✓
자연의 섭리와 자신의 운명에 순응하는 삶을 살아야 한다.	✓	✓	✓		
자연은 우리에게 감당할 수 없는 것을 가져다주지 않는다.		✓	✓		✓
사회적 역할과 의무를 충실히 이행하는 삶을 살아야 한다.			✓	✓	✓

① 갑 ② 을 ③ 병 ④ 정 ⑤ 무

405

㉠에 대한 적절한 설명만을 〈보기〉에서 고른 것은?

> 스토아학파에서는 신적인 이성이 모든 것, 즉 신과 자연, 인간을 관통하여 연결한다고 보았다. 이렇게 그들은 자연을 지배하고, 자연에 내재하며, 자연 그 자체와 다름없는 것을 이성으로 보았다. 이성에 대한 이러한 관점은 인간과 인간의 삶에 대해서도 마찬가지로 적용되었다. 인간도 자연의 일부이며 인간의 영혼에도 이성이 내재하므로 이성의 법칙에 따르는 삶을 살아야 마땅하다고 보았던 것이다. 그래서 그들은 ㉠ 자연에 따르는 삶이 바람직하다고 주장하였다.

【 보기 】
ㄱ. 이성에 따르는 삶을 의미한다.
ㄴ. 자연 속에서 문명을 거부한 삶을 의미한다.
ㄷ. 각자의 본분과 의무를 충실히 수행해야 함을 의미한다.
ㄹ. 공적인 삶으로부터 벗어나서 자신의 내적 세계에 집중하는 삶을 의미한다.

① ㄱ, ㄴ ② ㄱ, ㄷ ③ ㄴ, ㄷ ④ ㄴ, ㄹ ⑤ ㄷ, ㄹ

406

그림은 고대 서양 사상가들의 가상 대화이다. 갑, 을의 입장에 대한 옳은 설명만을 〈보기〉에서 고른 것은?

자연 안에서 일어나는 모든 일은 자연을 지배하는 신성한 법칙에 따라 일어납니다. 우리는 자연이 변화된 모습일 뿐입니다.
갑

아닙니다. 자연은 어떠한 목적도 알려 주지 않는 혼란스러운 곳입니다. 우리가 마음의 평화에 도달하려면, 삶 속에서 꾸준히 지속되는 즐거움을 추구해야 합니다.
을

[보기]
ㄱ. 갑은 자연의 질서에 순응하는 태도가 중요하다고 본다.
ㄴ. 을은 행복을 위해 모든 고통을 감수해야 한다고 본다.
ㄷ. 갑은 을과 달리 평온한 삶을 위해 모든 정념을 제거해야 한다고 본다.
ㄹ. 갑, 을은 모두 이성적 사고를 토대로 행복한 삶을 살아야 한다고 본다.

① ㄱ, ㄴ ② ㄱ, ㄹ ③ ㄴ, ㄷ
④ ㄴ, ㄹ ⑤ ㄷ, ㄹ

407

고대 서양 사상가 갑, 을의 입장을 〈보기〉에서 골라 바르게 짝지은 것은?

갑: 감정적 동요나 혼란이 없는 평온한 마음 상태를 유지해야 한다. 살아 있을 때는 죽은 것이 아니며, 죽었을 때는 감각할 수 없으므로 죽음을 미리 근심하지 마라.
을: 정념에 흔들리지 않는 평정한 마음 상태를 유지해야 한다. 그리하여 문전 박대당할지라도 만나야 하는 것이 의무라면 가서 일어나는 일을 고스란히 받아들여라.

[보기]

응답 결과		세계의 본성과 인간 정신의 동일성을 강조하는가? 예	아니요
자연적인 욕구를 인정하는가?	예	㉠	㉡
	아니요	㉢	㉣

	갑	을		갑	을
①	㉠	㉡	②	㉡	㉠
③	㉡	㉢	④	㉢	㉡
⑤	㉢	㉣			

1등급을 향한 서답형 문제

408 서술형

다음은 어느 고대 서양 사상가의 주장이다. 이 사상가의 죽음에 대한 관점을 서술하시오.

우리가 살아 있을 때 죽음은 우리에게 아직 오지 않았으며, 죽음이 왔을 때 우리는 이미 존재하지 않는다.

[409~410] (가), (나)를 읽고 물음에 답하시오.

(가) 우리가 육체적 쾌락을 계속해서 추구하다 보면 횟수를 거듭할수록 처음에 느꼈던 만족을 다시 얻기 어렵게 된다. 따라서 점점 더 높은 강도의 육체적 쾌락이 필요한데, 이는 결과적으로 순간적이고 감각적인 쾌락에 집착하게 하는 계기가 되어 고통과 근심의 원인이 된다.
(나) 쾌락은 행복한 삶의 시작과 끝이다. 하지만 그렇다고 해서 육체적 쾌락에 빠지거나 세속적인 일에 빠져서는 안 된다.

409

(가)에서 설명하는 개념을 쓰시오.

410 서술형

(가)의 개념을 사용하여 (나) 사상에서 추구하는 바람직한 삶을 서술하시오.

[411~412] 다음 글을 읽고 물음에 답하시오.

스토아학파에서는 인간을 사회적 존재로 보면서, 누구나 인류의 구성원이라는 점을 강조한다. 즉 인류는 누구나 평등하다는 (㉠)을/를 주장한다.

411

㉠에 들어갈 알맞은 용어를 쓰시오.

412 서술형

스토아학파가 ㉠을 주장한 이유에 대해 서술하시오.

적중 1등급 문제

» 바른답·알찬풀이 37쪽

413

(가)의 고대 서양 사상가 갑, 을의 입장을 (나) 그림으로 탐구하고자 할 때, A~C에 들어갈 옳은 질문만을 〈보기〉에서 있는 대로 고른 것은?

(가)	갑: 본성에 심어진 일차적 선은 쾌락이다. 그런데 쾌락이라고 다 선택하는 것도, 고통이라고 다 피하는 것도 아니다. 이 중 무엇이 득과 실이 되는지를 측정, 비교해서 판단해야 한다. 을: 본성과 운명에 따라 할 일을 정해야 욕구의 횡포로부터 벗어나고 덕을 따를 수 있다. 일을 하기 전에 먼저 일의 본성과 자신의 본성을 검토해야 한다.
(나)	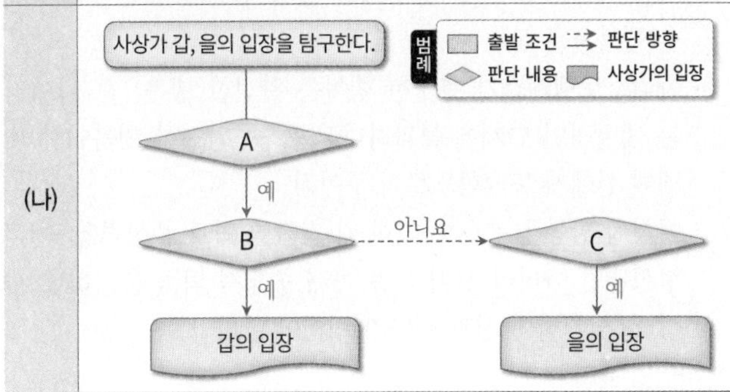

[보기]
ㄱ. A: 행복을 위해 검소하고 절제하는 삶이 필요한가?
ㄴ. A: 결과에 대한 고려 없이 의무를 수행해야 하는가?
ㄷ. B: 마음의 평온을 위해 공적 활동을 피해야 하는가?
ㄹ. C: 자신에게 주어진 상황과 여건에 순응해야 하는가?

① ㄱ, ㄴ ② ㄱ, ㄹ ③ ㄴ, ㄷ
④ ㄱ, ㄷ, ㄹ ⑤ ㄴ, ㄷ, ㄹ

414

(가)를 주장한 고대 서양 사상가의 입장에서 볼 때, (나)의 ㉠에 들어갈 진술로 가장 적절한 것은?

(가)	사려 깊고, 아름다우며, 정의롭게 살지 않으면서 즐겁게 살 수는 없다. 반대로 즐겁게 살지 않으면서 사려 깊고, 아름다우며, 정의롭게 살 수는 없다. 덕은 본성적으로 즐거운 삶과 연결되어 있으며, 즐거운 삶은 덕과 떨어질 수 없다. 즐거움은 행복한 인생의 시작이자 끝이다.
(나)	제자: 마음의 평온함에 이르는 방법은 무엇입니까? 스승: ______㉠______

① 이성으로 욕구를 분별하고 절제하는 삶을 살아야 하네.
② 자신의 고통을 신이 결정한 운명으로 받아들여야 하네.
③ 공적인 삶 속에서 시민적 우정을 나누며 살아야 하네.
④ 몸의 감각적인 욕구를 최대한 충족시키며 살아야 하네.
⑤ 모든 고통이 제거되면 쾌락도 사라짐을 깨달아야 하네.

415

다음을 주장한 고대 서양 사상가의 입장으로 옳은 것만을 〈보기〉에서 있는 대로 고른 것은?

- 세상에서 일어나는 일들이 네가 바라는 대로 일어나기를 요구하지 말고, 일어나는 일들이 일어나는 대로 일어나기를 바라라. 그러면 너의 삶은 강물처럼 순조롭게 흐르리라.
- 인간의 정신을 방해하는 것은 사건들 자체가 아니라 사건들에 대한 인간의 판단이다. 우리가 마음의 동요와 슬픔 때문에 방해를 받는다면, 그 책임을 다른 사람이 아니라 우리들 자신의 의견과 판단에 돌리도록 하자.

[보기]
ㄱ. 자연법칙에 관한 앎은 정념의 극복에 기여한다.
ㄴ. 세상의 모든 사건은 신적 필연성에 의해 발생한다.
ㄷ. 금욕적 삶을 부정하고 참된 행복을 추구해야 한다.
ㄹ. 자연의 질서를 초월한 신의 명령에 순응해야 한다.

① ㄱ, ㄴ ② ㄱ, ㄹ ③ ㄷ, ㄹ
④ ㄱ, ㄴ, ㄷ ⑤ ㄴ, ㄷ, ㄹ

416

갑 사상가에 비해 을 사상가의 입장이 갖는 상대적 특징을 그림의 ㉠~㉤ 중에서 고른 것은?

갑: 인간의 본성에 맞지 않는 사건은 인간에게 일어날 수 없다. 누구에게나 통상적이고 자연스러운 일이 일어나는 것인데, 어떻게 자신의 숙명에 불만을 가질 수 있겠는가.
을: 인간 본성은 선에 대해 약한 것이 아니라, 악에 대해 약하다. 본성은 고통의 부재인 쾌락에 의해 구원되는 반면, 고통에 의해 파괴되기 때문이다. 쾌락은 행복의 시작이자 끝이다.

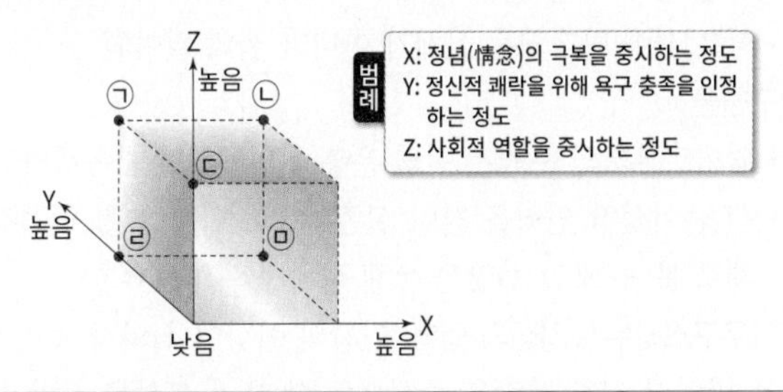

① ㉠ ② ㉡ ③ ㉢ ④ ㉣ ⑤ ㉤

12 Ⅲ 서양 윤리 사상
신앙과 윤리

✓ 출제 포인트 ✓ 아우구스티누스 사상의 특징 ✓ 아퀴나스의 자연법 윤리 ✓ 루터와 칼뱅의 사상

1. 그리스도교와 사랑의 윤리

1 그리스도교의 기원과 전개

(1) 그리스도교의 기원

① 예수의 가르침을 기초로 성립된 종교로 유대교에 뿌리를 둠

② **예수의 사상:** 당시 유대교의 선민사상과 율법주의를 비판하며, 신과 인간에 대한 사랑의 윤리를 설파함

(2) 그리스도교 윤리 사상의 특징 75쪽 433번 문제로 확인

① **차별 없는 사랑의 윤리:** 무조건적인 신의 사랑을 받은 인간은 이웃에 대해서도 차별 없는 사랑을 베풀어야 함 → "너희는 원수를 사랑하며, 너희를 박해하는 자를 위해 기도하라."

② **보편 윤리로서의 황금률:** 이웃을 사랑함에 있어 율법적 의무보다는 도덕적 의무를 우선시할 것을 강조함 → "무엇이든지 남에게 대접받고자 하는 대로 너희도 남을 대접하라."

(3) 그리스도교의 전개: 로마에서 그리스도교가 공인된 이후 중세의 아우구스티누스와 아퀴나스 등이 고대 그리스 사상을 수용하여 교리를 체계화함 → 세계 종교로 발전하게 됨

2 아우구스티누스의 사랑의 윤리

(1) 교부 철학의 등장

① 초기 그리스도교의 교리는 중세의 교부에 의해 확립됨

② 교회의 지도자인 교부는 고대 그리스 사상을 융합하여 그리스도교 신앙과 교리를 체계화함

(2) 아우구스티누스 사상의 특징 76쪽 434번 문제로 확인

① 플라톤 사상의 수용

- 플라톤의 이원론적 세계관을 수용하여 세계를 영원한 천상의 나라와 유한한 지상의 나라로 구분함
- 신을 이데아와 같이 인간이 추구해야 할 최고선으로 봄

② 행복론과 덕론

- 신은 최고선이며, 신을 사랑하는 사람은 선을 실현하며 참된 행복에 이를 수 있음
- 종교적 덕(믿음, 소망, 사랑) 중 사랑을 최고의 덕으로 봄

③ 원죄론

- 모든 인간은 자유 의지의 남용으로 인한 원죄를 갖고 불완전한 상태로 태어남
- 악은 선에 반대되는 실체가 아니라 선의 결여임

④ 구원론

- 원죄로부터의 구원은 신의 은총에 의해서만 가능하다고 봄
- 신을 이성적 인식을 넘어 실존적으로 만나야 할 인격적 존재로 봄 → 오직 신앙을 통해 신에게 귀의해야 함

(3) 아우구스티누스 사상의 의의: 인간의 이성이나 의지 등의 한계를 밝히고 신과 사랑을 중심으로 한 윤리 사상을 정립 → 이성에 대한 신앙의 우위 강조

2. 그리스도교와 자연법 윤리

1 아퀴나스의 자연법 윤리

(1) 스콜라 철학의 등장: 아리스토텔레스의 사상에 기초하여 그리스도교의 교리를 철학적으로 논증하고자 함

(2) 아퀴나스 사상의 특징 77쪽 439번 문제로 확인

① 아리스토텔레스 사상의 수용

- 아리스토텔레스와 마찬가지로 인간 행위의 궁극적인 목적을 행복으로 봄
- 아리스토텔레스가 추구한 행복은 완전한 행복으로 나아가는 예비적인 단계에 불과하다고 봄 → 완전한 행복이란 내세에 신에게 도달함으로써 주어짐
- 이성적 활동을 통한 자연적 덕(지적인 덕과 품성적인 덕)의 형성뿐만 아니라 신의 은총 아래 종교적 덕(믿음, 소망, 사랑)을 실천하여 신과 하나가 되어야 한다고 봄

② 자연법 윤리

영원법	• 세계를 창조한 신의 영원한 법칙 • 영원법은 인간의 자연적 성향에 반영되어 있음 → 인간은 이성을 통해 자연적 성향을 인식하고 따름으로써 영원법에 참여할 수 있음
자연법	• 인간의 이성에 의해 인식된 영원법 • 이성을 지닌 인간이라면 누구나 동의할 수밖에 없고 언제 어디서나 지켜야 하는 도덕 법칙 • 자연법의 제1원리: "선을 행하고 악을 피하라." → 자기 생명 보존 등 인간의 자연적 성향에 의해 구체화됨
실정법	• 인간 사회의 질서를 유지하기 위해 만들어진 법 • 자연법이 영원법에 기초하듯, 실정법은 자연법에 기초해야 함 → 자연법에 위배되는 실정법은 정당성을 상실함

(3) 아퀴나스 사상의 의의: 신앙의 영역과 이성의 영역을 구분하면서도 신앙과 이성이 상호 보완적인 역할을 한다고 봄 → 신앙과 이성의 조화 강조

2 프로테스탄티즘의 윤리

(1) 루터의 사상 78쪽 444번 문제로 확인

① **신앙주의, 성서주의:** 교회의 예배 의식보다 개인의 신앙이 더 중요하며, 참된 진리는 교회나 교황이 아닌 성서에 있음

② **만인 사제주의:** 모든 신앙인이 성직자이자 사제임 → 누구나 신과 직접 대화할 수 있음

(2) 칼뱅의 사상

① **구원 예정설:** 구원은 신에 의해 예정되어 있음

② **직업 소명설:** 직업은 신이 내린 소명(召命)이며, 인간의 노동은 지상에서 신의 영광을 실현하는 수단임

(3) 프로테스탄티즘 윤리의 의의: 그리스도교 윤리가 현세에서의 삶을 더욱 중시하는 특색을 띠게 됨

분석 기출 문제

» 바른답·알찬풀이 38쪽

•• 빈칸에 들어갈 용어를 쓰시오.

417 예수는 "무엇이든지 남에게 대접받고자 하는 대로 너희도 남을 대접하라."라는 (　　　　　)을/를 제시하였다.

418 아우구스티누스는 (　　　　　)의 사상을 수용하여 그리스도교 신앙과 사랑의 윤리를 체계화하였다.

419 아퀴나스에 따르면 세계는 신에 의해 창조되었고, 신의 영원한 법칙인 (　　　　　)에 의해 다스려진다.

•• 다음 내용이 옳으면 ○표, 틀리면 ×표를 하시오.

420 아우구스티누스는 신을 실존적으로 만나야 할 인격적 존재라고 보았다. (　　)

421 아우구스티누스는 세계를 유한한 천상의 나라와 영원한 지상의 나라로 구분하였다. (　　)

422 아퀴나스에 따르면 영원법은 인간이 제정한 자연법의 기초가 된다. (　　)

423 아퀴나스에 따르면 자연법은 이성을 지닌 인간이라면 언제 어디서나 지켜야 하는 도덕 법칙이다. (　　)

424 루터는 누구나 신과 직접적으로 대화할 수 있다고 주장하였다. (　　)

425 칼뱅에 따르면 노동은 지상에서 신의 영광을 실현하는 수단이다. (　　)

•• ㉠, ㉡ 중 알맞은 것을 고르시오.

426 아우구스티누스에 따르면 믿음, 소망, 사랑이라는 (㉠ 종교적 덕, ㉡ 도덕적 덕) 중 사랑이 최고의 덕이다.

427 아퀴나스는 인간이 마땅히 지키고 따라야 할 도덕 법칙으로서 (㉠ 영원법, ㉡ 자연법)을 제시하였다.

428 (㉠ 루터, ㉡ 칼뱅)에 따르면 직업은 신이 우리에게 내린 소명이다.

429 루터는 인간의 구원을 위해 (㉠ 신앙, ㉡ 교회의 예배 의식)이 더 중요하다고 주장하였다.

•• 다음 내용과 관련 있는 인물을 〈보기〉에서 고르시오.

430 신에게 선택받은 사람만이 구원을 받을 수 있다는 예정설을 주장한 사상가 (　　)

431 참된 진리는 성서에 있다고 주장한 사상가 (　　)

[보기]
ㄱ. 루터　　　　ㄴ. 칼뱅

1. 그리스도교와 사랑의 윤리

432

다음 내용과 관계 깊은 서양 윤리 사상에 대한 설명만을 〈보기〉에서 고른 것은?

- 네 이웃을 네 몸과 같이 사랑하라.
- 남에게 대접받고자 하는 대로 너희도 남을 대접하라.

[보기]
ㄱ. 조건 없는 사랑의 윤리를 제시하였다.
ㄴ. 존비친소의 구별이 있는 사랑을 주장하였다.
ㄷ. 유대교의 엄격하고 형식적인 율법주의를 비판하였다.
ㄹ. 헬레니즘 시대에 중심적인 위치를 차지하고 큰 영향력을 행사하였다.

① ㄱ, ㄴ　② ㄱ, ㄷ　③ ㄴ, ㄷ　④ ㄴ, ㄹ　⑤ ㄷ, ㄹ

빈출 **433**

다음은 성서에 나오는 착한 사마리아인의 비유이다. 이를 통해 알 수 있는 예수의 윤리 사상으로 옳은 것은?

> 어떤 사람이 예루살렘에서 여리고로 가고 있는데, 도중에 강도들의 습격을 받았다. 강도들은 그의 옷을 빼앗고 때려 거의 죽게 해 놓고는 버려두고 가 버렸다. 다행히 제사장이 같은 길로 내려가고 있었다. 그러나 그는 다친 사람을 보고는 방향을 바꿔 다른 쪽으로 비켜 갔다. 이어서 경건한 레위 사람이 나타났다. 그 역시 다친 사람을 피해 갔다. 그 길을 가던 어떤 사마리아인이 그 사람에게 다가왔다. 사마리아인은 그 사람의 처지를 보고는 가엾은 마음이 들었다. 그는 상처를 소독하고 붕대를 감아 응급조치를 한 뒤에, 그를 자기 나귀에 태워 여관으로 데려가 편히 쉬게 해 주었다. 아침에 그는 은화 두 개를 꺼내 여관 주인에게 주면서 말했다. "이 사람을 잘 돌보아 주십시오. 비용이 더 들면 내 앞으로 계산해 두십시오. 내가 돌아오는 길에 갚겠습니다."

① 인간은 종교에 따라 다르게 대우해야 한다.
② 율법을 넘어 신과 이웃에 대한 사랑이 중요하다.
③ 어려운 사람을 도와줄 수 있는 사회적 제도가 필요하다.
④ 예외적 상황에 대한 고려보다는 율법 준수가 더 중요하다.
⑤ 어떠한 상황에서도 논리적이고 이성적인 판단이 중요하다.

빈출
434

다음을 주장한 중세 서양 사상가의 입장만을 〈보기〉에서 고른 것은?

신은 우리가 지닌 모든 선한 것들의 이데아, 바로 그 완전한 선이다. 우리는 신을 온 정신을 다해 사랑하고 심지어 나 자신조차 경멸할 때 지상의 나라에서 천상의 나라에 이를 수 있다. 두 개의 사랑이 두 개의 나라를 만든다. 신을 멸시하기에 이를 만큼 자기만을 사랑하는 지상의 나라와 자기를 멸시할 만큼 신을 사랑하는 사랑의 나라로 만들어진 천상의 나라, 전자는 자기 안에서 스스로를 뽐내고, 후자는 신 안에서 영광을 얻는다.

[보기]
ㄱ. 신은 인격적 존재라기보다 자연 그 자체이다.
ㄴ. 악은 하나의 실체로 선이 결여된 상태로 존재한다.
ㄷ. 인간은 불완전한 존재이므로 홀로 참된 선을 실현할 수 없다.
ㄹ. 악은 신이 인간에게 부여한 자유 의지의 남용에서 비롯된 것이다.

① ㄱ, ㄴ ② ㄱ, ㄷ ③ ㄴ, ㄷ ④ ㄴ, ㄹ ⑤ ㄷ, ㄹ

435

다음 중세 서양 사상가가 긍정의 대답을 할 질문만을 〈보기〉에서 고른 것은?

육체의 평화는 각 부분들이 적절한 비율에 맞게 배열됨으로써 이루어진다. 이성적인 영혼의 평화는 지식과 행위의 조화를 통해서 이루어진다. 신과 인간 사이의 평화는 질서가 잘 잡힌 신앙을 가지고 영원한 법칙에 따르는 것이다.

[보기]
ㄱ. 신앙보다는 이성을 통해 구원을 얻는가?
ㄴ. 신이 창조한 인간은 자유 의지를 지닌 존재인가?
ㄷ. 신을 실제적인 존재가 아닌 관념적인 존재로 인식해야 하는가?
ㄹ. 신과 관련하여 선한 세계와 그렇지 않은 세계를 이원적으로 구분해야 하는가?

① ㄱ, ㄴ ② ㄱ, ㄷ ③ ㄴ, ㄷ ④ ㄴ, ㄹ ⑤ ㄷ, ㄹ

436

다음 가상 대화에서 ㉠에 들어갈 내용으로 적절한 것은?

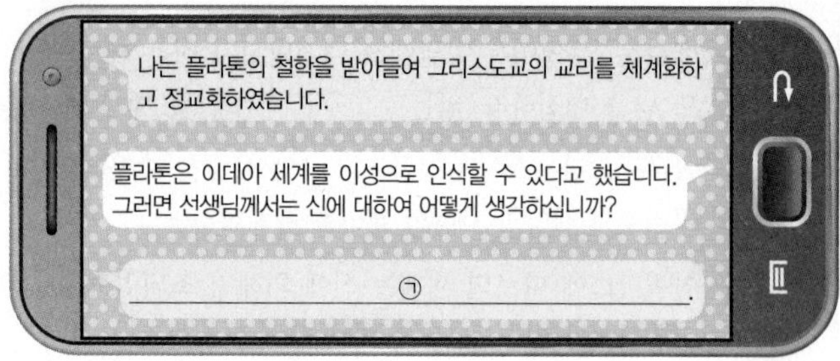

나는 플라톤의 철학을 받아들여 그리스도교의 교리를 체계화하고 정교화하였습니다.
플라톤은 이데아 세계를 이성으로 인식할 수 있다고 했습니다. 그러면 선생님께서는 신에 대하여 어떻게 생각하십니까?
㉠

① 신은 영혼의 수련을 통해 알 수 있습니다.
② 신을 다섯 가지 방식으로 증명할 수 있습니다.
③ 신은 곧 이성이며 모든 곳에 내재해 있습니다.
④ 신은 실존적으로 만나야 할 인격적 존재입니다.
⑤ 신은 인간이 절대로 인식할 수 없는 존재입니다.

2. 그리스도교와 자연법 윤리

빈출
437

다음은 아퀴나스가 주장한 '법'에 대한 관점을 도식화한 표이다. (가)~(다)에 들어갈 개념을 바르게 짝지은 것은?

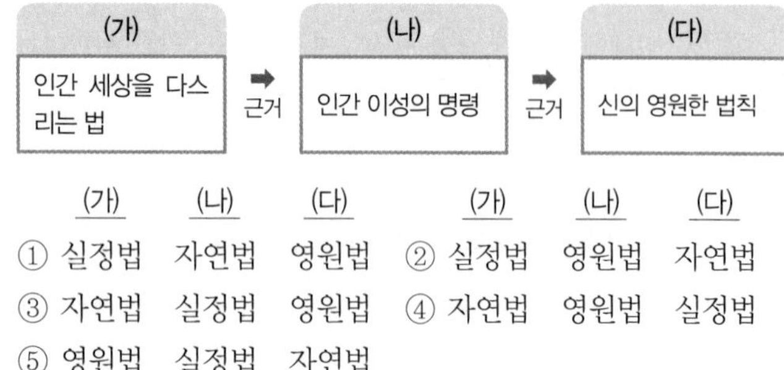

	(가)	(나)	(다)
①	실정법	자연법	영원법
②	실정법	영원법	자연법
③	자연법	실정법	영원법
④	자연법	영원법	실정법
⑤	영원법	실정법	자연법

438

다음을 주장한 중세 서양 사상가의 입장으로 옳은 것은?

신이 존재한다는 것이나 신이 하나라는 것을 증명하기 위해서 이성을 사용할 수 있다. 또한 신앙의 진리를 보다 명백히 드러내기 위해서, 그리고 신앙에 대한 공격을 물리치기 위해서 이성을 사용할 수 있다. 우리는 믿기 위해서 이해하는 것이다.

① 이성은 신과 자연과 인간의 공통된 본성이다.
② 신은 관념적 존재를 넘어 실존하는 존재이다.
③ 철학적으로 증명된 진리만이 진리로 인정된다.
④ 인간이 제정한 자연법은 이성으로 파악할 수 있다.
⑤ 인간은 신의 피조물로서 영원한 진리 그 자체를 온전히 인식하는 것이 가능하다.

빈출
439

다음을 주장한 중세 서양 사상가의 입장으로 옳은 것은?

> 움직이는 모든 것은 항상 다른 것에 의해서 움직여지고 있다. 그러나 운동의 원인에 대한 소급이 무한히 진행될 수는 없다. 따라서 우리는 결국 그 자신은 움직여지지 않으면서 다른 모든 것을 움직이는 최초의 원인을 생각하게 된다. 우리는 이성적 논증을 통해 이 최초의 원인을 신으로 이해하고 있다. 이런 방식을 통해 철학은 신학과 조화를 이룰 수 있다.

① 이성적 관조를 통해 최고선에 이를 수 있다.
② 신은 논리적 증명 여부와 관계없이 존재한다.
③ 신에 대한 논리적 증명이 믿음의 전제 조건이다.
④ 품성적인 덕을 통해 영원한 행복에 이를 수 있다.
⑤ 신의 존재는 오로지 신의 계시를 통해서만 증명된다.

440

다음 중세 서양 사상가의 입장에만 모두 '✓'를 표시한 학생은?

> 영원법은 모든 운동과 행위를 지배하는 신의 지혜이다. 만물은 신으로부터 영원법을 통해 각자의 특정한 본성을 부여받았다. 인간은 특별한 방식으로 이러한 영원법을 따르는데, 여기서 이성적 존재인 인간이 영원법에 참여하는 것을 자연법이라고 부른다. 현실에서 실정법은 이성이 따르라고 명령한 자연법에 근거를 두어야 한다.

입장 \ 학생	갑	을	병	정	무
이성으로 파악한 자연법은 인간이 제정한 것이다.	✓	✓		✓	
선을 행하고 악을 피하는 것이 자연법의 제1 원리이다.			✓	✓	✓
실정법의 궁극적인 목적이자 작용의 근거는 영원법이다.	✓		✓		✓
가변적인 실정법과 불변하는 영원법을 자연법이 매개한다.		✓		✓	✓

① 갑 ② 을 ③ 병 ④ 정 ⑤ 무

441

그림은 중세 서양 사상가 갑과 고대 서양 사상가 을의 가상 대화이다. 갑이 을에게 제기할 수 있는 반론으로 가장 적절한 것은?

지복(至福)에 도달하기 위해서는 자연적 덕(德)만으로는 불완전하고 신학적 덕이 있어야 합니다.

인간은 타고난 이성의 능력을 탁월하게 발휘할 때 인생의 궁극 목적인 행복을 실현할 수 있습니다.

① 행복은 덕과 일치하는 영혼의 활동임을 간과하고 있다.
② 실천적 지혜가 행복을 위한 필수 조건임을 간과하고 있다.
③ 중용이 단지 산술적인 중간 상태가 아니라는 것을 간과하고 있다.
④ 인간 혼자 힘으로도 참된 행복에 이를 수 있다는 것을 간과하고 있다.
⑤ 완전한 행복을 위해서는 종교적 덕이 필요한다는 것을 간과하고 있다.

442

(가)의 갑, 을 사상가의 입장을 (나) 그림으로 탐구하고자 할 때, A~C에 들어갈 옳은 질문만을 〈보기〉에서 있는 대로 고른 것은?

(가)
갑: 신은 피조물들에게서 발견되는 모든 행위와 개념들의 지배자이다. 신의 지혜는 우주를 창조하는 원리이며, 모든 것들이 자신의 목적을 향하여 움직이도록 하는 법칙을 의미하기도 한다.
을: 신에 대한 지식은 이성이 아니라 오직 신의 계시를 통해서 주어지는 것이다. 완전한 행복은 오직 신앙을 통해 신에게 귀의함으로써 얻을 수 있다. 세계에는 신의 나라와 지상의 나라가 있다.

(나)
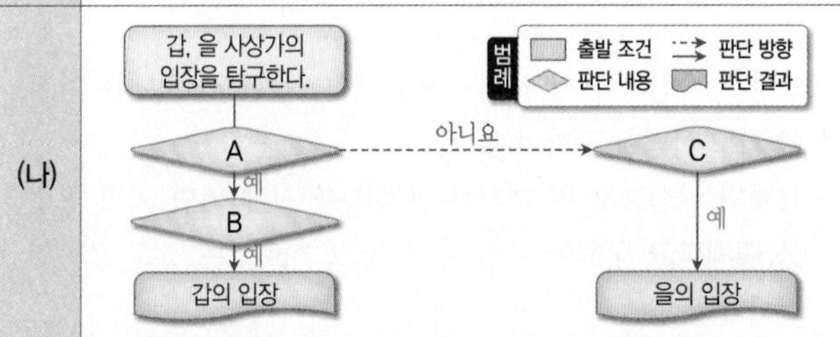

[보기]
ㄱ. A: 신은 실재적 존재가 아닌 관념적 존재인가?
ㄴ. A: 신의 존재는 다섯 가지 방식으로 논증 가능한가?
ㄷ. B: 영원한 행복은 신과 하나가 되는 것으로 가능한가?
ㄹ. C: 신의 피조물인 인간에게는 자유 의지가 없는가?

① ㄱ, ㄷ ② ㄴ, ㄷ ③ ㄴ, ㄹ
④ ㄱ, ㄴ, ㄹ ⑤ ㄱ, ㄷ, ㄹ

443

중세 서양 사상가 갑, 을의 입장만을 〈보기〉에서 있는 대로 고른 것은?

> 갑: 신의 존재는 다섯 가지 방법으로 증명된다. 인간의 의지는 자연법을 따를 수 있지만 거부할 수도 있으며, 자연법은 신의 명령인 영원법에 근거한다.
> 을: 신의 존재는 진리의 존재로부터 증명된다. 악은 의지의 산물이지만 덕은 신의 은총의 산물이며, 신의 은총이 있어야 완전한 행복이 가능하다.

[보기]
ㄱ. 갑: 자연법에 위배되는 실정법은 정당성을 상실한다.
ㄴ. 갑: 자연법은 인간의 감정에 의해 파악되는 영원법이다.
ㄷ. 을: 신은 선하므로 선의 결여인 악을 창조하지 않았다.
ㄹ. 갑, 을: 인간은 스스로의 노력만으로는 완전한 행복에 이를 수 없다.

① ㄱ, ㄴ ② ㄴ, ㄷ ③ ㄷ, ㄹ
④ ㄱ, ㄴ, ㄹ ⑤ ㄱ, ㄷ, ㄹ

빈출
444

다음을 주장한 사상가의 입장으로 적절하지 않은 것은?

> • 교황은 자신과 자기 교회가 만든 법을 범한 죄 외에는 어떠한 죄도 사면할 권한이 없다.
> • 교황의 이름으로 된 대사부(면죄부)를 사게 되면 죄의 형벌을 면제받고 구원에 이를 수 있다고 가르치는 것은 잘못된 것이다.
> • 진심으로 회개하는 그리스도인 모두 대사부 없이도 벌이나 죄에서 완전히 해방될 수 있다.

① 모든 신앙인이 곧 성직자요 사제이다.
② 모든 신앙인은 신과 직접 소통할 수 있다.
③ 교회의 예배 의식이 개인의 신앙에 우선한다.
④ 구원은 오직 믿음과 신의 은총을 통해 이루어진다.
⑤ 그리스도교의 진리는 교회나 교황이 아니라 성서에 있다.

1등급을 향한 서답형 문제

445 서술형

㉠에 들어갈 알맞은 내용을 서술하시오.

> 이데아는 만물을 창조한 신의 정신 안에 있다. 신은 인간을 향해 끝없는 사랑과 은총을 내려 주는 존재이다. 따라서 인간은 신의 사랑과 은총을 받을 때 원죄에서 벗어나 구원에 이를 수 있다. 따라서 완전한 행복은 ____㉠____

[446~447] (가), (나)를 읽고 물음에 답하시오.

> (가) 자연은 결코 불필요한 것을 생산하지 않기 때문에 인간과 동물, 그리고 식물에 이르기까지 이 세상의 모든 사물은 그 자체의 목적을 지니고 있다. 인간이 달성해야 할 목적은 행복이며, 행복이 바로 삶의 의미이다.
> (나) 인간은 자연적 존재 이상의 것이다. 모든 자연적 덕을 성취한다고 해서 인간의 궁극적 목표, 즉 영원한 행복에 도달하는 것은 아니다. 영원한 행복을 얻으려면 ㉠세 가지의 신학적 덕, 즉 초자연적 덕이 있어야 한다.

446

㉠에 해당하는 덕을 세 가지 쓰시오.

447 서술형

(나)를 주장한 사상가의 행복에 대한 관점을 (가)를 주장한 사상가의 관점과 비교하여 서술하시오.

[448~449] 다음 글을 읽고 물음에 답하시오.

> 모든 사람이 같은 상태로 창조된 것은 아니며, 어떤 사람에게는 영원한 삶이, 또 어떤 사람에게는 영원한 벌이 예정되어 있다.

448

윗글에서 설명하고 있는 개념이 무엇인지 쓰시오.

449 서술형

윗글을 주장한 사상가의 사상이 자본주의 발전에 영향을 끼친 이유를 서술하시오.

적중 1등급 문제

» 바른답·알찬풀이 40쪽

450

다음 가상 편지를 쓴 중세 서양 사상가의 입장으로 가장 적절한 것은?

> ○○○님께
> 그동안 잘 지내셨나요? '지상의 국가와 천상의 국가'에 관한 지난 편지에 이어, 오늘은 '자유 의지'에 대한 저의 견해를 말씀드리고자 합니다. 신은 선한 세상을 창조하셨고, 피조물인 인간에게 자유 의지를 선물하셨습니다. 그러나 인간은 자유 의지를 통해 선을 행하기는커녕 오히려 선으로부터 등을 돌립니다. 여전히 많은 인간이 세상의 부와 명예를 추구하며, 신과 이웃을 사랑하지 않습니다. 우리는 신께서 자유 의지를 주신 의미를 깊이 새기면서, 신의 은총 속에서 참된 행복을 추구해야 합니다.

① 모든 신앙인은 신과 직접 대화할 수 있다.
② 자신을 사랑하지 않는 사람들도 천상의 국가에 속할 수 있다.
③ 신에 대한 믿음은 이성보다 우위에 있는 최고의 종교적 덕이다.
④ 자유 의지로 선을 행하기만 하면 최고의 행복에 도달할 수 있다.
⑤ 악은 선의 결여이고 선은 악의 결여이므로 둘 다 실체가 아니다.

451

(가)의 중세 서양 사상가 갑, 을의 입장을 (나) 그림으로 표현할 때, A~C에 해당하는 적절한 진술만을 〈보기〉에서 있는 대로 고른 것은?

(가)	갑: 신을 믿는 자는 처음에는 신의 권위를 따르지만, 나중에는 신의 은총과 사랑으로 진리의 빛을 관조할 수 있게 된다. 을: 인간은 감각에서 출발하여 본성적으로 주어진 이성을 통해 모든 것의 원인으로서의 신을 인식할 수 있다.
(나)	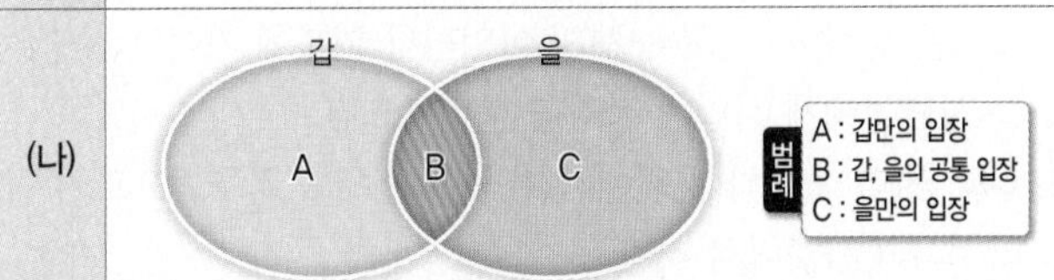

[보기]
ㄱ. A: 신은 선의 결핍인 악의 궁극적인 존재 근거이다.
ㄴ. B: 신의 은총 없이는 원죄로부터 구원받을 수 없다.
ㄷ. B: 현세적 행복은 영원한 행복의 예비 단계일 뿐이다.
ㄹ. C: 신의 계시를 통해서만 신의 존재를 알 수 있다.

① ㄱ, ㄴ ② ㄱ, ㄹ ③ ㄴ, ㄷ
④ ㄱ, ㄷ, ㄹ ⑤ ㄴ, ㄷ, ㄹ

452

그리스도교 사상가 갑, 을의 입장으로 옳은 것은?

> 갑: 지상의 국가는 신의 멸시에까지 이르는 자기애를 통해서, 천상의 국가는 신을 사랑하고 자신조차도 경멸하는 것을 통해서 생겨난다. 전자는 인간으로부터 영광을 찾고 후자는 신으로부터 영광을 찾는데, 후자가 훨씬 더 위대한 영광이라는 점은 우리의 양심이 증거하고 있다.
> 을: 모든 것들은 완성을 향한 욕구를 지니고 있으며 이들을 움직이게 하는 최종 목적은 결국 자기 자신의 완전한 선이며 자신을 충족시키는 선이라고 할 수 있다. 우리의 궁극 목적은 창조되지 않은 선, 곧 신이다.

① 갑: 악은 인간의 자유 의지 남용에서 비롯된 실체이다.
② 갑: 신앙과 이성은 동등하며 서로 조화를 이루어야 한다.
③ 을: 유한한 인간은 무한한 선인 신의 존재를 증명할 수 없다.
④ 을: 지성적 덕과 품성적 덕의 조화는 최고의 행복을 보장한다.
⑤ 갑, 을: 인간은 자유 의지의 남용으로 인한 원죄를 갖고 태어났다.

453

그리스도교 사상가 갑, 을, 병의 입장에 대한 설명으로 옳은 것은?

> 갑: 믿음, 소망, 사랑 중에 사랑이 가장 위대하다. 누구든 신의 나라에 도달할 때 믿음과 소망은 줄어들 수 있지만, 사랑만은 더 크고 강하게 영속하기 때문이다.
> 을: 우리는 자연적 사물들이 목적을 향해 작용하는 것을 본다. 모든 자연적 사물들을 목적을 향해 질서 지어 주는 지성적 존재가 바로 신이다.
> 병: 인간은 면죄부가 아니라 신의 은혜로 그리스도가 있는 천국에 이를 것이다. 신에게 순종할수록 죄의 세력이 약해지지만, 신에게 거역할수록 죄의 세력은 강해진다.

① 갑은 사랑을 종교적 덕이 아닌 도덕적 덕이라고 본다.
② 을은 신앙보다 이성을 항상 우위에 두어야 한다고 본다.
③ 병은 누구나 성서와 기도를 통해 신과 대화할 수 있다고 본다.
④ 갑은 병과 달리 구원이 은총과 믿음을 통해서 이루어진다고 본다.
⑤ 병은 을과 달리 교회의 예배 의식이 개인의 신앙보다 중요하다고 본다.

13 Ⅲ 서양 윤리 사상
도덕의 기초

✓ 출제 포인트 ✓ 데카르트의 방법적 회의 ✓ 스피노자가 말하는 정념에의 예속과 최고의 행복 ✓ 흄의 도덕론

1. 도덕적인 삶과 이성

1 근대 서양 사상의 등장

구분	합리론	경험론
등장 배경	르네상스, 종교 개혁, 자연 과학의 발달	
공통점	중세 사상과 달리 진리와 도덕 판단의 근거를 신이 아니라 인간에서 찾음	
진리의 근원	이성	감각적 경험
진리의 탐구 방법	• 연역적 방법 • 수학적 논리와 추론에 의한 지식 중시	• 귀납적 방법 • 관찰과 실험에 의한 지식 중시
선구자	데카르트 → 방법적 회의	베이컨 → 우상론

자료 **데카르트의 방법적 회의** ⓒ 81쪽 476번 문제로 확인

나는 이제부터 진리를 탐구하기 위해, 조금이라도 의심할 수 있는 것은 모두 거짓으로 보아 던져 버림으로써 전혀 의심할 수 없는 것이 내 생각 속에 남아 있는지를 살펴보기로 했다. ……그러나 이런 식으로 모든 것이 거짓이라고 생각하고 있는 동안에도 이렇게 생각하는 나 자신은 있어야 한다는 것을 알게 되었다. '나는 생각한다. 그러므로 나는 존재한다.'라는 이 진리는 아주 확실한 것이기 때문에 회의론자들의 모든 가정에 의해서도 흔들릴 수 없는 것임을 인식하고, 나는 주저 없이 이것을 내가 찾고 있던 철학의 제1원리로 기꺼이 받아들일 수 있다고 판단했다.

– 데카르트, "방법 서설" –

분석 〉 데카르트는 확실한 지식을 찾고자 모든 것을 일단 의심하는 방법적 회의를 통해 "나는 생각한다. 그러므로 나는 존재한다."라는 확실한 명제를 얻어 냈으며, 이를 출발점으로 이성적 추론을 통해 다른 진리들을 연역하고자 하였다.

2 스피노자의 이성 중심 윤리 사상

(1) 신에 대한 견해

① 신은 초월적 창조자가 아니라 자연 그 자체임

② 신, 즉 자연은 유일한 실체이며, 자연의 개별 사물은 실체가 보여 주는 여러 가지 모습임

(2) 자연에 대한 견해

① 자연은 수학적 질서에 따라 움직이는 거대한 기계와 같음

② 자연의 모든 일은 원인과 결과의 필연적인 관계로 연결되어 있음 → 필연성에서 벗어나 자유 의지를 갖는 것은 불가능함

(3) 정념에의 예속과 최고의 행복 ⓒ 82쪽 477번 문제로 확인

① 정념에 예속된 사람은 외부 원인에 휘둘리고 수동적인 삶을 살게 됨

② 정념의 예속에서 벗어나 올바른 삶을 살려면 이성을 온전히 사용하여 모든 사물의 궁극적인 원인과 질서를 인식해야 함

③ **최고의 행복**: 자연의 필연적인 인과 질서를 이성적으로 관조함으로써 얻게 되는 마음의 평정과 진정한 자유

자료 **스피노자의 이성 중심 윤리 사상** ⓒ 82쪽 479번 문제로 확인

삶에서 무엇보다 유익한 것은 가능한 한 지성을 완전하게 하는 것이며, 오로지 이것에 인간의 최고의 행복이 있다. 진실로 최고의 행복은 신에 대한 인식으로부터 나오는 정신의 만족일 뿐이다. 그런데 지성을 완전하게 하는 것은 다름 아니라 신과 신의 본성의 필연성에서 따라 나오는 활동을 인식하는 것이다.

– 스피노자, "에티카" –

분석 〉 스피노자는 우리가 진정으로 이성적이 되어서 모든 사물의 궁극적인 원인인 신과 이 원인들로부터 사물들이 발생하는 필연적인 인과 질서를 인식할 때, 최고의 행복을 얻을 수 있다고 보았다.

2. 도덕적인 삶과 감정

1 흄의 감정 중심 윤리 사상

(1) 회의주의적 인식론

① 경험으로 확인할 수 없는 것, 즉 신이나 정신 등에 대한 의미 있는 주장은 불가능함

② 자연의 인과 관계는 반복적 관찰에 의한 파악일 뿐이며 원인과 결과의 실제적 결합은 알 수 없음

③ 자아에 대한 인식도 감각적 지각일 뿐이며, 우리는 자아 그 자체를 알 수 없음

(2) 감정 중심의 도덕론

① **도덕적 실천의 동기**: 도덕적 실천을 불러일으키는 직접적 동기가 될 수 있는 것은 이성이 아니라 감정임 → 이성은 동기를 수행하기 위한 수단을 가르쳐 줄 뿐임

② **도덕적 선악의 구분**: 선악은 이성으로 판단하는 것이 아니라 감정으로 느끼는 것임

선(善)	그것을 바라보는 사람에게 시인(是認)의 감정을 가져다주는 것
악(惡)	그것을 바라보는 사람에게 부인(否認)의 감정을 가져다주는 것

③ **공감(共感) 능력**: 다른 사람의 행복과 불행을 마음속으로 함께 느끼는 능력 → 사회 전체의 이익이나 행복에 기여하는 행위는 사람들에게 시인의 감정을 불러일으킴

(3) 흄의 영향: 사회적 차원에서 유용한 행위를 강조함으로써 공리주의의 사상적 뿌리가 됨

자료 **흄의 감정 중심 윤리 사상** ⓒ 83쪽 486번 문제로 확인

유용성이 도덕적 감정의 근원이고 이 유용성이 항상 개인 자신만을 챙기는 어떤 것이 아니라면, 이로부터 다음과 같은 사실이 도출된다. 즉 사회의 행복에 기여하는 모든 것은 곧바로 우리의 시인을 받는다.

– 흄, "인간 본성에 관한 논고" –

분석 〉 흄에 따르면 우리의 도덕성은 일종의 감정으로서 발생하며, 모든 사람은 공감 능력을 가지고 있으므로 사회적으로 유용한 행위에 대해 시인의 감정을 느낀다.

분석 기출 문제

» 바른답·알찬풀이 41쪽

핵심 개념 문제

•• 빈칸에 들어갈 용어를 쓰시오.

454 데카르트가 사용한 ( )(이)란 확실한 지식을 찾기 위해 모든 것을 의심해 보는 것을 말한다.

455 스피노자가 말하는 신은 스스로가 자신의 존재 원인인 ( ) 그 자체이다.

456 베이컨은 참된 지식을 얻기 위해 ( ), 즉 인간이 지닌 선입관과 편견을 제거해야 한다고 보았다.

457 흄은 우리가 보편적으로 시인의 감정을 느낄 수 있는 이유는 ( ) 능력을 가졌기 때문이라고 보았다.

•• 근대 사상가와 그들의 주장을 바르게 연결하시오.

458 데카르트 • • ㉠ 아는 것이 힘이다.

459 스피노자 • • ㉡ 나는 생각한다. 고로 존재한다.

460 베이컨 • • ㉢ 이성은 정념의 노예이다.

461 흄 • • ㉣ 신은 자연을 창조하지 않았다.

•• 다음 내용이 옳으면 ○표, 틀리면 ×표를 하시오.

(데): 데카르트, (스): 스피노자, (베): 베이컨, (흄): 흄

462 (데) 확실한 지식은 없으며, 있다고 하더라도 알 수 없다. ( )

463 (데) 철학의 제1원리는 귀납법을 통해 발견된다. ( )

464 (스) 모든 일은 필연적 인과 관계로 연결되어 있다. ( )

465 (스) 자유 의지로 자신의 일을 제어할 수 있다. ( )

466 (스) 자유란 이성을 통해 만물의 필연성으로부터 벗어나는 것이다. ( )

467 (스) 선과 악의 인식은 감정 자체에서 필연적으로 생기는 관념일 뿐이다. ( )

468 (베) 새로운 지식은 연역적 추론을 통해 얻어진다. ( )

469 (베) 지식의 근원은 인간의 감각이나 경험이다. ( )

470 (흄) 이성 자체만으로도 행위의 동기가 될 수 있다. ( )

471 (흄) 자연의 인과 관계는 반복적 관찰에 의한 파악일 뿐이며 원인과 결과의 실제적 결합은 알 수 없다. ( )

472 (흄) 옳음의 기준은 사회적 시인과 부인의 감정에 있다. ( )

473 (흄) 공감을 통해 자기중심적 관점을 극복할 수 있다. ( )

1. 도덕적인 삶과 이성

474

㉠~㉣에 들어갈 말을 바르게 짝지은 것은?

> • 합리론: 진리의 근원을 (㉠)에 두고, (㉡) 방법을 강조하였다.
> • 경험론: 진리의 근원을 (㉢)에 두고, (㉣) 방법을 강조하였다.

	㉠	㉡	㉢	㉣
①	경험	귀납적	이성	연역적
②	경험	연역적	이성	귀납적
③	이성	귀납적	경험	연역적
④	이성	연역적	경험	귀납적
⑤	이성	귀납적	논리	연역적

475

㉠에 들어갈 내용으로 가장 적절한 것은?

> 데카르트는 아무리 모든 것을 의심한다 해도 더 이상 의심할 수 없는 한 가지 사실에 이르게 되었는데, 그것이 '___㉠___'(라)는 것이다.

① 참된 세계는 이데아 세계이다.
② 경험(실재)하고 있는 내가 있다.
③ 의심(생각)하고 있는 내가 있다.
④ 감각적 경험이 의식을 규정한다.
⑤ 모든 진리는 상대적이고 회의적이다.

빈출
476

다음을 주장한 근대 서양 사상가의 입장만을 〈보기〉에서 고른 것은?

> 나는 생각한다. 그러므로 나는 존재한다.

[보기]
ㄱ. 지식의 근원은 감각적 경험이 아니라 이성이다.
ㄴ. 진리 탐구는 귀납법을 주된 방법으로 삼아야 한다.
ㄷ. 네 가지 우상을 제거해야 참된 지식을 얻을 수 있다.
ㄹ. 의심할 수 없는 명제를 철학의 제1원리로 삼아야 한다.

① ㄱ, ㄴ ② ㄱ, ㄷ ③ ㄱ, ㄹ ④ ㄴ, ㄷ ⑤ ㄷ, ㄹ

빈출
477

다음을 주장한 근대 서양 사상가의 입장에서 ㉠의 삶을 살기 위한 방법으로 가장 적절한 것은?

> 무지한 자는 외부의 원인들 때문에 이리저리 동요하고 결코 정신의 참된 만족을 누리지 못한다. 이에 반해 ㉠ 현명한 자는 자신과 신과 사물을 영원의 필연성에 따라 인식한다.

① 이성의 명령에서 벗어나 자유롭게 산다.
② 자유 의지를 발휘하여 신과의 합일을 이룬다.
③ 종교적 덕의 실천을 통해 신의 은총을 받는다.
④ 자연의 필연성에서 벗어나 정념의 속박을 끊는다.
⑤ 이성적 관조를 통해 만물의 인과 질서를 통찰한다.

478

다음 표는 근대 서양 사상가의 입장에서 응답한 내용이다. ㉠에 들어갈 질문으로 옳지 않은 것은?

질문	응답
신은 유일한 실체이며 자연 그 자체인가?	예
인간은 자연의 필연성을 벗어날 수 있는가?	아니요
자연의 모든 사물은 하나의 실체가 보여 주는 양태인가?	예
㉠	예

① 인간은 자기 보존을 추구하는 존재인가?
② 수동적 감정은 자기 보존이 증대될 때 느껴지는가?
③ 자연은 수학적 질서에 따라 움직이는 기계와 같은가?
④ 인간은 필연적으로 감정을 느낄 수밖에 없는 존재인가?
⑤ 정념의 예속에서 벗어나기 위해 이성을 발휘해야 하는가?

빈출
479

다음을 주장한 근대 서양 사상가의 입장만을 〈보기〉에서 고른 것은?

> 진실로 최고의 행복은 신에 대한 인식으로부터 나오는 정신의 만족일 뿐이다. 그런데 지성을 완전하게 하는 것은 다름 아니라 신과 신의 본성의 필연성에서 따라 나오는 활동을 인식하는 것이다.

[보기]

ㄱ. 확실한 지식을 얻기 위해 귀납법을 사용해야 한다.
ㄴ. 신은 스스로가 자신의 존재 원인인 자연 자체이다.
ㄷ. 자연에서 일어나는 모든 일은 단편적·우연적으로 발생한다.
ㄹ. 모든 것을 이성적으로 관조하는 데서 오는 행복이 최고선에 해당한다.

① ㄱ, ㄴ ② ㄱ, ㄷ ③ ㄴ, ㄷ ④ ㄴ, ㄹ ⑤ ㄷ, ㄹ

480

다음 대화의 스승이 강조하는 삶의 태도로 가장 적절한 것은?

① 자연에 대한 인식을 방해하는 우상(偶像)을 타파한다.
② 자연을 인격신으로 수용하고 신을 지적으로 사랑한다.
③ 자유 의지를 발현하여 자연법칙의 지배에서 벗어난다.
④ 자연의 필연적 질서를 인식하여 이웃 사랑을 실천한다.
⑤ 자연에 대한 이성적 관조를 통해 일체의 욕구를 제거한다.

481

(가)의 고대 서양 사상가 갑과 근대 서양 사상가 을의 입장을 (나) 그림으로 표현할 때, A~C에 해당하는 진술로 옳은 것은?

(가)	갑: 우리는 어떤 것에도 집착하지 않는 초연한 삶을 살아야 한다. 모든 것은 정해져 있기 때문이다. 또한 인간은 이성(logos)을 가지고 있다는 점에서 평등하므로 세계 시민으로서 살아야 한다. 을: 우주는 수학적 질서에 의해 움직이는 거대한 기계와 같다. 우리는 그 우주의 필연적 질서를 이성적으로 인식해야 한다. 그것이 바로 '신(神)에 대한 지적인 사랑'이다.
(나)	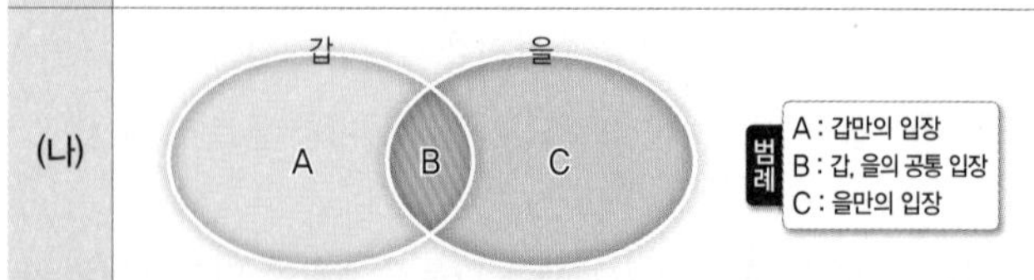

① A: 고통이 없는 아타락시아(ataraxia)에 도달해야 한다.
② B: 인간은 자유 의지가 있기 때문에 도덕적인 삶을 살 수 있다.
③ B: 신과 자연에 대한 이성적 앎을 통하여 행복을 얻을 수 있다.
④ C: 참된 인식은 자연의 필연적 질서를 이해하는 것이다.
⑤ C: 방법적 회의를 통해 더 이상 의심할 여지없는 확실한 지식을 얻어야 한다.

2 도덕적인 삶과 감정

482

다음은 베이컨의 우상과 관련된 설명이다. (가), (나)의 우상과 일치하는 사례로 옳은 것은?

> (가) 언어의 부적절한 사용에 의한 편견
> (나) 권위에 대한 무비판적 수용에서 오는 편견

① (가): "추석 전날에는 수업을 하지 않는 것이 전통이야."
② (가): "용이라는 말이 있는 걸 보니, 용이 있는 건 확실해."
③ (나): "지구는 추운 곳이야."
④ (나): "종달새가 노래를 부르고 있네."
⑤ (나): "저 새도 내 마음을 아는 듯 구슬피 울고 있어."

483

다음 밑줄 친 서양 사상가 '그'와 관계 깊은 말은?

> 그는 인간이 지닌 선입관과 편견을 네 가지로 구분하여 우상(偶像)이라 부르고, 이를 제거할 것을 강조하였다.

① "아는 것이 힘이다."
② "이성은 감정의 노예이다."
③ "만인의 만인에 대한 투쟁 상태"
④ "나는 생각한다. 그러므로 나는 존재한다."
⑤ "검토되지 않는 삶은 살 만한 가치가 없다."

484

다음을 주장한 근대 서양 사상가의 입장만을 〈보기〉에서 고른 것은?

> 우리가 당면한 고난의 원인은 독단과 연역법에 있다. 존경할 만하지만 의심스러운 명제를 출발점으로 삼고, 이러한 전제 자체를 관찰 또는 실험에 의해 검토하려고 하지 않기 때문에, 우리는 새로운 진리를 찾아내지 못한다.

[보기]
ㄱ. 사유와 지식의 원천을 이성으로 보았다.
ㄴ. 인간의 편견과 선입견을 제거해야 한다고 주장하였다.
ㄷ. 지식을 찾기 위해서 경험을 적극 활용해야 한다고 보았다.
ㄹ. 아리스토텔레스의 삼단 논법 추리를 학문의 핵심으로 삼았다.

① ㄱ, ㄴ　② ㄱ, ㄷ　③ ㄱ, ㄹ　④ ㄴ, ㄷ　⑤ ㄷ, ㄹ

485

다음은 근대 서양 사상가의 가상 대화이다. ㉠에 들어갈 진술로 옳은 것은?

> 진행자: 선생님, 도덕성의 원천은 무엇입니까?
> 사상가: 우리의 도덕성은 일종의 감정으로서 발생합니다.
> 진행자: 감정은 주관적으로 느끼는 것인데, 보편적으로 적용되어야 할 도덕성의 원천이 될 수 없다고 생각됩니다.
> 사상가: 제가 말하는 감정은 ______㉠______ 따라서 감정은 도덕성의 원천이 될 수 있습니다.

① 모두가 공통적으로 느끼는 시인과 부인의 감정입니다.
② 정념, 즉 수동적인 감정이 아니라 능동적인 감정입니다.
③ 몸의 고통과 마음의 불안이 소멸된 상태의 감정입니다.
④ 보편적 도덕 법칙에 대한 의무감에 기초한 감정입니다.
⑤ 과도함과 부족함의 중간에서 느끼는 적절한 상태입니다.

486 (빈출)

그림은 형성 평가 문제와 학생 답안이다. ㉠~㉣ 중에서 학생의 답이 옳게 표시된 것만을 있는 대로 고른 것은?

◎ 문제: 다음을 주장한 사상가의 입장으로 옳으면 '예', 틀리면 '아니요'에 ✓표를 하시오.

> 유용성이 도덕적 감정의 근원이고 이 유용성이 항상 개인 자신만을 챙기는 어떤 것이 아니라면, 이로부터 다음과 같은 사실이 도출된다. 즉 사회의 행복에 기여하는 모든 것은 곧바로 우리의 시인을 받는다.

◎ 학생 답안
- 입장 1: 자연의 인과 관계에 대한 완벽한 이해는 불가능하다.
  예 [✓]　아니요 [　] ······ ㉠
- 입장 2: 도덕적 선악은 판단되는 것이지 느끼는 것이 아니다.
  예 [✓]　아니요 [　] ······ ㉡
- 입장 3: 경험으로 확인할 수 없는 것에 대한 주장은 무의미하다.
  예 [✓]　아니요 [　] ······ ㉢
- 입장 4: 도덕에 있어 중요한 요인인 이성은 도덕적 실천의 직접적 동기가 될 수 있다.
  예 [✓]　아니요 [　] ······ ㉣

① ㉠, ㉡　② ㉠, ㉢　③ ㉡, ㉣
④ ㉠, ㉢, ㉣　⑤ ㉡, ㉢, ㉣

487

근대 서양 사상가 갑, 을의 입장에 대한 옳은 설명만을 〈보기〉에서 고른 것은?

> 갑: 오직 이성만으로는 어떤 의지적 행위의 계기가 될 수 없으며, 이성은 의지의 방향을 결정함에 있어 정념과 반대될 수 없다.
> 을: 나는 진리를 탐구한 결과 "나는 생각한다. 그러므로 나는 존재한다."라는 확실한 진리에 도달했다.

[보기]
ㄱ. 갑은 선과 악이 오직 감정에 의해서만 구분된다고 본다.
ㄴ. 을은 과학적인 실험을 진리 탐구의 주된 방법으로 본다.
ㄷ. 갑은 을과 달리 자아의 존재를 알 수 없다고 본다.
ㄹ. 을은 갑과 달리 이성이 참과 거짓을 판별할 수 있다고 본다.

① ㄱ, ㄴ ② ㄱ, ㄷ ③ ㄱ, ㄹ ④ ㄴ, ㄷ ⑤ ㄷ, ㄹ

488

(가)의 근대 서양 사상가 갑, 을이 (나)의 질문에 대해 답할 내용으로 가장 적절한 것은?

(가)	갑: 감정을 다스리는 가장 탁월한 방법은 감정을 이성적으로 인식하는 것이다. 모든 것은 신 즉 자연에서 필연적으로 생겨나며 우리가 인식할 수 없는 감정은 없다. 을: 감정과 이성이 대립한다는 말은 정확하지 않은 말이다. 이성은 감정의 노예이며, 그래야만 한다. 이성은 감정에 봉사하고 복종하는 것 말고는 다른 임무를 주장할 수 없다.
(나)	질문: 어떤 행위가 도덕적으로 선한 행위인가?

	갑	을
①	정념의 예속으로부터 벗어나는 데 도움이 되는 행위	절대적 도덕 법칙을 존중하는 마음에서 비롯된 행위
②	절대적 도덕 법칙을 존중하는 마음에서 비롯된 행위	공감을 통해 사람들에게 쾌감을 불러일으키는 행위
③	정념의 예속으로부터 벗어나는 데 도움이 되는 행위	공감을 통해 사람들에게 쾌감을 불러일으키는 행위
④	이해 당사자들의 쾌락을 증대시키는 경향을 가진 행위	정념의 예속으로부터 벗어나는 데 도움이 되는 행위
⑤	절대적 도덕 법칙을 존중하는 마음에서 비롯된 행위	이해 당사자들의 쾌락을 증대시키는 경향을 가진 행위

1등급을 향한 서답형 문제

489

㉠, ㉡을 각각 올바른 내용으로 수정하여 쓰시오.

> 흄은 "㉠정념은 이성의 노예이다."라고 주장하였다. 이와 같이 흄은 윤리학에서도 경험과 관찰을 중시하는 ㉡합리론적 자세를 철저히 지켜 나갔다. 인간에 대한 탐구의 결과 그가 내린 결론은, 도덕적 판단과 행위에 중요한 요인은 이성이 아니라 감정이라는 것이다.

[490~491] (가), (나)를 읽고 물음에 답하시오.

> (가) 덕이 있는 행동은 우리에게 좋은 느낌을 주지만, 덕이 없는 행동은 혐오감을 준다. 그러므로 도덕성은 판단된다기보다는 느껴진다고 말하는 것이 더욱 적절할 것이다.
> (나) 삶에서 무엇보다 유익한 것은 가능한 한 이성을 완전하게 하는 것이며, 이는 신, 신의 속성에서 생기는 활동을 파악하는 것이다.

490 서술형

(가), (나)를 주장한 사상가의 정념에 대한 관점을 서술하시오.

491 서술형

(가), (나)를 주장한 사상가가 서양 윤리 사상에 끼친 영향을 각각 서술하시오.

[492~493] (가), (나)를 읽고 물음에 답하시오.

> (가) 사물의 본성에는 어떤 것도 우연적으로 주어진 것이 없으며, 모든 것은 일정한 방식으로 존재하고 작용하게끔 ㉠신적 본성의 필연성에 의해 결정되어 있다.
> (나) 나는 내가 보는 모든 것이 거짓이라고 가정한다. 그렇다면 참된 것은 무엇인가? 아마 이 한 가지, 즉 확실한 것은 하나도 없다는 것이리라.

492 서술형

(가), (나)를 주장한 사상가의 공통점을 서술하시오.

493 서술형

(가)를 주장한 사상가가 제시한 ㉠의 의미를 그리스도교의 관점과 비교하여 서술하시오.

적중 1등급 문제

» 바른답·알찬풀이 44쪽

494

다음을 주장한 근대 서양 사상가의 입장만을 〈보기〉에서 고른 것은?

> 유용성은 우리의 동의와 시인(是認)을 불러일으킨다. 여기서의 유용성은 우리 자신의 것만은 아니다. 이처럼 유용성이 항상 자기에게만 관련된 것이 아니라면, 사회의 행복에 기여하는 모든 것은 직접적으로 우리의 호감을 불러일으킨다고 말할 수 있다. 여기에 도덕의 기원을 대부분 설명해 주는 원리가 놓여 있다.

[보기]
ㄱ. 도덕적 행위의 직접적인 동기는 이성이 아니라 감정이다.
ㄴ. 사회적 유용성은 공감에 의해서 시인의 감정을 일으킨다.
ㄷ. 도덕적 감정은 주관적 감정이므로 보편성을 획득할 수 없다.
ㄹ. 감정과 달리 이성은 도덕적 행위에 아무 도움도 줄 수 없다.

① ㄱ, ㄴ ② ㄱ, ㄷ ③ ㄴ, ㄷ ④ ㄴ, ㄹ ⑤ ㄷ, ㄹ

495

가상 대담을 하는 사상가의 입장에서 볼 때, ㉠을 추구하는 자세로 가장 적절한 것은?

① 정념의 지배에서 벗어나 신 또는 자연을 지적으로 사랑한다.
② 모든 감정과 욕망을 버리고 신의 명령에 복종하며 살아간다.
③ 신이 부여한 자유 의지를 발휘하여 자연의 필연성을 극복한다.
④ 이성을 통해 자연의 궁극적이고 초월적 원인인 신을 인식한다.
⑤ 정념의 인도에 따라 자기를 보존하고 자연의 필연성을 관조한다.

496

(가)의 근대 서양 사상가 갑, 을의 입장을 (나) 그림으로 탐구하고자 할 때, A~C에 해당하는 적절한 질문만을 〈보기〉에서 고른 것은?

(가)
갑: 인간의 지성을 사로잡고 있는 우상(偶像)과 그릇된 관념들로부터 자신을 지키지 않으면 학문을 혁신하려고 해도 곤경에 빠지고 말 것이다.
을: 진리 인식을 가로막는 선입견에서 벗어나는 유일한 방법은 불확실하다고 여겨지는 모든 사물의 본성을 단 한번이라도 의심해 보는 것이다.

(나)

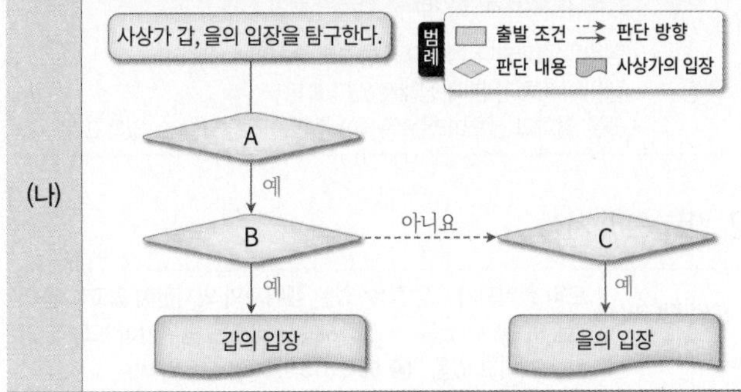

[보기]
ㄱ. A: 지식의 근원은 경험이므로 실험을 중시해야 하는가?
ㄴ. A: 진리를 얻는 과정에서 이성이 수행할 역할이 있는가?
ㄷ. B: 진리를 얻으려면 선입견과 편견을 타파해야 하는가?
ㄹ. C: 철학의 제1원리는 방법적 회의를 통해서만 도출되는가?

① ㄱ, ㄴ ② ㄱ, ㄷ ③ ㄴ, ㄷ ④ ㄴ, ㄹ ⑤ ㄷ, ㄹ

497

고대 서양 사상가 갑, 근대 서양 사상가 을의 입장으로 옳은 것은?

> 갑: 좋음의 이데아를 아는 것이 최고의 지식이다. 좋음의 이데아 때문에 올바른 것이 유익하게 된다. 다른 것을 아무리 많이 알아도 이를 알지 못하면, 아무런 쓸모도 없게 될 것이다.
> 을: 이성을 사용하면서 발명과 발견을 중시하지 않아 학문의 발전이 없었다. 형식 논리학의 경우, 새로운 지식을 만들어 내지 않고 기존 지식을 맹신함으로써 우상에 빠졌다.

① 갑: 국가를 통치하는 자에게 요구되는 유일한 덕은 지혜이다.
② 갑: 좋음의 이데아는 현실 세계의 좋은 것들에 내재되어 있다.
③ 을: 형식 논리학은 기존 지식을 맹신하는 우상을 타파해 준다.
④ 을: 참된 지식을 얻으려면 선입견과 편견에서 벗어나야 한다.
⑤ 갑, 을: 관찰과 실험만이 편견과 무지에서 벗어날 수 있게 한다.

III

14 Ⅲ 서양 윤리 사상
옳고 그름의 기준

출제 포인트 ✓ 칸트 윤리 사상의 특징 ✓ 벤담의 양적 공리주의와 밀의 질적 공리주의 ✓ 규칙 공리주의와 선호 공리주의

1. 의무론과 칸트주의

1 의무론

의미	행위의 옳고 그름이 인간이 마땅히 지켜야 할 도덕 법칙에 의해 결정된다고 보는 윤리 이론 예 칸트의 윤리 사상
특징	• 행위의 결과보다 행위자의 동기를 중시함 • 행위의 가치가 본래 정해져 있다고 봄 • 좋은 결과의 산출이라는 목적이 수단을 정당화할 수 없다고 봄

2 칸트 윤리 사상

도덕 판단의 기준	오직 행위자가 책임질 수 있는 행위자의 의지만이 옳고 그름의 기준이 될 수 있음 → 선의지에서 비롯된 행위만이 도덕적 가치를 지니고 있음 88쪽 519번, 521번 문제로 확인
선의지	행위의 결과를 고려하는 마음이나 자연적 경향성 때문이 아니라 단순히 어떤 행위가 옳다는 그 이유만으로 행하려는 의지 → 어떤 행위가 의무, 즉 도덕 법칙을 따르는 것이기 때문에 그 행위를 선택하는 의지임
도덕 법칙	• 이성적 존재자가 따라야 할 절대적이고 보편타당한 법칙 • 실천 이성이 우리에게 스스로 부과한 자율적 명령 → 가언 명령이 아닌 '~해야 한다.'와 같은 정언 명령의 형식으로 제시
정언 명령	• 준칙의 보편화 가능성을 강조함 • 모든 사람의 인격을 목적 그 자체로서 대우할 것을 강조함
의의와 한계	• 보편적으로 적용될 수 있는 도덕적 지침을 제공함 • 오로지 의무에 따른 행위만을 인정하는 등 지나치게 엄격하고, 도덕적 의무가 상충할 경우 구체적 행위 규칙을 제공하지 못함

자료 **칸트의 정언 명령** 88쪽 522번 문제로 확인

(가) 네 의지의 격률이 언제나 동시에 보편적 입법의 원리가 될 수 있도록 행위하라.
(나) 너 자신과 다른 모든 사람의 인격을 단순히 수단으로만 대하지 말고 언제나 동시에 목적으로 대하도록 행위하라.

분석 칸트가 제시한 정언 명령의 사례 중 (가)는 도덕 원리가 보편적 타당성을 지녀야 한다는 보편주의, (나)는 인간을 존엄한 인격체로 대우해야 한다는 인격주의에 해당한다.

3 현대 칸트주의: 로스의 조건부 의무론 88쪽 524번 문제로 확인

(1) **등장 배경**: 칸트 윤리에서 도덕적 의무 간의 상충 문제 해결
(2) **조건부 의무**: 직관적으로 알 수 있는 옳고 명백한 의무로 약속 이행의 의무, 보은의 의무, 선행의 의무 등이 있음
(3) **조건부 의무의 적용**
① 조건부 의무는 정언 명령과 달리 상황에 따라 예외가 인정됨
② 조건부 의무 사이에 갈등이 발생할 경우, 우리의 직관에 따라 상대적으로 약한 의무는 유보되고 강한 의무는 실제적 의무로 드러남

2. 결과론과 공리주의

1 결과론

의미	행위의 옳고 그름이 그 행위가 산출하는 결과에 따라 결정된다고 보는 윤리 이론 예 고전적 공리주의
특징	• 최선의 결과를 가져오는 행위를 옳은 행위로 봄 • 행위의 가치가 상황에 따라 달라질 수 있다고 봄 • 좋은 결과를 산출하는 데 도움이 되는 수단은 도덕적으로 정당화될 수 있다고 봄

2 고전적 공리주의 89쪽 526번, 527번 문제로 확인

도덕 판단의 기준	최대 다수의 최대 행복을 추구하는 공리의 원리를 옳고 그름의 기준으로 삼음 → 행위자의 쾌락뿐만 아니라 행위와 관련된 이해 당사자들을 공평하게 고려할 것을 강조함
기본 입장	• 인간은 누구나 쾌락을 추구하고 고통을 피하려는 존재임 • 쾌락은 선이고 고통은 악이며, 쾌락 또는 고통의 부재인 행복이 삶의 목적임
벤담의 양적 공리주의	모든 쾌락은 오직 양적 차이만을 가지며, 실제 상황에서 쾌락과 고통의 양을 계산할 수 있음 → 쾌락 계산 기준으로 강도, 지속성, 확실성, 신속성, 다산성, 순수성, 범위를 제시함
밀의 질적 공리주의	• 쾌락은 양적 차이뿐만 아니라 질적 차이도 가짐 • 질적으로 높은 수준의 쾌락은 적은 양이더라도 질적으로 낮은 다량의 쾌락보다 우월함 • 인간이라면 누구나 쾌락의 질적 차이를 분별할 수 있으며, 내적 교양이 뒷받침된 정신적 쾌락을 선호함
의의와 한계	• 공리의 원리를 도덕과 입법의 원리로 제시하여 사회적 쾌락을 위한 제도 개선과 민주주의 발전에 기여함 • 행위의 결과와 다수의 행복을 중시한 나머지 행위에서 내면적 동기의 중요성을 간과하고, 행복을 지나치게 단순화하며, 소수자의 인권 등 개인의 권리를 침해할 수 있음

3 현대 공리주의

규칙 공리주의	• 공리의 원리를 개별 행위에 적용하는 행위 공리주의와 달리 행위의 일반적 규칙에 적용함 • 최대의 공리를 산출하는 규칙에 따르는 행위를 옳다고 봄 • 모든 행위의 공리를 계산해야 하는 행위 공리주의에 비해 훨씬 경제적임 • 채택된 규칙은 우리 사회의 전통이나 도덕적 직관과 상충하지 않을 가능성이 높음
선호 공리주의	• 행복을 쾌락으로 한정한 고전적 공리주의와 달리 더 포괄적인 선호(選好)를 통해 행복을 설명함 • 행위에 영향을 받을 모든 사람의 선호를 최대한 만족시키는 행위를 옳다고 봄 • 선호 공리주의의 대표적 학자: 싱어 → 고통과 쾌락을 느낄 수 있는 모든 개체의 선호를 동등하게 고려할 것을 주장함

분석 기출 문제

» 바른답·알찬풀이 45쪽

핵심 개념 문제

•• 빈칸에 들어갈 용어를 쓰시오.

498 (　　　　　)(이)란 마땅히 해야 할 바를 생각하고 그것을 스스로의 의지로 결단하는 능력을 말한다.

499 (　　　　　)(이)란 직관적으로 알 수 있는 의무이다.

500 (　　　　　)(이)란 쾌락을 가져오는 유용성을 뜻한다.

501 (　　　　　)은/는 이익 평등 고려의 원칙을 바탕으로 감각을 지닌 모든 개체의 선호를 동등하게 고려해야 한다고 보았다.

•• 근대 사상가와 그들의 주장을 바르게 연결하시오.

502 칸트 • 　　• ㉠ 만족한 바보보다 불만족한 소크라테스가 더 낫다.

503 벤담 • 　　• ㉡ 너의 준칙이 언제나 동시에 보편적 입법의 원리가 되게 행위하라.

504 밀 • 　　• ㉢ 자연은 인류를 고통과 쾌락이라는 두 주인의 지배 아래에 두었다.

•• 다음 내용이 옳으면 ○표, 틀리면 ×표를 하시오.

(칸): 칸트, (로): 로스, (벤): 벤담, (밀): 밀, (싱): 싱어

505 (칸) 도덕 법칙은 공동체가 합의한 산물이다. (　　)

506 (칸) 욕구에서 비롯된 행위도 도덕적 가치가 있다. (　　)

507 (칸) 도덕 법칙은 가언 명령의 형식을 취한다. (　　)

508 (칸) 자연적 경향성은 도덕의 근거가 될 수 없다. (　　)

509 (로) 조건부 의무들은 정당성이 증명되어야 한다. (　　)

510 (로) 조건부 의무들은 절대적인 정언 명령의 원리에 포괄될 수 있다. (　　)

511 (벤) 쾌락은 양적 차이뿐 아니라 질적 차이도 갖는다. (　　)

512 (벤) 공동체 전체의 쾌락은 측정할 수 없다. (　　)

513 (벤) 공리는 보편적 도덕 원리가 존재하지 않음의 근거이다. (　　)

514 (밀) 심미적인 활동은 공리의 증진에 기여할 수 있다. (　　)

515 (밀) 개인이 공익을 침해할 경우 제재해야 한다. (　　)

516 (싱) 지각 능력이 있는 존재의 선호를 최대한 만족시켜야 옳은 행위이다. (　　)

517 (싱) 공리의 원리는 인간에게만 적용되어야 한다. (　　)

1. 의무론과 칸트주의

518

㉠~㉢에 들어갈 용어를 바르게 짝지은 것은?

> (㉠)은/는 한 행위의 옳고 그름이 그 행위를 수행함으로써 발생하는 결과에 의존하며, 올바른 행위란 최선의 결과를 가져오는 행위라고 주장하는 이론이다. (㉠)에서는 행위의 가치가 결정되어 있지 않으며 상황에 따라 달라질 수 있다고 본다. 반면에 우리가 마땅히 지켜야 할 도덕 법칙에 의해서 행위의 옳고 그름이 결정된다는 이론을 (㉡)(이)라고 한다. (㉡)에서는 행위의 결과보다는 (㉢)을/를 중시한다.

	㉠	㉡	㉢
①	결과론적 윤리	의무론적 윤리	동기
②	의무론적 윤리	결과론적 윤리	감정
③	결과론적 윤리	상대주의 윤리	감정
④	의무론적 윤리	결과주의 윤리	동기
⑤	결과론적 윤리	상대주의 윤리	동기

빈출

519

(가)를 주장하는 근대 서양 사상가의 입장에서 (나)의 ㉠에 들어갈 진술로 가장 적절한 것은?

(가) 감정에 근거한 도덕적 행위는 보편적일 수 없습니다. 도덕적인 행동은 의무 의식이 동기가 된 행동, 즉 도덕 법칙에 대한 자발적 존중에서 비롯된 것이어야 합니다.

(나)

어려운 사람에게 자선을 베풀어야 하는 이유는 무엇입니까?
자선은 ㉠ 이기 때문입니다.

① 마땅히 해야 할 의무
② 사회적 관습에 따르는 행위
③ 유용한 규칙이 될 수 있는 행위
④ 사람들에게 공감을 얻을 수 있는 행위
⑤ 사람들의 행복을 증진하는 데 기여할 수 있는 행위

520

근대 서양 사상가 갑이 〈사례〉 속 K의 행위를 도덕적 행위라고 평가할 때, 갑이 제시할 이유로 적절하지 않은 것은?

> 갑: 생각하면 할수록 더 큰 감탄과 존경으로 내 마음을 채우는 것은 내 안의 도덕 법칙이다.
>
> 〈사 례〉
>
> 수영 선수인 K는 중요한 경기를 앞두고 있었으나 앞뒤를 가리지 않고 물에 뛰어들어 물에 빠진 아이를 구해 주었다.

① 아이에 대한 의무감을 경향성보다 중시했기 때문이다.
② 아이를 구해야 한다는 준칙은 보편화가 가능하기 때문이다.
③ 아이의 생명을 구해야 한다는 의무 의식을 따랐기 때문이다.
④ 아이를 수단이 아니라 목적 그 자체로서 대우했기 때문이다.
⑤ 아이의 고통에 깊이 공감하고 동정심을 발휘했기 때문이다.

빈출
521

다음 근대 서양 사상가가 부정의 대답을 할 질문으로 옳은 것은?

> "거짓 약속이 의무에 맞는가?"라는 물음에 간략하면서도 오류 없이 답하고자 나는 스스로 이렇게 물어본다. 나의 준칙이 보편적 입법으로 타당해야 한다는 것에 정말로 만족할 수 있는가? 이러한 물음을 던져 보면, 거짓말하는 것을 보편적 법칙으로 의욕할 수 없다는 것을 깨닫게 된다.

① 도덕 법칙은 그 자체가 목적인 정언 명령인가?
② 도덕의 원리와 행복의 원리는 양립이 가능한가?
③ 도덕 법칙은 실천 이성이 우리에게 부과한 명령인가?
④ 도덕적 행위란 단지 결과적으로 의무에 맞는 행위인가?
⑤ 도덕 법칙은 언제 어디서나 예외 없이 적용되어야 하는가?

빈출
522

(가), (나)의 의미에 대한 옳은 설명만을 〈보기〉에서 고른 것은?

> (가) 네 의지의 격률이 언제나 동시에 보편적 입법의 원리가 될 수 있도록 행위하라.
> (나) 너 자신과 다른 모든 사람의 인격을 언제나 동시에 목적으로 대하도록 행위하라.

[보기]
ㄱ. (가): 도덕 원리는 보편적 타당성을 지녀야 한다.
ㄴ. (가): 많은 사람에게 쾌락을 주는 것이 옳은 행위이다.
ㄷ. (나): 인간을 인격체로서 존중해야 한다.
ㄹ. (나): 감각을 지닌 개체의 이익을 동등하게 고려한다.

① ㄱ, ㄴ ② ㄱ, ㄷ ③ ㄴ, ㄷ ④ ㄴ, ㄹ ⑤ ㄷ, ㄹ

523

다음은 근대 서양 사상가의 주장이다. ㉠에 대한 이 사상가의 입장으로 옳은 것은?

> 이 세상 안에서뿐만 아니라 이 세상 밖에서도 무제한적으로 선하다고 할 수 있는 것은 오직 ㉠ 선의지뿐이다.

① 어떤 행위가 옳다는 이유만으로 그렇게 행하려는 의지이다.
② 어떤 행위가 덕 있는 행위이기에 그렇게 행하려는 의지이다.
③ 어떤 행위가 유용성을 산출하기에 그렇게 행하려는 의지이다.
④ 어떤 행위가 의무감을 덜어주기에 그렇게 행하려는 의지이다.
⑤ 어떤 행위가 사회적 승인을 받으므로 그렇게 행하려는 의지이다.

[524~525] 다음 글을 읽고 물음에 답하시오.

> 칸트의 정언 명령은 분명한 도덕 법칙을 제시해 주는 것 같지만, 두 개의 도덕 법칙이 충돌할 경우 어떤 도덕 법칙을 따라야 할지 명확한 지침을 제시하지 못한다. 이에 현대 사상가인 ___㉠___ 은/는 이러한 갈등 상황을 ㉡ 조건부 의무를 통해 해결하고자 했다.

빈출
524

밑줄 친 ㉠ 사상가의 입장만을 〈보기〉에서 있는 대로 고른 것은?

[보기]
ㄱ. 조건부 의무는 무조건적 의무와 달리 상황에 따라 예외가 인정된다.
ㄴ. 조건부 의무는 실제적인 이익과 쾌락을 가져다주기 때문에 마땅히 지켜야 한다.
ㄷ. 조건부 의무가 다른 조건부 의무와 충돌할 경우, 직관적으로 더 중요한 의무가 우선한다.
ㄹ. 조건부 의무들은 다른 조건부 의무와 충돌하기 전까지는 정언 명령과 같은 절대적 지위를 갖는다.

① ㄱ, ㄴ ② ㄱ, ㄹ ③ ㄴ, ㄷ
④ ㄱ, ㄷ, ㄹ ⑤ ㄴ, ㄷ, ㄹ

525

밑줄 친 ㉡에 해당하지 않는 것은?

① 선행의 의무 ② 정의의 의무
③ 공리의 의무 ④ 자기 개선의 의무
⑤ 보은의 의무

2. 결과론과 공리주의

빈출
526

다음을 주장한 근대 서양 사상가의 입장에만 '✓'를 표시한 학생은?

> 한 행위가 가져다주는 쾌락의 총량과 고통의 총량을 계산해 보라. 이 둘을 비교하여 차감했을 때 쾌락 쪽이 남는다면, 그 행위는 관련자 전체 또는 개인들이 모인 사회와 관련해서 일반적으로 좋은 성향을 지닌 것이라고 할 수 있다. 그러나 만일 고통 쪽이 남는다면 일반적으로 나쁜 성향을 지닌 것이라고 할 수 있다.

입장 \ 학생	갑	을	병	정	무
쾌락을 가져오는 행위가 윤리적 행위라고 보았다.		✓	✓	✓	
도덕 법칙에 의해서 행위의 옳고 그름이 결정된다고 보았다.	✓				✓
모든 쾌락은 질적으로 같으며, 계산 가능한 것이라고 보았다.		✓		✓	✓
개인적 차원의 쾌락뿐만 아니라 사회적 차원의 쾌락도 주장하였다.	✓		✓	✓	✓

① 갑 ② 을 ③ 병 ④ 정 ⑤ 무

빈출
527

다음과 같이 주장한 근대 서양 사상가의 입장으로 옳지 않은 것은?

> 정상적인 인간이라면 누구나 질적으로 높고 고상한 쾌락을 더 원할 것이기 때문에, 배부른 돼지가 되기보다는 배고픈 인간이 되는 편이 낫고, 만족스러운 바보가 되기보다는 불만족스러운 소크라테스가 되는 편이 낫다.

① 공익을 실현하기 위해 내적 제재가 필요하다고 보았다.
② 질적으로 낮은 수준의 쾌락과 높은 수준의 쾌락을 구분하였다.
③ 쾌락의 계산 기준으로 강도, 지속성, 범위, 확실성 등을 제시하였다.
④ 벤담의 윤리 사상을 계승하고 수정하면서 공리주의 이론을 발전시켰다.
⑤ 타인의 행복까지도 실현되기를 바라는 이타심을 중요하게 생각하였다.

[528~529] 갑, 을은 근대 서양 사상가들이다. 물음에 답하시오.

> 갑: 도덕은 어떤 행동을 일으키거나 억제한다. 바로 이런 점에서 이성은 전혀 힘이 없다. 따라서 도덕성의 규칙은 결코 우리 이성의 산물이 아니다. 도덕성은 판단되기보다는 느껴진다는 것이 더욱 적절하다.
> 을: 도덕 판단의 기준은 쾌락과 고통이라는 두 군주에게 달려 있다. 쾌락 추구와 고통 회피가 입법의 주된 목적이어야 한다. 쾌락은 강도와 지속성, 범위 등 일곱 가지 기준에 의해 계산될 수 있다.

528

갑, 을의 입장에 대한 옳은 설명만을 〈보기〉에서 있는 대로 고른 것은?

[보기]
ㄱ. 갑은 도덕적인 선악을 감정이 표현된 것으로 본다.
ㄴ. 갑은 이성이 도덕적 행위에 기여할 수 있다고 본다.
ㄷ. 을은 개인의 쾌락과 사회적 선이 양립할 수 있다고 본다.
ㄹ. 을은 갑과 달리 도덕적 가치가 행위 자체에 내재한다고 본다.

① ㄱ, ㄴ ② ㄱ, ㄹ ③ ㄷ, ㄹ
④ ㄱ, ㄴ, ㄷ ⑤ ㄴ, ㄷ, ㄹ

529

다음을 주장한 근대 서양 사상가가 갑, 을에게 제기할 수 있는 반론으로 옳은 것은?

> 도덕 법칙은 가장 완전한 존재자의 의지에 대해서는 신성의 법칙이지만, 모든 유한한 이성적 존재자에 대해서는 의무의 법칙이며, 이 법칙에 대한 존경심에 의해서 그리고 자신의 의무에 대한 외경에서 행위를 규정하는 도덕적 강제의 법칙이다.

① 갑은 공감 능력이 인간의 자연적인 경향성임을 간과한다.
② 갑은 다수의 승인 여부에 따라 옳음이 결정됨을 간과한다.
③ 을은 도덕적 정서에 근거한 정언 명령의 중요성을 간과한다.
④ 을은 선의지가 인간의 자연적인 경향에 기초함을 간과한다.
⑤ 갑, 을은 모두 옳고 그름이 사회적 유용성 여부와 무관함을 간과한다.

[530~531] 갑, 을은 근대 서양 사상가들이다. 물음에 답하시오.

> 갑: 자연은 인류에게 고통과 쾌락이라는 최고의 두 주인이 지배하도록 하였다. 우리가 무엇을 행할까를 결정할 뿐만 아니라 무엇을 해야 할지를 지시해 주는 것은 오직 고통과 쾌락뿐이다.
> 을: 두 개의 쾌락 중에서 어느 것이 선호할 만한 가치가 있는 것인지의 문제에 관해 양쪽 모두에 대해 식견을 지닌 자격 있는 사람들의 판단이 최종적인 것으로 인정되어야 한다.

530

갑, 을의 주장을 다음 그림으로 표현할 때, A~C에 해당하는 옳은 진술만을 〈보기〉에서 있는 대로 고른 것은?

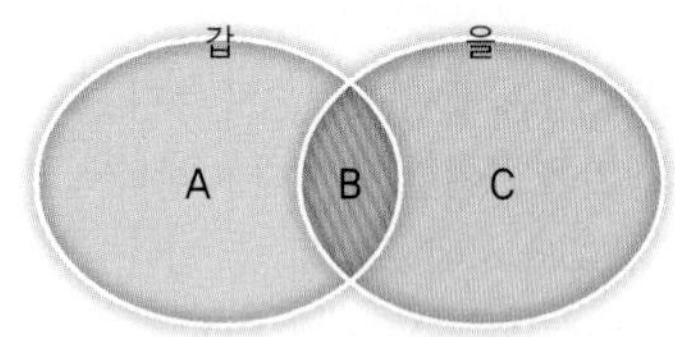

범례
A : 갑만의 주장
B : 갑, 을의 공통 주장
C : 을만의 주장

[보기]

ㄱ. A: 쾌락은 과학적인 측정을 통해 계량화할 수 있다.
ㄴ. B: 최대 다수의 최대 행복이 도덕의 기본 원리이다.
ㄷ. B: 옳은 행위란 자연적 경향성을 극복한 행위이다.
ㄹ. C: 쾌락은 양적 차이뿐 아니라 질적 차이도 갖는다.

① ㄱ, ㄴ　② ㄱ, ㄷ　③ ㄷ, ㄹ
④ ㄱ, ㄴ, ㄹ　⑤ ㄴ, ㄷ, ㄹ

531

㉠의 입장에서 갑, 을 모두에게 제기할 수 있는 반론으로 옳은 것은?

> ㉠ 이들은 '거짓말하지 마라.', '해악을 끼치지 마라.'와 같이 공리를 극대화하는 규칙들을 내세울 것이다. 그러나 구체적인 상황에서 어떤 규칙을 따르는 것이 더 큰 유용성을 산출하는지가 불분명할 경우, 이들은 자신들이 극복하고자 했던 원리, 즉 '당신의 최선의 판단에 비추어 공리를 최대화하는 행위라고 생각되는 것을 행하라.'라는 원리를 제시할 수밖에 없다.

① 쾌락의 양이 과학적으로 측정될 수 있음을 간과한다.
② 준칙이 보편적 도덕 법칙에 부합해야 함을 간과한다.
③ 규칙보다는 개별 행위의 유용성을 추구해야 함을 간과한다.
④ 최대 행복을 가져오는 도덕 규칙을 세워야 함을 간과한다.
⑤ 직접적인 쾌락보다 선호의 실현을 중시해야 함을 간과한다.

1등급을 향한 서답형 문제

[532~533] 다음 글을 읽고 물음에 답하시오.

> 칸트에 따르면 도덕 법칙은 인간에게 명령으로 다가온다. 왜냐하면 인간은 본능적 욕구를 지녔기 때문에 선의지를 저절로 따를 수 없기 때문이다. 이에 칸트는 도덕 법칙을 (㉠)의 형식으로 제시하였다. 이 정식은 '무조건 ~하라.'와 같은 절대적인 명령의 형식을 취한다. 이 명령의 핵심은 준칙의 보편화 가능성과 인간의 존엄성에 있다.

532

㉠에 들어갈 알맞은 용어를 쓰시오.

533 서술형

칸트가 준칙의 보편화 가능성과 인간의 존엄성을 강조하면서 제시한 ㉠ 두 가지를 서술하시오.

> [key words] 준칙, 보편, 입법, 인격, 수단, 목적

[534~535] (가)~(다)를 읽고 물음에 답하시오.

> (가) 누구나 태어날 때부터 쾌락을 추구하고 고통을 피하려고 한다. 쾌락은 계량할 수 있다. 쾌락의 추구는 행복이며 '최대 다수의 최대 행복'을 원칙으로 삼아야 한다.
> (나) 배부른 돼지보다는 배고픈 인간이 되는 것이 더 낫고, 만족스러운 바보보다는 불만족스러운 소크라테스가 되는 것이 더 낫다.
> (다) 도덕성의 진정한 근거는 선의지뿐이다. 의지를 결정할 수 있는 것은 객관적으로는 도덕 법칙, 주관적으로는 모든 경향성을 버리고서라도 그 법칙을 따라야겠다는 준칙뿐이다.

534 서술형

(나)의 입장에서 (가) 사상에 대한 비판점을 서술하시오.

535 서술형

(다)의 입장에서 (가), (나) 사상에 대한 비판점을 서술하시오.

적중 1등급 문제

» 바른답·알찬풀이 47쪽

536

근대 서양 사상가 갑, 을의 입장으로 옳은 것만을 〈보기〉에서 있는 대로 고른 것은?

> 갑: 의무는 법칙에 대한 존경심에서 비롯한 행위의 필연성이다. 우리는 행위가 일으킨 결과에 대해서 경향성을 가질 수는 있지만, 존경심을 가질 수는 없다.
> 을: 의무가 서로 충돌할 때 공리의 원리는 우리에게 무엇을 따라야 할지 알려 준다. 우리는 공리의 원리를 통해 더 바람직하고 가치 있는 쾌락을 선택할 수 있다.

[보기]
ㄱ. 갑: 의무의 무조건적 명령은 자율성을 침해한다.
ㄴ. 갑: 도덕 원리의 의미에는 인간의 평등함이 내포되어 있다.
ㄷ. 을: 의무를 동기로 삼지 않는 행위도 도덕적 가치를 지닐 수 있다.
ㄹ. 갑, 을: 행위의 도덕성 판단을 위해 행위자의 품성을 고려할 필요는 없다.

① ㄱ, ㄴ ② ㄱ, ㄷ ③ ㄷ, ㄹ
④ ㄱ, ㄴ, ㄹ ⑤ ㄴ, ㄷ, ㄹ

537

고대 서양 사상가 갑, 근대 서양 사상가 을의 입장으로 옳은 것은?

> 갑: 쾌락은 축복받은 삶의 시작점이자 목적이다. 고통의 완전한 결핍은 최고의 쾌락이며, 쾌락의 한계이다. 최고의 쾌락은 평정심으로서 모든 고통으로부터 해방된 상태이다.
> 을: 쾌락과 고통이라는 두 군주는 행동과 말과 생각의 모든 것에서 우리를 지배한다. 쾌락과 고통은 강도, 지속성, 확실성, 근접성 등의 기준에 따라 측정할 수 있다.

① 갑: 은둔 생활을 운명으로 받아들여 공적인 삶을 피해야 한다.
② 갑: 자연적이고 필수적인 욕구를 제거해야 평정심에 이를 수 있다.
③ 을: 쾌락의 강도, 지속성과 달리 쾌락의 순수성은 측정할 수 없다.
④ 을: 행복은 쾌락이자 고통의 부재이며 인간 삶의 궁극적 목적이다.
⑤ 갑, 을: 인간 행위의 목적은 쾌락의 총량을 늘려 나가는 데 있다.

538

다음을 주장한 근대 서양 사상가의 입장으로 옳지 않은 것은?

> 고상한 쾌락과 저급한 쾌락, 이 두 가지 쾌락에 대해 똑같이 잘 알고, 그 둘을 똑같이 즐기고 음미할 수 있는 사람들이라면, 보다 높은 능력이 동원되어야 하는 특정 삶의 방식을 훨씬 더 선호할 것이다. 지성을 갖춘 사람이 바보가 되려고 하지는 않을 것이고, 교양 있는 사람이 어리석은 사람이 되려고 하지는 않을 것이며, 양심이 있는 사람이 이기적인 사람이 되려고 하지는 않을 것이다.

① 공리의 원리는 쾌락을 추구하는 인간의 본성에 근거한다.
② 지성과 교양은 행위 자체의 본질적 가치를 인식시켜 준다.
③ 고상한 쾌락을 향유하려면 지성과 교양을 갖출 필요가 있다.
④ 고상한 쾌락은 저급한 쾌락보다 양과 무관하게 더 가치 있다.
⑤ 여러 가지 쾌락을 경험한 자가 선호하는 쾌락이 더 바람직하다.

539

(가)의 근대 서양 사상가 갑, 을, 병의 입장에서 서로에게 제기할 수 있는 비판을 (나) 그림으로 표현할 때, A~F에 해당하는 내용으로 가장 적절한 것은?

(가)	갑: 행복에 대한 모든 요구를 포기할 것을 순수한 실천 이성은 바라지 않는다. 그것은 오직 의무가 문제일 때 행복을 고려하지 않으려고 할 뿐이다. 을: 쾌락과 고통의 양을 계산하여 비교하라. 저울이 쾌락 쪽으로 기울면 그 행위의 좋은 경향을 말해 줄 것이며, 고통 쪽으로 기울면 그 반대의 경향을 말해 줄 것이다. 병: 쾌락의 질적 차이도 고려해야 한다. 다른 것들을 평가할 때는 양 이외에 질도 고려하면서 쾌락을 평가할 때는 양에만 의존하라는 것은 불합리하다.
(나)	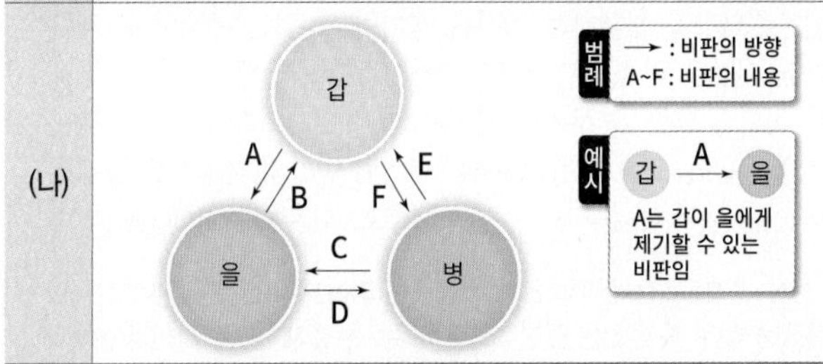

① A, F: 행위 관련 당사자를 평등하게 고려해야 함을 간과한다.
② B: 도덕적 의무의 이행과 행복의 추구가 양립 가능함을 간과한다.
③ C: 모든 쾌락은 양적 측면과 질적 측면에서 차이가 없음을 간과한다.
④ D: 쾌락을 비교할 때 양이 아니라 질만을 고려해야 함을 간과한다.
⑤ E: 도덕 원리가 행복을 추구하는 인간의 경향성에 근거함을 간과한다.

15 현대의 윤리적 삶

Ⅲ 서양 윤리 사상

☑ 출제 포인트 ☑ 키르케고르, 야스퍼스, 하이데거, 사르트르의 실존주의 ☑ 듀이의 실용주의

1. 주체적 결단과 실존

1 실존주의의 등장 배경

(1) 근대 이성주의의 한계: 이성의 반성적 기능을 경시하고 도구적 기능만을 강조함 → 비인간화, 인간 소외 등을 초래

(2) 과학 기술 문명의 역기능: 과학 기술 발전으로 인한 살상 무기 개발과 세계 대전 등이 이성에 대한 불신을 초래함

(3) 실존주의의 등장: 개별적 인간의 선택과 결단을 통해 불안과 고통을 극복하고 참된 실존을 회복할 것을 강조함

2 실존주의 사상가 93쪽 561번, 94쪽 562번, 566번 문제로 확인

키르케고르	• 인간은 실존적 상황에서 선택에 대한 불안을 느끼고 주체적 결정을 회피하면서 '죽음에 이르는 병', 즉 절망에 빠짐 • 불안과 절망을 극복하기 위해 '신 앞에 선 단독자'로서 생각하고 행동해야 함 • 실존적 상황에서 주체성만이 해답을 주며, 심미적 단계와 윤리적 단계, 종교적 단계를 거쳐 참된 실존에 이르게 됨
야스퍼스	• 인간은 한계 상황에 직면하여 절망과 좌절을 경험하게 됨 • 한계 상황을 직시하고 주체적 결단을 함으로써 참된 실존을 회복하고, 초월자에 대한 경험도 할 수 있음
하이데거	• 인간은 현존재, 즉 지금 여기에 있는 현실적 인간 존재로서 자신의 죽음을 예견할 수 있음 • 죽음을 회피하기보다 수용하는 주체적 결단을 내릴 때 참된 실존을 회복할 수 있음
사르트르	• "실존은 본질에 앞선다." → 인간은 사물과 달리 본질이 미리 결정되어 있지 않음 • 인간은 이 세계에 내던져진 존재이므로 자유로운 선택과 주체적인 결단을 통해 자신의 삶을 만들어 가야 함

자료 **사르트르의 실존주의** 94쪽 564번 문제로 확인

실존주의자가 생각하는 인간은 정의될 수 없는 존재이다. 왜냐하면 인간은 처음에 아무것도 아닌 존재이기 때문이다. 나중에야 비로소 그는 그 무엇이 될 수 있으며, 그 스스로 되고자 하는 존재를 만들어 가게 될 것이다. 이처럼 인간의 본성이란 본래부터 있는 것이 아니다. – 사르트르, "실존주의는 휴머니즘이다." –

분석 사르트르에 따르면 인간에게는 미리 주어진 본질이나 정해진 목적이 없다. 즉 인간은 근본적으로 자유로운 존재이므로 자신의 선택과 결단을 통해 자신의 삶을 만들어 가야 하며, 자신의 선택에 책임을 져야 한다.

3 실존주의의 의의와 한계

(1) 의의

① 인간의 존엄성에 대한 새로운 성찰의 계기를 제공함

② 주체적이고 개성적인 삶을 살아가야 함을 강조함

③ 타인과의 연대, 상호 존중의 중요성을 일깨워 줌

(2) 한계: 인간의 개별성을 지나치게 강조하여 보편적 도덕규범을 경시할 우려와 주관주의로 귀결될 가능성이 있음

2. 실용주의와 문제 해결의 유용성

1 실용주의의 등장 배경

(1) 산업화와 도시화의 진행: 19세기 말 급변하는 미국 사회에서 다양한 사회 문제와 갈등에 직면함

(2) 실용주의의 등장: 옳고 그름의 절대적인 기준을 강조하는 기존의 사상으로는 문제 해결이 어렵다고 보고, 영국의 경험론과 다윈의 진화론을 수용하여 실생활에 유용한 지식을 강조함

2 실용주의 사상가

퍼스	실용주의의 격률: 진리가 되기 위해서는 단순히 사실과 일치하거나 논리적인 것을 넘어 실험을 통해 쓸모가 있는 것으로 입증된 것이어야 한다는 원칙임
제임스	• 지식의 '현금 가치' 주장: 현금 가치란 지식의 유용성, 문제 해결에 유용한 가치를 의미함 • 이로움과 옳음을 같은 맥락으로 보고 고정적이고 절대적인 진리의 존재를 거부함
듀이	• 도구주의: 진화론의 입장에서 이론이나 학문 등의 지식을 인간이 환경에 적응하기 위해 만들어 낸 도구로 봄 • 윤리적 보편주의 비판: 도덕이나 윤리도 성장하고 변화함 → 도덕적 인간이란 성장하는 과정에 있는 사람이며, 문제 상황 속에서 창조적 지성으로 옳은 선택을 하려고 노력하는 사람임 • 민주주의와 교육의 역할 강조: 민주주의는 지성적 문제 해결을 보장하는 정치 제도이며, 교육의 역할은 창조적 지성을 갖춘 민주적 시민을 양성하는 것임

자료 **듀이의 실용주의** 96쪽 574번 문제로 확인

정적인 성과나 결과보다는 성장, 개선, 진보의 과정이 더 의미 있다. …… 목적은 더 이상 도달해야 할 종착점이나 한계가 아니다. 그것은 현존하는 상황을 변화시키는 능동적인 과정이다. 최종적인 목표로서의 완성이 아니라, 완성시키고 성숙해지고 다듬어 가는 부단한 과정이 삶에서의 목표이다.

– 듀이, "철학의 재구성" –

분석 듀이는 도덕적 가치나 지식은 유용한 결과가 예상되는 일종의 가설이므로 언제든지 수정되고 재구성될 수 있으며, 불변하는 고정된 진리나 지식은 존재하지 않는다고 보았다. 따라서 도덕이나 윤리도 고정된 것이 아니라 성장하고 변화하는 것이다.

3 실용주의의 의의와 한계

(1) 의의

① 변화하는 문제 상황에 대처하는 지성적 탐구를 통해 다양한 사회 문제 해결에 기여함

② 가치의 다양성을 존중하여 다원주의 사회를 만드는 데 도움을 줌

(2) 한계

① 보편적 도덕을 부정하여 윤리적 상대주의에 빠질 수 있음

② 유용성의 관점에서 자칫 비도덕적 행위를 합리화할 수 있음

분석 기출 문제

» 바른답·알찬풀이 48쪽

핵심 개념 문제

•• 빈칸에 들어갈 용어를 쓰시오.

540 하이데거는 인간을 '지금 여기에 있다.'라는 의미에서 (   )(으)로 규정하였다.

541 야스퍼스는 죽음, 고통, 전쟁 등과 같이 인간이 피할 수 없는 상황을 (   )(이)라고 불렀다.

542 퍼스가 주장한 (   )(이)란 어떤 것이 옳으려면 그것이 반드시 쓸모 있는 실제적 성과를 만들어 내야 한다는 원칙을 말한다.

543 제임스가 강조한 (   )(이)란 우리가 실생활에서 사용할 수 있는 유용한 가치를 의미한다.

•• 서양 사상가와 그들의 주장을 바르게 연결하시오.

544 키르케고르 • 　　• ㉠ 실존은 본질에 앞선다.

545 사르트르 • 　　• ㉡ 절망은 죽음에 이르는 병이다.

546 듀이 • 　　• ㉢ 도덕의 목적은 성장 자체이다.

•• 다음 내용이 옳으면 ○표, 틀리면 ×표를 하시오.

(키): 키르케고르, (야): 야스퍼스, (하): 하이데거, (사): 사르트르, (퍼): 퍼스, (제): 제임스, (듀): 듀이

547 (키) 감각적 쾌락을 추구하는 삶은 심미적 단계에 속한다. (　　)

548 (키) 참된 신앙을 가진 상태에서도 절망할 수 있다. (　　)

549 (키) 죽음에 이르는 병은 주체적 결단을 회피한 결과이다. (　　)

550 (야) 한계 상황에 따른 절망은 의미가 없다. (　　)

551 (하) 현존재인 인간은 불안과 염려 속에서 살아가는 존재이다. (　　)

552 (하) 죽음을 수용하기로 결단함으로써 참된 실존을 회복할 수 있다. (　　)

553 (사) 참된 실존의 회복을 위해 신의 섭리를 따라야 한다. (　　)

554 (사) 인간은 이 세계에 내던져진 자유로운 존재이다. (　　)

555 (퍼) 실험을 통해 얻는 지식은 신뢰할 수 없다. (　　)

556 (제) 이롭다는 것과 옳다는 것은 같은 맥락을 지닌 것이다. (　　)

557 (듀) 도덕이나 윤리도 성장하고 변화한다. (　　)

558 (듀) 인간이 추구해야 할 목적은 고정되어 있다. (　　)

559 (듀) 종교는 문제 해결에 도움이 되더라도 진리일 수 없다. (　　)

1. 주체적 결단과 실존

560

다음 퍼즐의 세로 낱말 (C)의 의미로 가장 적절한 것은?

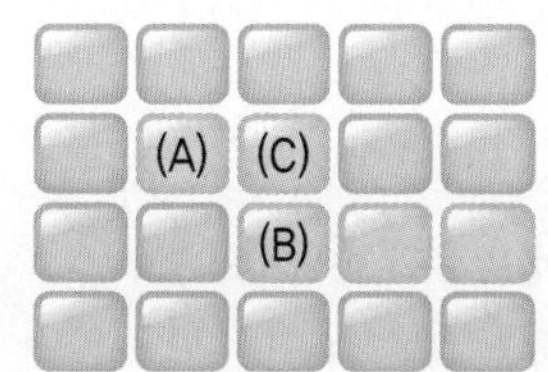

【가로 열쇠】
(A): 실제로 있었던 일이나 현재에 있는 일 예 역사적 ○○
(B): 성리학에서 강조하는 수양으로 하늘의 이치를 보존하는 것 예 ○○○거인욕
【세로 열쇠】
(C): …… 개념

① 쾌락과 고통이라는 두 군주의 지배를 받는 인간
② 스스로에게 도덕 법칙을 부과하는 이성적 존재자
③ 유일한 실체인 신, 즉 자연의 양태(樣態) 중 하나
④ 구체적인 상황에서 스스로 결단해야만 하는 개인
⑤ 선(善)의 이데아에 대한 앎과 인격을 겸비한 철학자

빈출
561

다음을 주장한 서양 사상가의 입장에만 모두 '✓'를 표시한 학생은?

현존재(Dasein)의 참된 모습은 그 실존 속에 숨어 있다. 따라서 현존재는 집, 책상 등과 같은 존재의 본질이 아니라, 지금 여기에 있는 존재를 가리킨다.

입장 \ 학생	갑	을	병	정	무
현존재란 인간의 현실적 모습을 의미한다.	✓		✓	✓	
현존재는 과학 기술 문명의 혜택과 대중적 삶을 추구해야 한다.		✓	✓		✓
현존재는 자신이 죽음을 향해 나아가고 있다는 사실을 인지할 수 있다.		✓		✓	✓
현존재는 자신의 가능성을 파악하고, 스스로 기획하고 창조할 수 있다.	✓			✓	✓

① 갑　② 을　③ 병　④ 정　⑤ 무

빈출
562

㉠에 대한 적절한 설명만을 <보기>에서 고른 것은?

> 그는 인간이 불안과 죽음의 문제를 극복하고 참된 실존을 회복하기 위해 ㉠신(神) 앞에 선 단독자로서 생각하고 행동할 것을 강조하였다.

[보기]
ㄱ. 실존이 본질에 앞선다는 의미이다.
ㄴ. 개인의 주체성과 독립성을 강조한 말이다.
ㄷ. 이성을 통해 불안과 절망을 극복할 수 있다는 의미이다.
ㄹ. 스스로 신을 믿고 따르겠다는 결단을 내릴 때, 비로소 불안과 절망을 극복할 수 있다는 의미이다.

① ㄱ, ㄴ ② ㄱ, ㄷ ③ ㄴ, ㄷ ④ ㄴ, ㄹ ⑤ ㄷ, ㄹ

563

㉠에 대한 설명으로 가장 적절한 것은?

> 야스퍼스는 죽음, 고통, 전쟁 등 인간이 어떠한 수단을 동원해도 헤어날 수 없는 상황인 (㉠)에서 실존을 이해해야 한다고 보았다.

① 이성의 힘을 통해 해결할 수 있는 것이다.
② 시대나 상황에 따라 변화하고 성장하는 것이다.
③ 습관적 행위의 결과로 생기는 성품의 훌륭함이다.
④ 객관성과 보편성을 통해 해결할 수 있는 상황이다.
⑤ 자신의 유한성을 자각하여 참된 실존을 회복하게 해 준다.

빈출
564

다음을 주장한 현대 서양 사상가가 긍정의 대답을 할 질문으로 옳은 것은?

> 실존주의자가 생각하는 인간은 정의될 수 없는 존재이다. 왜냐하면 인간은 처음에 아무것도 아닌 존재이기 때문이다. 나중에야 비로소 그는 그 무엇이 될 수 있으며, 그 스스로 되고자 하는 존재를 만들어 가게 될 것이다. 이처럼 인간의 본성이란 본래부터 있는 것이 아니다.

① 인간다운 삶은 주어진 본성을 실현할 때 주어지는 것인가?
② 인간은 신이 부여한 자유 의지로써 삶을 개척해야 하는가?
③ 인간은 주체적인 결단을 통해 창조주에게 귀의해야 하는가?
④ 인간은 자신이 선택한 모든 것에 대해 책임을 져야 하는가?
⑤ 인간은 거대한 기계와 같은 우주의 일부분으로 존재하는가?

565

그림은 수행 평가 문제와 학생 답안이다. 학생 답안의 ㉠~㉤ 중 옳은 내용만을 고른 것은?

◎ 문제: 갑, 을 사상가의 입장을 비교하여 서술하시오.

> 갑: 절망은 죽음에 이르는 병이다. 절망과 좌절에 직면한 인간에게 중요한 것은 내 앞에 있는 대상에 대한 인식이 아니라 주체적 자각과 행동이다.
> 을: 죽음에 관해서 아무것도 모르는 동물에게 '한계 상황'은 가능하지 않다. 그러나 인간은 죽음의 지식을 불확실한 시점에 대한 예견으로서 가진다. 죽음을 실존에 대한 확인으로서 받아들여야 한다.

◎ 학생 답안

갑, 을의 입장을 비교해 보면, 갑은 ㉠참된 실존의 회복을 위해 그 어떤 존재에도 의존하지 않는 단독자로서 살아야 하며, ㉡합리적 사유로써 모든 불안을 해소해야 한다고 강조하였다. 을은 ㉢참된 실존의 회복을 위해 타인과의 연대를 배제해야 하며, ㉣주체적인 노력으로써 한계 상황을 변화시켜야 한다고 보았다. 한편 갑과 을은 모두 ㉤인간의 보편적 본성보다는 개인의 구체적인 고유성을 실현해야 한다고 강조하였다.

① ㉠ ② ㉡ ③ ㉢ ④ ㉣ ⑤ ㉤

빈출
566

그림은 서양 사상가들의 가상 대화이다. 갑은 부정, 을은 긍정의 대답을 할 질문으로 옳은 것은?

인간은 세상에 한번 내던져지자 '이것이 될까, 저것이 될까?' 자유롭게 선택하지만 불안을 안고 살아갈 수밖에 없습니다. 인간은 자유롭도록 세상에 내던져진 존재입니다.

인간은 절망이라는 죽음에 이르는 병에 직면하고 있습니다. 인간은 심미적 단계에서 윤리적 단계로, 다시 신 앞에 홀로 서는 종교적 단계로 도약해야 절망을 극복할 수 있습니다.

① 주관적 진리의 극복을 위한 이성의 역할을 강조하는가?
② 인간의 자유로운 결단에 대한 자기 책임을 강조하는가?
③ 신에 귀의하기로 결단할 때 참된 실존을 찾을 수 있는가?
④ 유덕한 성품을 기르면 불안에서 벗어날 수 있다고 보는가?
⑤ 인간의 보편적인 본질에 대한 추구가 실존의 출발점인가?

567

'실존'을 탐구 주제로 삼은 사상에 대한 옳은 설명만을 〈보기〉에서 있는 대로 고른 것은?

【 보기 】
ㄱ. 인간의 보편성보다 개인의 고유한 특성을 강조한다.
ㄴ. 각 개인 스스로의 결단과 그에 대한 책임을 강조한다.
ㄷ. 과학적이고 객관적인 진리보다 주관적 진리를 중시한다.
ㄹ. 이성의 반성적 기능보다 이성의 도구적 기능을 강조한다.

① ㄱ, ㄴ ② ㄱ, ㄹ ③ ㄷ, ㄹ
④ ㄱ, ㄴ, ㄷ ⑤ ㄴ, ㄷ, ㄹ

2 실용주의와 문제 해결의 유용성

568

(나)는 현대 서양 사상 (가)에 대한 비판이다. ㉠에 들어갈 진술로 옳지 않은 것은?

(가)	㉠
(나)	• 지식과 가치의 실용성을 지나치게 강조하여, 순수한 지식의 중요성과 본래적 가치의 존재를 간과할 수 있다. • 비도덕적 행위도 현실적으로 유용하다면 허용하고, 절대적이고 객관적인 진리를 부정할 우려가 있다.

① 도덕의 유일한 목적은 성장 그 자체이다.
② 지식은 인간과 환경의 상호 작용의 산물이다.
③ 진리란 실험을 통해 쓸모가 입증된 가설이다.
④ 관념은 삶의 문제를 해결하기 위한 도구이다.
⑤ 철학이란 영원불변하는 진리를 탐구하는 것이다.

569

다음을 주장한 현대 서양 사상가의 입장만을 〈보기〉에서 고른 것은?

도덕은 행위의 일람표도 아니고 약국의 처방전이나 요리책의 요리법처럼 적용해야 할 일련의 규칙도 아니다. 도덕에서 필요한 것은 현존하는 문제와 악(惡)의 소재를 밝히기 위한 탐구 방법이다. 도덕에 적용된 탐구 방법이 현존하는 악을 개선하는 데 기여하는 한에서 그것을 선(善)으로 간주한다.

【 보기 】
ㄱ. 절대적인 도덕적 가치는 존재하지 않는다고 본다.
ㄴ. 불변하는 법칙의 발견을 도덕의 목적이라고 본다.
ㄷ. 도덕적 행위는 사회적 유용성과 관련이 깊다고 본다.
ㄹ. 도덕적 지식은 보편타당하며 오류 가능성이 없다고 본다.

① ㄱ, ㄴ ② ㄱ, ㄷ ③ ㄴ, ㄷ ④ ㄴ, ㄹ ⑤ ㄷ, ㄹ

570

다음 현대 서양 사상에 대한 설명으로 옳지 않은 것은?

학습 주제: ○○주의
1. 의미: 지식이나 도덕의 유용성을 강조하는 현대 서양 사상
2. 등장 배경
 – 19세기 말 미국 사회 내의 다양한 갈등 해결 필요 ········ ㉠
 – 영국의 경험론과 다윈의 진화론의 영향 ········ ㉡
3. 특징
 – 관찰과 실험을 통한 유용성 검증을 중시함
 – 문제 해결에 도움되는 모든 것을 수용하려고 함 ········ ㉢
4. 한계
 – 도구적 가치의 존재를 간과함 ········ ㉣
 – 윤리적 상대주의에 빠질 수 있음 ········ ㉤

① ㉠ ② ㉡ ③ ㉢ ④ ㉣ ⑤ ㉤

571

(가)를 주장한 현대 서양 사상가의 입장에서 (나)의 질문에 대한 적절한 대답으로 옳은 것은?

(가)	악한 사람이란 그가 지금까지 아무리 선했다 하더라도 현재 타락하기 시작하고 선을 상실해 가고 있는 사람이다. 선한 사람이란 그가 지금까지 아무리 도덕적으로 무가치했었다 하더라도 현재 더 선해지기 시작하는 사람이다.
(나)	질문: 어떤 행동이 도덕적으로 가장 바람직한가?

① 절대적인 가치나 원리를 따르는 행동
② 최선의 결과를 산출할 방법을 따르는 행동
③ 전통과 관습을 무조건적으로 따르는 행동
④ 성장 그 자체보다는 정적인 성과를 추구하는 행동
⑤ 과학적 관찰과 실험보다는 순수 사유를 따르는 행동

572

다음과 같이 주장한 현대 서양 사상가의 입장만을 〈보기〉에서 고른 것은?

각각의 책 속에서 용어들의 현금 가치를 뽑아 내라. 그리고 그 용어를 당신의 경험의 흐름 속에서 작동하게 하라.

【 보기 】
ㄱ. 문학과 철학은 현금 가치를 지닐 수 없다.
ㄴ. 윤리 사상은 고정불변의 최고선을 발견해야 한다.
ㄷ. 지식은 삶을 이롭게 할 때 비로소 가치를 가진다.
ㄹ. 명제의 참과 거짓은 실험을 통해 검증되어야 한다.

① ㄱ, ㄴ ② ㄱ, ㄷ ③ ㄱ, ㄹ ④ ㄴ, ㄷ ⑤ ㄷ, ㄹ

573

갑은 고대 서양 사상가, 을은 현대 서양 사상가이다. 두 사상가 모두 긍정의 대답을 할 질문만을 〈보기〉에서 있는 대로 고른 것은?

> 갑: 인간은 만물의 척도이다. 존재하는 것에 대해서는 그것이 존재한다는 것의 척도이고, 존재하지 않는 것에 대해서는 그것이 존재하지 않는다는 것의 척도이다.
> 을: 인간은 현재 가지고 있는 도덕 판단 기준을 양심적으로 사용할 의무와 함께 더 발전된 기준을 개발할 의무를 지닌다. 도덕의 유일한 목적은 성장 그 자체이다.

[보기]
ㄱ. 도덕은 시대와 상황에 따라 달라질 수 있는가?
ㄴ. 옳고 그름을 결정할 때 유용성을 배제해야 하는가?
ㄷ. 지식을 형성하는 데 지성은 아무 역할도 못하는가?
ㄹ. 감각적 경험을 통해 가치 있는 지식을 얻을 수 있는가?

① ㄱ, ㄷ ② ㄱ, ㄹ ③ ㄴ, ㄷ
④ ㄱ, ㄴ, ㄹ ⑤ ㄴ, ㄷ, ㄹ

빈출
574

다음을 주장한 현대 서양 사상가의 입장으로 옳지 않은 것은?

> 정적인 성과나 결과보다는 성장, 개선, 진보의 과정이 더 의미 있다. …… 목적은 더 이상 도달해야 할 종착점이나 한계가 아니다. 그것은 현존하는 상황을 변화시키는 능동적인 과정이다. 최종적인 목표로서의 완성이 아니라, 완성시키고 성숙해지고 다듬어 가는 부단한 과정이 삶에서의 목표이다. 건강, 부, 학식과 마찬가지로 정직, 근면, 절제, 정의 또한 획득해야 할 고정된 목표를 표현하는 선(善)이 아니다.

① 유일한 도덕적 목적은 성장 자체이다.
② 고정적이고 절대적인 가치는 존재하지 않는다.
③ 옳은 판단이란 도덕 법칙에 의해 결정되는 것이다.
④ 도덕과 윤리는 시대와 상황에 따라 변화하고 성장하는 것이다.
⑤ 지식, 이론, 학문은 인간이 환경에 적응하기 위해 만들어 낸 도구이다.

1등급을 향한 서답형 문제

575 서술형

다음 현대 서양 사상가의 관점에서 '지식'의 의미를 ㉠을 중심으로 서술하시오.

> 그는 인간이 환경 속에서 살아가면서 만나게 되는 모든 과정을 ㉠ 문제 상황이라고 보고, 이 상황의 해결 과정에서 습득한 경험이 축적되어 지식, 이론, 학문 등으로 정립된다고 본다. 이렇게 정립된 모든 인간의 자산은 그들이 처한 환경에 적응하기 위한 수단, 즉 도구가 된다.

576 서술형

다음 가상 대화에서 ㉠에 대한 적절한 답변을 서술하시오.

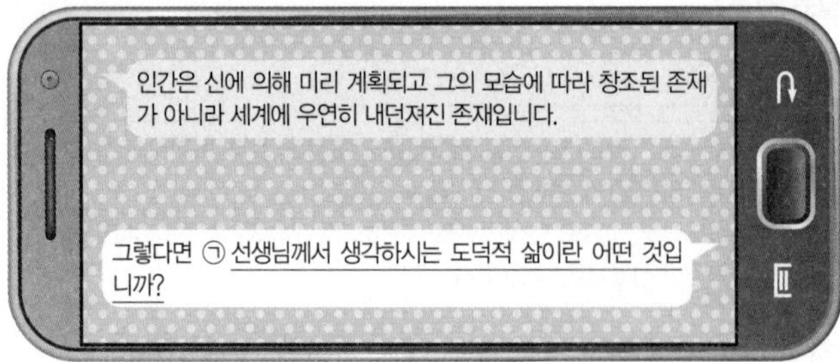

인간은 신에 의해 미리 계획되고 그의 모습에 따라 창조된 존재가 아니라 세계에 우연히 내던져진 존재입니다.
그렇다면 ㉠ 선생님께서 생각하시는 도덕적 삶이란 어떤 것입니까?

[577~578] 다음 글을 읽고 물음에 답하시오.

> 19세기 미국에서는 지식의 실용성이나 과학적 방법 등을 강조한 사상이 등장하게 되었다. 이러한 사상을 (㉠)(이)라고 하는데, (㉠)은/는 지식과 도덕도 변화하는 환경에 따라 새롭게 정의되고 발전해야 한다고 주장한다. 대표적인 사상가는 (㉡)인데, 그는 지식을 인간이 환경에 적응하기 위한 도구로 파악하였으며, 자신의 이론을 '도구주의'라고 불렀다.

577

㉠, ㉡에 들어갈 알맞은 용어를 쓰시오.

578 서술형

㉠이 현대인의 삶에 주는 윤리적 시사점을 두 가지 서술하시오.

적중 1등급 문제

» 바른답·알찬풀이 50쪽

579

현대 서양 사상가 갑, 을의 입장으로 옳은 것은?

> 갑: 절망은 죽음에 이르는 병이다. 절망에 의한 죽음은 언제나 자기를 삶 가운데로 옮겨 놓는다. 절망한 사람은 죽을 수가 없다. 이것은 마치 칼이 사상을 죽일 수 없는 것과 같다.
> 을: 인간의 본성은 없다. 그것을 구상할 신이 없기 때문이다. 인간은 실존하게 된 이후에 스스로에 대해 구상하고 바라는 대로 있게 된다. 이것이 실존주의의 제1원리이다.

① 갑: 양심에 따라 윤리 규범을 지키면 절망에 빠지지 않는다.
② 갑: 종교적 실존 단계에서 인간은 자연 그 자체인 신에게 귀의한다.
③ 을: 인간은 자유 자체를 선택해 스스로를 형성해 가는 존재이다.
④ 을: 실존주의의 제1원리는 인간의 삶에 객관적 목적을 부여한다.
⑤ 갑, 을: 실존적 상황은 선택의 기로에 선 인간을 불안하게 한다.

580

갑은 근대 서양 사상가, 을은 현대 서양 사상가이다. 갑은 부정, 을은 긍정의 대답을 할 질문으로 가장 적절한 것은?

> 갑: 인간의 진정한 행복은 신 또는 자연에 대한 지적인 사랑으로부터 생겨난다. 신에 대한 인간의 지적 사랑은 신이 자기 자신을 사랑하는 무한한 사랑의 일부이다. 인간에 대한 신의 사랑과 신에 대한 인간의 지적 사랑은 똑같다.
> 을: 인간은 자유로우며 자유 그 자체이다. 신이 없다면 우리의 행위를 정당화시켜 줄 가치나 질서를 우리의 앞에서 찾지 못한다. 인간은 세상에 내던져진 이상 자신이 하는 모든 것에 대해서 책임이 있기 때문에 자유로운 것이다.

① 만물의 초월적 원인인 신은 존재하는가?
② 인간은 자유 의지에 따라 행동할 수 있는가?
③ 인간은 신적 본성의 필연성에 의해 존재하는가?
④ 인간은 능동적이고 자유로운 삶을 살 수 있는가?
⑤ 인간은 유일한 실체인 신의 양태들 중 하나인가?

581

(가)의 현대 서양 사상가 갑, 을의 입장을 (나) 그림으로 탐구하고자 할 때, A~C에 해당하는 적절한 질문만을 〈보기〉에서 있는 대로 고른 것은?

(가)
갑: 신 앞에 선 단독자로서 주체적 결단을 내려야 한다. 절망을 통하지 않고서는 이러한 결단에 결코 도달할 수 없다.
을: 현존재 자체는 죽음을 향한 존재를 자신 안에 포함하고 있고, 이러한 내포와 더불어 비로소 현존재는 완전한 현존재가 된다.

(나)
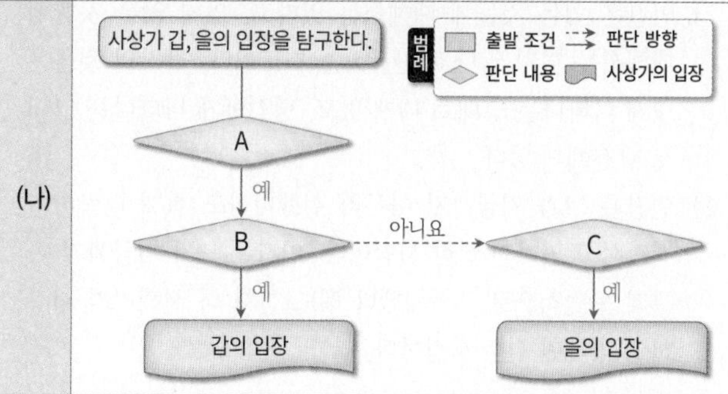

[보기]
ㄱ. A: 참된 실존을 회복하려면 주체적 결단이 필요한가?
ㄴ. B: 참된 실존은 종교적 실존 단계에서만 회복되는가?
ㄷ. B: 실존적 상황에서는 객관적 진리를 추구해야 하는가?
ㄹ. C: 본래적 실존은 일상적 삶의 방식을 통해 회복되는가?

① ㄱ, ㄴ ② ㄴ, ㄷ ③ ㄷ, ㄹ
④ ㄱ, ㄴ, ㄹ ⑤ ㄱ, ㄷ, ㄹ

582

근대 서양 사상가 갑, 현대 서양 사상가 을의 입장으로 옳은 것만을 〈보기〉에서 있는 대로 고른 것은?

> 갑: 지식이 곧 힘이다. 인간은 자연의 사용자 및 해석자로서 자연의 질서에 대해 실제로 관찰하고 고찰한 것만큼 무엇인가를 할 수 있으며 이해할 수 있다.
> 을: 지식은 문제 해결의 도구이다. 과학과 신기술은 가치 있는 새로운 자원을 주는 강력한 도구이다. 이러한 도구를 인간의 목적을 위해 사용할 수 있게 해 줄 효과적인 도덕의 재구성이 필요하다.

[보기]
ㄱ. 갑: 삼단 논법은 자연을 이해하는 적절한 방법이 아니다.
ㄴ. 을: 절대적이고 영원불변한 지식을 추구해야 한다.
ㄷ. 을: 창조적 지성은 삶의 문제 해결에 도움을 줄 수 없다.
ㄹ. 갑, 을: 관찰과 실험을 통해 인간의 삶을 개선할 수 있다.

① ㄱ, ㄷ ② ㄱ, ㄹ ③ ㄴ, ㄹ
④ ㄱ, ㄴ, ㄷ ⑤ ㄴ, ㄷ, ㄹ

단원 마무리 문제

583

고대 서양 사상가 갑, 현대 서양 사상가 을에 대한 옳은 설명만을 〈보기〉에서 있는 대로 고른 것은?

갑: 인간은 있는 것들에 대해서는 있다고, 있지 않은 것들에 대해서는 있지 않다고 판단하는 척도이다. 각각의 것들은 내게 나타나는 그대로 내게 있고, 당신에게 나타나는 그대로 당신에게 있다.
을: 인간은 그가 지금까지 아무리 선했더라도 현재 타락하기 시작하고 있다면 악한 사람이다. 인간은 그가 지금까지 아무리 도덕적으로 무가치했다 해도 현재 더 선해지기 시작하고 있다면 선한 사람이다.

[보기]
ㄱ. 갑은 감각적 경험이 지식의 근원이라고 주장한다.
ㄴ. 갑은 진리의 상대성을, 을은 진리의 절대성을 주장한다.
ㄷ. 갑, 을은 도덕 판단의 기준은 존재하지 않는다고 주장한다.
ㄹ. 갑, 을은 절대적인 도덕규범은 존재하지 않는다고 주장한다.

① ㄱ, ㄴ ② ㄱ, ㄹ ③ ㄷ, ㄹ
④ ㄱ, ㄴ, ㄷ ⑤ ㄴ, ㄷ, ㄹ

584

갑, 을은 고대 서양 사상가들이다. 갑이 을에게 제기할 수 있는 비판으로 가장 적절한 것은?

갑: 나는 사실 아무것도 모르기 때문에 그대로 모른다고 생각한다. 나는 내가 모르는 것을 모른다고 생각하는 점에서 다른 사람들보다 현명하다고 생각한다.
을: 아무것도 존재하지 않는다. 비록 어떤 것이 존재한다 해도 우리는 그것을 알 수 없다. 우리가 그것을 알 수 있다고 해도 다른 사람에게 전할 수 없다.

① 각 개인이 만물의 척도임을 간과한다.
② 자신이 아무것도 알 수 없음을 간과한다.
③ 절대적 진리 자체는 존재하지 않음을 간과한다.
④ 자신의 무지를 자각하는 것은 불가능함을 간과한다.
⑤ 무지의 자각을 통해 진리를 탐구해야 함을 간과한다.

585

고대 서양 사상가 갑, 을의 입장으로 옳은 것만을 〈보기〉에서 있는 대로 고른 것은?

갑: 덕은 곧 지식입니다. 사람은 자발적으로 악한 행위를 하지 않으며, 악한 행위를 하는 것은 무지의 소치입니다. 어떠한 것도 덕 있는 사람에게 해를 끼칠 수는 없습니다.
을: 덕은 지성적 덕과 품성적 덕으로 구분됩니다. 자제력이 없는 사람은 자신이 하는 행위가 악하다는 것을 알면서도 감정 때문에 그러한 행위를 할 수 있습니다.

[보기]
ㄱ. 갑: 덕을 갖추려면 덕이 무엇인지 알아야 한다.
ㄴ. 갑: 선에 대한 무지는 악행의 원인이 될 수 있다.
ㄷ. 을: 품성적 덕은 지성적 덕 없이도 형성될 수 있다.
ㄹ. 갑, 을: 덕을 갖추어야만 행복한 삶을 누릴 수 있다.

① ㄱ, ㄴ ② ㄴ, ㄷ ③ ㄷ, ㄹ
④ ㄱ, ㄴ, ㄹ ⑤ ㄱ, ㄷ, ㄹ

586

다음을 주장한 고대 서양 사상가의 입장으로 옳은 것은?

지혜는 영혼의 세 부분인 이성, 기개, 욕구 각각을 위해서뿐만 아니라 영혼 전체를 위해서 무엇이 유익한 것인지를 아는 것이다. 용기는 이성이 지시하는 대로 두려워할 것과 두려워하지 않을 것을 쾌락과 고통 속에서도 끝까지 보전하는 것이다. 절제는 세 부분의 우호와 화합에 의해서, 즉 지배하는 부분과 지배받는 두 부분들 사이에 이성의 지배에 대해 의견의 일치를 보고 반목하지 않는 것이다.

① 이성의 덕은 지혜이고, 기개의 덕은 절제이다.
② 용기는 아무것도 두려워하지 않도록 해 주는 덕이다.
③ 절제는 영혼에서 지배받는 부분들에만 요구되는 덕이다.
④ 절제는 영혼의 세 부분들 간의 반목이 지속되는 것이다.
⑤ 정의로운 영혼의 이성, 기개, 욕구는 조화를 이루고 있다.

587

고대 서양 사상가 갑, 을의 입장에 대한 옳은 설명만을 〈보기〉에서 고른 것은?

> 갑: 정의는 다른 사람에게 좋은 것입니다. 즉 정의란 강한 자와 통치자의 이익이며, 복종하고 섬기는 자들에게는 해가 되는 것입니다.
>
> 을: 정의는 조화로운 상태입니다. 국가의 차원에서 정의란 국가를 이루는 세 계층이 각자의 덕을 발휘하여 조화를 이루는 것입니다.

[보기]

ㄱ. 갑은 정의를 강자가 약자의 편에 서는 것이라고 본다.
ㄴ. 을은 모든 계층이 욕구 부분의 덕을 갖춰야 한다고 본다.
ㄷ. 갑은 경험을 통해, 을은 이성을 통해 정의가 파악된다고 본다.
ㄹ. 갑, 을은 정의의 참된 근거가 현실 세계에 존재한다고 본다.

① ㄱ, ㄴ ② ㄱ, ㄷ ③ ㄴ, ㄷ ④ ㄴ, ㄹ ⑤ ㄷ, ㄹ

588

그림은 고대 서양 사상가 갑, 을의 가상 대화이다. 갑, 을의 입장으로 옳은 것만을 〈보기〉에서 고른 것은?

용기는 성향에 따라 수립된 나라에 속한 군인들이 두려워할 것과 두려워하지 않을 것에 대해 지닌 소신을 쾌락이나 고통 따위로 인해 잃지 않도록 해 주는 능력입니다.

용기는 두려운 것들과 대담함을 불러일으키는 것들과 관련된 덕이며, 용감한 사람은 그러한 것들과 지나치지도 모자라지도 않는 중간의 방식으로 관계를 맺습니다.

갑

을

[보기]

ㄱ. 갑: 용기는 격정을 느끼는 부분에 해당하는 덕이다.
ㄴ. 갑: 용기는 국가의 모든 계층에게 요구되는 덕이다.
ㄷ. 을: 용기는 실천적 지혜가 없다면 형성될 수 없는 덕이다.
ㄹ. 갑, 을: 용기는 두려워할 것마저 두려워하지 않게 해 주는 덕이다.

① ㄱ, ㄴ ② ㄱ, ㄷ ③ ㄴ, ㄷ ④ ㄴ, ㄹ ⑤ ㄷ, ㄹ

589

고대 서양 사상가 갑, 근대 서양 사상가 을이 모두 긍정의 대답을 할 질문으로 옳은 것은?

> 갑: 신이 하는 일에는 신의 섭리가 담겨 있다. 우연처럼 보이는 일도 신의 섭리, 즉 자연의 인과 관계와 무관하지 않다. 자연에 의해 일어나는 모든 것은 선하다. 이것을 원칙으로 삼아 자신의 삶에 만족하도록 해라.
>
> 을: 신 또는 자연이라고 불리는 존재는 자신이 존재하는 것과 동일한 필연성에 의해서 작용한다. 그러므로 신 또는 자연이 왜 작용하는가에 대한 이유 또는 원인과, 왜 신은 존재하는가에 대한 이유 또는 원인은 동일하다.

① 정념으로부터 해방된 은둔 생활만이 행복한 삶인가?
② 인간은 자유 의지로 자연의 질서를 변화시켜야 하는가?
③ 자연에 대한 이성적 인식은 마음의 평온을 가져오는가?
④ 정념의 구속에서 벗어나려면 모든 감정을 버려야 하는가?
⑤ 신은 인간이 실존적으로 만나야 할 자연 초월적 존재인가?

590

서양 사상가 갑, 을의 입장으로 옳은 것만을 〈보기〉에서 있는 대로 고른 것은?

> 갑: 세상에서 일어나는 일들이 네가 바라는 대로 일어나길 바라지 말고, 일어나는 일들이 실제로 일어나는 대로 일어나기를 바라도록 해라. 죽음이 두려운 것이 아니라 죽음이 두렵다는 믿음이 두려운 것이다.
>
> 을: 죽음을 향해 '미리 달려가 봄'이 현존재를 개별화시키며 현존재는 이러한 개별화 속에서 자신의 고유성을 확신할 수 있게 된다. 미리 달려가 봄이 현존재를 그 자신이 될 수 있는 가능성 앞으로 데려오는 것이다.

[보기]

ㄱ. 갑: 죽음의 공포는 정신적 쾌락을 누릴 때 극복된다.
ㄴ. 을: 불안과 공포는 참된 실존을 찾는 계기가 될 수 있다.
ㄷ. 을: 인간만이 죽음을 예견하고 존재의 의미를 물을 수 있다.
ㄹ. 갑, 을: 죽음을 두려워하여 회피하는 것은 바람직하지 않다.

① ㄱ, ㄴ ② ㄱ, ㄷ ③ ㄷ, ㄹ
④ ㄱ, ㄴ, ㄹ ⑤ ㄴ, ㄷ, ㄹ

591

그림은 고대 서양 사상가 갑과 중세 서양 사상가 을의 가상 대화이다. 을이 갑에게 제기할 비판으로 가장 적절한 것은?

> 인간의 모든 행위는 선을 추구하며, 인간의 궁극 목적인 최고선은 행복입니다. 인간은 지적인 덕과 품성적 덕을 갖추어야 행복에 이를 수 있습니다.

> 모든 자연적 사물들이 목적을 향해 질서를 갖게 하는 지성적 존재가 신입니다. 인간은 신의 은총으로 신과 하나가 될 때 최고의 행복에 이를 수 있습니다.

갑

을

① 행복이 인생의 궁극적 목적임을 간과한다.
② 신의 존재를 증명할 방법이 없음을 간과한다.
③ 행복에 이르기 위해 덕이 필요함을 간과한다.
④ 최고의 행복을 위해 종교적 덕이 필요함을 간과한다.
⑤ 모든 사물이 고유한 목적을 지니고 있음을 간과한다.

592

다음을 주장한 서양 사상가의 입장으로 가장 적절한 것은?

> • 신과 관련해서 인간이 이성으로 논증할 수 있는 진리들도 존재한다. 신이 존재하며 오직 신만이 존재할 수 있다는 진리가 그것이다.
> • 자연법은 인간의 이성에 의해 인식된 영원법이다. 자연법은 이성을 지닌 인간이라면 누구나 지켜야 할 보편적 법칙으로서 그 제1원리는 선을 행하고 악을 피하라는 것이다.

① 신이 자연 자체임을 이성적으로 논증할 수 있다.
② 인간이 이성을 통해 창조한 영원법이 자연법이다.
③ 인간의 자연적 성향은 도덕성의 근거가 될 수 없다.
④ 인간의 이성으로는 영원법의 일부조차 인식할 수 없다.
⑤ 신에 관한 진리를 인식하려는 것은 인간의 자연적 성향이다.

593

(가)의 갑, 을 사상가의 입장을 (나) 그림으로 탐구하고자 할 때, A~C에 해당하는 적절한 질문만을 〈보기〉에서 있는 대로 고른 것은?

(가)
갑: 신은 우리가 지닌 모든 선한 것들의 이데아이자 완전한 선이다. 우리는 신을 온 정신을 다해 사랑하고 심지어 나 자신조차 경멸할 때 지상의 나라에서 천상의 나라에 이를 수 있다.
을: 신의 존재는 이성적으로 논증될 수 있고 신의 존재를 증명할 수 있는 다섯 가지 방법이 있다. 또한 자연법은 인간의 본성에서 유래하는 법이며, 실정법은 자연법으로부터 파생된 것이다.

(나)
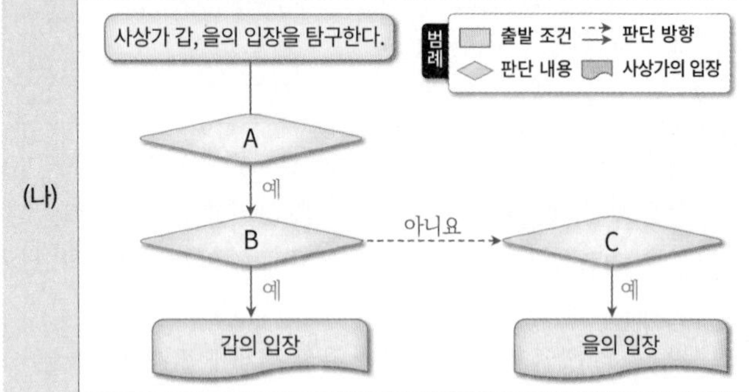

[보기]
ㄱ. A: 최고의 행복은 내세에서 신과 하나가 되는 것인가?
ㄴ. B: 모든 인간은 원죄를 갖고 불완전한 상태로 태어나는가?
ㄷ. C: 실정법은 자연법을 위반할 경우 정당성을 상실하는가?
ㄹ. C: 종교적 덕들은 지적인 덕과 품성적 덕으로 구분되는가?

① ㄱ, ㄷ ② ㄴ, ㄷ ③ ㄴ, ㄹ
④ ㄱ, ㄴ, ㄹ ⑤ ㄱ, ㄷ, ㄹ

594

근대 서양 사상가 갑, 을의 입장으로 옳은 것은?

> 갑: 참된 철학은 경험에만 의존하지도 독단을 휘두르지도 않는다. 참된 철학의 임무는 경험을 통해 얻은 자료를 지성의 힘으로 변화시키는 것이다.
> 을: 철학의 제1원리는 의심하고 있는 내가 존재한다는 명제는 의심할 수 없다는 것이다. 이러한 원리는 조금이라도 의심의 여지가 있다고 생각되는 것을 모두 버림으로써 도달할 수 있다.

① 갑: 경험적 자료의 수집만이 참된 철학의 임무이다.
② 갑: 참된 귀납법만이 진리를 탐구하는 올바른 방법이다.
③ 을: 철학의 제1원리는 의심할 수 없는 명제는 없다는 것이다.
④ 을: 연역법은 불확실한 전제로부터 확실한 결론을 도출하는 것이다.
⑤ 갑, 을: 참된 지식을 획득하기 위해서 이성적 추론은 필요하지 않다.

595

다음을 주장한 서양 사상가의 입장으로 가장 적절한 것은?

> 인간은 유일한 실체인 신의 유한한 양태이다. 최고의 덕은 모든 것의 내재적 원인인 신을 인식하는 것이다. 최고의 덕을 갖춘 사람은 영원한 필연성에 의해 자신과 신과 사물을 파악하며 항상 마음의 평화를 누린다. 여기에 이르는 길은 험난하고 드물다. 모든 고귀한 것은 드물 뿐만 아니라 어려운 법이다.

① 인격신이 부여한 소명을 충실히 이행해야 한다.
② 모든 감정을 제거하고 마음의 평화를 누려야 한다.
③ 자연의 필연성에서 벗어나 자유롭게 살아가야 한다.
④ 자기 보존의 욕망을 버리고 고귀한 덕을 갖춰야 한다.
⑤ 신에 대한 인식이 주는 정신의 만족을 추구해야 한다.

596

갑, 을은 근대 서양 사상가이다. 갑은 긍정, 을은 부정의 대답을 할 질문만을 〈보기〉에서 있는 대로 고른 것은?

> 갑: 공리의 원리는 고통과 쾌락이 우리의 생각과 행동을 지배한다는 것을 인정하며, 이러한 종속을 이성과 법의 손길로 가장 행복한 구조를 세우기 위한 체계의 토대라고 가정한다.
> 을: 행복의 원리는 준칙들을 제공할 수는 있지만, 결코 의지의 법칙들로 쓰일 준칙들을 제공할 수는 없다. 행위의 도덕성은 오직 보편적 도덕 법칙에 의해서만 확보될 수 있다.

[보기]
ㄱ. 도덕은 행복을 실현하기 위한 수단이 될 수 있는가?
ㄴ. 의무가 문제일 때는 행복을 고려하지 말아야 하는가?
ㄷ. 동정심에 따른 행위도 도덕적인 행위가 될 수 있는가?
ㄹ. 도덕적 행위를 판별할 수 있는 보편적 원리가 존재하는가?

① ㄱ, ㄴ ② ㄱ, ㄷ ③ ㄷ, ㄹ
④ ㄱ, ㄴ, ㄷ ⑤ ㄴ, ㄷ, ㄹ

597

(가)의 사상가 갑, 을의 입장을 (나) 그림으로 표현할 때, A~C에 해당하는 적절한 진술만을 〈보기〉에서 고른 것은?

(가)	갑: 악덕이 그 안에 있다고 생각되는 대상을 고찰하는 동안에는 결코 악덕을 발견하지 못한다. 내 마음에서 부인(否認)의 감정을 발견한 후에야 악덕을 발견하게 된다. 을: 덕과 악덕의 차이는 특정한 준칙의 준수 정도가 아니라 그 준칙의 법칙과의 관계에 있다. 악덕은 모든 인간에 대한 예외 없는 존중에서 나오는 의무를 이행하지 않는 것이다.
(나)	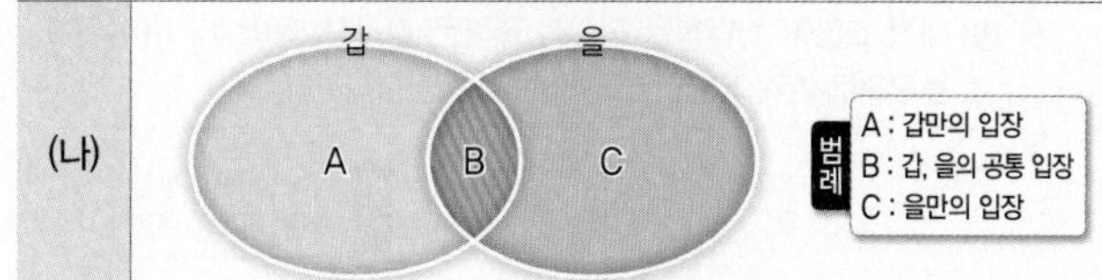

[보기]
ㄱ. A: 덕과 악덕은 외부 세계에 존재하는 객관적 실재이다.
ㄴ. B: 도덕 판단에서 이성과 감성의 지위는 동등하지 않다.
ㄷ. C: 공감은 자연적 성향이므로 도덕의 기초가 될 수 없다.
ㄹ. C: 행복을 추구하라는 의무에서 비롯된 행위만이 정당하다.

① ㄱ, ㄴ ② ㄱ, ㄷ ③ ㄴ, ㄷ ④ ㄴ, ㄹ ⑤ ㄷ, ㄹ

598

갑, 을 사상가들의 공통된 입장으로 가장 적절한 것은?

> 갑: 현(絃)들이 똑같이 울릴 때 한 현의 운동이 다른 현에 전달되는 것처럼, 정념도 사람에서 사람으로 전달되어, 사람마다 각 정념에 상응하는 운동을 일으킨다. 타인의 행복은 공감을 통해서만 우리에게 선한 영향을 미친다.
> 을: 강렬하고 지속적이며 확실하고 근접해 있으며 생산적이고 순수한 것. 쾌락과 고통에도 이와 같은 성향이 있으니, 그와 같은 것이 쾌락이라면 당연히 추구해야 하는 법. 사적이라면 당신의 목표로 삼고, 공적이라면 널리 전파하라.

① 감정은 이성에 봉사하고 복종해야 한다.
② 개인적 선을 사회적 선보다 중시해야 한다.
③ 도덕 판단의 기준으로 유용성을 중시해야 한다.
④ 이성은 인간의 행위에서 어떠한 역할도 할 수 없다.
⑤ 행위의 선악은 행위의 결과가 아닌 동기로 판단해야 한다.

599

(가)의 사상가 갑, 을, 병의 입장에서 서로에게 제기할 수 있는 비판을 (나) 그림으로 표현할 때, A~F에 해당하는 내용으로 가장 적절한 것은?

(가)	갑: 쾌락은 행복한 삶의 시작이자 끝이며, 참된 쾌락은 육체적 쾌락이 아니라 마음에 불안과 몸에 고통이 없는 상태이다. 을: 모든 사람은 쾌락을 추구하고 고통을 회피한다. 행위의 옳고 그름을 평가하는 유일한 기준은 행위에 의해 생겨날 쾌락과 고통의 양이다. 병: 내적 교양이 뒷받침된 정신적 쾌락은 감각적 쾌락보다 더 수준이 높으므로 쾌락의 양만 고려하는 것은 불합리하다.
(나)	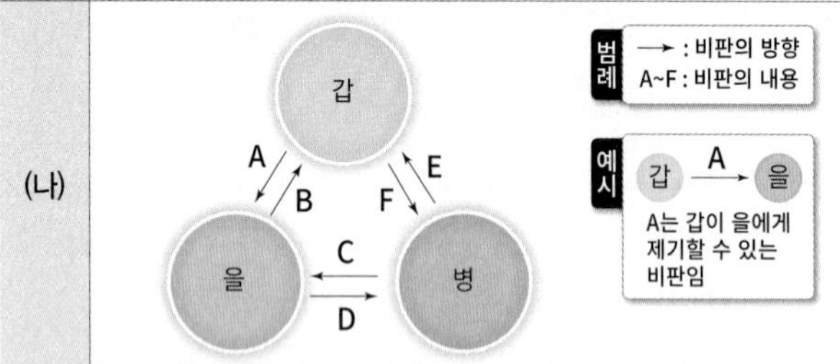

① A, C: 쾌락의 질적 차이를 고려해야 함을 간과한다.
② B: 쾌락의 질을 측정하는 기준이 있음을 간과한다.
③ D: 쾌락의 질뿐만 아니라 양도 고려해야 함을 간과한다.
④ E: 욕망의 적극적 충족보다 고통의 제거가 중요함을 간과한다.
⑤ F: 감각적 쾌락보다는 정신적 쾌락이 더 가치 있음을 간과한다.

600

서양 사상가 갑, 을의 입장으로 옳은 것은?

> 갑: 거짓 약속의 준칙은 보편적 법칙이 될 수 없다. 왜냐하면 그러한 법칙에 따르게 되면 아예 약속이라는 것이 있을 수 없게 되기 때문이다. 거짓 약속은 보편적인 법칙이 되자마자 자기 자신을 파괴하게 될 것이다.
> 을: 약속 지키기 등의 의무들은 서로 충돌하기 전까지는 잠정적으로 우리를 구속한다. 그런데 만약 이러한 도덕적 의무 사이에 갈등이 발생하면, 더 약한 의무는 사라지고 더 강한 의무가 우리의 실제적 의무로 드러나게 된다.

① 갑: 예외 없는 도덕 법칙은 자기 자신을 파괴한다.
② 갑: 거짓 약속은 이성적 존재의 준칙이 될 수 있다.
③ 을: 절대적 의무뿐만 아니라 조건부 의무도 존재한다.
④ 을: 약속 지키기는 어떠한 상황에서도 유보될 수 없다.
⑤ 갑, 을: 언제 어디서나 지켜야 하는 절대적 의무는 없다.

601

현대 서양 사상가 갑, 을의 입장으로 옳은 것은?

> 갑: 신이 없다면 우리의 행위를 정당화해 줄 가치나 질서를 우리의 앞에서 찾지 못한다. 우리는 그 어떤 핑계도 갖지 못한 채 단독으로 있는 것이다. 이와 같이 인간은 자유롭도록 선고받은 것이다.
> 을: 단독의 인간들만이 신 앞에 있다. 단독자는 전체 개념 속으로 들어갈 수 있는 것이 아니라 인간의 개념 아래에서 한 구성원으로 속해 있다. 인간은 각자가 죄인이라는 점에서 신과 구별된다.

① 갑: 인간은 신에 의해 이 세상에 내던져진 존재이다.
② 갑: 인간의 보편적 본질은 인간의 단독적 실존에 선행한다.
③ 을: 신은 인간이 실존적으로 만나야 할 인격적인 존재이다.
④ 을: 절망은 한번 걸리게 되면 영원히 회복할 수 없는 병이다.
⑤ 갑, 을: 인간은 신 앞에 선 단독자로서 주체적 결단을 해야 한다.

602

서양 사상가 갑, 을의 입장으로 옳은 것은?

> 갑: 절망은 병이지만, 역설적으로 그 병에 한 번도 걸리지 않았다는 것은 최대의 불행이며, 그 병에 걸리는 것이 진정한 축복이라 할 수 있다. 이 병에 걸리고도 낫기를 원하지 않을 때 그 병은 가장 위험한 병이 된다.
> 을: 불안에는 현존재를 개별화시키는 특별한 가능성이 있다. 이러한 개별화는 현존재를 세상일에 빠져 있는 상태로부터 되돌려 놓으면서 본래성과 비본래성을 현존재의 두 가지 존재 가능성으로서 드러내 보여 준다.

① 갑: 객관적 진리로써 주관적 진리를 극복해야 한다.
② 갑: 실존은 윤리적 단계에서 심미적 단계로 도약한다.
③ 을: 실존의 본래성을 거부하고 비본래성을 추구해야 한다.
④ 을: 불안은 현존재가 참된 실존을 회복할 수 있는 계기이다.
⑤ 갑, 을: 신에게 귀의하지 않고도 참된 실존을 회복할 수 있다.

603

현대 서양 사상가 갑, 을의 입장으로 옳은 것만을 〈보기〉에서 있는 대로 고른 것은?

갑: 인간의 본성을 구상할 신이 없으므로 인간의 본성도 없다. 인간은 스스로가 구상하고 원하는 무엇일 뿐이다. 이처럼 인간은 실존 이후에 스스로가 구상하는 무엇이기 때문에 인간이란 스스로가 만들어 가는 무엇임에 틀림없다.
을: 인간의 실존은 그의 본질에서 인식되는 것이 아니라 피할 수 없는 투쟁, 고통, 죽음, 죄에 대한 책임과 같은 한계 상황에서 발견된다. 인간은 그 상황에서 좌절을 통해 자신을 넘어서는 존재 자체로 나아갈 때 참된 실존에 도달한다.

[보기]
ㄱ. 갑: 인간에게 자유 자체는 필연적 운명이다.
ㄴ. 을: 좌절은 참된 자아를 자각하는 계기가 될 수 있다.
ㄷ. 을: 인간은 한계 상황을 피할 수 없지만 변화시킬 수 있다.
ㄹ. 갑, 을: 초월자의 존재를 부정하고 주체적 결단을 해야 한다.

① ㄱ, ㄴ ② ㄱ, ㄷ ③ ㄷ, ㄹ
④ ㄱ, ㄴ, ㄹ ⑤ ㄴ, ㄷ, ㄹ

604

그림의 강연자가 지지할 주장으로 옳은 것은?

도덕은 행위의 일람표도 아니고 약국의 처방전이나 요리책의 요리법처럼 적용해야 할 일련의 규칙도 아닙니다. 도덕에서 필요한 것은 현존하는 문제와 악(惡)의 소재를 밝히기 위한 탐구 방법입니다. 도덕에 적용된 탐구 방법이 현존하는 악을 개선하는 데 기여하는 한에서 그것을 선(善)으로 간주해야 합니다.

① 도덕 판단은 사회적 유용성에 근거할 수 없다.
② 도덕적 인간은 도덕적 성장 과정에 있는 사람이다.
③ 도덕의 목적은 확고부동한 규칙을 발견하는 것이다.
④ 도덕적 지식은 오류 가능성이 없고 보편타당해야 한다.
⑤ 도덕 문제에 경험적 탐구 방법을 적용하는 것은 부적절하다.

[605~606] 다음은 어느 고대 서양 사상가가 제시한 비유이다. 물음에 답하시오.

동굴 속에는 동굴 벽만을 바라보도록 사슬로 묶인 죄수들이 있다. 그들 뒤에는 얕은 담장이 있고, 담장 너머로는 동굴을 가로지르는 길이 있으며, 동굴의 입구에는 불이 타오르고 있다. 사람들이 길을 지나다닐 때마다 동굴의 벽면에 갖가지 그림자가 나타나는데, 죄수들은 그 그림자가 진짜 사물들이라고 믿는다. 어느 날 죄수 한 명이 동굴을 빠져나간다. 그는 차츰 햇빛에 익숙해지면서 실제 사물들을 보게 되고, 마침내 ㉠ 태양을 직접 볼 수 있게 되었다. 그는 동굴 속으로 돌아와 죄수들을 동굴 밖으로 인도하려고 애쓰지만 죄수들은 그를 박해한다.

605

㉠이 상징하는 것이 무엇인지 쓰시오.

606 서술형

위 비유에서 동굴 속은 현상계를, 동굴 밖은 이데아계를 가리킨다. 위 사상가의 입장에서 현상계와 이데아계의 특징을 비교하여 서술하시오.

[607~608] 다음은 어느 중세 서양 사상가의 주장이다. 물음에 답하시오.

(㉠)의 지시는 자연적 성향에 따른 질서를 갖는다. 첫 번째로 인간에게는 다른 모든 사물과 공유하는 본성에 따라 선을 지향하는 성향이 있다. 가령 모든 사물은 자신의 존재가 보존되기를 바란다. 두 번째로 인간에게는 다른 동물과 공유하는 본성에 따라 보다 구체적인 선을 지향하는 성향이 있다. 남녀의 결합이나 자녀의 양육, 그와 비슷한 것들과 같이 자연이 모든 동물에게 가르쳐 준 지시는 바로 이 성향에 따른 것이다. 세 번째로 인간에게는 ㉡ 인간의 고유한 이성이라는 본성에 따라 선을 지향하는 성향이 있다.

607

㉠에 들어갈 알맞은 용어를 쓰시오.

608 서술형

위 사상가가 밑줄 친 ㉡의 사례로 제시한 자연적 성향을 두 가지 서술하시오.

16 Ⅳ 사회사상
사회사상과 이상 사회

✓ 출제 포인트 ✓ 공자와 노자의 이상 사회론 비교 ✓ 플라톤, 모어, 마르크스의 이상 사회론 파악

1. 사회사상의 지향과 이상 사회의 의의

1 사회사상의 특징과 지향

(1) 사회사상의 특징

① 사회 현상을 설명하고 평가하는 기준과 체계적 틀을 제공함
② 더 나은 사회의 모습을 제시하고 실현 방안을 제시함

(2) 사회사상의 지향: 이상 사회를 통해 갈등과 대립을 넘어선 바람직한 공동체를 지향함

2 이상 사회의 의미와 의의

① 의미: 인간이 가장 바람직하다고 여기는 사회
② 의의: 현실을 개혁하는 데 필요한 기준과 목표를 제공함, 더 나은 사회를 만들고자 하는 신념과 실천 의지를 부여함

2. 동서양의 이상 사회론

1 동양의 이상 사회론

(1) 공자의 대동 사회(大同社會)

① 인(仁)이 모든 사람에게 확대된 도덕적 사회
② 신분적 차별이 없고 사회적 재화가 고르게 분배되는 사회
③ 사회적 약자를 보호하고 가족 이기주의에서 벗어난 사회

(2) 노자의 소국과민(小國寡民)

① 자연의 순리에 따라 무위의 삶을 살아가는 사회
② 인위적인 분별과 차별, 인위적인 제도와 규범에서 벗어나 소박하고 순수하게 살아가는 사회

(3) 불교의 불국정토(佛國淨土)

① 부처가 설법한 법도에 따라 통치가 이루어지는 사회
② 모든 중생이 깨달음을 통해 괴로움과 고통에서 벗어나 지극한 즐거움을 누리는 사회

자료 대동 사회와 소국과민 106쪽 626번 문제로 확인

(가) 큰 도가 행해지고 천하가 모두의 것이다. 현명하고 유능한 자를 뽑아 다스리게 하니, 사람들은 자기 부모만 부모로 여기지 않고 자기 자식만 자식으로 여기지 않는다. 노인은 여생을 잘 마치게 하며, 장년은 일자리가 있으며, 어린이는 잘 양육되고, 홀로된 자와 병든 자도 모두 부양받는다. …… 이런 상태를 대동(大同)이라 한다. - "예기" -

(나) 나라의 크기는 작고 백성의 수는 적다. …… 자기의 음식을 달게 여기고 자기의 옷을 아름답게 여기며 자기의 거처를 편안해 하고 자기의 풍속을 즐거워한다. 이웃 나라가 바라다보이고 닭 우는 소리와 개 짖는 소리가 들려도 백성들은 늙어 죽을 때까지 서로 왕래하지 않는다. - "도덕경" -

분석 〉 (가)의 대동 사회는 신분적 차별이 없고 사회적 재화가 고르게 분배되는 사회이며, (나)의 소국과민 사회는 백성들이 인위적인 제도와 규범에 얽매이지 않고 무위(無爲)와 무욕(無欲)의 삶을 사는 사회이다.

2 서양의 이상 사회론

(1) 플라톤의 정의로운 국가 106쪽 627번 문제로 확인

① 국가를 구성하는 세 계급인 생산자, 방위자, 통치자가 각각 절제, 용기, 지혜의 덕을 잘 발휘하여 조화를 이루어 정의를 실현한 사회
② 오랜 교육과 훈련을 통해 선(善)의 이데아에 관한 지혜를 갖춘 철학자가 통치하는 사회

(2) 모어의 유토피아

① 경제적으로 풍요롭고, 사유 재산을 인정하지 않아 생산과 소유의 평등을 실현하며, 도덕적으로 타락하지 않은 사회
② 필요 이상의 노동을 하지 않고 정신적 자유와 문화생활을 누리며 진정한 행복을 영위하는 사회

(3) 마르크스의 공산 사회

① 사유 재산이 없고 생산 수단이 공유되는 사회
② 생산력이 고도로 발달하여 경제적으로 안정된 사회
③ 각자가 능력에 따라 일하고 필요에 따라 분배받는 사회
④ 계급과 국가가 사라지고 누구나 자아를 실현하며 살아갈 수 있는 사회

자료 모어의 유토피아와 마르크스의 공산 사회 106쪽 628번 문제로 확인

(가) 이곳의 시민들에게는 빈곤도 없고 사치나 낭비도 없다. 성인들은 남녀를 가리지 않고 생산적 노동에 종사한다. 노동은 매일 6시간으로 제한되고, 8시간 잠자고 남은 시간은 정신적 오락이나 연구에 사용된다. 집집마다 열쇠를 채우거나 빗장을 채우는 일이 절대로 없다. 왜냐하면 집안에 들어간들 어느 개인의 소유란 없기 때문이다. - 모어, "유토피아" -

(나) 공산 사회에서는 노동 분업에 예속된 개인의 노예 상태가 사라지고, 노동이 생활을 위한 수단일 뿐 아니라 삶의 기본적 욕구가 된다. 생산력 또한 인간의 전면적 발전과 함께 증가되고 집단적 부가 풍요로워진다. 각자는 능력에 따라 일하고 자신의 필요에 따라 분배받는다. - 마르크스, "고타 강령 비판" -

분석 〉 모어의 유토피아와 마르크스의 공산 사회는 모두 사유 재산을 인정하지 않으며 생산과 소유에 있어 평등의 실현을 강조하고, 필요에 따른 재화의 분배를 강조한다는 점에서 공통적이다.

3 동서양 이상 사회론의 현대적 의의

(1) 이상 사회론의 공통적 지향

① 다툼이 없는 평화로운 사회
② 경제적 평등을 통해 사회 안정과 복지를 이루는 사회
③ 개인이 올바르게 살아갈 수 있는 도덕적인 사회

(2) 이상 사회론이 주는 현대적 시사점

① 공평한 경제 제도에 바탕을 둔 분배 정의 실현의 중요성을 일깨움
② 관용적이고 다원적인 사회를 실현하는 데 도움을 줌

분석 기출 문제

» 바른답·알찬풀이 54쪽

핵심 개념 문제

•• 빈칸에 들어갈 용어를 쓰시오.

609 (　　　　)은/는 사람들이 공동으로 추구하는 목표와 이상이 실현된 사회의 모습을 지닌다.

610 공자의 (　　　　)은/는 이상적인 성인이 나라를 다스리고, 모든 사람이 서로를 위하여 가족 같은 관계를 맺으며, 자기의 이익만을 위하여 재물을 사용하지 않는 사회이다.

611 노자의 (　　　　) 사회는 백성이 적은 공동체를 이루어 소박하지만 자연스러운 삶을 살아가는 사회이다.

612 불교의 (　　　　)은/는 모든 중생이 깨달음을 얻어 고통에서 벗어난 사회이다.

•• 서양 사상가와 그들이 지향한 이상 사회를 바르게 연결하시오.

613 플라톤 • 　　　　• ㉠ 유토피아

614 모어 • 　　　　• ㉡ 정의로운 국가

615 마르크스 • 　　　　• ㉢ 공산 사회

•• ㉠, ㉡ 중 알맞은 것을 고르시오.

616 노자는 사회 구성원들이 인위적인 문명을 (㉠ 가까이 해야, ㉡ 멀리 해야) 한다고 주장하였다.

617 플라톤은 통치자가 (㉠ 지혜, ㉡ 용기)의 덕을 발휘하여 국가를 다스려야 한다고 주장하였다.

618 마르크스는 생산 수단이 공유되어 사유 재산과 계급이 소멸하고 생산력이 고도로 발전하여 그 결과 구성원 각자가 (㉠ 업적, ㉡ 필요)에 따라 분배받는 평등한 사회를 지향하였다.

•• 다음 설명이 옳으면 ○표, 틀리면 ×표를 하시오.

619 인류는 항상 이상 사회를 꿈꿔 왔으며, 현실 세계에서는 언제나 이상 사회가 완전하게 실현된다. (　　)

620 이상 사회는 더 나은 사회를 만들고자 하는 신념과 실천 의지를 갖추게 한다. (　　)

621 이상 사회는 공통적으로 평화, 도덕성, 경제적 평등의 가치를 지향한다. (　　)

622 이상 사회를 실현하기 위해서는 현실과 이상을 조화롭게 아우르는 합리적인 자세가 필요하다. (　　)

623 이상 사회의 실현 가능성은 여러 가지 사상의 관점을 통합적으로 고려하는 것보다 한 사람이나 하나의 사상에 의존할 때 더욱 커진다. (　　)

1. 사회사상의 지향과 이상 사회의 의의

624

㉠에 대한 설명으로 옳지 않은 것은?

> 우리가 살아가는 사회는 끊임없이 변화하며 이에 따라 추구하는 가치도 변화한다. 예를 들어 어떤 시대에는 개인보다 공동체를 강조하고, 또 어떤 시대에는 공동체보다 개인을 강조하기도 한다. (㉠)은/는 이렇게 변화하는 사회를 설명하고 평가할 수 있는 일정한 기준이나 체계적인 사상적 틀을 제공할 뿐만 아니라 인간의 사회적 삶에서 어떤 가치가 중요한지에 대한 다양한 관점을 제시한다.

① 앞으로의 더 나은 사회를 위한 제안을 포함한다.
② 자유주의와 공화주의, 민주주의와 사회주의 등이 대표적이다.
③ 사회적 삶 속에서 직면한 문제를 해결하기 위한 현실적 사고이다.
④ 사회 집단이 공유하고 있는 관점이나 신념 체계와 깊은 관련성을 가진다.
⑤ 최선의 삶에 대한 사유를 바탕으로 바람직한 인간의 모습을 최우선적으로 탐구한다.

625

다음 글을 통해 알 수 있는 이상 사회를 추구하는 이유로 적절한 것만을 〈보기〉에서 고른 것은?

> 인간은 이상 사회를 이루려는 열망을 통해 현실 사회의 문제점을 비판하고 개선해 왔다. "인간이 때때로 불가능한 것들을 달성하려고 노력하지 않았다면, 현재 가능한 것마저도 성취하지 못했을 것이다."라는 베버의 말처럼, 이상 사회를 만들고자 하는 투쟁과 노력이 없었다면 우리가 사는 현재 사회도 존재할 수 없었을 것이다.

[보기]
ㄱ. 현실을 개선하기 위한 열정을 제공한다.
ㄴ. 더 나은 사회를 만들고자 하는 의지를 갖게 한다.
ㄷ. 다양한 사회적 노력 없이도 사회 발전을 이루게 한다.
ㄹ. 현실적 상황을 고려하지 않고도 더 나은 사회를 쉽게 이룰 수 있게 한다.

① ㄱ, ㄴ　② ㄱ, ㄷ　③ ㄴ, ㄷ　④ ㄴ, ㄹ　⑤ ㄷ, ㄹ

2. 동서양의 이상 사회론

빈출
626

그림은 고대 동양 사상가 갑, 을의 가상 대화이다. 갑에 비해 을이 강조할 내용으로 가장 적절한 것은?

큰 도가 행해지고 유능한 자가 등용되며, 노인은 편안하게 생을 마칠 수 있고 젊은이는 모두 일자리를 가지고 있으며, 어린이는 제대로 양육되고 외롭고 병든 이도 보살핌을 받는 대동(大同) 사회가 진정한 이상 사회입니다.

나라의 크기는 작고 백성의 수는 적습니다. …… 자기의 음식을 달게 여기고 자기의 옷을 아름답게 여기며 자기의 거처를 편안해 하고 자기의 풍속을 즐거워합니다. 이웃 나라가 바라다보이고 닭 우는 소리와 개 짖는 소리가 들려도 백성들은 늙어 죽을 때까지 서로 왕래하지 않습니다.

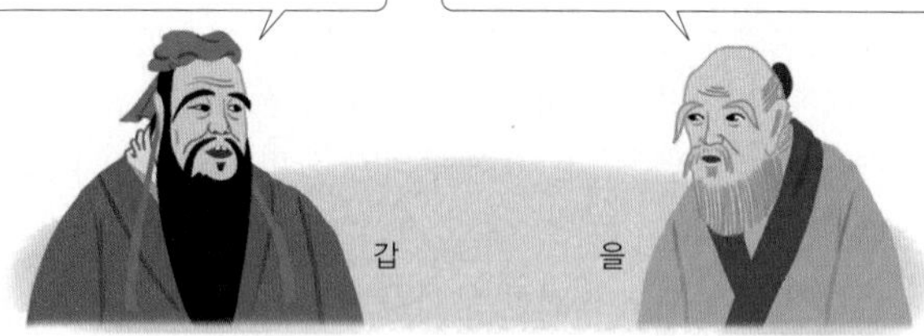

① 재화의 공평한 분배를 위한 제도를 마련해야 한다.
② 각자가 자신의 직분과 역할을 충실히 수행해야 한다.
③ 통치의 목표를 백성들의 물질적 풍요 증진에 두어야 한다.
④ 통치자는 예의(禮義)로써 백성들을 가르치고 교화해야 한다.
⑤ 욕심을 버리고[無欲] 백성들의 타고난 순박함을 존중해야 한다.

빈출
627

(가)를 주장한 고대 서양 사상가의 입장에서 볼 때, (나)의 질문에 대한 답변으로 옳은 것만을 〈보기〉에서 있는 대로 고른 것은?

(가)	수호자들 중 가장 훌륭한 자들로 하여금 모든 것에 빛을 제공하는 바로 그것을 바라보지 않을 수 없게끔 만들어야 하네. 그리하여 '좋음 자체'를 본(本)으로 삼아서 나라와 개개인들 그리고 자신들을 다스리지 않을 수 없도록 만들어야 하네.
(나)	이상적인 국가를 실현하기 위하여 통치자는 어떻게 해야 합니까?

[보기]
ㄱ. 지혜의 덕을 잘 발휘하여 국가를 다스려야 한다.
ㄴ. 사유 재산을 지니거나 가정을 이루어서는 안 된다.
ㄷ. 국가 전체의 이익이 아닌 자신의 이익을 극대화시켜야 한다.
ㄹ. 오랜 교육과 훈련을 통해 좋음의 이데아에 대한 지식을 갖추어야 한다.

① ㄱ, ㄴ ② ㄱ, ㄷ ③ ㄷ, ㄹ
④ ㄱ, ㄴ, ㄹ ⑤ ㄴ, ㄷ, ㄹ

빈출
628

사회사상가 갑, 을이 제시한 ㉠, ㉡의 공통점만을 〈보기〉에서 있는 대로 고른 것은?

갑: ㉠이 사회의 시민들에게는 빈곤도 없고 사치나 낭비도 없다. 성인들은 남녀를 가리지 않고 생산적 노동에 종사한다. 노동은 매일 6시간으로 제한되고, 8시간 잠자고 남은 시간은 정신적 오락이나 연구에 사용된다. 집집마다 열쇠를 채우거나 빗장을 채우는 일이 절대로 없다. 왜냐하면 집안에 들어간들 어느 개인의 소유란 없기 때문이다.
을: ㉡이 사회에서는 노동 분업에 예속된 개인의 노예 상태가 사라지고, 노동이 생활을 위한 수단일 뿐 아니라 삶의 기본적 욕구가 된다. 생산력 또한 인간의 전면적 발전과 함께 증가되고 집단적 부가 풍요로워진다. 각자는 능력에 따라 일하고 자신의 필요에 따라 분배받는다.

[보기]
ㄱ. 생산과 소유의 평등이 실현된다.
ㄴ. 각자의 필요에 따라 재화가 분배된다.
ㄷ. 실적에 따라 재화를 차등적으로 분배한다.
ㄹ. 개인의 능력에 따라 사적 소유가 허용된다.

① ㄱ, ㄴ ② ㄱ, ㄷ ③ ㄷ, ㄹ
④ ㄱ, ㄴ, ㄹ ⑤ ㄴ, ㄷ, ㄹ

1등급을 향한 서답형 문제

[629~630] 다음 글을 읽고 물음에 답하시오.

• 사회사상은 타락한 정치 공동체를 개혁하여 구성원들이 도덕적으로 살아갈 수 있는 (㉠)을/를 주요한 목표로 삼는다.
• 예로부터 동서양의 사상가들은 다양한 (㉠)을/를 제시해 왔다. 다양한 이상 사회가 제시된 이유는 현실 사회의 모순과 부패가 제각각이었고, 시대마다 사람들이 지향하는 모습도 달랐기 때문이다.

629

㉠에 공통으로 들어갈 용어를 쓰시오.

630 서술형

㉠의 의의를 두 가지 서술하시오.

적중 1등급 문제

» 바른답·알찬풀이 55쪽

631

고대 중국 사상가 갑, 을에 대한 옳은 설명만을 〈보기〉에서 있는 대로 고른 것은?

> 갑: 가장 훌륭한 지도자는 사람들에게 그 존재 정도만 알려져 있다. 그 다음은 사람들이 가까이하고 칭찬하며, 그 다음은 사람들이 두려워한다. 성인(聖人)은 무위(無爲)하지만 다스리지 못하는 것이 없다.
>
> 을: 가장 훌륭한 도(道)가 행해지면 천하는 모두의 것[公]이 된다. 현명한 사람을 지도자로 뽑고 유능한 자에게 관직을 주며 신의와 화목을 가르친다. 홀아비와 과부, 고아와 홀로 남은 노인이 모두 보살핌을 받는다.

[보기]

ㄱ. 갑은 백성들이 무지(無知)한 사회를 추구하였다.
ㄴ. 을은 친소(親疏)의 분별이 없는 사회를 추구하였다.
ㄷ. 갑은 을과 달리 영토가 작은 나라[小國]를 추구하였다.
ㄹ. 갑, 을은 궁핍과 차별이 없는 평등한 사회를 추구하였다.

① ㄱ, ㄴ　　② ㄱ, ㄷ　　③ ㄴ, ㄹ
④ ㄱ, ㄷ, ㄹ　　⑤ ㄴ, ㄷ, ㄹ

632

다음 가상 대화의 선생님이 추구하는 이상 사회에 대한 설명으로 옳지 않은 것은?

① 생산 수단이 공유되고 사유 재산이 없는 사회이다.
② 폭력 혁명이 아닌 의회 활동으로 도래할 민주 사회이다.
③ 생산력이 고도로 발전하여 경제적으로 안정된 사회이다.
④ 모두가 경제적으로 평등하여 갈등이 생기지 않는 사회이다.
⑤ 계급과 국가가 사라지고 누구나 자아를 실현하며 살아가는 사회이다.

633

고대 서양 사상가 갑, 사회사상가 을이 모두 부정의 대답을 할 질문으로 가장 적절한 것은?

> 갑: 올바른 국가에서는 세 계층의 사람들이 각기 자기들의 일을 잘 수행하여 조화를 이룬다. 그리고 오랜 교육과 훈련을 거쳐 좋음의 이데아를 인식한 철학자가 국가를 다스린다.
>
> 을: 유토피아에서는 사람들이 자기 일에 열중하고 사치하지 않으며 건전한 방법으로 여가를 즐긴다. 물자가 풍족하고 모든 것이 평등하게 분배되기 때문에 가난한 사람이 없다.

① 이상 사회에서는 모든 구성원의 재산이 공유되는가?
② 이상 사회의 통치자는 지혜를 갖춘 철학자여야 하는가?
③ 이상 사회는 과학 기술자가 다스리는 풍족한 사회인가?
④ 이상 사회는 세 계층이 각자의 덕을 발휘하는 사회인가?
⑤ 이상 사회에서는 좋음의 이데아가 국가 통치의 준거인가?

IV

634

(가)의 사회사상가 갑, 을의 입장을 (나) 그림으로 탐구하고자 할 때, A~C에 들어갈 옳은 질문만을 〈보기〉에서 있는 대로 고른 것은?

(가)	갑: 유토피아는 누구나 모든 것을 평등하게 나누어 가지며 풍족하게 살아가므로 빈민이 없는 사회이다. 이 사회에서는 덕 있는 사람이 보상을 받으면서 정신적 자유를 누린다. 을: 질서 정연한 사회는 구성원의 선을 증진하면서도 공공의 정의관에 의해 효율적으로 규제되는 사회이다. 이 사회에서는 기본적 자유의 평등 원칙과 차등의 원칙이 적용된다.
(나)	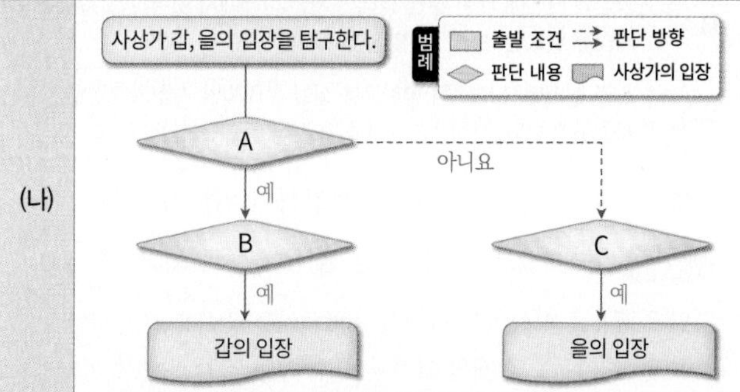

[보기]

ㄱ. A: 이상 사회에서는 빈부 격차가 있는 것이 불가능한가?
ㄴ. B: 이상 사회에서는 풍족한 재화와 높은 도덕성이 공존하는가?
ㄷ. C: 재화는 구성원 모두에게 균등하게 분배되어야 하는가?
ㄹ. C: 경제적 불평등은 구성원 일부에게 이익을 주지 않아도 정당화될 수 있는가?

① ㄱ, ㄴ　　② ㄱ, ㄷ　　③ ㄷ, ㄹ
④ ㄱ, ㄴ, ㄹ　　⑤ ㄴ, ㄷ, ㄹ

17 Ⅳ 사회사상
국가

✓ 출제 포인트 ✓ 국가의 기원과 본질에 대한 동서양의 관점 ✓ 동서양 사상에 나타난 국가의 역할과 정당성

1. 국가의 기원과 본질에 대한 동서양의 관점

1 국가의 일반적 의미 일정한 영토와 국민으로 구성되며, 주권에 의해 통치되는 사회 집단

2 국가의 기원과 본질에 대한 동서양의 관점

(1) 유교

① 국가의 기원: 가족의 질서가 확장된 공동체

② 국가는 백성의 도덕적인 삶을 위한 도덕 공동체임

(2) 아리스토텔레스 109쪽 648번 문제로 확인

① 국가의 기원: 인간의 정치적 본성에 의해 생겨난 인간 간의 결합

② 국가는 단순한 생존뿐만 아니라 구성원의 훌륭한 삶을 실현하여 행복한 삶을 살 수 있도록 해 주는 도덕 공동체임

(3) 공화주의 110쪽 649번 문제로 확인

① 국가의 기원: 공동선에 합의하고 이를 구현하려는 시민이 만든 공동체

② 국가는 권력자의 자의적 지배로부터 시민의 자유를 보장하고 공동선의 실현을 추구하는 정치 공동체임

③ 시민의 자유를 보장하기 위해서는 법의 지배가 이루어져야 하며, 법의 지배가 실현되려면 공동선을 이루기 위한 시민의 자발적 정치 참여가 필수적임

(4) 사회 계약론

① 국가의 기원: 자신의 권리를 보장받기 위해 개인이 동의한 계약

홉스	만인의 만인에 대한 투쟁 상태인 자연 상태에서 벗어나기 위해 사회 계약을 맺으면서 국가가 발생한다고 봄
로크	자연 상태에서 비교적 평화로운 삶을 누리지만 개인의 기본권을 더 확실하게 보장받기 위해 계약을 맺고 국가를 구성한다고 봄

② 국가는 개인의 자유와 권리를 보장하기 위한 수단임

자료 홉스와 로크의 사회 계약론 110쪽 651번, 652번 문제로 확인

• 원래 자유를 사랑하고 타인을 지배하기를 좋아하는 존재인 인간이 국가의 틀 안에서 살기로 한 궁극적 이유는 자기 보존과 그것에 따른 만족한 생활에 대한 전망이나 예상에 기인한다. 즉 인간은 자연 상태의 비참한 전쟁 상황으로부터 빠져 나오고 싶다고 생각했기 때문이다. - 홉스, "리바이어던" -

• 사람들은 사회에 들어갈 때 그들이 자연 상태에서 가졌던 평등, 자유 및 집행권을 사회의 선이 요구하는 바에 따라 입법부가 처리할 수 있도록 사회의 수중에 양도한다. 그러나 그것은 오직 모든 사람이 그 자신, 그의 자유 및 그의 재산을 더욱 잘 보존하려는 의도에서 행하는 것이다. - 로크, "통치론" -

분석 홉스는 사람들이 자기 생명을 보존하고 평화를 얻기 위해 국가를 만들었다고 본 반면, 로크는 개인의 생명권뿐만 아니라 재산권, 자유권과 같은 권리를 보장받기 위해 계약을 맺고 국가를 만들었다고 본다.

(5) 마르크스 111쪽 653번 문제로 확인

① 국가의 기원: 지배 계급이 피지배 계급을 억압하고 착취하기 위한 수단 → 계급 착취 과정에서 국가가 생겨남

② 국가는 지배 계급이 자신의 특권을 유지하고 자신의 이익을 대변하기 위한 도구임

③ 역사의 필연적 발전 단계에 따라 공산주의 사회가 도래하면 계급 갈등이 사라지고 국가는 소멸하게 됨

2. 국가의 역할과 정당성에 대한 동서양의 관점

1 동서양 사상에 나타난 국가의 역할과 정당성

구분	국가의 역할과 정당성
유교	• 민본 정치를 통해 위민(爲民)을 실현하여 사회 구성원의 복지 실현과 도덕성 함양을 위해 힘쓸 때 정당화됨 • 맹자: 군주가 역할을 제대로 하지 못해 통치의 정당성이 무너지면 백성들은 군주를 바꿀 수도 있음
아리스토텔레스	사회 구성원이 행복한 삶을 살도록 이끌어야 하며, 시민이 정치에 참여하는 제도를 마련할 때 정당화됨
공화주의	시민의 정치 참여를 활성화하고 법치를 보장하여 국가를 특권층의 소유가 아닌 공공의 것으로 만들 때 정당화됨
사회 계약론	• 개인의 생명과 자유 등의 권리를 보장할 때 정당화됨 • 로크: 국가를 운영하는 정부가 개인의 권리를 제대로 보장하지 못할 경우 시민은 정부를 해체할 수 있음
마르크스	국가의 역할이 자본가 계급을 보호하는 일에 한정되기 때문에 국가는 정당하지 못하므로 국가를 소멸시켜야 함

자료 국가의 역할과 정당성에 대한 맹자의 관점 111쪽 655번 문제로 확인

• 현명한 군주는 백성의 생업을 제정해 주되 반드시 위로는 부모를 섬길 만하고, 아래로는 족히 처자를 부양할 만하여 풍년에는 일 년 내내 배부르고 흉년에는 사망에서 면하게 하니 그런 뒤에야 백성들을 선(善)으로 나아가게 한다. - "맹자" -

• 백성이 가장 귀하고 사직이 다음이며 군주는 가볍다. 평범한 백성의 마음을 얻어야 천자가 된다. 천자에게 신임을 얻으면 제후가 되고 제후에게 신임을 얻으면 대부가 된다. - "맹자" -

분석 맹자는 민본주의 사상에 근거하여 국가의 역할과 정당성을 설명한다. 즉 통치자가 민생의 안정을 도모하고 이를 바탕으로 백성이 도덕적인 삶을 살아가도록 하는 정치를 바른 정치라고 보았다. 따라서 군주가 위민(爲民)을 실현할 때 통치의 정당성이 실현되며, 군주가 제 역할을 못해 정당성이 무너지면 군주를 바꿀 수도 있다고 보았다.

2 국가에 관한 동서양 사상이 현대 국가에 주는 시사점

(1) 국민의 생명, 자유, 재산 등을 보장해야 함

(2) 국민의 복지와 행복을 실현하기 위해 노력해야 함

(3) 국민의 도덕성과 시민성을 함양하기 위해 노력해야 함

분석 기출 문제

» 바른답·알찬풀이 56쪽

핵심 개념 문제

•• 빈칸에 들어갈 용어를 쓰시오.

635 ( )은/는 가족이 확대되어 국가가 형성되기 때문에, 효제(孝弟)라는 가족 윤리가 국가를 다스리는 토대가 된다고 보았다.

636 아리스토텔레스는 국가를 인간의 ( )에 따라 자연적으로 만들어진 산물이라고 보았다.

637 공화주의에서 국가는 ( )을/를 위해 법에 기반을 두고 시민이 만들어 낸 정치 공동체이다.

638 ( )은/는 국가란 지배 계급의 특권을 유지하기 위한 수단에 불과하다고 보았다.

•• 다음 문장과 관련 있는 사상가를 〈보기〉에서 고르시오.

639 개인의 생명권, 자유권, 재산권을 보장하기 위해 계약을 통해 국가를 만들었다. ( )

640 자신의 생명을 보존하고 평화를 획득하기 위해 계약을 통해 국가를 만들었다. ( )

[보기]
ㄱ. 홉스 ㄴ. 로크

•• ㉠, ㉡ 중 알맞은 것을 고르시오.

641 공화주의에서는 국가를 (㉠ 피지배 계급을 착취하기 위한 수단, ㉡ 시민의 자유를 지키기 위한 수단)으로 인식하고 있다.

642 마르크스는 혁명을 통해 공산주의 사회가 도래하면 계급 갈등이 없어지고 국가가 (㉠ 확대, ㉡ 소멸)된다고 보았다.

643 로크는 국가를 운영하는 정부가 시민의 자연권적 기본권을 지키고 보장하지 못한다면 해체할 수 (㉠ 있다, ㉡ 없다)고 보았다.

•• 다음 설명이 옳으면 ○표, 틀리면 ×표를 하시오.

644 맹자는 백성들이 신뢰하지 못하는 군주는 내쫓을 수 있다고 보았다. ( )

645 아리스토텔레스는 시민이 행복한 삶을 살도록 이끄는 것이 국가의 역할이라고 보았다. ( )

646 공화주의는 예속되지 않을 자유를 일부 특권층이 누릴 수 있도록 국가가 적극적인 역할을 해야 한다고 보았다. ( )

1. 국가의 기원과 본질에 대한 동서양의 관점

647

다음을 주장한 고대 동양 사상가의 입장만을 〈보기〉에서 고른 것은?

> 백성이 귀하고 사직은 그 다음이고 군주는 하찮다. 그러므로 백성의 마음을 얻으면 천자가 되고, 천자의 마음을 얻으면 제후가 되고, 제후의 마음을 얻으면 대부가 된다.

[보기]
ㄱ. 민주주의에 바탕을 둔 정치의 실현을 목표로 한다.
ㄴ. 국가는 백성들의 도덕적 삶을 위한 도덕 공동체이다.
ㄷ. 군주의 권위는 하늘과 분리된 백성의 지지로 세워진다.
ㄹ. 군주의 참된 도리는 사람을 덕으로 다스리는 것에 있다.

① ㄱ, ㄴ ② ㄱ, ㄷ ③ ㄴ, ㄷ ④ ㄴ, ㄹ ⑤ ㄷ, ㄹ

빈출
648

다음을 주장한 고대 서양 사상가의 입장으로 옳은 것은?

> 필요 충족을 위해 자연적으로 형성된 공동체가 국가이고 여러 가정으로 구성된 최초의 공동체가 마을이다. 여러 마을로 구성되는 완전한 공동체가 국가인데, 국가는 완전한 자급자족이라는 최고 단계에 도달해 있다. 다시 말해 국가는 단순한 생존을 위해 형성되었지만 훌륭한 삶을 위해 존속하는 것이다.

① 국가 안에서만 개인의 궁극적인 목적이 실현된다고 본다.
② 국가와 구성원 간 합의로 정치적 의무가 발생한다고 본다.
③ 국가는 개인의 선택으로 만들어진 단순한 집합체에 불과하다고 본다.
④ 국가는 구성원의 덕성 함양에 중립적인 태도를 취해야 한다고 본다.
⑤ 국가 구성원으로서의 훌륭한 삶과 개인의 좋은 삶은 관련이 없다고 본다.

649

다음 고대 서양 사상가가 주장한 국가에 대한 설명으로 옳지 않은 것은?

공화국은 시민의 것이다. 그러나 시민은 아무렇게나 모인 한 무리의 사람들을 뜻하는 것이 아니라 법을 존중하고 공동의 이익을 인정하고 동의한 사람들의 모임이다.

① 국가는 시민들이 스스로 입법자가 되는 국가이다.
② 국가는 공동의 이익이 구현되어야 하는 공공의 것이다.
③ 국가는 시민의 자유 보장을 위해 형성된 정치 공동체이다.
④ 국가는 지배 계급이 피지배 계급을 통제할 목적으로 발생한 것이다.
⑤ 국가는 자연 발생적으로 생겨난 것이 아니라 시민적 연대에 의해서 발생되었다.

650

다음 선언서에 나타난 국가에 대한 관점만을 〈보기〉에서 있는 대로 고른 것은?

모든 사람은 평등하게 태어났고, 창조주는 인간에게 생명과 자유와 행복 추구와 같은 몇 개의 양도할 수 없는 권리를 부여했다. 이러한 권리를 확보하기 위해서 인류는 정부를 조직했으며, 정부의 권력은 국민의 동의로부터 유래한다. 만약 정부가 이러한 목적을 파괴할 때에 언제든 정부를 개혁하거나 폐지하여 국민의 안전과 행복을 가장 효과적으로 가져올 수 있는 새로운 정부를 조직하는 것은 국민의 권리이다.

[보기]
ㄱ. 국가는 인간의 본성에 의해 저절로 형성되는 것이다.
ㄴ. 국가는 개인보다 우선하여 존재하는 도덕 공동체이다.
ㄷ. 국민은 민의에 반(反)하는 정부에 대해 저항할 권리가 있다.
ㄹ. 국가는 개인에게 불가침의 인권을 보장할 역할을 수행해야 한다.

① ㄱ, ㄴ ② ㄱ, ㄷ ③ ㄷ, ㄹ
④ ㄱ, ㄴ, ㄹ ⑤ ㄴ, ㄷ, ㄹ

빈출
651

다음을 주장한 근대 서양 사상가의 입장만을 〈보기〉에서 고른 것은?

사람들은 사회에 들어갈 때 그들이 자연 상태에서 가졌던 평등, 자유 및 집행권을 사회의 선이 요구하는 바에 따라 입법부가 처리할 수 있도록 사회의 수중에 양도한다. 그러나 그것은 오직 모든 사람이 그 자신, 그의 자유 및 그의 재산을 더욱 잘 보존하려는 의도에서 행하는 것이다.

[보기]
ㄱ. 자연 상태는 혼란과 불안의 투쟁 상태이다.
ㄴ. 개인은 재산권 보호를 위해 사회 계약을 수립한다.
ㄷ. 절대 권력을 지닌 군주만이 통치의 정당성을 갖는다.
ㄹ. 통치 권력이 정당성을 잃으면 국민은 권력에 저항할 수 있다.

① ㄱ, ㄴ ② ㄱ, ㄷ ③ ㄱ, ㄹ ④ ㄴ, ㄹ ⑤ ㄷ, ㄹ

빈출
652

다음을 주장한 근대 서양 사상가의 입장으로 옳지 않은 것은?

원래 자유를 사랑하고 타인을 지배하기를 좋아하는 존재인 인간이 국가의 틀 안에서 살기로 한 궁극적 이유는 자기 보존과 그것에 따른 만족한 생활에 대한 전망이나 예상에 기인한다. 즉 인간은 자연 상태의 비참한 전쟁 상황으로부터 빠져 나오고 싶다고 생각했기 때문이다.

① 국가를 자연 상태를 극복하기 위해 만들어 낸 인위적 권력 기구로 본다.
② 국가가 발생하기 이전 상태의 인간 본성을 이타적인 것으로 규정한다.
③ 국가를 구성원들 모두의 자연권을 양도받은 절대적 힘을 지닌 존재로 본다.
④ 국가는 평화와 안정을 유지하고 외적 침입을 막아 내는 역할을 해야 한다고 본다.
⑤ 인간은 자기 생명을 보호하고 평화를 획득하기 위해 계약을 통해 국가를 만들었다고 본다.

빈출
653

다음을 주장한 사회사상가의 국가에 대한 관점에만 모두 '✓'를 표시한 학생은?

> 지금까지 존재한 모든 사회의 역사는 계급 투쟁의 역사이다. 현대 대의제 국가에서는 마침내 부르주아(자본가 계급)가 배타적인 정치적 지배권을 쟁취했다. 현대 국가의 집행부는 부르주아 전체의 공동 업무를 관장하는 위원회에 불과하다.

관점 \ 학생	갑	을	병	정	무
지배층의 특권을 유지하기 위한 수단에 불과하다.	✓	✓		✓	
자연 상태에서 누리던 자유를 보장받기 위해 형성한 것이다.			✓	✓	✓
계급 갈등이 소멸되는 사회를 위해 유지되어야 하는 것이다.	✓		✓		✓
소수의 지배 계급이 피지배 계급을 억압하기 위해 발생한 것이다.		✓		✓	✓

① 갑 ② 을 ③ 병 ④ 정 ⑤ 무

2. 국가의 역할과 정당성에 대한 동서양의 관점

654

다음을 주장한 고대 서양 사상가의 입장만을 〈보기〉에서 있는 대로 고른 것은?

> 국가는 자연의 창조물이며 개인보다 우월하다. 개인은 혼자서는 자급자족하지 못하기 때문이다. 개인은 전체와 관련된 부분과 같은 것이다. 사회에서 살 필요가 없는 자는 동물이거나 신이 아니면 안 된다. 그들은 국가의 부분이 아니다. 사회의 본성은 자연에 의해 모든 사람에게 주어져 있다.

[보기]
ㄱ. 국가는 국민의 선한 생활을 위해 존재한다.
ㄴ. 국가는 사회 계약에 의해 성립된 공동체이다.
ㄷ. 국가는 구성원의 행복 실현을 목적으로 삼는다.
ㄹ. 국가는 개인의 정체성 형성과 무관하게 존재한다.

① ㄱ, ㄴ ② ㄱ, ㄷ ③ ㄱ, ㄹ
④ ㄱ, ㄷ, ㄹ ⑤ ㄴ, ㄷ, ㄹ

빈출
655

다음을 주장한 고대 동양 사상가가 부정의 대답을 할 질문으로 가장 적절한 것은?

> 현명한 군주는 백성의 생업을 제정해 주되 반드시 위로는 부모를 섬길 만하고, 아래로는 족히 처자를 부양할 만하여 풍년에는 일 년 내내 배부르고 흉년에는 사망에서 면하게 하니 그런 뒤에야 백성들을 선(善)으로 나아가게 한다.

① 백성들에게 일정한 생업을 보장해야 하는가?
② 통치자를 선출하는 절차를 제도화해야 하는가?
③ 엄격한 법과 제도보다는 도덕으로 통치해야 하는가?
④ 복지를 실현하고 구성원의 도덕성 함양에 힘써야 하는가?
⑤ 국가를 인륜이 실현되는 도덕 공동체로 만들어야 하는가?

IV

656

다음 질문에 대한 대답으로 적절하지 <u>않은</u> 것은?

> 현대 국가가 정당성을 갖추기 위해 어떤 점을 노력해야 할까요?

① 국민의 복지를 향상하여 인간다운 삶을 보장해 주세요.
② 국민의 안전과 생명을 보호하는 역할을 수행해 주세요.
③ 국민의 정치 참여를 제한해 정책의 혼란을 피해 주세요.
④ 국민의 기본적인 생활 수준을 보장하기 위한 정책을 만드세요.
⑤ 국민이 높은 도덕성을 지닐 수 있도록 사회적 신뢰를 구축하세요.

657

사회사상가 마르크스가 국가의 소멸을 주장한 이유로 가장 적절한 것은?

① 국가가 기존의 계급 구조를 바꾸려 했기 때문이다.
② 국가가 자본가 계급을 제대로 보호하지 못했기 때문이다.
③ 계약을 통해 발생한 국가는 정당성을 갖지 못하기 때문이다.
④ 국가가 노동자에 대한 자본가의 착취를 방임했기 때문이다.
⑤ 국가가 각종 사회 구조와 제도를 정의롭게 만들었기 때문이다.

658

다음을 주장한 한국 유교 사상가가 지지할 입장만을 〈보기〉에서 있는 대로 고른 것은?

정(政)은 바로잡는다는[正] 뜻이다. 똑같은 백성인데 누구는 토지의 혜택을 받아 부유한 생활을 하고, 누구는 그렇지 못하여 가난하게 살 것인가. 이 때문에 토지를 개량하고 백성에게 고루 나누어 그것을 바로잡았으니 이것이 정이다.

【 보기 】
ㄱ. 정당한 국가의 역할은 민생과 분리될 수 없다.
ㄴ. 백성에게 기본적인 생업을 마련해 주는 정치를 중시해야 한다.
ㄷ. 정의롭지 못한 사회·경제적 구조를 바로잡는 정치를 중시해야 한다.
ㄹ. 국가의 정당성은 민주적 절차를 거쳐 권력이 형성되었는지가 중요하다.

① ㄱ, ㄴ ② ㄱ, ㄹ ③ ㄴ, ㄹ
④ ㄱ, ㄴ, ㄷ ⑤ ㄴ, ㄷ, ㄹ

659

다음을 주장한 사회사상가의 입장만을 〈보기〉에서 있는 대로 고른 것은?

만일 프롤레타리아가 부르주아에 대항하는 투쟁에서 반드시 계급으로 한데 뭉쳐 혁명을 통해 스스로 지배 계급이 되고, 또 지배 계급으로서 낡은 생산관계를 폭력적으로 폐지하게 된다면 그들은 이 생산관계와 아울러 계급적 대립의 존재 조건과 모든 계급을 폐지하게 될 것이다. 따라서 자기 자신의 계급적 지배까지도 폐지하게 될 것이다.

【 보기 】
ㄱ. 계급 착취 과정에서 국가가 발생한다.
ㄴ. 공산주의 사회가 도래하면 국가는 소멸한다.
ㄷ. 국가는 피지배 계급의 특권을 유지하는 수단이다.
ㄹ. 국가는 개인의 사유 재산과 소유권을 지켜 주는 역할을 해야 한다.

① ㄱ, ㄴ ② ㄱ, ㄷ ③ ㄷ, ㄹ
④ ㄱ, ㄴ, ㄷ ⑤ ㄴ, ㄷ, ㄹ

1등급을 향한 서답형 문제

[660~661] 다음 글을 읽고 물음에 답하시오.

국가 전체는 하나의 목적을 가지므로, 교육은 모두에게 똑같이 이루어져야 한다. 또한 그것은 공적이어야 한다. 모두가 자기 아이를 개별적으로 보살피고 자기가 최고라 생각하도록 가르치는 지금의 교육처럼 개인적이어서는 안 된다. 공익을 위해 필요한 것에 대한 훈련은 모두에게 똑같아야 한다.

660

윗글을 주장한 고대 서양 사상가가 누구인지 쓰시오.

661 서술형

윗글의 고대 서양 사상가가 주장한 국가의 역할을 두 가지 서술하시오.

[662~663] 다음 글을 읽고 물음에 답하시오.

입법권은 일정한 목적을 위해서만 활동할 수 있는 선택된 권력이므로 입법부가 그들에게 맡겨진 신탁에 반해서 행동하는 것이 발견될 때 입법부를 폐지하거나 변경할 수 있는 권력은 여전히 시민에게 있다.

662 서술형

윗글의 근대 서양 사상가가 주장한 국가의 역할을 서술하시오.

663 서술형

정부가 제대로 된 역할을 수행하지 못할 경우 윗글의 사상가가 주장한 바를 서술하시오.

적중 1등급 문제

» 바른답·알찬풀이 58쪽

664

사회사상가 갑, 을의 입장으로 옳은 것은?

자연 상태의 인간들은 서로 믿지 못하기 때문에 자기 보존을 위해 상대를 먼저 제압하고자 합니다. 자신들을 위압하는 공통 권력이 없이 살아가는 한 그들은 전쟁 상태에 처하게 됩니다. 이런 전쟁 상태를 방지하기 위해 계약을 맺으면서 국가가 발생합니다.
자연 상태에서 인간은 비교적 자유롭고 평등합니다. 하지만 자연 상태에는 법에 따라 다툼을 해결할 공평한 재판관이 없으므로 재산의 향유가 불확실합니다. 개인들은 각자의 소유를 더 잘 보존하고자 계약을 맺습니다.
갑
을

① 갑: 평화와 안전은 절대적 공통 권력 없이도 보장될 수 있다.
② 갑: 자연 상태의 인간은 이성을 지니지 않으므로 서로 투쟁한다.
③ 을: 자연권은 국가가 성립된 이후에만 존재할 수 있는 권리이다.
④ 을: 입법부는 신탁된 권력을 지니므로 교체 대상이 될 수 없다.
⑤ 갑, 을: 국가는 개인의 권리 양도를 통한 사회 계약의 산물이다.

665

사회사상가 갑, 을, 병의 입장으로 옳은 것은?

> 갑: 자연 상태는 만인의 만인에 대한 전쟁 상태이다. 사람들은 전쟁 상태에서 벗어나 평화를 추구하라는 자연법에 따라 국가의 구속을 받아들인다.
> 을: 자연 상태는 전쟁 상태가 아니라 불완전한 평화 상태이다. 사람들은 이러한 불완전한 상태에서 벗어나 재산권 보장을 위해 국가의 구속을 받아들인다.
> 병: 자연 상태는 평화 상태에서 점차 불평등한 예속 상태로 이행한다. 사람들은 시민적 자유의 보장을 위해 자신을 일반 의지에 양도하고 국가의 구속을 받아들인다.

① 갑: 자연 상태의 인간에게는 자기 보존의 욕구가 없다.
② 을: 사회 계약 이후에는 국가만이 형벌권을 갖게 된다.
③ 병: 입법권은 국민이 선출한 대표자에게 위임될 수 있다.
④ 갑, 을: 권력 분할보다 집중이 재산권을 보장하는 최선책이다.
⑤ 갑, 병: 법률에 복종하는 시민이 법률의 제정자가 되어야 한다.

666

사회사상가 갑, 을의 입장으로 옳은 것만을 〈보기〉에서 있는 대로 고른 것은?

> 갑: 인간은 자연 상태의 평화로움과 온갖 특권에도 불구하고 상호 간 다툼을 해결할 법률과 공평한 재판관 및 집행 권력의 부재라는 열악한 상황에 처하게 된다. 이로부터 정치 사회뿐 아니라 입법권과 행정권의 기원을 찾을 수 있다.
> 을: 사회 계약으로 해결해야 할 과제는 두 가지이다. 첫째, 일반 의지의 힘으로 구성원의 신체와 재산을 보호해야 한다. 둘째, 각 개인은 전체와 결합되지만, 자신에게만 복종하고 이전과 마찬가지로 자유로울 수 있어야 한다.

[보기]
ㄱ. 갑: 자연 상태의 인간은 불가침적 권리를 지닌다.
ㄴ. 갑: 국가 권력 분립은 가능하지도 정당하지도 않다.
ㄷ. 을: 시민은 사회 계약을 통해 주권을 정부에 양도한다.
ㄹ. 갑, 을: 자연 상태에서 모든 인간은 자유롭고 평등하다.

① ㄱ, ㄴ　② ㄱ, ㄹ　③ ㄷ, ㄹ
④ ㄱ, ㄴ, ㄷ　⑤ ㄴ, ㄷ, ㄹ

667

(가)의 사상가 갑, 을의 입장을 (나) 그림으로 표현할 때, A~C에 해당하는 적절한 진술만을 〈보기〉에서 고른 것은?

(가)	갑: 국가는 다른 공동체를 모두 포괄하며 최고선을 가장 훌륭하게 추구한다. 국가는 완전한 자급자족이라는 최고 단계에 도달한 공동체이다. 을: 국가의 목적은 인간의 안전 보장이다. 자유를 사랑하는 인간이 국가에서 살기로 한 이유는 만인의 만인에 대한 투쟁 상태를 벗어나기 위함이다.
(나)	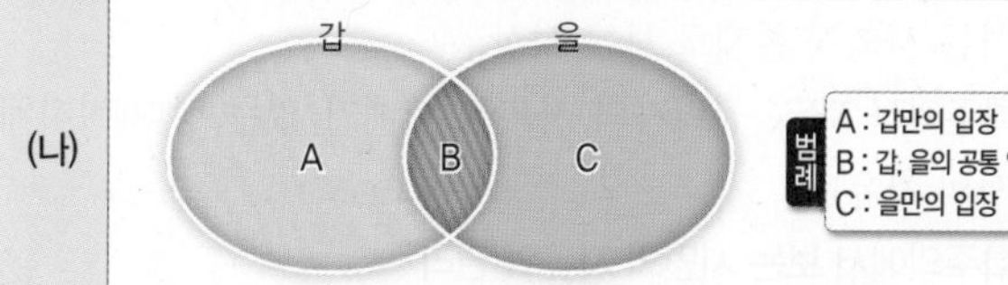

[보기]
ㄱ. A: 국가는 최고선인 행복을 추구하는 최고의 공동체이다.
ㄴ. B: 국가의 질서 유지를 위해서 주권은 분할되어야 한다.
ㄷ. B: 국가는 인간들 간의 계약으로 형성된 정치 공동체이다.
ㄹ. C: 국가 이전의 상태는 만인의 만인에 대한 투쟁 상태이다.

① ㄱ, ㄴ　② ㄱ, ㄹ　③ ㄴ, ㄷ　④ ㄴ, ㄹ　⑤ ㄷ, ㄹ

18 Ⅳ 사회사상 시민

☑ 출제 포인트 ☑ 자유에 대한 자유주의와 공화주의의 관점 비교 ☑ 관용과 애국심에 대한 자유주의와 공화주의의 관점 비교

1. 시민적 자유와 권리의 근거

1 자유주의 관점에서 본 시민적 자유와 권리

(1) 자유주의와 자유 115쪽 680번 문제로 확인

① 자유주의: 개인의 자유와 권리가 무엇보다 소중한 가치라고 보는 사상

② 자유주의적 자유: 외부의 부당한 압력이나 강제로부터 벗어난 상태로, 간섭이 없는 방임으로서의 자유(소극적 자유)

(2) 자유주의에서 보는 시민의 자유와 권리

① 국가의 목적을 개인이 스스로 선택한 신념에 따라 자유로운 삶을 영위할 수 있도록 하는 것으로 봄

② 시민적 자유와 권리의 근거를 자연권 사상에 둠

③ 법의 간섭은 최소한으로만 이루어져야 함 → 다른 시민의 자유와 권리를 침해한 때 외에는 공권력과 법이 개인의 행동을 제약할 수 없다고 봄

자료 자유에 관한 밀의 관점 116쪽 686번 문제로 확인

자유 가운데서도 가장 소중하고 또 유일하게 자유라고 이름 붙일 수 있는 것은, 다른 사람의 자유를 박탈하거나 자유를 얻기 위한 노력을 방해하지 않는 한, 각자 자신이 원하는 대로 자신의 삶을 꾸려 나가는 자유이다. 우리의 육체나 정신, 영혼의 건강을 보위하는 최고의 적임자는 누구인가? 그것은 바로 각 개인 자신이다. 우리는 자신에게 도움이 된다고 생각하는 방향으로 인생을 살아가다 일이 잘못돼 고통을 당할 수도 있다. 그렇더라도 자신이 선택한 길을 가게 되면 다른 사람이 좋다고 생각하는 길로 억지로 끌려가는 것보다 궁극적으로는 더 많은 것을 얻게 된다.

\- 밀, "자유론" -

분석 〉 자유주의자인 밀은 개인이 타인의 자유를 침해하지 않는 한, 각자 원하는 방식으로 자신의 삶을 살아갈 자유를 누려야 한다고 보았다.

2 공화주의 관점에서 본 시민적 자유와 권리

(1) 공화주의와 자유 116쪽 683번 문제로 확인

① 공화주의: 인간의 상호 의존성을 중시하며 시민을 공익을 추구하는 사회적 존재로 보는 사상

② 공화주의적 자유: 권력자의 자의적 지배가 없는 상태(비지배로서의 자유)

(2) 공화주의에서 보는 시민의 자유와 권리

① 개인은 정치 공동체의 일에 참여하는 시민이 됨으로써 자유를 실현할 수 있다고 봄

② 시민적 자유와 권리를 공동체의 법과 제도적 노력에 의해 실현되는 것으로 이해함 → 시민의 권리는 천부적 권리가 아닌 정치적·사회적 권리라고 봄

③ 법(법치)은 시민의 자유를 제한하지 않고, 오히려 자의적 권력의 지배로부터 시민의 자유를 보장하는 수단이라고 봄

2. 공동체와 공동선 및 시민적 덕성

1 공동체와 공동선

(1) 공동체와 공동선에 대한 두 관점

구분	자유주의	공화주의
공동체	공동체는 개인의 자유와 권리 보장을 위해 존재함	공동체는 시민의 비지배적 자유의 보장을 위해 존재함
공동선	공동선보다 개인의 행복과 자아실현 등 개인선을 추구함	공공의 가치와 공동선을 추구함

(2) 자유주의와 공화주의의 조화

① 자유주의는 개인이 공동체의 구성원임을 인정하며, 공화주의 또한 자유와 권리를 누리는 개인의 집합체로서의 공동체를 중시함

② 자유주의적 시민성은 공동선이나 공익을 경시하지 않으며, 공동체주의적 시민성 또한 개인선이나 사익을 경시하지 않음

2 시민적 덕성

(1) 관용에 대한 두 관점 118쪽 691번 문제로 확인

① 자유주의: 자신과 다른 견해나 행동을 승인하며, 자신의 견해나 행동을 다른 사람에게 강요하지 않는 태도 → 타인의 자유와 인권을 침해하는 일까지 관용하지는 않음

② 공화주의: 서로의 차이를 이해하고 존중하는 것으로, 비지배적 자유의 보장을 위해 시민이라면 모두 갖추어야 할 덕성

(2) 애국심에 대한 두 관점 117쪽 688번 문제로 확인

① 자유주의: 국가의 정치 체제를 규정하는 헌법의 보편적 기본 이념에 대한 국민의 동의와 충성 → 헌법 애국주의로 불림

② 공화주의: 시민의 자유를 지켜 주는 정치 공동체와 동료 시민에 대한 대승적·자발적 사랑 → 나라와 민족에 대한 무조건적 사랑을 의미하는 민족주의적 애국심과 구분되며, 인류의 보편적 가치를 강조하는 헌법 애국주의와도 차이가 있음

자료 공화주의의 애국심 117쪽 690번 문제로 확인

조국은 땅이 아니다. 땅은 그 토대에 불과하다. 조국은 땅 위에 건립된 이념이다. 그것은 사랑에 관한 사상이며, 이 땅의 자식들을 하나로 엮어 내는 공동체 의식이다. 당신의 형제 중 어느 한 사람이라도 교육받은 자들 사이에서 교육받지 못한 채 고통당하는 한, 어느 한 사람이라도 일할 수 있고, 또한 일하고자 함에도 일자리가 없어 가난하게 지내는 한, 당신에게 당신이 가져야만 하는 그러한 조국은 없다. 모두의, 그리고 모두를 위한 조국을 당신은 가지고 있지 않은 것이다.

\- 주세페 마치니 -

분석 〉 민족주의적 애국심이 혈연, 지연, 전통에 기초한 선천적 애착을 강조한다면 공화주의의 애국심은 정치 공동체 구성원들 간에 차별이 존재하지 않고 자유롭고 평등한 생활을 누릴 수 있게 하는 법과 제도에 대한 애착이며 사랑이라고 할 수 있다.

분석 기출 문제

≫ 바른답·알찬풀이 59쪽

핵심 개념 문제

•• 빈칸에 들어갈 용어를 쓰시오.

668 자유주의에서 규정하는 자유는 외부의 부당한 압력이나 강제로부터 벗어난 상태로, (　　　　)(이)라고도 한다.

669 공화주의에서 규정하는 자유는 권력자의 자의적 지배가 없는 상태로 (　　　　)(이)라고 한다.

670 (　　　　)(이)란 인간이 태어나면서 가지는 자연적이고 본래적인 권리로, 천부 인권이라고도 한다.

671 공화주의는 인간의 상호 의존성을 중시하며, 시민을 개체적 존재가 아니라 (　　　　)(으)로 보는 사상이다.

•• 다음 문장과 관련 있는 개념을 〈보기〉에서 고르시오.

672 간섭의 부재에 그치는 것이 아니라 타인에게 사적으로 종속되지 않음으로써 실현된다. (　　)

673 국가와 타인에게 구속당하지 않고 행동할 수 있는 사적 영역을 보장함으로써 실현된다. (　　)

[보기]
ㄱ. 소극적 자유　　　　ㄴ. 비지배로서의 자유

•• ㉠, ㉡ 중 알맞은 것을 고르시오.

674 (㉠ 자유주의, ㉡ 공화주의)의 관용은 타인이나 국가의 간섭을 배제하고 개인의 가치관과 취향을 존중하는 것을 말한다.

675 공화주의가 말하는 애국심은 혈연, 지연, 전통에 기초한 선천적 애착을 강조하는 민족주의적 애국심과 (㉠ 같다, ㉡ 다르다).

676 공화주의의 애국심은 구성원들 간 주종적 지배 관계가 (㉠ 있는, ㉡ 없는) 자유로운 정치 체제에 대한 애정을 의미한다.

•• 다음 설명이 옳으면 ○표, 틀리면 ×표를 하시오.

677 공화주의에서는 법치의 목적이 자의적 지배에서 시민의 자유를 보호하는 데 있다고 본다. (　　)

678 공화주의는 공공의 가치와 공동선을 존중하고, 정치를 비롯한 공적 책무에 적극적으로 참여하는 의식과 태도인 시민적 덕성을 강조한다. (　　)

679 자유주의의 애국심이란 시민의 덕성이자 기본적 책무로서, 정치 공동체와 시민 동료를 향한 대승적 사랑을 의미한다. (　　)

1. 시민적 자유와 권리의 근거

빈출
680

다음 사회사상에서 강조할 적절한 내용만을 〈보기〉에서 고른 것은?

사회적으로 주어진 역할이나 관계보다 자아가 우선한다. 개인들은 사회적 관습에의 참여에 대해 자유롭게 의문을 제기하고 그러한 관습들이 더 이상 추구할 만한 가치가 없다고 여겨지면 그 실행에 참여하지 않기로 자유롭게 선택할 수 있다. 인간은 자신의 목적을 선택하는 주체이다.

[보기]
ㄱ. 개인은 사회 속에서 삶의 의미와 목적을 찾는다.
ㄴ. 개인은 공동선을 이유로 침해할 수 없는 권리를 지닌다.
ㄷ. 공동체의 구성원들과 개인은 도덕적으로 상호 연관된 존재이다.
ㄹ. 공동체가 개인에게 간섭하여 자유를 제한하는 것은 바람직하지 않다.

① ㄱ, ㄴ　② ㄱ, ㄷ　③ ㄴ, ㄷ　④ ㄴ, ㄹ　⑤ ㄷ, ㄹ

681

㉠에 들어갈 덕목으로 옳은 것은?

자유주의에서 (㉠)은/는 나와 타인 사이의 차이를 인정하고, 타인의 일에 지나친 관심을 두거나 간섭하지 않는 태도이다. 하지만 (㉠)은/는 양심·사상·표현의 자유 등을 인정하는 것이지 이를 침해하는 행위 자체를 허용하는 것은 아니다.

① 관용　② 자유　③ 평등
④ 애국심　⑤ 공동선

682

자연권의 특징으로 적절하지 않은 것은?

① 박탈당하지 않고 영구히 보장되는 권리이다.
② 국가의 상황에 따라 선택할 수 있는 권리이다.
③ 누구도 빼앗거나 침범할 수 없는 불가침의 권리이다.
④ 사람이면 누구나 처음부터 가지고 태어나는 권리이다.
⑤ 인종, 성별, 종교, 사회적 신분과 관계없이 모든 인간이 누리는 권리이다.

IV

 » 바른답·알찬풀이 59쪽

빈출
683

㉠에 대한 설명으로 가장 적절한 것은?

> ___㉠___ 은/는 자의적 통치나 폭정으로부터 시민을 보호한다는 의미와 시민들이 공적이고 정치적인 삶에 적극적으로 참여한다는 의미를 조합한 것이다. 공화주의 사상가들은 이러한 자유의 개념을 도덕적 규범이나 헌법 구조와 관련하여 토론해 왔다. 공화주의의 도덕적 관심은 투철한 공공정신과 명예, 그리고 애국심을 포함하는 시민적 덕성에 관한 믿음을 반영한다.

① 간섭이 없는 상태인 방임으로서의 자유이다.
② 개인에게 특정 가치관을 강제할 수 있는 자유이다.
③ 일체의 사적인 지배 가능성 자체를 벗어나는 자유이다.
④ 국가와 타인에게 구속당하지 않고 행동할 수 있는 사적 영역을 보장하는 자유이다.
⑤ 자신의 의지에 따라서 스스로가 원하는 삶을 능동적으로 실현할 수 있는 자유이다.

684

(가)에 비해 (나)의 입장에서 강조할 내용으로 가장 적절한 것은?

> (가) 개인의 권리는 타인이나 국가에 의해 간섭받지 않는 천부인권이다. 따라서 자신의 삶의 방식대로 살 권리를 침해당해서는 안 된다. 국가는 한 사람의 삶의 방식이 다른 사람의 삶의 방식보다 더 바람직하다고 전제해서는 안 된다.
> (나) 시민의 권리는 자연적으로 주어지는 천부 인권이 아니라 공동체 내의 시민이 만들어 내고 향유하는 정치적·사회적 권리이다. 이러한 권리는 공동체 구성원 사이의 심의를 통해 구성되고 법에 의해 보장받는다.

① 인간은 삶의 목적을 스스로 선택하는 독립적 존재이다.
② 사회는 개인의 자유와 권리를 실현하기 위한 수단이다.
③ 국가는 개인에게 특정 가치를 따르도록 해서는 안 된다.
④ 공동선은 별도로 존재하지 않고 개인선의 단순 합산에 불과하다.
⑤ 개인적 자유와 권리의 실현은 정치 공동체의 존재 없이는 불가능하다.

685

다음에서 제시하는 사회사상의 입장으로 가장 적절한 것은?

> 가치의 척도는 각자 개인의 정신 속에서만 존재하기 때문에 진리들은 개인마다 다르다. 개인의 목적이 최고의 선이므로 타인에게 해를 끼치지 않는 한 자기 자신의 가치와 선호에 따라 행동할 수 있어야 한다.

① 개인의 권리보다 공동체의 책무를 중시한다.
② 공동선의 실현을 위해 개인의 헌신을 강요한다.
③ 사회를 개인들의 합산 그 이상의 것으로 인식한다.
④ 자유는 어떠한 이유로도 제한될 수 없는 것으로 이해한다.
⑤ 개인은 자신의 인격을 표현할 권리를 소유하고 있다고 믿는다.

빈출
686

다음을 주장한 근대 서양 사상가의 입장에만 모두 '✓'를 표시한 학생은?

> 자유 가운데서도 가장 소중하고 또 유일하게 자유라고 이름붙일 수 있는 것은, 다른 사람의 자유를 박탈하거나 자유를 얻기 위한 노력을 방해하지 않는 한, 각자 자신이 원하는 대로 자신의 삶을 꾸려 나가는 자유이다. 우리의 육체나 정신, 영혼의 건강을 보위하는 최고의 적임자는 누구인가? 그것은 바로 각 개인 자신이다. 우리는 자신에게 도움이 된다고 생각하는 방향으로 인생을 살아가다 일이 잘못돼 고통을 당할 수도 있다. 그렇더라도 자신이 선택한 길을 가게 되면 다른 사람이 좋다고 생각하는 길로 억지로 끌려가는 것보다 궁극적으로는 더 많은 것을 얻게 된다.

입장 \ 학생	갑	을	병	정	무
개인의 자유는 정당한 이유 없이 제한되어서는 안 된다.	✓	✓		✓	
다른 사람의 자유와 권리를 자신의 것보다 우선해야 한다.	✓		✓		✓
개인의 행위가 타인에게 해를 끼친다면 제재의 대상이 된다.		✓		✓	✓
자신의 이익을 위하여 타인의 자유와 권리를 부당하게 침해해서는 안 된다.			✓	✓	✓

① 갑 ② 을 ③ 병 ④ 정 ⑤ 무

2. 공동체와 공동선 및 시민적 덕성

687

다음을 주장한 현대 서양 사상가가 부정의 대답을 할 질문으로 가장 적절한 것은?

> 개별적 삶을 살아가는 개별적 개인 외에 그 어떤 사회적·정치적 실재도 없다. 각자 자신의 목적을 추구할 자유는 재산과 자원 축적의 권리와 결합해 있다. 모든 이에 공통된 단일한 유토피아는 없으며, 각자가 자기만의 유토피아를 추구할 수 있는 하나의 틀로서 최소 국가만이 도덕적으로 정당하다.

① 공동선은 개인이 추구하는 개인선의 총합인가?
② 국가는 개인의 삶에 적게 간섭할수록 좋은 것인가?
③ 개인의 자유가 최대한 보장된 최소 국가가 바람직한가?
④ 개인은 스스로의 삶을 선택할 수 있는 개체적 존재인가?
⑤ 애국심은 독재로부터 시민의 자유를 수호하는 차원에서 발휘되어야 하는 것인가?

빈출
688

갑, 을의 입장에 대한 설명으로 옳은 것은?

> 갑: 애국심이란 국가의 정치 체제를 규정하는 헌법의 기본 이념에 대한 국민적 동의와 충성이야. 따라서 헌법 정신을 기준으로 헌법 정신에 따르는 애국심만을 진정한 애국심으로 여겨야 해.
> 을: 애국심이란 시민의 자유를 지켜 주는 정치 공동체와 동료 시민에 대한 대승적이고 자발적 사랑이야. 따라서 정치 공동체의 자유를 수호함으로써 시민의 자유를 확보하는 것만을 진정한 애국심으로 여겨야 해.

① 갑은 특정 공화국에 대한 애정과 충성심을 진정한 애국심으로 본다.
② 갑은 애국심을 자유, 민주주의, 인권 등에 헌신하고자 하는 마음으로 표현한다.
③ 을은 자신이 태어난 나라와 민족에 대한 무조건적 사랑을 강조한다.
④ 을은 정치 공동체의 문화, 전통 등과 무관한 보편적 가치를 강조한다.
⑤ 갑, 을은 모두 자신이 소속된 민족의 이익을 최우선적 가치로 삼는다.

689

갑, 을의 입장으로 적절하지 않은 것은?

> 갑: 나는 법적으로 특정한 나라의 시민일 수 있다. 그러나 만약 내가 시민으로서 책임을 떠맡기로 명시적으로나 암묵적으로 선택하지 않는다면 사람들은 나에게 나의 나라가 행한 것에 대해 책임을 물을 수 없다.
> 을: 나는 공적인 일에 관심을 가지고 참여하며, 공동체에 필요한 기여와 헌신을 의무로 여기는 시민이다. 우리에게 주어진 자유와 권리는 국가의 번영에 해를 끼치지 않는 한도 내에서만 허용되는 제한된 것이며, 그 근거는 시민이 스스로 동의한 법에서 찾을 수 있다.

① 갑: 공동체의 특정 가치를 개인에게 강요해서는 안 된다.
② 갑: 모든 국민은 공동체가 이끄는 특정 가치관을 수용해야 한다.
③ 을: 전체의 의견을 모아 탄생한 법률에 시민 모두가 따라야 한다.
④ 을: 공동체 전체에 지배적 영향력을 행사하는 개인이 있어서는 안 된다.
⑤ 을: 공동선을 실현하기 위해 정치 참여를 필수적인 요소로 여겨야 한다.

690

다음에서 제시하는 국가의 관점과 상통하는 내용만을 〈보기〉에서 있는 대로 고른 것은?

> 조국은 땅이 아니다. 땅은 그 토대에 불과하다. 조국은 이 토대 위에 건립된 이념이다. 그것은 사랑에 관한 사상이며, 이 땅의 자식들을 하나로 엮어 내는 공동체 의식이다. 당신의 형제 중 어느 한 사람이라도 교육받은 자들 사이에서 교육받지 못한 채 고통당하는 한, 어느 한 사람이라도 일할 수 있고 또한 일하고자 함에도 일자리가 없어 가난하게 지내는 한, 당신에게 당신이 가져야만 하는 그러한 조국은 없다. 모두의, 그리고 모두를 위한 조국을 당신은 가지고 있지 않은 것이다.

[보기]
ㄱ. 애국심은 혈연, 전통에 기초한 선천적 애착이다.
ㄴ. 조국은 법으로써 시민의 자유를 지켜 주는 국가이다.
ㄷ. 자유롭고 평등한 정치 체제의 지향이 참된 애국이다.
ㄹ. 애국의 대상인 조국은 단순히 시민이 태어난 장소를 의미한다.

① ㄱ, ㄷ ② ㄱ, ㄹ ③ ㄴ, ㄷ
④ ㄱ, ㄴ, ㄹ ⑤ ㄴ, ㄷ, ㄹ

빈출
691

(가), (나) 사회사상의 ㉠, ㉡에 대한 설명으로 옳지 않은 것은?

(가) ㉠ 관용이란 자신과 다른 견해나 행동을 승인하며 자신의 견해나 행동을 다른 사람에게 강요하지 않는 태도를 의미한다.
(나) ㉡ 관용이란 서로의 차이를 단순히 허용하는 것을 넘어 비지배의 조건을 보장받기 위해 타인의 자율성을 존중하는 것이다.

① ㉠은 사적 권리를 보호하기 위해 중요한 덕목이다.
② ㉠은 자신과 다른 견해를 허용한다는 태도를 포함한다.
③ ㉡은 시민적 덕성과 밀접한 관련성을 지닌다.
④ ㉡은 공적 공간에서 시민들에게 요구되는 덕목이다.
⑤ ㉠, ㉡은 타인의 인권과 자유를 침해하는 일까지 허용함을 의미한다.

692

(가), (나) 사회사상의 입장을 다음 그림과 같이 설명할 때, A, B에 들어갈 척도가 바르게 연결된 것은?

(가) 올바른 시민성은 개인의 자유와 권리를 주장하고 이를 제한하려는 부당한 억압에 맞설 수 있는 능력과 의지를 중시해야 한다.
(나) 올바른 시민성은 공동선에 개인이 기여하고 헌신하려는 참여의 태도와 비지배로서의 자유를 주장하되 법치에 복종하는 덕 있는 모습을 지향해야 한다.

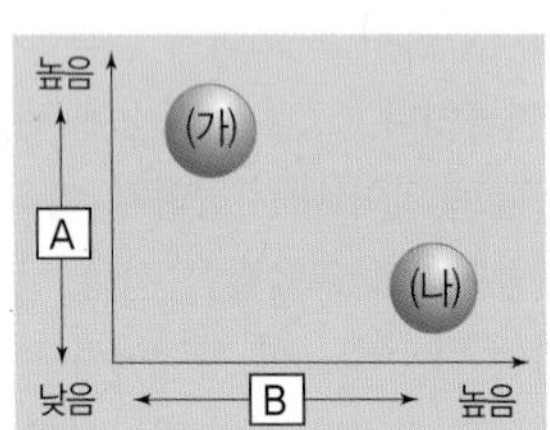

	A	B
①	공익을 위해 사익 추구 제한을 허용하는 정도	권리를 자연적이고 본래적인 것으로 여기는 정도
②	타인의 지배를 받지 않을 자유를 중시하는 정도	공동선 증진을 위한 정치 참여를 중시하는 정도
③	가치에 대해 국가의 중립성을 강조하는 정도	공동선 증진을 위한 정치 참여를 중시하는 정도
④	타인의 지배를 받지 않을 자유를 중시하는 정도	공익을 위해 사익 추구 제한을 허용하는 정도
⑤	가치에 대해 국가의 중립성을 강조하는 정도	권리를 자연적이고 본래적인 것으로 여기는 정도

1등급을 향한 서답형 문제

693 서술형

다음 질문에 대하여 자유주의자라면 어떻게 답변할지 서술하시오.

한 나라에서 이슬람 여성이 종교적 이유로 신체 대부분을 가리는 수영복을 입고 해변이나 수영장에 나타난 행위에 관련해 논란이 일어났어요. 그 나라에서는 정치와 종교를 엄격하게 분리하는 헌법에 따라 종교적 자유를 인정하면서도 성직자가 아닌 일반인이 공공장소에서 종교적 표현과 행위를 하는 것을 금지해 왔기 때문입니다. 이 문제를 어떻게 처리하면 좋을까요?

[694~696] 다음 글을 읽고 물음에 답하시오.

노예에게 간섭하지 않는 착한 주인이 있을 수 있다. 그러나 노예는 주인의 지배하에 있으므로 언제든지 간섭받을 가능성이 있는 종속된 존재이다. ㉠ 비지배로서의 자유는 이러한 사적인 지배 가능성 자체를 벗어나려는 것이다.

694

㉠을 강조하는 사상은 무엇인지 쓰시오.

695 서술형

㉠과 소극적 자유의 차이를 서술하시오.

696 서술형

㉠과 법치의 관계를 서술하시오.

적중 1등급 문제

» 바른답·알찬풀이 61쪽

697

사회사상가 갑, 을의 입장으로 옳은 것은?

> 갑: 나의 활동이 누구의 간섭도 받지 않는 만큼 나는 자유롭다. 타인의 방해를 받지 않는 영역이 일정한 한계를 넘어서 축소될 때, 나는 강제받고 있거나 노예가 되었다고 할 수 있다.
> 을: 자유는 시민과 노예 간의 대조를 통해 표현된다. 노예와는 달리 자유의 조건은 타인의 자의적 권력에 종속되지 않는 사람, 즉 타인에 의해 지배받지 않는 사람의 지위로 설명된다.

① 갑: 소극적 자유는 진정한 자유가 아니다.
② 갑: 타인의 간섭을 받지 않는 영역을 없애야 한다.
③ 을: 시민권은 자연적으로 주어지는 천부 인권이다.
④ 을: 자의적 권력이 지배하는 사회를 지향해야 한다.
⑤ 갑, 을: 시민의 자유를 보장하기 위해 법치가 필요하다.

698

(가) 사상에 비해 (나) 사상이 갖는 상대적 특징을 그림의 ㉠~㉤ 중에서 고른 것은?

> (가) 개인의 자유와 권리는 자연적으로 주어지는 것이 아니라 정치 공동체의 법과 제도를 통해 만들어지는 것이다. 개인은 공화국 안에서 타인의 자의적 지배를 받지 않는 자유를 누려야 한다.
> (나) 개인의 자유와 권리는 자연권에 근거한다. 공동체가 개인의 삶에 간섭하거나 자유를 무분별하게 제한하는 것은 바람직하지 않다. 개인은 외부의 부당한 압력이나 방해가 없는 소극적 자유를 누려야 한다.

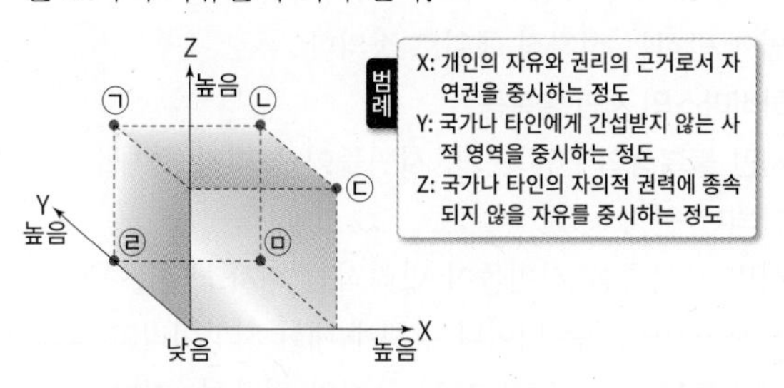

① ㉠ ② ㉡ ③ ㉢ ④ ㉣ ⑤ ㉤

699

(가)의 갑, 을 사상가의 입장을 (나) 그림으로 표현할 때, A~C에 해당하는 적절한 진술만을 〈보기〉에서 고른 것은?

(가)
갑: 자유란 예속이 없는 상태이다. 다시 말해 자유는 권력의 자의적 의지에 종속되어 있지 않은 것이다. 예속으로 인해 자유가 부정되면 시민들은 공포에 빠진다.
을: 자유란 타인에게 방해받지 않고 행동할 수 있는 상태를 의미한다. 어떤 목표를 추구할 때 외부의 의도적인 강제로 인해 그것을 달성하지 못했을 경우 자유가 없다고 할 수 있다.

(나)
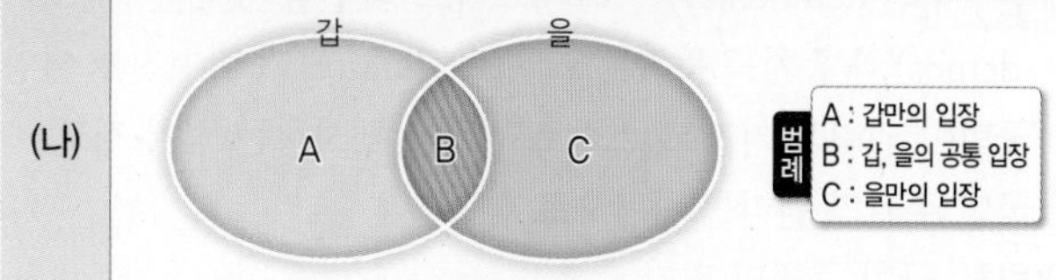

[보기]
ㄱ. A: 법치의 목적은 시민의 자연권을 보호하는 것이다.
ㄴ. B: 참된 자유는 '~가 없는 상태'로 표현될 수 있다.
ㄷ. B: 권력의 자의적 지배나 자의적 간섭을 배제해야 한다.
ㄹ. C: 모든 법적 규제를 철폐해야 진정한 자유가 실현된다.

① ㄱ, ㄴ ② ㄱ, ㄷ ③ ㄴ, ㄷ ④ ㄴ, ㄹ ⑤ ㄷ, ㄹ

700

그림은 사회사상가 갑, 을의 가상 대화이다. 을이 갑에게 제기할 비판으로 가장 적절한 것은?

자유의 핵심은 개인의 선택이나 활동에 대한 간섭이 부재한 상태입니다. 우리에게는 아무도 마음대로 간섭할 수 없는 자신만의 영역이 필요합니다.

자유의 핵심은 자의적인 지배 권력이 부재한 상태입니다. 예를 들어 선한 주인에 의해 간섭받지 않는 노예라 할지라도 그는 진정으로 자유로운 것이 아닙니다.

① '~부터의 자유'가 진정한 자유임을 간과한다.
② 지배가 아닌 간섭의 부재가 자유의 핵심임을 간과한다.
③ 개인의 삶에 간섭하는 어떤 법도 정당할 수 없음을 간과한다.
④ 간섭의 부재만으로는 진정한 자유를 누릴 수 없음을 간과한다.
⑤ 선한 주인을 둔 노예는 진정한 자유를 누릴 수 있음을 간과한다.

IV

19 Ⅳ 사회사상
민주주의

✓ 출제 포인트 ✓ 로크와 루소의 사회 계약 사상 비교 ✓ 현대 민주주의의 다양한 형태 ✓ 시민 불복종의 정당화 조건

1. 근대 민주주의의 지향과 자유 민주주의

1 민주주의의 의미와 원칙

(1) 의미

① 민주주의(democracy)는 그리스어로 국민을 뜻하는 '데모스(demos)'와 통치를 뜻하는 '크라토스(kratos)'가 합쳐진 용어임

② 국민이 권력을 가지고 스스로 권력을 행사하는 정치 제도 → 국민 주권의 원리를 바탕으로 함

(2) 원칙: 국민 주권의 원리

① **모든 시민의 동등한 참여 권한과 기회의 원칙**: 시민에게 성별, 사회적·경제적 지위, 인종, 종교 등에 제한을 두지 않고 공공의 일에 참여할 동등한 권한과 기회를 부여함

② **권력 구성과 집행에 대한 시민의 통제 원칙**: 시민은 정치 지도자를 선출하고 감시하며, 국가 운영의 결과에 대한 책임을 물을 수 있음

2 민주주의의 발전

(1) 고대 그리스 민주주의

① 민주주의의 기원으로, 성인 남성 시민으로 구성된 민회에서 공동체의 주요 사항을 토론·결정하는 직접 민주 정치가 시행되었음

② 재산을 가진 성인 남성만을 시민으로 규정하여 여자와 노예, 외국인 등의 정치 참여를 제한하였음

(2) 근대 자유 민주주의의 발전

① **사회 계약론**: 억압적 정치 질서를 개혁하고 자유와 평등의 가치를 보장함으로써 인간 존엄성을 실현하고자 하는 근대 자유 민주주의 확립의 사상적 토대가 됨

② 로크와 루소의 사회 계약 사상 ⓒ 121쪽 717번 문제로 확인

로크	• 자연 상태의 개인은 자신의 생명, 자유, 재산을 안전하게 보장받기 위해 계약을 맺고 정치 공동체의 구성원이 되었음 • 법치주의와 권력 분립(입법권과 집행권의 분립)을 주장함
루소	• 자연 상태에서 자유로웠던 인간은 사유 재산의 발생과 함께 불평등과 예속의 상태에 처하게 됨 → 주권자의 일원이 되는 계약을 맺어 국가를 만들고 시민적 자유를 회복할 수 있음 • 정치 공동체는 개인의 사적 이익을 초월하여 오로지 공공의 이익을 지향하는 일반 의지에 근거하여 운영되어야 함

③ 자유 민주주의의 발전

- 근대 민주주의는 자유의 보장을 최고의 가치로 삼는 자유주의와 결합하여 자유 민주주의로 발전함 → 인간의 존엄, 자유, 평등을 지향함
- 현대 사회는 근대 자유 민주주의의 이념을 실현하기 위해 이를 헌법상의 기본 권리로 규정하고 시민의 참여와 소통을 강조하고 있음

2. 자율성과 책임성 및 시민의 소통과 유대

1 현대 민주주의의 규범적 특징 ⓒ 122쪽 718번, 720번 문제로 확인

(1) 엘리트 민주주의

의미	유권자인 시민이 선거를 통해 적절한 대표자를 선출하여 국정을 위임하는 형태의 민주주의 → 국민에 의한 지배보다 정치가에 의한 지배 강조
특징	• 시민의 투표가 대표자의 정치적 행위에 정당성을 부여함 • 시민은 대표자가 기대에 부응하지 못하면 물러나게 할 책임을 짐
한계	• 정치가가 시민의 다양한 의사를 대표하였는지 파악하기 어려움 • 시민의 정치적 의사가 대표자에 의해서만 표출되므로 시민의 정치 참여 욕구를 제한함

(2) 참여 민주주의

의미	다수의 시민이 의사 결정 과정에 자발적으로 참여하는 형태의 민주주의
특징	시민 다수가 공동체의 의사 결정 과정에 참여할 기회를 부여하여 자율성과 책임성의 범위를 시민 전체로 확대함
한계	시민이 자신이나 자신이 속한 집단의 이해관계만을 최우선으로 생각하는 이기적 태도를 보이면 시민 전체의 의지가 왜곡될 수 있음

(3) 심의 민주주의

의미	시민이 직접 공적 심의 과정에 참여해 정책을 결정하는 형태의 민주주의
특징	• 다양한 이해관계와 정치적 견해를 가진 사람들이 공적 심의에 참여하여 공공성을 추구하는 정책을 만들 수 있음 • 정책 결정 과정에서 소통이 활성화되어 시민들의 유대가 강화됨
한계	심의 과정에서 모든 시민이 동등한 기회를 부여받지 못하거나 합리적 의사소통이 결여되는 경우 심의 결과에 문제가 생길 수 있음

2 시민 불복종 ⓒ 122쪽 719번 문제로 확인

(1) 소로의 시민 불복종: 양심을 시민 불복종의 판단 근거로 삼아, 양심에 어긋나는 법과 정책에 복종하지 않을 수 있다고 주장함

(2) 롤스의 시민 불복종

① 시민 불복종의 판단 근거: 공적인 정의관

② 시민 불복종을 법이나 정부의 정책에 변혁을 가져올 목적으로 행해지는, 공공적이고 비폭력적이며 양심적이긴 하지만 법에 반하는 정치적 행위로 정의함

(3) 하버마스의 시민 불복종

① 시민 불복종의 판단 근거: 시민들이 합리적 의사소통을 통해 합의한 원칙

② 시민 불복종을 시민들이 합리적인 의사소통을 통해 합의한 원칙에 어긋나는 법이나 정책에 대한 저항이라고 정의함

(4) 시민 불복종의 정당화 기준: 목적의 정당성, 처벌 감수, 공개성, 비폭력성, 최후의 수단 등

분석 기출 문제

바른답·알찬풀이 61쪽

핵심 개념 문제

빈칸에 들어갈 용어를 쓰시오.

701 (　　　　)(이)란 국민이 권력을 가지고 스스로 권력을 행사하는 정치 제도를 의미한다.

702 유권자인 시민이 전문성을 지닌 대표자를 선출하여 국정을 맡기는 민주주의 형태를 (　　　　)(이)라고 한다.

703 롤스는 시민 불복종이 정당화되기 위한 근거로 공적인 (　　　　)을/를 제시하였다.

다음 내용이 옳으면 ○표, 틀리면 ×표를 하시오.

704 로크는 개인의 사적 이익을 초월하여 공공의 이익만을 지향하는 일반 의지를 주장하였다. (　　)

705 시민이 직접 공적 심의 과정에 참여해 정책을 결정하는 것을 시민 불복종이라고 한다. (　　)

706 하버마스는 사람들 사이의 합리적인 대화와 토론에서 시민 불복종의 근거를 찾는다. (　　)

서양 사상가와 그들이 주장한 시민 불복종의 근거를 바르게 연결하시오.

707 소로 • 　　　　• ㉠ 공적인 정의관에 근거

708 롤스 • 　　　　• ㉡ 법보다 양심에 근거

709 하버마스 • 　　　　• ㉢ 합리적 의사소통에 근거

㉠, ㉡ 중 알맞은 것을 고르시오.

710 로크는 권력의 남용을 막기 위해 견제와 균형의 원리에 입각한 (㉠ 자연 상태, ㉡ 권력 분립)을/를 주장하였다.

711 선출된 대표가 시민의 다양한 의사를 얼마만큼 잘 대표했는지 알 수 없고, 시민의 정치 참여 욕구를 제한한다는 비판을 받는 민주주의 형태는 (㉠ 엘리트, ㉡ 참여) 민주주의이다.

712 소로는 법에 대한 존경심보다는 먼저 정의에 대한 존경심을 기르는 것이 중요하며, (㉠ 준법, ㉡ 양심)에 근거하여 시민 불복종을 해야 한다고 주장하였다.

다음 문장과 관련 있는 개념을 〈보기〉에서 고르시오.

713 법에 따라 통치하는 법치주의를 주장하였다. (　　)

714 일반 의지에 의한 국가 운영을 주장하였다. (　　)

[보기]
ㄱ. 로크　　　　ㄴ. 루소

1. 근대 민주주의의 지향과 자유 민주주의

715

㉠, ㉡에 대한 설명으로 적절하지 않은 것은?

㉠ 고대 그리스 아테네의 민주 정치는 모든 시민이 최고 의결 기관인 민회를 통해 국정에 참여할 수 있었다. 한편 ㉡ 현대 민주주의는 국민들이 자신을 대리하여 정치하도록 선거를 통해 대표를 뽑고, 절차적 공정성을 중시한다.

① ㉠은 대부분의 공직을 추첨으로 선출하였다.
② ㉠은 30세 이상의 남성과 여성만을 시민으로 제한하였다.
③ ㉡은 시민 대표와 시민의 의견이 다를 수 있다고 본다.
④ ㉡은 투표로 대표자의 정치 행위에 정당성을 부여한다.
⑤ ㉠, ㉡은 모두 시민의 평등한 권리를 중시한다.

716

㉠에 대한 설명으로 적절하지 않은 것은?

국민이 평등한 시민의 자격으로 정치에 참여하는 민주주의가 정착하는 데에는 (㉠)이/가 큰 영향을 끼쳤다.

① 대표 사상가에는 홉스, 로크, 루소가 있다.
② 인위적인 실정법에 바탕을 둔 계약 사상이다.
③ 사회는 인간의 동의를 통해 형성된 것으로 본다.
④ 모든 인간은 양도할 수 없는 권리를 가진다고 본다.
⑤ 자신의 기본권을 계약을 맺어 보호해야 한다고 본다.

빈출
717

다음을 주장한 근대 서양 사상가의 입장만을 〈보기〉에서 고른 것은?

정부가 해체되면 국민은 스스로 대비할 자유를 가진다. 자신들의 안전과 이익에 가장 적합하다고 여기는 데 따라 종전과 다른 새 입법 기구를 수립할 수 있다.

[보기]
ㄱ. 사유 재산의 발생으로 인간은 자유를 속박당한다.
ㄴ. 자신의 동의 없이는 정치권력에 예속되지 않는다.
ㄷ. 인간은 태어나면서부터 자유롭고 평등한 존재이다.
ㄹ. 개인의 안전을 확보하기 위해 절대 권력이 필요하다.

① ㄱ, ㄴ　② ㄱ, ㄷ　③ ㄴ, ㄷ　④ ㄴ, ㄹ　⑤ ㄷ, ㄹ

2. 자율성과 책임성 및 시민의 소통과 유대

빈출
718
(가), (나)에 대한 설명으로 적절하지 않은 것은?

> (가) 선거를 통해 전문성을 지닌 대표자를 선출해 정책 문제를 해결하는 민주주의이다.
> (나) 다수의 시민이 의사 결정 과정에 자발적으로 참여하는 민주주의를 포괄적으로 일컫는 말이다.

① (가)는 직접 민주주의의 이상을 간접적인 방법으로 실현한다.
② (가)는 선출된 대표자가 시민의 다양한 의견을 반영하지 못할 수 있다.
③ (나)는 시민이 정책 결정 과정에서 의미 있는 일을 할 수 있다.
④ (나)는 참여한 시민들이 자기 집단의 이익에만 집착하여 시민 전체의 의지가 왜곡될 수 있다.
⑤ (가), (나)는 모두 국가 권력의 정당성을 서로 다른 근원에서 찾는다.

빈출
719
(가)를 주장한 사상가의 입장을 (나) 그림으로 탐구하고자 할 때, A, B에 들어갈 내용으로 옳지 않은 것은?

(가)	시민들의 부정의한 법에 대한 불복종은 공유된 정의관에 의해 정당화된다. 이러한 불복종은 거의 정의로운 국가에서 체제의 합법성을 인정하는 시민들에 의해서만 생긴다.
(나)	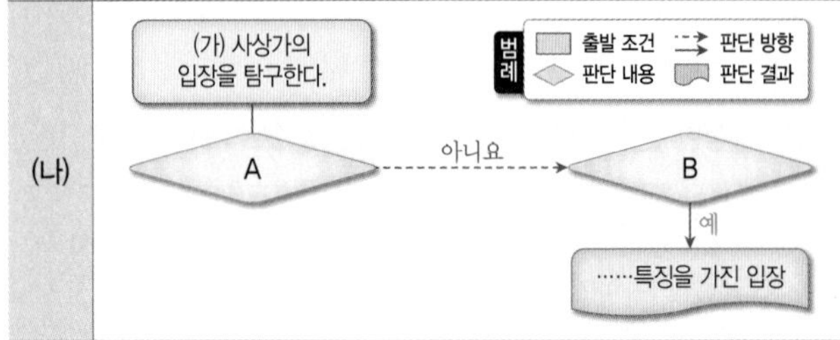

① A: 시민 불복종은 법을 준수하는 정치적 행위이다.
② A: 시민 불복종은 법이나 정책에 변혁을 가져올 목적으로 행해진다.
③ B: 시민 불복종의 근거는 사회적 다수의 정의관이다.
④ B: 시민 불복종은 공공적이고 비폭력적이며 양심적이다.
⑤ B: 시민 불복종은 정의에 관한 중대하고 명백한 침해에 국한되어야 한다.

빈출
720
다음 현대 민주주의의 입장으로 적절하지 않은 것은?

> 민주 정치에서 의사 결정의 정당성은 다수결만으로 확보되지는 않는다. 의사 결정은 개인들의 선호를 단순히 종합한 결과로 간주될 수 없으며, 합당하고 도덕적인 근거를 갖고 있어야 한다. 따라서 각자의 선호를 공적 의사로 전환하는 심의가 필수적이다. 의사 결정의 민주적 정당성은 시민들의 자유롭고 이성적인 대화와 논증 절차 여부에 달려 있는 것이다.

① 모든 시민은 자유롭게 토론에 참여해야 한다.
② 심의 주체들은 평등한 관계에서 의견을 개진해야 한다.
③ 상호 이해와 소통을 도모할 수 있는 공론의 장(場)을 마련해야 한다.
④ 이성의 공적 사용을 전제로 공공선을 추구하는 정책을 만들어 나가야 한다.
⑤ 시민은 전문가와 대표자로 구성된 심의 기구를 통해 자신의 선호를 반영해야 한다.

1등급을 향한 서답형 문제

[721~723] 다음 대화를 읽고 물음에 답하시오.

> 갑: 현대 엘리트 민주주의는 대표자가 시민의 다양한 의견을 충분히 반영하지 못하는 대표성의 문제, 대표자와 시민들 간의 입장 불일치와 같은 의사소통의 문제가 있습니다. 이러한 문제를 어떻게 해결할 수 있을까요?
> 을: ㉠ 어떤 서양 사상가는 윤리적 행위의 기반을 담론 공동체에서 찾고 의사소통의 합리성을 강조하였습니다. 이 사상가가 주장한 바와 같이 정책 결정 과정에서 시민들과의 소통을 활성화하고 심의 과정에 참여한 시민이 합리적인 의사소통을 통해 심의 결과에 대한 정당성을 확보하고자 하는 현대 민주주의 형태가 (㉡)입니다.

721
㉠에 해당하는 사상가를 쓰시오.

722
㉡에 들어갈 알맞은 용어를 쓰시오.

723 서술형
㉡에 들어갈 용어의 의미를 서술하시오.

적중 1등급 문제

» 바른답·알찬풀이 63쪽

724

다음을 주장한 사회사상가의 입장으로 옳은 것만을 〈보기〉에서 있는 대로 고른 것은?

민주주의는 국민의 표를 얻는 데 성공한 결과로서, 모든 문제에 대한 결정권을 특정 개인들에게 부여하는 방식을 통해 정치적 결정에 도달하려는 제도적 장치이다. '국민'과 '지배'라는 용어의 분명한 의미가 무엇이건 간에, 민주주의는 국민이 실제로 지배하는 것을 의미하지 않으며 또한 의미할 수도 없다. 민주주의는 다만 국민이 그들을 지배할 예정인 사람들을 승인하거나 부인할 기회를 가지고 있음을 의미할 따름이다.

[보기]

ㄱ. 민주주의는 엘리트가 득표 경쟁을 하는 제도적 장치이다.
ㄴ. 시민은 국가의 모든 문제에 대한 결정권을 직접 행사해야 한다.
ㄷ. 시민의 역할은 지도자를 선출하는 투표자의 역할에 한정되어야 한다.
ㄹ. 시민은 엘리트보다 비합리적인 편견을 가지거나 충동에 빠지는 경향이 있다.

① ㄱ, ㄴ ② ㄴ, ㄹ ③ ㄷ, ㄹ
④ ㄱ, ㄴ, ㄷ ⑤ ㄱ, ㄷ, ㄹ

725

그림의 강연자가 지지할 주장으로 가장 적절한 것은?

민주적 의사 결정에서는 다양하고 풍부한 토의 과정을 통해 시민의 동의를 얻을 수 있는 합의가 중요합니다. 선출된 사람들에게만 정책에 대한 심의와 결정을 전적으로 맡겨서는 안 됩니다. 의사 결정 자체보다는 집단적 의사 결정 과정의 '질(質)'을 높이는 것이 더 중요하기 때문입니다. 시민들 간의 대화, 협의, 합의의 과정에서 전개되는 정치적 행위는 가장 적극적인 형태의 정치 참여이며, 순전히 사적인 이익을 표출할 수도 있는 투표 행위와는 대조적으로 공적인 성격이 강합니다.

① 공적 심의를 통해 정책 결정의 공공성을 강화해야 한다.
② 선거로 선출된 사람들만 정책을 심의하고 결정해야 한다.
③ 신속한 의사 결정을 위해 의사 표현의 기회를 제한해야 한다.
④ 정책 심의의 효율성을 위해 시민의 정치 참여를 배제해야 한다.
⑤ 시민들이 사적인 이익을 표출할 수 있는 기회를 확대해야 한다.

726

사회사상가 갑, 을의 입장으로 옳은 것은?

갑: 민주주의는 대표의 선출을 통한 결정의 위임을 1차적인 것으로, 유권자에 의한 문제 결정을 2차적인 것으로 삼는다. 민주주의는 유권자의 표를 얻기 위해 정치가들 사이에서 벌어지는 자유 경쟁이자 정치가의 통치이다. 시민들의 역할은 정치 영역에 직업적 전문성을 갖춘 정치가들을 받아들이거나 거부하는 것이다.
을: 민주주의의 기본 특징은 심의에 있다. 시민들은 정치 문제와 관련된 공적 심의를 할 때 의견을 교환하고 의견을 지지하는 근거들에 대해 토론한다. 그리고 이들은 자신들의 의견이 토론을 통해 수정될 수 있음을 가정한다. 그러므로 개진된 개인의 의견은 단순히 사적이거나 비정치적인 이익에 입각한 고정된 것이 아니다.

① 갑: 시민들은 엘리트 정치가의 통치를 거부해야 한다.
② 갑: 시민들은 정치 영역에서 직업적 전문성을 갖춰야 한다.
③ 을: 시민들의 의견은 공적 심의 과정에서 변할 수 있다.
④ 을: 시민들의 이해관계가 상충하면 공적 심의는 불가능하다.
⑤ 갑, 을: 시민들은 정책 결정을 정치가에게 일임해야 한다.

727

사회사상가 갑, 을의 입장으로 옳은 것은?

갑: 특정 지식이 제한된 최초 상황에서 당사자들은 전체의 선이라는 이름으로 소수의 자유를 빼앗는 원칙에 합의하지 않는다. 하지만 가장 불리한 사람의 처지를 향상하는 원칙에는 합의한다.
을: 일체의 외적 강제력이 배제되고, 상호 간 비판에 열려 있는 이상적 의사소통 상황에서 당사자들은 자기주장의 타당성을 입증한다. 언어 능력과 행위 능력이 있는 모든 당사자는 담론에 참여하는 것이 허용된다.

① 갑은 시민 불복종을 합리적 의사소통이 결여된 정책에 대한 거부 행위로 본다.
② 을은 시민 불복종이 비공개적 방식으로 이루어져야 한다고 본다.
③ 갑은 을과 달리 시민 불복종이 사회적 다수에 의해 공유된 정의관에 근거해야 한다고 본다.
④ 을은 갑과 달리 시민 불복종이 비폭력적인 방식으로 행해져야 한다고 본다.
⑤ 갑, 을은 모두 개인의 양심을 시민 불복종의 판단 기준으로 삼는다.

20 Ⅳ 사회사상

자본주의

✓ 출제 포인트 ✓ 자본주의의 전개 과정과 특징 파악 ✓ 자본주의의 윤리적 문제점 파악

1. 자본주의의 규범적 특징과 기여

1 자본주의의 의미와 사상적 배경

(1) **의미:** 사유 재산 제도를 바탕으로 시장에서의 자유 교환을 중심으로 하는 경제 체제

(2) **사상적 배경**

자유주의	• 개인의 자유를 보장하고, 봉건적 체제의 구속과 국가의 부당한 간섭을 거부하는 사상 • 자본주의의 사유 재산과 경제적 자유에 영향
프로테스탄티즘	• 칼뱅의 직업 소명설을 바탕으로 합리적 이윤 추구 강조 • 자본주의의 건전한 직업 의식과 소유권 개념에 영향

2 자본주의의 전개 과정 ⓒ 125쪽 743번 문제로 확인

(1) **고전적 자본주의**

주요 내용	• '보이지 않는 손'이라는 시장 경제 작동 원리의 역할 강조 • 국가의 간섭을 최대한 배제하려는 자유방임주의적 경제사상 및 정책 추구 • 개인의 자유로운 경제 활동을 최대한 보장할 때 사회 전체의 부가 증진된다고 주장
대표 사상가	애덤 스미스

(2) **수정 자본주의**

등장 배경	시장 경제에서 효율적인 자원 배분과 공정한 소득 분배가 이루어지지 못하는 시장 실패 발생 ⓔ 대공황
주요 내용	• 시장 실패를 보완하기 위한 정부의 적극적 역할 강조 • 정부가 다양한 정책 및 규제를 통해 적극적으로 시장에 개입해 불황과 실업을 극복하고 복지 확대를 주장
대표 사상가	케인스

(3) **신자유주의**

등장 배경	정부의 거대화로 인한 비효율성 및 정부 관료의 무능과 부정부패로 인한 정부 실패 ⓔ 석유 파동
주요 내용	• 정부 실패를 비판하며 시장 경제의 효율성을 재강조 • 정부의 시장 개입에 반대하며 정부 기능의 축소와 개인의 자유 및 시장 경제의 확대를 주장함
대표 사상가	하이에크

자료 애덤 스미스의 국부론 ⓒ 125쪽 742번 문제로 확인

우리가 저녁 식사를 기대할 수 있는 건 푸줏간 주인, 양조장 주인, 빵집 주인의 자비심 덕분이 아니라, 그들이 자기 이익을 챙기려는 생각 덕분이다. …… 각 개인은 보이지 않는 손에 의하여 인도되어 자기가 전혀 의도하지 않았던 목적을 촉진하게 된다. …… 그는 자신의 이익을 추구함으로써 오히려 더 효과적으로 사회의 이익을 촉진한다. – 애덤 스미스, "국부론" –

분석 애덤 스미스는 사회 전체의 부를 증진하는 최선의 방법은 개인이 자신의 이익을 자유롭게 추구하도록 하는 것이라고 보았다.

3 자본주의의 규범적 특징과 윤리적 기여

(1) **규범적 특징:** 개인의 경제적 자율성과 사적 소유권 보장, 이윤 추구를 위한 시장에서의 자유 경쟁 허용

(2) **윤리적 기여**

① **개인의 자유와 권리 증진:** 개인의 자유로운 경제 활동과 사적 소유권을 보호·증진함으로써 자유와 권리를 신장시킴

② **개인의 자율성과 창의성 증진:** 경제 활동에서 개인의 자율적 판단과 선택을 보장하고 창의성을 발휘하도록 함으로써 다원주의적이고 경쟁적인 사회 구조가 형성됨

③ **경제적 효율성 제고:** 더 많은 이윤을 얻기 위한 자유 경쟁으로 재화의 대량 생산과 소비가 가능해짐

2. 자본주의에 대한 비판과 대안들

1 자본주의의 윤리적 문제점 ⓒ 126쪽 746번 문제로 확인

(1) **빈부 격차의 심화**

① 문제점: 빈부 격차의 심화는 사회의 양극화로 이어져 사회 발전과 통합을 막는 원인이 됨

② 비판: 사회주의에서는 자본주의의 빈부 격차 문제를 비판하며 경제적 평등의 실현을 주장함

(2) **물질 만능주의의 팽배**

① 문제점: 물질을 중시하는 현상이 심화되면 물질 자체가 목적이 되어 인간의 존엄성과 같은 정신적 가치가 수단으로 전락하게 됨

② 비판: 마르크스는 자본주의 경제 체제에서 물질 만능주의의 현상을 물신 숭배(物神崇拜)라고 정의하며 상품, 화폐, 자본 등이 숭배의 대상이 되는 자본주의 생산 체제를 비판함

(3) **인간 소외 현상의 심화**

① 문제점: 인간이 만들어 낸 물질에 의해 인간이 지배당하여 인간을 생산을 위한 도구로 보는 등 인간성을 상실함

② 비판: 마르크스는 자본주의적 생산 방식이 노동을 왜곡하고 파편함으로써 노동을 통한 자아실현을 저해한다고 봄

2 자본주의의 바람직한 발전 방향

(1) **개인적 노력**

① 인간의 가치를 경제적으로만 평가하고 판단하는 태도 극복

② 양심에 어긋나지 않는 윤리적 경제 행위 추구 ⓔ 윤리적 소비 등

(2) **사회적 노력**

① 공동체 의식 함양과 상생의 문화 확립

② 경제적 불평등을 완화하기 위한 제도와 정책 마련

(3) **국제적 노력:** 세계 시민 의식을 바탕으로 국가 간 불평등을 해소하여 국제 정의 실현

분석 기출 문제

≫ 바른답·알찬풀이 64쪽

핵심 개념 문제

•• 빈칸에 들어갈 용어를 쓰시오.

728 (　　　　)은/는 시장이 '보이지 않는 손'에 의해 조화롭게 작용한다고 보았다.

729 마르크스는 물질을 중시하는 현상을 (　　　　)(이)라고 정의하며, 상품, 화폐, 자본 등이 신앙 또는 숭배의 대상이 되었다고 비판하였다.

730 (　　　　)(이)란 물질적인 가치만을 좇으면서 인간성을 상실하는 현상을 말한다.

•• 다음 내용이 옳으면 ○표, 틀리면 ×표를 하시오.

731 자본주의는 프로테스탄티즘의 영향을 받아 직업은 신이 내리는 벌이라는 사고가 형성되었다. (　　)

732 자본주의 사회에서는 무엇을 얼마만큼 생산하고 소비할 것인지 개인이 자율적으로 판단하고 선택하면서 자율성이 증진되었다. (　　)

733 자본주의의 문제점을 해결하기 위해서는 개인적으로 과시적인 소비를 하기 위한 노력이 필요하다. (　　)

•• ㉠, ㉡ 중 알맞은 것을 고르시오.

734 개인의 자유를 보장하고, 국가의 부당한 간섭을 거부하는 사상은 (㉠ 자본주의, ㉡ 자유주의)이다.

735 케인스는 정부의 적극적인 시장 개입을 통해 불황과 실업을 극복하고 복지를 확대하는 (㉠ 수정 자본주의, ㉡ 신자유주의)를 주장하였다.

736 자본주의의 빈부 격차 문제가 지속적으로 심화되면 사회 계층 간의 갈등이 심해지는 (㉠ 사회 양극화, ㉡ 인간 소외) 현상이 나타날 수 있다.

•• 자본주의 유형과 각각의 강조점을 바르게 연결하시오.

737 고전적 자본주의 • 　　• ㉠ 시장의 자유방임 강조

738 수정 자본주의 • 　　• ㉡ 정부 실패의 해결 강조

739 신자본주의 • 　　• ㉢ 적극적인 시장 개입 강조

•• 다음 내용과 관련 있는 개념을 〈보기〉에서 고르시오.

740 정부의 시장 개입에 따른 경제 정책의 실패 (　　)

741 효율적인 자원의 배분과 공정한 소득 분배 실패 (　　)

[보기]
ㄱ. 시장 실패　　　ㄴ. 정부 실패

1. 자본주의의 규범적 특징과 기여

빈출 **742**

(가)를 주장한 사상가의 입장에서 볼 때, (나)의 ㉠, ㉡에 들어갈 진술로 가장 적절한 것은?

(가)	우리가 저녁 식사를 기대할 수 있는 건 푸줏간 주인, 양조장 주인, 빵집 주인의 자비심 덕분이 아니라, 그들이 자기 이익을 챙기려는 생각 덕분이다. …… 각 개인은 보이지 않는 손에 의하여 인도되어 자기가 전혀 의도하지 않았던 목적을 촉진하게 된다. …… 그는 자신의 이익을 추구함으로써 오히려 더 효과적으로 사회의 이익을 촉진한다.
(나)	•(㉠) 그러면 사회 전체의 부 또한 증가한다. •(㉡) 그러지 않으면 효율적인 자원 배분이 이루어지지 않을 것이다.

	㉠	㉡
①	사적 소유를 인정하라.	국가의 기능을 확대하라.
②	생산 수단을 공유하라.	경제 문제는 시장에 맡겨라.
③	개인의 이기심을 인정하라.	계획 경제를 실시하라.
④	경제적 자율성을 보장하라.	자유 경쟁을 허용하라.
⑤	자유 경쟁의 원칙을 지켜라.	정부가 시장에 적극 개입하라.

빈출 **743**

(가)의 갑, 을 사상가의 입장을 (나) 그림으로 표현할 때, A~C에 해당하는 진술로 적절하지 않은 것은?

(가)
갑: 폐광 속에 돈을 집어넣고 그것을 메워 버리는 정부 정책은 어떤가? 우선 돈을 묻는 작업을 하는 데 일자리가 생기고, 그 다음에는 돈을 파내는 데 일자리가 생긴다.
을: 샤워실에 들어간 바보는 처음 수도꼭지를 틀었을 때 차가운 물이 나오자 서둘러 뜨거운 물 쪽으로 돌리고, 다시 뜨거운 물이 나오자 찬물 쪽으로 돌리며 괴로워한다.

(나)

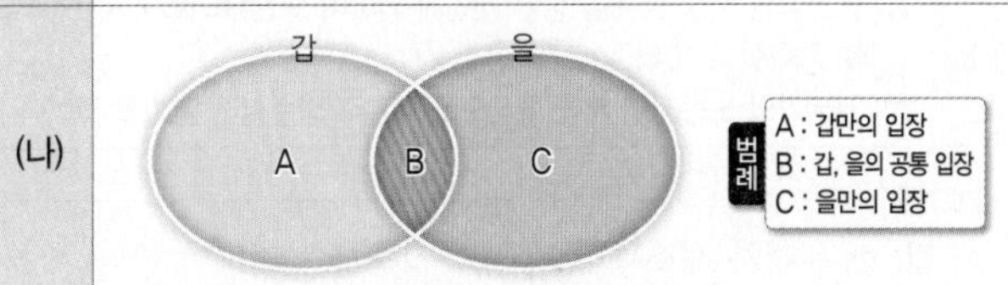

① A: 시장의 자율 조정 기능을 신뢰해야 한다.
② A: 시장 실패를 보완하기 위해 정부가 시장에 적극적으로 개입해야 한다.
③ B: 경제적 자유의 가치를 중시해야 한다.
④ C: 정부의 거대화는 비효율성을 낳는다.
⑤ C: 개인의 자유와 시장 경제를 확대해야 한다.

2. 자본주의에 대한 비판과 대안들

744

다음은 어떤 영화의 장면을 설명한 것이다. 이러한 장면을 통해 보여 주고자 한 것이 무엇인지 〈보기〉에서 고른 것은?

- 주인공은 컨베이어 벨트 시스템의 일부인 거대한 기계 장치에 우스꽝스럽게 딸려 들어간다.
- 등장인물은 이름도 없고, 주인공이 일하는 공장에서도 오직 행과 열로 그 사람을 호칭할 뿐이다.
- 점심시간도 줄이고 심지어 밥 먹는 데 드는 에너지까지 줄인다며 소개되는 노동자 급식 기계가 등장한다.

[보기]

ㄱ. 기계에 의해 지배되는 인간의 소외된 모습을 보여 주고자 했다.
ㄴ. 인간과 사물이 하나가 되는 물아일체의 경지를 보여 주고자 했다.
ㄷ. 인간이 기계의 일부나 부속품으로 취급되는 것을 보여 주고자 했다.
ㄹ. 자본가와 노동자의 삶이 모두 기술에 의해 지배되는 사회를 보여 주고자 했다.

① ㄱ, ㄴ ② ㄱ, ㄷ ③ ㄴ, ㄷ ④ ㄴ, ㄹ ⑤ ㄷ, ㄹ

745

(가)의 도표에 나타난 사회 문제를 해결하기 위해 (나)의 갑, 을이 제시할 수 있는 해결 방안만을 〈보기〉에서 있는 대로 고른 것은?

(가)

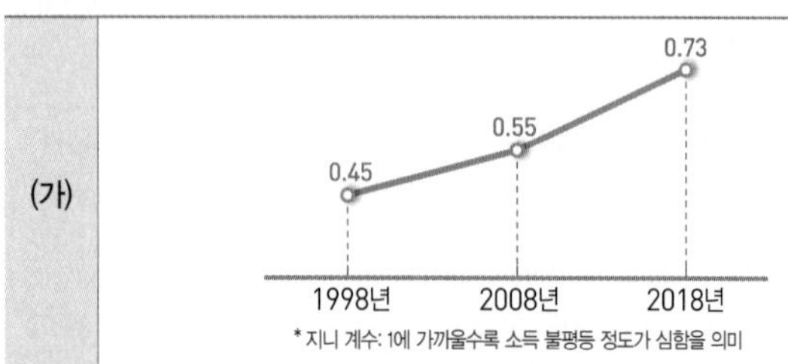

* 지니 계수: 1에 가까울수록 소득 불평등 정도가 심함을 의미

(나)

갑: 불안정한 시장 경제를 정부 개입에 의하여 보완함으로써 자본주의를 강화할 수 있다.
을: 자본가와 노동자의 계급 투쟁으로 자본주의는 결국 붕괴할 것이다.

[보기]

ㄱ. 갑: 소득 격차 해소를 위해 복지 정책을 강화해야 한다.
ㄴ. 갑: 부의 재분배를 위해 정부의 역할을 축소해야 한다.
ㄷ. 을: 양극화 해소를 위해 생산 수단을 공유화해야 한다.
ㄹ. 을: 고른 분배를 위해 시장의 자율적 조정 기능을 신뢰해야 한다.

① ㄱ, ㄴ ② ㄱ, ㄷ ③ ㄴ, ㄹ
④ ㄱ, ㄴ, ㄷ ⑤ ㄴ, ㄷ, ㄹ

746 (빈출)

(가)의 사회 문제를 해결하기 위해 필요한 자세를 (나)의 그림으로 표현할 때, 그림의 ㉠~㉤ 중 가장 적절한 것은?

(가)

- 돈이나 상품과 같은 물질적 가치를 지나치게 중시하여 물질 자체가 목적이 되어 버리고 인간의 존엄성과 같은 정신적 가치는 수단으로 전락하고 있다.
- 가난한 계층은 자신을 부유층과 비교함으로써 상대적 박탈감을 느끼며, 이는 계층 간 갈등으로 이어져 사회 발전과 통합을 가로막는 요인으로 작용한다.

(나)

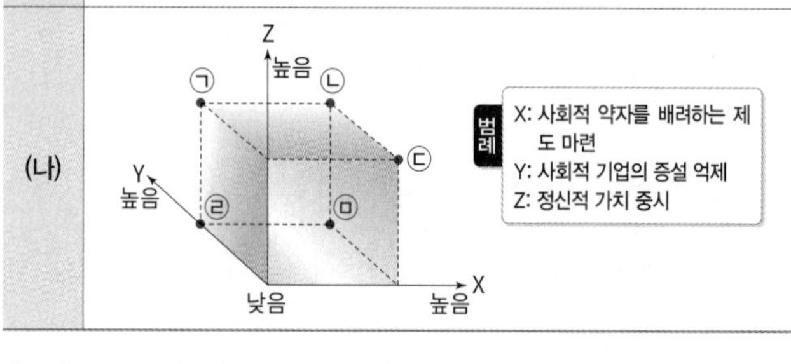

① ㉠ ② ㉡ ③ ㉢ ④ ㉣ ⑤ ㉤

1등급을 향한 서답형 문제

[747~749] 다음 글을 읽고 물음에 답하시오.

16세기 무렵 유럽 사회는 신대륙의 발견과 새로운 항로의 개척을 계기로 상업이 발달하기 시작했으며 국가 간의 교역이 활발해졌다. 이때 사유 재산 제도를 바탕으로 시장에서의 자유 교환을 중심으로 하는 새로운 경제 체제가 등장하였는데, 이를 (㉠)(이)라고 한다.

747

㉠에 들어갈 알맞은 용어를 쓰시오.

748 서술형

㉠의 규범적 특징을 두 가지 서술하시오.

749 서술형

㉠의 윤리적 의의를 세 가지 서술하시오.

적중 1등급 문제

» 바른답·알찬풀이 65쪽

750

사회사상가 갑, 을, 병의 입장으로 옳은 것은?

갑: 시장에서 개개인이 자기 이익을 추구하는 행위는 '보이지 않는 손'에 이끌려 자연적으로 사회에도 이득이 된다.
을: 시장에서 유효 수요의 부족으로 인해 발생하는 문제가 자연적으로 해결될 것이라고 믿는 것은 비현실적인 낙관일 뿐이다.
병: 사회주의 단계에서 국가가 경제를 통제하지 않으면 불평등은 더욱 심화된다. 진정한 자유는 기존의 소유 관계와 가장 철저하게 단절하는 혁명을 통해 가능하다.

① 갑: 개개인이 사익을 추구하면 공익은 증대될 수 없다.
② 을: 시장에 대한 국가의 개입을 최대한 배제해야 한다.
③ 병: 자유 경쟁의 원리가 실현된 국가를 지향해야 한다.
④ 갑, 을: 시장에서의 경제 활동의 자유를 인정해야 한다.
⑤ 을, 병: 의회 민주주의로 경제적 불평등을 해소해야 한다.

751

(가), (나)는 사회사상이다. (가) 사상에 비해 (나) 사상이 갖는 상대적 특징을 그림의 ㉠~㉤ 중에서 고른 것은?

(가) 완전 고용은 우리의 자본주의가 추구해야 할 목표이다. 투자의 사회화는 완전 고용에 근접하는 효율적 수단이므로, 정부는 유효 수요 창출을 위한 투자 계획을 수립해야 한다.
(나) 장기적 관점에서 안정적인 고수준의 고용을 유지하기 위한 방법은 노동의 수요-공급 간 안정적 균형이 성립하도록 정부가 시장 기구에 간섭하지 않는 것이다.

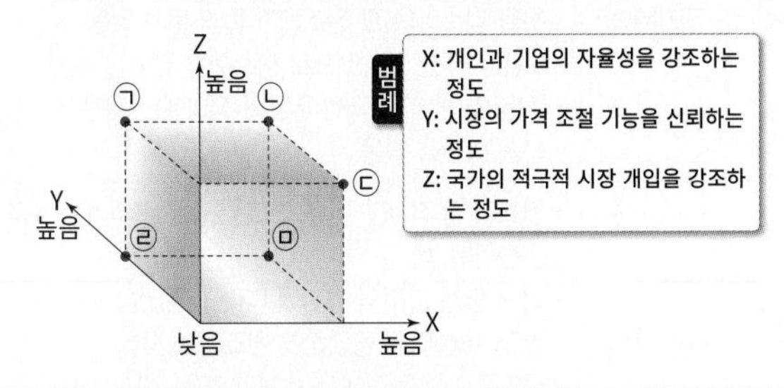

① ㉠ ② ㉡ ③ ㉢ ④ ㉣ ⑤ ㉤

752

(가)의 갑, 을, 병 사상가들의 입장에서 서로에게 제기할 수 있는 비판을 (나) 그림으로 표현할 때, A~F에 해당하는 내용으로 가장 적절한 것은?

(가)	갑: 국가의 부를 증진하는 최선책은 개인의 이익 추구에 대한 자유방임이다. 특혜를 주거나 제한을 가하는 국가의 모든 제도를 철폐해야 한다. 을: 국가가 소비 성향에 대해 적극적인 영향력을 행사하지 않으면 실업은 증가된다. 유효 수요를 창출시키는 정부의 정책은 완전 고용에 기여한다. 병: 국가가 시장 질서를 부정하면 인간은 노예의 길로 가게 된다. 시장에서의 경쟁을 통한 자생적 질서는 위대한 창조와 성장을 실현시킨다.
(나)	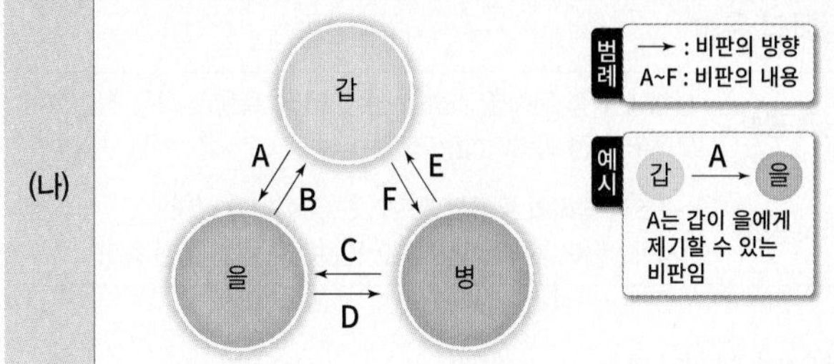

① A, C: 개인의 경제 활동의 자유를 인정해야 함을 간과한다.
② B: 시장에 사익과 공익을 조화시키는 기능이 있음을 간과한다.
③ D: 완전 고용을 위해 공공 지출 확대가 필요함을 간과한다.
④ E: 시장 경제는 인간을 노예의 길로 인도하게 됨을 간과한다.
⑤ F: 정부 규모가 커질수록 시장 경제의 효율성이 저하됨을 간과한다.

753

갑, 을은 사회사상가들이다. 갑이 을에게 제기할 수 있는 비판으로 가장 적절한 것은?

갑: 국가는 완전 고용을 실현하고 유효 수요를 창출하기 위해 노력해야 한다. 국가가 해야 할 일은 생산 수단의 소유가 아니라 공공 투자 확대를 통해 자원을 배분하는 것이다.
을: 국가는 시장에서 자유로운 경쟁이 최대한 효율적으로 작동할 수 있는 조건을 창출하는 데 힘써야 한다. 정부가 시장 개입을 통해 시장 실패를 해결하려는 것은 치명적 자만이다.

① 시장의 자생적 질서를 신뢰해야 함을 간과한다.
② 시장 실패를 정부 개입으로 해결해야 함을 간과한다.
③ 정부의 규모와 역할을 축소할 필요가 있음을 간과한다.
④ 공공 지출 확대로는 실업 문제를 해결할 수 없음을 간과한다.
⑤ 생산 수단의 공유화로 경제적 평등을 실현해야 함을 간과한다.

21

Ⅳ 사회사상

평화

✓ 출제 포인트 ✓ 묵자의 평화 사상 ✓ 칸트의 평화 사상 ✓ 해외 원조에 대한 롤스와 싱어의 입장

1. 동서양의 다양한 평화 사상

1 평화의 의미와 유형

(1) 평화의 의미

① 일반적 의미: 전쟁이나 분쟁, 갈등이 없는 상태

② 현대적 의미: 단순한 물리적 폭력의 부재뿐만 아니라 인간의 기본적인 욕구가 충족된 상태

(2) 평화의 유형

소극적 평화	신체에 직접 위해를 가하는 전쟁, 테러, 폭행과 같은 직접적이고 물리적인 폭력이 없는 상태
적극적 평화	• 구조적 평화와 문화적 평화가 모두 실현된 상태 • 자아실현이 가능한 평화롭고 인간다운 삶의 실현 강조

2 동양의 평화 사상

(1) 유교의 평화: 도덕적인 인간관계를 바탕으로 평화를 이룸 → 평화로운 대동 사회(大同社會)를 이상 사회로 제시

수기이안인(修己以安人)	자신을 수양하고 덕행을 베풀어 모든 사람의 삶을 안정되고 평온하게 해 줌
수신제가 치국평천하(修身齊家 治國平天下)	윤리적 실천의 단계를 자신으로부터 시작하여 가정, 사회, 국가로 확대하여 평천하를 이룸

(2) 묵자의 평화: 보편적 인류애를 통한 평화를 주장

겸애(兼愛)	모든 사람을 차별 없이 사랑한다는 의미 → 존비친소(尊卑親疏)를 구별하는 차별적 사랑인 유교의 인(仁)을 비판함
비공(非攻)	타국을 정복하거나 침략하기 위한 전쟁은 나라의 생산력을 감소시키고, 생명을 희생시키므로 불이익임

(3) 불교의 평화: 개인의 도덕적 수양을 통한 평화 실현

연기(緣起)	• 모든 생명체가 평등한 가치를 지니며 상호 의존적임 • 연기에 대한 자각은 무차별적인 사랑인 자비로 이어짐
생명 존중	모든 생명체에 대한 폭력을 거부하며, 통치자는 소외되고 가난한 사람들을 구제해야 한다고 강조함

자료 묵자의 겸애설 ⓒ 129쪽 768번 문제로 확인

서로 믿음으로써 사귀고, 큰 나라가 작은 나라를 공격하면 곧 함께 그를 구해 주고, 작은 나라의 성곽이 온전치 않으면 반드시 그것을 수리해 줄 것이며, 옷감이나 곡식이 모자라면 그것을 보내 주고, 예물용 폐백이 부족하면 그것을 공급해 줄 것이다.

분석 묵자는 남의 나라 보기를 자기 나라 보듯 하고, 남의 집안을 자기 집안 보듯 하며, 남의 몸 보기를 자기 몸 보듯 하는 것을 차별 없는 사랑인 겸애라고 보았다.

3 서양의 평화 사상

(1) 에라스뮈스의 평화: 정당한 목적을 위한 전쟁일지라도, 전쟁은 선보다 악을 초래함

① 종교적 측면: 전쟁은 평화를 추구하는 종교 정신을 위배하기에 부당함

② 도덕적 측면: 다수가 혹독한 재앙에 휘말리기 때문에 부당함

③ 경제적 측면: 평화 달성이 전쟁보다 훨씬 적은 비용이 듦

(2) 생피에르의 평화

① 평화 실현을 위해 종교나 도덕성보다는 인간의 이기심과 합리적 이성에 따라야 함 → 군주에게 전쟁의 불이익과 평화의 이익을 제시하면 군주 스스로 평화를 지향할 것임

② 군주들의 연합을 만들고, 국가 간의 분쟁 발생 시 국가 대표로 구성된 상설 기구를 통해 국제 평화를 실현할 수 있음

(3) 칸트의 평화 ⓒ 130쪽 769번 문제로 확인

① 전쟁은 인간을 수단으로만 대우하는 것이므로 도덕적으로 정당화될 수 없음

② 영구 평화론: 영구 평화를 위한 예비 조항과 확정 조항 제시

제1의 확정 조항	모든 국가의 시민적 정치 체제는 공화정이어야 한다.
제2의 확정 조항	국제법은 자유로운 국가들의 연방 체제에 기초하지 않으면 안 된다.
제3의 확정 조항	세계 시민법은 보편적 우호의 조건에 국한되어야 한다.

2. 세계 시민주의와 세계 시민 윤리의 구상

1 세계 시민주의의 의미와 특징

(1) 의미: 특정 민족이나 국가를 넘어 인류를 하나라고 보는 입장

(2) 특징

① 전 지구적인 문제의 해결과 발전에 관심을 가짐

② 다양성을 존중하며 관용을 베풀 것을 강조함

③ 대화와 타협을 통해 갈등을 평화롭게 해결하려고 노력함

2 세계 시민 윤리를 위한 해외 원조에 대한 입장

ⓒ 130쪽 772번 문제로 확인

구분	입장	해외 원조에 대한 주장
롤스	국제주의	• 원조의 목적: 불리한 여건으로 고통받는 사회를 질서 정연한 사회가 되도록 돕는 것 • 질서 정연한 사회의 만민은 불리한 여건으로 인해 고통을 겪는 사회를 원조해야 할 의무가 있음 • 모든 사회를 물질적으로 평준화할 필요는 없음 • '차등의 원칙'을 국제적 분배 정의에는 적용하지 않는다는 비판을 받음
싱어	세계 시민주의	• 원조의 목적: 전 인류의 고통을 감소시키고 쾌락을 증진하는 것 • 이익 평등 고려의 원칙에 따라 인종이나 국가의 구분 없이 차별 없이 공평하게 원조해야 함 • 공리주의적 관점에서 세계의 모든 가난한 사람을 원조하는 것을 의무로 봄

분석 기출 문제

» 바른답·알찬풀이 66쪽

핵심 개념 문제

•• 빈칸에 들어갈 용어를 쓰시오.

754 (　　　　)(이)란 테러, 전쟁, 범죄, 폭행 등 물리적 폭력이 없는 상태를 의미한다.

755 유교에서는 자신을 수양한 이후 가정, 사회, 국가로 확대하여 천하를 평화롭게 하는 (　　　　)을/를 강조한다.

756 싱어는 (　　　　)을/를 전제로 원조는 모든 인간의 이익을 동등하게 고려해야 한다고 보았다.

•• 다음 내용이 옳으면 ○표, 틀리면 ×표를 하시오.

757 직접적·구조적 폭력을 정당화하는 폭력적인 문화가 부재된 상태를 소극적 평화라고 지칭한다. (　　)

758 에라스뮈스는 종교적·경제적·도덕적인 측면에서 전쟁은 본성상 선보다 악을 초래한다고 보았다. (　　)

759 롤스는 국제주의자로 고통받는 사회를 질서 정연한 사회로 만드는 것이 해외 원조의 목적이라고 보았다. (　　)

•• 서양 사상가와 그들이 강조한 내용을 바르게 연결하시오.

760 싱어 •　　　　• ㉠ 질서 정연한 사회로의 개선

761 롤스 •　　　　• ㉡ 어려운 사람들의 고통 감소

•• ㉠, ㉡ 중 알맞은 것을 고르시오.

762 묵자는 분별하는 사랑이 아닌 모든 사람을 똑같이 사랑한다는 의미의 (㉠ 겸애, ㉡ 자비)를 주장하였다.

763 칸트는 영구 평화론을 통해 정치 체제로 국민의 자유와 평등을 보장해 주는 (㉠ 공화정, ㉡ 군주 연합)을 주장하였다.

764 이익 평등 고려의 원칙에 따라 절대 빈곤에 처해 있는 인류를 차별 없이 원조해야 한다고 주장한 사상가는 (㉠ 롤스, ㉡ 싱어)이다.

•• 다음 내용과 관련 있는 개념을 〈보기〉에서 고르시오.

765 전 인류를 동등한 가치와 권리를 지닌 동포이자 시민으로 여기는 사상 (　　)

766 국가 간의 상호 협력을 바탕으로 세계 평화를 실현하고자 하는 사상 (　　)

[보기]
ㄱ. 국제주의　　　　ㄴ. 세계 시민주의

1. 동서양의 다양한 평화 사상

767

다음을 주장한 현대 서양 사상가의 입장만을 〈보기〉에서 고른 것은?

폭력은 직접적이고 물리적인 행위만이 아니라, 비의도적이고 간접적인 구조 또한 포함한다. 언어, 예술, 종교, 이념 등의 문화적 폭력은 살인, 빈곤, 억압 등 구조적 폭력을 정당화하고 은폐하는 폭력의 유형이다. 이러한 폭력은 육체적, 정신적, 의도가 있는 것과 없는 것, 드러난 것과 감춰진 것 등 다양한 차원과 구별을 포괄하게 된다.

[보기]
ㄱ. 인간다운 삶의 조건을 파괴하는 것은 폭력이다.
ㄴ. 직접적이고 물리적인 행위만이 폭력에 포함된다.
ㄷ. 평화의 궁극 목적은 신체 학대를 없애는 것이다.
ㄹ. 부정의한 사회 구조는 개인의 내적 평화를 해친다.

① ㄱ, ㄴ　② ㄱ, ㄹ　③ ㄴ, ㄷ　④ ㄴ, ㄹ　⑤ ㄷ, ㄹ

빈출
768

다음을 주장한 고대 동양 사상가의 입장만을 〈보기〉에서 고른 것은?

서로 믿음으로써 사귀고, 큰 나라가 작은 나라를 공격하면 곧 함께 그를 구해 주고, 작은 나라의 성곽이 온전치 않으면 반드시 그것을 수리해 줄 것이며, 옷감이나 곡식이 모자라면 그것을 보내 주고, 예물용 폐백이 부족하면 그것을 공급해 줄 것이다.

[보기]
ㄱ. 모든 사람을 차별 없이 사랑해야 평화가 실현된다.
ㄴ. 인의 정신을 사회적으로 확대해야 사회가 안정된다.
ㄷ. 만물의 연기적 관계를 자각해야 사회 갈등이 사라진다.
ㄹ. 상호 이익을 나눔으로써 불의한 상황을 예방할 수 있다.

① ㄱ, ㄴ　② ㄱ, ㄷ　③ ㄱ, ㄹ　④ ㄴ, ㄷ　⑤ ㄷ, ㄹ

빈출
769

다음을 주장한 근대 서양 사상가가 부정의 대답을 할 질문으로 가장 적절한 것은?

> 평화는 도덕적 입법의 최고 자리에 위치한 이성이 명령하는 보편적 의무이다. 국가들은 서로를 하나의 인격체로 대우하고, 무력과 기만을 근절하여 평화를 예비해야 한다. 공화국으로 전환한 계몽된 자유 국가들이 연방을 결성하고, 호혜적인 질서를 수립함으로써 평화를 확정해야 한다.

① 모든 국가의 시민적 정치 체제는 공화정이어야 하는가?
② 세계 시민법은 보편적 우호의 조건에 국한되어야 하는가?
③ 국제법은 자유로운 국가들의 연방 체제에 기초해야 하는가?
④ 개별 국가의 상비군과 주권이 모두 폐지되어야 평화가 실현되는가?
⑤ 국민의 자유와 평등이 보장될수록 전쟁 발발의 확률이 낮아지는가?

770

다음을 주장하는 갑의 입장으로 가장 적절한 것은?

> 갑: 전쟁은 도덕적 제약을 전제로 최고의 합법적 권위에 의해 선포되는 경우와 나를 지키기 위해 적을 죽이지 않으면 안 되는 경우에는 허용될 수 있다.

① 무력을 사용하는 전쟁은 어떤 경우에도 허용될 수 없다.
② 불가피한 침략에 대한 방어 전쟁은 도덕적으로 허용된다.
③ 전쟁은 오직 자국의 이익만을 고려하는 정치적 행위이다.
④ 전쟁은 정치적 목적을 위해 우선적으로 고려해야 할 수단이다.
⑤ 국가 간의 갈등을 해결하는 과정에서 도덕적 고려는 필요하지 않다.

2. 세계 시민주의와 세계 시민 윤리의 구상

771

다음 세계 시민주의의 특징으로 적절한 것만을 〈보기〉에서 있는 대로 고른 것은?

[보기]
ㄱ. 다양성을 존중하며 관용을 베풀 것을 강조한다.
ㄴ. 전 지구적인 문제의 해결과 발전에 관심을 가진다.
ㄷ. 갈등은 대화와 타협을 통해 평화롭게 해결하고자 한다.
ㄹ. 국가, 인종, 종교 등을 하나로 완전히 통합하고자 한다.

① ㄱ, ㄴ ② ㄱ, ㄷ ③ ㄷ, ㄹ
④ ㄱ, ㄴ, ㄷ ⑤ ㄴ, ㄷ, ㄹ

빈출
772

㉠에 들어갈 적절한 진술만을 〈보기〉에서 있는 대로 고른 것은?

> 나는 해외 원조의 목적을 인류의 행복 증진에서 찾아야 한다고 생각한다. 해외 원조는 세계의 모든 가난한 사람을 대상으로 삼아야 하며, 커다란 희생 없이도 어려운 사람을 도울 수 있다면 무조건 돕는 것이 의무라고 본다. 그러나 어떤 사상가는 해외 원조의 목적이 고통받는 사회를 질서 정연한 사회로 만드는 데 있다고 주장한다. 나는 이 사상가가 ___㉠___ 고 본다.

[보기]
ㄱ. 국가에 따라 원조의 대상을 차별하고 있다
ㄴ. 국제적 분배 정의에 차등의 원칙을 적용하고 있다
ㄷ. 원조는 자선의 대상이 아니라 의무임을 모르고 있다
ㄹ. 고통을 겪는 모든 인간이 원조의 대상임을 모르고 있다

① ㄱ, ㄷ ② ㄱ, ㄹ ③ ㄷ, ㄹ
④ ㄱ, ㄴ, ㄹ ⑤ ㄴ, ㄷ, ㄹ

1등급을 향한 서답형 문제

[773~774] 다음 글을 읽고 물음에 답하시오.

> • (㉠): 묵자가 평화를 위해 강조하는 내용의 하나로, 모든 사람을 차별 없이 사랑한다는 의미이다. 묵자는 이를 통해 서로 이로움을 나누어 불의한 상황을 막을 수 있다고 보았다.
> • (㉡): 불교에서 평화를 위해 강조하는 내용의 하나로, 남을 사랑하고 가엾게 여기는 마음을 의미한다. 이는 연기에 대한 자각을 바탕으로 한 사랑의 정신이다.

773

㉠에 들어갈 알맞은 용어를 쓰시오.

774 서술형

㉡에 들어갈 알맞은 용어와 이를 통해 불교에서 강조하는 평화의 실현 방법을 서술하시오.

적중 1등급 문제

» 바른답·알찬풀이 67쪽

775

(가)의 사상가 갑, 을이 (나)를 주장한 현대 서양 사상가에 대해 공통으로 제기할 수 있는 비판으로 가장 적절한 것은?

(가)	갑: 원조의 목적은 고통을 겪는 사회가 자신의 문제들을 합당하게 합리적으로 관리할 수 있도록 도와 결과적으로 그 사회가 질서 정연한 만민의 사회가 되도록 하는 것이다. 을: 커다란 희생 없이 남을 도울 수 있는 사람은 세계의 모든 가난한 사람들에게 자신의 소득의 일부를 나누어 주어야 한다. 이런 기준을 충족시키지 못하는 사람들은 심각하게 도덕적으로 잘못된 일을 행하는 것으로 간주되어야 한다.
(나)	부유한 나라가 약소국을 돕는 것은 선물을 주는 것과 같다. 선물을 준다는 것은 바람직한 것이다. 하지만 선물을 주지 않는다고 해서 그릇된 행위로 볼 수는 없다. 선물을 주는 것은 의무가 아니기 때문에 강제될 수 없으며, 그런 이유로 하지 않는 이에게 불이익을 줄 수도 없다.

① 해외 원조는 당위적 차원의 의무임을 간과하고 있다.
② 해외 원조의 직접적 목적은 정의 사회의 건설에 있음을 간과하고 있다.
③ 절대 빈곤에 처한 모든 사람을 해외 원조에 포함시켜야 함을 간과하고 있다.
④ 국가 간의 경계를 기준으로 해외 원조의 대상을 선정해야 함을 간과하고 있다.
⑤ 해외 원조는 지구적 차원의 유용성 증진을 목적으로 하는 수단임을 간과하고 있다.

776

그림의 강연자가 지지할 입장으로 가장 적절한 것은?

천하의 *찬탈(簒奪)과 원한은 서로 사랑하지 않는 데에서 생겨납니다. 전쟁은 천하에 이익이 되지 않기 때문에 어진 사람들은 그것을 불의(不義)한 것이라고 비난합니다. 따라서 모두가 서로 사랑하고[兼愛] 모두가 서로 이롭게 하는[交利] 방법으로 전쟁이 일어나지 않도록 해야 합니다.

* 찬탈(簒奪): 왕위·국가 주권 따위를 빼앗음

① 자신의 나라에 이익이 되는 모든 전쟁은 의롭다.
② 천하의 이익을 버려야만 전쟁이 일어나지 않는다.
③ 타국을 자국처럼 생각하면 전쟁은 일어나지 않는다.
④ 전쟁은 패전국에만 해를 끼치기 때문에 의롭지 않다.
⑤ 큰 나라가 작은 나라를 정복하면 천하에 이익이 된다.

777

(가)의 사상가 갑, 을의 입장을 (나) 그림으로 탐구하고자 할 때, A~C에 들어갈 옳은 질문만을 〈보기〉에서 있는 대로 고른 것은?

(가)
갑: 공화국 간에는 평화 연맹이 존재해야 한다. 평화 조약이 단지 하나의 전쟁을 종식시키기 위한 것이라면, 평화 연맹은 모든 전쟁을 영구히 종식시키기 위한 것이다.
을: 평화는 폭력을 줄이거나 피하는 것과 관련된다. 평화를 위협하는 폭력에는 직접적 폭력 외에도 구조적·문화적 폭력이 있다. 이러한 폭력들이 제거된다면 적극적 평화가 실현될 것이다.

(나)

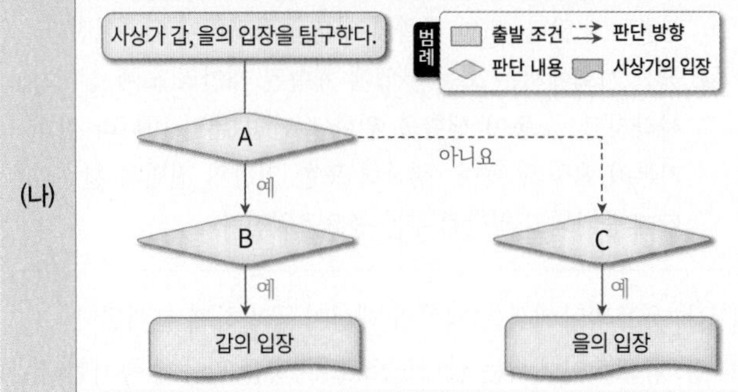

[보기]
ㄱ. A: 단일한 세계 정부를 수립해 적극적 평화를 실현해야 하는가?
ㄴ. B: 영구 평화를 위해 모든 국가는 공화정이어야만 하는가?
ㄷ. B: 평화 연맹의 역할은 소속 국가들의 자유를 보장하는 것인가?
ㄹ. C: 적극적 평화의 실현을 위한 구조적 폭력의 사용은 정당한가?

① ㄱ, ㄴ　② ㄱ, ㄹ　③ ㄴ, ㄷ
④ ㄱ, ㄷ, ㄹ　⑤ ㄴ, ㄷ, ㄹ

778

다음을 주장한 현대 서양 사상가의 입장으로 옳지 않은 것은?

우리는 연속적인 동심원들에 둘러싸여 사는 존재이다. 첫째 원에는 자신, 다음 원에는 가족, 이어서 이웃과 지역 단체, 같은 도시의 시민과 같은 나라의 사람들이 있다. 이 모든 원의 바깥에 인류 전체라는 가장 큰 원이 있다. 세계 시민으로서 우리의 임무는 그 원들을 중심으로 끌어당겨 모든 인간을 우리의 동료 시민으로 만드는 것이다.

① 세계 시민으로서의 정체성을 공유해야 한다.
② 국가적 소속감보다 보편적 인간애를 중시해야 한다.
③ 어떠한 사람도 우리의 관심 밖에 있는 이방인이 아니다.
④ 어떠한 편견도 타인을 혐오할 정당한 이유가 될 수 없다.
⑤ 내가 출생한 지역 공동체가 나의 도덕적 의무의 원천이다.

단원 마무리 문제

Ⅳ 사회사상

779

사회사상가 갑, 을의 입장으로 옳은 것은?

> 갑: 유토피아에서는 모든 것이 모두에게 속하기 때문에 공동 창고가 가득 차 있는 한, 누구도 개인적으로 일용할 것이 부족하지 않다. 또한 재화의 배분은 공평하게 이루어진다.
> 을: 공산 사회에서는 노동 분업에 예속된 개인의 노예 상태가 사라지고, 노동이 생활을 위한 수단일 뿐만 아니라 삶의 기본적 욕구가 된다. 생산력 또한 인간의 전면적 발전과 함께 증가되고 집단적 부가 풍요로워진다.

① 갑: 유토피아에서는 개인의 재산이 공평하게 분배된다.
② 갑: 유토피아에서는 남녀노소 모두 생산 활동에 종사한다.
③ 을: 공산 사회에서는 생활을 위해 노동할 필요가 사라진다.
④ 을: 공산 사회에서는 필요에 따라 노동하고 분배받게 된다.
⑤ 갑, 을: 이상 사회에서는 누구도 빈곤층으로 전락하지 않는다.

780

다음 고대 동양 사상가가 긍정의 대답을 할 질문으로 가장 적절한 것은?

> 사람들이 다시 노끈을 맺어 쓰도록 하고, 음식을 달게 여기며 먹도록 하고, 옷을 아름답게 생각하며 입도록 하고, 거처를 편안하게 생각하며 살도록 하고, 풍속을 즐기도록 한다. 이웃나라끼리 바라보며 닭 울음과 개 짖는 소리가 서로 들리지만, 사람들이 늙어 죽도록 왕래하는 일이 없다.

① 예법을 통해 재화를 공정하게 분배해야 하는가?
② 모든 국가 구성원은 인의의 덕(德)을 추구해야 하는가?
③ 통치자는 상과 벌을 통해 사회 질서를 바로잡아야 하는가?
④ 무위(無爲)의 정치를 통해 제도와 규범을 확대해야 하는가?
⑤ 백성들이 분별적 지식과 욕망에서 벗어나도록 해야 하는가?

781

그림은 서양 사상가 갑, 을의 가상 대화이다. 갑, 을의 입장으로 옳은 것만을 〈보기〉에서 있는 대로 고른 것은?

모든 공동체는 어떤 선을 목적으로 추구합니다. 최고의 공동체는 분명 최고선을 가장 훌륭하게 추구할 것입니다. 이 공동체가 바로 국가입니다.

지금까지의 국가에서는 자유를 지배 계급만 누렸으며 피지배 계급에게 구가는 족쇄였습니다. 자유는 혁명을 통해 참된 공동체 속에서 실현됩니다.

갑　　　　을

[보기]
ㄱ. 갑: 국가는 시민의 좋은 삶을 위해 존재한다.
ㄴ. 갑: 국가는 자연의 산물이 아니라 계약의 산물이다.
ㄷ. 을: 국가는 피지배 계급의 이익을 대변하는 공동체이다.
ㄹ. 갑, 을: 국가는 어떤 목적을 위해 존재하는 공동체이다.

① ㄱ, ㄴ　② ㄱ, ㄹ　③ ㄷ, ㄹ
④ ㄱ, ㄴ, ㄷ　⑤ ㄴ, ㄷ, ㄹ

782

사회사상가 갑, 을의 입장으로 옳은 것은?

> 갑: 신민은 주권자에게 저항해서는 안 된다. 만인을 하나의 인격으로 통일한 것이 국가이므로, 주권자의 행위는 곧 신민 자신의 행위이기 때문이다. 한번 계약을 맺으면 파기할 수 없다.
> 을: 시민은 입법부에 저항권을 행사할 수 있다. 입법권은 신탁된 권력이므로, 입법부가 사회의 기본 규칙을 침해하면 시민은 입법부를 폐지하거나 변경할 수 있는 최고 권력을 갖기 때문이다.

① 갑: 자기 보존 욕구는 계약 체결을 불가능하게 한다.
② 갑: 국가 권력이 강력할수록 계약의 안정성은 약화된다.
③ 을: 국가는 지배 계급이 피지배 계급을 착취하는 수단이다.
④ 을: 자연 상태에서는 자연법이 없기 때문에 분쟁이 발생한다.
⑤ 갑, 을: 국가를 수립하는 계약은 구성원의 만장일치로 결정된다.

783

갑은 근대 서양 사상가, 을은 고대 동양 사상가이다. 갑, 을의 입장으로 옳지 않은 것은?

> 갑: 모든 사람을 떨게 만드는 공공의 권력이 없는 상태에서는 그 어떤 것도 부당하지 않다. 그 상태에서는 정의와 불의라는 관념이 존재하지 않는다.
> 을: 백성이 가장 귀하고 사직이 다음이며 군주는 가볍다. 평범한 백성의 마음을 얻어야 천자가 된다. 천자에게 신임을 얻으면 제후가 되고 제후에게 신임을 얻으면 대부가 된다.

① 갑은 생존을 향한 욕구는 사람들에게 평화를 추구하도록 만든다고 본다.
② 을은 통치자는 형벌이 아닌 인의의 덕을 통해 통치해야 한다고 본다.
③ 갑은 을과 달리 개인이 사익 보존을 위해 국가에 권리를 양도한다고 본다.
④ 을은 갑과 달리 군주의 높은 도덕성을 올바른 통치의 필수 요소로 본다.
⑤ 갑, 을은 통치자의 권력은 국민들로부터 위임받은 것으로 본다.

784

사회사상가 갑, 을의 입장으로 옳은 것만을 〈보기〉에서 고른 것은?

> 갑: 자유인은 자신의 힘과 재능으로 할 수 있는 것들에서 자신의 의지로 무슨 일을 하든지 간에 방해받지 않는 사람들이다. 어떤 사람도 그의 행동에 간섭하지 않는 한 그는 자유롭다.
> 을: 자유인은 노예와 다르다. 우리는 타인의 자의적 의지에 지배받고 타인의 처분에 따라 살아가는 것을 중대한 해악으로 간주한다. 자유의 조건은 타인의 자의적 권력에 종속되지 않는 사람의 지위에 근거한다.

[보기]
ㄱ. 갑: 자유인이 되기 위해 적극적 자유는 불필요하다.
ㄴ. 을: 간섭 없는 지배보다는 지배 없는 간섭이 바람직하다.
ㄷ. 을: 간섭받지 않는 노예는 자유인과 동등한 지위를 갖는다.
ㄹ. 갑, 을: 법의 지배에서 벗어나야 참된 자유를 누릴 수 있다.

① ㄱ, ㄴ ② ㄱ, ㄷ ③ ㄴ, ㄷ ④ ㄴ, ㄹ ⑤ ㄷ, ㄹ

785

갑, 을의 입장에 대한 설명으로 옳지 않은 것은?

> 진정한 자유는 한 사람이나 여러 사람의 자의에 종속되지 않는 것입니다. 자유로운 시민은 오직 법에만 복종하며 타인에게 예속하여 복종하도록 강제될 수 없습니다.

> 진정한 자유는 외부의 부당한 압력이나 강제로부터 벗어나는 것입니다. 자유로운 시민은 국가와 타인에게 구속당하지 않고 오로지 스스로만이 자신의 삶을 선택할 수 있습니다.

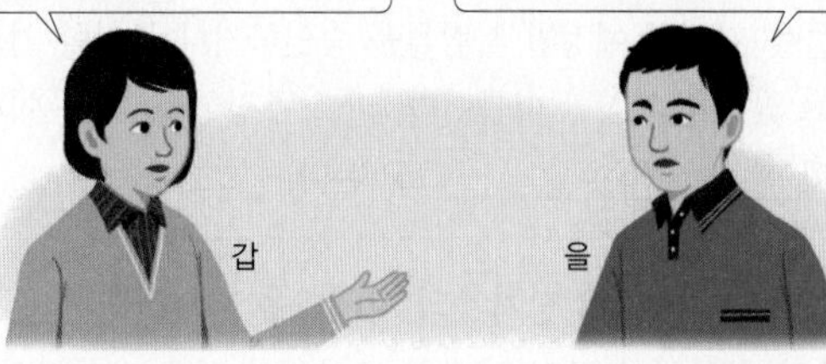

① 갑은 사익 추구보다 공익 추구가 우선함을 강조한다.
② 갑은 법치를 통한 개인의 자유와 권리의 실현을 강조한다.
③ 을은 공동체의 가치보다 개인의 자유와 권리를 강조한다.
④ 을은 개인이 지닌 인격의 자유로운 표현을 보장해야 함을 강조한다.
⑤ 갑, 을은 모두 법을 개인의 자유를 제한하는 것으로 인식해야 함을 강조한다.

786

사회사상가 갑, 을의 입장으로 옳은 것만을 〈보기〉에서 고른 것은?

> 갑: 사람들은 자연적인 권력을 사회에 위임하며, 사회는 일정한 사람의 수중에 입법권을 위임한다. 사람들은 입법자가 제정한 법에 의해 지배를 받겠다고 신탁을 하는 것이다.
> 을: 권력은 양도될 수 있지만 의지는 양도될 수 없다. 주권은 일반 의지의 행사이므로 양도될 수 없다. 또 주권자는 집합적 존재이므로 집합적 존재 그 자체에 의해서만 대표될 수 있다. 주권은 양도될 수 없는 것과 같은 이유로 분할될 수도 없다.

[보기]
ㄱ. 갑: 입법권을 가진 자가 법의 집행권도 가져야 한다.
ㄴ. 갑: 입법부가 신탁에 반해 행동할 경우 시민은 입법부에 저항할 수 있다.
ㄷ. 을: 주권은 국민에게 있고 주권자만 입법권을 갖는다.
ㄹ. 갑, 을: 국민은 대표자를 통해서 주권을 행사해야 한다.

① ㄱ, ㄴ ② ㄱ, ㄷ ③ ㄴ, ㄷ ④ ㄴ, ㄹ ⑤ ㄷ, ㄹ

787

㉠에 들어갈 말로 가장 적절한 것은?

> 시민들의 선호는 변화하기 때문에 대화와 토론을 통한 집단적 의사 형성이 중요하다. 민주적 정책 결정의 정당성은 시민 참여로 이루어지는 심의를 통한 집단적 의사 형성에 기반을 두어야 한다. 그런데 현대의 어떤 사상가는 "민주주의는 국민이 자신들을 지배할 예정인 사람들을 승인하거나 부인할 기회를 가지고 있음을 의미할 따름이다."라고 주장한다. 나는 이러한 주장이 ______㉠______ 고 본다.

① 민주주의가 엘리트 정치가의 지배임을 간과한다
② 민주적 정당성이 공적 심의에 근거해야 함을 간과한다
③ 시민 참여는 지도자 선출로 국한되어야 함을 간과한다
④ 민주주의가 득표 경쟁을 하는 제도적 장치임을 간과한다
⑤ 심의 과정에서 시민들의 선호가 바뀔 수 없음을 간과한다

788

사상가 갑, 을 모두가 긍정의 대답을 할 질문으로 가장 적절한 것은?

> 갑: 다수에 의해 성립되었다고 해서 정부가 인류의 양심에 어긋나는 일을 저지르는 것을 좌시해서는 안 된다. 우리는 국민이기보다 먼저 인간이어야 한다.
> 을: 시민 불복종은 법에 대한 충실성의 한계 내에서 법에 대한 불복종을 표현한다. 법에 대한 충실성은 양심적이고 진지하며 다수의 정의감에 호소하는 불복종의 의도를 표현한다.

① 정의로운 정부에서는 다수에 의해 옳고 그름이 결정되는가?
② 시민 불복종은 신중하고 양심적인 신념의 표현이어야 하는가?
③ 시민 불복종은 국가 체제의 합법성을 부정하는 위법 행위인가?
④ 모든 시민은 항상 다수가 결정한 법을 충실히 준수해야 하는가?
⑤ 정부 정책의 개혁은 시민 불복종의 목적에서 제외되어야 하는가?

789

(가)의 갑, 을 사상가의 입장을 (나) 그림으로 표현할 때, A~C에 해당하는 적절한 진술만을 〈보기〉에서 고른 것은?

(가)	갑: 시장에서 상품의 공급량이 유효 수요를 초과할 때에는 낮은 수준의 가격이, 반대의 경우에는 높은 수준의 가격이 형성된다. 이처럼 가격은 보이지 않는 손이 이끄는 자연 가격으로 향해 간다. 을: 소비 성향 하락과 투자 성향 저하는 유효 수요 부족 현상을 초래한다. 유효 수요 부족을 보충하기 위해 정부는 조세 체계나 이자율 조정을 통해 소비 수요를 촉진하고 공공 투자를 늘려야 한다.
(나)	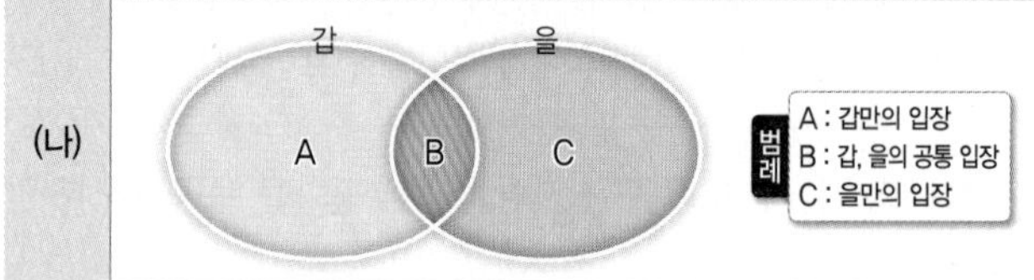

[보기]
ㄱ. A: 국가가 시장에 개입하는 것을 최대한 배제해야 한다.
ㄴ. B: 효율적 자원 배분이 가능한 경제 체제를 갖춰야 한다.
ㄷ. C: 사적 소유 폐지로 공정한 소득 분배를 이루어야 한다.
ㄹ. C: 유효 수요 부족은 '보이지 않는 손'만으로도 해결된다.

① ㄱ, ㄴ ② ㄱ, ㄷ ③ ㄴ, ㄷ ④ ㄴ, ㄹ ⑤ ㄷ, ㄹ

790

갑, 을은 사회사상가들이다. 을이 갑의 입장에 대해 제시할 견해로 가장 적절한 것은?

> 갑: 자유방임적 경제 질서의 결함을 해결하기 위해 정부는 조세 정책과 이자율 조정으로 소비에 영향력을 행사하고 투자 계획을 통해 유효 수요를 창출해야 한다. 투자의 사회화만이 완전 고용에 다가가는 유일한 방법이다.
> 을: 자유를 더 많이 가져다준다는 사회주의의 약속은 실제로는 노예 상태로 가는 지름길이다. 사유 재산제를 기반으로 한 자유 기업 시스템이야말로 부자뿐 아니라 가난한 사람에게도 가장 중요한 자유 보장 방법이다.

① 정부 실패의 가능성을 지나치게 강조한다.
② 분배의 형평성보다 성장의 중요성만 강조한다.
③ 국가에 의한 사회 복지 증진의 중요성을 간과한다.
④ '보이지 않는 손'에 의한 사익과 공익의 조화를 강조한다.
⑤ 정부 개입이 효율적 자원 분배를 저해할 수 있음을 간과한다.

791

(가)의 갑, 을, 병의 입장에서 서로에게 제기할 수 있는 비판을 (나) 그림으로 표현할 때, A~F에 해당하는 내용으로 가장 적절한 것은?

(가)	갑: 시장은 인위적 질서가 아닌 대표적인 자생적 질서이다. 분배는 개인의 능력과 운에 따라 이루어지는 것이므로 국가가 간섭해서는 안 된다. 을: 우리는 노동자를 계급으로 형성시켜 부르주아의 지배를 뒤엎고자 한다. 나아가 궁극적으로 계급 없는 사회를 이루고자 한다. 병: 자유 없이 사회주의는 있을 수 없다. 사회주의는 자유 속에서 민주주의적인 방법을 통해 새로운 사회를 건설하려고 노력한다.
(나)	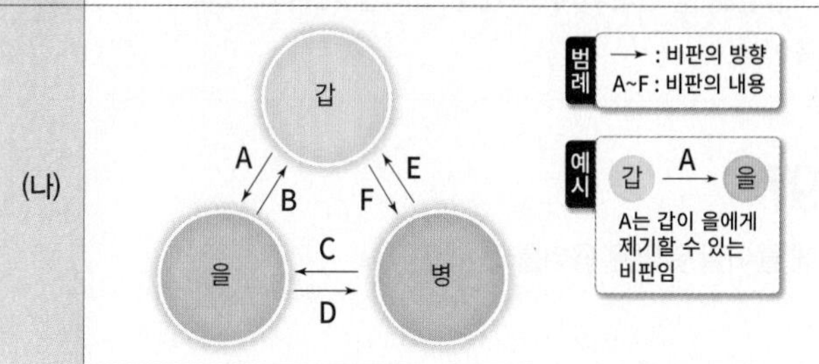

① A: 누구나 능력에 따라 일할 수 있어야 함을 간과한다.
② B, E: 경제에서는 효율성보다 평등이 중요함을 간과한다.
③ C: 계급 투쟁을 통해 자본주의가 붕괴될 것임을 간과한다.
④ D: 사회주의가 필연적으로 달성되는 것은 아님을 간과한다.
⑤ F: 사적 소유를 인정해야 하는 중요 부문들이 있음을 간과한다.

792

(가) 사상에 비해 (나) 사상이 갖는 상대적 특징을 그림의 ㉠~㉤ 중에서 고른 것은?

(가) 현명하고 유능한 자를 뽑아 다스리게 하니, 사람들은 자기 부모만 부모로 여기지 않고, 자기 자식만 자식으로 여기지 않는다. 따라서 음모와 도적이 생기지 않는다. 이를 대동(大同)이라 한다.
(나) 악을 행하는 자는 겸(兼)이 아니라 별(別)이라고 불러야 한다. 차별적으로 대하는 자는 큰 해를 끼치는 사람이다. 덕이 높은 선비는 친구의 몸을 자기 몸처럼, 친구의 부모를 자기 부모처럼 여긴다.

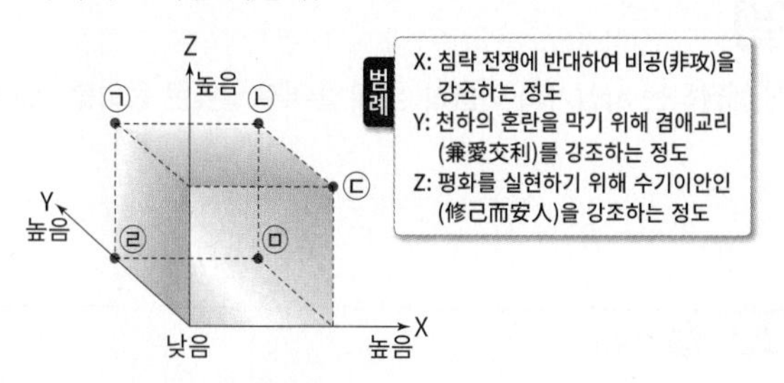

① ㉠ ② ㉡ ③ ㉢ ④ ㉣ ⑤ ㉤

793

그림의 강연자가 지지할 주장으로 옳은 것만을 〈보기〉에서 있는 대로 고른 것은?

사람이 산다는 사실 그 자체가 힘사(himsa), 즉 생명의 파괴를 가져옵니다. 비폭력을 추구하는 사람은 모든 행위의 원천을 자비에 둡니다. 아무리 작은 것이라 해도 파괴하지 않고 구하려고 최선을 다하면서 폭력의 소용돌이에서 벗어나려고 노력해야 합니다. 그러면 비폭력의 신념을 충실히 지킬 수 있습니다.

[보기]
ㄱ. 비폭력의 의무는 오직 강자에게만 적용된다.
ㄴ. 살생은 아주 작은 생명체로만 한정되어야 한다.
ㄷ. 적에게도 자비를 베풀며 복수심을 가져서는 안 된다.
ㄹ. 동정심을 행위의 원칙으로 삼고 자제력을 길러야 한다.

① ㄱ, ㄴ ② ㄱ, ㄷ ③ ㄷ, ㄹ
④ ㄱ, ㄴ, ㄹ ⑤ ㄴ, ㄷ, ㄹ

794

사상가 갑, 을의 입장으로 옳은 것은?

갑: 부당한 평화란 있을 수 없으며, 정당한 전쟁이라도 부당한 평화만 못하다. 교회 안의 죄, 그리스도인의 사악함과 잔인함이 전쟁을 불러온 근본 원인이며 그것을 개혁하는 것이 이민족과 전쟁을 하는 것보다 우선이다.
을: 평화는 인류가 추구해야 할 목표로서, 소극적 평화와 적극적 평화로 이루어진다. 전쟁, 테러와 같은 직접적 폭력이 없는 소극적 평화를 넘어 빈곤, 차별과 같은 간접적 폭력이 없는 적극적 평화로 나아가야 한다.

① 갑: 이민족의 개종을 위한 종교 전쟁은 정당하다.
② 갑: 그리스도교의 종교 정신이 전쟁의 근본 원인이다.
③ 을: 평화는 오직 평화적 수단으로만 성취되어야 한다.
④ 을: 평화 개념을 인간 안보에서 국가 안보로 확장해야 한다.
⑤ 갑, 을: 진정한 평화를 위한 전쟁은 도덕적으로 정당화될 수 있다.

795

사회사상가 갑, 을의 입장으로 옳은 것은?

갑: 유럽의 영구 평화를 위해서는 군주들이 영구적이고 취소할 수 없는 동맹을 맺어 국가 연합을 만들어야 한다. 국가 연합은 각국의 지위와 영토 유지를 보장하므로 군주에게도 이익이 된다.
을: 평화 조약에 뒤따를 영구 평화는 공허한 이념이 아니라 끊임없이 다가가야 할 과제일 것이다. 이를 위해 국내적으로 공화 정체를 확립하고 국제적으로 국가 간 연방 체제를 수립해야 한다.

① 갑: 군주의 이기심을 소멸시켜 전쟁을 종식시켜야 한다.
② 갑: 평화를 위해 이기심보다 종교 정신에 호소해야 한다.
③ 을: 공화제 국가는 국민의 전쟁 결정 협조를 얻기 어렵다.
④ 을: 국제 연맹으로는 개별 국가의 자유를 보장할 수 없다.
⑤ 갑, 을: 영구 평화를 위해 국제기구 창설은 실효성이 없다.

796

(가)의 사상가 갑, 을의 입장을 (나) 그림으로 탐구하고자 할 때, A~C에 들어갈 옳은 질문만을 〈보기〉에서 있는 대로 고른 것은?

(가)
갑: 풍요한 사회의 시민들만 풍요로움을 누리는 것은 부당하다. 고통을 감소시키고 쾌락을 증진하기 위해 커다란 희생이 없다면 우리는 타국의 빈민을 마땅히 도와야 한다.
을: 한 사회의 부와 복지 수준을 결정하는 주된 요인은 정치 문화이므로, 자원과 부가 빈약한 사회도 질서 정연한 사회가 될 수 있다. 만민은 고통받는 사회를 원조해야 한다.

(나)
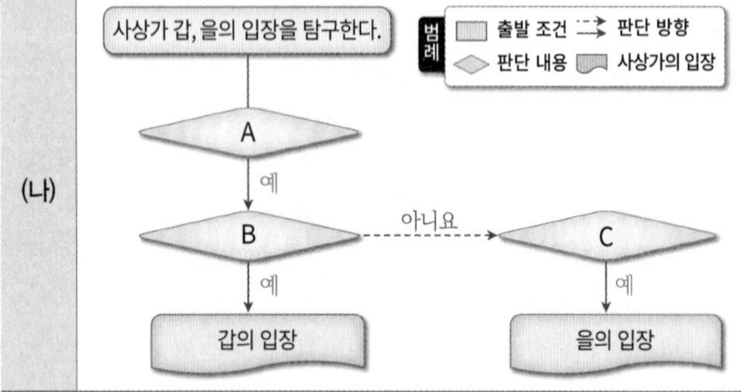

[보기]
ㄱ. A: 원조는 자신의 이익과 상관없는 윤리적 의무인가?
ㄴ. B: 원조의 목적은 인류 전체의 공리를 증진하는 것인가?
ㄷ. B: 모든 인간의 이익을 동등하게 고려해 원조를 해야 하는가?
ㄹ. C: 질서 정연한 사회는 빈곤하더라도 원조 대상에서 제외되는가?

① ㄱ, ㄴ ② ㄱ, ㄹ ③ ㄴ, ㄷ
④ ㄱ, ㄷ, ㄹ ⑤ ㄴ, ㄷ, ㄹ

[797~798] 다음은 어느 현대 서양 사상가의 주장이다. 물음에 답하시오.

(㉠)은/는 국민의 표를 얻는 데 성공한 결과로서, 모든 문제에 대한 결정권을 특정 개인들에게 부여하는 방식을 통해 정치적 결정에 도달하려는 제도적 장치이다. '국민'과 '지배'라는 "용어의 분명한 의미가 무엇이건 간에, (㉠)은/는 국민이 실제로 지배하는 것을 의미하지 않으며 또한 의미할 수도 없다. (㉠)은/는 다만 국민이 그들을 지배할 예정인 사람들을 승인하거나 부인할 기회를 가지고 있음을 의미할 따름이다.

797

㉠에 들어갈 알맞은 용어를 쓰시오.

798 서술형

위를 주장한 사상가의 입장에서 볼 때, 시민의 역할은 무엇이며, 왜 시민이 그러한 역할에 국한되어야 하는지 이유를 서술하시오.

[799~800] 다음은 어느 서양 사상가의 평화 사상을 설명한 글이다. 물음에 답하시오.

㉠그는 "영구 평화론"에서 전쟁을 예방하고 국가 간의 영구 평화를 보장하기 위해 (㉡)의 창설과 세계 시민법의 조건 등을 담은 아래의 확정 조항을 제시하였다.
- 제1의 확정 조항: 모든 국가의 시민적 정치 체제는 ㉢공화정이어야 한다.
- 제2의 확정 조항: 국제법은 자유로운 국가들의 연방 체제에 기초해야 한다.
- 제3의 확정 조항: 세계 시민법은 보편적 우호의 조건에 국한되어야 한다.

799

㉠에 해당하는 사상가의 이름과 ㉡에 들어갈 알맞은 용어를 쓰시오.

800 서술형

위 사상가가 영구 평화를 위해 ㉢과 같이 '공화정'을 제안한 이유를 서술하시오.

기출 분석 문제집

1등급 만들기

윤리와 사상
800제

빠른답 체크
Speed Check

◀ 이곳을 열면 정답을 바로 확인할 수 있습니다.

327 ㉡ 328 ㉡ 329 ㄴ 330 ㄱ

331 ② 332 ③ 333 ③ 334 ②
335 ③ 336 ㉠ 상대주의, ㉡ 보편주의
337 지덕복 합일설 338 해설 참조

339 ⑤ 340 ② 341 ④ 342 ③

10 덕 있는 삶과 행복

343 이데아 344 이성 345 현실 346 ㉢
347 ㉠ 348 ㉡ 349 ○ 350 ×
351 ○ 352 ㉡ 353 ㉠ 354 ㉠
355 ㉡ 356 ㄴ 357 ㄱ

358 ② 359 ③ 360 ④ 361 ②
362 ① 363 ⑤ 364 ④ 365 ①
366 ⑤ 367 ⑤ 368 ④ 369 ②
370 ⑤ 371 ③ 372 선의 이데아
373 해설 참조 374 ㉠ 지적인 덕, ㉡ 품성적 덕 375 해설 참조

376 ④ 377 ⑤ 378 ① 379 ③

11 행복 추구의 방법

380 쾌락 381 아타락시아
382 아파테이아 383 ㉡ 384 ㉠
385 ㉢ 386 ○ 387 × 388 ○
389 ㉠ 390 ㉠ 391 ㉡ 392 ㉡
393 ㄴ 394 ㄱ

395 ① 396 ⑤ 397 ④ 398 ②
399 ② 400 ⑤ 401 ⑤ 402 ③
403 ① 404 ③ 405 ② 406 ②
407 ② 408 해설 참조
409 쾌락의 역설 410 해설 참조
411 세계 시민주의 412 해설 참조

413 ④ 414 ① 415 ① 416 ④

12 신앙과 윤리

417 황금률 418 플라톤 419 영원법 420 ○
421 × 422 × 423 ○ 424 ○
425 ○ 426 ㉠ 427 ㉡ 428 ㉡
429 ㉠ 430 ㄴ 431 ㄱ

432 ② 433 ② 434 ⑤ 435 ④
436 ④ 437 ① 438 ② 439 ②
440 ⑤ 441 ⑤ 442 ② 443 ⑤
444 ③ 445 해설 참조
446 믿음, 소망, 사랑 447 해설 참조
448 구원 예정설 449 해설 참조

450 ② 451 ③ 452 ⑤ 453 ③

13 도덕의 기초

454 방법적 회의 455 자연 456 우상
457 공감 458 ㉡ 459 ㉣ 460 ㉠
461 ㉢ 462 × 463 × 464 ○
465 × 466 × 467 ○ 468 ×
469 ○ 470 × 471 ○ 472 ○
473 ○

474 ④ 475 ③ 476 ③ 477 ⑤
478 ② 479 ④ 480 ④ 481 ③
482 ② 483 ① 484 ④ 485 ①
486 ② 487 ② 488 ③
489 ㉠ 이성은 정념의 노예이다. ㉡ 경험론적 자세
490 해설 참조 491 해설 참조
492 해설 참조 493 해설 참조

494 ① 495 ① 496 ④ 497 ④

14 옳고 그름의 기준

498 실천 이성 499 조건부 의무
500 공리 501 싱어 502 ㉡ 503 ㉢
504 ㉠ 505 × 506 × 507 ×
508 ○ 509 × 510 × 511 ×
512 × 513 × 514 ○ 515 ○
516 ○ 517 ×

518 ① 519 ① 520 ⑤ 521 ④
522 ② 523 ① 524 ④ 525 ③
526 ④ 527 ③ 528 ④ 529 ⑤
530 ④ 531 ④ 532 정언 명령
533 해설 참조 534 해설 참조
535 해설 참조

536 ⑤ 537 ④ 538 ② 539 ⑤

15 현대의 윤리적 삶

540 현존재 541 한계 상황
542 실용주의의 격률 543 현금 가치
544 ㉡ 545 ㉠ 546 ㉢ 547 ○
548 × 549 ○ 550 × 551 ○
552 ○ 553 × 554 ○ 555 ×
556 ○ 557 ○ 558 × 559 ×

560 ④ 561 ④ 562 ④ 563 ⑤
564 ④ 565 ⑤ 566 ③ 567 ④
568 ⑤ 569 ② 570 ④ 571 ②
572 ⑤ 573 ② 574 ③
575 해설 참조 576 해설 참조
577 ㉠ 실용주의, ㉡ 듀이 578 해설 참조

579 ⑤ 580 ② 581 ① 582 ②

Ⅲ 단원 마무리 문제

583 ② 584 ⑤ 585 ④ 586 ⑤
587 ③ 588 ② 589 ③ 590 ⑤
591 ④ 592 ⑤ 593 ① 594 ②
595 ⑤ 596 ② 597 ③ 598 ③
599 ① 600 ② 601 ③ 602 ④
603 ① 604 ② 605 선(좋음)의 이데아
606 해설 참조 607 자연법
608 해설 참조

16 사회사상과 이상 사회

609 이상 사회 610 대동 사회
611 소국과민 612 불국정토
613 ㉡ 614 ㉠ 615 ㉢ 616 ㉡
617 ㉠ 618 ㉡ 619 × 620 ○
621 ○ 622 ○ 623 ×

624 ⑤ 625 ① 626 ⑤ 627 ④
628 ① 629 이상 사회
630 해설 참조

631 ② 632 ② 633 ③ 634 ①

17 국가

635 유교 636 정치적 본성
637 시민의 자유 보장 638 마르크스
639 ㄴ 640 ㄱ 641 ㉡ 642 ㉡
643 ㉠ 644 ○ 645 ○ 646 ×

647 ④ 648 ① 649 ④ 650 ③
651 ④ 652 ② 653 ② 654 ②
655 ② 656 ③ 657 ④ 658 ④
659 ① 660 아리스토텔레스
661 해설 참조 662 해설 참조
663 해설 참조

664 ⑤ 665 ② 666 ② 667 ②

18 시민

668 소극적 자유 669 비지배로서의 자유
670 자연권 671 사회적 존재 672 ㄴ
673 ㄱ 674 ㉠ 675 ㉡ 676 ㉡
677 ○ 678 ○ 679 ×

680 ④ 681 ① 682 ② 683 ③
684 ⑤ 685 ⑤ 686 ④ 687 ⑤
688 ② 689 ② 690 ③ 691 ⑤
692 ③ 693 해설 참조 694 공화주의
695 해설 참조 696 해설 참조

697 ⑤ 698 ⑤ 699 ③ 700 ④

19 민주주의

701 민주주의 702 엘리트 민주주의
703 정의관 704 × 705 × 706 ○
707 ㉡ 708 ㉠ 709 ㉢ 710 ㉡
711 ㉠ 712 ㉡ 713 ㄱ 714 ㄴ

715 ② 716 ② 717 ③ 718 ⑤
719 ② 720 ⑤ 721 하버마스
722 심의 민주주의 723 해설 참조

724 ⑤ 725 ① 726 ③ 727 ③

20 자본주의

728 애덤 스미스 729 물신 숭배
730 인간 소외 731 × 732 ○
733 × 734 ㉡ 735 ㉠ 736 ㉠
737 ㉠ 738 ㉢ 739 ㉡ 740 ㄴ
741 ㄱ

742 ④ 743 ① 744 ② 745 ②
746 ③ 747 자본주의
748 해설 참조 749 해설 참조

750 ④ 751 ⑤ 752 ③ 753 ②

21 평화

754 소극적 평화 755 수신제가 치국평천하
756 이익 평등 고려의 원칙 757 × 758 ○
759 ○ 760 ㉡ 761 ㉠ 762 ㉠
763 ㉠ 764 ㉡ 765 ㄴ 766 ㄱ

767 ② 768 ③ 769 ④ 770 ②
771 ④ 772 ② 773 겸애
774 해설 참조

775 ① 776 ③ 777 ③ 778 ⑤

Ⅳ 단원 마무리 문제

779 ⑤ 780 ⑤ 781 ② 782 ⑤
783 ⑤ 784 ① 785 ⑤ 786 ③
787 ② 788 ② 789 ① 790 ⑤
791 ② 792 ⑤ 793 ③ 794 ③
795 ③ 796 ⑤ 797 민주주의
798 해설 참조 799 ㉠ 칸트, ㉡ 국제 연맹
800 해설 참조

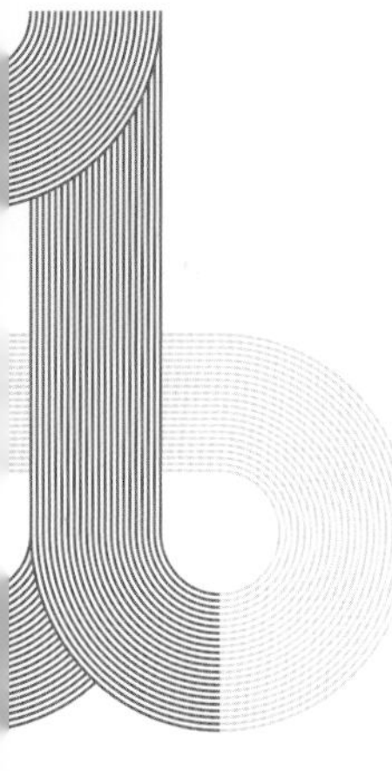

1등급 만들기 윤리와 사상 800제

빠른답 체크

Speed Check

른답 체크 후 틀린 문제는
른답 • 알찬풀이에서
확인하세요.

01 윤리 사상과 사회사상

001 이성적 존재 002 도구적 존재 003 윤리 사상 004 사회사상 005 ㉤ 006 ㉡
007 ㉣ 008 ㉢ 009 ㉠ 010 ㉠
011 ㉠ 012 ㉡ 013 ○ 014 ○
015 ○ 016 × 017 ○ 018 ○

019 ④ 020 ⑤ 021 ⑤ 022 ⑤
023 ② 024 해설 참조
025 '떼려야 뗄 수 없는' 또는 '상호 의존적인'

026 ② 027 ⑤ 028 ⑤ 029 ③

Ⅰ 단원 마무리 문제

030 ⑤ 031 ① 032 ① 033 ④
034 ④ 035 ③ 036 (가) 사회적·정치적 존재, (나) 이성적 존재, (다) 서사적 존재
037 ㉠ 사단, ㉡ 순자, ㉢ 성무선악
038 해설 참조 039 해설 참조

02 동양과 한국 윤리 사상의 연원

040 인(仁) 041 유기체적 세계관 042 천인합일
043 조화 044 ○ 045 × 046 ○
047 ○ 048 ㉡ 049 ㉠ 050 ㉡
051 ㉠ 052 ㉠ 053 ㄴ 054 ㄱ

055 ② 056 ③ 057 ④ 058 ④
059 ② 060 ② 061 현세에서의 좋은 삶
062 해설 참조

063 ④ 064 ② 065 ④ 066 ④

03 인의 윤리

067 효제(孝悌) 068 성선설 069 순자
070 이(理), 기(氣) 071 지행합일
072 × 073 ○ 074 ○ 075 ㉢
076 ㉡ 077 ㉠ 078 ㉠ 079 ㉡
080 ㉠ 081 ㄴ 082 ㄱ

083 ② 084 ④ 085 ② 086 ⑤
087 ② 088 ① 089 ④ 090 ①
091 ⑤ 092 ④ 093 ④ 094 ⑤
095 ③ 096 ㉠ 인(仁), ㉡ 충서(忠恕), ㉢ 극기복례(克己復禮) 097 순자 098 해설 참조
099 갑: 주희, 을: 왕수인 100 해설 참조

101 ③ 102 ③ 103 ④ 104 ⑤

04 도덕적 심성

105 사단 106 경장 107 성기호설 108 정약용
109 × 110 ○ 111 ○ 112 ○
113 ㉡ 114 ㉢ 115 ㉠ 116 ㉡
117 ㉡ 118 ㉡ 119 ㄱ 120 ㄴ

121 ② 122 ② 123 ② 124 ③
125 ② 126 ② 127 ① 128 ①
129 ② 130 ④ 131 ④ 132 ①
133 ㉠ 사단, ㉡ 칠정 134 해설 참조
135 이통기국(理通氣局) 136 해설 참조
137 해설 참조

138 ⑤ 139 ① 140 ⑤ 141 ③

05 자비의 윤리

142 연기 143 중도 144 돈오 145 ○
146 ○ 147 × 148 ㉡ 149 ㉢
150 ㉠ 151 ㉠ 152 ㉡ 153 ㉠
154 ㄴ 155 ㄷ

156 ③ 157 ② 158 ② 159 ③
160 ⑤ 161 ④ 162 ③ 163 ①
164 ④ 165 ③ 166 ① 167 ①
168 ② 169 ⑤ 170 ②
171 연기(緣起) 172 해설 참조
173 돈오돈수(頓悟頓修) 174 해설 참조

175 ⑤ 176 ③ 177 ① 178 ③

06 분쟁과 화합

179 일심 180 화쟁(和諍) 181 교종
182 점수 183 ○ 184 × 185 ○
186 ○ 187 ㉡ 188 ㉠ 189 ㉢
190 ㉡ 191 ㉡ 192 ㉠ 193 ㄷ
194 ㄱ

195 ⑤ 196 ⑤ 197 ② 198 ③
199 ① 200 ④ 201 ⑤ 202 ④
203 ① 204 ① 205 ③ 206 ④
207 ② 208 ② 209 갑: 원효, 을: 지눌, 병: 의천 210 해설 참조

211 ⑤ 212 ④ 213 ⑤ 214 ④

07 무위자연의 윤리

215 도(道) 216 소요 217 좌망 218 ○
219 × 220 ○ 221 ㉡ 222 ㉢
223 ㉠ 224 ㉠ 225 ㉡ 226 ㉠
227 ㄷ 228 ㄹ

229 ③ 230 ⑤ 231 ③ 232 ③
233 ② 234 ② 235 ② 236 ①
237 ③ 238 ① 239 ② 240 ②
241 ③ 242 ⑤ 243 ④ 244 ④
245 소국과민 246 해설 참조
247 해설 참조 248 해설 참조
249 소요

250 ⑤ 251 ⑤ 252 ③ 253 ②

08 한국과 동양 윤리 사상의 의의

254 실사구시 255 성리학 256 원불교
257 ○ 258 × 259 × 260 ㉢
261 ㉡ 262 ㉠ 263 ㉠ 264 ㉠
265 ㉡ 266 ㄱ 267 ㄹ

268 ⑤ 269 ① 270 ① 271 ①
272 ⑤ 273 ③ 274 ② 275 ④
276 ① 277 ② 278 ⑤ 279 ①
280 동도서기론 281 해설 참조
282 (가) 동학, (나) 증산교, (다) 원불교
283 해설 참조

284 ③ 285 ④ 286 ③ 287 ④

Ⅱ 단원 마무리 문제

288 ⑤ 289 ④ 290 ④ 291 ②
292 ③ 293 ① 294 ① 295 ⑤
296 ④ 297 ⑤ 298 ⑤ 299 ④
300 ③ 301 ⑤ 302 ③ 303 ④
304 ④ 305 ③ 306 ⑤ 307 ④
308 ① 309 ⓐ 싯다르타, ⓑ 개인, ⓒ 중관, ⓓ 경전, ⓔ 돈오점수 310 해설 참조
311 해설 참조 312 ⓐ 이기불상리(理氣不相離), ⓑ 칠정, ⓒ 사단 313 해설 참조
314 이(理) 315 해설 참조

09 서양 윤리 사상의 연원

316 헤브라이즘 317 선민 318 예수
319 ㉢ 320 ㉠ 321 ㉡ 322 ○
323 × 324 ○ 325 ㉠ 326 ㉠

고등 도서안내

개념서

비주얼 개념서

룩 LOOK

이미지 연상으로 필수 개념을 쉽게 익히는
비주얼 개념서

국어 문법
영어 분석독해

내신 필수 개념서

개념 학습과 유형 학습으로
내신 잡는 필수 개념서

사회 통합사회, 한국사, 한국지리, 사회·문화,
생활과 윤리, 윤리와 사상
과학 통합과학, 물리학 I, 화학 I,
생명과학 I, 지구과학 I

기본서

문학

손쉬운

작품 이해에서 문제 해결까지
손쉬운 비법을 담은 문학 입문서

현대 문학, 고전 문학

수학

수학중심

개념과 유형을 한 번에 잡는 강력한
개념 기본서

고등 수학(상), 고등 수학(하),
수학 I, 수학 II, 확률과 통계, 미적분, 기하

유형중심

체계적인 유형별 학습으로 실전에서 더욱 강력한
문제 기본서

고등 수학(상), 고등 수학(하),
수학 I, 수학 II, 확률과 통계, 미적분

1등급 만들기

윤리와 사상 800제

바른답·알찬풀이

MiraeN 에듀

바른답·알찬풀이

STUDY POINT

바로잡기

자세한 오답풀이로 문제를 쉽게 이해할 수 있습니다.

1등급 선택지 분석

선택지 첨삭 해설로 한눈에 정답을 확인할 수 있습니다.

1등급 정리 노트

시험에 꼭 나오는 핵심 개념을 다시 한 번 정리할 수 있습니다.

1등급 만들기

윤리와 사상 800제

바른답·알찬풀이

Ⅰ 인간과 윤리 사상

01 윤리 사상과 사회사상

분석 기출 문제 7~8쪽

[핵심 개념 문제]

001 이성적 존재 **002** 도구적 존재 **003** 윤리 사상 **004** 사회사상
005 ㉤ **006** ㉡ **007** ㉣ **008** ㉢ **009** ㉠ **010** ㉠ **011** ㉠
012 ㉡ **013** ○ **014** ○ **015** ○ **016** × **017** ○ **018** ○

019 ④ **020** ⑤ **021** ⑤ **022** ⑤ **023** ②

1등급을 향한 서답형 문제

024 예시 답안 ㉠ 어떻게 사는 것이 바람직하고 좋은 삶인지에 대한 체계적인 대답, ㉡ 사회적 삶에서 나타나는 현상에 대한 해석 및 사회 체제의 바람직한 모습과 그것의 구현에 관한 체계적인 사유 **025** '떼려야 뗄 수 없는' 또는 '상호 의존적인'

019

제시문은 동물과의 비교 연구를 통해 인간 존재의 특수성을 규정한 겔렌의 주장이다. 제시문은 인간이 문화를 창조하고 후대에 전수하며, 이러한 문화 안에서 살아가면서 비로소 생존을 유지하고 인간다운 삶을 살 수 있게 되었다는 주장을 담고 있다. 따라서 이 글에서 가장 강조되는 인간의 특징은 문화적 존재로서의 인간이다.

1등급 정리 노트 인간의 특성

인간의 특성은 주로 여타의 동물과 비교할 때 인간의 우월성을 드러내 주는 요소라고 할 수 있다. 이 중에서 가장 중요한 것은 이성적 존재이자 윤리적 존재로서의 인간 특성이지만, 기타 특성들도 종종 출제 대상이 되므로 다음의 내용만은 꼭 기억해 두자.

- 이성적 존재: 고도의 사고 능력을 지닌 존재
- 사회적·정치적 존재: 사회를 이루고 정치 활동을 하며 살아가는 존재
- 도구적 존재: 다양한 유무형의 도구를 만들어 사용하는 존재
- 유희적 존재: 삶의 재미와 즐거움을 추구하는 존재
- 문화적 존재: 고유의 문화를 창조하고 계승해 나가는 존재
- 윤리적 존재: 도덕적인 삶을 통해 인간다움을 실현하는 존재

020

사람다움 혹은 인간다움에서 인간의 본질을 찾고자 하는 것은 인간의 본질적 특성을 윤리적 측면에서 찾은 결과이다.

바로잡기 ㄱ. 인간은 자연법칙이 아닌 도덕 법칙을 따를 수 있는 존재라는 점에서 윤리적 존재라고 할 수 있다. ㄴ. 유희적 존재에 대한 설명이다.

021

갑은 성선설을 주장한 맹자, 을은 성악설을 주장한 순자이다. 이들은 인간의 본성에 대해 서로 다른 입장을 제시하였다. 하지만 두 입장 모두 궁극적으로는 선행과 같은 윤리적 삶을 강조하면서, 그 실현 방안을 고심하였다는 점은 다르지 않다.

바로잡기 ① 본성은 타고나는 것이므로 후천적 수양을 통해 형성되지는 않는다. 다만 고자는 타고난 바가 환경에 따라 변화할 수 있음을 긍정하였다. ② 맹자는 인간이 선을, 순자는 인간이 악을 타고난다고 보았다. ③ 순자는 부정할 질문이며, 맹자도 타고난 선을 확충하기 위한 노력을 요구하였으므로 긍정하기는 어려운 질문이다. ④ 순자의 입장에서만 긍정할 질문이다.

1등급 정리 노트 성선설, 성악설, 성무선악설

인간의 본성에 대한 이론은 동서양에서 다양하게 나타났다. 그러나 인간의 윤리적 삶과 관련하여서는 동양의 성선설, 성악설, 성무선악설이 가장 대표적이며 단골 출제 대상이기도 하다. 다음 이론의 대표적 학자와 주요 내용을 꼭 기억해 두자.

본성론	사상가	내용
성선설	맹자	• 인간에게는 선천적으로 선한 도덕심이 갖추어져 있음 • 타고난 마음을 간직하고 기르며 확충하는 수양이 필요함
성악설	순자	• 인간은 본래 이익을 좋아하고 남을 질투하며 미워하는 존재 • 예(禮)를 통해 본성을 교화하는 후천적인 노력을 기울여야 함
성무선악설	고자	• 인간은 식욕이나 색욕과 같은 본능을 타고날 뿐임 • 인간의 선악은 후천적 환경에 따라 선과 악 어느 쪽으로든 나타날 수 있음

022

갑은 아리스토텔레스이다. 좋은 사회를 위해서는 시민 개인의 도덕성이 우선해야 한다는 주장을 제시하고 있다. 을의 주장은 유교 경전인 "대학"의 한 구절이다. 한 사회의 지도자는 도덕성을 갖추어야 하며 이를 토대로 할 때 도덕적 사회 구현이 가능하다는 내용이므로 유교 사상가의 입장에 해당한다. 갑, 을 모두 사회의 올바름을 추구하기 위한 전제 조건으로 개인의 올바름을 추구해야 한다는 견해를 제시하고 있다.

바로잡기 ⑤ 갑, 을은 모두 개인의 올바름을 바탕으로 사회적 올바름을 추구해야 한다는 점을 강조하고 있다.

023

A는 사회사상이다. 사회사상은 현 사회를 파악하고 문제를 진단할 수 있는 잣대를 제공한다. 그리고 이 과정에서 사회의 발전 방향과 이상적 모습, 그리고 그러한 사회로 나아가기 위한 실천 방안을 제시한다. 이렇게 사회사상은 인류 사회가 지향해야 할 가치를 제시하고 있기 때문에 사회사상이 가치 중립적 태도로 사회를 평가할 수 있는 틀을 제공해 준다고 보기 어렵다.

024

윤리 사상의 범주는 대체로 개인의 바람직하고 좋은 삶과 관련되는 반면, 사회사상의 범주는 사회적 삶에서 나타나는 현상에 대한 해석 및 사회 체제의 바람직한 모습과 관련된다. 이를 중심으로 윤리 사상과 사회사상의 의미를 제시할 수 있다.

채점 기준	수준
윤리 사상과 사회사상의 의미를 모두 정확히 서술하였을 경우	상
윤리 사상과 사회사상의 의미 중 한 가지만을 정확히 서술하였을 경우	중
윤리 사상과 사회사상의 대략적인 의미를 제시하였으나 그 내용과 범주를 정확히 서술하지 못한 경우	하

025

제시문에서는 개인 윤리라는 토대가 없을 때 바람직한 사회의 구현은 어렵다는 아리스토텔레스의 주장과 함께 노예제를 예로 들면서 올바른 사회 윤리가 구현되지 않은 사회에서는 바람직한 개인 윤리의 구현이 어렵다는 주장을 소개하고 있다. 이를 통해 개인 윤리와 사회 윤리는 떼려야 뗄 수 없는 관계 또는 상호 의존적인 관계라는 점을 유추할 수 있으며, 이는 윤리 사상과 사회사상의 관계에도 동일하게 적용된다.

적중 1등급 문제

9쪽

026 ② 027 ⑤ 028 ⑤ 029 ③

026 인간의 특징 이해하기

그림의 강연자는 칸트이다. 칸트에 따르면 인간은 스스로 도덕 법칙을 수립하고 자신이 수립한 도덕 법칙을 따르고자 하는 이성적 존재이다. 이러한 도덕 법칙은 인간에게 의무의 법칙으로 다가오는데, 이는 인간이 동물적 욕구와 이성을 함께 가지고 있기 때문이다. 즉 인간의 의지가 도덕 법칙을 따르기 위해서는 동물적 욕구의 저항을 극복해야 하기 때문이다. 칸트의 이러한 입장은 윤리적 존재로서의 인간의 특징을 잘 보여 준다.

1등급 선택지 분석

① 이성으로써 자연법칙을 활용하여 과학 기술을 개발한다.
→ 도구적 존재로서의 특징이다.

②자연적 욕구를 극복하고 도덕 법칙을 자율적으로 따른다.
→ 제시문에 따르면 인간은 자신 안에 있는 도덕 법칙에 대해 의무를 스스로에게 부과하여 동물적 욕구를 극복하는 윤리적 존재이다.

③ 자신의 유한성을 인정하고 신에게 귀의하여 은총을 구한다.
→ 종교적 존재로서의 특징이다.

④ 하늘을 도덕 법칙의 근원으로 삼아 자신의 인격을 함양한다.
→ 유교에서 강조하는 인간의 특징이다. 제시문에 따르면 하늘은 도덕 법칙의 영역이 아니라 자연법칙의 영역이다.

⑤ 삶의 양식을 타인과 공유하고 공동체에 대한 의무를 다한다.
→ 사회적 존재로서의 특징이다.

027 윤리 사상과 사회사상의 관계 이해하기

제시문은 고대 그리스 철학자 아리스토텔레스의 주장이다. 아리스토텔레스는 덕을 갖춘 훌륭한 시민에 의해 정의로운 국가가 형성된다고 보았다. 이는 개인의 도덕성과 공동체의 도덕성은 밀접한 관계에 있으며, 좋은 삶에 대한 체계적인 생각인 윤리 사상과 좋은 사회에 대한 체계적인 생각인 사회사상이 상호 의존적 관계에 있음을 보여 준다.

1등급 선택지 분석

① 좋은 사람은 통치자가 아니라 피치자로만 남아야 한다
→ 제시문에 따르면 가장 좋은 통치의 형태는 가장 좋은 사람들에 의해 통치되는 것이다.

② 좋은 사람은 귀족정이나 왕정의 시민이 되어서는 안 된다
→ 제시문에 따르면 귀족정이나 왕정의 유형에 따라 정의로운 국가를 건설해야 한다.

③ 좋은 사람의 선은 국가의 선에 어떤 영향도 미치지 못한다
→ 제시문에 따르면 가장 좋은 사람들이 가장 좋은 형태의 국가를 형성한다.

④ 좋은 사람은 수단을 가리지 않고 정의로운 국가를 건설한다
→ 제시문에 따르면 좋은 사람이 선을 이룩하는 것과 똑같은 방식과 수단으로 정의로운 국가를 건설해야 한다.

⑤좋은 사람으로서의 선과 좋은 시민으로서의 선은 같아야 한다
→ 제시문에 따르면 좋은 사람이 되는 방식이나 좋은 국가를 만드는 방식은 같다.

028 맹자, 순자, 고자의 인간 본성론 비교하기

갑은 맹자, 을은 순자, 병은 고자이다. 맹자는 성선설을, 순자는 성악설을, 고자는 성무선악설을 주장하였다. 맹자는 네 가지 선한 마음[四端]인 측은지심, 수오지심, 사양지심, 시비지심이 인간에게 주어져 있다고 보았으며, 순자는 이기적 욕망을, 고자는 식욕과 성욕을 인간의 본성으로 보았다.

1등급 선택지 분석

① A: 인간의 마음에는 욕구를 절제할 능력이 있음을 간과한다.
→ 순자도 인간의 마음에는 자신의 더 큰 이익을 위해 욕구를 절제할 능력이 있다고 보았다.

② B: 인간의 선한 본성이 항상 발현되는 것은 아님을 간과한다.
→ 순자는 인간의 본성을 악하다고 보았다.

③ C: 인간의 본성은 교화를 거쳐야만 선하게 변함을 간과한다.
→ 순자는 인간의 본성이 교화를 거쳐야만 선하게 변함을 강조하였다.

④ D: 인간은 욕구뿐 아니라 선한 본성도 지니고 있음을 간과한다.
→ 순자는 인간의 본성이 악하며, 인간의 마음에는 선의 단서가 없다고 보았다.

⑤E: 인간의 본성은 선이나 악으로 고정되어 있지 않음을 간과한다.
→ 맹자와 순자는 인간의 본성이 선이나 악으로 고정되어 있다고 보았으나, 고자는 타고난 그대로가 본성이며 본성은 식욕과 색욕일 뿐이고 이것은 그 자체로 선이나 악이 아니라고 보았다.

029 윤리 사상과 사회사상 비교하기

(가)은 윤리 사상, (나)는 사회사상이다. 윤리 사상은 인간의 본성에 대한 이해를 바탕으로 바람직한 인간의 삶에 대해 탐구하며 개인 행위의 규범을 제시한다. 한편 사회사상은 사회 현상에 대한 해석을 바탕으로 바람직한 사회 및 국가에 대해 탐구하며 사회 운영의 원리를 제시한다.

1등급 선택지 분석

ㄱ. (가)는 당위보다 사실에 대한 지식을 추구한다.
→ 윤리 사상은 사실보다는 당위에 대한 지식을 추구한다.

ㄴ. (가)는 도덕 문제 해결의 이론적 토대를 제공한다.
→ 윤리 사상은 도덕적 행동 지침 및 판단 근거를 제공한다.

ㄷ. (나)는 현 사회를 비판하거나 정당화하는 근거가 된다.
→ 사회사상은 현 사회의 제도나 정책을 판단하는 근거를 제공한다.

ㄹ. (가)와 (나)는 각기 고유한 영역을 갖지 않으며 구분되지 않는다.
→ 윤리 사상과 사회사상은 상호 의존적이면서도 각기 고유한 영역을 갖는다. 윤리 사상은 바람직한 인간의 모습을 추구하며, 사회사상을 바람직한 사회의 모습을 추구한다.

단원 마무리 문제

10~11쪽

030 ⑤ **031** ① **032** ① **033** ④ **034** ④ **035** ③ **036** (가) 사회적·정치적 존재, (나) 이성적 존재, (다) 서사적 존재 **037** ㉠ 사단, ㉡ 순자, ㉢ 성무선악 **038** 예시 답안 윤리적 노력(또는 도덕적 수양)이 필요하다 **039** 예시 답안 윤리 사상과 사회사상은 불가분의 관계이자 상호 의존적·보완적 관계이다.

030

제시문은 정약용이 쓴 "중용강의"의 일부이다. 제시문에 따르면 인간은 초목이나 금수와는 달리 영명한 본성을 부여받았으며, 이러한 본성은 어버이를 가까이 사랑하고 어른을 공경하는 도덕적 행위를 통해 실현된다. 이와 같은 사실은 인간이 선을 알고 마땅히 해야 할 바를 행할 수 있는 윤리적 존재임을 시사한다.

031

갑은 성선설을 주장한 맹자, 을은 성악설을 주장한 순자, 병은 성무선악설을 주장한 고자이다. 맹자는 순선한 본성을 확충할 것을 강조했으며, 순자는 도덕적 수양을 통해 악한 본성을 선하게 변화시킬 것을 강조하였다. 고자는 인간의 본성이 선이나 악으로 결정되어 있지 않다고 보았다.

바로잡기 ㄴ. 순자는 성인이 만든 예(禮)를 배우고 몸에 익힘으로써 본성을 선하게 교화(敎化)해야 한다고 강조하였다. ㄹ. 맹자와 순자, 고자 모두 인간의 본성[性]을 인위적 노력에 의해 형성되는 것이 아니라 날 때부터 주어져 있는 것으로 보았다.

032

학생들의 대답은 모두 윤리 사상이 필요한 구체적 이유들이다. 윤리 사상은 인간 존재에 대한 깊이 있는 사유를 제시하여 우리가 자아를 탐색하고 성찰할 수 있도록 도울 수 있다. 또한 윤리 사상은 최선의 삶에 대한 연구를 통해 탄생한 것으로서 삶의 목적을 설정해 나가는 데 도움을 줄 수 있다. 이러한 윤리 사상은 오늘날 새롭게 직면하게 된 다양한 윤리적 문제에 대처할 수 있는 보다 구체적인 행동 지침과 판단 근거를 제공한다.

033

제시문은 윤리 사상과 사회사상이 상호 의존적이며 보완적 관계임을 밝히고 있다. 윤리 사상은 바람직한 행위를 위한 지침과 근거를 제공해 주며, 사회사상은 공적인 삶에서 발생하는 윤리적 딜레마에 대안을 제시하고 그 타당성을 검토하여 책임 있는 의사 결정을 하는 데 도움을 준다.

바로잡기 ㄹ. 윤리 사상과 사회사상은 모두 궁극적으로 행복의 실현을 지향한다.

034

㉠에 들어갈 말은 '사회사상'이다. 사회사상은 일정한 관점에서 사회 문제에 대해 비판하고 이를 개선하여 바람직한 사회를 실현하고자 하는 사회 운동에 이론적 배경을 제공한다.

바로잡기 ㄹ. 사람들은 특정한 사회사상을 바탕으로 사회 현상을 이해하고 비판하며 자신이 속한 사회가 더 나은 모습이 되기를 지향한다.

035

제시문 (가)는 우리 삶에서 윤리 사상이 어떤 역할을 하는지를, (나)는 사회사상이 어떤 역할을 하는지를 보여 주는 사례이다. (가) 사례의 주인공은 윤리 사상에 대한 탐구를 기초로 기업인으로서 추구해야 할 바람직한 가치가 무엇인지, 또 개인으로서 어떻게 살아가야 하는지를 설정하였다고 볼 수 있다. (나) 사례는 한 사람에 의해 국가의 운명이 좌지우지되지 않고 국민의 뜻을 존중하는 민주주의라는 사회사상을 정당화하고 있다.

바로잡기 ③ 사회사상은 사회 현상에 대한 사실적 기술뿐만 아니라 사회 현상을 분석하고 평가하며 대안을 제시하기도 한다.

036

(가)는 아리스토텔레스, (나)는 파스칼, (다)는 매킨타이어의 주장이다. 아리스토텔레스에 따르면 인간은 국가를 이루고 개인과 공동체의 문제에 대해 서로 협의하며 조정하는 사회적·정치적 존재이다. 파스칼에 따르면 인간은 이성을 통해 자신과 세계에 대해 끊임없이 사유하고 해석하는 이성적 존재이다. 매킨타이어에 따르면 인간은 공동체의 이야기를 통해 자신의 정체성, 삶의 의미와 목적을 만들어 가는 서사적 존재이다.

037

맹자는 인간이 순수하게 선한 성품인 사단을 지니고 태어나지만 육체를 지닌 존재이므로 욕망이나 환경에 따라 악행을 저지를 수도 있다고 보았다. 순자는 인간이 이기적 욕망을 가지고 태어나므로 악한 충동이나 공격성을 지닌다고 주장하면서 이를 억제하고 교화하기 위한 인위적·후천적 노력을 강조하였다. 성무선악설을 주장하는 고자는 인간이 선하고 악한 것은 본성이 아니라 후천적인 요인에 의해서 정해진다고 보았다.

038

맹자와 순자, 고자는 각기 인간의 본성에 대해 다른 주장을 내세웠지만, 세 사상가 모두 선한 삶을 살기 위해서는 윤리적 노력, 즉 도덕적 수양이 필요하다고 보았다. 맹자는 순선한 마음을 보존하고 확충하는 수양을, 순자는 예(禮)를 배우고 몸에 익히기 위한 수양을 강조하였다. 고자 또한 도덕적 수양을 통해 인의가 형성된다고 보았다.

채점 기준	수준
윤리적 또는 도덕적 노력이 필요하다고 서술한 경우	상
인위적 노력이 필요하다고 서술한 경우	중
옳게 서술하지 못한 경우	하

039

제시문은 개인의 도덕성이 사회 제도의 도덕성에 영향을 받으며, 사회 제도의 도덕성 역시 개인의 도덕성을 전제하지 않고서는 실현될 수 없음을 강조하고 있다. 따라서 도덕적 삶을 지향하는 윤리 사상과 바람직한 사회를 지향하는 사회사상은 불가분의 관계이면서 상호 의존적·보완적 관계라고 할 수 있다.

채점 기준	수준
㉠에 해당하는 내용을 구체적으로 서술한 경우	상
㉠에 해당하는 내용을 서술하였으나 미흡한 경우	중

Ⅱ 동양과 한국 윤리 사상

02 동양과 한국 윤리 사상의 연원

분석 기출 문제

13~14쪽

[핵심 개념 문제]

040 인(仁) **041** 유기체적 세계관 **042** 천인합일 **043** 조화 **044** ○
045 × **046** ○ **047** ○ **048** ㉡ **049** ㉠ **050** ㉡ **051** ㉠
052 ㉠ **053** ㄴ **054** ㄱ

055 ② **056** ③ **057** ④ **058** ④ **059** ② **060** ②

1등급을 향한 서답형 문제

061 현세에서의 좋은 삶 **062** 예시 답안 인본주의, 화합과 조화 및 평화, 도덕적인 삶을 추구하였다.

055

제시문은 동양 사회의 특징 중 하나인 가족 공동체 중시와 관련된 내용이다. 동양에서는 일찍부터 농업 중심의 사회가 발달하였다. 농업은 많은 노동력을 필요로 할 뿐만 아니라 자연의 변화에도 큰 영향을 받는다. 따라서 동양 사람들은 가족 단위의 공동체를 형성하고 정착 생활을 해 나가면서 자연의 변화에 큰 관심을 두었다. 따라서 동양 사회에서는 가족 간의 질서를 중시하면서 자연스럽게 가족 간의 윤리가 발달하게 되었고, 그러한 과정에서 가족 간의 윤리를 근간으로 하는 사회 윤리를 발전시켜 나갔다.

바로잡기 ① 동양에서는 자연스럽게 형성된 혈연관계로서의 가족 관계를 중시하였고, 이를 확장하여 사회의 윤리와 질서에 적용하였다. ③ 농경 사회가 일찍 정착되면서 가족 간의 질서와 자연의 법칙에 관심을 지니게 되었다. ④ 자연의 질서를 인간 사회의 질서와 관련지었으며, 자연을 수단적인 것으로 바라보지는 않았다. ⑤ 개인보다 가족 공동체를 더 중시하였다.

056

(가)는 유교, (나)는 불교, (다)는 도가이다. 유교는 전통적으로 인격 수양에 관심을 기울여 왔고, 불교는 인도에서 기원한 종교로 자비의 윤리를 제시하였다. 도가에서는 인간을 소박한 본성을 지닌 존재로 보았으며 죽음을 자연의 순리로 이해하였다.

바로잡기 ㄱ. 유교는 현세에서의 삶을 중시하였다. ㄹ. 불교는 인도에서 발원한 종교이다. ㅅ. 유교, 불교, 도가의 사상은 모두 만물이 상호 의존한다는 유기체적 관점을 지니고 있다.

057

제시문은 유교에서 강조하는 인간과 자연의 관계에 대한 설명으로, 유교의 유기체적 세계관을 잘 보여 준다. 유기체적 세계관은 만물을 조화로운 하나의 유기체와 같은 것으로 파악하는 관점이다.

바로잡기 ① 유기체적 세계관에서는 생명체들을 모두 평등한 관계로 여기기 때문에 그들 사이에 위계 질서가 있다고 보지 않는다. ② 유기체적 세계관은 독립성과 개별성보다는 만물의 상호 연관성을 중시한다. ③ 유기체적 세계관은 모든 존재가 그 자체로 내재적 가치를 지닌다고 보며, 모든 존재의 가치를 유용성의 관점에서 판단하지 않는다. ⑤ 인간 중심주의적 세계관에 해당한다.

058

(가)는 고조선 건국 신화의 일부로, 경천사상, 하늘과 땅의 조화와 인본주의 등을 살펴볼 수 있다. (나)는 풍류도로 우리 고유 사상에 깃든 조화의 정신을 잘 보여 준다.

바로잡기 ④ 한국 윤리 사상의 특징에 해당하는 내용이지만 대체로 민간 신앙에서 발견되는 특징으로, 풍류도에서는 발견할 수 없는 특징이다.

059

제시문은 최치원이 제시한 풍류도이다. 최치원은 우리 고유의 사상인 풍류도는 유교, 불교, 도교를 조화시킨 것이라 주장하였다. 제시문의 ㉠에서 유교의 면모를, ㉡에서 도교의 면모를, ㉢에서 불교의 면모를 확인할 수 있다.

1등급 정리 노트 풍류도의 조화 정신

풍류도(風流道)를 화랑도(花郎道)라고도 한다. 화랑도는 본래 자연 속에서 춤과 노래를 즐기며 몸과 마음을 단련하여 도의를 연마하는 우리 고유의 전통으로, 신라에서 체계화하였다. 신라의 국가적 인재 양성 단체인 화랑도(花郎徒)의 생활 규범이자 정신적 지침이 곧 화랑도(花郎道)이자 풍류도(風流道)였던 셈이다. 최치원은 난랑이라는 화랑을 기리는 '난랑비서문'을 통해 풍류도가 유교, 불교, 도교를 조화시킨 것임을 밝혔다. 이러한 풍류도의 특징은 세속 오계에서도 발견할 수 있다. 세속 오계는 화랑이 지켜야 할 계율로, 충성, 효도, 신의, 용맹, 자비 등 다섯 덕목이다. 여기서 충성, 효도, 신의의 덕목은 유교와 관련이 있고 자비의 덕목은 불교와 관련이 있다. 또한 화랑들은 전국의 아름다운 산과 강을 찾아다니며 몸과 마음을 수련하였는데, 이는 도교와 관련이 있다. 이러한 풍류도의 구체적 내용을 바탕으로 풍류도가 우리 조상의 조화 정신을 보여 주는 것임을 잘 기억해 두자.

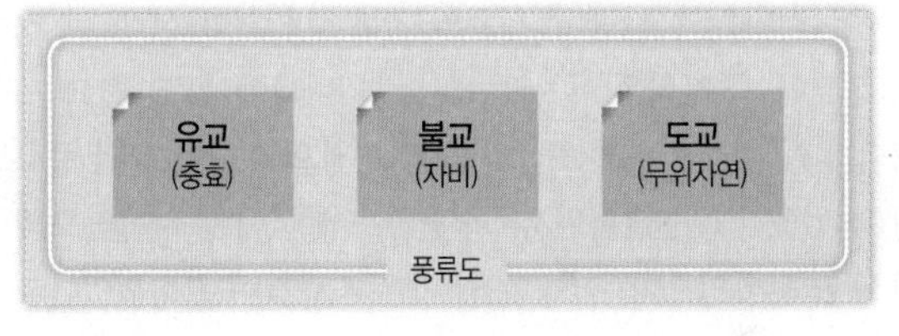

060

풍류도는 유·불·도의 조화를 바탕으로 하는 사상으로 우리 조상의 조화 정신을 잘 보여 주는 대표적인 예이다. 한국 윤리 사상의 조화 정신은 그밖에도 원효의 화쟁 사상, 의천과 지눌의 교선 일치 사상, 동학 등에서 발견된다.

061

한국 윤리 사상은 죽음 이후의 삶인 내세보다는 현세에서의 좋은 삶을 지향하였다는 특징을 지니고 있다. 고조선의 건국 신화에 나타난 홍익인간의 정신, 굿을 통해 풍성한 수확과 공동체의 안녕을 기원한 무속 신앙 등에서 현세에서의 좋은 삶을 염원하였던 우리 조상들의 가치관을 발견할 수 있다. 이러한 가치관은 현세에서 행복한 삶을 살기를 추구하였던 민간 신앙으로 계승되었으며, 도덕적 인간과 사회를 현실에서 구현하고자 지속적으로 노력하였던 한국 유교의 전통에서도 현세 지향적인 면모를 발견할 수 있다.

062

한국 윤리 사상은 현세에서 좋은 삶을 추구하였던 것 이외에도 인본주의 정신, 화합과 조화 및 평화 추구, 도덕적인 삶 추구 등의 특징을 지니고 있다.

채점 기준	수준
인본주의, 화합과 조화 및 평화, 도덕적인 삶 추구 중 두 가지 이상을 제시하여 서술한 경우	상
인본주의, 화합과 조화 및 평화, 도덕적인 삶 추구 중 한 가지만을 제시하여 서술한 경우	중

적중 1등급 문제

15쪽

063 ④ **064** ② **065** ④ **066** ④

063 풍류도 이해하기

제시문은 최치원의 '난랑비' 서문의 일부이며, '현묘한 도'란 '풍류도'를 가리킨다. 최치원은 이 서문에서 우리나라에 유교, 불교, 도교가 전래되기 이전부터 우리 조상이 생활 지침으로 삼아 왔던 풍류도(風流道)가 있었다고 언급하면서, 이 풍류도에는 이미 유·불·도의 가르침이 포함되어 있으며, 이를 통해 많은 사람들이 교화되었다고 주장하였다.

1등급 선택지 분석

① 유교와 불교, 도교 사상에 풍류도를 융합하여 형성되었다.
→ 풍류도 자체에 유·불·도 사상을 포함하고 있다.

② 유교와 불교, 도교의 성립에 기여한 우리의 고유 사상이다.
→ 풍류도는 유·불·도의 성립과 무관하다.

③ 유교와 불교, 도교의 특수성을 극복하고 하나로 통합하였다.
→ 풍류도는 유·불·도의 가르침을 하나로 통합한 사상이 아니다.

④ 유교와 불교, 도교에서 강조하는 핵심 내용이 포함되어 있다.
→ 풍류도는 충효(忠孝), 무위(無爲), 선행 등 유·불·도의 가르침을 포함하고 있다.

⑤ 유교와 불교, 도교의 전래 이후 생겨난 조상들의 생활 지침이다.
→ 풍류도는 유·불·도가 전래되기 이전부터 있었던 조상들의 생활 지침이다.

064 불교 윤리 사상 이해하기

제시문은 불교의 창시자인 석가모니가 주장한 네 가지 성스러운 진리, 즉 사성제(四聖諦)에 대한 내용이다. 불교는 인생의 실상을 고통으로 보며 고통의 원인이 무지와 탐욕에 있으며 여덟 가지 바른 수행을 통해 연기(緣起)에 대한 깨달음을 얻어 고통이 소멸된 열반의 경지에 이를 수 있다고 주장한다. 연기란 인연생기(因緣生起)의 준말로 모든 존재와 현상은 무수한 원인[因]과 조건[緣]에 의해 생겨남을 의미한다.

1등급 선택지 분석

• 입장 1: 연기(緣起)에 의한 모든 것은 일시적 현상일 뿐이다.
예 [✓] 아니요 [ ] ··· ㉠
→ 모든 것은 원인과 조건의 변화에 따라 끊임없이 변화한다.

• 입장 2: 의도적 행위[業]로 인해 태어남과 죽음이 반복된다.
예 [ ] 아니요 [✓] ··· ㉡
→ '예'에 표시해야 할 진술이다. 불교에 따르면 업에 의해 윤회(輪廻)하게 된다.

• 입장 3: 모든 고통의 발생과 소멸에는 반드시 원인이 있다.
예 [✓] 아니요 [ ] ··· ㉢
→ 사성제가 밝히고자 하는 내용이다.

• 입장 4: 연기를 깨달으면 나와 타자를 하나로 여기게 된다.
예 [ ] 아니요 [✓] ··· ㉣
→ '예'에 표시해야 할 진술이다. 불교에 따르면 연기를 통해 어떤 존재나 현상도 독립적으로 존재할 수 없으며 나와 타자는 하나로 연결되어 있다는 것을 깨닫게 된다.

065 유교와 도가의 입장 비교하기

(가)는 유교 사상가인 맹자의 주장이며, (나)는 도가 사상가인 노자의 주장이다. 유교에서는 인의가 실현된 도덕 공동체를 추구하였으나, 도가에서는 인의와 같은 인위적 규범이 오히려 사회 혼란을 가져왔다고 보고 무위자연의 삶을 추구하였다.

1등급 선택지 분석

• X: 도(道)를 만물의 근원으로 강조하는 정도
→ 유교는 낮고 도가는 높다. 유교에서 말하는 '도'는 주로 도덕규범을 가리킨다.

• Y: 인위적 규범으로부터의 자유를 강조하는 정도
→ 유교는 낮고 도가는 높다. 유교는 인위적 도덕규범을 강조한다.

• Z: 인륜(人倫)의 회복과 실현을 강조하는 정도
→ 유교는 높고 도가는 낮다. 도가는 도덕적 공동체의 실현을 강조하지 않는다.

066 동양 윤리 사상의 특징 이해하기

제시문의 A에는 유교, B에는 도가, C에는 불교가 들어가야 한다. 유교는 인(仁)의 윤리를 바탕으로 한 인격 수양과 도덕적 실천을 강조하였으며, 도가는 인간 중심적 가치관에서 벗어나 자연에 순응하는 무위자연의 삶을 강조하였다. 불교는 연기(緣起)의 관점에서 모든 것이 상호 의존적 관계에 있을 뿐만 아니라 일시적으로 존재함을 깨달아 모든 집착을 버리고 자비를 베푸는 삶을 살아야 한다고 강조하였다.

1등급 선택지 분석

① A는 자연의 운행 원리를 도덕의 원리로 재해석하였다.
→ 유교는 하늘[天]을 도덕의 원천으로 본다. 즉 자연의 운행 원리를 도덕적으로 해석한다.

② B는 자연과 인간은 서로 분리될 수 없는 하나라고 보았다.
→ 도가는 도(道)를 만물의 근원으로 보며, 도의 관점에서 볼 때 만물은 분리되지 않는다고 본다.

③ C는 자연의 어떤 것도 독자적으로 존재할 수 없다고 보았다.
→ 불교의 연기설에 따르면 모든 것은 상호 의존적 관계에서만 존재한다.

④ A와 B는 자연을 절대자의 뜻에 따라 창조된 유기체로 보았다.
→ 유교, 도가, 불교는 자연을 하나의 유기체로 보았으나, 절대자에 의해 창조된 것으로 보지는 않았다.

⑤ B와 C는 자연적으로 주어진 자신의 본성에 따라 살 것을 강조하였다.
→ 도가는 소박한 본성을, 불교는 불성을 인간의 타고난 본성으로 보고 이를 실현할 것을 강조한다.

03 인의 윤리

분석 기출 문제

17~20쪽

[핵심 개념 문제]

067 효제(孝悌) **068** 성선설 **069** 순자 **070** 이(理), 기(氣) **071** 지행합일 **072** × **073** ○ **074** ○ **075** ㉢ **076** ㉡ **077** ㉠ **078** ㉠ **079** ㉡ **080** ㉠ **081** ㄴ **082** ㄱ

083 ② **084** ④ **085** ② **086** ⑤ **087** ② **088** ① **089** ④ **090** ① **091** ⑤ **092** ④ **093** ④ **094** ⑤ **095** ③

1등급을 향한 서답형 문제

096 ㉠ 인(仁), ㉡ 충서(忠恕), ㉢ 극기복례(克己復禮) **097** 순자

098 예시 답안 순자는 인간의 본성이 악하다는 성악설을 주장한다. 인간은 태어날 때부터 이익을 좋아하고, 본능적인 욕구를 따르는 존재이기 때문에 본성이 교화(敎化)되지 않으면 아름다워질 수 없다고 주장하며 예를 통한 인위적이고 후천적인 노력을 중시하였다. **099** 갑: 주희, 을: 왕수인 **100** 예시 답안 주희는 격물의 '격'을 '이르다' 혹은 '궁구하다'로 보아 격물을 사물에 나아가 사물의 이치를 탐구하는 것으로 해석한다. 이에 따르면 앎의 대상인 이치는 사물 속에 내재하므로 외부의 대상은 참된 앎을 위해 반드시 공부해야 할 대상이 된다. 반면에 왕수인은 참다운 앎이 마음 안에서 이루어진다고 본다. 그래서 격물의 '격'을 '바로잡다'라고 해석하고, '물'을 마음의 의지가 있는 곳으로 해석하여, 격물을 내 마음의 본체를 바로잡는 것으로 본다.

083

제시문은 공자의 주장이다. 공자는 당시 사회적 혼란의 근본 원인이 도덕적 타락에 있다고 보았으며, 이를 해결하기 위해서는 타고난 내면적 도덕성, 즉 인(仁)을 회복해야 한다고 보았다. 또한 인을 실천하기 위한 구체적 덕목으로 효제와 충서를 제시하였다.

바로잡기 ㄴ. 공자는 내면적 도덕성인 인(仁)과 더불어 외면적 규범인 예(禮)도 강조하였다. ㄹ. 공자가 말한 극기복례(克己復禮)는 개인의 사욕을 극복하여 진정한 예를 회복하는 것이다.

084

가상 편지는 공자의 주장을 담고 있다. 공자는 덕치(德治)와 사회적 지위에 알맞은 역할을 수행해야 한다는 정명(正名)을 강조하였다. 또한 공자는 인(仁)을 중시하였는데, 온전하게 인을 발휘하기 위해서는 서(恕)의 자세가 필요하다고 보았다.

바로잡기 ① 공자는 도덕적인 삶을 위해 예를 중시하고 극기복례를 주장하였다. ② 도교와 관련된 설명이다. ③ 묵자의 주장에 해당한다. 공자는 존비친소를 분별하는 사랑을 제시하였다. ⑤ 유교의 세계관과 거리가 먼 내용이다.

085

수행 평가 문제의 제시문은 맹자의 사단(四端) 중 측은지심에 대한 설명이다. 맹자는 인간이 타고나는 선한 마음은 네 가지 단서 또는 실마리인 사단을 통해 드러난다고 주장하였다. 그리고 그 근거로 우물의 비유를 제시하였다. 위급한 상황에서 본능적으로 선한 행동을 실천하는 인간의 모습이야말로 인간이 사단을 타고남을 보여 준다는 것이다.

바로잡기 ㉡ 맹자도 공자와 마찬가지로 인(仁)은 내면의 도덕성, 예(禮)는 외면적 사회 규범이라고 보았다. ㉣ 맹자는 백성의 뜻을 저버린 군주는 바꿀 수 있다는 민본주의적 혁명론을 주장하였다.

1등급 정리 노트 맹자의 성선설

맹자는 인간이 선한 존재라고 보았다. 맹자의 이러한 주장을 뒷받침하는 이론이 사단(四端)과 사덕(四德)에 대한 그의 설명이다. 맹자에 따르면 도덕적 마음인 사단은 어린싹과 같은 실마리, 곧 가능성에 불과하다. 따라서 도덕적으로 살아가려면 선천적 도덕 자각 능력인 양지(良知)와 선천적 도덕 실천 능력인 양능(良能)을 바탕으로 도덕적 마음을 잘 간직하고 기르며 확충하는 수양이 필요하다. 이렇게 수양을 통해 사단을 확충할 때 인의예지(仁義禮智)라는 사덕에 이를 수 있다는 것이 맹자의 주장이다. 이처럼 맹자는 사단과 사덕을 설명함으로써, 선하게 살기 위해서는 끊임없는 노력이 필요하다고 주장하였음을 이해하고 넘어가도록 하자.

사단(四端)		사덕(四德)
측은지심(惻隱之心) → 남을 불쌍히 여기는 마음	확충 ➡	인(仁)
수오지심(羞惡之心) → 잘못을 부끄러워하고 불의를 미워하는 마음		의(義)
사양지심(辭讓之心) → 겸손하며 양보하는 마음		예(禮)
시비지심(是非之心) → 옳고 그름을 가리고자 하는 마음		지(智)

086

제시문은 맹자의 주장이다. 맹자는 당시 사회적 혼란을 해결하기 위해 인(仁)과 함께 사회적 올바름인 의(義)를 매우 강조하였다. 패도 정치를 비판하고 민본주의에 바탕을 둔 왕도 정치를 주장하였으며, 군주가 군주답지 못할 때는 군주를 교체해야 한다는 민본주의적 혁명론을 제시하였다.

바로잡기 ⑤ 맹자는 "항산(恒産)이 있어야 항심(恒心)이 있을 수 있다."라고 주장하였다. 이는 백성의 경제적 안정을 먼저 실현해야 백성의 도덕성을 함양할 수 있다는 것을 의미한다.

087

제시문은 맹자의 주장이다. 맹자는 왕도 정치의 실현을 위해서는 백성에게 생업이 우선적으로 보장되어야 하며, 의로움을 쌓는 집의를 통해 호연지기를 길러야 한다고 주장하였다.

바로잡기 첫 번째 입장. 본성을 교화하는 예법을 익히는 것을 수양법으로 제시한 사상가는 순자이다. 네 번째 입장. 시비 분별에서 벗어나 자연과 조화되는 삶을 주장한 것은 도가의 입장이다.

088

제시문은 순자의 주장이다. 순자는 인간은 태어날 때부터 이익을 좋아하고, 본능적인 욕구를 따르는 존재라는 성악설(性惡說)을 제시하였다. 그러나 순자에 따르면 인간은 예(禮)를 통해 악한 본성을 바로잡을 수 있는 존재이다. 제시문은 이와 같이 예를 통해 인간의 악한 본성을 바로잡을 수 있다는 순자의 주장을 그대로 보여 준다.

바로잡기 ㄷ, ㄹ. 성선설을 주장하는 맹자의 관점에 해당한다.

1등급 정리 노트 순자의 성악설

순자는 인간의 본성이 악하다고 보았다. 하지만 인간은 인의(仁義)를 인식할 수 있는 존재이기에 타고난 본성을 변화시켜 선하게 만들 수 있다고 주장하였다. 그 변화를 위해 반드시 요구되는 것이 바로 인위(人僞)로서의 예(禮)이다. 이처럼 순자의 성악설은 인간의 도덕적 가능성을 제시하면서 도덕적 실천을 위한 요소로 예를 강조한다는 점을 기억해 두자.

성악설(性惡說)		예(禮)를 통한 교화와 예치
• 인간은 본래 이익을 좋아하고 남을 질투하며 미워하는 존재 → 방치하면 다툼과 사회적 혼란을 피할 수 없음 • 하지만 인간은 인의(仁義)를 인식하고 실천할 수 있는 존재이기도 함	➡	• 화성기위(化性起僞): 인위(人僞)로서의 예(禮)를 바탕으로 후천적인 노력을 통해 악한 본성을 변화시켜야 함 • 예치(禮治): 예(禮)를 통해 사회와 국가를 다스릴 것을 강조함

089

갑은 맹자, 을은 순자이다. 맹자는 사람이 선한 본성을 갖고 태어난다는 성선설을 주장한 반면, 순자는 인간이 이기적 본성을 타고난다는 성악설을 주장하였다. 그러나 두 사상가 모두 수양을 강조하였다는 점에서는 공통적이다. 맹자는 수양하지 않는 사람은 악을 저지르게 된다고 보았고, 순자는 수양을 통해 본성을 선하게 변화시킬 수 있다고 보았다.

바로잡기 ㄱ. 자연적 흐름에 따라 살아야 한다고 본 것은 도가에 해당한다. ㄷ. 순자는 성인에 의해 제정된 인위로서의 예를 바탕으로 도덕적 삶을 살아야 한다고 주장하였다.

090

제시문은 주희의 관점에 해당한다. 주희는 선지후행(先知後行)을 주장하였다. 하지만 순서상으로 지(知)가 먼저인 것이지 중요도로 따지면 행(行)이 더 중요하다고 보았다. 또한 주희는 사물의 이치를 탐구하는 격물치지(格物致知)와 선한 본성을 함양하는 존양성찰(存養省察)을 강조하였다.

바로잡기 ① 마음 자체가 곧 하늘의 이치라는 것은 왕수인의 심즉리(心卽理)에 해당한다. 주희는 인간의 본성이 곧 하늘의 이치라는 성즉리(性卽理)를 주장하였다.

091

제시문은 양명학의 관점에 해당한다. 양명학에서는 양지(良知)를 중요한 개념으로 제시하는데, 이때 양지는 시비(是非), 선악(善惡)을 즉각적으로 가려내는 마음이자 저절로 알고 행할 수 있는 능력으로 인간이 선천적으로 타고나는 것이다. 또한 양명학에서는 사욕을 극복하고 인간의 마음에 있는 천리로서의 양지를 적극적이고 구체적으로 발휘하면 누구나 이상적인 인간이 될 수 있다고 보았다.

바로잡기 ㄱ, ㄴ. 양명학에서는 모든 사람은 누구나 선천적으로 양지를 가지고 태어난다고 본다.

092

제시문은 양명학자인 왕수인의 주장이다. 양명학에서는 인식으로서의 지, 실천으로서의 행은 별개가 아니라 본래 하나라는 지행합일을 주장하였다. 마음의 발동이 언제나 이(理)를 따른다면 선한 행위를 아는 것과 행하는 것은 실제로 합일된다는 것이다.

바로잡기 ㄱ. 왕수인이 부정의 대답을 할 질문이다. 왕수인은 성리학의 선지후행을 비판하였다. ㄷ. 왕수인이 부정의 대답을 할 질문이다. 개별 사물의 이치를 탐구해야 한다고 보는 것은 주희이다.

093

갑은 주희, 을은 왕수인이다. 성즉리를 주장한 주희는 개개의 사물 및 인간에게 부여된 이치와 도리에 대한 지식을 먼저 갖추어야 한다고 보았다. 반면 심즉리를 주장한 왕수인은 타고난 인간의 마음이 곧 우주 자연의 이치이므로 앎과 실천은 본래 하나라고 보았다.

바로잡기 ㄹ. 양명학에서는 모든 사람이 양지를 가지고 있기 때문에 이론적 학습 과정을 거치지 않고 도덕성을 실현할 수 있다고 보았다. 마음속에 있는 양지를 자각하고 실천해 나간다면 세상의 이치를 알 수 있고 올바르게 행동할 수 있다는 것이다.

1등급 정리 노트 성리학과 양명학

성리학과 양명학은 유교 윤리 사상이라는 같은 뿌리를 지니고 도덕적 실천과 수양을 강조하였다는 공통점을 지닌다. 하지만 선진 유교 사상을 이어받아 인간의 마음과 이치를 논하는 과정에서 많은 차이를 보이게 되었으므로 이를 확실히 정리하고 넘어가도록 하자.

구분	성리학	양명학
차이점	성즉리	심즉리
	선지후행, 지행병진	지행합일
	외부 사물에 대한 공부를 강조함	타고난 내면의 양지를 기를 것을 강조함
공통점	• 도덕적 실천에 대한 강조 • 존천리거인욕(存天理去人欲) 강조	

094

주희가 왕수인에게 제기할 수 있는 비판은 하늘의 이치가 만물에 깃들어 있음을 간과해서는 안 된다는 것이다. 주희는 모든 만물에는 영원한 이치가 존재하기 때문에 마음 밖의 사물에 대한 지식 확충이 필요하다고 주장하였다.

095

주희와 왕수인 모두 공자와 맹자의 사상을 토대로 인욕을 제거하고 천리를 보존하는 데 힘을 쏟았으며, 성인이 되는 것을 이상으로 삼았다. 또한 방법의 주안점은 서로 다르지만 모두 도덕적 실천을 중시하였다는 점에서 공통점이 있다.

바로잡기 ①, ⑤ 양명학의 입장이다. ② 성리학의 입장이다. ④ 성리학과 양명학의 입장이 아니다. 성리학에서는 인간이 양지와 양능을 타고난다고 보며, 양명학에서는 타고난 양지를 잘 다스릴 것을 강조한다.

096

공자는 인(仁)의 윤리를 제시하였다. 이때 인이란 인간됨의 본질을 이루는 사랑의 정신이자 사회적 존재로서 완성된 인격체의 인간다움, 즉 사랑에 바탕을 둔 진정한 인간다움을 뜻한다. 공자는 인을 실천하는 방법으로 효제(孝悌)와 충서(忠恕)를 제시하였다. 또한 외면적 규범으로서의 예(禮)를 강조하면서 극기복례(克己復禮), 즉 개인의 사욕을 극복하고 진정한 예의 회복을 주장하였다.

097
제시문은 순자의 주장이다. 순자는 인간의 본성이 악하다는 성악설을 주장하였으며, 이를 인위(人僞)의 예로써 변화시켜야 한다는 화성기위(化性起僞)를 제시하였다.

098
순자는 성악설을 제시하면서도 인간은 인의(仁義)를 인식할 수 있는 능력을 타고난다고 주장함으로써 인간의 도덕적 가능성을 열어 두었다. 따라서 인간은 악하지만 능히 이를 변화시켜 도덕적으로 살아갈 수 있다는 것이 순자의 본성관이다.

채점 기준	수준
순자의 본성관이 성악설임을 알고 본성이 교화되어야 한다는 점을 정확하게 서술한 경우	상
순자의 본성관이 성악설임을 서술하였지만, 본성이 교화되어야 한다는 점을 서술하지 못한 경우	중

099
제시문의 갑은 주희, 을은 왕수인이다. 이들의 대화는 격물치지(格物致知)에 대한 성리학과 양명학의 관점 차이를 보여 준다.

100
주희는 도덕 법칙이 내재된 사물의 이치를 탐구하여 앎을 이루어 나가야 한다는 의미로 격물치지를 풀이하였던 반면, 왕수인은 바르지 못한 마음을 바로잡아 자기 마음의 양지를 실현하는 것이 격물치지라고 풀이하였다. 이러한 차이를 중심으로 두 사상가의 해석 차이를 서술하여야 한다.

채점 기준	수준
주희와 왕수인의 격물치지에 대한 관점을 주어진 키워드를 모두 포함하여 정확하게 서술한 경우	상
주희와 왕수인의 격물치지에 대한 관점을 서술하였으나 주어진 키워드를 모두 포함하지 못하고 서술한 경우	중
주희와 왕수인의 격물치지에 대한 관점 중 한 가지만 서술한 경우	하

적중 1등급 문제

21쪽

101 ③ 102 ③ 103 ④ 104 ⑤

101 순자와 맹자의 입장 비교하기
갑은 순자, 을은 맹자이다. 순자에 따르면 인간의 타고난 성정(性情)은 악하며, 사람이 선하게 되는 것은 인위적인 노력[僞]의 결과이다. 반면 맹자에 따르면 인간은 누구나 선천적으로 네 가지 선한 마음[四端]을 지니고 있다.

1등급 선택지 분석

① 성인의 본성과 일반 백성의 본성은 동일함을 모르고 있다.
→ 맹자도 성인과 일반 백성의 본성이 동일하다고 보았다.

② 누구나 도덕적 실천 능력을 가진 것이 아님을 모르고 있다.
→ 순자는 누구나 선을 인식하고 행할 수 있는 능력을 가지고 있다고 보았다.

ⓞ③ 인위를 더하지 않으면 본성은 선해질 수 없음을 모르고 있다.
→ 맹자는 본성이 그 자체로 선하다고 보았으나, 순자는 본성이 악하므로 교육과 수양을 통해 선하게 변화시켜야 한다고 주장하였다.

④ 하늘을 도덕과 통치의 근거로 삼아야 함을 바르게 알고 있다.
→ 순자는 하늘을 물리적 자연 현상으로 보았다.

⑤ 군자는 소인과 달리 본성에 순응하지 않음을 바르게 알고 있다.
→ 맹자에 따르면 군자는 소인과 달리 선한 마음을 보존하고 따른다.

102 주희의 사상 이해하기
제시문은 주희의 주장이다. 주희는 성인이 되기 위한 방법으로서 거경궁리를 주장하였다. 거경이란 마음과 태도에서 경건함을 유지하는 것이며, 궁리란 사물에 나아가 사물의 이치를 탐구하여 그 앎을 극진히 하는 것인데, 궁리를 하면 어느 날 갑자기 이치를 훤히 깨닫게 된다고 주장하였다.

1등급 선택지 분석

ㄱ. 천리를 사물에서 실현하면 사물은 그 이치를 얻게 되는가?
→ 왕수인이 주장한 격물치지의 의미이다.

(ㄴ) 지행(知行)은 선후(先後)와 경중(輕重)을 따질 수 있는가?
→ 주희는 지행합일을 주장한 왕수인과 달리 논리적 측면에서는 도덕적 지식이 도덕적 실천에 앞선다고 보면서도 경중의 측면에서는 도덕적 실천이 중요하다고 주장하였다.

ㄷ. 양지는 하늘이 부여한 성(性)이자 내 마음의 본체인가?
→ 왕수인의 주장이다. 주희는 양지를 마음의 본체로 보지 않았다.

(ㄹ) 궁리하면 어느 날 갑자기 이치를 훤히 깨닫게 되는가?
→ 주희는 온갖 사물과 일에 흩어져 있는 이치를 궁구하면 어느 날 갑자기 이치를 훤히 깨닫게 된다고 보았다.

103 주희와 왕수인의 입장 비교하기
갑은 주희, 을은 왕수인이다. 주희는 마음이 성과 정을 통괄하므로[心統性情] 마음은 성과 구분된다고 보았다. 반면 왕수인은 심즉리를 주장하였다. 즉 심은 곧 이이며, 천리(天理)인 양지는 마음의 본체로서의 성이므로 심과 성을 명확하게 구분되는 것으로 보지 않았다.

1등급 선택지 분석

(ㄱ) A: 격물치지는 천리(天理)의 보존으로 수렴될 수 있는가?
→ 주희와 왕수인 모두 긍정의 대답을 할 질문이다. 격물치지에 대해 주희는 사물의 이치를 탐구하여 그 앎을 극진히 하는 것으로, 왕수인은 마음을 바로잡아 각각의 사물에 양지를 실현하는 것으로 보았는데, 두 사상가는 모두 격물치지를 통해 천리가 보존될 수 있다고 보았다.

(ㄴ) B: 인간의 성과 마음은 그 의미가 명확하게 구분되는가?
→ 주희는 긍정, 왕수인은 부정의 대답을 할 질문이다.

ㄷ. B: 개개 사물의 이치와 마음의 이치는 다른 근원을 갖는가?
→ 주희와 왕수인 모두가 부정의 대답을 할 질문이다. 주희는 천리로부터 인간을 포함한 개개 사물에 이(理)가 품부되었다[理一分殊]고 주장하였으며, 왕수인은 심즉리를 주장하면서 마음 밖에는 어떠한 이치나 사물도 없음을 강조하였다.

(ㄹ) C: 우둔한 사람도 양지를 실현하면 성인(聖人)이 될 수 있는가?
→ 왕수인이 긍정의 대답을 할 질문이다. 왕수인은 누구나 양지를 실현하면 성인이 될 수 있다고 보았다.

104 공자의 사상 이해하기
제시문은 공자가 제시한 이상적 인간인 '군자'에 대한 설명이다. 공자에 따르면 군자는 인(仁)의 구현과 대동 사회의 실현을 삶의 궁극적인 목표로 삼아, 자신을 수양하여 타인과 백성을 편안하게 해 주고자 힘쓰는 사람이다.

1등급 선택지 분석

① 천명(天命)과 대인(大人)을 두려워하는 사람이다.
→ 공자에 따르면 군자는 천명과 대인(자신보다 학덕이 높은 사람)을 두려워하고 성인의 말씀을 두려워하는 사람이다.

② 경(敬)으로써 수양하고 남을 편안하게 하는 사람이다.
→ 공자는 경(敬)으로써 자신을 먼저 수양할 것을 강조하였다.

③ 현인을 존중하고 예의 없는 사람을 미워하는 사람이다.
→ 공자는 어진 사람만이 사심이 없기 때문에 선을 좋아하고 악을 미워할 수 있다고 주장하였다.

④ 이기적 욕심을 버리고 예(禮)를 따라 행동하는 사람이다.
→ 공자는 극기복례(克己復禮)를 인(仁)의 실현으로 보았다.

⑤ 도에 따르기 위해 몸과 마음의 활동을 잊는[座忘] 사람이다.
→ 좌망은 도가 사상가 장자가 주장한 수양 방법으로 조용히 앉아 현재의 세계를 잊고 무아의 경지에 들어가는 것을 말한다.

04 도덕적 심성

분석 기출 문제 23~26쪽

[핵심 개념 문제]

105 사단 106 경장 107 성기호설 108 정약용 109 × 110 ○
111 ○ 112 ○ 113 ㉡ 114 ㉢ 115 ㉠ 116 ㉡ 117 ㉡
118 ㉡ 119 ㄱ 120 ㄴ

121 ② 122 ② 123 ② 124 ③ 125 ② 126 ② 127 ①
128 ① 129 ② 130 ④ 131 ④ 132 ①

1등급을 향한 서답형 문제

133 ㉠ 사단, ㉡ 칠정 134 예시 답안 이황은 주일무적, 정제엄숙, 상성성을 구체적인 경의 실천법으로 제시하였다. 주일무적은 마음을 한군데에 집중하여 잡념이 들지 않게 하는 것, 정제엄숙은 몸가짐을 단정히 하고 엄숙한 태도를 유지하는 것, 상성성은 항상 깨어 있어서 또렷한 정신 상태를 유지하는 것이다. 135 이통기국(理通氣局) 136 예시 답안 사단과 칠정은 모두 기(氣)가 발한 것으로, 이(理)가 발하는 까닭이라면 기(氣)는 발하는 것이다. 칠정은 사단을 포함하며, 칠정의 순선한 부분이 사단이다. 137 예시 답안 성리학자들은 덕이 본성으로서 주어지는 것이라 여겼던 반면, 정약용은 선을 선택하여 실행하는 일상의 도덕적 실천을 통해 덕이 형성된다고 보았다.

121

제시문은 이황의 주장이다. 이(理)가 발한다는 내용이나 이의 순선무악을 주장하는 내용을 통해 이황의 주장임을 알 수 있다. 이황은 이와 기가 서로 떨어지지 않는 동시에 서로 뒤섞이지 않는다고 보았다. 하지만 이 중에서도 이와 기가 뒤섞이지 않음을 강조하여 기에 대한 이의 주재성을 분명히 하였다. 또 사단은 이가 발한 것이고 칠정은 기가 발한 것이라는 이기호발설(理氣互發說)을 제시하였다. 이는 이의 운동성과 자발성을 강조한 것으로서, 이황은 이의 주재 여부에 따라 칠정이 선할 수도 있고, 악할 수도 있다고 설명하였다.

바로잡기 ㄴ. 이는 언제나 선하게 발하지만 기는 이의 주재 여부에 따라 선하게도 악하게도 발할 수 있다. ㄷ. 사단과 칠정의 연원이 같다고 본 사상가는 이이이다.

1등급 정리 노트 이황의 사상

조선의 성리학은 기본적으로 주희의 성리학을 계승한 것이다. 이황 역시 주희의 사상을 계승하였으나 그는 기존의 성리학을 되풀이하는 데에서 머물지 않았다. 그가 전개한 사단 칠정 이론은 이(理)의 절대적인 순수성을 강조함으로써 조선 유학만의 독자적이고 깊이 있는 심성론을 개척하였다. 이러한 이황 사상의 주요 특징을 반드시 정리하고 넘어가도록 하자.

이기론	• 이귀기천(理貴氣賤): 이는 귀하고 기는 천함 • 이와 기는 떨어질 수 없으나 섞일 수도 없다는 점에 주목하여 기에 대한 이의 주재성을 강조함
사단 칠정론	• 사단은 이가 발하고 기가 이를 따르는 것 • 칠정은 기가 발하고 이가 그 위에 타는 것
수양론	경(敬)을 강조하고 실천 방법으로 주일무적(主一無適), 정제엄숙(整齊嚴肅), 상성성(常惺惺)을 제시함

122

제시문은 이황의 주장이다. 이황은 기대승과의 사단 칠정 논쟁을 통해서 이기호발설(理氣互發說)을 발전시켰다. 이기호발설이란 "사단(四端)은 이가 발하고 기가 이를 따르는 것이고, 칠정(七情)은 기가 발하고 이가 그 위에 타는 것이다."라는 주장으로 이와 기가 모두 발(發)할 수 있다는 것이다. 이때 사단은 선한 것인 반면 칠정은 선악이 정해지지 않은 것이다. 이황은 이렇게 이가 발할 수 있는 것이라고 주장함으로써 이의 능동성을 강조하였으며, 이를 통해 그가 도덕 본성의 능동적 실현을 중시하였음을 잘 보여 준다.

바로잡기 ① 이이의 이통기국(理通氣局)에 대한 진술이다. ③ 정약용의 관점이다. ④ 이이의 입장이다. 이황도 사단과 칠정이 모두 정(情)이라고 보지만 사단을 이(理)가 발한 것으로 본다는 점에서 이이와 다르다. ⑤ 이이의 주장으로 칠정포사단(七情包四端)에 해당한다.

123

이이는 이통기국(理通氣局)론을 통해 이는 보편적인 반면, 기는 시공간에 의해 국한된다는 점을 분명히 하였다.

바로잡기 ①, ③ 이이는 기는 국한되는 것이라고 본 반면 이는 보편적인 것이라고 보았다. ④, ⑤ 이이에 따르면 이와 기는 함께하는 것이므로 어느 하나가 다른 것을 주재하는 것이 아니다. 또한 이(理)에는 선이나 악이 있는 것이 아니며 악(惡)과 같은 도덕적 불완전함의 원인이 '기'의 영역에만 한정될 뿐이다.

1등급 정리 노트 이이의 사상

이이는 이황과 함께 조선 성리학의 독자성과 깊이를 보여 주는 사상가이다. 그는 이의 순수성을 강조한 이황과는 달리 이와 기의 상호 보완성을 강조하였으며, 이러한 이황과 이이 사상의 차이점은 윤리와 사상 과목에서 가장 빈번하게 출제되는 내용이기도 하다. 그러므로 이이의 사상을 이황의 사상과 비교하면서 꼭 정리해 두도록 하자.

이기론	• 이통기국(理通氣局): 이는 통하고 기는 국한됨 • 이기지묘(理氣之妙): 이와 기는 조화를 이룸
사단 칠정론	• 사단과 칠정은 모두 기가 발한 것 • 칠정의 순선한 부분이 사단임
수양론	경(敬)을 통해 성(誠)에 이를 것을 강조함

124

제시문은 이이의 주장이다. "사단(四端)이란 선한 정(情)의 별칭에 불과하니"라는 구절에서 이이의 주장임을 알 수 있다. 이이는 이(理)와 기(氣)를 서로 분리해서 설명할 수 없는 것처럼 사단과 칠정 역시 분리할 수 없다고 보았기 때문이다. 그에 따르면 사단과 칠정은 포함 관계로 칠정 중에 순선한 부분이 사단이며, 따라서 사단과 칠정 모두 기가 발한 것이다.

바로잡기 ㄱ. 예로써 본성을 변화시켜야 한다고 주장한 사상가는 순자이다. 이이는 성리학자로서 성선설의 관점을 취한다. ㄹ. 이귀기천의 관점을 제시한 사상가는 이황이다.

125

갑은 이황, 을은 이이이다. 이황에 따르면 사단은 이가 발하고, 칠정은 기가 발한 것이다. 반면 이이는 사단과 칠정이 모두 기가 발하고 이가 탄 것이라고 보았다. 이이는 "발(發)하는 것은 기요, 발하는 까닭은 이(理)이다. 기가 아니면 발할 수 없고, 이가 아니면 발할 까닭이 없다."라고 주장하면서 이와 기 중 어느 한쪽에 치우치지 않고 조화를 이루는 묘합의 논리를 강조하였다. 이러한 관점에서 이이는 이와 기의 조화를 강조하는 이통기국(理通氣局)론과 사단과 칠정의 연원이 같음을 밝힌 기발이승일도설(氣發理乘一途說)을 제시하였다.

바로잡기 ① 이이는 사단도 기가 발현한 것이라고 보았다. ③ 이의 능동성은 이황이 강조하였다. ④, ⑤ 성리학자들은 모두 사단과 사덕의 선천성을 인정하고 사단을 확충해 사덕에 이를 것을 강조한다.

126

제시문은 이이의 주장이다. 이이는 이와 기는 서로 의존하며 보완한다는 점을 강조하였다. 이것을 이와 기의 묘합의 원리, 즉 이기지묘(理氣之妙)라고 한다. 또한 이이는 모든 정은 기가 발하고 이가 기를 탄 것이라는 기발이승일도설(氣發理乘一途說)을 주장하였다.

바로잡기 두 번째 입장. 기질지성과 본연지성의 연원을 다르게 본 사상가는 이황이다. 네 번째 입장. 인간의 본성을 기호로 본 사상가는 정약용이다.

127

갑은 이황, 을은 이이이다. 이황은 순선한 이는 존귀하다고 본 반면, 선악의 가능성을 함께 지니고 있는 기는 비천하다는 입장을 제시하면서 이와 기는 모두 운동성을 지니며 이는 사단, 기는 칠정의 연원이라고 주장하였다. "각각의 유래와 관련하여 주되거나 중요한 것을 가리켜 말한다면 어떤 것은 이라고 하고 어떤 것은 기라고 하는 것이 어찌 불가하겠는가?"라는 말이 바로 이와 같은 이황의 주장에 해당한다. 이이는 사단은 칠정의 선한 측면이며 칠정은 사단을 포함하는 것이라고 주장하였다. "사단은 칠정을 겸할 수 없으나 칠정은 사단을 겸할 수 있다."라는 말이 바로 이와 같은 이이의 주장에 해당한다. 이이는 이는 발하는 까닭이고, 기는 발하는 것이므로, 기가 발하고 이가 탄다는 한 가지 길만 있다고 주장하였다. 따라서 이황에 비해 이이의 입장이 갖는 상대적 특징을 그림에서 찾으면, X축의 이귀기천에 동의하는가 여부에서는 낮은 지점을, Y축의 칠정포사단에 동의하는가 여부에서는 높은 지점을, Z축의 기발이승일도설에 동의하는가 여부에서는 높은 지점을 찾아 선택해야 한다. 따라서 ㉠이 정답이다.

바로잡기 ①, ②, ④, ⑤ 이황과 이이 누구의 입장에도 해당하지 않는다.

128

(가)는 "인간과 동식물은 탄생과 함께 각각 부여받은 이(理)를 덕(德)으로 삼게 되는데, 이것이 곧 각 사물의 본성이다."라는 구절을 통해 전통적인 성리학적 입장임을 알 수 있다. 성리학에서는 인간의 본성이 이(理)이며 인간은 사덕(四德)을 타고난다고 보기 때문이다. (나)는 "하늘이 사람에게 자주의 권한을 주어서, 그로 하여금 선하려 하면 선을 하도록 하고 악하려 하면 악을 하도록 하니, 고정되어 있지는 않다."라는 구절이 자주지권(自主之權)에 대한 설명에 해당하므로 정약용의 주장임을 알 수 있다. 정약용은 전통적인 성리학적 입장과 달리 덕이 도덕적 실천의 결과로 형성된다는 입장을 취하였으며, 도덕적 자율성과 주체성을 중시하였다.

바로잡기 ㄷ. 정약용은 욕구도 도덕 실천의 추동력이 될 수 있다고 보았다. ㄹ. 성리학의 입장이다. 정약용은 성기호설을 주장하였다.

1등급 정리 노트 정약용의 사상

정약용은 당시 지배적 학문이었던 성리학을 비판하고 재검토하여 독자적인 사상 세계를 일구었다. 이러한 그의 사상은 성리학의 권위에서 벗어나 실학과 개화사상이 싹트는 데 큰 영향을 주었다. 정약용을 공부할 때는 그의 사상이 성리학과 구분되는 점이 무엇인지 잘 기억해 두자.

구분	정약용	성리학
인간 본성	성기호(性嗜好)	성즉리(性卽理)
사덕	실천 후에 얻어짐	태어날 때부터 존재함
욕구에 대한 입장	욕구도 도덕적 실천의 추동력이 될 수 있다고 봄	욕구를 주로 악의 근원으로 보아 금욕주의적 경향을 보임

129

제시문은 정약용의 주장이다. "인의예지라는 이름은 일을 행한 뒤에 이루어진다."라는 내용은 일상의 도덕적 실천을 통해서 덕이 형성된다고 보았던 정약용의 주장에 해당하기 때문이다. 정약용은 또한 인간이 선악을 선택하고 행할 자유 의지인 자주지권(自主之權)을 부여받은 존재라고 주장하여 도덕 행위에 대한 책임은 인간 자신에게 있음을 분명히 하였다.

바로잡기 ㄱ. 정약용은 사덕이 실천을 통해 형성되는 것이라고 보았다. ㄹ. 정약용은 인간의 본성을 마음의 경향성이라고 보았으나 이것이 곧 하늘의 이치, 즉 이(理)라고 보지는 않았다. 인간 본성이 이(理)라는 입장은 성즉리(性卽理)를 주장하는 성리학의 입장이다.

130

갑은 순자, 을은 정약용이다. 순자는 성악설을 제시하였으며, 인위에 의해 생겨난 예(禮)를 통해 본성을 교화해야 한다고 주장하였다. 정약용은 선을 좋아하고 악을 싫어하는 마음의 경향성, 즉 기호(嗜好)를 인간의 성(性)으로 보았으며, 인의예지는 그 경향성에 따라 행함으로써 형성되는 것이라고 하였다. 그러므로 두 사상가는 모두 성선설의 입장이 아니라고 할 수 있으며 인의(仁義)와 같은 덕(德)은 타고나는 것이 아니라 후천적으로 형성되는 것으로 보았다는 공통점을 지닌다.

바로잡기 ㄱ. 순자는 인간을 이기적 존재로 보기 때문에 육체적 욕구의 타고남을 부정하지 않았다. 정약용도 형구의 기호를 제시하여 인간이 육체적 욕구를 타고남을 분명히 제시하였다. ㄷ. 순자는 성악설의 입장에서 선천적인 본성을 확충해서는 안 되며 오히려 본성을 교화해야 군자가 될 수 있다고 보았다.

131

제시문은 정약용의 주장이다. 성기호설에 해당하는 내용, 즉 "영명한 본체는 선을 좋아하고 악을 부끄러워하는 성품일 뿐이다."라는 내용에서 정약용의 주장임을 알 수 있다. 정약용은 인간이 선을 좋아하는 경향성을 본성으로서 타고난다고 주장하면서, 사단을 이러한 경향성이 나타난 구체적인 감정, 즉 정(情)으로 보았다. 따라서 사단을 일상적인 행위 속에서 실천함으로써 비로소 인의예지(仁義禮智)라는 사덕(四德)이 형성된다는 것이 정약용의 주장이다.

바로잡기 ①, ③ 맹자가 긍정의 대답을 할 질문이다. ② 이통기국을 주장한 이이가 긍정의 대답을 할 질문이다. ⑤ 정약용이 부정의 대답을 할 질문이다. 정약용은 절대적인 규범보다는 자주지권에 따른 행위의 실천을 중요하게 보았다.

132

(가)의 갑은 이이, 을은 정약용이다. 이이는 이의 본연인 선의 실현을 위해 기질을 바로잡을 것을 강조하고, 경을 통해 성에 이를 것을 주장하였다. 제시문 중 "경을 통해 성에 이를 수 있는 것이다."라는 문장이 있으므로 갑이 이이임을 알 수 있다. 정약용은 인간의 성은 선을 좋아하고 악을 싫어하는 마음의 경향성이라고 보았으며 덕은 일상의 도덕적 실천을 통해 후천적으로 생기는 것이라고 주장하였다. 따라서 제시문 중 "인의예지라는 이름은 일을 행한 뒤에 이루어진다."라는 부분을 통해 을이 정약용임을 알 수 있다.

바로잡기 ㄷ. 정약용의 사상에 해당되므로 C의 영역에 들어갈 진술에 해당한다. ㄹ. 정약용은 인간이 선을 좋아하는 경향성을 타고난다고 보았다.

133

제시문과 같이 성리학에서 강조하는 감정에는 도덕 감정인 ㉠의 '사단' 과 일반 감정인 ㉡의 '칠정'이 있다.

134

이황은 주일무적, 정제엄숙, 상성성을 구체적인 경의 실천법으로 제시하였다. 주일무적은 마음을 한군데에 집중하여 잡념이 들지 않게 하는 것, 정제엄숙은 몸가짐을 단정히 하고 엄숙한 태도를 유지하는 것, 상성성은 항상 깨어 있어서 또렷한 정신 상태를 유지하는 것이다.

채점 기준	수준
수양 방법과 그에 따른 구체적인 설명을 모두 적절히 서술한 경우	상
수양 방법은 모두 서술하였으나 구체적으로 설명하지 못한 경우	중
수양 방법을 세 가지 미만으로 제시한 경우	하

135

이이가 말한 이통기국(理通氣局)은 그가 생각한 이와 기의 특성을 한마디로 압축하고 있다. 즉 이는 시공간을 초월하는 보편적인 데 반해 기는 시공간의 제약을 받는 국한된 것이라는 주장이다. 또한 이이는 여기에 머물지 않고 어떻게 서로 다른 성질을 지닌 이 두 가지가 결과적으로 상호 보완하는 것인지를 이기지묘(理氣之妙)라는 말로 설명하고자 하였다.

136

이이는 기발이승일도설(氣發理乘一途說)을 주장하였다. 즉 사단과 칠정은 그 연원에 있어 분리될 수 없다고 보면서 모두 기가 발하고 이가 그 위에 타는 것이라고 보았던 것이다. 이때 이는 발하는 까닭이고, 기는 발하는 것이다. 그는 이러한 관점에서 사단이란 칠정의 순선한 측면을 말하는 것일 뿐이라는 칠정포사단(七情包四端)을 제시하였다.

채점 기준	수준
기발이승일도설의 구체적인 내용과 칠정과 사단의 관계를 키워드를 모두 포함하여 정확히 서술한 경우	상
기발이승일도설의 구체적인 내용과 칠정과 사단의 관계를 서술하였으나 키워드를 모두 포함하지 못한 경우	중
기발이승일도설이나 칠정과 사단의 관계 중 어느 하나만을 서술한 경우	하

137

정약용은 덕이 실천 후에 생기는 것이라 보았다. 이는 사덕이 날 때부터 이미 내재하는 것이라는 기존 성리학의 입장에 대한 비판이었으며, 일상의 도덕적 실천을 강조하는 것이기도 하였다.

채점 기준	수준
성리학의 관점과 정약용의 관점을 정확하게 서술한 경우	상
정약용의 입장만을 서술한 경우	중

적중 1등급 문제

27쪽

138 ⑤ **139** ① **140** ⑤ **141** ③

138 이황과 이이의 입장 비교하기

갑은 이황, 을은 이이다. 주희는 이(理) 그 자체로서의 순선한 본연지성과 기질의 상태에 영향을 받아 드러나는 이인 기질지성을 구분하였다. 이황은 이기불상잡의 측면을 강조하면서 본연지성과 기질지성을 구분하고, 이 둘을 사단과 칠정의 근원으로 보았다. 한편 이이는 이기불상리의 측면을 강조하면서 현실적인 인간의 본성은 기질지성이며, 모든 감정의 근원도 기질지성 하나뿐이며 사단은 칠정의 선한 측면일 뿐이라고 주장하였다.

1등급 선택지 분석

① 이는 하나이지만 기를 타면 그 나뉨이 다름을 모르고 있다.
→ 성리학의 기본 전제인 이일분수에 대한 설명으로 이이도 인정하는 내용이다.

② 이가 발한 사단과 달리 기가 발한 칠정은 악함을 모르고 있다.
→ 이황과 이이 모두 부정할 내용이다. 칠정은 선악이 정해지지 않은 감정이다.

③ 이는 기질에 따라서 선하거나 악하게 됨을 바르게 알고 있다.
→ 이황과 이이 모두 부정할 내용이다. 이 자체는 기질과 관계없이 순선하며 기질에 따라 가려질 뿐이다.

④ 이의 동정(動靜)이 기가 발하는 근거임을 바르게 알고 있다.
→ 이황과 달리 이이는 이의 운동성을 부정한다.

⑤ 이는 기와 결합해야 현상으로 드러날 수 있음을 바르게 알고 있다.
→ 성리학의 기본 전제로서 이황과 이이 모두 긍정하는 내용이다.

139 이황과 정약용의 입장 비교하기

갑은 이황, 을은 정약용이다. 두 사상가 모두 유교 사상가로서 맹자의 인성론을 바탕으로 자신의 인성론을 정립하였다. 이황은 사단을 이가 발하고 기가 따른 순선무악한 도덕 감정으로서 사덕이 내재한다는 단서라고 보았다. 한편 정약용은 사단이 선천적으로 주어진 마음이며, 사단을 확충함으로써 사덕이 형성된다고 보았다.

1등급 선택지 분석

① 이(理)는 마음에 부여된 이법적 실체가 아님을 모르고 있다.
→ 정약용은 성리학자들과 달리 이(理)를 우주의 궁극적 실체나 도덕 본성으로서의 이법적 실체로 보지 않았다.

② 경(敬)은 마음을 다스리기 위한 수양이 아님을 모르고 있다.
→ 성리학자들뿐 아니라 정약용도 경으로써 마음을 다스려야 한다고 강조하였다.

③ 천(天)은 도덕 본성과 무관한 비인격적 존재임을 모르고 있다.
→ 정약용은 하늘을 인간에게 기호(嗜好)로서의 본성을 품부한 인격적 존재[上帝]로 보았다.

④ 덕(德)은 자주지권의 발휘로 회복되는 것임을 모르고 있다.
→ 정약용은 도덕적 실천을 통해 덕이 형성되는 것으로 보았다.

⑤ 성(性)은 선행을 통해 획득된 기호(嗜好)임을 모르고 있다.
→ 정약용은 기호가 하늘로부터 주어지는 것으로 보았다.

140 이이와 정약용의 입장 비교하기

갑은 이이, 을은 정약용이다. 이이는 성리학의 성즉리(性卽理)와 심통성정(心統性情)에 근거하여 본성은 마음의 본체이며 감정은 마음의 작용이라고 주장하였으며, 사단은 칠정의 선한 측면일 뿐이라고 강조하였다. 정약용은 성기호(性嗜好)설에 근거하여 선을 좋아하는 영지의 기호를 하늘이 인간에게 명한 본성으로 보았으며, 영지의 기호로부터 현실적으로 드러난 감정을 사단으로 보았다.

1등급 선택지 분석

① 갑은 치우친 기질을 교정해야 사덕이 생성될 수 있다고 본다.
→ 이이는 사덕을 인간에게 선천적으로 부여된 것으로 보았다.

② 을은 선을 좋아하는 기호를 따를 때 사단이 형성된다고 본다.
→ 정약용은 사단을 인간에게 선천적으로 부여된 마음으로 보았다.

③ 갑과 을은 사덕을 인간의 순선한 도덕적 본성[性]으로 본다.
→ 정약용은 사덕을 본성으로 보지 않는다.

④ 갑은 을과 달리 사단은 이치[理]나 덕(德)이 아니라고 본다.
→ 정약용은 사단을 마음이라고 할 수 있으나 이치나 덕이라 할 수 없다고 주장하였다.

⑤ 을은 갑과 달리 사단의 확충 없이는 사덕이 있을 수 없다고 본다.
→ 정약용은 사덕을 선천적으로 주어져 있는 것이 아니라 사단의 확충을 통해 형성되는 것이라고 보았다.

141 왕수인, 이이, 정약용의 입장 비교하기

갑은 왕수인, 을은 이이, 병은 정약용이다. 왕수인은 심즉리설을 바탕으로 효의 이치가 이미 마음에 내재해 있다고 보았다. 이이는 이기론을 바탕으로 효의 감정도 기가 발하고 이가 올라탄 것으로 보았다. 정약용은 단시설을 바탕으로 효의 뿌리라고 할 수 있는 인의 덕은 선천적으로 부여된 것이 아니라 도덕적 실천을 통해 형성되는 것이라고 보았다.

1등급 선택지 분석

① A: 인간과 사물이 지닌 천리는 서로 다름을 간과한다.
→ 왕수인은 마음이 곧 천리이며 마음 밖에는 어떠한 이치나 사물도 없다고 보았다.

② B: 하늘로부터 부여받은 이치가 곧 성(性)임을 간과한다.
→ 왕수인과 이이 모두 긍정하는 내용이다.

③ C: 인의예지는 덕이지만 이(理)라고 할 수 없음을 간과한다.
→ 이이는 사덕을 본성[性]이자 이(理)로 보았지만, 정약용은 사덕을 이로 보지 않고 사단의 실천으로 형성되는 덕으로 보았다.

④ D: 인(仁)의 근본은 타인을 측은히 여기는 마음임을 간과한다.
→ 정약용은 인(仁)의 근본을 측은지심으로 보았다.

⑤ E: 누구나 호선오악(好善惡惡)의 감정을 타고남을 간과한다.
→ 왕수인이 주장하는 양지는 사단 가운데 시비지심과 같은 것으로 선악과 시비를 판단하는 능력이면서, 선을 좋아하고 악을 미워하는 감정이기도 하다.

05 자비의 윤리

분석 기출 문제

29~32쪽

[핵심 개념 문제]

142 연기 **143** 중도 **144** 돈오 **145** ○ **146** ○ **147** ×
148 ㉡ **149** ㉢ **150** ㉠ **151** ㉠ **152** ㉡ **153** ㉠ **154** ㄴ
155 ㄷ

156 ③ **157** ② **158** ② **159** ③ **160** ⑤ **161** ④ **162** ③
163 ① **164** ④ **165** ③ **166** ① **167** ① **168** ② **169** ⑤
170 ②

1등급을 향한 서답형 문제

171 연기(緣起) **172** 예시 답안 ㉡ 모든 것은 고정됨이 없이 끊임없이 생멸 변화함, ㉢ 고정된 실체가 없음, ㉣ 열반에 이르면 모든 고통과 번뇌에서 벗어나 고요하고 청정한 마음 상태를 갖게 됨, ㉤ 일체의 모든 것이 고통일 수밖에 없음 **173** 돈오돈수(頓悟頓修) **174** 예시 답안 선종이 제시한 다섯 가지 진리관은 마음을 통해 마음에 진리를 전달한다는 이심전심(以心傳心), 진리 전달에 있어 언어와 문자가 불필요하다는 불립문자(不立文字), 석가모니의 교설 외에 석가모니의 마음을 전달한다는 교외별전(敎外別傳), 자신의 마음을 직접 본다는 직지인심(直指人心), 자기 마음속 불성을 깨달으면 부처가 될 수 있다는 견성성불(見性成佛)이다.

156

불교에서는 브라만교의 숙명론을 비판하고, 연기설을 주장하였다. 불교에 따르면 인간은 비록 과거에 자신이 행한 업의 영향을 받으나 스스로의 노력을 통해 미래를 바꿀 수 있다. 또한 연기설에서는 우주의 모든 만물은 원인과 결과로 연결되어 생성 소멸한다고 보았다.

바로잡기 ① 숙명론은 석가모니 활동 당시 브라만교의 주장이다. ② 불교에 따르면 독자성을 가진 존재는 존재하지 않는다. ④ 불교에서는 수행을 통해 깨달음을 얻으면 삶의 고통에서 벗어날 수 있다고 본다. ⑤ 불교에서는 괴로움의 원인이 무명이라고 본다.

157

제시문은 모든 존재와 현상에는 일정한 원인과 조건이 있다는 불교의 연기적 세계관을 보여 준다. 불교의 연기론에 따르면 모든 존재는 원인과 조건에 따라 나타난 상대적이고 상호 의존적인 것이다. 그래서 불교에서는 궁극적으로 모든 것이 서로 의지하는 관계인 상의성(相依性)을 바탕으로 존재한다고 말한다.

바로잡기 ①, ③, ④ 모두 스스로 깨달음을 향해 나아갈 것을 중시한 불교의 특징에 해당하지만 제시문과는 다소 거리가 먼 내용이다. ⑤ 불교에서는 고정된 실체를 인정하지 않는다.

158

제시문은 오온과 무아에 대한 석가모니의 설명이다. 석가모니에 따르면 '나'라고 하는 존재도 오온의 일시적 결합에 불과하다. 그래서 삶은 고정되지 않고 원인과 조건에 의해 끊임없이 변화한다. 또한 석가모니는 사성제를 통해 고통을 멸하려면 인생이 고통임을 직시해야 한다고 보았다.

바로잡기 ㄴ. 깨달음을 얻게 되면 삶에 집착하지 않게 되고, 삶의 무상함이 주는 고통에서 벗어날 수 있다. ㄹ. 석가모니는 무명을 고통의 원인으로 보았다.

159

제시문은 불교의 팔정도에 대한 설명이다. 팔정도는 해탈과 열반에 도달하기 위한 대표적인 수행 방법이다. 팔정도란 여덟 가지의 올바른 길이라는 뜻으로, 정견(正見), 정사(正思), 정어(正語), 정업(正業), 정명(正命), 정정진(正精進), 정념(正念), 정정(正定)을 말한다. 불교는 만물의 상호 연관성을 강조하는 입장을 가지고 있으며 팔정도의 수행을 통해 열반과 해탈의 경지에 도달할 것을 강조한다.

바로잡기 ㄱ. 불교에서는 진리가 현실에서 벗어나 있지 않음을 강조한다. ㄹ. 불교에서는 초월적 실체를 인정하지 않는다.

160

사성제는 석가모니가 깨달은 네 가지 성스러운 진리로 연기설에 기초하고 있다. 구체적으로는 괴로움이 생기는 원인과 그것을 멸하는 길을 밝힌 것으로 고집멸도(苦集滅道)의 네 가지를 가리킨다. 고성제(苦聖諦)는 인생 자체가 고통이라는 현실 판단을, 집성제(集聖諦)는 고통이 생기는 원인을, 멸성제(滅聖諦)는 괴로움이 소멸한 상태에 관한 진리를, 도성제(道聖諦)는 열반에 도달하기 위한 길을 밝힌 진리를 의미한다. 도성제와 관련하여 석가모니는 극단적 쾌락과 고행에서 벗어난 중도의 수행법으로 팔정도(八正道)를 제시하였다.

바로잡기 ⑤ 팔관회는 통일 신라, 고려 시대에 나라와 왕실의 안녕을 빌며 행해졌던 제사 의식이다.

161

제시문은 석가모니의 중도 사상이다. 석가모니는 고통과 쾌락이라는 양 극단을 피해 고요하고 청정한 마음 상태를 추구할 때 열반에 이를 수 있으며, 사성제 중 집제를 통해 고통의 원인이 애욕과 집착에 있음을 깨달아야 한다고 주장하였다.

바로잡기 ㄱ. 고행 역시 피해야 할 극단이다. ㄹ. 불교에 따르면 감각적 쾌락은 사람을 더욱 집착하게 만들어 해탈하지 못하게 만든다.

162

제시문은 석가모니의 말씀을 기록한 "열반경"의 한 구절이다. 석가모니는 연기 사상을 토대로 세상 만물의 상호 의존성을 설파하였고, 욕심을 버리고 수행에 힘쓸 것을 강조하였다.

바로잡기 ㄱ. 불교는 허무함이 아니라 삶의 무상함을 깨닫고 중생에게 자비를 베풀 것을 강조한다. ㄹ. 불교는 주체적 노력을 통해 자신의 삶을 바꿀 수 있고 깨달음을 얻을 수 있다고 강조한다.

163

제시문은 대승 불교의 중관 사상이다. 용수가 주장한 중관 사상은 석가모니의 근본 불교를 논리적으로 더욱 정교화시켰다. 중관 사상에 따르면 만물은 공이며, 고정불변하는 독자적인 성질인 자성은 존재하지 않는다.

바로잡기 ㄷ. 분별적 인식이 아닌 만물이 공하다는 인식을 통해 궁극적 깨달음에 도달해야 한다. ㄹ. 유식 사상의 입장에 해당한다.

164

중관 사상을 주장한 용수(나가르주나)는 모든 사물이나 개념도 연기에 의해 생겨난 것이므로 유무가 아니며 실체가 없는 공이라고 주장하였다. 즉 만물과 모든 현상은 원인과 조건에 의해 생겨난 것이므로 실체가 없으나 그것은 어느 극단에 치우치지 않은 중도(中道)라는 것이다.

바로잡기 ① 중관 사상은 마음도 연기에 의해 생겨난 것이라고 본다. ② 불교에 따르면 실체(독자적으로 존재하는 것)는 존재하지 않는다. ③ 용수는 만물도 마음도 모두 유무가 아닌 공이라고 본다. ⑤ 불교에 따르면 불변의 독자적인 것은 없다.

165

유식 사상도 중관 사상과 마찬가지로 모든 것은 연기에 의해 발생하므로 사물의 독자적 성질인 자성(自性)은 없다고 보았다. 하지만 중관 사상과 달리 유식 사상은 구체적인 사물의 실체는 부정하면서도 마음의 작용인 식(識)은 존재한다고 보았다. 따라서 유식 사상은 마음의 작용을 떠나서는 어떠한 실재도 없다는 유식(唯識)을 강조하고, 현상을 구성하는 모든 것은 우리의 마음이 만들어 낸 것이라는 일체유심조를 주장하였다.

바로잡기 세 번째 입장. 유식 사상은 마음의 작용만은 있다고 본다.

1등급 정리 노트 중관 사상과 유식 사상

중관 사상과 유식 사상은 어려운 이론적 논의를 제시하고 있으므로 관련 내용을 꼭 정리해 두어야만 문제 풀이에 접근할 수 있다. 다음 중관 사상과 유식 사상의 공통점과 차이점을 기억해 두자.

구분	중관 사상	유식 사상
공통점	• 모든 것은 연기에 의해 발생함 • 독자적인 고정불변의 자성은 존재하지 않음	
차이점	모든 존재는 실체가 없는 공(空)임	구체적 사물의 실체는 없지만, 근원적인 마음 작용으로서의 식(識)은 존재함

166

갑은 석가모니로 연기설을 제시하고 있고, 을은 용수(나가르주나)로 공 사상을 제시하고 있다. 불교에 따르면 만물은 연기에 의한 것이므로 고정된 불변의 실체는 없다. 중관 사상을 확립한 용수는 그 역시 석가모니의 가르침에 바탕한 불교 학자로서, 스스로 존재하는 것을 자성이라고 부르고, 이러한 자성은 존재하지 않으며 모든 것은 공(空)이라고 주장하였다. 이러한 불교 이론에 따르면 자아라는 것도 연기의 산물일 뿐이다.

바로잡기 ① 석가모니는 깨달음을 얻어 고통에서 벗어나 열반에 들어갈 수 있다고 주장하였다. 그러나 열반에 든다고 하여 육체적 죽음을 피하는 것은 아니며, 단지 해탈한 자는 윤회하지 않으므로 다시 태어나지 않을 뿐이다.

167

(가)는 혜능의 주장으로 선종에 해당한다. 혜능은 외부의 도움 없이도 자신의 본성을 직관하여 단박에 깨달음을 얻을 수 있으며, 깨닫게 되면 더 이상의 수행은 무의미하다는 돈오돈수(頓悟頓修)를 주장하였다. (가)의 제시문을 살펴보면 혜능은 자기 본성을 직관해야 함을 주장하고 있으므로, ①은 그림의 A에 들어가는 것이 적절하다.

바로잡기 ② 혜능의 입장으로 B에 들어가야 한다. ③ 혜능은 돈오 이후에 수행이 무의미하다고 보았다. ④ 혜능에 따르면 진리는 언어나 문자에 의존하지 않고 마음을 통해 전해질 수 있다. ⑤ 혜능은 경전 공부를 강조하지 않았다.

1등급 정리 노트 교종과 혜능의 선종 비교

윤리 교과서에서 다루는 선종의 대표자는 혜능이므로, 혜능의 사상에 대해서는 상세히 공부해 두자. 특히 혜능의 선종은 교종의 특징과 비교하여 자주 출제되므로 교종과 비교하며 기억하는 것이 좋다.

구분	교종	혜능의 선종
경전에 대한 입장	석가모니의 가르침이 담긴 경전과 그 해석에 기초하여 종파가 성립하였으며 경전은 진리를 깨닫기 위한 수단이므로 경전에 대한 공부가 필요함	경전 공부를 부정하지는 않지만, 진리는 언어와 문자를 세우지 않고도 마음으로 전할 수 있다고 봄
깨달음을 얻는 과정	점진적 수행 과정을 거쳐 깨달음에 도달함	점진적 수행 과정 없이 단박에 깨달음을 얻음

168

갑은 신수, 을은 혜능이다. 신수는 점진적으로 마음을 닦은 후에 점진적으로 깨달음에 도달할 수 있다고 보았다. 반면에 혜능은 깨달음이 단박에 이루어져야 하며 수행은 불필요하다고 보았다.

바로잡기 ①, ③, ⑤ 갑, 을 모두 긍정의 대답을 할 질문이다. ④ 갑, 을 모두 부정의 대답을 할 질문이다.

169

제시문은 화엄종에서 강조하는 무진연기(無盡緣起)의 입장을 보여준다. 불교의 화엄 사상은 모든 사물이 다른 것과의 연관을 떠나서는 존재할 수 없다고 강조한다. 그래서 화엄 사상은 존재의 바탕이 되는 큰 하나 안에서 모든 것이 상호 의존하는 관계에 있다고 본다.

바로잡기 ⑤ 불교의 연기설에 따르면 상호 의존 관계를 벗어난 독자적 실체는 존재하지 않는다.

170

'이 사상'은 선종이다. 인도 불교는 중국에 들어와 중국의 학문적·문화적 풍토를 흡수하면서 변화 및 발전하게 된다. 그중에서도 선종은 도가 사상을 많이 흡수하면서 중국화된 불교라고 할 수 있다. 선종은 형식에 치우친 수행 방법을 비판하고, 참된 진리는 언어로 모두 드러낼 수 없다는 불립문자(不立文字)를 주장한다.

바로잡기 ①, ③, ④ 선종의 입장과 거리가 멀다. ⑤ 불성은 타고난 것으로 깨달음을 통해 얻는 것이 아니다.

171

연기설(緣起說)은 불교의 핵심적 사상이다. 이때 연기란 우주와 인생의 모든 존재와 현상은 원인[因]과 조건[緣]의 상호 관계에 의해 생겨난다는 것이다. 연기설에 따르면 세상의 그 어떤 존재와 현상도 결코 독립적일 수 없다.

172

삼법인은 석가모니가 제시한 '세 가지의 진실한 가르침'이다. 구체적으로는 모든 것이 고정됨이 없이 끊임없이 생멸 변화한다는 제행무상(諸行無常), 고정된 실체는 없다는 제법무아(諸法無我), 열반에 이르면 모든 고통과 번뇌에서 벗어나 고요하고 청정한 마음 상태를 갖게 된다는 열반적정(涅槃寂靜)이 있으며 열반적정 대신 일체의 모든 것이 고통일 수밖에 없다는 일체개고(一切皆苦)를 꼽기도 한다.

채점 기준	수준
제행무상, 제법무아, 열반적정, 일체개고의 네 가지 의미를 모두 적절하게 서술한 경우	상
제행무상, 제법무아, 열반적정, 일체개고 중에서 두세 가지 의미를 적절하게 서술한 경우	중
제행무상, 제법무아, 열반적정, 일체개고 중에서 한 가지 의미만 적절하게 서술한 경우	하

173

불교에서 돈오(頓悟)는 단박에 깨닫는 것이고, 돈수(頓修)는 단박에 닦는 것이다. 혜능의 선종은 돈오돈수(頓悟頓修)를 강조하였다.

174

선종이 제시한 다섯 가지 진리관은 선종이 가진 특징을 그대로 보여준다. 즉 복잡한 교리에 얽매이지 말 것과 불성에 대한 직관을 강조한 선종의 특징이 그대로 드러나 있다. 구체적으로는 마음을 통해 마음에 진리를 전달한다는 이심전심(以心傳心), 진리 전달에 있어 언어와 문자가 불필요하다는 불립문자(不立文字), 석가모니의 교설 외에 석가모니의 마음을 전달한다는 교외별전(敎外別傳), 자신의 마음을 직접 본다는 직지인심(直指人心), 자기 마음속 불성을 깨달으면 부처가 될 수 있다는 견성성불(見性成佛)이 그것이다.

채점 기준	수준
다섯 가지 진리관과 그 의미를 모두 적절하게 서술한 경우	상
다섯 가지 진리관 중 서너 가지의 의미를 적절하게 서술한 경우	중
다섯 가지 진리관 중 한 가지의 의미만을 적절하게 서술한 경우	하

적중 1등급 문제

33쪽

175 ⑤　176 ③　177 ①　178 ③

175 석가모니의 사상 이해하기

제시문은 석가모니의 주장이다. 석가모니에 따르면 모든 존재와 현상은 무수한 원인[因]과 조건[緣]에 의해 발생하며 끊임없이 생멸하고 변화한다. 인간은 오온, 즉 색(色)·수(受)·상(想)·행(行)·식(識)의 일시적 결합체일 뿐이며 고정불변하는 실체로서의 '나'는 존재하지 않는다. 이러한 진리를 깨닫지 못하고 '나'에 집착함으로써 고통이 발생한다. 석가모니는 고통의 원인과 소멸에 대한 진리인 사성제(四聖諦)와 여덟가지 바른 수행인 팔정도(八正道)를 실천하여 고통에서 벗어나 열반에 이를 것을 주장하였다.

1등급 선택지 분석

① 탐욕과 집착을 모두 버려야 무명(無明)을 얻을 수 있는가?
→ 무명은 근원적 무지로서 벗어나야 할 대상이다.

② 고통의 원인을 모두 제거해도 윤회에서 벗어날 수 없는가?
→ 고통의 원인을 모두 제거하면 윤회에서 벗어나게 된다.

③ 자아는 다섯 가지 요소[五蘊]로 구성된 불변의 실체인가?
→ 자아는 오온으로 구성된 일시적 결합체일 뿐이다.

④ 중도(中道)를 버리고 팔정도(八正道)를 실천해야 하는가?
→ 팔정도는 중도를 따르는 수행이다.

⑤ 연기(緣起)에 의해서 생겨난 모든 존재는 무상(無常)한가?

176 중관 사상과 유식 사상의 입장 비교하기

갑은 중관 사상의 대표 사상가인 용수, 을은 유식 사상의 대표 사상가인 세친이다. 용수와 세친 모두 대승 불교 사상가로서 공(空)의 원리에 따라 모든 사물은 자성(自性)이 없다고 보았으나, 세친은 모든 것은 우리 마음이 만들어 낸 것임을 강조하였다. 그는 마음의 작용인 식(識)은 존재하며, 식을 제대로 알고 수행해야 해탈에 이를 수 있다고 주장하였다.

1등급 선택지 분석

ㄱ. 갑은 정신은 물질과 달리 어떤 원인과 조건 없이 존재한다고 본다.
→ 용수는 석가모니의 연기법에 기초하여 일체의 모든 것, 정신과 물질 모두 인연에 의해 생멸한다고 보았다.

ㄴ. 을은 마음의 작용에 따라서 사물이 다르게 인식될 수 있다고 본다.
→ 세친에 따르면 모든 것은 마음이 만들어 낸 것이므로 마음의 작용에 따라 사물이 다르게 인식될 수 있다.

ㄷ. 갑, 을은 마음을 포함한 일체의 현상은 모두 자성(自性)을 갖는다고 본다.
→ 용수와 세친 모두 모든 존재와 현상에는 자성이 없다고 보았다.

ㄹ. 을은 갑과 달리 현상 세계를 만들어 낸 마음을 비우기 위한 수행이 필요하다고 본다.
→ 세친은 식을 변화시켜 분별이 없는 마음인 지(智)를 얻는 수행인 요가를 중시하였다.

177 대승 불교 사상 이해하기

제시문은 대승 불교가 제시한 이상적 인간상인 보살에 대한 설명이다. 보살은 무아(無我)와 중도(中道)를 철저히 자각하여 자신에 대한 집착을 버리고 중생의 해탈을 위해 봉사하고 열반에 이르기 위한 수행법인 바라밀을 실천하는 사람이다.

1등급 선택지 분석

ㄱ. 열반에 이르려면 반드시 무아(無我)를 자각해야 한다.
→ 대승 불교에 따르면 만물의 실상인 무아, 무자성, 공을 깨달아야 열반에 이를 수 있다.

ㄴ. 모든 것은 연기에 의해 발생하므로 자성(自性)이 없다.
→ 대승 불교는 석가모니의 연기설을 공 개념으로 전환하고 부파 불교의 자성(自性) 개념을 비판하였다.

ㄷ. 중도(中道)와 바라밀(波羅蜜)은 탈속하여 행해야 한다.
→ 대승 불교는 중생과 함께하는 삶을 강조한다.

ㄹ. 생사(生死)와 열반은 엄격히 구분되고 분리되어야 한다.
→ 대승 불교는 공 사상에 근거하여 분별적 사고에서 벗어날 것을 강조한다. 이에 따르면 미혹의 세계와 깨달음의 세계는 하나의 세계로서 통한다.

178 혜능과 왕수인의 입장 비교하기

갑은 혜능, 을은 왕수인이다. 혜능은 선종을 발전시킨 승려로서 누구나 자신의 마음에 있는 자성[自性], 즉 불성(佛性)을 직관하여 단박에 깨달으면 점진적 수행 없이도 부처가 될 수 있다는 돈오 사상을 주장하였다. 왕수인은 양명학을 발전시킨 유학자로서 누구나 자신의 마음에 있는 양지, 곧 천리를 발현하면 이론적 학습 없이도 성인이 될 수 있다고 주장하였다.

1등급 선택지 분석

① A: 참된 앎과 행함은 본래 별개가 아니라 하나이다.
→ 혜능의 입장이 아니다. 왕수인이 주장한 지행합일설의 내용이다.

② A: 지선(至善)에 이르려면 사욕(私慾)을 없애야 한다.
→ 혜능의 입장이 아니라 왕수인의 입장이다. 왕수인은 사욕을 극복하고 순수한 본래성을 유지[滅人欲存天理]하면 지선의 경지에 이를 수 있다고 주장하였다.

③ B: 이미 마음에 갖춰진 이상적 인간됨을 발현해야 한다.
→ 혜능은 우리 마음속에 불성이, 왕수인은 우리 마음속에 양지가 갖추어져 있다고 보았다.

④ C: 이론적 학습을 거치지 않아도 진리를 깨달을 수 있다.
→ 왕수인과 마찬가지로 혜능도 별도의 경전 공부 없이도 깨달음을 얻을 수 있다고 보았다.

⑤ C: 타고난 본성을 교화해야 시비선악을 분별할 수 있다.
→ 왕수인은 타고난 본성인 양지를 회복하고 보존해야 한다고 주장하였다.

06 분쟁과 화합

분석 기출 문제 35~38쪽

[핵심 개념 문제]

179 일심 180 화쟁(和諍) 181 교종 182 점수 183 ○ 184 ×
185 ○ 186 ○ 187 ㉡ 188 ㉠ 189 ㉢ 190 ㉡ 191 ㉡
192 ㉠ 193 ㄷ 194 ㄱ

195 ⑤ 196 ⑤ 197 ② 198 ③ 199 ① 200 ④ 201 ⑤
202 ④ 203 ① 204 ① 205 ③ 206 ④ 207 ② 208 ②

1등급을 향한 서답형 문제

209 갑: 원효, 을: 지눌, 병: 의천 210 예시 답안 원효는 모든 종파와 사상을 분리시켜 고집하지 말고, 보다 높은 차원에서 하나로 종합할 것을 강조하는 원융회통 사상을 통해 모든 논쟁을 조화시키고자 하는 화쟁 사상을 제시하였다. 의천은 교종과 선종의 수양법을 함께 갖추라는 내외겸전을, 지눌은 선정과 지혜를 함께 닦으라는 정혜쌍수를 제시하였다. 이를 통해 한국 불교는 조화를 강조하는 회통적 경향을 지닌다는 특징이 있음을 알 수 있다.

195

제시문은 원효의 일심 사상에 대한 내용이다. 원효가 말하는 일심은 만물의 대립을 극복할 수 있는 무차별적이고 근원적이며 조화로운 전체이다. 따라서 일심 안에서는 서로의 차이가 지양된다. 또한 원효는 화쟁 사상의 사상적 근거이자 목적이 일심(一心)이라고 설명하면서 "모든 경계가 무한하지만 다 일심 안에 들어가는 것이다."라고 주장하였다. 즉 수많은 종파의 서로 다른 주장들의 밑바닥에 서로 다른 마음이 자리하고 있지만 그러한 제각각의 마음을 하나로 통일하는 것이 바로 일심이라는 것이다. 이러한 원효의 일심 사상은 "모든 것은 마음이 지어낸다."라는 일체유심조(一切唯心造)의 정신과 통한다고도 볼 수 있다.

바로잡기 ⑤ 원효가 말하는 일심은 조화로운 전체를 의미한다. 따라서 일심 안에서는 서로의 차이가 극복된다.

1등급 정리 노트 원효의 사상과 그 의의

원효의 사상은 일심(一心) 사상과 화쟁(和諍) 사상의 두 축으로 이해할 수 있다. 또한 이러한 그의 사상을 짚어 나가다 보면 그가 조화를 지향하였음을 잘 알 수 있는데, 이는 이후 의천과 지눌을 거치면서 꾸준히 한국 불교의 회통적 경향으로 드러나게 되었다. 따라서 이러한 원효 사상의 구체적 내용과 의의를 꼭 기억해 두도록 하자.

일심 사상	• 일심은 일체의 이원적 대립을 초월하는 것 → 화쟁 사상의 근거이자 목적임 • 누구나 일심으로 회귀하여 모든 생명에게 이로움을 주는 삶을 살아야 함
화쟁 사상	• 모든 논쟁을 조화시키고자 하는 사상 • 모든 종파와 사상을 분리시켜 고집하지 말고 보다 높은 차원에서 하나로 종합하는 원융회통을 주장함
의의	• 중국 불교와 차별화된 불교 이론을 정립함 • 한국 불교의 회통적 경향의 뿌리를 이룸 • 화합과 조화를 중시하는 한국 불교의 전통을 수립하는 데 기여함

196

원효는 신라 말에서 통일 신라 초기에 활동한 불교 사상가로서, 일심 사상을 바탕으로 계급 갈등, 종파 갈등, 지역 갈등 등을 보다 높은 차원에서 극복하려고 하였다. 이러한 그의 사상을 잘 보여 주는 것이 그의 원융회통(圓融會通) 사상과 화쟁(和諍) 사상이다. 또한 원효는 당시 퍼져 있던 왕실 중심의 호국 불교 풍토에서 벗어나 백성과 함께 생활하면서 불교를 전파하였다.

바로잡기 첫 번째 입장. 원효가 활동했던 시기에는 아직 중국으로부터 선종이 유입되지 않았다.

197

제시문은 원효의 관점이다. 원효는 원융회통과 화쟁 사상을 통해 드러난 형상이 다르게 보이더라도 근본은 하나일 뿐이라고 주장하였다. 석가모니의 말씀을 해석한 서로 다른 주장들도 결국에는 다 같은 근본을 가진 것이니 모두 옳다고 보아야 한다는 것이다. 이러한 원효의 화쟁 사상은 화엄 사상에서 강조하는 일즉다 다즉일(一卽多 多卽一)과 맥락이 통한다고 볼 수 있다. 원효도 불교 사상가이기 때문에 기본적으로 인간의 본성을 맑고 깨끗한 것으로 본다.

바로잡기 ㄴ. 불교에서는 진리를 현실 속에서 얻을 수 있다고 보았다. ㄹ. 원효는 모든 진리와 가치 판단의 근원은 다르지 않음을 강조하였다.

198

제시문은 원효의 일심(一心) 사상에 대한 내용이다. 원효는 일심 사상을 근거로 "모든 종파와 사상을 분리시켜 고집하지 말고, 보다 높은 차원에서 하나로 종합해야 한다."라는 원융회통 사상을 정립하였는데, 이것이 바로 각종 이론과 종파의 상대적 가치를 인정하면서 모든 논쟁을 조화시키고자 하였던 화쟁(和諍) 사상이다. 원효는 화쟁 사상을 통해 조화를 추구하였으며, 당시에 귀족화된 불교를 민중 불교로 전환시키려고 노력하였다.

바로잡기 ㄱ. 원효뿐만 아니라 불교에서는 진리가 현실과 분리되어 있지 않음을 강조한다. 즉 현실 속에서도 진리를 얻을 수 있다고 본다. ㄹ. 원효는 조화를 추구하기 위해서 특정한 교설과 학설을 고집하지 않고 다양한 입장을 통합적으로 해석하고자 하였다.

199

제시문의 갑은 원효, 을은 지눌이다. 원효는 일심을 바탕으로 수많은 종파 간의 교리가 생기지만 이는 다시 일심으로 귀결되는 것임을 밝혔다. 지눌은 깨달음을 단박에 얻은 이후에 습기를 점차적으로 제거하는 수행이 필요하다고 보았다.

바로잡기 ① 원효는 중생의 마음에 청정한 본래의 마음인 진여와 선악이 뒤섞여 있는 현실의 마음인 생멸 두 측면이 있지만 바다와 파도처럼 서로 별개가 아니라고 보았다.

200

갑은 원효, 을은 의천이다. 원효는 서로의 차이를 보다 높은 차원인 일심에서 통합할 수 있다고 보았다. 의천은 경전 공부와 참선은 함께 닦아야 한다고 보았다. 돈오 이후에 점수를 강조한 사상가는 지눌이다.

바로잡기 ㄹ. 정과 혜를 함께 닦아야 한다는 정혜쌍수는 지눌이 제시한 점수의 방법이다.

201

제시문은 의천의 주장이다. 고려 시대 초기에 들어서 선종과 교종의 대립은 극심해졌다. 이러한 대립 속에서 의천은 교종을 중심으로 하여 선종과의 조화를 추구하였다. 그의 핵심 사상은 내외겸전(內外兼全)과 교관겸수(教觀兼修)이다. 내외겸전은 어느 한쪽으로 치우치는 것은 옳지 않으므로 교종의 수양 방법과 선종의 수양 방법을 모두 갖추라는 것이고, 교관겸수는 경전 읽기와 참선을 함께 수행하여 진리를 깨우쳐야 한다는 것이다.

바로잡기 ㄱ. 개인의 해탈을 주로 강조하는 것은 부파 불교의 관점이다. ㄴ. 참선을 중심으로 선종과 교종의 조화를 추구한 이는 지눌이다. 의천은 교종을 중심으로 선종과의 조화를 추구하였다.

202

제시문의 사상가는 의천이다. 의천은 교종의 수행 방법이나 선종의 수행 방법 중 어느 하나에 치우치는 것을 비판하고 교종을 중심으로 선종과의 조화를 추구하였다.

바로잡기 ㄱ. 교종에서 보살행은 깨달음 유무와 관계없이 모든 중생이 실천해야 하는 수행이다. ㄷ. 불교에 따르면 분별적 인식은 상호 의존적 관계를 맺고 있는 만물의 실상을 깨닫지 못하게 한다.

203

갑은 의천, 을은 지눌이다. 의천은 교종을 주로 하고 선종을 종으로 하는 입장에서 교종과 선종의 조화를 추구하는 방법으로 내외겸전과 교관겸수를 주장하였다. 제시문에서는 교관겸수를 말하고 있다. 지눌은 선종의 입장에서 교종을 융화하고자 하였다. 그가 제시한 사상은 돈오점수와 정혜쌍수이며, 제시문에서는 돈오점수를 말하고 있다. 두 사상가는 모두 불교의 기본적 사상, 즉 자아는 실체가 없으며 중도를 실천해야 한다는 점에 있어서는 공통적이다.

바로잡기 ㄷ. 지눌만의 입장이다. ㄹ. 의천과 지눌의 공통 입장이다.

204

제시문은 지눌의 돈오점수와 정혜쌍수 사상이다. 돈오점수는 먼저 단박에 깨달음을 얻은 뒤에 점진적 수행을 통해 습기(習氣)를 제거해야 한다는 주장이다. 인간은 습관으로 물든 몸을 가지고 있으므로 깨달음 이후에도 그런 습관들이 사라질 수 있도록 오랜 시간의 노력이 필요하다는 것이다. 정혜쌍수는 선정과 지혜를 함께 닦아야 한다는 것으로 점수의 구체적인 내용에 해당한다.

바로잡기 ② 지눌은 언어에 의존하지 않고 깨달음을 얻을 수 있다고 주장한 것이지 경전 공부를 부정한 것은 아니다. ③ 지눌은 깨달음을 얻은 다음에 점진적 수행을 해야 한다고 보았다. ④ 지눌은 선정과 지혜를 함께 닦아야 한다고 보았다. ⑤ 지눌은 모든 중생이 부처의 본성을 타고난다고 보았다.

205

제시문의 갑은 석가모니이고, 을은 지눌이다. 두 사상가 모두 불교 사상가로서 자비를 중시하였다. 석가모니는 탐욕과 성냄과 어리석음이라는 삼독(三毒)을 극복하고 해탈에 이르는 길을 사성제로 제시하였다. 지눌은 단박에 깨친 뒤에도 점진적인 수행을 해야 한다는 돈오점수(頓悟漸修)를 강조하였으며 선정과 지혜를 함께 닦아야 한다는 정혜쌍수(定慧雙修)를 주장하였다. 정혜쌍수의 '정'은 선정으로서 마음의 고요한 본체를 가리키는 것이며, '혜'는 지혜를 말하는 것으로 마음의 지성적 작용을 가리킨다. 따라서 정혜쌍수는 마음의 본체와 작용이 따로 있을 수 없듯이 선정과 지혜는 함께 수행해야 한다는 점을 강조한 것이다.

바로잡기 ③ 다양한 경전을 구분하고, 이 중 핵심이 되는 경전을 중심으로 다른 모든 경전의 내용을 해석하는 입장은 중국 불교의 특성 중 하나로서 지눌과는 거리가 멀다.

206

제시문의 갑은 의천, 을은 지눌이다. 의천과 지눌 모두 교종과 선종의 조화를 추구하였으며, 경전 공부와 참선 중 어느 한쪽을 버리는 것은 바람직하지 않다고 보았다.

바로잡기 ① 의천은 원효의 화쟁이 교종과 선종의 갈등을 해결하는 데 도움을 줄 수 있다고 보았다. ② 의천은 경전을 통해 좋은 가르침을 얻을 수 있다고 보았다. ③ 지눌은 돈오가 점수보다 우선해야 한다고 보았다. ⑤ 의천은 교종을 중심으로, 지눌은 선종을 중심으로 교종과 선종을 조화시키고자 하였다.

207

지눌은 선교 조화의 관점에서 선종과 교종은 본래 하나라고 주장하였다. 또한 지눌은 중생이 스스로가 부처임을 깨닫더라도, 깨닫기 이전에 행한 나쁜 습관이 몸과 마음에 배어 있으므로 돈오 이후에도 점진적 수행을 통해 이를 제거해야 한다고 보았다.

바로잡기 ㄴ. 지눌은 소수의 뛰어난 수행자를 제외하고 대부분의 중생은 단박에 깨달음을 얻은 후에 점진적으로 수행해야 한다는 돈오점수(頓悟漸修)를 주장하였다. ㄹ. 지눌은 습기(習氣) 제거를 위해 돈오(頓悟) 이후에도 수행이 필요하다고 보았다.

1등급 정리 노트 혜능과 지눌 비교

지눌은 혜능을 가장 존경한다고 말할 정도로 혜능으로부터 많은 영향을 받았다. 하지만 이 둘의 입장에는 차이가 존재하며, 이에 따라 두 사람을 비교하는 문제의 출제도 빈번한 편이다. 그러므로 두 사람의 공통점과 차이점을 꼭 정리해 두도록 하자.

구분	혜능	지눌
공통점	• 아무리 정성을 다해도 모래로 밥을 지을 수 없듯이, 전체를 단박에 깨닫지 못한 채 수행하는 것은 잘못된 길을 열심히 가는 것과 같음 • 자신이 본래 부처이고 자기가 이미 불성을 가지고 있으므로, 그것을 직관하기만 하면 단박에 깨달음을 얻을 수 있음	
차이점	단박에 깨달음을 얻었다면 더 이상 수행할 필요가 없으며 돈오 이후의 수행은 집착에 불과함	단박에 깨달음을 얻었더라도 몸과 마음에 배인 나쁜 습관을 제거하려면 점진적 수행이 필요함

208

제시문은 원효의 일심 사상이다. 원효는 현상적으로는 서로 달라 보이지만 높은 차원에서는 모두 통하기 때문에 독단과 독선에서 벗어나 대립과 갈등을 극복할 수 있다고 주장하였다.

바로잡기 ㄴ. 원효는 서로 다른 교설을 획일화하지 않고 높은 차원에서 하나로 회통할 수 있다고 보았다. ㄹ. 원효는 불교의 대중화에 힘썼다.

209

갑은 하나의 마음인 일심을 말하고 있으므로 원효, 을은 정혜쌍수를 말하고 있으므로 지눌, 병은 내외겸전을 말하고 있으므로 의천에 해당한다.

210

원효, 지눌, 의천 세 사상가는 모두 한국 불교 사상가로서 교리와 수행의 어느 한 측면에 치우치지 말고 조화를 이룰 것을 강조하였다. 이는 한국 불교의 회통적 특징을 잘 보여 준다.

채점 기준	수준
키워드와 그 의미를 모두 포함하여 한국 불교 사상의 조화 또는 회통적 특징을 정확하게 서술한 경우	상
한국 불교 사상의 조화 또는 회통적 특징을 서술하였으나 키워드와 그 의미를 모두 포함하지 못하고 서술한 경우	중
키워드와 그 의미를 모두 서술하였으나 한국 불교 사상의 조화 또는 회통적 특징을 제시하지 못한 경우	하

적중 1등급 문제

39쪽

211 ⑤ 212 ④ 213 ⑤ 214 ④

211 원효와 혜능의 입장 비교하기

갑은 원효, 을은 혜능이다. 원효는 일체의 이원적 대립을 초월한 일심으로 돌아갈 것을 강조하였으며, 염불만 외워도 극락에 갈 수 있는 정토종을 보급하였는데 이는 실천과 수행에는 일정한 형식이나 방법이 없음[無碍]을 강조한 것이다. 혜능은 누구나 자신의 마음에 있는 본성을 직관하면 단박에 부처가 될 수 있다는 돈오를 주장하였다.

1등급 선택지 분석

① 갑: 유(有)와 무(無)의 실상을 깨달아야 참된 지혜를 얻는다.
→ 원효는 서로 상반된 것으로 보이는 현상이 실제로는 동일한 것임을 깨달아야 한다고 주장하였다.

② 갑: 형식에 얽매이지 않는 무애행(無碍行)을 실천해야 한다.
→ 원효는 수행에는 일정한 형식이나 방법이 없음을 강조하였다.

③ 을: 선(禪)의 수행을 통해 어지러운 마음을 가라앉혀야 한다.
→ 혜능은 선 수행을 통해 어지러운 마음을 가라앉히고 자성을 직관할 것을 강조하였다.

④ 을: 중생이 한순간에 자기 본성을 직관하면 곧 부처가 된다.
→ 혜능은 자성을 직관하면 단박에 부처가 될 수 있다는 돈오를 주장하였다.

⑤ 갑, 을: 철저한 고행을 통해 부처의 가르침을 체득해야 한다.
→ 불교 사상은 기본적으로 고행과 쾌락의 양 극단에 치우치지 않는 중도(中道)에 따를 것을 주장하였다.

212 원효와 지눌의 입장 비교하기

갑은 원효, 을은 지눌이다. 원효에 따르면 여러 종파는 모두 중생을 대상으로 하는 부처의 가르침이며, 각 종파의 주장이 다양한 것은 깨달음의 바탕인 일심을 각기 다른 시각에서 바라보기 때문이다. 따라서 원효는 각 종파의 주장들을 높은 차원에서 하나로 아우를 수 있다고 보았다. 지눌은 단박에 진리를 깨달은 후에도 습기가 남아 있다고 보고, 이를 소멸시켜 나아가는 수행으로써 정혜쌍수를 제시하였다.

1등급 선택지 분석

① 갑: 각 종파의 특수성을 부정해야 화쟁(和諍)을 할 수 있다.
→ 원효에 따르면 화쟁은 각 종파의 특수성과 상대적 가치를 인정하면서도 이것들을 보다 높은 차원에서 하나로 통합하는 것이다.

② 갑: 일반 백성의 경우 염불 수행만으로 극락왕생할 수 없다.
→ 원효는 염불 수행만으로 해탈할 수 있다는 정토종을 보급했다.

③ 을: 점수는 지혜[慧]에서 벗어나 선정[定]을 닦는 수행이다.
→ 선정과 지혜를 함께 닦는 정혜쌍수는 지눌이 주장한 점수(漸修)의 구체적 수행 방법이다.

④ 을: 습기(習氣)는 돈오 이전과 이후 모두에 존재할 수 있다.
→ 지눌은 돈오 이후에도 남아 있는 습기를 없애기 위해 점진적인 수행[漸修]이 필요하다고 보았다.

⑤ 갑, 을: 일체의 존재와 현상은 공(空)이 아닌 무(無)이다.
→ 대승 불교에서 주장하는 공은 자아와 사물에 대한 집착에서 벗어날 것을 강조하는 것이지 허무주의를 강조하는 것이 아니다.

213 의천과 지눌의 입장 비교하기

갑은 의천, 을은 지눌이다. 의천은 내적인 공부인 선(禪)과 외적 공부인 교(敎)를 같이 온전히 해야 한다[內外兼全]고 주장하였다. 지눌은 선은 부처의 마음과 같으며 교는 부처의 말씀과 같고, 선종과 교종은 본래 하나[禪敎一元]라고 주장하였다.

1등급 선택지 분석

① 갑은 내적인 교(敎)와 외적인 선(禪)이 모두 필요하다고 본다.
→ 의천에 따르면 교는 외적인 수행이고 선은 내적인 수행이다.

② 을은 선은 부처의 말씀이며 교는 부처의 마음과 같다고 본다.
→ 지눌에 따르면 선은 부처의 마음이고 교는 부처의 말씀이다.

③ 갑은 을과 달리 정혜(定慧)를 닦아야 윤회에서 벗어난다고 본다.
→ 지눌은 돈오 이후에 남아 있는 나쁜 습기를 점차 소멸하여 윤회에서 벗어나야 한다고 강조하였다.

④ 을은 갑과 달리 교학을 버리고 자성(自性)을 직관해야 한다고 본다.
→ 지눌은 교종이 중시하는 경전 공부의 중요성을 인정하였다.

⑤ 갑과 을은 깨달음과 중생 구제를 함께 추구해야 한다고 본다.
→ 의천은 천태종(교종)을, 지눌은 조계종(선종)을 따랐지만, 넓게 보면 모두 대승 불교의 승려로서 깨달음과 중생 구제 모두를 추구하는 보살행을 중시하였다.

214 혜능과 지눌의 입장 비교하기

갑은 혜능, 을은 지눌이다. 혜능은 돈오하면 바로 부처가 될 수 있다고 주장하였으나, 지눌은 돈오 이후에도 남아 있는 습기를 제거하기 위해 지속적인 수행이 필요하다고 보고 돈오점수를 주장하였다. 또한 선정과 지혜를 본체와 작용으로 해석하면서 선정과 지혜를 함께 닦아야 한다는 정혜쌍수를 주장하였다.

1등급 선택지 분석

① A: 불성(佛性)을 먼저 형성해야 자성을 깨달을 수 있는가?
→ 혜능과 지눌의 선종을 포함한 대승 불교에 따르면 불성은 형성되는 것이 아니라 모든 중생이 지니고 있는 것이다.

② A: 마음 밖에 있는 진리를 찾아야 돈오에 이를 수 있는가?
→ 혜능과 지눌은 마음에 있는 자신의 본성이 곧 불성이며 이를 직관함으로써 단번에 깨닫게 된다고 보았다.

③ B: 선(禪) 수행으로 단박에 깨달으면 보살행이 필요 없는가?
→ 혜능과 지눌은 대승 불교의 승려로서 보살행을 중시한다.

④ C: 화두(話頭)를 활용한 수행으로써 깨달음을 얻을 수 있는가?
→ 지눌은 화두(참선 수행자가 풀어야 할 문제)를 들고 선을 수행하여 직접 깨달음으로 들어가는 간화선을 강조하였다.

⑤ C: 지혜는 참된 마음의 본체이고, 선정은 그 마음의 작용인가?
→ 지눌에 따르면 지혜는 마음의 작용이고, 선정은 마음의 본체이다.

07 무위자연의 윤리

분석 기출 문제 41~44쪽

[핵심 개념 문제]

215 도(道) 216 소요 217 좌망 218 ○ 219 × 220 ○
221 ㉡ 222 ㉢ 223 ㉠ 224 ㉠ 225 ㉡ 226 ㉠ 227 ㄷ
228 ㄹ

229 ③ 230 ⑤ 231 ③ 232 ③ 233 ② 234 ② 235 ②
236 ① 237 ③ 238 ① 239 ② 240 ② 241 ③ 242 ⑤
243 ④ 244 ④

1등급을 향한 서답형 문제

245 소국과민 246 예시 답안 다스림이 없는 다스림, 즉 무위의 정치를 지향한다. 이를 위해 통치자는 어떠한 인위적인 일도 도모하지 않아야 한다. 247 예시 답안 만물을 평등하게 바라보는 도(道)의 관점에서 사물을 인식하지 않고, 인위적으로 시비(是非)와 선악(善惡)을 구분하는 차별과 편견의 시각으로 사물을 인식하기 때문이다. 248 예시 답안 인위적인 기준으로 사람을 차별하지 말고 모든 사람을 평등하게 대해야 한다. 249 소요

229
제시문의 사상가는 노자이다. 노자는 도를 본받아 억지로 하지 않고, 자연스러운 삶을 살아야 한다고 주장하였다. 이를 위해서는 자연에 따르는 삶을 살아가면서 자신의 욕심을 버리는 겸허한 자세를 취해야 한다는 것이 노자의 주장이다.

바로잡기 ① 인의의 덕은 유교에서 추구하는 덕목이다. ② 노자가 말하는 인간의 본성은 소박함이므로 유교에서 강조하는 예를 통해 실현될 수 없다. ④ 해탈은 불교의 주장이다. ⑤ 노자에 따르면 분별적인 지식은 차별을 일으키기 쉽다.

230
제시문의 사상가는 노자이다. 노자는 도의 본질인 무위자연(無爲自然)의 원리에서 벗어난 인위적인 규범이 오히려 사회 혼란을 키운다고 보았다.

바로잡기 ① 도덕의 근원을 하늘로 보는 것은 순자를 제외한 유가 사상가들이다. ② 노자는 자연을 따르는 삶을 옹호하였다. ③ 예와 인의는 유교의 덕목이다. ④ 노자는 무지와 무욕의 소박한 사회를 이상 사회로 제시하였다.

231
제시문은 노자가 제시한 소국과민(小國寡民) 사회의 모습이다. 소국과민 사회는 유교에서 강조하는 인위적인 도덕규범에 얽매이지 않고 무위와 무욕에 따라 살아가는 사회이다.

바로잡기 ①은 묵자, ②는 유교, ④는 플라톤, ⑤는 한비자가 지향한 사회의 모습에 해당한다.

232
제시문의 사상가는 노자이다. 노자는 언어로 표현할 수 있는 도는 참된 도가 아니라고 보았다. 또한 그는 백성을 지혜도 없고 욕심도 없게 하는[無知無欲] 무위 정치가 바른 정치라고 보았다.

바로잡기 두 번째 입장. 노자는 인간의 본성은 이기적인 것이 아니라 소박함이라고 보았다. 네 번째 입장. 노자는 하늘이 인간을 짚으로 만든 개처럼 취급한다고 말하면서 인간의 도덕성은 하늘과 무관하다고 보았다.

233
제시문 (가)의 갑은 노자, 을은 장자이다. 둘 다 무위자연의 삶을 추구했다는 점에서는 공통점을 지니고 있다. 다만 장자는 노자 이후 활동한 사상가로서 노자의 사상을 비판적으로 계승하면서, 자유로운 삶을 위해 내면의 수양을 더욱 강조하였다는 특징을 지니고 있다.

바로잡기 ㄱ. 충서는 유교에서 강조하는 삶의 자세이다. ㄹ. 노자와 장자의 공통 입장이므로 B에 들어가야 한다.

234
제시문의 사상가는 노자이다. 노자는 무위의 정치를 펼쳐야 좋은 사회를 이룰 수 있다고 보았다. 노자에 따르면 예를 가르치는 것은 오히려 사람들을 얽매는 것에 불과하다.

바로잡기 ① 노자는 무위 정치를 주장하였으므로 "예"라고 답할 내용이다. 따라서 B에 들어가야 한다. ③ 노자가 "아니요"라고 답할 내용이다. 따라서 A에 들어갈 내용이다. ④, ⑤ 노자는 백성을 무지하게 해야 하며 현자에 대한 숭상이나 학문을 가르치는 일은 바람직하지 않다고 보았으므로 "아니요"라고 답할 내용이다. 따라서 A에 들어가야 한다.

235
A 사상가는 장자이다. 장자는 차별과 편견에서 벗어나기 위해 내적인 수양을 통해 만물을 모두 평등하게 인식하는 정신적 자유의 경지에 이를 것을 강조하였다.

바로잡기 ①, ⑤ 유교의 관점이다. ③ 장자는 분별적 지혜를 버려야 한다고 주장하였다. ④ 유교 사상가 순자의 화성기위에 대한 설명이다.

236
제시문의 사상가는 장자이다. 장자에 따르면 자신의 소박한 본성을 잃어버렸다고 하더라도 누구나 좌망과 심재라는 수양 방법을 통해 이를 회복할 수 있다. 또한 이러한 본성을 삶 속에서 실현하는 사람이 이상적 인간인 성인이라는 것이 장자의 주장이다.

바로잡기 ② 법가의 입장이다. ③ 유교의 입장이다. ④ 윤회는 불교에서 주장하는 개념이다. ⑤ 장자는 인간의 본성이 소박하다고 보았다.

237
장자는 자기중심적 관점에서 벗어나 도의 관점에서 만물의 상대적 가치를 인식할 때 자유로운 소요의 삶을 살 수 있게 된다고 보고 이를 위한 좌망과 심재의 수양 방법을 제시하였다.

바로잡기 ① 장자는 사회적 기준이 인위적·상대적이라고 보았다. ② 장자는 소박한 본성을 회복해야 한다고 보았다. ④ 장자에 따르면 도덕규범은 하늘과 무관한 인위적 규범이다. ⑤ 예치를 강조한 것은 유교 사상이다.

238
갑은, 노자, 을은 장자이다. 도가에서는 도(道)의 입장에서 보면 만물은 평등하다고 보아 만물의 상대성을 강조하였다. 두 사람 중 노자는 특히 무위와 무욕을 강조하였고, 장자는 제물과 소요를 통해 자연에 따라 살아가는 절대적 자유의 경지를 강조하였다.

바로잡기 ① 노자와 장자 모두 하늘은 민심과 무관하다고 보았다. 민심이 하늘의 의지를 반영한다는 것은 유교의 관점이다.

239

장자는 선악(善惡), 미추(美醜) 등의 일체의 인위적인 기준을 거부하고 만물을 평등하게 인식해야 한다고 주장하였다. 이러한 경지에 이르기 위해서는 좌망과 심재의 수양을 거쳐야 한다.

바로잡기 ①, ③, ④, ⑤ 장자는 인위적인 기준을 만드는 일 자체를 거부한다. 제시된 내용들은 이러한 장자의 입장과는 거리가 먼 진술들이다.

240

제시문의 사상은 현학이다. 현학자들은 도가 사상을 관념적으로 재해석하였으며, 형이상학적인 철학이나 예술에 대한 토론을 즐겼다. 대표적 사상가들이 죽림칠현이다.

바로잡기 ㄴ. 무위로 다스리는 제왕의 통치술은 황로학파가 강조하였다. ㄹ. 황로학파의 사상과 민간 신앙을 결합하여 천하태평의 이상 사회를 건설하려고 한 교단 종교는 태평도이다.

241

"공과격"은 도덕적 선행을 권장하기 위해서 도교에서 만든 책이다. 도교 신자들은 매일 그날의 일상적인 행위를 선한 행위인 공(功)과 악한 행위인 과(過)로 분류하여 스스로를 채점하였으며, 선하게 살아야 복을 받을 수 있다고 생각하였다.

242

제시문은 위·진 시대의 현학에 대한 설명이다. 죽림칠현을 대표로 하는 현학은 도가 사상을 철학적으로 계승하고 부패한 현실과 거리를 두고자 하였다. 대표적인 현학자들이 바로 죽림칠현(竹林七賢)이며, 이들은 형이상학적이고 예술적인 논의를 중시하며 정신적 자유를 추구하는 청담(淸談) 사상을 제시하였다.

바로잡기 ①, ③ 오두미교에 대한 설명이다. ②, ④ 황로학파에 대한 설명이다.

243

무속 신앙은 우리의 자연 및 생활 환경 속에서 자생된 고유한 사상이다. 제시된 사례는 무속과 도교의 결합으로 이루어진 것이다.

바로잡기 ① 무속 신앙은 외래 사상을 주체적으로 수용하여 조화시키는 토대가 되었다. ② 한국 고유 사상은 단군 신화로부터 시작되며 동학 사상으로부터 비롯된 것이 아니다. ③ 무속 신앙과 유교적 풍습은 깊은 관련이 없다. ⑤ 칠성신, 조왕신 등은 본래 도교의 신들이다.

1등급 정리 노트 무속 신앙

한국 고유의 사상 중에서도 무속 신앙은 한국 고유 사상의 여러 가지 특징을 보여 줄 수 있다는 점에서 중요하다. 무속 신앙의 구조를 간략히 이해하면서 이러한 무속 신앙의 의의가 무엇인지 기억해 두자.

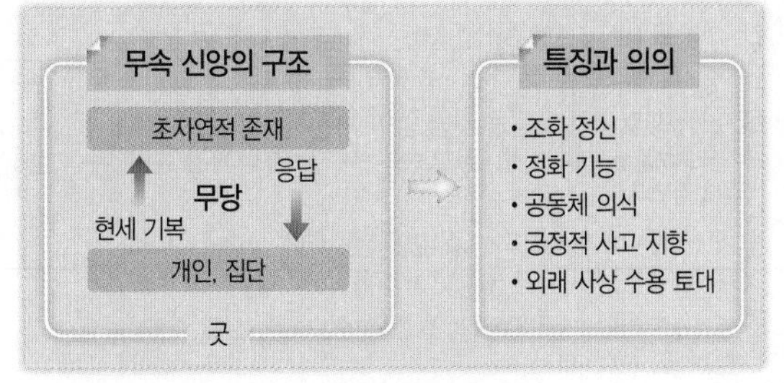

244

조선 시대에는 소격서를 통해 왕실과 국가의 안녕을 비는 재초 의례를 거행하였다. 이를 통해 도교의 전통이 남아 있었음을 알 수 있다. 그러나 조선 시대에는 유학을 통치 이념으로 삼는 등 성리학의 영향력이 커짐에 따라 도가·도교는 민간 신앙으로서의 명맥만을 유지하였다.

245

노자는 소박하고 작은 소국과민의 사회를 이상 사회로 보았다. 그가 이렇게 소국과민을 이상 사회로 본 이유는 문명의 발달이 생활을 풍부하고 화려하게 하지만 인간의 노동을 감소시키고 게으름과 낭비와 생명의 쇠퇴 현상을 가져온다고 보았기 때문이다. 그래서 노자는 바람직한 사회의 모습을 다음과 같이 말하기도 하였다. "다시 옛날로 돌아가 새끼를 묶어서 문자로 사용하게 하며, 그 음식을 달게 여기고 그 옷을 아름답게 여기며, 그 거처를 편안하게 여기고 그 풍속을 즐겁게 여기게 해야 한다. 이웃 나라가 서로 바라보이고 닭과 개의 소리가 서로 들려도 백성이 늙어 죽을 때까지 서로 왕래하지 못하게 해야 한다."

246

노자는 당대 백성들의 고통에 주목한 인물이다. 그리하여 이상적인 통치자는 무위자연의 이상을 실현하는 사람으로서 무위의 통치를 펼쳐야 한다고 주장하였다. 이를 위해 통치자는 어떠한 인위적인 일도 도모하지 않아야 한다는 것이 그의 주장이다.

채점 기준	수준
무위의 정치와 인위적인 일을 도모하지 않는 통치자의 자세를 모두 정확하게 서술한 경우	상
무위의 정치와 인위적인 일을 도모하지 않는 통치자의 자세 중 한 가지만 정확하게 서술한 경우	중
무위의 정치와 인위적인 일을 도모하지 않는 통치자의 자세를 서술하였으나 미흡한 경우	하

247

제시문은 장자의 상대주의적 세계관을 설명하고 있다. 그는 만물이 모두 상대적 가치를 지녔으므로 모두 평등하다고 주장하였다. 장자는 '도(道)'의 입장에서 만물을 바라보면 시비, 분별, 차별 등이 존재할 수 없다고 보았다.

채점 기준	수준
장자가 생각한 사회 혼란의 원인에 대해 주어진 키워드를 모두 포함하여 서술한 경우	상
장자가 생각한 사회 혼란의 원인에 대해 주어진 키워드를 두 개 포함하여 서술한 경우	중
장자가 생각한 사회 혼란의 원인에 대해 주어진 키워드를 한 개만 포함하여 서술한 경우	하

248

우리 사회는 다문화 사회의 정착이라는 과제를 안고 있다. 그러나 차별과 편견으로 인해 다문화 이웃이 우리 사회에 정착하는 과정에서 고통을 겪고 있다. 차별과 편견을 버리고 모든 것을 평등하게 대하라는 장자의 가르침은 오늘날에도 많은 시사점을 제공한다.

채점 기준	수준
'차별', '평등'이라는 용어를 활용하여 장자의 사상을 서술한 경우	상
'차별', '평등'이라는 용어를 활용하지 않고 장자의 사상을 서술한 경우	중

249

장자는 도(道)의 관점에서 모든 것을 평등하게 바라보는 정신적 자유의 경지를 추구하였다. 제시문은 이러한 정신적 자유의 경지를 이르는 소요에 대한 설명으로 원래의 뜻은 이리저리 자유롭게 거닌다는 의미이다. 즉 도(道)를 깨달아 인위적 기준이나 외적 제약에 의존하지 않는 정신적 자유와 해방의 경지를 말한다.

적중 1등급 문제

45쪽

250 ⑤ 251 ⑤ 252 ③ 253 ②

250 장자와 노자의 입장 비교하기

갑은 장자, 을은 노자이다. 장자에 따르면 지인, 진인, 신인, 천인, 성인 등은 이상적 인간으로서 심재, 좌망 등의 수양을 통해 정신적 자유의 경지에 오른 사람이다. 노자에 따르면 유가에서 중시하는 인의는 도(道)를 잃어버리자 나타난 하덕(下德)에 불과하다. 따라서 인위적 규범에서 벗어나 도를 따를 때 무위, 소박 등과 같은 상덕(上德)을 갖출 수 있다.

1등급 선택지 분석

① 갑: 도는 인간의 길흉(吉凶)을 주재하는 인격적 존재이다.
→ 도는 특정한 목적이나 의도를 갖지 않는 무위한 것이다.

② 갑: 도를 행하면 분별적 지식이 늘어나고 덕성이 함양된다.
→ 도에 따라 살면 분별적 지식으로부터 자유롭게 된다.

③ 을: 도는 감각적으로 경험할 수 없지만 언어로써 규정된다.
→ 도는 언어로써 규정될 수 없다.

④ 을: 도를 체득해야 본성[性]을 교정하여 선을 이룰 수 있다.
→ 도를 체득하면 소박한 본성을 회복하게 된다.

⑤ 갑, 을: 도에서 만물이 생겨나고 도에 따라 만물이 움직인다.
→ 도는 만물의 근원이자 변화의 법칙이다.

251 장자와 맹자의 입장 비교하기

갑은 장자, 을은 맹자이다. 장자는 시비, 미추, 생사 등 인간의 자기 중심적 편견에서 비롯된 분별이 사회 혼란만을 초래한다고 보고, 이러한 분별의 구속에서 벗어나 도에 따른 삶, 무위자연의 삶을 살 것을 주장하였다. 한편 맹자는 사적인 이익의 추구와 같은 도덕적 타락 때문에 혼란이 발생한다고 보고, 따뜻하고 포용적인 사랑으로서의 인(仁)과 옳고 그름을 구분하는 정의로서의 의(義)을 강조하였다.

1등급 선택지 분석

ㄱ. A: 이상적 경지에 이르려면 도를 따라야 하는가?
→ 장자와 맹자 모두 긍정의 대답을 할 질문이다. 맹자는 대인이 따르는 인(仁)과 의(義) 등을 도(道)로 보았다.

ㄴ. A: 예(禮)는 인간의 본성과 세상을 어지럽히는가?
→ 장자는 긍정, 맹자는 부정의 대답을 할 질문이다.

ㄷ. B: 만물은 상이한 본성[性]과 능력을 가지고 있는가?
→ 장자가 긍정의 대답을 할 질문이다. 장자에 따르면 절대적 시비의 기준은 존재하지 않으며 만물은 모두 상대적이고 주관적인 방식으로 판단된다.

ㄹ. C: 선비는 항산(恒産)이 없어도 항심(恒心)을 지니는가?
→ 맹자가 긍정의 대답할 질문이다. 맹자에 따르면 선비는 일반 백성과 달리 항산이 없어도 항심을 지닐 수 있다.

252 맹자, 순자, 장자의 입장 비교하기

갑은 맹자, 을은 순자, 병은 장자이다. 맹자는 대인이 따르는 인과 의 등을, 순자는 성인이 제정한 예(禮)를 도(道)로 보았으며, 장자는 도를 만물의 근원이자 만물 어디에나 내재하는 것으로 보았다.

1등급 선택지 분석

① A: 인위를 더하지 않으면 본성은 선해질 수 없음을 간과한다.
→ 순자는 화성기위를 주장했으므로 순자에 대한 비판이 될 수 없다.

② B: 본성의 변화 없이는 도덕적 인식이 불가능함을 간과한다.
→ 순자에 따르면 인간은 도덕적 인식 및 실천 능력을 지니고 있으며, 이를 바탕으로 인위적 노력을 통해 본성의 교화가 가능하다고 보았다. 따라서 순자가 비판을 제기할 내용이 아니다.

③ C: 본성을 닦아서[性修] 타고난 덕을 회복해야 함을 간과한다.
→ 장자는 누구나 자신의 소박한 본성을 닦으면 타고난 덕을 회복할 수 있다[性脩反德]고 주장하였으며, 본성을 닦는 방법으로서 심재와 좌망을 제시하였다.

④ C, E: 시비는 도의 관점에서 보면 절대적인 것임을 간과한다.
→ 장자에 따르면 도의 관점에서 사물을 보면 선악, 시비, 미추의 분별은 상대적인 것에 불과하다. 따라서 장자가 제기할 비판이 아니다.

⑤ D, F: 도덕과 통치의 원리는 하늘에 근거해야 함을 간과한다.
→ 하늘[天]을 윤리적 존재로 본 맹자와 달리 순자와 장자는 자연 현상으로 보았다.

253 노자와 공자의 입장 비교하기

갑은 노자, 을은 공자이다. 노자는 통치의 수준을 크게 세 단계로 구분한다. 가장 이상적인 통치는 무위로써 다스리는 것이며, 그 다음은 덕으로, 마지막은 힘으로 다스리는 통치이다. 공자는 인륜이 구현되며 인재가 등용되고 약자가 돌봄을 받는 대동 사회를 이상적인 사회로 제시하였다.

1등급 선택지 분석

① 갑: 무위의 다스림을 통해 이름을 똑바로 세워야[正名] 한다.
→ '정명'은 공자가 강조한 것이다.

② 갑: 마음을 비우고 고요하게[虛靜] 해야 도를 따를 수 있다.
→ '허정(虛靜)'은 도가에서 중시하는 수양이다.

③ 을: 최상의 덕이란 사람을 차별 없이 사랑하는[兼愛] 것이다.
→ '겸애(兼愛)'는 묵자가 강조한 것이다. 공자는 존비친소를 분별하는 사랑[仁]을 강조하였다.

④ 을: 인(仁)은 내면적 도덕성을 잃어버린 후에 생겨난 것이다.
→ 공자는 인을 내면적 도덕성으로 보았다.

⑤ 갑, 을: 성인의 다스림은 백성을 무욕과 무지의 상태에 둔다.
→ 노자만의 주장이다.

08 한국과 동양 윤리 사상의 의의

분석 기출 문제 47~50쪽

[핵심 개념 문제]

254 실사구시 **255** 성리학 **256** 원불교 **257** ○ **258** × **259** × **260** ㉢ **261** ㉡ **262** ㉠ **263** ㉠ **264** ㉠ **265** ㉡ **266** ㄱ **267** ㄹ

268 ⑤ **269** ① **270** ① **271** ① **272** ⑤ **273** ③ **274** ② **275** ④ **276** ① **277** ② **278** ⑤ **279** ①

1등급을 향한 서답형 문제

280 동도서기론 **281** 예시 답안 공통점: 서양의 근대화된 문물을 수용하여 민족의 어려움을 극복하고 부국강병을 이루고자 하였다. 차이점: 급진적 개화론은 유교 질서까지 근본적으로 변혁해야 한다는 입장인 반면, 동도서기론(온건적 개화론)은 서양의 문물은 받아들이되 유교 질서는 지켜야 한다는 입장이다. **282** (가) 동학, (나) 증산교, (다) 원불교 **283** 예시 답안 한국 고유 사상을 바탕으로 유·불·도 사상을 주체적으로 수용하였다. 차별이 사라진 평등한 세상을 제시하여 고통받는 백성들에게 정신적 위안을 제공하였다. 후천 개벽 사상을 통해 좋은 세상이 올 것이라는 희망을 심어 주었다 등

268

제시문은 실학자 홍대용의 주장이다. 그는 신분제의 폐단을 지적하며 국부를 늘리기 위해 힘써야 한다고 주장하였다. 또한 국부를 늘리기 위한 제도 개혁의 방안도 함께 제시하였다. 이처럼 실학은 실용적 측면을 강조하고 중국 중심의 사상에서 탈피하여 신분제 개혁과 같은 진일보한 민본주의적 사상을 주장하였다.

바로잡기 ㄱ. 실학자들은 서양의 문물에 우호적인 입장으로, 필요한 것은 배워야 한다는 입장이었다. ㄴ. 제시문에서 알 수 있듯 실학자 홍대용은 신분제 개혁과 같은 유교적 질서의 개혁이 필요하다고 보았다.

269

성리학 중심의 사회에서 생겨난 폐단을 목격하고, 당시 사회의 혼란을 수습하여 발전을 이루기 위해서는 실용적 학문이 필요하다는 지식인들의 자각으로부터 조선의 실학은 출발하였다. 이에 따라 경험적 사실에 근거하여 진리를 추구하는 실사구시의 태도를 바탕으로 경세치용과 이용후생 등 실용적 측면을 강조하였다. 서양의 문물에 대해서도 이전 성리학자들에 비해 개방적인 태도를 취하였으며, 인간의 욕구를 긍정하고 자연을 도덕과 분리하여 바라보기도 하였다.

바로잡기 ㄴ. 도가의 입장에 해당한다. ㄷ. 위정척사의 입장에 해당한다. ㄹ. 실학은 개인의 삶보다는 사회 문제의 해결과 사회 발전에 관심을 두었다.

270

정제두는 왕수인의 여러 주장을 받아들여 독자적인 학문 체계를 이루었고, 이러한 그의 사상은 강화학파의 사상적 근원이 되었다. 정제두를 비롯한 강화학파는 주체로서의 참된 자아에 대한 각성과 생활 속의 실천을 중시하였다. 특히 인식 주체로서의 '나'가 바로 도덕 문제의 판단 기준이라고 주장하면서, 참다운 마음의 이치를 알고 이를 실천할 것을 강조하였다. 이처럼 정제두와 강화학파는 양명학을 수용하여 성리학을 비판하는 입장에 서 있었기 때문에 왕수인의 양지라는 개념을 수용하여 양지를 마음에서 생생하게 활동하는 참된 이치라고 보았다. 이러한 견해는 도덕 판단의 기준은 자기 자신에게 있음을 말한다.

바로잡기 ② 정제두는 왕수인의 견해를 받아들여 양지를 마음의 이치로 보았다. ③ 성리학의 입장이다. 성리학에서는 사물에 대한 탐구를 통해 이치를 알 수 있다고 보았다. ④ 정약용의 성기호설에 해당한다. ⑤ 정제두는 왕수인의 견해를 받아들여 양지를 사람이 타고나는 것으로 보았으며, 따라서 도덕 판단의 기준이라는 것도 외부에서 주어지는 것이 아니라 판단과 실천의 주체인 자기 자신에게 있다고 보았다.

271

제시문은 강화학파 정제두의 주장이다. 정제두에 따르면 도덕 문제를 파악하고 판단하는 기준은 외부에서 주어지는 것이 아니라 그것을 인식하고 실천하는 주체인 '나' 자신에게 있다. 따라서 인간은 순수한 본성의 판단에 따라 행동하면 된다.

바로잡기 ② 개개 사물에도 이치가 있다는 것은 성리학의 관점이다. ③ 이통기국론은 이이의 관점이다. ④ 인간의 본성을 성무선악으로 보는 것은 고자의 관점이다. ⑤ 덕의 후천설을 주장한 것은 정약용이다.

272

제시문은 위정척사 사상의 주장이다. 위정척사 사상은 발전된 서구 문물을 능동적으로 수용하자는 개화사상과 달리 유교적 가치 체계를 지키고 서양의 종교와 문물을 배척해야 한다는 사상이다. 이는 서구 열강의 침략적 상황에서 우리 민족의 고유한 미덕이나 그 주체성을 침해하려는 외부의 어떠한 세력과 문물도 용납할 수 없다는 강인한 민족 주체성을 표출한 것이다.

바로잡기 ①, ②, ④ 동학의 관점이다. ③ 동도서기론으로서 온건적 개화론의 입장에 해당한다.

273

(가)는 위정척사 사상의 관점이고, (나)는 동도서기론의 관점이다. 동도서기론은 온건적 개화론으로 동양의 도(道)와 정신적 질서는 지키되 서양의 문물을 받아들여 근대화를 수행해야 한다고 보았다. 동도서기론은 성리학적 질서를 유지하고자 한다는 점에서 위정척사 사상과 공통점이 있다. 하지만 근본적으로 서양 문물의 도입을 통해 근대화를 이루고자 한다는 점에서 근대화 자체를 반대하는 위정척사 사상과 차이점이 있다.

바로잡기 ㄱ. 인내천(人乃天)은 동학에서 강조하였다. ㄹ. 성리학적 심성론을 비판하며 인간의 도덕적 자율성을 강조한 사상가는 정약용이다.

274

제시문은 신기선의 주장으로 동도서기론의 입장을 보여 주고 있다. 동도서기론은 온건적 개화사상으로 유교 질서를 지키는 가운데 서양의 과학 기술은 수용하자는 입장이다.

바로잡기 ①, ⑤ 동도서기론은 유교적 질서의 고수를 주장하므로 부정의 대답을 할 질문이다. ③ 동도서기론은 서양의 과학 기술을 수용하자는 입장이다. ④ 동도서기론은 온건한 개화론에 해당한다. 위정척사 입장에서만 긍정의 대답을 할 질문이다.

275

제시문은 동학 사상이다. 최제우가 창시한 동학은 봉건 체제가 동요하고 천주교가 확산되는 시대 분위기 속에서 등장하였다. 보국안민(輔國安民)을 목표로 경천사상(敬天思想)의 바탕 위에 유·불·도 사상을 융합하여 성립하였으며, 시천주(侍天主), 오심즉여심(吾心卽汝心), 사인여천(事人如天), 인내천(人乃天) 등의 가르침을 제시하였다. 또한 후천 개벽 사상을 제시하여, 신분 차별이 사라진 평등한 이상 사회가 현세에서 도래할 것이라는 희망을 백성들에게 심어 주었다. 특히 후천 개벽 사상은 이 시기 또 다른 민족 종교인 증산교와 원불교에서도 찾아볼 수 있는 것으로, 이는 당대의 민족 종교들이 새로운 사회로의 변혁을 주창함으로써 봉건 체제에서 고달픈 삶을 살아갔던 사람들에게 위안을 제공하였음을 알 수 있게 한다.

바로잡기 ㄹ. 동학의 후천 개벽 사상은 내세가 아니라 현세에서 자유와 평등의 이상 사회가 실현될 것이라는 주장이다.

276

(가)의 갑은 최제우, 을은 박중빈이다. 동학의 창립자 최제우와 원불교의 창립자 박중빈 모두 인간 평등주의를 추구하였다.

바로잡기 ② 최제우는 서양 문물에 비판적이었으며, 서양 문물 수용을 주장하지 않았다. ③ 동학은 유·불·도 사상을 융합하여 수용하였다. 원불교 역시 불공을 강조한다. ④ 최제우는 수양과 무관하게 인간의 마음속에 이미 한울님이 존재한다고 보았다. ⑤ 원불교는 성리학을 기반으로 하지 않는다.

277

(가)는 동학, (나)는 증산교, (다)는 원불교이다. 동학은 경천사상(敬天思想)의 바탕 위에 유·불·도 사상을 융합하여 성립하였고, 증산교는 강일순이 무속 신앙과 유·불·도 사상을 재해석하여 성립하였다. 원불교는 박중빈이 창시한 민족 종교로 불교의 재해석을 통해 불교의 현대화·생활화·대중화를 꾀하였다. 이들 사상은 모두 후천 개벽 사상을 통해 현세에서의 차별 없는 평등한 세상을 제시하였다는 공통점을 갖는다.

바로잡기 ㄴ. 증산교는 후천 개벽 사상을 통해 차별이 사라진 새로운 세상을 제시하였다. ㄹ. 동학 사상은 하늘을 숭배하는 경천사상을 그 바탕으로 하고 있다.

1등급 정리 노트 동학, 증산교, 원불교

우리의 민족 종교인 동학, 증산교, 원불교는 민중에게 당대의 시대적 위기 상황을 극복하기 위한 지혜와 새 세상에 대한 희망을 제시하였다. 이들 사상의 공통점과 차이점을 위주로 다양한 문항이 출제되므로 반드시 정리해 두도록 하자.

동학	증산교	원불교
• 19세기 조선의 위기를 새로운 종교적 가르침을 통해 극복하고자 노력함 → 민족을 위기에서 구하고자 노력함 • 후천 개벽 사상을 통해 신분 차별이 없는 평등한 사회를 제시하였으며, 고통받는 백성들의 삶에 위로를 제공함		
• 경천사상의 바탕 위에 유·불·도 사상을 융합 • 인내천, 사인여천, 오심즉여심	• 고유 사상을 바탕으로 무속과 유·불·도 사상을 독자적으로 해석 • 해원, 상생, 보은	• 기존 불교 사상을 재해석하여 대중적 불교를 표방 • 일원상, 보은, 평등, 불공

278

갑은 이항로, 을은 최제우, 병은 신기선이다. 이항로는 성리학을 바로 세우고 성리학 이외의 학문과 종교를 배척하는 위정척사(衛正斥邪)를 주장하였다. 최제우는 경천사상(敬天思想)과 유·불·도를 융합하여 신흥 종교인 동학을 창립하였다. 신기선은 나라의 어려움을 해결하기 위해 유교적 질서를 바탕으로 서양의 군사 과학 기술을 수용하는 동도서기(東道西器)를 주장하였다.

바로잡기 ⑤ 신기선과 같은 온건적 개화론자들은 유교적 신분 질서의 유지를 주장하였다.

279

제시문의 군자는 유교, 보살은 대승 불교, 진인은 도가의 이상적 인간상에 해당한다. 제시문의 군자와 보살에 대한 내용은 타인을 돌보고 살피는 일이 중요함을 보여 주고, 진인은 차별하는 의식에서 벗어나 다양한 가치를 긍정하고 자유를 추구하는 것이 중요함을 보여 주고 있다.

바로잡기 ㄷ. 도가의 이상적 인간인 진인의 입장에서는 상대적 가치를 지향하라고 조언할 것이다. ㄹ. 군자와 보살은 사회적 삶을 강조한다. 군자는 개인의 도덕적 수양을 통해 그렇게 쌓은 덕을 사회로 확장할 수 있는 유교의 이상적 인간이다. 보살도 사람들을 구제하기 위해 노력하는 불교의 이상적 인간이다.

280

온건적 개화론자인 신기선은 동양의 도를 바탕으로 서양의 기를 수용하자는 동도서기(東道西器)론을 주장하였다.

281

개화사상이 출현할 당시의 조선은 커다란 변화와 위기에 봉착한 상태였다. 정치적 혼란과 민란 때문에 내부적으로 큰 어려움을 겪고 있었을 뿐만 아니라, 서양 문물의 유입과 서양의 통상 요구라는 외부적 어려움도 본격화되던 시기이다. 이러한 상황에서 개화사상은 서양의 근대화된 문물을 수용하여 민족의 어려움을 극복하고 부국강병을 이루고자 하였던 사상이다. 즉 외래의 근대 문물을 수용하는 것은 불가피하다는 것이 개화사상의 기본적 입장이다. 하지만 오래도록 유지되어 온 우리의 유교적 질서를 지켜야 하는가에 대해서는 급진적 개화론과 온건적 개화론(동도서기론)으로 나뉜다. 급진적 개화론은 전제 군주제와 신분 질서로 대변되는 조선의 유교적 질서를 근본적으로 변혁하자는 입장이다. 반면 온건적 개화론은 서양의 문물은 수용하되 유교적 질서는 지켜야 한다는 입장이다. 이처럼 개화사상은 유교적 질서에 대한 입장 차이 때문에 두 갈래로 나뉘어지게 되었으나 당시 급변하는 국제 사회의 현실을 직시하고 변화를 추구해야 함을 주장하였던 가장 대표적인 사상이라고 할 수 있다.

채점 기준	수준
온건적 개화론(동도서기론)과 급진적 개화론은 모두 서양의 근대화된 문물을 수용해야 한다는 점에서 공통점이 있음과 유교 질서의 유지나 변화에 차이가 있음을 모두 적절하게 서술한 경우	상
온건적 개화론(동도서기론)과 급진적 개화론은 모두 서양의 근대화된 문물을 수용해야 한다는 점에서 공통점이 있음을 서술하였으나 차이점에 해당하는 유교 질서에 대한 입장을 적절하게 서술하지 못한 경우	중
온건적 개화론(동도서기론)과 급진적 개화론 중 어느 한 가지에 해당하는 내용만을 서술하고 두 입장의 차이점이나 공통점을 드러내어 서술하지 못한 경우	하

282

동학, 증산교, 원불교 등 근대 신흥 종교는 전통 사상을 재해석하여 발전시킨 사상이다. 이와 같은 전통 사상의 재해석은 당시의 혼란을 극복하기 위한 효과적 방법이었다. 우리에게 익숙한 전통 사상을 인용함으로써 외세의 침략이라는 상황에서 민족의 자주성을 지키면서도 국난 극복을 위한 새로운 사상을 제시할 수 있었기 때문이다.

283

근대의 신흥 종교는 우리 민족의 어려움에 대한 다양한 해결 방법을 모색하면서 사람들에게 위안을 주었을 뿐만 아니라 사회 변화를 주도하였다. 이들 신흥 종교는 신앙의 대상이나 형태는 달라도 공통적으로 한국 고유의 사상을 바탕으로 유·불·도 사상을 주체적으로 수용하였는데, 이는 서양 열강의 침입과 서양 문물의 유입에 대한 자주성의 표현이었다. 또한 후천 개벽 사상을 통해 좋은 세상이 올 것이라는 희망을 심어 주었다.

채점 기준	수준
근대 신흥 종교의 공통점을 두 가지 모두 서술한 경우	상
근대 신흥 종교의 공통점을 한 가지만 서술한 경우	중

적중 1등급 문제

51쪽

284 ③ **285** ④ **286** ③ **287** ④

284 동학과 증산교의 후천 개벽 사상 비교하기

(가)는 동학, (나)는 증산교의 후천 개벽 사상이다. 동학은 당시의 모든 불안한 상황을 천운(天運)이 바뀌는 시기에 나타나는 증상으로 보고, 후천 개벽을 앞당겨 실현하기 위해 각자가 한울님을 모시고 있음을 깨닫고 한울님의 마음을 지키야 한다고 주장하였다. 증산교는 모든 재난의 원인이 원한에서 비롯된다고 보고, 신령계는 물론 천하의 모든 원한을 풀어 없애는 천지공사의 필요성을 강조하였다.

1등급 선택지 분석

ㄱ. (가)는 한울님은 선천이 아닌 후천에 존재한다고 보았다.
→ 동학은 한울님이 모든 사람 안에 존재한다고 주장하였다.

ⓛ (나)는 원한을 없애는 천지공사(天地公事)를 강조하였다.
→ 증산교는 원한을 풀고 하늘과 땅의 운행 질서를 뜯어고치는 천지공사를 강조하였다.

ㄷ. (나)는 상극(相剋)의 이치를 따르는 세상을 추구하였다.
→ 증산교는 선천을 상극의 이치가 지배하여 원한이 쌓이는 세상으로, 후천을 상생(相生)의 이치가 지배하는 지상 낙원으로 보았다.

ⓡ (가), (나)는 현실 세계에서 후천이 실현된다고 보았다.
→ 동학과 증산교는 지상에서 후천이 실현된다고 보았다.

285 동학의 기본 입장 이해하기

(가)는 최제우가 제창한 동학의 기본 입장이다. 동학은 서구 열강의 침략에 대항하여 보국안민(輔國安民)을 강조하고, 모든 사람은 자기 안에 한울님을 모시고 있다는 시천주(侍天主), 사람이 곧 하늘이라는 인내천(人乃天) 사상을 바탕으로 신분, 남녀, 노소 차별이 없는 새로운 세상의 도래[後天]를 주장하였다.

1등급 선택지 분석

① 일원상(一圓相)을 신앙의 대상으로 삼아 수행해야 한다.
→ 원불교의 기본 입장이다.

② 서구 문물을 수용하되 봉건적 신분 질서를 유지해야 한다.
→ 동학은 만민 평등사상을 바탕으로 신분 차별이 없는 세상을 추구하였다.

③ 한울님을 믿고 따르기 위해 성(誠)과 경(敬)을 버려야 한다.
→ 동학 사상은 유교의 덕목과 수양법을 계승하고 재해석하였다.

④ 천인합일의 관점에서 노소(老小)도 차별 없이 대해야 한다.

⑤ 샤머니즘을 배격하고 유·불·도 사상을 조화롭게 따라야 한다.
→ 동학 사상은 경천사상, 샤머니즘(무속 신앙) 등 전통 사상과 유·불·도 사상을 모두 포함하고 있다.

286 증산교와 원불교의 입장 비교하기

갑은 증산교의 창시자 강일순, 을은 원불교의 창시자 박중빈이다. 강일순은 고유 사상을 바탕으로 무속과 도가 사상을 나름대로 재해석하여 증산교를 창시하였으며, 원한을 풀고[解寃] 서로를 살리며 함께 살아가는 가운데[相生] 작은 신세라도 반드시 갚아 감으로써[報恩] 새로운 세상[後天]을 맞이할 수 있다고 강조하였다. 박중빈은 물질의 발달에 정신의 발달이 미치지 못하여 재앙과 혼란이 발생한다고 보고, 도학을 통한 정신문명과 과학을 통한 물질문명의 발전을 함께 이루어야 한다고 주장하였다.

1등급 선택지 분석

① 갑: 무속과 도가를 재해석하여 시대 혼란에 대응해야 한다.

② 갑: 보은(報恩)과 해원(解寃)으로써 새 시대를 열어야 한다.

③ 을: 물질문명을 거부하고 도학(道學)을 올바로 세워야 한다.
→ 박중빈은 과학의 발달에 의한 물질문명의 발달을 긍정하였다.

④ 을: 정신[靈]뿐만 아니라 육체[肉]의 발전에도 힘써야 한다.

⑤ 갑, 을: 인본주의를 바탕으로 차별 없는 사회를 구현해야 한다.

287 위정척사, 동학, 동도서기론의 입장 비교하기

갑은 이항로, 을은 최제우, 병은 신기선이다. 세 사상가 모두 유교 사상을 보존하는 가운데 국난을 극복해야 한다고 주장하였다. 단, 최제우는 봉건적 신분 질서의 유지를 강조한 이항로와 달리, 신분과 남녀, 노소의 차별이 없는 사회를 추구하였다. 한편 최제우와 이항로는 공통적으로 반외세의 입장을 보인 반면, 신기선은 서양의 문물을 수용해야 한다는 입장을 보였다.

1등급 선택지 분석

① 외세의 침략에 맞서 나라를 바로 세우고 백성을 편안하게 해야 함을 간과한다.
→ 이항로와 최제우의 공통된 입장이다.

② 유교 사상을 모두 부정하고 새로운 가치관을 정립해야 함을 간과한다.
→ 최제우는 유교 사상을 부정하지 않았다.

③ 시천주(侍天主) 사상을 토대로 내세에서 후천 개벽을 이뤄야 함을 간과한다. → 한국 신흥 종교들은 모두 현세와 지상에서 실현되는 낙원을 제시하였다.

④ 유교적 질서의 유지와 서양 기술의 수용이 양립 가능함을 간과한다.
→ 위정척사는 동도서기론과 달리 서양 문물의 수용을 거부하였다.

⑤ 동양의 도리와 정신문화를 바탕으로 서양 종교를 수용해야 함을 간과한다.
→ 신기선은 사상이나 정신적 성격을 갖는 종교를 수용의 대상으로 보지 않았다.

단원 마무리 문제

52~57쪽

288 ⑤ **289** ④ **290** ④ **291** ② **292** ③ **293** ① **294** ①
295 ⑤ **296** ④ **297** ⑤ **298** ⑤ **299** ④ **300** ③ **301** ⑤
302 ③ **303** ④ **304** ④ **305** ③ **306** ⑤ **307** ④ **308** ①
309 ⓐ 싯다르타, ⓑ 개인, ⓒ 중관, ⓓ 경전, ⓔ 돈오점수 **310** 예시 답안 다른 종파와 대립하고 갈등하기보다는 여러 종파를 아우르고 통합하면서 조화를 이루고자 하였다. **311** 예시 답안 ㉠ 마음에 내재한 일체의 인위적인 것을 비워 낸 본래의 마음 상태를 말한다. ㉡ 조용히 앉아서 현재의 세계를 잊고 무아(無我)의 경지에 들어가는 것을 말한다. ㉢ 잡념을 없애고 마음을 비워 깨끗이 하는 것을 의미한다. **312** ⓐ 이기불상리(理氣不相離), ⓑ 칠정, ⓒ 사단 **313** 예시 답안 사단은 '이'의 발현으로서 순선무악한 도덕 감정이며, 칠정은 '기'의 발현으로서 악(惡)으로 흐를 가능성이 높은 일반 감정이기 때문이다. **314** 이(理) **315** 예시 답안 ㉡ 선을 좋아하고 악을 미워하는 기호를 의미한다. ㉢ 육체적이고 감각적인 것을 좋아하는 기호를 의미한다.

288

㉠에 들어갈 사상가는 공자이다. 공자는 백성을 법령으로 이끌고 형벌로 규제하면 백성은 형벌만 면하려 하고 부끄러운 줄 모르지만, 도덕으로 지도하고 예로 규제하면 부끄러운 줄 알게 될 뿐만 아니라 바르게 된다고 주장하면서 덕치(德治)를 강조하였다.

바로잡기 ① 무위지치(無爲之治)를 주장한 노자가 긍정의 대답을 할 질문이다. ② 공자는 재화의 적음보다 공평한 분배를 걱정해야 한다고 주장하였다. ③ 공자는 통치자가 먼저 덕을 쌓고 백성을 교화할 것을 주장하였다. ④ 겸애(兼愛)를 주장한 묵자가 긍정의 대답을 할 질문이다. 공자는 존비친소를 분별하는 사랑[仁]을 강조하였다.

289

갑은 맹자, 을은 순자이다. 맹자는 사람에게는 선천적으로 선한 도덕심[四端]이 갖추어져 있다는 성선설을 주장하였다. 반면 순자는 사람은 태어날 때부터 자신의 욕망과 이익을 충족하려고 한다는 성악설을 주장하였다.

바로잡기 ㄹ. 맹자와 순자 모두 부정의 대답을 할 질문이다. 두 사상가 모두 성인의 본성과 일반 백성의 본성에는 차이가 없다고 보았다.

290

갑은 순자, 을은 장자이다. 순자는 성악설을 바탕으로 사람이 선하게 되려고 하는 것은 본성이 악하기 때문이라고 주장하였다. 장자는 선악이나 미추(美醜) 등은 인간의 자기중심적 편견에서 비롯된 분별이며 모두 상대적인 것에 불과하므로 도(道)의 관점에서 만물을 평등하게 바라보아야 한다고 주장하였다. 한편 두 사상가는 모두 하늘[天]을 도덕의 근원으로 본 공자, 맹자와 달리 자연 현상으로 보았다.

바로잡기 ㄴ. 순자와 장자 모두 예가 사회 혼란 상황에서 생겨난 인위적 규범으로 보았다. 하지만 순자는 예를 사회 혼란의 극복 방안으로 본 반면, 장자는 예를 사회 혼란의 원인으로 보았다.

291

대화의 스승은 노자이다. 노자는 물이 낮은 곳에 머물면서 만물을 이롭게 하고 남들과 다투지 않기 때문에 도(道)에 가장 가까운 것으로 보았으며, 물이 갖고 있는 겸허(謙虛)와 부쟁(不爭)의 덕을 중시하였다. 또한 노자는 가식이 없는 소박한 삶을 강조하였다.

바로잡기 ① 순자가 강조한 삶의 태도이다. ③ 맹자가 강조한 삶의 태도이다. ④ 노자는 분별적 지식에서 벗어날 것을 강조하였다. ⑤ 불교가 강조한 삶의 태도이다.

292

제시문은 왕수인의 주장이며, '어떤 사상가'는 주희이다. 주희는 '격물(格物)'을 사물에 나아가 이치를 탐구하는 것으로 보았으나, 왕수인은 양지를 구체적이고 적극적으로 발휘하여 마음을 바로잡는 것으로 보았다.

바로잡기 ① 주희는 마음이 성(性)과 정(情)을 주재한다고 주장하였다. ② 주희는 성즉리를 주장했으며, 마음과 이치는 둘로 나눌 수 있다고 보았다. ④ 왕수인은 이론적 학습 없이도 성인(聖人)이 될 수 있다고 강조하였다. ⑤ 지행합일은 왕수인의 주장이다. 주희는 지(知)와 행(行)이 서로 영향을 주어 함께 발전해 나아간다는 지행병진(知行竝進)을 주장하였다.

293

제시문은 주희의 주장이다. 주희는 성인이 되기 위한 수양법으로 천리를 보존하고 사욕을 제거할 것(존천리거인욕)과 사물의 이치를 탐구하여 앎을 이루어 나가는 격물치지, 항상 마음을 경건하게 하는 거경 등을 강조하였다.

바로잡기 ㄷ. 왕수인이 강조한 치양지(致良知)에 해당하는 내용이다. ㄹ. 주희에 따르면 본성은 곧 이치[性卽理]이므로 본성은 교정의 대상이 아니다.

294

갑은 이이, 을은 이황이다. 이이와 이황 모두 성리학자로서 사단(四端)은 사덕(四德)의 존재를 알려주는 실마리로서 선천적으로 주어져 있다고 보았다. 한편 이이는 사단이 칠정에 포함된다고 본 반면, 이황은 도덕 감정으로서의 사단과 일반 감정으로서의 칠정을 연원이 다른 감정으로 보았다.

바로잡기 ㄷ. 이이와 이황 모두 부정의 대답을 할 질문이다. ㄹ. 사단은 이(理)가 마음 안에서 발하여 드러난 감정이다.

295

제시문은 정약용의 단시설(端始說)에 대한 설명이다. 이황과 이이가 사단을 날 때부터 주어져 있는 사덕의 단서로 본 것과 달리 정약용은 사단의 실천을 통해 사덕이 형성된다고 보았다.

바로잡기 ① 정약용에 따르면 사덕은 사단의 실천으로 형성되는 것이지 회복되는 것이 아니다. ② 이이는 사단이 사덕의 존재를 알게 해 주는 단서이라고 보았다. ③ 이황은 사단을 이가 발하고 기가 이를 따른 것으로 보았다. ④ 정약용은 사덕을 누구나 지닌 마음의 기호(嗜好)로 보지 않는다.

296

(가)는 황로학파, (나) 태평도, (다)는 오두미교, (라)는 현학이다. 황로학파는 무위(無爲)로써 백성을 다스리는 제왕의 통치술을 주장하였으며, 태평도는 천하태평의 이상 사회를 제시하고 복을 추구하면서 질병을 치료한다고 하여 민간을 중심으로 교세를 크게 확장하였다. 오두미교는 도덕적 선행을 권장하면서 삼관수서(三官手書)를 행하였으며, 현학은 청담을 통해 인간의 고정 관념을 초월한 무(無)의 세계를 진실한 세계로 보면서 정신적 자유를 추구하였다.

297

제시문은 석가모니가 가르친 삼학(三學)에 대한 설명이다. 석가모니에 따르면 인간은 자기 자신과 현실 세계가 영원히 존속한다고 집착함으로써 탐욕[貪], 분노[瞋], 어리석음[癡]의 삼독(三毒)에 빠져 고통받게 된다. 석가모니는 이러한 고통에서 벗어나기 위해서는 체계적인 수행을 통해 깨달음을 얻어야 한다고 보고, 삼학(三學)을 제시하였다. 또한 석가모니는 나 자신을 비롯한 만물이 무수한 원인과 조건으로 연결되어 있음을 깨닫게 될 때 자비를 베푸는 삶을 살게 된다고 보았다.

바로잡기 ① 팔정도는 윤회에서 벗어나기 위한 수행법이다. ② 중도를 따르는 것은 무명(無明)에서 벗어나기 위함이다. ③ 다섯 가지 요소[五蘊]로 구성된 자아는 고정불변하는 것이 아니라 끊임없이 변한다. ④ 석가모니는 후생(後生)으로 이어지는 윤회에서 벗어날 것을 강조하였다.

298

(가)는 용수의 중관 사상, (나)는 세친의 유식 사상이다. 중관 사상과 유식 사상에 따르면 모든 사물은 인연에 따라서 끊임없이 생멸하기 때문에 자성(自性)이 없이 공(空)하며, 이를 통찰해야 깨달음을 얻을 수 있다.

바로잡기 ① 대승 불교 사상가들은 일부 부파 불교에서 강조하는 자성(自性)을 부정한다. ② 유식 사상은 모든 것은 우리의 마음이 만들어 낸 것이라는 일체유심조(一切唯心造)를 강조한다. ③ 중관 사상과 유식 사상 모두 모든 물질은 인연에 따라 생멸한다고 본다. ④ 중관 사상과 유식 사상 모두 대승 불교로서 보살(菩薩)의 삶을 이상적인 삶으로 본다.

299

갑은 혜능, 을은 지눌이다. 혜능은 본성을 직관하여 단박에 깨닫게 되면 점진적 수행이 없어도 누구나 부처가 된다고 보았으나, 지눌은 돈오 이후에도 남아 있는 습기를 제거하기 위해 지속적인 수행이 필요하다고 보았다.

바로잡기 ① 혜능과 지눌 모두 선종 사상가로서 긍정할 내용이다. ② 혜능과 지눌 모두 대승 불교 사상가로서 긍정할 내용이다. ③ 대승 불교에 따르면 불성(佛性)은 본래 모든 중생에게 주어져 있는 것이다. ⑤ 혜능과 지눌 모두 불교 사상가로서 불성은 타고난다고 본다.

300

갑은 위정척사 사상가인 이항로, 을은 동학의 창시자인 최제우이다. 이항로는 유교적 가치 체계와 질서를 올바른 도(道)로써 강조했으며, 최제우 역시 유교 사상을 재해석하여 동학을 창시하면서 서양에 맞서 참된 도를 밝히고 성(誠), 경(敬), 신(信)을 닦아야 함을 강조하였다.

바로잡기 ㄱ. 이항로의 입장에서 부정의 대답을 할 질문이다. ㄷ. 이항로와 최제우 모두 부정의 대답을 할 질문이다.

301

갑은 증산교의 창시자인 강일순, 을은 원불교의 창시자인 박중빈이다. 강일순은 인류가 겪는 모든 재난의 원인은 상극에 따른 원한을 품는 일에서 비롯된다고 보았으며, 이상 세계를 건설하기 위해서 신령계는 물론 천하 사람들의 온갖 원한들을 풀어 없애는 천지공사가 필요하다고 주장하였다. 박중빈은 물질의 발달에 정신의 발달이 미치지 못하여 재난과 혼란이 발생한다고 보았다. 이에 도학과 과학의 발전을 함께 이루어야 이상 세계가 실현된다고 보았으며, 기존의 불교 사상을 개혁하여 일상생활 속에서 수행할 수 있는 여러 방법을 제시하면서 윤리적인 삶의 모습을 강조하였다.

바로잡기 ⑤ 강일순과 박중빈 모두 사랑과 정의가 넘치는 이상 세계인 후천의 개벽을 주장하였으며, 후천은 내세가 아니라 현세에서 실현된다고 보았다.

302

㉠에 들어갈 말은 '실학'이다. 실학은 청나라의 고증학과 서양의 과학 및 종교 사상을 비판적으로 수용함으로써 성리학과 구분되는 세계관과 인간관, 그리고 도덕관을 제시하였다.

바로잡기 ① 실학은 성리학을 공리공론(空理空論)이라고 비판하였다. ② 실학은 중국 중심의 화이관(華夷觀)에서 벗어나 독자적인 연구를 하였다. ④ 실학은 인간의 욕구를 긍정하였다. ⑤ 실학은 자연을 물리적이며 객관적인 대상으로 보았다.

303

(가)는 위정척사 사상가인 이항로의 주장이며, (나)는 온건적 개화 사상가인 신기선의 주장이다. 이항로를 비롯한 위정척사 사상가들은 성리학에 바탕을 둔 유교적 질서를 지키고 서양의 종교와 문물을 배척해야 한다고 주장하였다. 신기선을 비롯한 온건적 개화 사상가들은 새로운 가치관의 정립이 아닌 유교적 가치와 질서[東道]를 지키는 가운데 서양의 과학 기술[西器]의 수용을 주장하였다.

304

제시문은 일연의 "삼국유사"에 기록되어 있는 고조선 건국 신화의 일부이다. 고조선 건국 신화에는 인본주의 정신, 현세 지향적 가치관, 화합과 조화의 정신 등이 담겨 있다.

바로잡기 ㄷ. 고조선 건국 신화에서 환웅이 인간 세상에 뜻을 두었으며, 곰과 호랑이가 인간이 되기를 원하였다는 내용을 통해 인간을 중시하는 인본주의 정신을 엿볼 수 있다.

305

제시문은 맹자의 주장이다. 맹자는 인간에게는 선천적으로 선한 마음[四端]이 갖추어져 있다는 성선설을 주장하면서, 잃어버린 마음을 되찾고[求放心] 선한 본심을 보존하며 선한 본성을 길러 낼 것[存心養性]을 강조하였다.

바로잡기 ③ 본성의 교정을 강조한 사상가는 성악설을 주장한 순자이다.

306

제시문의 '그'는 장자가 제시한 성인(聖人)이다. 장자는 도(道)에 따르는 삶을 통해 실현되는 제물과 소요의 경지에 오른 이상적 인간을 성인(聖人), 지인(至人), 진인(眞人), 천인(天人), 신인(神人) 등으로 표현하였다. 도가의 이상적 인간은 세속의 차별 의식에서 벗어나 만물을 평등하게 보며 정신적 자유를 추구한다.

바로잡기 ① 장자에 따르면 성인은 도의 관점에서 만물을 평등하게 바라보며 시비, 선악, 미추 등의 분별적 지식에서 벗어나 있다. ② 경(敬)으로써 마음을 주재하는 것은 유교 사상가들이 일반적으로 주장하는 수양법이다. ③ 맹자가 이상적 인간으로 제시한 대인(大人)에 대한 설명이다. ④ 대승 불교의 이상적 인간상인 보살에 대한 설명이다.

307

제시문은 원효의 화쟁과 일심 사상이다. 원효에 따르면 일심은 깨끗함과 더러움, 참과 거짓, 나와 너 등 일체의 이원적 대립을 초월하는 절대불이(絕對不二)한 것이다. 이러한 일심 사상에 따르면 중생의 마음에 청정한 본래의 마음인 진여(眞如)와 선악이 뒤섞여 있는 현실의 마음인 생멸(生滅)의 두 측면이 있지만 서로 별개의 것이 아니다. 또한 원효는 표주박에 '걸림이 없다.'라는 뜻의 무애(無礙)를 새기고 전국을 다니며 불경을 읽지 못해도 염불을 외우면 극락에 갈 수 있다고 사람들을 가르쳤는데, 이는 실천과 수행에는 일정한 형식이나 방법이 없음을 강조한 것이다.

바로잡기 네 번째 입장. 원효에 따르면 일심을 바탕으로 수많은 종과의 이론이 생기지만 이는 다시 일심으로 회통된다.

308

제시문은 동학의 주장을 담고 있다. 동학에서는 천인합일의 정신을 계승한 인내천 사상을 강조하였고, 모든 인간은 동등하다는 인간 존중과 평등의 사상을 제시하였다.

바로잡기 ② 동도서기론의 입장이다. ③ 동학은 외래 사상에 대항하여 형성된 사상으로 유·불·도 삼교가 융합되어 형성되었다. ④ 동학에서는 후천 개벽 사상을 제시하였다. ⑤ 동학은 현실에서 사회 변혁을 주장하였다.

309

불교를 창시한 사상가는 싯다르타이며, 부파 불교는 출가 수행자를 중심으로 한 개인의 해탈을 중시하였다. 대승 불교의 용수는 중관 사상을 주장하였고, 중국의 교종은 경전을 통해 깨달음을 얻어야 함을 강조하였다. 한국의 선종 사상가인 지눌은 중국 선종을 새롭게 계승하여 돈오점수를 주장하였다.

310

중국 불교가 종파를 중심으로 다양하게 나뉘어 전개되었던 것과는 달리, 한국 불교는 여러 종파를 아우르고 통합하려는 회통적 경향을 보여 주었다. 원효는 모든 종파와 사상을 분리하여 고집하지 말고 보다 높은 차원에서 하나로 종합하고자 했으며, 의천과 지눌은 각각 교종과 선종의 대립과 갈등을 해소하고 조화를 이루고자 하였다.

채점 기준	수준
여러 종파를 통합하고 조화를 이루고자 했다고 정확하게 서술한 경우	상
단순히 조화를 추구했다고만 서술한 경우	중

311

노자는 도(道)가 현실 속에서 구체적으로 드러난 것을 덕(德)이라고 하였다. 그는 무위(無爲)의 덕을 따르는 것, 즉 무위자연(無爲自然)을 이상적인 삶의 모습으로 보았으며, 이러한 경지에 이르기 위한 수행 방법으로서 '허정(虛靜)'을 강조하였다. 장자는 도의 관점에서 사물을 인식할 때 만물의 소중함과 평등함을 깨우치고, 자유롭고 평화로운 이상적인 삶을 살아갈 수 있다고 보았다. 장자는 이러한 경지를 제물(齊物)과 소요(逍遙)로 표현하면서 이러한 경지에 이르기 위한 수행 방법으로서 좌망과 심재를 제시하였다.

채점 기준	수준
허정, 좌망, 심재의 의미를 모두 정확하게 서술한 경우	상
허정, 좌망, 심재 중 두 개의 의미를 정확하게 서술한 경우	중
허정, 좌망, 심재 중 한 개의 의미를 정확하게 서술한 경우	하

312

주희는 이와 기의 관계에 대해, 이와 기는 서로 떨어지지 않는[理氣不相離] 동시에 서로 뒤섞이지 않는다[理氣不相雜]고 주장하였다. 이황과 이이는 주희의 입장을 계승하면서도 이황은 이와 기가 서로 뒤섞이지 않는다는 입장을 상대적으로 더 강조한 반면, 이이는 이와 기가 떨어질 수 없는 관계임을 상대적으로 강조하였다. 이이는 사단과 칠정 모두를 '기의 발현'으로 보면서 사단을 칠정의 선한 측면이라고 주장하였다.

313

이황은 '이'의 능동성을 강조하여 "사단은 이가 발하고 기가 그것을 따르는 것이고[理發而氣隨之], 칠정은 기가 발하고 이가 그것을 타는 것이다[氣發而理乘之]."라는 이기호발설(理氣互發說)을 정립하였다. 그리고 이를 바탕으로 도덕적 감정인 사단은 '이'의 발현으로서 순선무악(純善無惡)한 반면 인간의 일반적인 감정인 칠정은 '기'의 발현으로서 선악이 정해지지 않았으나 악(惡)으로 흐를 가능성이 높으므로 가치의 측면에서 '이'가 '기'보다 우위에 있음[理貴氣賤]을 강조하였다.

채점 기준	수준
이귀기천과 이기호발의 내용을 모두 포함하여 서술한 경우	상
이귀기천과 이기호발의 내용 중 하나만 포함하여 서술한 경우	중
이귀기천과 이기호발의 내용을 모두 포함하지 않고 서술한 경우	하

314

성리학에 따르면 이(理)는 만물을 낳는 근본 원리이고, 기(氣)는 만물을 이루는 재료이다. 인간의 본성[性]은 하늘이 부여한 이(理)이며 본성에는 인의예지가 모두 갖추어져 있다. 결국 성리학에서 주장하는 이는 우주 자연의 원리이자 궁극적 실체이며, 동시에 선천적으로 갖추어진 도덕 본성으로서의 이법적(理法的) 실체이기도 하다.

315

정약용은 이법적 실체인 이(理)를 본성으로 보는 성리학과 달리, 인간의 본성을 일종의 경향성, 즉 마음의 기호[性嗜好]로 보았으며, 인간에게는 인간만이 지닌 도덕적 기호로서 선을 좋아하고 악을 미워하는 영지(靈知)의 기호와 인간과 동물이 모두 지닌 생리적 기호로서 육체적이고 감각적인 것을 좋아하는 형구(形軀)의 기호가 주어져 있다고 보았다.

채점 기준	수준
영지의 기호, 형구의 기호의 의미를 모두 정확하게 서술한 경우	상
영지의 기호, 형구의 기호의 의미 중 한 개만 정확하게 서술한 경우	중
영지의 기호, 형구의 기호의 의미를 서술하였으나 미흡한 경우	하

Ⅲ 서양 윤리 사상

09 서양 윤리 사상의 연원

분석 기출 문제 59~60쪽

[핵심 개념 문제]

316 헤브라이즘 317 선민 318 예수 319 ㉢ 320 ㉠ 321 ㉡
322 ○ 323 × 324 ○ 325 ㉠ 326 ㉠ 327 ㉡ 328 ㉡
329 ㄴ 330 ㄱ

331 ② 332 ③ 333 ③ 334 ② 335 ③

1등급을 향한 서답형 문제

336 ㉠ 상대주의, ㉡ 보편주의 337 지덕복 합일설 338 예시 답안 악행을 저지르는 이유는 무지 때문이다. 따라서 도덕적 행위를 실천하기 위해서는 도덕적 지식이 필요하다.

331

헤브라이즘은 유일무이한 절대자로서의 신(神)에 대한 믿음을 가장 주요한 특징으로 하며, 보편적인 윤리적 행동 지침을 신의 명령이자 인간 삶의 규율로 제시하였다. 한편 고대 그리스의 자연 철학자들은 세계의 기원과 자연의 변화를 이성적이고 논리적인 방식으로 설명하기 위해 노력하였다. 이러한 헤브라이즘과 고대 그리스의 자연 철학은 서양 윤리 사상의 뿌리가 된 사상이다.

바로잡기 ② 헤브라이즘은 신에 대한 절대적 믿음을 누구나 지켜야 할 규율로써 제시하였다.

332

갑은 프로타고라스, 을은 트라시마코스, 병은 고르기아스이다. 이들 세 사상가는 모두 고대 그리스의 소피스트 사상가들로서 인간에 대한 탐구를 중시하고 인간의 좋은 삶이 무엇이며 어떻게 살아야 하는지를 고민하였다는 점에서 이전의 자연 철학자들과 구분된다. 이들은 대체로 진리에 대해 회의주의적 입장이나 상대주의적 입장을 취하였고, 세속적인 성공을 중시하였다. 반면 이들과 같은 시기의 또 다른 사상가인 소크라테스는 소피스트들과 달리 윤리적 보편주의의 입장을 취하였고 소피스트들과 수많은 토론을 벌이면서 서양 윤리 사상의 기원을 만들어 나갔다.

바로잡기 ㄱ. 프로타고라스는 보편적 진리를 부정하고 상대주의적 진리관 및 윤리관을 제시하고 있다. ㄹ. 프로타고라스는 개개인의 경험적 판단은 진리가 될 수 있다는 입장이다. 고르기아스는 객관적이거나 보편적으로 확실하다고 할 수 있는 것은 아무것도 없다는 입장이다.

333

그림의 갑은 프로타고라스, 을은 소크라테스이다. 프로타고라스는 "인간은 만물의 척도"라는 주장을 통해 세상의 모든 것에 대한 판단은 각 개인의 기준에 따를 뿐이라고 보았다. 이러한 그의 주장은 누구에게나 보편타당한 절대적인 진리와 도덕규범은 존재하지 않는다는 윤리적 상대주의를 함의한다. 반면 소크라테스는 절대적 진리가 존재하며 인간은 이성을 통해 이를 인식할 수 있다는 주장을 하고 있다. 소크라테스는 이러한 진리관에 따라 자신이 무지하다는 것을 자각하여 참된 앎을 추구할 것을 강조하면서, 참된 앎을 지닌 사람은 덕 있는 사람이 되고, 덕 있는 사람은 행복한 삶을 살게 된다는 지덕복 합일설(知德福合一說)을 제시하였다. 이러한 소크라테스의 사상은 도덕적 실천에 있어서 지식이 가장 중요하다고 주장하였다는 점에서 주지주의(主知主義)라고 말할 수 있다.

바로잡기 ③ 프로타고라스와 소크라테스 모두 자연보다는 인간과 사회를 탐구 대상으로 보았다는 점에서 긍정의 대답을 할 질문이다.

1등급 정리 노트 고대 그리스 윤리 사상의 특징

고대 그리스의 사상은 세계의 본질을 탐구하였던 자연 철학의 시기를 지난 후, 인간에 대한 탐구와 인간의 좋은 삶을 논하였던 소피스트들의 시기로 접어들었다. 당시 사상가들의 윤리관은 크게 소피스트의 윤리적 상대주의와 같은 시기에 활동하였던 소크라테스의 윤리적 보편주의로 구분할 수 있다. 소피스트와 소크라테스 모두 윤리적 문제에 큰 관심을 두었다는 공통점을 지니면서도 윤리를 바라보는 관점에서는 상대주의와 보편주의라는 두 가지 입장으로 나뉘었다는 점을 꼭 기억해 두자.

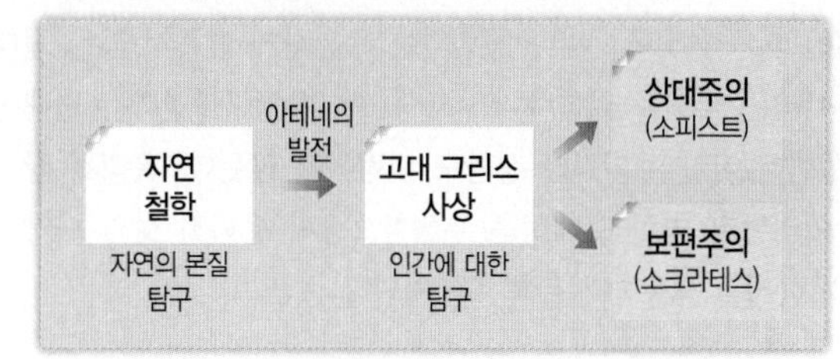

구분	소피스트	소크라테스
공통점	인간과 인간의 좋은 삶에 대한 탐구	
윤리관	주관적·상대주의적·회의주의적 윤리관	객관적·절대주의적·보편주의적 윤리관
관심 분야	부와 명예 등의 세속주의적인 가치	도덕적으로 선한 삶과 정신적인 가치
영향	경험 중심의 사상	이성 중심의 사상

334

제시문은 소크라테스의 주지주의(主知主義)적 윤리관을 보여 준다. '덕은 마땅히 지식'이어야 한다는 문장에서 이를 유추할 수 있다. 소크라테스는 도덕적 행위의 출발점을 도덕적 지식에서 찾는 주지주의 입장을 지니고 있다. 이 때문에 소크라테스는 무지(無知)를 경계하고 "너 자신을 알라."라고 말한다. 즉 무지에 대한 자각이 필요하다는 것이다. 소크라테스에게 있어 악한 행위라는 것은 무지, 즉 몰라서 하는 것이며 참된 앎을 지닌 사람은 결코 악한 행위를 할 수 없다. 따라서 소크라테스는 무지에서 깨어나 참된 앎을 갖게 되면, 덕 있는 사람이 되고, 덕 있는 사람은 행복한 삶을 산다는 지덕복 합일설(知德福合一說)을 주장한다.

바로잡기 ㄴ. 소크라테스는 선악의 객관적 기준인 보편적 윤리가 존재한다고 본다. ㄷ. 소크라테스에 따르면 악의 발생은 무지, 즉 지식의 부재 때문에 발생할 뿐이며, 의지와는 관계가 없다.

335

제시문은 윤리적 상대주의와 윤리적 보편주의의 일반적 특징에 대한 설명이다. 윤리적 상대주의는 서로 다른 개인과 사회의 상이한 도덕 규범을 이해하고 관용하는 데 도움을 준다. 하지만 옳음의 보편적 기준을 인정하지 않기 때문에 극단화되면 가치관의 혼란을 가져올 수 있고, 도덕적 합의를 불가능하게 하는 윤리적 회의주의에 빠질 우려도 존재한다. 윤리적 보편주의는 다원화된 사회에서 발생할 수 있는 가치관의 혼란을 극복하는 데 효과적이다. 하지만 이러한 보편주의가 극단화되면 단일한 가치만을 강조하면서 개인의 자유 침해, 사회의 획일화와 같은 문제점을 불러올 수 있다.

바로잡기 ③ 윤리적 보편주의에서 나타날 수 있는 문제이다. 윤리적 상대주의는 다양한 가치관을 인정하기 때문에 도리어 가치관의 혼란이라는 문제가 나타날 수 있다.

336

제시문은 윤리적 상대주의의 대표적 인물인 프로타고라스와 윤리적 보편주의의 대표적 인물인 소크라테스를 비교하고 있다. 윤리적 상대주의는 다양한 삶의 모습과 가치를 인정하고 수용하여 윤리적으로 유연한 태도를 보인다. 반면 윤리적 보편주의는 도덕적 가치나 기준은 개인이나 사회의 합의나 동의와는 무관하게 변하지 않는 절대적인 것이라는 태도를 취한다. 또 도덕규범의 영구불변하는 절대성을 옹호하면서 어떤 예외적인 상황도 인정하지 않는다. 윤리적 상대주의는 이러한 윤리의 절대성을 부정함으로써 윤리적 삶의 다양성과 실천적 한계를 허용한다는 특징을 지닌다.

337

제시문은 소크라테스의 사상을 압축적으로 제시한다. 특히 ㉠은 소크라테스가 주장한 지덕복 합일설(知德福合一說)에 관한 내용이다. 소크라테스는 '아는 것이 행함을 위해 필요 충분한 조건'이며 앎은 단순한 지식이 아닌 영혼의 수련을 통해 얻는 깨달음이라고 말한다. 이러한 내용들에서 알 수 있듯 소크라테스의 사상은 기본적으로 주지주의(主知主義)적인 특징을 갖는다. 알면 행할 수 있고, 앎 이외의 다른 것은 필요하지 않다는 주장이다. 소크라테스는 여기에서 더 나아가 지덕복 합일설(知德福合一說)을 주장함으로써 참된 앎을 행복의 조건으로 제시하고 있다.

1등급 정리 노트 소크라테스의 사상

소크라테스 사상의 핵심은 주지주의(主知主義)와 지덕복 합일설(知德福合一說)이라고 할 수 있다. 이를 이해하면 소크라테스가 왜 '너 자신을 알라.'라는 말로 무지(無知)에 대한 자각을 강조했는지 이해할 수 있다. 소크라테스의 사상은 이후 플라톤과 아리스토텔레스의 사상으로도 꾸준히 계승되고 비교되는 중요한 내용이니 꼭 정리해 두자.

- 주지주의: 지식을 중요하게 여기는 입장으로, 소크라테스는 도덕적 지식은 필연적으로 도덕적 실천으로 이어진다고 주장함
- 지덕복 합일설: 도덕적 지식을 지닌 사람은 덕 있는 사람이 되고, 덕이 있는 사람은 행복한 삶을 살게 된다고 주장함

338

소크라테스는 도덕적 지식을 갖추면 필연적으로 도덕적 실천을 할 수 있다는 주지주의의 입장을 취하였다. 따라서 도덕적으로 살아가기 위한 전제 조건은 참된 앎이라고 할 수 있다. 반대로 이러한 소크라테스의 입장에서 악행의 원인은 오직 하나, 즉 무지(無知)이다.

채점 기준	수준
악행의 원인과 도덕적 행위의 전제 조건을 모두 서술한 경우	상
악행의 원인과 도덕적 행위의 전제 조건 중 한 가지만 서술한 경우	중

적중 1등급 문제

61쪽

339 ⑤ 340 ② 341 ④ 342 ③

339 소크라테스의 사상 이해하기

제시문은 소크라테스의 주장이다. 소크라테스는 비도덕적인 행동의 원인을 무지에서 찾았다. 즉 그는 사람들이 그릇된 삶을 살아가는 이유는 무엇이 옳고 그른지 모르는 지식의 부재 때문이라고 보았다. 따라서 소크라테스의 입장에서 참된 앎은 덕 그 자체이며, 행위의 옳고 그름은 그 자체로 보편적이고 절대적인 지식으로서 존재하는 것이다. 또한 이러한 절대적 지식으로서의 진리를 파악하기 위해서 소크라테스는 이성을 바탕으로 끊임없이 진리를 추구하는 자세가 필요하다고 보았다.

1등급 선택지 분석

① 나의 유덕한 행동은 나의 행복과 무관하다.
→ 소크라테스의 지덕복 합일설에 따르면 유덕한 행동은 행복과 관련된다.

② 부와 명예를 얻기 위해 진리를 탐구해야 한다.
→ 소크라테스는 부와 명예 등 세속적 가치를 중시한 소피스트를 비판하였다.

③ 덕이 무엇인지 몰라도 유덕하게 행동할 수 있다.
→ 소크라테스는 참된 앎이 곧 덕이며, 덕이 무엇인지 알아야 유덕하게 행동할 수 있다고 보았다.

④ 인간은 보편타당한 윤리가 무엇인지 알 수 없다.
→ 소크라테스는 보편타당한 윤리가 존재하며 이성을 통해 이를 파악할 수 있다고 보았다.

⑤ 자신의 무지를 자각하고 영혼 수련에 힘써야 한다.
→ 소크라테스는 무지의 자각을 통해 진리로 탐구하고 자신의 영혼을 돌볼 것을 강조하였다.

340 프로타고라스와 소크라테스의 입장 비교하기

갑은 소피스트인 프로타고라스이고, 을은 소크라테스이다. 프로타고라스와 소크라테스는 모두 인간과 사회에 관심을 가진 사상가들이었다. 하지만 진리와 윤리에 관해 프로타고라스는 상대주의를, 소크라테스는 보편주의를 주장하였다. 프로타고라스는 각 개인의 감각적 경험이 진위 판단의 기준이라고 보았다. 반면, 소크라테스는 보편타당한 지식이 존재하며, 우리는 이성을 통해 그것을 파악할 수 있다고 보았다.

1등급 선택지 분석

㉠ A : 진리는 개인적 경험에 따라 변화할 수 있는 것이다.
→ 프로타고라스만의 입장이다. 소크라테스는 진리가 절대적이고 보편타당한 것이라고 보았다.

ㄴ. B: 개인이 모든 것의 척도이자 가치 판단의 기준이다.
→ 프로타고라스와 소크라테스의 공통 입장이 아니라, 프로타고라스만의 입장이다.

㉢ B: 자연보다 인간과 사회에 대한 지식이 중요하다.
→ 프로타고라스와 소크라테스는 모두 자연보다 인간과 사회에 대한 탐구를 중시하였다.

ㄹ. C: 절대적 진리는 존재하지만 인식할 수 없다.
→ 소크라테스는 절대적 진리가 존재하며, 이성을 통해 이를 인식할 수 있다고 보았다.

341 트라시마코스와 소크라테스의 입장 비교하기

갑은 소피스트인 트라시마코스이고, 을은 소크라테스이다. 트라시마코스는 강자, 즉 각 정권의 통치자가 자신에게 이익이 되는 것을 법으로 제정하여 약자인 피치자들에게 선포함으로써 정의가 규정된다고 보았다. 소크라테스는 욕구의 충족이나 무절제가 아니라 절제, 정의 등과 같은 덕을 추구할 것을 강조하였으며, 참된 앎(지혜)은 덕이고 덕은 행복이므로 참된 앎과 덕이 있는 사람은 진정한 행복 내지 좋은 삶을 누릴 수 있다는 지덕복 합일설의 입장을 취하였다.

1등급 선택지 분석

① 갑: 수사학과 변론술을 통해 보편적 윤리를 정립해야 한다.
→ 트라시마코스와 같은 소피스트들은 세속적 성공을 위해 수사학, 변론술 등을 중시했으나, 보편적 윤리의 존재는 부정하였다.

② 갑: 정의는 통치자의 이익보다 피치자의 이익을 위한 것이다.
→ 트라시마코스는 정의가 통치자의 이익을 위한 것이라고 보았다.

③ 을: 참된 지식을 얻기 위해서는 자신의 무지를 부정해야 한다.
→ 소크라테스는 참된 지식을 얻기 위해 자신의 무지를 자각해야 한다고 보았다.

④ 을: 정의에 대한 참된 앎이 없이는 좋은 삶을 영위할 수 없다.
→ 소크라테스는 참된 앎이 있어야 좋은 삶을 영위할 수 있다고 보았다.

⑤ 갑, 을: 감각에 의한 경험은 지식과 도덕의 근원이 될 수 없다.
→ 소크라테스만의 입장이다. 트라시마코스와 같은 소피스트들은 감각적 경험을 지식과 도덕의 근원으로 보았다.

342 고르기아스와 소크라테스의 입장 비교하기

갑은 소피스트인 고르기아스이고, 을은 소크라테스이다. 고르기아스는 회의주의적 관점에서 절대적 존재와 진리, 그에 대한 객관적 인식을 부정하였다. 소크라테스는 소피스트의 상대주의와 회의주의를 비판하면서 보편적이고 객관적인 윤리가 존재하며, 이를 이성을 통해 알 수 있다고 주장하였다. 또한 소크라테스에 의하면 도덕적 지식을 가진 사람은 그것을 행함으로써 덕을 쌓고, 결국 행복을 누리게 된다.

1등급 선택지 분석

① 객관적이고 보편적인 지식은 없음을 간과한다.
→ 고르기아스의 입장에서 소크라테스에게 제기할 수 있는 비판이다.

② 영혼보다 육체를 돌보는 것이 중요함을 간과한다.
→ 소크라테스는 육체나 재산이 아니라 영혼을 최상의 상태로 가꾸어야 한다고 주장하였다.

③ 선악을 판단하는 절대적 기준이 존재함을 간과한다.
→ 소크라테스는 선악을 판단하는 절대적 기준이 존재함을 강조하였다.

④ 참된 앎만으로는 덕의 실천이 불가능함을 간과한다.
→ 소크라테스는 참된 앎만으로 덕의 실천이 가능하다고 보았다.

⑤ 진리는 이성이 아니라 경험으로 알 수 있음을 간과한다.
→ 소크라테스는 감각적 경험이 아니라 이성을 통해 진리를 파악할 수 있다고 보았다.

10 덕 있는 삶과 행복

분석 기출 문제

63~66쪽

[핵심 개념 문제]

343 이데아 **344** 이성 **345** 현실 **346** ㉢ **347** ㉠ **348** ㉡
349 ○ **350** × **351** ○ **352** ㉡ **353** ㉠ **354** ㉠ **355** ㉡
356 ㄴ **357** ㄱ

358 ② **359** ③ **360** ④ **361** ② **362** ① **363** ⑤ **364** ④
365 ① **366** ⑤ **367** ⑤ **368** ④ **369** ② **370** ⑤ **371** ③

1등급을 향한 서답형 문제

372 선의 이데아 **373** 예시 답안 플라톤은 선의 이데아에 대한 인식과 실현이 가능한 현명한 철학자들이 통치하는 철인 정치를 주장하였다. 철인 정치가 엄격한 교육 과정을 거쳐 선발된 철인에 의한 통치라면 민주주의는 국민에 의한 통치라는 점에서 차이가 있다. **374** ㉠ 지적인 덕, ㉡ 품성적 덕 **375** 예시 답안 지적인 덕 중 하나인 실천적 지혜는 품성적 덕을 갖추기 위해 반드시 필요한 덕이다. 실천적 지혜는 각 상황에서 어떤 행동이 중용의 상태인지를 알려 주는 역할을 한다.

358

제시문은 플라톤의 이데아에 대한 설명이다. 플라톤은 감각 세계의 뒤편에 참된 세계가 있음을 믿고, 그러한 참된 세계를 이데아의 세계라고 불렀다. 플라톤에 따르면, 이데아는 영원하고 변하지 않는 완전성을 갖춘 것으로서 참된 실재이다. 반면 현실은 이러한 이데아의 모방, 즉 그림자에 불과한 것으로서 거짓된 세계이다. 따라서 플라톤은 이성을 통해 이데아에 대한 지식을 추구할 것을 강조하였다.

바로잡기 ㄴ. 이데아는 영원하고 참된 본질로서 가변적이고 불완전한 현실의 것들과는 다르다. ㄷ. 이데아에 대한 지식은 감각이 아니라 이성에 의해서만 얻을 수 있다.

359

제시문은 플라톤의 주장이다. 플라톤은 정의로운 국가란 각 개인이 타고난 바에 따라 자신에게 적합한 한 가지 일을 담당하고 이들이 조화를 이룰 때 가능하다고 보았다. 이때 국가의 구성원은 각각 통치 계급, 군인 계급, 생산 계급으로 구분되며 각 구성원은 그에 적합한 덕, 즉 통치 계급은 지혜의 덕, 군인 계급은 용기의 덕, 생산 계급은 절제의 덕을 갖추어야 한다. 특히 절제의 덕은 모든 계급의 사람들에게 요구되는 것이기도 하다. 플라톤은 지혜의 덕을 갖춘 통치 계급은 선의 이데아에 대한 인식과 실현이 가능한 철인이라고 설명하는데, 이는 철학과 정치권력의 결합을 의미한다.

바로잡기 ① 플라톤은 지혜의 덕을 갖춘 통치 계급에게 권력이 주어져야 한다고 보았다. ② 통치 계급인 철인에게 요구되는 덕은 지혜의 덕이다. ④ 국가의 구성원은 정해진 각자의 역할을 잘 수행해야 한다. ⑤ 플라톤은 국가의 중요한 결정은 통치 계급에 의해 내려진다고 보았다.

360

제시문의 사상가는 플라톤이다. 플라톤은 이원론적 세계 인식을 토대로 세계를 현실 세계와 이데아 세계로 구분하였다. 이때 이데아 세계는 실재로서의 진실한 세계인 반면, 현실 세계는 이데아 세계의 그림자에 불과한 거짓의 세계이다. 그는 불변하는 진리인 선의 이데아를 인식하고 실현할 수 있는 철인을 통치자로 삼은 이상 국가를 제시하였으며, 그러한 이상 사회는 세 계급이 각자의 역할에 충실하면서도 조화를 이루어 정의의 덕을 실현한 사회라고 주장하였다. 이때 통치자는 지혜, 군인은 용기, 생산자는 절제를 갖추어야 하며, 특히 절제는 모든 계급에 요구되는 덕이다.

바로잡기 ㄷ. 의지의 중요성을 강조한 사상가는 아리스토텔레스이다. 그는 의지와 이성을 모두 중시하였다.

361

제시문은 플라톤이 제시한 동굴의 비유이다. 플라톤은 동굴의 비유를 통해 감각적이고 경험적인 세계, 즉 동굴 속 죄수가 바라본 세계에서 벗어나 본질로서의 이데아의 세계, 즉 이성적 인식으로 나아가야 한다고 주장하였다. 이 비유에서 동굴 안은 현실 세계를, 그림자는 현실의 사물이나 지식들, 즉 거짓된 것들을 의미한다. 또한 죄수는 이러한 감각적 지식을 이데아로 착각하는 어리석은 사람들을 의미하는 반면, 동굴 밖과 바깥의 사물들은 이데아의 세계 및 이데아를 상징한다. 마지막으로 제시문에는 드러나 있지 않지만 동굴 밖의 태양은 선(善)의 이데아를 상징하며, 동굴 밖으로 나아가 이러한 선의 이데아를 인식한 인간은 철인에 해당한다.

바로잡기 ① 동굴 안 세계는 거짓된 세계이며 동굴 바깥이 참된 세계이다. ③ 선의 이데아는 동굴 바깥에 존재하며 태양으로 상징된다. ④ 죄수들은 온몸이 고정되어 오로지 그림자, 즉 실재를 모방한 거짓된 것만을 볼 수 있다. ⑤ 그림자는 이데아를 모방한 현실의 사물들을 상징하는 것으로, 플라톤에 따르면 현실의 사물들은 끊임없이 변화하는 거짓된 것들이다.

1등급 정리 노트 플라톤의 동굴의 비유

플라톤의 동굴의 비유는 그가 제시한 이원론, 즉 현실 세계와 이데아 세계에 대한 비유이다. 플라톤이 제시한 이데아란 무엇이며 그에 비추어 본 현실 세계는 어떤 세계인지를 알기 위해서는 반드시 공부해야 할 내용이기도 하다. 동굴의 비유에서 플라톤이 제시한 각각의 것들이 어떤 것을 상징하는지 잘 생각해 보면서 플라톤의 세계관을 확실히 이해해 보자.

동굴 내부	현실 세계, 이데아를 모방한 거짓된 것들만이 존재하는 세계
동굴의 그림자	이데아를 모방한 것으로서 변화하는 불완전한 것
동굴의 죄수들	그림자를 참된 것으로 착각하는 어리석은 사람들
동굴 바깥	이데아의 세계
동굴 밖의 사물들	각 사물들의 영원불멸한 본질로서의 이데아
태양	선의 이데아로 모든 이데아를 이데아이게 하는 최고의 이데아임
태양을 인식한 사람	선의 이데아를 인식한 철인(哲人)

362

플라톤은 이상적 국가의 계층을 생산자, 수호자, 통치자로 나누고 이들 각각이 타고난 바의 덕인 절제, 용기, 지혜의 덕을 충실히 구현해야 한다고 주장하였다. 또한 이들이 조화를 이룰 때 비로소 정의의 덕이 실현된다고 주장하였다.

363

제시문은 플라톤이 주장한 이상적인 국가의 모습을 잘 드러내고 있다. 플라톤은 국가의 구성원을 세 계급으로 나누고 이들 세 계급이 조화를 이루어야 한다고 주장한다. 그리고 이러한 조화를 통해 정의의 덕을 실현할 때 비로소 국가의 구성원들이 행복한 이상 사회를 건설할 수 있다고 주장하였다.

바로잡기 ①, ④ 플라톤은 철인과 같은 통치 계급이 권력을 독점하고 통치하는 이상 사회를 주장하였다. ②, ③ 플라톤은 구성원 각자가 타고난 바에 따라 그에 맞는 덕을 갖추고 각자의 일을 해 나가는 것이 옳다고 보았다.

364

제시문을 주장한 사상가는 플라톤이다. 플라톤은 인간 영혼의 이상적 상태를 마차의 운행에 비유하였다. 플라톤에 따르면 말을 잘 듣는 선한 말은 인간 영혼의 기개로, 채찍을 들어야 말을 듣는 좋지 않은 말은 욕구로, 마부는 이성으로 볼 수 있다. 마차가 잘 가려면 무엇보다 마부가 말을 잘 이끌어야 하고, 말들은 마부의 말을 잘 듣고 마차를 끌어야 한다. 인간 영혼도 마찬가지로서, 이성적인 부분이 욕구와 기개를 잘 다스려야 하고, 욕구와 기개는 이성을 잘 따라야 한다. 따라서 영혼의 각 부분이 자기의 맡은 일을 잘 수행하는 것이 중요한데 욕구는 절제, 기개는 용기, 이성은 지혜의 덕을 갖추어야 한다는 것이 플라톤의 주장이다. 이러한 그의 주장은 고스란히 이상적인 국가의 모습에도 적용되었다. 즉 국가의 구성원을 세 계급으로 나누고 이들이 각자의 덕을 갖춰 자신의 역할을 잘 수행하면서 조화를 이루어야 한다는 것이다. 이러한 상태에 이를 때 국가는 정의의 덕을 갖출 수 있으며 구성원들도 행복하게 살아갈 수 있다.

바로잡기 ④ 플라톤이 제시한 이상 국가에서는 오직 생산자 계층만이 생산을 담당한다. 그리고 플라톤은 생산자가 갖추어야 할 절제의 덕은 생산자 계급을 포함한 모든 계층이 갖추어야 할 덕이라고 보았다.

365

제시문의 (가)는 플라톤의 주장이다. 플라톤에 따르면 인간 영혼에 있어서의 정의는 지혜, 용기, 절제의 덕이 잘 발휘되면서도 서로 조화를 이룰 때 비로소 형성되는 덕이다. 국가에 있어서는 통치 계급이 지혜를, 군인 계급이 용기를, 생산자 계급이 절제를 갖추고 서로 조화를 이룰 때 비로소 형성되는 덕이다.

바로잡기 ②, ⑤ 플라톤은 철인 정치를 주장하며 각 계층이 각자의 일을 잘 수행하면서도 조화를 이룰 때 정의의 덕이 실현된다고 보았다. ③ 플라톤이 강조한 조화로운 상태는 이성이 욕망과 기개를 지배하고 조절하는 상태이다. ④ 트라시마코스의 정의관이다.

366

제시문은 아리스토텔레스의 주장이다. 행복을 최고선(最高善)으로 규정한 내용에서 아리스토텔레스의 주장임을 유추할 수 있다. 아리스토텔레스는 소크라테스와 플라톤의 사상적 전통을 계승하여 인간의 이성을 강조하였다. 하지만 플라톤의 이데아론을 부정하면서 선(善)은 현실에 존재한다는 보다 현실주의적인 세계관을 제시하여 플라톤과는 다른 세계관을 확립하였다. 또한 아리스토텔레스는 인간 이성만이 아니라 도덕적 실천 의지도 선하고 좋은 삶을 사는 데 필요하다고 주장함으로써 주지주의(主知主義)와 함께 주의주의(主意主

義)를 강조한 사상가이다. 이러한 그의 사상적 경향을 엿볼 수 있는 것은 덕에 대한 그의 설명이다. 그는 이성과 관계하는 지적인 덕과 함께 품성적 덕을 제시하였는데, 이때 품성적 덕은 마땅한 일에 마땅한 정도로 행동하는 중용을 그 특성으로 하며, 중용을 찾기 위해서는 이성, 즉 실천적 지혜의 도움을 받아야 한다. 도덕적 행동을 실천할 때 이성은 여전히 중요한 역할을 한다는 주지주의(主知主義)적 이론인 것이다. 하지만 품성적인 덕을 기르기 위해서는 이성적 부분만 중요한 것이 아니다. 도덕적 행위를 습관화하여 의지의 나약함을 극복하는 일도 필요하다. 이 때문에 아리스토텔레스의 사상에 주의주의적 요소가 있음을 알 수 있다.

바로잡기 ㄱ. 아리스토텔레스는 플라톤과 달리 참된 실재는 현실 세계에 존재하며 현실 세계에서 실현되어야 한다고 보았다.

367

제시문은 아리스토텔레스의 중용에 대한 설명이다. 중용은 과도함과 부족함 사이의 적절함으로서, 예를 들자면 비굴하지도 오만하지도 않은 적절한 상태를 유지할 때 비로소 긍지라는 덕의 실현이 가능하다.

바로잡기 ① 아리스토텔레스는 덕을 탁월함이자 그 자체로 좋은 것으로 보았다. 하지만 악덕은 좋은 것이 아니므로 중용도 존재하지 않는다고 주장하였다. ② 아리스토텔레스가 주장한 인간 행위의 최고선은 행복이다. ③ 지적인 덕은 교육에 의해 형성되며, 좋은 행동의 습관화가 필요한 덕은 품성적 덕이다. ④ 아리스토텔레스에 의하면 품성적 덕을 갖춘 사람은 행복한 삶을 살 수 있는데, 품성적 덕은 감정의 적절한 상태인 중용을 특징으로 한다.

1등급 정리 노트 아리스토텔레스의 덕 이론

소크라테스와 플라톤이 덕 있는 삶을 위해 강조한 것은 이성이다. 아리스토텔레스의 덕 이론도 이를 계승하여 덕 있는 삶을 살기 위해서는 이성이 중요하다는 점을 강조한다. 하지만 아리스토텔레스는 이와 함께 의지가 나약하면 알면서도 실천하지 못하는 것이 있다고 주장하면서 이를 극복할 방안을 제시한다. 아리스토텔레스가 지적인 덕과 함께 제시한 품성적 덕의 구체적 특징을 통해 이를 확인할 수 있다. 아리스토텔레스의 덕 이론은 정교하면서도 논리적이며 다른 사상가들과 뚜렷하게 구분되기 때문에 빈번하게 출제된다. 품성적 덕과 지적인 덕을 반드시 정리해 두도록 하자.

구분	품성적 덕	지적인 덕
연원	감각 및 욕구가 이성의 명령에 따를 때 얻어지는 덕	이성적 기능이 탁월하게 작용할 때 얻어지는 덕
덕목	용기, 절제, 친절 등	실천적 지혜, 철학적 지혜 등
특징	• 중용: 과도함과 지나침 사이의 적절한 상태 → 산술적 평균 상태가 아님 • 실천 의지 필요: 좋은 습관을 형성해 의지의 나약함을 극복해야 함	• 교육: 지적인 덕을 기를 수 있는 방안 • 실천적 지혜: 선악을 구분하고 중용의 상태를 알 수 있도록 함 → 품성적인 덕의 형성에 필수적임

368

제시문의 '나'는 아리스토텔레스, '어떤 사람'은 소크라테스이다. 아리스토텔레스는 선을 알더라도 의지의 나약함으로 인해 선을 행하지 않을 수 있다고 보았다. 반면 소크라테스는 선을 알면 반드시 선을 행하게 되어 있다고 보았다. 이처럼 소크라테스의 입장은 주지주의(主知主義)적인 경향을 지니고 있다. 알면 행할 수 있으며, 악을 저지르는 이유는 단 한 가지, 무지(無知)라는 것이다. 아리스토텔레스도 이러한 소크라테스의 사상을 계승받아 이성과 앎의 중요성을 강조하였다. 그러나 단지 거기에 머물지 않고, 품성적 덕을 강조한다는 것이 아리스토텔레스가 소크라테스와 다른 점이다. 그는 덕 있게 살아가는 데 있어서는 이성의 역할이 그 무엇보다 중요하다고 말하면서도 인간은 의지가 나약할 수 있는 존재라는 현실적 측면을 인정해야 한다고 보았다. 그래서 실천 의지를 기를 것을 강조하였고 이 때문에 그의 사상은 주지주의와 함께 주의주의(主意主義)적 경향을 지닌 것으로 평가된다.

바로잡기 ①, ②, ③, ⑤ 모두 소크라테스가 동의하는 내용이므로 아리스토텔레스의 입장에서 소크라테스를 비판하는 진술로는 적절하지 않다.

1등급 정리 노트 소크라테스와 아리스토텔레스의 입장 비교

소크라테스와 아리스토텔레스 입장의 공통점과 차이점을 묻는 문제는 자주 출제된다. 두 사상가의 입장을 기억해 두자.

구분	소크라테스	아리스토텔레스
진리관	보편성, 절대성	
진리 탐구 방법	이성적 사유와 성찰	
악행 원인	무지	무지, 의지 부족
덕	참된 앎 = 덕	지적인 덕, 품성적 덕

369

(가)의 갑은 아리스토텔레스, 을은 플라톤이다. 갑은 중용을 말하고 있고, 을은 이성이 기개를 지배해야 한다고 말하고 있으므로 각 사상가가 누구인지 유추할 수 있다. 플라톤이 모든 좋음, 즉 선(善)이 이데아의 세계에만 존재한다고 보았던 것과 달리 아리스토텔레스는 선이 현실에 존재하며 따라서 현실에서 발견하는 것도 가능하다고 보았다. 두 사상가는 모두 이성을 덕 있는 삶의 필수적인 조건으로 제시하였지만, 아리스토텔레스는 플라톤과 달리 덕을 지적인 덕과 품성적 덕으로 나눈 후, 이를 바탕으로 이성과 함께 의지도 덕 있는 삶을 위해 필요하다는 주장을 펼쳤다.

바로잡기 ㄴ, ㄹ. 아리스토텔레스에게만 해당하는 내용이므로 A에 들어갈 진술이다.

370

그림의 왼쪽은 플라톤, 오른쪽은 아리스토텔레스이다. 아리스토텔레스는 플라톤의 이원론적 세계관을 비판하며 실재로서 존재하는 것(실체)과 그것이 실재하도록 하는 것(이데아)이 서로 분리되어 존재하는 것은 불가능하다고 보았다.

바로잡기 ①은 그리스도교, ②는 소크라테스, ③은 플라톤, ④는 소피스트의 관점에서 제기할 수 있는 내용이다.

371

제시문의 갑은 소크라테스, 을은 아리스토텔레스, 병은 플라톤이다. 소크라테스는 모든 덕은 참된 앎에서 나오고, 모든 악은 무지에서 비롯된다고 주장하였다. 아리스토텔레스는 중용의 덕을 가진 사람이 되어야 한다고 주장하였다. 플라톤은 선의 이데아에 대한 인식과 인격을 겸비한 철학자가 국가를 통치해야 한다고 주장하였다.

바로잡기 ㄱ. 소크라테스, 플라톤, 아리스토텔레스가 모두 긍정할 질문이다. ㄷ. 품성적 덕을 형성하기 위해 반복을 통한 습관화가 필요하다.

372

(가)는 플라톤의 철인 통치에 대한 내용으로, 그가 말하는 철인은 선의 이데아에 대한 인식과 실현이 가능한 사람이다. 이러한 지혜의 덕을 갖춘 인물이 나라를 통치하는 것이 이상적인 국가를 만들기 위한 필수적인 조건이라는 것이 플라톤의 설명이다.

373

(가) 제시문이 플라톤의 입장에 대한 설명인 반면 (나)는 민주주의에 대한 설명이다. 플라톤은 현명한 철학자들이 통치의 책임을 지는 철인 정치를 주장하였다. 반면 민주주의는 독재나 소수의 권력층을 용납하지 않는 국민이 통치하는 제도이다.

채점 기준	수준
철인 정치와 민주주의의 차이점을 적절하게 서술한 경우	상
철인 정치와 민주주의의 차이점을 서술하였으나 미흡한 경우	중

374

(가)의 사상가는 아리스토텔레스이다. 아리스토텔레스는 인생의 궁극적 목적은 행복이며, 행복이란 덕과 일치하는 정신의 활동이라고 보았다. 또한 덕을 지적인 덕과 품성적 덕으로 구분하여 이성과 함께 의지가 행복한 삶을 위한 중요한 요소임을 논증하였다.

375

아리스토텔레스에 따르면 지적인 덕에는 철학적 지혜, 실천적 지혜, 논리적 추론(지성) 등이 속하며, 품성적 덕에는 용기, 절제, 정의 등이 속한다. 지적인 덕은 교육을 통해 길러지고, 품성적 덕(도덕적 덕)은 중용을 반복하여 실천함으로써 획득된다. 그런데 이때 각 상황에서 무엇이 중용인지 알기 위해서는 지적인 덕에 속하는 실천적 지혜가 요구된다. 실천적 지혜는 무엇이 중용인지 알려 주는 역할을 하기 때문이다.

채점 기준	수준
㉠ 중 하나인 실천적 지혜를 언급하고, 품성적 덕을 형성하는 데 실천적 지혜의 역할이 어떠한지를 중용과 관련하여 명확하게 서술한 경우	상
㉠ 중 하나인 실천적 지혜가 품성적 덕을 형성하는 데 어떠한 역할을 하는지 중용과 관련하여 대략적으로 서술한 경우	중
실천적 지혜를 언급하였으나 실천적 지혜가 품성적 덕을 형성하는 데 어떤 역할을 하는지 중용과 관련하여 서술하지 못한 경우	하

376 ④ 377 ⑤ 378 ① 379 ③

376 소크라테스, 플라톤, 아리스토텔레스의 사상 비교하기

갑은 소크라테스, 을은 플라톤, 병은 아리스토텔레스이다. 소크라테스는 모든 덕은 참된 앎에서 나오고, 모든 악은 무지에서 비롯된다고 주장하였다. 플라톤은 선의 이데아에 대한 인식과 인격을 겸비한 철학자가 국가를 통치해야 한다고 주장하였다. 아리스토텔레스는 인간이 현실에서 추구해야 할 최고선을 행복으로 보았으며, 행복에 이르기 위해서는 덕을 갖추어야 한다고 주장하였다. 또한 아리스토텔레스는 소크라테스와 달리 지식이 반드시 덕행으로 나타나는 것은 아니라고 보았다. 의지가 나약하거나 자제력이 없는 사람은 자신의 앎과 다르게 행동할 수 있기 때문이다.

1등급 선택지 분석

① 갑은 악한 행위가 무지가 아닌 악한 의지에서 생긴다고 본다.
→ 소크라테스는 모든 악한 행위가 무지에서 비롯된다고 보았다.

② 을은 선의 이데아가 모든 선한 것들을 모방한 것이라고 본다.
→ 플라톤에 따르면 모든 선한 것들이 선의 이데아를 모방한 것이다.

③ 병은 실천적 지혜로써 질투에 대한 중용을 찾을 수 있다고 본다.
→ 아리스토텔레스에 따르면 질투와 같이 그 자체로 나쁜 감정에는 중용이 없다.

④ 갑은 병과 달리 덕을 행하기 위해서는 지식만으로 충분하다고 본다.
→ 소크라테스는 지식이 덕행을 보장한다고 보았지만, 아리스토텔레스는 지식이 반드시 덕행으로 이어지는 것은 아니라고 보았다.

⑤ 을은 병과 달리 개체들로 이루어진 하나의 세계만이 존재한다고 본다.
→ 플라톤은 세계를 현상계와 이데아계로 구분한 반면, 아리스토텔레스는 개체들로 이루어진 하나의 세계만이 존재한다고 보았다.

377 아리스토텔레스의 사상 이해하기

그림의 강연자는 아리스토텔레스이다. 아리스토텔레스는 플라톤과 달리 선(좋음)의 이데아를 부정하였다. 선의 이데아는 현실에서 인간이 성취하거나 소유할 수 있는 것이 아니기 때문이다. 아리스토텔레스는 인간 행위의 궁극적인 목적, 즉 최고선은 행복이라고 주장하였다. 그에게 행복이란 덕에 따르는 영혼의 활동으로 플라톤의 선의 이데아처럼 현실에서 성취할 수 없는 초월적 선이 아니라 인간이 현실에서 성취할 수 있는 최고의 선이다.

1등급 선택지 분석

① 행복은 덕과 일치하는 영혼의 활동인가?
→ 아리스토텔레스는 행복이란 덕에 따르는 영혼(정신)의 활동이라고 주장하였다.

② 행복은 인간 행위의 궁극적인 목적인가?
→ 아리스토텔레스는 인간의 모든 행위에는 목적이 있다고 보았으며, 인간 행위의 궁극적인 목적이 행복이라고 주장하였다.

③ 행복은 덕을 갖추어야만 얻을 수 있는가?
→ 아리스토텔레스는 행복에 이르기 위해서는 덕을 갖추어야 한다고 주장하였다.

④ 행복은 여러 좋음들 중에서 최고의 좋음인가?
→ 아리스토텔레스는 여러 선들 가운데 최고의 선이 바로 행복이라고 주장하였다.

⑤ 행복은 현실에서 성취할 수 없는 초월적 좋음인가?
→ 아리스토텔레스에 따르면 행복은 현실에서 성취할 수 있는 최고의 선이다.

378 플라톤과 아리스토텔레스의 사상 비교하기

갑은 플라톤이고, 을은 아리스토텔레스이다. 플라톤은 현상계의 개별 사물들의 원형, 즉 이데아가 현상계 너머에 실재한다고 보았다. 그는 최고의 이데아인 선의 이데아(좋음 자체)를 모방하는 삶을 살아야 한다고 주장하면서 지혜, 용기, 절제, 정의라는 네 가지 주된 덕의 실현을 강조하였다. 아리스토텔레스는 좋음 자체가 현실 세계와 분리된 이데아계에 존재한다는 플라톤의 입장을 비판하면서 좋은 것들로부터 분리된 좋음 자체는 존재하지 않는다고 보았다. 그는 실천적 지혜에 의해 파악되는 중용을 반복 실천함으로써 품성적 덕을 형성하고 행복을 누릴 수 있다고 주장하였다.

1등급 선택지 분석

ㄱ. A: 좋은 것들로부터 분리된 좋음 자체가 존재하는가?
→ 플라톤은 '예', 아리스토텔레스는 '아니요'라고 대답할 질문이다.

ㄴ. B: 감각 능력으로는 이데아를 파악하는 것이 불가능한가?
→ 플라톤은 감각 능력이 아니라 이성을 통해 이데아를 파악할 수 있다고 보았다.

ㄷ. C: 지성적 덕과 달리 품성적 덕 중에는 선천적인 것도 있는가?
→ 아리스토텔레스에 따르면 품성적 덕은 모두 옳은 행동의 습관화를 통해 형성된다.

ㄹ. C: 실천적 지혜는 각 상황에서 중용을 알려 주는 품성적 덕인가?
→ 아리스토텔레스에 따르면 실천적 지혜는 지적인 덕의 하나이다.

379 플라톤과 아리스토텔레스의 사상 비교하기

갑은 플라톤이고, 을은 아리스토텔레스이다. 플라톤은 영혼이 이성적인 부분과 기개적인 부분 그리고 욕구적인 부분으로 나뉘며, 그 부분들이 각각에 맞는 덕을 갖추고 전체적으로 조화를 이룰 때 정의로운 인간이 될 수 있다고 보았다. 아리스토텔레스는 인간만이 지닌 고유한 기능인 이성을 잘 발휘할 때 덕을 지닐 수 있으며, 덕을 반복적으로 실천하여 습관화함으로써 행복을 얻을 수 있다고 보았다.

1등급 선택지 분석

① 갑: 덕을 갖추지 않고 정의로운 사람이 될 수 있는 길은 없다.
→ 플라톤은 이성적인 부분이 지혜의 덕을 통해 기개적인 부분과 욕구적인 부분을 잘 다스릴 때 정의로운 인간이 된다고 보았다.

② 갑: 이성이 욕구를 지배하여 얻는 덕은 모든 이에게 필요하다.
→ 플라톤에 따르면 이성이 욕구를 지배하고 다스려야 갖출 수 있는 절제는 모든 사람에게 필요한 덕이다.

③ 을: 용기의 덕을 갖춘 사람은 어떠한 것도 두려워하지 않는다.
→ 아리스토텔레스에 따르면 용기란 마땅히 두려워해야 할 것은 두려워하고 두려워하지 않아도 될 것은 두려워하지 않는 것이다.

④ 을: 어떤 경우에도 중용 상태에 이를 수 없는 행동이 있다.
→ 아리스토텔레스에 따르면 그 자체로 나쁜 감정인 질투, 그 자체로 나쁜 행동인 절도 등에는 중용이 없다.

⑤ 갑, 을: 인간은 선의 본질을 인식할 수 있는 능력이 있다.
→ 플라톤과 아리스토텔레스 모두 이성을 통해 선의 본질을 인식할 수 있다고 보았다.

11 행복 추구의 방법

분석 기출 문제

69~72쪽

[핵심 개념 문제]

380 쾌락 **381** 아타락시아 **382** 아파테이아 **383** ㉡ **384** ㉠
385 ㉢ **386** ○ **387** × **388** ○ **389** ㉠ **390** ㉠ **391** ㉡
392 ㉡ **393** ㄴ **394** ㄱ

395 ① **396** ⑤ **397** ④ **398** ② **399** ② **400** ⑤ **401** ⑤
402 ③ **403** ① **404** ③ **405** ② **406** ② **407** ②

1등급을 향한 서답형 문제

408 예시 답안 죽음은 살아 있는 동안에는 경험할 수 없는 것이며, 죽어서는 이미 감각이 없기 때문에 죽음을 경험할 수 없다. 따라서 죽음에 대하여 두려움을 느낄 필요가 없다. **409** 쾌락의 역설 **410** 예시 답안 쾌락의 역설은 감각적인 쾌락만을 추구하다 보면 원래 목표였던 쾌락을 얻기보다 오히려 고통을 맛보게 되기 쉽다는 것이다. 이러한 이유로 에피쿠로스학파는 육체적이고 감각적인 쾌락보다 정신적이고 지속적인 쾌락을 추구하는 삶, 절제하는 삶을 추구해야 한다고 보았다. **411** 세계 시민주의 **412** 예시 답안 스토아학파는 인간은 누구나 이성을 가졌다는 점에서 전 인류를 동료로 생각하였다. 따라서 이성을 지니는 세계의 모든 사람은 평등하다는 점에서 세계 시민주의를 주장하였다.

395

제시문은 헬레니즘 시대와 관련된 내용이다. 헬레니즘 시대는 정신적·문화적·정치적 삶의 토대인 도시 국가의 해체와 정복 전쟁으로 인한 혼란으로 개인의 평온함을 추구하는 삶을 중시하였다.

바로잡기 두 번째 특징. 헬레니즘 시대의 사상가들은 자연 현상보다는 인간의 삶에 관심을 두었다.

396

편지를 쓴 사상가는 에피쿠로스이다. 에피쿠로스는 육체적 고통과 마음의 불안이 소멸된 참된 쾌락을 주장하며, 이러한 쾌락을 누리기 위해서는 욕망을 절제하고 검소하고 소박한 삶을 살아야 한다고 강조하였다.

바로잡기 ㄱ. 공적인 일에 헌신하는 것을 강조한 것은 스토아학파이며, 에피쿠로스는 은둔자적 삶을 강조하였다. ㄴ. 에피쿠로스는 물질적인 부를 축적하고자 하는 욕망을 멀리해야 한다고 주장하였다.

397

에피쿠로스가 추구하였던 아타락시아에 대한 설명이다. 아타락시아는 육체적·정신적 고통을 전부 제거하여 정신적인 동요나 불안이 없는 상태를 말한다.

바로잡기 ①, ② 스토아학파의 아파테이아(부동심)에 대한 설명이다. ③ 소크라테스의 참된 앎에 대한 설명이다. ⑤ 아리스토텔레스의 중용에 대한 설명이다.

398

제시문은 육체적이고 감각적인 쾌락을 없애고 필수적이지 않은 욕구를 제거하면 진정한 쾌락에 이를 수 있다는 에피쿠로스의 주장이다. 이처럼 에피쿠로스는 어떤 쾌락을 적극적으로 추구하기보다는 고통과 근심을 제거하여 평온한 상태에 이르고자 하는 소극적 쾌락주의를 추구하였다.

바로잡기 ㄴ. 에피쿠로스는 감각적이고 육체적인 쾌락보다는 검소하고 절제하는 삶을 통한 정신적이고 지속적인 쾌락을 추구하였다. ㄹ. 에피쿠로스는 자연적이고 필수적인 욕구는 최소한으로 충족시키되 명예에 대한 욕망, 재물에 대한 욕심 등과 같은 비자연적이고 필수적이지 않은 욕구는 멀리할 것을 주장하였다.

399

제시문의 사상가는 에피쿠로스이다. 에피쿠로스는 쾌락이 삶의 목적이자 행복이라고 주장하였다. 이때 쾌락이란 육체적인 고통과 마음의 불안에서 해방되는 것을 의미한다. 에피쿠로스는 이러한 상태에 이르기 위해서는 이성으로써 욕구를 분별하고 절제하는 삶을 살아야 함을 강조하였다.

바로잡기 ① 에피쿠로스는 자연적이고 필수적인 욕구만을 충족하는 소박한 삶을 살아야 한다고 보았다. ③, ⑤ 스토아학파가 긍정의 대답을 할 질문이다. ④ 에피쿠로스는 감각적이고 육체적인 쾌락을 추구하는 것은 적절하지 않다고 보았다.

400

(가)는 스토아학파 사상가 에픽테토스의 주장이다. 에픽테토스는 모든 일은 일어나게 되어 있는 것이 일어나는 것이므로, 우리는 그 일을 수긍하고 그저 따름으로써 부동심에 이르러야 한다고 주장하였다.

바로잡기 ㄱ. 스토아학파의 입장에서 긍정의 대답을 할 질문이다. 따라서 B에 들어가야 한다.

401

제시문은 스토아학파의 에픽테토스와 관련된 내용으로, 이를 통해 육체적 고통의 느낌이나 육체의 손상에 대한 스토아학파의 부동심과 운명론적 경향을 알 수 있다.

바로잡기 ① 스토아학파는 운명을 개척하기보다 순응하는 삶을 추구한다. ② 플라톤과 관련된 내용이다. ③ 에피쿠로스학파와 관련된 내용이다. ④ 그리스도교 윤리와 관련된 내용이다.

1등급 정리 노트 **에피쿠로스학파와 스토아학파의 고통에 관한 입장**

에피쿠로스학파와 스토아학파는 고통을 바라보는 관점이 서로 다름을 기억해 두자.

에피쿠로스학파	고통이 없는 삶 추구
스토아학파	고통에 초연, 고통을 견디어 내는 삶 추구

402

가로 낱말 (A)는 '이데아', (B)는 '사성제'이므로, 세로 낱말 (A)는 '이성'이다. 스토아학파에서는 이성이 신과 세계의 본성으로 자연을 지배하고 자연에 내재하며, 자연 그 자체와 다름없는 것이라고 보았다.

바로잡기 ① 쾌락에 대한 설명이다. ② 정념에 대한 설명이다. ④ 검약에 대한 설명이다. ⑤ 아리스토텔레스의 행복에 대한 설명이다.

403

(가)는 스토아학파 사상가 에픽테토스의 주장이다. 에픽테토스는 자연의 섭리와 자신의 운명에 순응해야 행복한 삶을 살 수 있다고 보았다.

바로잡기 ② 스토아학파는 이성을 통해 자연의 필연적 질서와 법칙을 알고 이에 순응하는 삶을 살아야 한다고 주장한다. ③, ⑤ 에피쿠로스학파의 입장이다. ④ 스토아학파에서 말하는 신은 인격을 가진 신이 아니라 자연 그 자체를 말한다.

404

제시문은 스토아학파 사상가인 아우렐리우스의 주장이다. 아우렐리우스는 자연의 섭리와 자신의 운명에 순응해야 평온한 삶을 살 수 있으며, 이렇게 사는 삶이 참된 행복이자 선(善)이라고 주장하였다. 또한 자연 안에서 일어나는 모든 일을 이미 운명 지어진 것으로 파악하고 우리가 바꿀 수 있는 것, 즉 생각, 충동, 욕구, 감정 등을 잘 조절하는 것이 좋은 삶을 위한 핵심이라고 주장하였다. 더 나아가 각 개인은 사회적 역할을 수행해야 할 뿐만 아니라 인류의 공동선을 실현하기 위한 의무를 다해야 한다고 강조하였다.

바로잡기 첫 번째 입장. 정신적 쾌락 추구는 에피쿠로스학파에서 강조하였다.

405

스토아학파에서 말하는 자연에 따르는 삶이란 신 또는 우주 질서로 표현되는 이성에 따르면서 궁극적으로는 이와 합치하는 삶으로서, 단지 정념을 벗어나는 것을 넘어서서 각자의 본분과 의무를 충실히 수행할 때 완성되는 것으로 본다.

바로잡기 ㄴ. 스토아학파가 주장한 자연에 따르는 삶이란 문명을 거부하는 삶이 아니라 자연의 법칙에 따르는 삶을 의미한다. ㄹ. 에피쿠로스와 관련된 내용이다. 스토아학파는 에피쿠로스학파의 은둔자적 경향과는 달리 사회적 관계와 공적인 삶을 중시하였다.

406

갑은 스토아학파 사상가, 을은 에피쿠로스이다. 스토아학파는 세계의 모든 일이 자연의 필연적인 법칙에 따라 일어나며, 개인의 삶 또한 운명적으로 결정되어 있다고 주장하였다. 에피쿠로스는 정신적이고 지속적인 쾌락을 통해 육체에 고통이 없고 마음에 불안이 없는 평온한 상태에 이르는 삶이 바람직한 삶이라고 주장하였다.

바로잡기 ㄴ. 에피쿠로스는 행복을 위해 모든 고통을 제거해야 한다고 보았다. ㄷ. 스토아학파는 평온한 삶을 위해 정념에 초연해야 한다고 주장하였다.

407

갑은 에피쿠로스학파의 입장이고, 을은 스토아학파의 입장이다. 스토아학파는 세계의 본성을 이성으로 보았고, 인간의 정신도 이성이 본질이라고 보았다. 그리고 이 둘이 일치된 것을 아파테이아라고 하였다. 이 때문에 스토아학파에서는 지나친 욕구의 충족을 부정적으로 보았지만 에피쿠로스학파처럼 자연적인 욕구는 인정하였다.

바로잡기 • 두 사상가 모두 자연적인 욕구는 인정하였다. • 세계의 본성과 인간 정신의 동일성이란 세계의 보편적 이성과 인간의 이성이 하나 됨을 강조한 것으로서, 스토아학파에 해당하는 내용이다.

1등급 정리 노트 **에피쿠로스학파와 스토아학파의 관점 비교**

에피쿠로스학파와 스토아학파의 사상적 관점을 비교하여 정리해 두자.

구분	에피쿠로스학파	스토아학파
성격	감각·경험 중시	이성 중시
특징	쾌락 추구	자연법과 세계 시민주의
목표	아타락시아(평정심)	아파테이아(부동심)
대표자	에피쿠로스	에픽테토스, 아우렐리우스
영향	경험론, 공리주의	스피노자, 칸트, 로마의 만민법, 아퀴나스와 근대의 자연법 사상

408

제시문은 죽음에 대한 에피쿠로스의 견해이다. 죽음은 살아 있는 동안에는 경험할 수 없는 것이며, 죽어서는 이미 감각이 없기 때문에 죽음을 경험할 수 없다는 것이 에피쿠로스의 주장이다. 이러한 주장을 통해 에피쿠로스는 경험을 중시하였다는 것을 알 수 있다.

채점 기준	수준
죽음에 대해 두려움을 느낄 필요가 없다는 것을 그 이유와 함께 서술한 경우	상
죽음에 대해 두려움을 느낄 필요가 없다고만 서술한 경우	중

409

(가)는 쾌락의 역설에 대한 내용이다.

410

에피쿠로스학파가 추구하는 바람직한 삶이란 정신적이고 지속적인 쾌락을 추구하는 삶, 욕망을 절제하는 삶이다.

채점 기준	수준
쾌락의 역설의 의미, 정신적·지속적 쾌락 추구, 절제하는 삶을 모두 포함하여 서술한 경우	상
쾌락의 역설의 의미, 정신적·지속적 쾌락 추구, 절제하는 삶 중 두 가지만 포함하여 서술한 경우	중
쾌락의 역설의 의미, 정신적·지속적 쾌락 추구, 절제하는 삶 중 한 가지만 포함하여 서술한 경우	하

411

스토아학파는 사회에서의 각자의 역할과 의무 수행을 강조하며, 인류는 누구나 평등하다는 세계 시민주의를 주장하였다.

412

에피쿠로스학파가 사회적 관계에서 오는 고통과 불안을 제거하기 위해서 은둔자적 경향을 띠었던 반면, 스토아학파는 인류에 대한 동료 의식을 통해 세계 시민주의를 주장하였다. 스토아학파에서 세계 시민주의를 주장한 것은 인간 누구에게나 우주의 법칙인 이성이 내재한다고 보았기 때문이다.

채점 기준	수준
모든 인간은 이성을 가졌다는 측면에서 평등하다는 내용을 포함하여 서술한 경우	상
모든 인간은 이성을 가졌다고만 서술한 경우	중

적중 1등급 문제

73쪽

413 ④ **414** ① **415** ① **416** ④

413 에피쿠로스와 에픽테토스의 사상 비교하기

갑은 에피쿠로스이고, 을은 에픽테토스이다. 에피쿠로스가 지속적이고 정신적인 쾌락을 추구한 데 비해 에픽테토스는 금욕적인 삶을 추구하였다. 에피쿠로스는 참된 쾌락을 누리려면 헛된 욕구를 자제하고, 자연적이고 필수적인 욕구를 최소한으로 충족하는 소박한 삶을 살아야 한다고 보았다. 스토아학파의 사상가인 에픽테토스에 따르면 외부에서 일어나는 모든 일은 이미 결정되어 있으므로 우리의 의지대로 변화시킬 수 없다. 따라서 에픽테토스는 운명에 순응하는 삶을 살아야 한다고 보았다.

1등급 선택지 분석

ⓖ A: 행복을 위해 검소하고 절제하는 삶이 필요한가?
→ 에피쿠로스와 에픽테토스는 모두 검소하고 절제하는 삶이 행복의 필수 조건이라고 보았다.

ㄴ. A: 결과에 대한 고려 없이 의무를 수행해야 하는가?
→ 사회적 의무를 강조한 에픽테토스와 달리 에피쿠로스는 행위의 결과인 쾌락과 고통의 고려를 강조하였다.

ⓒ B: 마음의 평온을 위해 공적 활동을 피해야 하는가?
→ 에피쿠로스는 은둔 생활을 강조한 반면, 에픽테토스는 공적 활동을 강조하였다.

ⓡ C: 자신에게 주어진 상황과 여건에 순응해야 하는가?
→ 에픽테토스는 주어진 상황과 여건에 순응할 것을 강조하였다.

414 에피쿠로스의 사상 이해하기

(가)를 주장한 사상가는 에피쿠로스이다. 에피쿠로스는 덕이 본성적으로 즐거운 삶과 연결되어 있으며, 이러한 즐거운 삶을 살기 위해서는 사려 깊고 고상하며 정의롭게 살아야 한다고 주장하였다. 에피쿠로스는 기본적으로 쾌락주의의 입장을 취하였지만, 육체적이고 감각적인 쾌락보다는 지속적이고 정신적인 쾌락이 바람직하다고 보았으며, 몸에 고통이 없고 마음에 불안이 없는 상태인 평정심(ataraxia)을 추구해야 한다고 주장하였다.

1등급 선택지 분석

①이성으로 욕구를 분별하고 절제하는 삶을 살아야 하네.
→ 에피쿠로스는 평온한 삶을 위해 이성을 통해 욕구를 절제해야 한다고 보았다.

② 자신의 고통을 신이 결정한 운명으로 받아들여야 하네.
→ 에피쿠로스는 신, 운명에 대한 잘못된 믿음을 제거하여 두려움에서 벗어나야 한다고 보았다.

③ 공적인 삶 속에서 시민적 우정을 나누며 살아야 하네.
→ 에피쿠로스는 은둔 생활 속에서 친구와 우정을 나누며 살아야 한다고 보았다.

④ 몸의 감각적인 욕구를 최대한 충족시키며 살아야 하네.
→ 에피쿠로스는 육체적·감각적 쾌락보다 지속적·정신적 쾌락을 추구하였다.

⑤ 모든 고통이 제거되면 쾌락도 사라짐을 깨달아야 하네.
→ 에피쿠로스는 고통이 없는 상태가 다름 아닌 쾌락이라고 보았다.

415 에픽테토스의 사상 이해하기

제시문은 스토아학파 사상가 에픽테토스의 주장이다. 에픽테토스는 세상에서 일어나는 일이 모두 자연의 필연적 질서에 따른 것이기 때문에 있는 그대로 순응하는 자세가 필요하다고 보았다. 또한 에픽테토스는 어떤 상황에서도 동요하지 않는 정신 상태, 즉 정념의 지배로부터 벗어난 상태인 부동심(apatheia)을 이상적인 상태로 보았다.

1등급 선택지 분석

㉠자연법칙에 관한 앎은 정념의 극복에 기여한다.
→ 에픽테토스는 자연법칙을 인식함으로써 정념의 지배로부터 벗어나야 한다고 주장하였다.

㉡세상의 모든 사건은 신적 필연성에 의해 발생한다.
→ 에픽테토스는 자연 안에서 일어나는 모든 일이 신에 의해 운명 지어진 것으로 보았다.

ㄷ. 금욕적 삶을 부정하고 참된 행복을 추구해야 한다.
→ 에픽테토스는 금욕적인 삶을 추구하였다.

ㄹ. 자연의 질서를 초월한 신의 명령에 순응해야 한다.
→ 에픽테토스는 자연과 신을 동일시하는 범신론의 입장이므로 신을 초월적 신으로 보지 않았다.

416 아우렐리우스와 에피쿠로스의 사상 비교하기

갑은 스토아학파 사상가인 아우렐리우스이고, 을은 에피쿠로스이다. 아우렐리우스는 우주 만물의 본질은 이성이며, 이성에 따라 세계 질서에 순응하며 세계 시민으로서 의무를 다해야 한다고 주장하였다. 에피쿠로스는 쾌락이 행복한 삶의 시작이자 끝이라고 주장하며, 정신적 즐거움을 위한 욕구 충족을 인정하였다.

1등급 선택지 분석

- X: 정념(情念)의 극복을 중시하는 정도
→ 낮음. 아우렐리우스는 정념 극복을 강조한 반면, 에피쿠로스는 쾌락 추구를 강조하였다.
- Y: 정신적 쾌락을 위해 욕구 충족을 인정하는 정도
→ 높음. 아우렐리우스는 정신적 쾌락을 위한 욕구 충족을 부정한 반면, 에피쿠로스는 정신적 쾌락을 위한 욕구 충족을 긍정하였다.
- Z: 사회적 역할을 중시하는 정도
→ 낮음. 아우렐리우스는 공적인 삶에서의 사회적 역할을 중시한 반면, 에피쿠로스는 은둔 생활 속에서 친구와 나누는 우정을 중시하였다.

12 신앙과 윤리

분석 기출 문제 75~78쪽

[핵심 개념 문제]

417 황금률 **418** 플라톤 **419** 영원법 **420** ○ **421** × **422** × **423** ○ **424** ○ **425** ○ **426** ㉠ **427** ㉡ **428** ㉡ **429** ㉠ **430** ㄴ **431** ㄱ

432 ② **433** ② **434** ⑤ **435** ④ **436** ④ **437** ① **438** ② **439** ② **440** ⑤ **441** ⑤ **442** ② **443** ⑤ **444** ③

1등급을 향한 서답형 문제

445 예시 답안 오직 신앙을 통해 절대자인 신에게 귀의하고, 가장 완벽하고 선한 존재인 신을 사랑하며, 신과 하나가 될 때 이를 수 있다. **446** 믿음, 소망, 사랑 **447** 예시 답안 아퀴나스는 아리스토텔레스가 주장한 덕은 인간에게 현세적이고 일시적인 행복만을 가져다줄 수 있는 것으로 영원한 행복과는 거리가 먼 것으로 보았다. 따라서 인간은 이러한 일시적인 행복에 만족하지 말고 종교적 덕을 추구함으로써 신과 하나가 되는 영원한 행복을 얻어야 한다고 주장하였다. **448** 구원 예정설 **449** 예시 답안 칼뱅은 신의 소명인 직업에서 성공하는 것을 구원의 현세적 징표로 보았다. 즉 인간의 노동은 지상에서 신의 영광을 실현하는 수단이라는 입장이다. 이러한 그의 사상은 노동과 부의 추구를 신의 섭리로 받아들이게 하여 자본주의 발전에 큰 영향을 끼쳤다.

432

제시된 내용은 예수의 사랑의 윤리와 관련된 내용이다. 예수는 유대교의 율법주의를 비판하며 조건이 없는 사랑의 윤리를 주장하였다.

바로잡기 ㄴ. 공자가 주장한 유교 사상의 입장이다. 예수는 차별이 없는 사랑을 주장하였다. ㄹ. 헬레니즘 시대에 큰 영향력을 행사한 것은 에피쿠로스학파와 스토아학파이다.

433

제시문에서 착한 사마리아인은 강도를 당한 사람이 어떤 종파, 어떤 부족인지 상관하지 않고 기꺼이 도움의 손길을 내밀었다. 이를 통해 예수는 엄격하고 형식적인 유대교의 율법을 넘어 신과 이웃에 대한 무조건적 사랑을 역설했음을 알 수 있다.

바로잡기 ① 예수는 차별 없는 사랑을 주장하였다. ③ 제시문을 통해서는 사회 제도와 관련된 내용을 추론할 수 없다. ④ 예수는 유대교의 형식적인 율법 준수에 대해 비판하였다. ⑤ 예수는 이성적 판단보다는 이웃에 대한 무조건적 사랑을 강조하였다.

434

제시문의 사상가는 아우구스티누스이다. 아우구스티누스는 악은 선의 결여로 신이 인간에게 준 자유 의지의 남용에서 비롯되었으며, 인간은 불완전한 존재이므로 홀로 참된 선을 실현할 수 없다고 보았다.

바로잡기 ㄱ. 아우구스티누스는 신을 자연 그 자체로 보지 않는다. ㄴ. 아우구스티누스는 악은 하나의 실체가 아니며 선이 결여된 상태라고 본다.

435

제시문은 아우구스티누스의 주장이다. 아우구스티누스는 그리스도교

의 교리를 체계화하는 과정에서 플라톤의 이데아론을 적극적으로 수용하였다. 또한 인간이 자신이 가진 자유 의지를 남용하여 원죄를 갖게 되면서 불완전한 상태로 태어나게 되었다고 보았다.

바로잡기 ㄱ. 아우구스티누스는 신앙을 통해 구원을 얻는다고 보았다. ㄷ. 아우구스티누스는 실제적으로 존재하는 신을 인식해야 한다고 보았다.

436

제시문은 아우구스티누스를 대표로 하는 교부 철학과 관련된 내용이다. 교부 철학에서는 신을 이성적 인식을 넘어서 실존적으로 만나야 할 인격적 존재로 보았다. 실존적인 만남이란 종교적 체험 등을 통한 만남을 의미한다.

바로잡기 ① 소크라테스와 관련된 내용으로 소크라테스는 영혼의 수련을 통해 참된 앎에 이를 수 있다고 주장하였다. ② 아퀴나스와 관련된 내용이다. ③ 스토아학파의 범신론과 관련된 내용이다. ⑤ 아우구스티누스는 신을 종교적 체험이라는 실존적 만남을 통해 인식할 수 있다고 보았다.

1등급 정리 노트 **인격신과 범신론**

그리스도교에서 말하는 신은 이성적 인식의 대상이 아닌 인격을 갖춘 존재로서 범신론에서 말하는 신의 개념과 다름을 기억해 두자.

인격신	• 살아 있는 인간처럼 지(知)·정(情)·의(意)를 갖추고 행동한다고 여겨지는 신을 말함 • 그리스도교의 신이 대표적임
범신론	• 일체 만물, 자연 그 자체를 신으로 보는 입장 • 스토아학파나 스피노자가 주장하는 신의 개념임

437

아퀴나스는 신앙을 바탕으로 실정법과 자연법, 그리고 영원법 사이의 위계를 제시하였다. 그는 실정법은 자연법에, 자연법은 영원법에 근거한다고 주장하였다.

바로잡기 (가)는 실정법, (나)는 자연법, (다)는 영원법을 말한다.

1등급 정리 노트 **아퀴나스의 영원법, 자연법, 실정법**

아퀴나스는 신앙을 바탕으로 실정법은 자연법에 근거하고, 자연법은 영원법에 근거한다는 위계를 제시하였다. 각각의 법의 개념을 파악해 두자.

영원법	신의 의지로 창조되고 정립된 영원불변한 법칙
자연법	인간의 이성에 의해 인식된 영원법
실정법	자연법에 기초하여 인간 사회의 질서를 유지하기 위해 만든 법

438

제시문의 사상가는 아퀴나스이다. 아퀴나스는 다섯 가지 방법으로 신이 존재한다는 것을 논리적으로 증명하고자 하였다. 또한 그는 이성적 존재인 인간이 영원법에 참여하는 것을 자연법이라고 보았고, 인간이 제정한 실정법은 자연법에 근거를 두어야 한다고 주장하였다.

바로잡기 ① 스토아학파의 입장이다. ③ 아퀴나스는 철학적으로 증명된 진리뿐만 아니라 계시를 통한 진리도 인정한다. ④ 인간이 제정한 법은 실정법이다. ⑤ 아퀴나스는 신의 도움 없이는 진리를 온전히 인식할 수 없다고 본다.

439

제시문의 사상가는 아퀴나스이다. 아퀴나스는 신의 존재를 다섯 가지 방법으로 논증하였지만, 논리적 증명과는 상관없이 신이 존재한다고 보았다. 제시된 자료는 첫 번째 논증인 최초의 운동자 논증이다.

바로잡기 ① 아퀴나스는 이성적 활동을 강조한다. ③ 신에 대한 논리적 증명이 믿음의 전제 조건은 아니다. ④ 영원한 행복은 신의 은총 아래 종교적 덕을 실천함으로써 이를 수 있다. ⑤ 아퀴나스는 신의 존재가 이성을 통해서도 증명된다고 보았다.

440

제시문의 사상가는 아퀴나스이다. 아퀴나스에 따르면 실정법은 인간의 이성에 의해 인식되는 자연법에 근거하고, 자연법은 신의 의지인 영원법에 근거한다. 이렇게 볼 때 실정법은 궁극적으로 영원법에 따라야 한다는 것을 알 수 있다.

바로잡기 첫 번째 입장. 인간이 제정한 것은 실정법이다. 자연법은 인간의 이성에 의해 인식된 영원법이다.

441

그림의 갑은 아퀴나스, 을은 아리스토텔레스이다. 아퀴나스는 완전한 행복은 오직 신의 은총에 의해서만 가능하며, 종교적 덕을 실천함으로써 실현할 수 있다고 보았다. 아리스토텔레스는 완전한 행복은 타고난 이성적 능력을 발휘하여 지적인 덕과 품성적인 덕을 갖추었을 때 실현할 수 있다고 보았다.

바로잡기 ①, ②, ③ 아리스토텔레스의 입장이다. ④ 아퀴나스는 신의 은총 없이 인간 혼자 힘으로 참된 행복에 이를 수 없다고 본다.

442

(가)의 갑은 중세 서양 사상가 아퀴나스, 을은 중세 서양 사상가 아우구스티누스이다. 아퀴나스는 아리스토텔레스의 철학을 이용하여 신앙과 이성을 조화시키고 신의 존재를 증명하려고 하였다. 그뿐만 아니라 아퀴나스는 세계는 신에 의해 창조되었고 신의 영원한 법칙인 영원법에 의해 다스려진다고 보았으며, 이 영원법은 인간의 자연적 성향에 반영되어 있어 인간이 이성을 통해 자연적 성향을 인식하고 따름으로서 영원법에 참여할 수 있게 된다고 보았다. 아우구스티누스는 신에 대한 지식은 오직 신의 계시를 통해 주어지는 것이라고 주장하며, 완전한 행복은 신앙을 통해 신에게 귀의하고 신의 은총을 받을 때에만 가능하다고 주장하였다.

바로잡기 ㄱ. 아퀴나스와 아우구스티누스 모두 부정의 대답을 할 질문이다. ㄹ. 아우구스티누스가 부정의 대답을 할 질문이다.

443

제시문의 갑은 아퀴나스, 을은 아우구스티누스이다. 아퀴나스는 이성적 존재인 인간이 영원법에 참여하는 것을 자연법이라고 보았다. 또한 현실에서 실정법은 이성이 따르라고 명령한 자연법에 근거해야 하며, 자연법에 위배되면 정당성을 상실한다고 보았다. 아우구스티누스는 악은 실재하는 것이 아니라 선의 결여이며, 덕은 신의 은총의 산물이라고 주장하였다. 한편 아퀴나스와 아우구스티누스는 모두 인간은 스스로의 노력만으로는 완전한 행복에 이를 수 없다고 보고, 완전한 행복은 믿음, 소망, 사랑이라는 종교적 덕을 필요로 한다고 주장하였다.

바로잡기 ㄴ. 자연법은 인간의 이성에 의해 인식된 영원법이다.

444

제시문은 루터가 교황이 성 베드로 성당의 증축비를 마련하기 위해 벌인 대대적인 대사부(면죄부) 판매를 비판하며 발표한 '95개조 반박문'의 일부 조항이다. 루터는 당시 가톨릭의 '오직 교회로만'이라는 주장을 비판하고, '오직 성서로', '오직 믿음으로'라는 입장을 강조하였다.

바로잡기 ③ 루터는 개인의 신앙이 교회의 예배 의식에 우선한다고 보았다.

445

아우구스티누스는 신의 은총을 통해 구원에 이르기 위해 인간은 오직 신앙을 통해 신에게 귀의하고 신을 사랑하고 하나가 될 때 완전한 행복에 이를 수 있다고 보았다.

채점 기준	수준
신에게 귀의하고 신을 사랑하고 신과 하나가 될 때라는 내용을 모두 포함하여 서술한 경우	상
신에게 귀의하고 신을 사랑하고 신과 하나가 될 때라는 내용 중 하나만 포함하여 서술한 경우	중

446

(가)는 아리스토텔레스, (나)는 아퀴나스의 주장이다. ㉠은 아퀴나스가 제시한 종교적 덕으로 믿음, 소망, 사랑을 의미한다.

447

아퀴나스의 윤리 사상은 처음에는 아리스토텔레스의 사상을 받아들여 전개되었으나, 거기에서 머무르지 않고 종교적 차원으로 한 단계 더 나아갔다. 그는 아리스토텔레스가 주장한 덕은 자연적인 덕으로서 일시적인 행복을 가져다주는 것일 뿐이라고 비판하며 종교적 덕을 통해서 영원한 행복을 얻어야 한다고 주장하였다.

채점 기준	수준
아리스토텔레스의 행복과 비교하여 행복의 의미와 종교적 덕의 추구를 모두 서술한 경우	상
아리스토텔레스의 행복과 비교하여 행복의 의미와 종교적 덕의 추구 중 한 가지만 포함하여 서술한 경우	중

448

제시문은 칼뱅의 구원 예정설에 대한 내용이다. 칼뱅은 인간의 구원은 신에 의해 미리 정해져 있으며, 신의 예정은 사제나 교황이라도 확실히 알 수 없고 바꿀 수도 없다고 보았다. 따라서 칼뱅은 구원이 예정되어 있으므로 교회나 성직자에게 지나치게 의존해서는 안 된다고 주장하였다.

449

칼뱅은 노동과 부의 추구를 신의 섭리로 받아들이도록 함으로써 자본주의 발전에 큰 영향을 끼쳤다.

채점 기준	수준
직업 소명, 노동과 부의 추구를 신의 섭리로 받아들이게 했다는 내용을 모두 서술한 경우	상
직업 소명, 노동과 부의 추구를 신의 섭리로 받아들이게 했다는 내용 중 한 가지만 포함하여 서술한 경우	중

적중 1등급 문제

79쪽

450 ② 451 ③ 452 ⑤ 453 ③

450 아우구스티누스의 사상 이해하기

가상 편지를 쓴 사상가는 아우구스티누스이다. 아우구스티누스는 플라톤의 사상을 수용하여 그리스도교 신앙과 사랑의 윤리를 체계화하였다. 플라톤은 완전한 이데아 세계와 불완전한 현실 세계를 구분하고 선의 이데아를 모방하는 삶을 살아야 한다고 주장하였다. 이에 영향을 받은 아우구스티누스는 영원한 천상의 국가와 유한한 지상의 국가를 구분하였는데, 천상의 국가는 신을 사랑하는 사람들로 이루어진 국가이며, 지상의 국가는 자기만을 사랑하는 사람들로 이루어진 국가라고 보았다. 또한 아우구스티누스는 영원하고 완전한 존재인 신을 사랑함으로써 악에 빠지지 않고 참된 행복에 이를 수 있다고 주장하였다.

1등급 선택지 분석

① 모든 신앙인은 신과 직접 대화할 수 있다.
→ 만인 사제주의를 주장한 루터의 입장이다.

② 자신을 사랑하지 않는 사람들도 천상의 국가에 속할 수 있다.
→ 아우구스티누스에 따르면 지상의 국가는 자신을 사랑하지만 신을 경멸함으로써 형성되며, 천상의 국가는 신을 사랑하지만 자신조차도 경멸함으로써 형성된다.

③ 신에 대한 믿음은 이성보다 우위에 있는 최고의 종교적 덕이다.
→ 아우구스티누스는 종교적 덕(믿음, 소망, 사랑) 중 최고의 덕은 사랑이라고 보았다.

④ 자유 의지로 선을 행하기만 하면 최고의 행복에 도달할 수 있다.
→ 아우구스티누스는 인간의 의지와 노력만으로는 최고의 행복에 도달할 수 없고 신의 은총이 필요하다고 보았다.

⑤ 악은 선의 결여이고 선은 악의 결여이므로 둘 다 실체가 아니다.
→ 아우구스티누스는 악이 선의 결여이며 실체가 아니라고 보았으나, 선이 악의 결여이며 실체가 아니라고 주장하지는 않았다.

451 아우구스티누스와 아퀴나스의 사상 비교하기

갑은 아우구스티누스, 을은 아퀴나스이다. 아우구스티누스는 신을 이성적 인식의 대상이 아니라 실존을 통해 만나야 할 인격적 존재로 여겼다. 한편 아퀴나스는 신앙과 이성, 신학과 철학은 조화될 수 있음을 강조하면서 그리스도교의 교리를 철학적으로 논증하고 합리적으로 설명하고자 하였다. 아우구스티누스는 신의 은총으로 진리를 파악할 수 있게 된다고 보았으며, 아퀴나스는 이성으로 신의 존재를 증명할 수 있다고 보았다. 하지만 아우구스티누스와 아퀴나스 모두 신앙뿐만 아니라 신의 은총이 있어야만 원죄로부터 구원을 받고 영원한 행복에 이를 수 있다고 보았다는 점에서 공통적이다.

1등급 선택지 분석

ㄱ. A: 신은 선의 결핍인 악의 궁극적인 존재 근거이다.
→ 아우구스티누스에 따르면 선의 결핍인 악은 신의 창조물이 아니라 인간이 자유 의지를 남용한 결과일 뿐이다.

ㄴ. B: 신의 은총 없이는 원죄로부터 구원받을 수 없다.
→ 아우구스티누스와 아퀴나스는 모두 신의 은총을 통해서만 인간이 원죄로부터 구원을 받을 수 있다고 보았다.

ㄷ. B: 현세적 행복은 영원한 행복의 예비 단계일 뿐이다.
→ 아우구스티누스와 아퀴나스는 모두 현세적 행복은 영원한 행복의 예비 단계에 지나지 않으며, 신의 은총에 의해 신과 하나가 될 때 영원한 행복에 이를 수 있다고 보았다.

ㄹ. C: 신의 계시를 통해서만 신의 존재를 알 수 있다.
→ 아퀴나스는 신의 존재를 신의 계시뿐만 아니라 이성을 통해서도 증명할 수 있다고 보았다.

452 아우구스티누스와 아퀴나스의 사상 비교하기

갑은 아우구스티누스, 을은 아퀴나스이다. 아우구스티누스는 지상의 국가는 자신을 사랑하지만 신을 경멸함으로써, 천상의 국가는 신을 사랑하지만 심지어 자신조차도 경멸함으로써 형성된다고 주장하였다. 아퀴나스는 세상의 모든 존재가 완성을 향한 욕구가 있는데 이것들을 움직이게 하는 최종 목적이 바로 신이라고 주장하였다. 그는 신앙과 이성의 조화를 강조했으며, 신의 존재를 이성적 논증을 통해 증명할 수 있다고 보았다.

1등급 선택지 분석

① 갑: 악은 인간의 자유 의지 남용에서 비롯된 실체이다.
→ 아우구스티누스에 따르면 악은 실체가 아니라 선의 결여일 뿐이다.

② 갑: 신앙과 이성은 동등하며 서로 조화를 이루어야 한다.
→ 아우구스티누스는 신앙이 이성보다 우위에 있음을 강조하였다.

③ 을: 유한한 인간은 무한한 선인 신의 존재를 증명할 수 없다.
→ 아퀴나스는 신의 존재를 이성적 논증을 통해 증명할 수 있다고 보았다.

④ 을: 지성적 덕과 품성적 덕의 조화는 최고의 행복을 보장한다.
→ 아퀴나스는 자연적 덕(지성적 덕과 품성적 덕)을 최고의 행복으로 나아가는 예비 단계의 덕으로 보았다.

⑤ 갑, 을: 인간은 자유 의지의 남용으로 인한 원죄를 갖고 태어났다.
→ 아우구스티누스와 아퀴나스는 모두 인간이 자유 의지의 남용으로 인해 원죄를 갖게 되었다고 보았다.

453 아우구스티누스, 아퀴나스, 루터의 사상 비교하기

갑은 아우구스티누스, 을은 아퀴나스, 병은 루터이다. 아우구스티누스는 플라톤의 철학을 수용하여 그리스도교 교리를 체계화하고자 하였으며, 지혜, 용기, 절제, 정의의 덕 이외에 믿음, 소망, 사랑의 덕이 필요함을 강조하였다. 아퀴나스는 아리스토텔레스의 철학을 수용하여 신앙과 이성을 조화시키고 신의 존재를 이성적으로 증명하고자 하였다. 루터는 그리스도교의 진리가 교회나 교황이 아니라 성서에 있으며, 모든 신앙인이 곧 성직자이자 사제임을 강조하였다.

1등급 선택지 분석

① 갑은 사랑을 종교적 덕이 아닌 도덕적 덕이라고 본다.
→ 아우구스티누스에 따르면 믿음, 소망, 사랑은 종교적 덕이다.

② 을은 신앙보다 이성을 항상 우위에 두어야 한다고 본다.
→ 아퀴나스는 이성보다 신앙을 우위에 두어야 한다고 보았다.

③ 병은 누구나 성서와 기도를 통해 신과 대화할 수 있다고 본다.
→ 루터는 만인 사제주의를 주장하며 누구나 신과 직접 대화할 수 있다고 보았다.

④ 갑은 병과 달리 구원이 은총과 믿음을 통해서 이루어진다고 본다.
→ 아우구스티누스와 루터 모두 구원은 신의 은총과 믿음을 통해 이루어진다고 보았다.

⑤ 병은 을과 달리 교회의 예배 의식이 개인의 신앙보다 중요하다고 본다.
→ 루터는 개인의 신앙이 교회의 예배 의식보다 중요하다고 보았다.

13 도덕의 기초

분석 기출 문제

81~84쪽

[핵심 개념 문제]

454 방법적 회의 **455** 자연 **456** 우상 **457** 공감 **458** ㉡ **459** ㉣
460 ㉠ **461** ㉢ **462** × **463** × **464** ○ **465** × **466** ×
467 ○ **468** × **469** ○ **470** × **471** ○ **472** ○ **473** ○

474 ④ **475** ③ **476** ③ **477** ⑤ **478** ② **479** ④ **480** ④
481 ③ **482** ② **483** ① **484** ④ **485** ① **486** ② **487** ②
488 ③

[1등급을 향한 서답형 문제]

489 ㉠ 이성은 정념의 노예이다. ㉡ 경험론적 자세 **490** 예시 답안 (가)를 주장한 사상가 흄은 정념을 도덕적 행위의 동기가 된다고 보았다. (나)를 주장한 사상가 스피노자는 마음의 평정과 진정한 자유를 얻기 위해서는 정념의 예속에서 벗어나야 한다고 보았다. **491** 예시 답안 (가)의 사회적 유용성에 대한 공감 능력을 강조한 흄의 사상은 공리주의의 뿌리가 되었다. (나)의 자연의 필연적 질서에 대한 이성적 인식을 강조한 스피노자의 사상은 보편적인 도덕 법칙을 이끌어 내고자 했던 칸트 윤리 사상에 영향을 주었다. **492** 예시 답안 인간의 이성이 참된 지식과 도덕적 행위에 중요한 역할을 한다고 주장하는 합리론의 입장을 지니고 있다. **493** 예시 답안 그리스도교의 신이 자연을 창조한 인격신이라면, 스피노자의 신은 자연 그 자체이다.

474

제시문은 진리를 찾기 위한 토대와 방법을 이성과 연역적 방법에 둔 합리론과 경험과 귀납적 방법에 둔 경험론에 대해 설명하고 있다. 합리론은 지식과 사유의 토대를 인간의 이성에 두며, 이성적 추론을 통해 지식을 얻어 내는 연역적 방법을 강조하였다. 경험론은 지식과 사유의 토대를 인간의 경험에 두며, 개별적 경험으로부터 일반적 원리를 얻어 내는 귀납적 방법을 강조하였다.

1등급 정리 노트 합리론과 경험론 비교

도덕 판단과 행동의 근거를 이성에서 찾은 합리론과 감정에서 찾은 경험론을 비교하여 기억해 두자.

합리론	경험론
• 인간은 이성적 능력을 지닌 존재 • 이성을 통한 합리적 사유로 진리를 발견해야 함 • 연역법 사용 • 대표 사상가: 데카르트, 스피노자	• 인간은 감각적 존재 • 감각적 경험에 근거한 실험과 관찰을 통해 진리를 찾을 수 있음 • 귀납법 사용 • 대표 사상가: 베이컨, 흄

475

제시문은 데카르트의 방법적 회의에 대한 내용이다. 데카르트는 방법적 회의를 통해서 '의심하는 나의 존재'라는 결코 흔들릴 수 없는 한 가지 사실에 도달하였다.

바로잡기 ① 플라톤과 관련된 내용이다. ②, ④ 데카르트는 경험이나 실험이 아닌 인간 이성의 중요성을 강조한 사상가이다. ⑤ 소피스트와 관련된 내용이다.

476

제시문은 근대 합리론 사상가인 데카르트의 주장이다. 데카르트는 이성을 지식의 근원으로 보았으며, 확실한 지식을 찾고자 의심할 수 있는 모든 것을 의심해 보는 방법인 방법적 회의를 통해 얻은 명제, 즉 "나는 생각한다. 그러므로 나는 존재한다."라는 명제를 철학의 제1원리로 삼았다.

바로잡기 ㄴ. 귀납법을 진리 탐구의 주된 방법으로 삼은 것은 경험론이다. ㄷ. 종족, 동굴, 시장, 극장의 네 가지 우상을 제거해야 참된 지식을 얻을 수 있다고 주장한 사상가는 베이컨이다.

477

제시문은 스피노자의 주장이다. 그에 따르면 현명한 자는 이성적 관조를 통해 자연의 필연성을 인식하여 정념의 속박으로부터 벗어나 진정한 평안과 자유를 누린다.

바로잡기 ① 스피노자에 따르면 현명한 자는 이성의 명령을 따른다. ② 스피노자는 자연은 필연적인 것이므로 인간에게는 자유 의지가 없다고 보았다. ③ 은총은 인격신에 의해 부여되는 것이다. 스피노자가 말하는 신은 인격신이 아니라 자연 그 자체이다. ④ 스피노자는 자연의 필연성에서 벗어날 수 있는 존재는 없다고 보았다.

478

제시된 표의 질문과 응답은 스피노자의 사상에 대한 것이다. 범신론에 기초하여 자연이 수학적 질서에 따라 움직이는 거대한 기계와 같다고 본 스피노자에 따르면 인간은 자기 보존을 추구하는 존재이며, 자기 보존이 증대되거나 촉진되는 경우에 기쁨과 같은 능동적 감정을 느끼며, 자기 보존이 감소되거나 저해되는 경우에는 슬픔과 같은 수동적 감정을 느낀다. 스피노자는 이러한 수동적 감정을 정념이라고 불렀으며, 정념을 조절하거나 통제하지 못하면 정념에 예속된다고 보았다. 스피노자는 정념의 예속에서 벗어나기 위해서는 이성을 온전히 사용하여 자연의 필연적 질서를 인식해야 한다고 보았다. 즉 인간은 필연적으로 감정을 느낄 수밖에 없는 존재이지만 수동적인 감정인 정념을 이성적 관조를 통해 조절할 수 있다고 본 것이다.

바로잡기 ② 자기 보존이 증대되고 촉진될 때 느껴지는 감정은 능동적 감정이다.

479

제시문은 스피노자와 관련된 내용이다. 스피노자는 자연에서 일어나는 모든 일은 원인과 결과의 필연적인 관계로 연결되어 있는데, 이를 이성적 관조를 통해 인식함으로써 행복이라는 최고선에 도달할 수 있다고 주장하였다.

바로잡기 ㄱ. 스피노자는 이성을 중시한 사상가이므로 연역적 추론 방법을 중시할 것이다. ㄷ. 스피노자는 자연에서 일어나는 모든 일은 우연적인 것이 없으며 필연적인 것이라고 본다.

480

제시된 대화 속 스승은 스피노자이다. 스피노자는 자연의 인과적 필연성을 인식함으로써 자신과 다른 존재가 긴밀하게 연결되어 있음을 깨닫고 다른 존재를 자신처럼 사랑하는 이웃 사랑을 실천할 수 있게 된다고 보았다.

바로잡기 ① 베이컨의 주장이다. ② 스피노자가 말하는 신은 인격신이 아니라 유일한 실체로서 자연 그 자체이다. ③ 스피노자는 자연의 필연성을 벗어날 수 있는 존재는 없다고 보았다. ⑤ 스피노자는 인간의 자기 보존 욕구를 인정하였다.

481

갑은 스토아학파 사상가이고, 을은 스피노자이다. 스토아학파는 이성을 인간과 신과 세계의 본성으로 보았으며, 인간은 정념에서 벗어나 철저하게 이성적 삶을 살아야 한다고 주장하였다. 스피노자는 우주를 필연적 질서에 따라 움직이는 하나의 거대한 기계로 생각하였고, 이 세상에서 일어나는 모든 일은 원인과 결과로서 필연적으로 서로 맺어져 있다고 생각하였다. 두 사상가 모두 모든 곳에 신이 내재해 있다는 범신론과 신과 자연에 대한 이성적 앎을 통해 행복을 얻을 수 있다는 공통점을 가지고 있다.

바로잡기 ① 에피쿠로스학파에 대한 설명이다. ② 스피노자는 자유 의지를 부정하였다. ④ 을만의 입장이 아니라 갑, 을의 공통 입장이다. ⑤ 데카르트의 입장이다.

482

(가)는 시장의 우상, (나)는 극장의 우상이다. 경험론의 선구자인 베이컨은 인간이 지닌 선입관과 편견을 우상이라고 칭하고, 우상을 제거하고 자연을 관찰할 때 참된 지식을 획득할 수 있다고 보았다.

바로잡기 ①은 극장의 우상, ③은 동굴의 우상, ④, ⑤는 종족의 우상에 해당하는 사례이다.

1등급 정리 노트 베이컨의 네 가지 우상

베이컨의 네 가지 우상은 시험에 종종 출제되므로 각각의 우상의 의미를 파악해 두자.

종족의 우상	모든 것을 인간의 관점에서 보는 편견
동굴의 우상	개인적인 경험이나 자란 환경에 따라 생긴 편견
시장의 우상	실재하지 않는 말을 믿는 등 언어에 대한 잘못된 인식이나 언어의 부적절한 사용에서 비롯된 편견
극장의 우상	전통이나 권위에 따른 지식이나 학문을 그대로 수용하면서 생기는 편견

483

제시된 내용은 베이컨에 대한 설명이다. 베이컨은 자연을 있는 그대로 관찰하기 위해서는 우상을 제거해야 한다고 보았다. 이는 우상이 자연을 그대로 비추지 못하고 왜곡하기 때문이다. 그리하여 그는 우상을 제거하여 자연을 제대로 알아야 자연을 지배할 수 있는 힘을 얻을 수 있게 된다고 보았다.

바로잡기 ②는 흄, ③은 홉스, ④는 데카르트, ⑤는 소크라테스의 주장이다.

484

제시문은 경험론자인 베이컨이 연역적 추론을 비판한 글이다. 베이컨은 사유와 지식의 원천을 경험으로 보고 귀납적 추론을 강조하였으며, 올바른 지식의 획득을 위하여 선입관과 편견, 즉 우상의 제거를 주장하였다.

바로잡기 ㄱ. 합리론의 관점이다. ㄹ. 베이컨은 아리스토텔레스의 삼단 논법식 연역적 추리로는 결코 새로운 지식을 얻을 수 없으며, 기껏해야 이미 알고 있는 지식을 확인할 수 있을 뿐이라고 주장하였다.

485

제시된 대화 속 사상가는 흄이다. 흄에 따르면 감정이 보편적인 도덕성의 원천이 될 수 있는 것은 공감을 통해 시인의 즐거운 감정을 불러일으킴으로써 사회적으로 유용한 도덕적 행동을 할 수 있도록 이끌기 때문이다.

바로잡기 ② 수동적 감정과 능동적 감정을 구분하는 사상가는 스피노자이다. ③ 개인적 쾌락을 중시한 에피쿠로스학파의 입장으로 흄은 사회적 감정을 강조하였다. ④ 흄은 보편적 도덕 법칙에 대한 의무감을 주장하지 않는다. ⑤ 아리스토텔레스가 주장하는 중용에 대한 설명이다.

486

제시문은 흄의 주장이다. 흄에 따르면 자연의 인과 관계는 반복적인 관찰에 의해 파악된 것일 뿐이며, 원인과 결과가 실제적으로 어떻게 결합되는지는 알 수 없다. 또한 신이나 정신 등 경험으로 확인될 수 없는 것에 대한 주장은 무의미하다.

바로잡기 (입장 2) 흄에 따르면 도덕은 판단되는 것이 아니라 느껴지는 것이다. (입장 4) 흄에 따르면 도덕에 있어 중요한 요인은 감정이며, 이성은 도덕적 행위의 직접적인 동기가 될 수 없다.

1등급 정리 노트 스피노자와 흄의 이성과 정념 비교

스피노자는 정념(수동적 감정)에서 벗어나기 위해 이성의 온전한 사용을 강조하였다. 반면에 흄은 도덕에 있어서 중요한 요인은 이성이 아니라 정념(감정)이라고 보았다. 두 사상가의 정념과 이성에 대한 관점을 파악해 두자.

스피노자	흄
수동적인 정념은 우리가 그것에 대하여 명석 판명한 관념을 형성하는 순간 더 이상 수동적이지 않다. 그러므로 우리들이 정념에 대해 알면 알수록 정념은 우리들의 힘 안에 있게 되며 또한 정신은 그만큼 더 정념의 영향을 덜 받게 된다. 진정한 덕은 오직 이성의 인도에 따라서 살아가는 것일 뿐이다.	이성은 행위를 가능하게 하는 도덕적 신념의 근원이 될 수 없다. 이성은 감정들을 충족시킬 수 있는, 그리고 우리가 고통과 좌절을 피할 수 있도록 인도하는 정보들을 우리에게 전해 줄 뿐이다. 반면에 감정은 행위에 직접적인 영향을 준다. 도덕적 행위에 있어 누구나 공통으로 가지고 있는 사회적 감정, 즉 공감이 중요하다.

487

갑은 흄, 을은 데카르트이다. 흄은 도덕적 선악은 판단되는 것이 아니라 느껴지는 것으로 보았으며, 자아는 감각적으로 지각된 사실들의 묶음일 뿐이며, 자아 그 자체는 알 수 없다고 보았다. 데카르트는 방법적 회의를 통해 '생각하는 나'의 확실성을 발견하였다.

바로잡기 ㄴ. 합리론자인 데카르트는 연역적 추론을 강조하였다. ㄹ. 흄도 이성이 참과 거짓을 판별할 수 있다고 보았다.

488

갑은 스피노자, 을은 흄이다. 스피노자는 정념의 예속에서 벗어나도록 돕는 행위를 선한 행위로 보았으며, 흄은 공감을 통해 쾌감을 일으키는 행위를 선한 행위로 보았다.

바로잡기 ①, ② 절대적 도덕 법칙을 존중하는 마음에서 비롯된 행위를 도덕적 행위로 본 것은 칸트이다. ④, ⑤ 이해 당사자들의 쾌락을 증대시키는 경향을 가진 행위를 도덕적 행위로 본 것은 공리주의이다.

489

제시문은 흄과 관련된 내용이다. 흄은 인간의 도덕적 행동에 있어 중요한 요인은 이성이 아니라 감정이며 이성은 정념의 노예일 뿐이라고 주장하였다. 또한 그는 경험과 관찰을 중시하는 경험론적 자세를 철저히 지켜 나갔다.

490

㈎를 주장한 사상가는 흄, ㈏를 주장한 사상가는 스피노자이다. 흄은 정념을 도덕적 행위의 동기가 된다고 보았다. 흄에 따르면 도덕에서 무엇보다 중요한 것이 실천인데, 도덕적 실천의 동기가 될 수 있는 것은 오직 대상에 대한 감정이기 때문이다. 스피노자는 정념에서 벗어나야 한다고 보았다. 스피노자에 따르면 자기 보존을 저해하거나 감소할 때 느끼는 정념을 조절하고 통제하지 못하면 정념에 예속되게 된다. 스피노자는 마음의 평정과 진정한 자유를 얻기 위해서는 정념의 예속에서 벗어나야 한다고 보았다.

채점 기준	수준
정념에 대한 흄과 스피노자의 관점을 모두 서술한 경우	상
정념에 대한 흄과 스피노자의 관점 중 한 사람의 관점만 서술한 경우	중

491

㈎를 주장한 흄은 사회의 행복에 유용한 행위를 강조하였는데, 이는 공리주의의 뿌리가 되었다. ㈏를 주장한 스피노자는 자연의 인과적 필연성을 이성적 관조를 통해 인식해야 한다고 주장하였는데, 이는 보편적인 도덕 법칙을 이끌어 내고자 했던 칸트 윤리 사상에 영향을 주었다.

채점 기준	수준
흄과 스피노자가 서양 윤리 사상에 끼친 영향을 모두 서술한 경우	상
흄과 스피노자가 서양 윤리 사상에 끼친 영향 중 한 사람의 영향만 서술한 경우	중

492

㈎는 스피노자와 관련된 내용이고, ㈏는 데카르트의 방법적 회의와 관련된 내용이다. 두 사상가 모두 이성을 중시하는 합리론의 입장을 지녔다는 공통점이 있다.

채점 기준	수준
'이성', '합리론'의 개념을 모두 포함하여 서술한 경우	상
'이성', '합리론'의 개념 중 한 가지만 포함하여 서술한 경우	중

493

그리스도교의 신은 자연을 창조한 인격신을 의미하는 반면에, 스피노자가 제시한 신은 자연 그 자체로서 이성적·인과적·필연적 질서에 따라 움직이는 하나의 거대한 기계와 같다.

채점 기준	수준
인격신과 범신론의 의미를 모두 서술한 경우	상
인격신과 범신론의 의미 중 하나만 서술한 경우	중

적중 1등급 문제

85쪽

494 ① 495 ① 496 ④ 497 ④

494 흄의 사상 이해하기

제시문은 흄의 주장이다. 흄은 타인의 상황에 공감할 수 있는 감정을 도덕적 판단과 행동의 근거로 두면서 감정 중심의 윤리 사상을 전개하였다. 이러한 맥락에서 흄은 어떤 행동이 그것을 바라보는 사람에게 시인(是認)의 감정을 느끼게 한다면 도덕적 행위이며, 부인(否認)의 감정을 느끼게 했다면 비도덕적인 행위라고 보았다. 흄에 따르면 어떤 행위가 시인의 감정을 불러일으키는 것은 그 행위가 사회적으로 유용한 행위라고 느껴지기 때문이다. 흄은 도덕적 행위의 직접적인 원인은 이성이 아니라 감정이며 인간의 자연적 성향인 공감은 우리의 도덕적 감정에 보편성을 부여하는 근거라고 주장하였다.

1등급 선택지 분석

ㄱ. 도덕적 행위의 직접적인 동기는 이성이 아니라 감정이다.
→ 흄에 따르면 도덕적 행동을 불러일으키는 동기는 감정이다.

ㄴ. 사회적 유용성은 공감에 의해서 시인의 감정을 일으킨다.
→ 흄에 따르면 사회적 유용성은 우리에게 시인의 감정을 불러일으키고 도덕적 행동을 하도록 이끈다.

ㄷ. 도덕적 감정은 주관적 감정이므로 보편성을 획득할 수 없다.
→ 흄에 따르면 인간의 자연적 성향인 공감은 우리의 도덕적 감정에 보편성을 부여하는 근거이다.

ㄹ. 감정과 달리 이성은 도덕적 행위에 아무 도움도 줄 수 없다.
→ 흄에 따르면 이성은 상황의 분석이나 합리적인 대책의 수립 등과 관련해서 일정한 역할을 할 수 있다.

495 스피노자의 사상 이해하기

가상 대담을 하는 사상가는 스피노자이다. 스피노자에 따르면 신은 세계 자체이자 자연이며, 자연은 필연적 질서와 인과 법칙에 따라 움직이는 거대한 기계이다. 스피노자는 인간이 지복(至福)을 누리려면 이성의 인도에 따라 자기를 보존하고 신을 지적으로 사랑해야 한다고 보았다. 그에 따르면 덕에 따라 행동하는 것은 이성의 인도하에 행동하고 생활하며 자신의 존재를 보존하는 것이다. 그리고 신을 직관적으로 인식함으로써 생겨나는 정신의 만족인 지복은 신에 대한 지적인 사랑에서 생겨난다.

1등급 선택지 분석

① 정념의 지배에서 벗어나 신 또는 자연을 지적으로 사랑한다.
→ 스피노자는 인간이 지복(至福)을 누리려면 이성의 인도에 따라 자기를 보존하고 신을 지적으로 사랑해야 한다고 보았다.

② 모든 감정과 욕망을 버리고 신의 명령에 복종하며 살아간다.
→ 스피노자는 자기 보존이 증대할 때 느끼는 기쁨과 같은 능동적 감정까지 버릴 것을 주장하지 않았다.

③ 신이 부여한 자유 의지를 발휘하여 자연의 필연성을 극복한다.
→ 스피노자는 인간에게 자유 의지가 없다고 보았다.

④ 이성을 통해 자연의 궁극적이고 초월적 원인인 신을 인식한다.
(초월적 원인 → 내재적 원인)

⑤ 정념의 인도에 따라 자기를 보존하고 자연의 필연성을 관조한다.
(정념의 인도에 따라 → 이성의 인도에 따라)

496 베이컨과 데카르트의 사상 비교하기

갑은 근대 경험주의 사상가인 베이컨이고, 을은 근대 이성주의 사상가인 데카르트이다. "아는 것이 힘이다."라고 주장한 베이컨은 관찰과 경험을 통해 얻은 지식만이 참된 지식이라고 보고 우상의 타파와 귀납적 탐구 방법을 강조하였다. 귀납법은 개별적 경험으로부터 이성적 추론을 통해 일반적 원리를 얻어 내는 방법이다. 데카르트는 관찰과 경험을 통해 얻은 지식은 불확실한 지식이라고 보고 경험론의 귀납적 탐구 방법을 비판하였다. 데카르트는 확실한 진리를 찾기 위해 모든 것을 의심하는 방법적 회의를 통해 "나는 생각한다. 그러므로 나는 존재한다."라는 철학의 제1원리를 확립하고 이로부터 이성적 추론을 통해 지식을 연역하고자 하였다.

1등급 선택지 분석

ㄱ. A: 지식의 근원은 경험이므로 실험을 중시해야 하는가?
→ 베이컨만이 "예"라고 대답할 질문이다.

ㄴ. A: 진리를 얻는 과정에서 이성이 수행할 역할이 있는가?
→ 베이컨과 데카르트 모두 "예"라고 대답할 질문이다.

ㄷ. B: 진리를 얻으려면 선입견과 편견을 타파해야 하는가?
→ 베이컨과 데카르트 모두 "예"라고 대답할 질문이다.

ㄹ. C: 철학의 제1원리는 방법적 회의를 통해서만 도출되는가?
→ 데카르트가 "예"라고 대답할 질문이다.

497 플라톤과 베이컨의 사상 비교하기

갑은 플라톤이고, 을은 베이컨이다. 플라톤에 따르면 각각의 사물에는 그것들의 이데아가 있으며, 최고의 이데아는 선(善)의 이데아이다. 그리고 이성을 통해 이러한 선의 이데아를 인식하는 것이 최고의 지식이며, 이 지식은 절대적이고 보편적인 것이다. 경험주의 사상가 베이컨은 관찰과 실험 등 경험을 통해 얻은 지식이 참된 지식임을 강조하였다. 그에 따르면 자연에 대한 지식은 인간이 자연을 지배하고 인간생활에 유용한 지식을 가져다줄 수 있다. 베이컨은 선입견과 편견을 우상으로 규정하고 이러한 우상에서 벗어나 자연을 있는 그대로 관찰해야 함을 강조하였다.

1등급 선택지 분석

① 갑: 국가를 통치하는 자에게 요구되는 유일한 덕은 지혜이다.
→ 플라톤에 따르면 국가를 통치하는 자는 지혜는 물론이고 절제의 덕도 갖추어야 한다.

② 갑: 좋음의 이데아는 현실 세계의 좋은 것들에 내재되어 있다.
→ 플라톤에 따르면 좋음의 이데아는 현실 세계가 아니라 이데아계에 존재한다.

③ 을: 형식 논리학은 기존 지식을 맹신하는 우상을 타파해 준다.
→ 제시문에서 보듯이 베이컨은 형식 논리학이 기존 지식을 맹신하는 우상에 빠졌다고 보았다.

④ 을: 참된 지식을 얻으려면 선입견과 편견에서 벗어나야 한다.
→ 베이컨은 참된 지식을 얻으려면 인간이 지닌 선입견과 편견에서 벗어나야 한다고 보았다.

⑤ 갑, 을: 관찰과 실험만이 편견과 무지에서 벗어날 수 있게 한다.
→ 베이컨만의 입장이다.

분석 기출 문제

87~90쪽

[핵심 개념 문제]

498 실천 이성 499 조건부 의무 500 공리 501 싱어 502 ㉡
503 ㉢ 504 ㉠ 505 × 506 × 507 × 508 ○ 509 ×
510 × 511 × 512 × 513 × 514 ○ 515 ○ 516 ○
517 ×

518 ① 519 ① 520 ⑤ 521 ④ 522 ② 523 ① 524 ④
525 ③ 526 ④ 527 ③ 528 ④ 529 ⑤ 530 ④ 531 ④

1등급을 향한 서답형 문제

532 정언 명령 533 예시 답안 네 의지의 준칙이 언제나 동시에 보편적 입법의 원리가 될 수 있도록 행위하라. 너 자신과 다른 모든 사람의 인격을 결코 수단으로만 대하지 말고 언제나 동시에 목적으로 대하도록 행위하라. 534 예시 답안 쾌락에는 양적 차이뿐만 아니라 질적 차이도 있다. 따라서 질적으로 낮은 수준의 쾌락과 높은 수준의 쾌락을 구별해야 하며, 쾌락을 계산할 때 양뿐만 아니라 질적 차이도 고려해야 한다. 535 예시 답안 공리주의는 행위의 결과를 중시하고 있다. 하지만 도덕적 행위의 옳고 그름의 기준은 행위의 결과가 아니라 선의지에서 비롯된 의무라는 동기가 되어야 한다.

518

결과론적 윤리는 행위의 결과를 중시하고, 의무론적 윤리는 행위의 결과보다는 동기를 중시한다.

519

(가)는 칸트의 주장이다. 칸트에 따르면 도덕적 행위는 감정과 같은 경향성에 따른 행위가 아니라 도덕 법칙에 대한 의무에서 비롯된 행위이다. 따라서 칸트 입장에서 자선은 어려운 사람에 대한 연민의 감정 때문이 아니라 인간으로서 마땅히 해야 할 의무이기 때문에 하는 행위이다.

바로잡기 ② 칸트의 입장에서 도덕적 행위는 사회적 관습에 따르는 행위가 아니라 선의지에 따르는 행위이다. ③ 규칙 공리주의의 입장이다. ④ 흄의 입장이다. ⑤ 공리주의의 입장이다.

520

제시문의 갑은 칸트이다. 칸트는 의무 의식(의무감)에 따른 행위, 보편화 가능한 준칙을 따른 행위, 이성적 존재자를 수단이 아니라 목적 그 자체로서 대우하는 행위를 도덕적 행위로 보았다.

바로잡기 ⑤ 칸트는 동정심과 같은 감정이나 욕구와 같은 경향성에 따라 우연히 의무에 맞는 행위를 한 것은 도덕적 행위가 될 수 없다고 보았다.

521

제시문은 칸트의 주장이다. 칸트는 결과론이 아닌 의무론의 관점에서 단지 의무에 맞는 행위가 아니라 의무에서 비롯된 행위를 도덕적 행위로 보았다.

바로잡기 ① 칸트는 도덕 법칙을 그 자체가 목적인 정언 명령으로 보았다. ② 칸트는 도덕의 원리와 행복의 원리가 양립할 수 있다고 보았다. ③ 칸트는 도덕 법칙을 실천 이성이 우리에게 부과한 자율적 명령으로 보았다. ⑤ 칸트는 도덕 법칙을 언제 어디서나 누구나 예외 없이 따라야 하는 절대적이고 보편적인 법칙이라고 보았다.

522

제시문은 칸트의 두 가지 정언 명령에 대한 내용이다. (가)는 보편주의 원칙으로, 보편적 타당성을 지닌 가치관에 따라 행동할 때 도덕적으로 선한 행동이라는 의미이다. (나)는 인격주의 원칙으로, 누구나 존엄한 존재이므로 사람을 결코 수단으로 취급하지 말고 목적으로 대우해야 함을 의미한다.

바로잡기 ㄴ. 최대 다수의 최대 행복이라는 공리의 원리를 강조한 공리주의의 입장이다. ㄹ. 이익 평등 고려의 원칙을 설명한 것으로 현대 공리주의자인 싱어의 주장이다. 싱어는 인간뿐만 아니라 감각을 지닌 모든 개체, 즉 동물에게까지 공리의 원리를 확장시켜야 한다고 보았다.

523

제시문은 칸트의 주장이고, ㉠은 '선의지'이다. 칸트에 따르면 선의지란 어떤 행위가 단지 옳다는 이유만으로 그렇게 행하려는 의지이다. 따라서 이 세상 안에서뿐만 아니라 이 세상 밖에서도 무제한적으로 선하다고 할 수 있는 것은 오직 선의지뿐이다.

바로잡기 ② 칸트는 유덕함이 아니라 선의지가 동기인 행위를 도덕적 행위로 보았다. ③ 칸트는 유용성이 아니라 선의지가 동기인 행위를 도덕적 행위로 보았다. ④ 칸트는 의무감에서 비롯된 행위를 도덕적 행위로 보았다. ⑤ 칸트는 사회적 승인이 아니라 선의지가 동기인 행위를 도덕적 행위로 보았다.

524

제시문의 ㉠에 들어갈 현대 사상가는 로스이다. 로스는 기본적으로 칸트의 의무론을 계승하고 있다. 따라서 그가 제시한 조건부 의무는 다른 조건부 의무와 충돌하기 전까지는 정언 명령과 같은 절대적 지위를 갖는다. 하지만 조건부 의무끼리 충돌할 경우 역시 직관적으로 더 중요한 의무가 우선한다.

바로잡기 ㄴ. 조건부 의무들은 실제적 이익이나 쾌락과 관계없이 마땅히 지켜야 할 의무이다.

525

로스가 주장한 조건부 의무에는 약속 이행의 의무, 보은의 의무, 선행의 의무, 악행 금지의 의무, 정의의 의무, 자기 개선의 의무가 있다.

바로잡기 ③ 공리는 의무론이 아니라 결과론에서 강조하는 원리이다.

526

제시문은 벤담의 주장이다. 벤담은 쾌락을 가져오는 행위가 윤리적 행위라는 쾌락주의 입장에서 개개인의 쾌락은 사회 전체의 쾌락과 연결되며, 쾌락은 양적 차이만 있으므로 계산할 수 있다고 보았다.

바로잡기 두 번째 입장. 칸트의 입장이다.

527

제시문은 밀의 주장이다. 벤담의 윤리 사상을 계승한 밀은 쾌락을 질적으로 낮은 수준과 높은 수준의 쾌락으로 구분하고 쾌락의 질적 차이와 이타심, 공익 실현을 위한 내적 제재를 강조하였다.

바로잡기 ③ 쾌락의 양적 계산 기준으로 강도, 지속성, 범위, 확실성 등을 제시한 사상가는 벤담이다.

1등급 정리 노트 **벤담과 밀의 이기적 행위 제재 방법**

밀은 벤담과 마찬가지로 공익을 실현하기 위해서는 제재가 필요하다고 보았지만, 외적 제재보다는 양심에 의한 내적 제재를 더 강조하였다. 벤담과 밀의 이기적 행위에 대한 제재 방법을 비교해 알아두자.

벤담	밀
외적 제재(물리적·도덕적·정치적·종교적 제재)만 강조	• 외적 제재(처벌의 두려움)+내적 제재(양심의 후회) 주장 • 외적 제재보다는 내적 제재를 더욱 강조함

528

갑은 흄, 을은 벤담이다. 흄은 주정주의 입장의 사상가로 도덕성의 원천은 이성이 아니라 오직 감정뿐이라고 보았지만 이성이 도덕적 행위에 기여하는 바가 있음은 인정하였다. 벤담은 개인의 쾌락은 사회 전체의 쾌락과 연결되며, 최대 다수의 최대 행복이라는 사회적 선과도 양립할 수 있음을 강조하였다.

바로잡기 ㄹ. 벤담은 공리주의 사상가로서 도덕적 가치는 행위 자체에 내재해 있는 것이 아니라, 행위가 가져올 결과에 따라 결정된다고 보았다.

529

제시문은 칸트의 주장이다. 칸트는 사회적 유용성에 따라 옳고 그름이 결정된다고 본 흄, 벤담과 달리 행위의 동기인 선의지에서 비롯된 의무에 따라 옳고 그름이 결정된다고 보았다.

바로잡기 ① 흄은 공감 능력을 인간의 자연적 경향성으로 보았다. ② 흄은 옳음을 사회적 시인의 감정 표현으로 보았다. ③ 칸트가 제기할 수 있는 반론이 아니다. 칸트에 따르면 정언 명령은 실천 이성이 부과한 것이다. ④ 칸트가 제기할 수 있는 반론이 아니다. 칸트에 따르면 선의지는 도덕 법칙과 의무에 기초한다.

530

갑은 벤담, 을은 밀이다. 벤담은 양적 공리주의 입장으로 쾌락은 양적 차이만을 가지며 과학적으로 측정될 수 있다고 보았다. 밀은 질적 공리주의 입장으로 쾌락은 양적 차이뿐만 아니라 질적 차이도 가진다고 보았다. 두 사상가 모두 최대 다수의 최대 행복이라는 공리의 원리를 도덕의 근거로 삼았다.

바로잡기 ㄷ. 벤담과 밀 모두 자연적 경향성을 충족시키는 행위를 옳은 행위로 보았다.

531

제시문의 '이들'은 규칙 공리주의자들이다. 규칙 공리주의는 개별 행위가 산출하는 유용성보다는 행위 규칙이 산출할 유용성을 중시한다. 하지만 규칙들 간에 갈등이 발생하게 되면 결국 행위의 유용성을 기준으로 삼는다는 한계를 지닌다.

바로잡기 ① 벤담과 밀은 쾌락이 일정한 기준에 의해 측정될 수 있다고 본다. ② 칸트의 입장에서 제기할 수 있는 내용이다. ③ 고전적 공리주의는 규칙의 유용성보다는 개별 행위의 유용성을 중시한다. ⑤ 선호 공리주의의 입장에서 제기할 수 있는 내용이다.

1등급 정리 노트 **규칙 공리주의의 세 가지 수준**

규칙 공리주의는 윤리적 의사 결정과 관련하여 더 큰 유용성을 산출하는 규칙을 따르라고 주장하며, 규칙을 세 가지 수준으로 나누어 제시한다.

1차 규칙	'거짓말하지 마라.', '해악을 끼치지 마라.'와 같이 공리를 극대화하는 경험 규칙으로 이러한 경험 규칙을 그것들 사이에 갈등이 생기지 않는 한 준수해야 한다.
2차 규칙	경험 규칙이 서로 갈등할 때에는 '진실을 말하는 것보다 중대한 해악을 야기하지 않는 것이 더 중요하다.'와 같은 갈등 해결 규칙을 따라야 한다.
3차 규칙	2차 규칙으로도 해결되지 않으면 최종 규칙인 3차 규칙을 따르게 된다. 3차 규칙은 '당신의 최선의 판단에 비추어 보아 유용성을 극대화하는 행위를 실천하라.'이다.

532

칸트가 주장하는 도덕 법칙은 실천 이성이 부과한 무조건적 명령으로서 정언 명령의 형식을 취한다.

533

칸트가 제시한 두 가지 정언 명령은 각각 '네 의지의 준칙이 언제나 동시에 보편적 입법의 원리가 될 수 있도록 행위하라.'와 '너 자신과 다른 모든 사람의 인격을 결코 수단으로만 대하지 말고 언제나 동시에 목적으로 대하도록 행위하라.'의 두 가지이다. 첫 번째는 개인적인 준칙이 보편적인 도덕 원리가 될 수 있는지 스스로 물어보아야 한다는 의미를 담고 있다면, 두 번째는 인간이 절대적 가치를 지닌 인격체로서 그 자체로 목적으로 대우받아야 마땅하다는 의미를 담고 있다.

채점 기준	수준
'네 의지의 준칙이 언제나 동시에 보편적 입법의 원리가 될 수 있도록 행위하라.'와 '너 자신과 다른 모든 사람의 인격을 결코 수단으로만 대하지 말고 언제나 동시에 목적으로 대하도록 행위하라.' 모두를 맥락에 맞게 서술한 경우	상
'네 의지의 준칙이 언제나 동시에 보편적 입법의 원리가 될 수 있도록 행위하라.'와 '너 자신과 다른 모든 사람의 인격을 결코 수단으로만 대하지 말고 언제나 동시에 목적으로 대하도록 행위하라.' 중 한 개만을 맥락에 맞게 서술한 경우	중
'네 의지의 준칙이 언제나 동시에 보편적 입법의 원리가 될 수 있도록 행위하라.'와 '너 자신과 다른 모든 사람의 인격을 결코 수단으로만 대하지 말고 언제나 동시에 목적으로 대하도록 행위하라.' 모두 맥락에 맞지 않게 서술한 경우	하

534

(가)는 벤담, (나)는 밀, (다)는 칸트의 주장이다. 벤담은 양적 공리주의, 밀은 질적 공리주의 입장이다. 벤담은 쾌락이 질적으로 동일하고 계산 가능하다고 본 반면, 밀은 쾌락의 질적 차이를 인정하여 쾌락을 계산할 때 양뿐만 아니라 질적인 차이도 고려해야 한다고 보았다.

채점 기준	수준
쾌락의 질적 차이에 대한 내용을 자세히 포함하여 서술한 경우	상
벤담은 양적 공리주의, 밀은 질적 공리주의 입장이라는 내용만 서술한 경우	중

535

(다)를 주장한 칸트는 의무에 따라 행동하는 것이 도덕적 행위라고 보

았는데, 이는 행위의 결과를 중시하는 공리주의와는 달리 선의지에서 비롯된 의무라는 행위의 동기를 중시하는 입장이다.

채점 기준	수준
도덕 판단의 기준은 행위의 결과가 아니라 동기임을 정확하게 서술한 경우	상
도덕 판단의 기준은 행위의 결과가 아니라 동기임을 대략적으로 서술한 경우	중

적중 1등급 문제

91쪽

536 ⑤ 537 ④ 538 ② 539 ⑤

536 칸트와 밀의 사상 비교하기

갑은 의무론자인 칸트이고, 을은 공리주의자인 밀이다. 칸트는 도덕을 행위의 결과에 상관없이 단지 그것이 옳다는 이유로 행해져야 할 것으로 보았다. 밀은 최대 다수의 최대 행복을 강조하면서도 쾌락의 양만을 중시할 것이 아니라 질적 차이도 고려해야 한다고 주장하였다. 한편 칸트는 의무에 맞을 뿐만 아니라 의무로부터 비롯된 행위만이 도덕적 가치를 갖는다고 보았다. 밀은 결과적으로 다수에게 쾌락을 가져다주는 행위만이 도덕적 가치를 지닌다고 보았다.

1등급 선택지 분석

ㄱ. 갑: 의무의 무조건적 명령은 자율성을 침해한다.
→ 칸트에 따르면 의무의 무조건적 명령(정언 명령)은 자율적 도덕 법칙의 명령이므로 자율성을 침해하지 않는다.
ㄴ. 갑: 도덕 원리의 의미에는 인간의 평등함이 내포되어 있다.
ㄷ. 을: 의무를 동기로 삼지 않는 행위도 도덕적 가치를 지닐 수 있다.
ㄹ. 갑, 을: 행위의 도덕성 판단을 위해 행위자의 품성을 고려할 필요는 없다.

537 에피쿠로스와 벤담의 사상 비교하기

갑은 에피쿠로스이고, 을은 벤담이다. 두 사상가는 모두 쾌락은 선이고 고통은 악이라고 보았다. 그러나 에피쿠로스가 개인적 쾌락을 추구한 데 비해 벤담은 사회적 쾌락도 추구하였다. 또한 에피쿠로스는 쾌락을 적극적으로 추구하기보다 고통과 불안이 없는 상태를 추구한 소극적 쾌락주의자이며, 벤담은 최대 다수의 최대 행복을 추구한 양적 공리주의자이다.

1등급 선택지 분석

① 갑: 은둔 생활을 운명으로 받아들여 공적인 삶을 피해야 한다.
→ 에피쿠로스는 은둔 생활을 추구했으나 은둔 생활을 운명으로 받아들일 것을 주장하지는 않았다.
② 갑: 자연적이고 필수적인 욕구를 제거해야 평정심에 이를 수 있다.
→ 에피쿠로스는 자연적이고 필수적인 욕구를 최소한으로 충족해야 한다고 보았다.
③ 을: 쾌락의 강도, 지속성과 달리 쾌락의 순수성은 측정할 수 없다.
→ 벤담은 쾌락을 계산하는 기준으로 강도, 지속성, 확실성, 근접성, 다산성, 순수성, 범위 등을 제시하였다.
④ 을: 행복은 쾌락이자 고통의 부재이며 인간 삶의 궁극적 목적이다.
→ 벤담을 인간 삶의 궁극적 목적을 쾌락이라고 보았다.
⑤ 갑, 을: 인간 행위의 목적은 쾌락의 총량을 늘려 나가는 데 있다.
→ 벤담과 달리 에피쿠로스는 쾌락을 적극적으로 추구하기보다는 고통을 제거함으로써 주어지는 소극적 쾌락을 추구하였다.

538 밀의 공리주의 사상 이해하기

제시문은 질적 공리주의 사상가인 밀의 주장이다. 밀은 쾌락을 평가할 때는 그 양뿐만 아니라 질적인 차이도 고려해야 한다고 주장하였다. 그에 따르면 도덕 원리는 쾌락을 추구하는 인간의 본성에 근거해야 하며, 질이 낮은 저급한 육체적 쾌락보다 내적 교양이 뒷받침된 고상한 정신적 쾌락을 추구해야 한다. 그리고 밀은 비교되는 두 쾌락을 모두 경험한 사람들이 더 선호하는 쾌락이 질적으로 더 수준 높은 쾌락이라고 보았다.

1등급 선택지 분석

① 공리의 원리는 쾌락을 추구하는 인간의 본성에 근거한다.
→ 공리주의의 기본 입장에 따르면 도덕 원리는 쾌락을 추구하는 인간의 본성에 근거해야 한다.
② 지성과 교양은 행위 자체의 본질적 가치를 인식시켜 준다.
→ 공리주의의 기본 입장에 따르면 행위 자체는 본질적 가치를 갖지 않으며 좋은 결과를 얻기 위한 수단의 가치를 가진다.
③ 고상한 쾌락을 향유하려면 지성과 교양을 갖출 필요가 있다.
→ 밀은 내적 교양이 뒷받침된 고상한 정신적 쾌락을 추구해야 한다고 보았다.
④ 고상한 쾌락은 저급한 쾌락보다 양과 무관하게 더 가치 있다.
→ 밀은 고상한 쾌락이 양과 무관하게 저급한 쾌락보다 훨씬 가치 있다고 보았다.
⑤ 여러 가지 쾌락을 경험한 자가 선호하는 쾌락이 더 바람직하다.
→ 밀은 두 쾌락의 질적 차이는 두 쾌락을 경험한 사람들이 판단할 수 있다고 보았다.

539 칸트, 벤담, 밀의 사상 비교하기

갑은 칸트, 을은 벤담, 병은 밀이다. 칸트는 도덕적 의무의 이행과 행복의 추구는 양립 가능하지만, 의무를 이행해야 할 때는 자신의 행복을 고려하지 말아야 한다고 주장하였다. 벤담과 밀은 모두 공리의 원리, 즉 최대 다수의 최대 행복을 도덕의 원리로 보았다. 그러나 벤담이 모든 쾌락을 질적으로 동일하다고 본 양적 공리주의자라면 밀은 쾌락의 양만이 아니라 질적 차이도 고려해야 한다고 본 질적 공리주의자이다.

1등급 선택지 분석

① A, F: 행위 관련 당사자를 평등하게 고려해야 함을 간과한다.
→ 벤담과 밀 모두 행위와 관련된 당사자들을 평등하게 고려해야 한다고 보았다.
② B: 도덕적 의무의 이행과 행복의 추구가 양립 가능함을 간과한다.
→ 칸트는 도덕과 행복이 양립 가능하다고 보았다. 다만 도덕의 목적이 행복임을 부정하였다.
③ C: 모든 쾌락은 양적 측면과 질적 측면에서 차이가 없음을 간과한다.
→ 모든 쾌락이 질적으로 동일하다고 본 벤담과 달리, 밀은 쾌락의 양뿐만 아니라 질적인 차이도 있음을 강조하였다.
④ D: 쾌락을 비교할 때 양이 아니라 질만을 고려해야 함을 간과한다.
→ 벤담은 쾌락이 오직 양적인 차이만 있다고 보았다.
⑤ E: 도덕 원리가 행복을 추구하는 인간의 경향성에 근거함을 간과한다.
→ 벤담과 밀의 공리주의는 인간은 누구나 행복을 추구하는 존재라는 인간관에 기초하지만, 칸트는 행복을 추구하는 경향성이나 동정심은 도덕의 근거가 될 수 없다고 보았다.

15 현대의 윤리적 삶

분석 기출 문제

93~96쪽

[핵심 개념 문제]

540 현존재 **541** 한계 상황 **542** 실용주의의 격률 **543** 현금 가치
544 ㉡ **545** ㉠ **546** ㉢ **547** ○ **548** × **549** ○ **550** ×
551 ○ **552** ○ **553** × **554** ○ **555** × **556** ○ **557** ○
558 × **559** ×

560 ④ **561** ④ **562** ④ **563** ⑤ **564** ④ **565** ⑤ **566** ③
567 ④ **568** ⑤ **569** ② **570** ④ **571** ② **572** ⑤ **573** ②
574 ③

1등급을 향한 서답형 문제

575 예시 답안 지식은 그 자체가 목적이 아니라 삶의 과정에서 끊임없이 부딪히는 문제 상황을 해결하기 위한 수단으로서 형성되는 것이다. **576** 예시 답안 개인이 주체적 결단을 통해 스스로 자신의 삶을 만들어 가고 책임지는 삶이 도덕적 삶이다. **577** ㉠ 실용주의, ㉡ 듀이 **578** 예시 답안 지성적인 방식으로 다양한 문제 상황을 해결하는 데 도움을 줄 수 있다. 다원주의 사회가 정착하는 데 기여할 수 있다.

560

가로 낱말 (A)는 '사실', (B)는 '존천리'이며, 세로 낱말 (C)는 '실존'이다. 실존주의에서 강조하는 실존이란 본질과 대비되는 개념으로, 구체적이고 개별적인 상황에서 항상 스스로 결단해야만 하는 개인을 의미한다.

바로잡기 ① 벤담의 입장이다. 벤담은 인간을 쾌락과 고통이라는 두 군주의 지배를 받는 존재로 보았다. ② 칸트의 입장이다. 칸트는 인간을 스스로에게 도덕 법칙을 부과하는 이성적 존재자로 보았다. ③ 스피노자의 입장이다. 스피노자는 자연의 모든 개별 사물들을 유일한 실체인 신, 즉 자연의 여러 양태(樣態)로 보았다. ⑤ 플라톤의 입장이다. 플라톤은 선(善)의 이데아에 대한 앎과 인격을 겸비한 철학자(철인)가 국가를 통치해야 한다고 보았다.

561

제시문은 하이데거의 주장이다. 하이데거는 인간을 현존재로 규정하였다. 그에 따르면 현존재는 '지금', '여기에' 있는 인간 존재로서 자신이 죽음을 향해 나아가고 있음을 인식함으로써 자신의 죽음을 수용하고 스스로의 삶을 기획하고 창조하는 본래적 자아, 즉 참된 실존을 회복할 수 있다고 보았다.

바로잡기 두 번째 입장. 하이데거는 실존주의 사상가로서 과학 기술 문명과 대중 사회 속에서의 획일적 삶을 비판하였다.

562

제시문은 실존주의자 키르케고르에 대한 내용이다. '신 앞에 선 단독자'란 누구나 자신의 운명을 개척하고 책임져야 한다는 주체성과 독립성을 강조한 말이다.

바로잡기 ㄱ. 사르트르와 관련된 내용이다. ㄷ. 실존주의자들은 불안과 절망의 원인이 이성 때문이라고 본다.

1등급 정리 노트 키르케고르의 실존의 3단계

키르케고르는 절망에서 벗어나기 위해 실존의 세 단계를 제시하였으며, 참된 실존은 신 앞에 서기로 주체적으로 결단하면서 이루어진다고 보았다. 실존의 3단계 특징을 기억해 두자.

심미적 실존	감각적 쾌락을 추구하며 살아가지만 곧 절망에 빠짐
윤리적 실존	보편적 윤리를 따르며 생활하지만 유한성 앞에 절망함
종교적 실존	신 앞에 선 단독자로서 자신의 주체성을 자각함

563

㉠에 들어갈 말은 '한계 상황'이다. 야스퍼스는 이성이나 과학의 힘으로 결코 해결할 수 없는 한계 상황에 직면한 인간은 자신의 유한성을 자각함으로써 참된 실존을 회복할 수 있게 된다고 보았다.

바로잡기 ①, ④ 이성의 힘을 통해 해결할 수 없으며, 객관성과 보편성을 통해 해결할 수 없는 상황이다. ② 실용주의의 관점이다. ③ 아리스토텔레스나 덕 윤리의 덕에 대한 설명이다.

564

제시문은 무신론적 실존주의 사상가인 사르트르의 주장이다. 그에 따르면 인간은 이 세상에 내던져진 존재로서 스스로의 삶을 자유롭게 선택하고 그에 대한 모든 책임을 져야 한다.

바로잡기 ① 사르트르는 인간에게 정해진 본성은 존재하지 않는다고 보았다. ②, ③ 사르트르는 신의 존재를 부정하였다. ⑤ 스피노자가 긍정의 대답을 할 질문이다.

565

갑은 키르케고르, 을을 야스퍼스이다. 두 사상가 모두 실존주의 사상가로서 객관성과 보편성의 추구에 치우쳐 개인의 고유한 특성이나 개별적인 삶의 문제를 도외시한 근대 이성주의를 비판하였다.

바로잡기 ㉠ 키르케고르는 참된 실존의 회복을 위해 신에게 의지할 것을 주장하였다. ㉡ 키르케고르는 참된 신앙을 통해서만 모든 불안을 해소할 수 있다고 보았다. ㉢ 야스퍼스는 타인과의 연대가 필요하다고 보았다. ㉣ 야스퍼스는 한계 상황을 변화시키기보다 자각할 것을 강조하였다.

566

갑은 사르트르, 을은 키르케고르이다. 두 사상가의 공통점은 인간의 자유로운 결단과 그것에 대한 책임을 강조했다는 점이다. 그러나 사르트르는 무신론적 실존주의를, 키르케고르는 유신론적 실존주의를 주장하였다.

바로잡기 ① 실존주의는 이성 중심의 사고가 지닌 한계에 대해 비판하였다. 따라서 두 사상가 모두 부정의 대답을 할 질문이다. ② 두 사상가 모두 긍정의 대답을 할 질문이다. ④ 실존주의와 관련이 없는 내용이다. 따라서 두 사상가 모두 부정의 대답을 할 질문이다. ⑤ 사르트르는 인간의 보편적 본질을 부정하며, 키르케고르 역시 보편적 본질보다 개인적 본질에 관심을 기울인다. 따라서 두 사상가 모두 부정의 대답을 할 질문이다.

567

'실존'을 탐구 주제로 삼은 사상은 '실존주의'이다. 실존주의는 인간의 보편성보다는 개인의 고유한 특성을, 객관적·보편적 진리보다는 주관적 진리를, 무조건 따르기보다 스스로의 결단과 선택에 따른 책임

을 강조한다.

바로잡기 ㄹ. 실존주의 사상은 이성의 도구적 기능을 중시한 근대의 이성주의를 비판하며 등장하였다.

568

(나)에 제시된 내용은 실용주의에 대한 비판이다. 따라서 (가)에는 실용주의의 관점이 들어가야 한다. 실용주의는 지식을 인간과 환경의 상호 작용의 산물로 보며, 실험을 통해 쓰임새나 유용성이 입증되어야 비로소 진리로 인정한다. 또한 실용주의는 관념을 삶의 문제를 해결하기 위한 도구로 인식한다.

바로잡기 ⑤ 실용주의의 관점이 아니다. 실용주의는 영원불변하는 진리는 존재하지 않는다고 보며, 철학 역시 삶을 개선하는 데 유용한 도구가 되어야 한다고 본다.

569

제시문은 듀이의 실용주의와 관련된 내용이다. 듀이는 도덕이 시대와 상황에 따라 변화하고 성장하기 때문에 고정적이고 절대적인 도덕적 가치는 존재하지 않으며, 사회적 유용성을 증진할 때 비로소 도덕적 행위라고 본다.

바로잡기 ㄴ. 듀이에 따르면 도덕의 목적은 인간 삶과 사회의 개선, 성장, 진보이다. ㄹ. 듀이에 따르면 도덕적 지식은 보편타당하지 않으므로 언제든지 수정되고 재구성될 수 있다.

570

제시된 학습 주제는 '실용주의'이다. 실용주의란 지식이나 도덕의 유용성을 강조하는 현대 서양 사상으로 19세기 말 미국 사회 내의 다양한 갈등을 해결하는 과정에서 영국의 경험론과 다윈의 진화론, 미국의 개척 정신을 기반으로 등장하였다. 문제 해결이나 실생활에 유용한 것만을 가치 있는 것으로 보기 때문에 윤리적 상대주의에 빠질 우려가 있다.

바로잡기 ④ 실용주의는 도구적 가치를 강조하기 때문에 내재적·본래적 가치의 존재를 간과할 수 있다는 한계를 갖는다.

571

제시문은 듀이의 주장이다. 듀이는 자신과 사회를 최대한 개선할 수 있는 결과를 산출하는 행위를 바람직하다고 보았다.

바로잡기 ① 듀이는 절대적인 가치나 원리를 부정하였다. ③ 듀이는 전통과 관습도 삶의 개선이나 문제 해결에 기여할 때만 가치 있다고 보았다. ④ 듀이는 정적인 성과보다는 성장 그 자체를 추구할 것을 강조하였다. ⑤ 듀이는 순수한 사유보다는 유용성 검증을 위한 과학적 관찰과 실험을 중시하였다.

572

제시문은 제임스의 주장이다. 제임스는 실험을 통해 유용하다고 검증된 것만이 진리이며 가치를 갖는다고 보았다.

바로잡기 ㄱ. 제임스는 문학과 철학과 같이 비실용적인 것처럼 보이는 학문도 실생활에 유용한 것으로 검증된다면 현금 가치를 지닐 수 있다고 보았다. ㄴ. 제임스를 비롯한 실용주의 사상가들은 고정불변의 최고선을 부정한다.

573

갑은 고대 그리스의 대표적인 소피스트인 프로타고라스이고, 을은 듀이이다. 두 사상가 모두 절대적이고 보편적인 도덕을 부정하였으며, 감각적 경험을 지식의 원천으로 보았다.

바로잡기 ㄴ. 프로타고라스와 듀이 모두 부정의 대답을 할 질문이다. ㄷ. 프로타고라스만 긍정의 대답을 할 질문이다. 듀이는 지성을 통해 삶의 문제를 해결할 것을 강조하였다.

574

제시문은 듀이의 주장이다. 듀이에 따르면 도덕이나 윤리는 고정된 것이 아니라 시대와 상황에 따라 변화하고 성장하는 것이다. 따라서 고정적이고 절대적인 가치는 존재하지 않는다.

바로잡기 ③ 듀이는 옳은 판단이란 도덕 법칙에 의해 결정되는 것이 아니라 인간의 삶과 사회에 성장, 개선, 진보를 가져왔느냐에 따라 결정된다고 본다.

575

제시문은 듀이의 주장이다. 듀이는 지식을 유용성의 관점에서 본다. 그에 따르면 아무리 훌륭해 보이는 지식이라도 그것이 문제 상황을 해결하는 데 도움을 주지 못한다면 무의미한 것이다.

채점 기준	수준
지식은 문제 상황을 해결하기 위한 수단이라는 내용으로 서술한 경우	상
지식은 문제 상황을 해결하기 위한 수단이라는 내용은 포함되지 않았으나, 지식이 실생활에 유용할 때 의미 있다는 내용으로 서술한 경우	중

576

제시된 가상 대화 속 '선생님'은 사르트르이다. 사르트르는 먼저 실존한 후에 자기 자신의 모습을 만들어 간다는 의미에서 "실존은 본질에 앞선다."라고 주장하였다. 그에 따르면 인간은 신에게 의지하지 말고 스스로 주체적인 결단을 통해 자기 자신의 모든 것을 선택하고 그에 대해 전적으로 책임을 져야 한다. 따라서 사르트르에게 있어 도덕적 삶이란 주체적 결단을 통해서 자신의 삶에 책임지는 삶이라고 할 수 있다.

채점 기준	수준
스스로 결단하고 책임을 지는 삶이라고 정확하게 서술한 경우	상
주체적 삶 내지 실존적 삶이라고만 서술한 경우	중

577

19세기 미국에서 등장하여 지식이나 도덕도 현실 문제를 해결하는 데 유용할 때 비로소 가치를 갖는다고 보는 사상을 실용주의라고 한다. 대표적인 사상가로 도구주의를 제시한 듀이가 있다.

578

실용주의는 현대인이 직면한 다양한 문제 상황을 지성적인 방식으로 접근하여 해결하는 데 도움을 줄 수 있다. 또한 문제 해결에 필요하다고 생각되는 모든 것들을 수용함으로써 다양한 가치가 공존하는 다원주의 사회를 만드는 데 기여할 수 있다.

채점 기준	수준
실용주의가 현대인의 삶에 주는 윤리적 시사점을 모두 서술한 경우	상
실용주의가 현대인의 삶에 주는 윤리적 시사점을 한 가지만 서술한 경우	중

적중 1등급 문제

97쪽

579 ⑤ 580 ② 581 ① 582 ②

579 키르케고르와 사르트르의 실존주의 사상 비교하기

갑은 키르케고르이고, 을은 사르트르이다. 유신론적 실존주의 사상가인 키르케고르에 따르면 인간은 신 앞에 홀로 나가 모든 것을 신에게 맡기겠다고 주체적으로 결단할 때 참된 실존을 회복할 수 있다. 무신론적 실존주의 사상가인 사르트르는 인간의 본질을 정해 줄 신은 존재하지 않는다고 보고, 인간은 자신의 주체적인 선택을 통해 스스로를 형성해 가는 존재라고 주장하였다.

1등급 선택지 분석

① 갑: 양심에 따라 윤리 규범을 지키면 절망에 빠지지 않는다.
→ 키르케고르는 윤리적 실존 단계에서 인간은 양심에 따라 보편적 윤리 규범에 따라 살아가지만 자신의 유한성을 자각하게 되어 절망하게 된다고 주장하였다.

② 갑: 종교적 실존 단계에서 인간은 자연 그 자체인 신에게 귀의한다.
→ 신이 자연 그 자체라고 본 것은 스피노자이다. 키르케고르에게 신은 그리스도교의 신, 즉 창조주이자 인격신이다.

③ 을: 인간은 자유 자체를 선택해 스스로를 형성해 가는 존재이다.
→ 사르트르에 따르면 인간은 선택할 수 있는 자유를 가지고 있지만 자유 자체를 선택할 수는 없다.

④ 을: 실존주의의 제1원리는 인간의 삶에 객관적 목적을 부여한다.
→ 실존주의의 제1원리는 인간에게 미리 정해진 본성이나 삶의 객관적인 목적이 없다는 것이다.

⑤ 갑, 을: 실존적 상황은 선택의 기로에 선 인간을 불안하게 한다.
→ 키르케고르와 사르트르 모두 실존적 상황은 인간을 불안하게 한다고 보았다.

580 스피노자와 사르트르의 사상 비교하기

갑은 스피노자, 을은 사르트르이다. 스피노자에 따르면 신 또는 자연이 유일한 실체이며, 인간은 신의 유한한 양태이다. 스피노자는 신에 대한 이성적 관조(지적인 사랑)에서 오는 평온한 행복을 최고선으로 보았다. 사르트르에 따르면 신이 존재하지 않기 때문에 인간에게는 미리 정해진 본질이나 목적이 없으며 인간은 이 세상에 우연히 내던져진 존재이다. 사르트르는 인간이 근본적으로 자유로운 존재이므로 스스로 모든 것을 선택하고 그에 대한 전적인 책임을 져야 한다고 주장하였다.

1등급 선택지 분석

① 만물의 초월적 원인인 신은 존재하는가?
→ 스피노자와 사르트르 모두 부정의 대답을 할 질문이다.

② 인간은 자유 의지에 따라 행동할 수 있는가?
→ 스피노자는 부정, 사르트르는 긍정의 대답을 할 질문이다. 스피노자는 자유 의지를 부정하였다.

③ 인간은 신적 본성의 필연성에 의해 존재하는가?
→ 스피노자는 긍정, 사르트르는 부정의 대답을 할 질문이다.

④ 인간은 능동적이고 자유로운 삶을 살 수 있는가?
→ 스피노자와 사르트르 모두 긍정의 대답을 할 질문이다. 스피노자는 정념의 속박에서 벗어난 자유로운 삶을, 사르트르는 모든 것을 스스로 선택하고 전적으로 책임지는 자유로운 삶을 추구하였다.

⑤ 인간은 유일한 실체인 신의 양태들 중 하나인가?
→ 스피노자는 긍정, 사르트르는 부정의 대답을 할 질문이다.

581 키르케고르와 하이데거의 실존주의 사상 비교하기

(가)의 갑은 키르케고르이고, 을은 하이데거이다. 키르케고르는 실존적 상황에서 객관성이 아닌 주체성만이 답을 줄 수 있으며 진리는 개별적이고 주체적인 것이라고 보았다. 또한 종교적 실존 단계에서 신에게 귀의하기로 주체적 결단을 내림으로써 참된 실존을 회복할 수 있다고 주장하였다. 하이데거는 지금, 여기에 있는 현실적 인간을 '현존재'라고 불렀다. 하이데거는 인간이 죽음을 회피하거나 불안에 빠져 있기보다 스스로 앞질러 죽음을 받아들이기로 주체적 결단을 내림으로써 자신의 참된 실존을 회복할 수 있다고 주장하였다.

1등급 선택지 분석

ㄱ. A: 참된 실존을 회복하려면 주체적 결단이 필요한가?
→ 키르케고르와 하이데거 모두 주체적 결단을 강조하였다.

ㄴ. B: 참된 실존은 종교적 실존 단계에서만 회복되는가?
→ 키르케고르만이 종교적 실존 단계에서 참된 실존을 회복할 수 있다고 보았다.

ㄷ. B: 실존적 상황에서는 객관적 진리를 추구해야 하는가?
→ 키르케고르는 실존적 상황에서는 객관성이 아니라 주체성만이 답을 줄 수 있다고 보며, 주관적인 진리를 중시하였다.

ㄹ. C: 본래적 실존은 일상적 삶의 방식을 통해 회복되는가?
→ 하이데거는 일상적이고 획일화된 삶의 방식(비본래적 실존)을 벗어나 본래적 실존을 회복할 것을 강조하였다.

582 베이컨과 듀이의 사상 비교하기

갑은 베이컨이고, 을은 듀이이다. 베이컨은 경험과 관찰을 통해 얻은 지식을 지성의 힘으로 새롭게 소화시키는 '참된 귀납법'만이 올바른 학문 탐구 방법이라고 강조하였다. 듀이에 따르면 지식은 구체적인 삶의 문제를 해결하는 도구이다. 지식은 그 자체가 목적이거나 가치 있는 것이 아니라 삶의 문제 해결에 유용성이 있을 때 가치가 있다는 것이다. 따라서 그는 도덕이나 윤리는 고정적인 것이 아니라 성장하고 변화하는 것이라고 보았다.

1등급 선택지 분석

ㄱ. 갑: 삼단 논법은 자연을 이해하는 적절한 방법이 아니다.
→ 베이컨은 삼단 논법에 의한 연역적 방법보다 경험과 관찰을 통한 귀납적 방법이 자연을 이해하는 적절한 방법이라고 보았다.

ㄴ. 을: 절대적이고 영원불변한 지식을 추구해야 한다.
→ 듀이에 따르면 절대적이고 영원불변한 지식이 아니라 실생활에 유용한 지식을 추구해야 한다.

ㄷ. 을: 창조적 지성은 삶의 문제 해결에 도움을 줄 수 없다.
→ 듀이는 창조적 지성이 삶의 문제 해결에 도움을 줄 수 있다고 보았다.

ㄹ. 갑, 을: 관찰과 실험을 통해 인간의 삶을 개선할 수 있다.
→ 베이컨과 듀이는 모두 관찰과 실험을 통해 지식을 성장시키고, 이를 통해 인간의 삶을 개선할 수 있다고 보았다.

단원 마무리 문제

98~103쪽

583 ② 584 ⑤ 585 ④ 586 ⑤ 587 ③ 588 ② 589 ③
590 ⑤ 591 ④ 592 ⑤ 593 ① 594 ② 595 ⑤ 596 ②
597 ③ 598 ③ 599 ① 600 ② 601 ③ 602 ④ 603 ①
604 ② 605 선(좋음)의 이데아 606 예시 답안 이데아계는 오직 이성에 의해서만 파악되는 완전한 세계인 반면, 현상계는 감각적 경험에 의해 파악되는 불완전한 세계이다. 607 자연법 608 예시 답안 인간에게는 신에 대해 알고자 하는 성향과 사회적 삶을 살고자 하는 성향이 있다.

583
갑은 소피스트인 프로타고라스이고, 을은 현대 실용주의 사상가인 듀이이다. 프로타고라스는 개인의 감각과 경험이 지식의 근원이고, 세상 모든 것에 대해 판단하는 주체가 개인이라는 점을 강조하였다. 듀이는 인간의 지식이나 신념, 이론 등이 삶의 문제를 개선하는 데 기여해야 하며 이러한 유용성을 지닐 때 비로소 가치를 지닌다고 보았다.

바로잡기 ㄴ. 듀이는 절대적인 가치나 진리는 존재하지 않는다고 보았다. ㄷ. 프로타고라스는 각 개인의 감각적 경험을 도덕 판단의 기준으로 보았으며, 듀이는 유용성을 도덕 판단의 기준으로 보았다.

584
갑은 소크라테스이고, 을은 소피스트이자 회의주의자인 고르기아스이다. 소크라테스는 소피스트의 상대주의와 회의주의를 비판하면서 보편적이고 객관적인 윤리가 존재하며 이를 이성을 통해 알 수 있다고 보았다. 또한 소크라테스는 참된 앎에 이르기 위한 무지의 자각을 강조하였다. 고르기아스는 진리나 규범의 존재 자체를 의심하는 회의주의적 관점에서 절대적 존재와 진리, 그에 대한 객관적 인식을 부정하였다.

바로잡기 ① 인간 개개인이 만물의 척도임을 주장한 것은 프로타고라스이다. ② 고르기아스는 아무것도 존재하지 않고 존재한다 해도 알 수 없다고 주장하였다. ③ 소크라테스는 절대적 진리가 존재한다고 보았다. ④ 소크라테스는 무지의 자각이 진리 탐구의 기본 조건임을 강조하며, 끊임없는 질문을 통해 무지를 자각할 수 있는 산파술을 참된 앎을 깨닫는 방법으로 제시하였다.

585
갑은 소크라테스이고, 을은 아리스토텔레스이다. 소크라테스는 주지주의 입장에서 선을 알면 반드시 선을 행하게 되어 있다고 보았다. 반면에 아리스토텔레스는 의지가 나약하거나 자제력이 없으면 중용의 상태가 무엇인지 안다고 하더라도 그것을 실천하지 못할 수 있다고 보았다. 하지만 소크라테스와 아리스토텔레스는 선에 대한 무지는 악행의 원인이 될 수 있고, 덕을 갖추어야만 행복한 삶을 살 수 있다고 본 점에서는 공통적이다.

바로잡기 ㄷ. 아리스토텔레스에 따르면 지성적 덕인 실천적 지혜는 품성적 덕을 갖추기 위한 필수 조건이다.

586
제시문은 플라톤의 주장이다. 플라톤은 인간의 영혼이 이성, 기개, 욕구 세 부분으로 구성되어 있다고 보았으며, 이성의 덕으로 지혜, 기개의 덕으로 용기, 그리고 세 부분이 모두 갖추어야 할 덕으로 절제를 제시하였다. 그에 따르면 영혼의 정의(正義)란 영혼의 각 부분이 각자의 덕을 갖추어 전체적으로 조화를 이룬 상태이다.

바로잡기 ① 기개의 덕은 용기이다. ② 용기는 이성의 지시에 따라, 두려워할 것과 두려워하지 않을 것을 끝까지 보전하는 것이다. ③ 절제는 지배하는 부분(이성)과 지배받는 부분들(기개, 욕구)에 공통으로 요구되는 덕이다. ④ 절제는 영혼의 지배하는 부분과 지배받는 부분들 사이에 반목하지 않는 덕이다.

587
갑은 소피스트인 트라시마코스이고, 을은 플라톤이다. 트라시마코스는 정의란 강자인 통치자의 이익이라고 보았다. 이에 비해 플라톤은 국가의 세 계층이 각자의 역할을 충실히 수행하여 조화를 이룬 국가를 정의로운 국가로 보았다. 특히 플라톤은 욕구 부분의 덕인 절제가 모든 계층에게 요구된다고 보았다. 한편 소피스트는 인간의 감각적 경험을 통해 정의가 무엇인지 파악된다고 본 반면 플라톤은 이성을 통해 이데아계에 있는 정의의 참된 근거를 파악할 수 있다고 보았다.

바로잡기 ㄱ. 트라시마코스는 정의가 강자의 이익이며 약자에게는 해가 되는 것이라고 보았다. ㄹ. 소피스트는 현실 세계에서 정의의 참된 근거를 찾았지만, 플라톤은 이데아계에서 찾았다.

588
갑은 플라톤이고, 을은 아리스토텔레스이다. 플라톤은 용기를 영혼의 기개와 국가의 군인들이 갖추어야 할 덕으로 보았다. 아리스토텔레스는 용기를 무모와 비겁의 중용에 해당하는 품성적 덕으로 보았다. 또한 아리스토텔레스에 따르면 용기는 지성적 덕인 실천적 지혜에 의해 파악되며 실천적 지혜의 지위에 따른 행위를 반복해야 형성될 수 있다.

바로잡기 ㄴ. 용기는 국가의 모든 계층에게 요구되는 덕이 아니다. 플라톤에 따르면 국가의 모든 계층에게 요구되는 덕은 절제이다. ㄹ. 플라톤에 따르면 용기는 이성의 지시에 따라 두려워할 것과 두려워하지 않을 것을 끝까지 보전하는 것이다. 아리스토텔레스에 따르면 용기는 마땅히 두려워해야 할 것은 두려워하고 두려워하지 않아도 될 것은 두려워하지 않는 것이다.

589
갑은 스토아학파 사상가인 아우렐리우스이고, 을은 합리론의 입장을 지닌 스피노자이다. 아우렐리우스는 이성을 통해 파악한 자연적 질서에 순응하여 정념의 지배에서 벗어날 때 행복해질 수 있다고 보았다. 스피노자는 신 또는 자연을 이성적으로 인식하여 신을 지적으로 사랑하게 되면 최고의 행복을 누릴 수 있다고 보았다. 두 사상가는 모두 자연의 필연적 질서에 대한 이성적 인식을 통해 마음의 평온을 누릴 수 있다고 보았다는 점에서 공통적이다.

바로잡기 ① 두 사상가 모두 은둔 생활에서 행복을 찾지 않았다. ② 두 사상가 모두 자유 의지로 자연의 질서를 변화시켜야 한다고 주장하지 않았다. ④ 두 사상가 모두 모든 감정을 버려야 한다고 주장하지 않았다. 아우렐리우스는 부모에 대한 사랑 같은 자연스러운 감정을 인정하였고, 스피노자는 자기 보존이 증대될 때 느끼는 능동적 감정을 인정하였다. ⑤ 두 사상가 모두 신과 자연을 동일시하는 범신론적 입장이다.

590
갑은 스토아학파 사상가 에픽테토스이고, 을은 현대 실존주의 사상가 하이데거이다. 에픽테토스는 죽음을 두려운 것으로 만드는 유일한 것은 그것이 두렵다는 사람들의 판단이라고 보았으며, 죽음을 자연의 필연적 사건으로 받아들이고 이성에 따라 살아가면 죽음의 공포를 극복하고 마음의 평화를 누릴 수 있다고 주장하였다. 하이데거는 인간만이 죽음을 예견하고 존재의 의미를 물을 수 있다고 보았으며, 인간이 죽음을 회피하거나 불안에 빠져 있기보다 스스로 앞질러 죽음을 받아들이기로 주체적 결단을 내림으로써 자신의 참된 실존을 회복할 수 있다고 주장하였다.

바로잡기 ㄱ. 정신적 쾌락을 강조한 것은 에피쿠로스이다. 에픽테토스는 이성을 통해 죽음의 공포와 같은 정념의 지배에서 벗어날 것을 강조하였다.

591

갑은 아리스토텔레스이고, 을은 아퀴나스이다. 아리스토텔레스는 인생의 궁극 목적을 행복으로 보았으며, 행복을 실현하려면 반드시 덕을 갖추어야 한다고 주장하였다. 아퀴나스는 아리스토텔레스의 철학을 받아들여 그리스도교의 교리를 논증하고 신의 존재를 증명하고자 하였다. 또한 아퀴나스는 아리스토텔레스가 주장한 자연적 덕(지적인 덕과 품성적 덕)은 현세적이고 일시적인 행복만을 가져다주기 때문에 영원한 행복을 누리기 위해서는 종교적 덕(믿음, 소망, 사랑)을 실천해야 한다고 주장하였다.

바로잡기 ① 아리스토텔레스는 인생의 궁극적 목적이자 최고선은 행복이라고 보았다. ② 아퀴나스는 신의 존재를 다섯 가지 방법으로 증명하고자 하였다. ③ 아리스토텔레스는 덕이 행복을 위한 필수 조건이라고 보았다. ⑤ 아리스토텔레스는 세상의 모든 사물이 고유한 목적을 지니고 있으며, 각기 고유한 기능을 잘 발휘할 때 그 목적이 달성된다고 보았다.

592

제시문은 아퀴나스의 주장이다. 그에 따르면 신이 예지와 의지로 창조한 영원법은 인간의 자연적 성향에 반영되어 있으며, 인간은 이성을 통해 자연적 성향을 인식하고 따름으로써 영원법에 참여할 수 있다. 자연법은 인간의 이성에 의해 인식된 영원법이다. 자연법의 제1원리(선을 행하고 악을 피하라.)는 인간의 자연적 성향, 즉 자기 생명을 보존하려는 성향, 종족을 보존하려는 성향, 신에 대해 알고자 하는 성향, 사회적 삶을 살고자 하는 성향 등에 의해 구체화된다.

바로잡기 ① 신이 곧 자연 자체임을 주장한 것은 스피노자이다. 아퀴나스에게 신은 자연 자체가 아니라 자연 만물을 창조한 인격신이다. ② 아퀴나스에 따르면 자연법은 인간의 이성에 의해 인식된 영원법이다. 자연법은 인간이 창조한 것이 아니다. ③ 아퀴나스는 이성에 의해 파악된 자연적 성향을 따르는 것을 도덕적 의무로 보았다. ④ 아퀴나스에 따르면 자연법은 영원법의 일부로서 인간의 이성에 의해 인식된 영원법을 가리킨다.

593

갑은 아우구스티누스이고, 을은 아퀴나스이다. 아우구스티누스는 플라톤의 이데아론을 활용하여 그리스도교 교리를 체계화한 데 비해, 아퀴나스는 아리스토텔레스의 사상을 활용하여 그리스도교 교리를 논증하였다. 특히 아퀴나스는 자연법이 영원법에 기초하듯 실정법은 자연법에 기초해야 하며, 실정법이 자연법을 위반할 경우 정당성을 상실하게 된다고 보았다. 두 사상가는 모든 인간이 원죄를 갖고 불완전한 상태로 태어나지만 신의 은총을 통해 구원을 받아 내세에서 신과 하나가 되는 것을 최고의 행복이자 삶의 궁극적 목적으로 본 점에서 공통적이다.

바로잡기 ㄴ. 아우구스티누스뿐만 아니라 아퀴나스도 모든 인간이 원죄를 갖고 불완전한 상태로 태어난다고 보았다. ㄹ. 지성적 덕과 품성적 덕으로 구분되는 것은 종교적 덕이 아니라 자연적 덕이다.

594

갑은 베이컨, 을은 데카르트이다. 베이컨은 감각적 경험을 지식의 근원으로 보는 경험주의를 대표하는 사상가로서 전통적인 삼단 논법과 같은 연역적 방법[거미의 방법]과 경험적 자료를 수집하는 데 그치는 단순한 경험적 방법[개미의 방법]을 모두 비판하고 실험과 지성을 중시하는 새로운 진리 탐구 방법인 참된 귀납법[꿀벌의 방법]을 강조하였다. 데카르트는 합리론의 입장에서 '방법적 회의'를 통해 더 이상 의심할 수 없는 확실한 명제를 찾고 이것을 철학의 제1원리로 삼아 다른 진리들을 연역하고자 하였다.

바로잡기 ① 베이컨은 경험에만 의존하는 단순한 경험적 방법을 비판하였다. ③ 데카르트에 따르면 철학의 제1원리는 "나는 생각한다. 그러므로 나는 존재한다."이며, 이 명제는 의심할 수 없는 확실한 진리이다. ④ 연역법은 확실한 전제로부터 확실한 결론을 도출하는 것이다. ⑤ 베이컨과 데카르트 모두 참된 지식을 얻기 위해 이성적 추론이 필요하다고 보았다.

595

제시문은 스피노자의 주장이다. 스피노자에 따르면 모든 것은 유일한 실체이자 자연 그 자체인 신의 필연성에 의해 결정되어 있으며, 따라서 세계에 우연성이나 자유 의지가 들어설 곳은 없다. 그러나 스피노자는 신을 이성적으로 관조하면 마음의 평화와 자유를 누릴 수 있다고 보았다. 그에 따르면 최고의 행복은 신에 대한 인식으로부터 나오는 정신의 만족이다.

바로잡기 ① 스피노자에게 신은 인격신이 아니라 자연 그 자체이다. ② 스피노자는 능동적 감정에 대해서는 긍정적인 입장을 취하였다. ③ 스피노자는 인간이 자연의 필연성에서 벗어날 수 없다고 보았다. ④ 스피노자에 따르면 자기 보존의 욕망은 삶의 추동력이다.

596

갑은 벤담, 을은 칸트이다. 벤담은 '최대 다수의 최대 행복'을 추구하는 공리의 원리를 도덕과 입법의 원리로 제시하였고, 도덕의 목적이 행복 증진에 있음을 분명히 하였다. 이에 비해 칸트는 도덕적 의무의 이행과 행복의 추구는 양립 가능하지만, 의무를 이행해야 할 때는 행복을 고려하지 말아야 한다고 주장하였다. 칸트에 따르면 도덕은 행복이나 다른 무엇을 실현하기 위한 수단이 아니라 그 자체가 목적이다.

바로잡기 ㄴ. 벤담은 부정의 대답, 칸트는 긍정의 대답을 할 질문이다. ㄹ. 벤담과 칸트 모두 긍정의 대답을 할 질문이다. 벤담과 칸트 모두 도덕적 행위를 판별할 수 있는 보편적 도덕 원리가 존재한다고 보았다.

597

갑은 흄, 을은 칸트이다. 흄은 도덕성이 이성으로 판단된다기보다는 감정으로 느껴지는 것이라고 보았으며, 도덕적 선악의 구분은 이성이 아니라 감정에 의해 이루어진다고 보았다. 반면 칸트는 도덕성의 본질은 실천 이성이 부과한 자율적 도덕 법칙을 따르는 데 있으며, 감정은 보편적 도덕 판단의 근거가 될 수 없다고 보았다.

바로잡기 ㄱ. 흄에 따르면 덕과 악덕은 인간의 마음 외부에 존재하는 객관적 실재가 아니라 우리가 어떤 행위를 바라볼 때 느끼는 시인과 부인의 감정을 표현한 것이다. ㄹ. 칸트는 선의지에서 비롯된 의무에 따른 행위만이 정당하며 도덕적 가치를 지닌다고 본다.

598

갑은 흄, 을은 벤담이다. 흄에 따르면 사회적 시인의 감정을 느끼게 하는 행위는 사회의 행복에 유용한 행위이다. 이러한 흄의 윤리 사상은 공리주의의 모태가 되었다. 벤담은 유용성이라는 공리의 원리를 도덕과 입법의 원리로 강조하였으며, 쾌락을 계산할 수 있는 일곱 가지 기준으로 강도, 지속성, 확실성, 근접성, 다산성, 순수성, 범위를 제시하였다.

바로잡기 ① 흄에 따르면 이성은 감정의 노예이며 감정에 봉사하고 복종하는 것 말고 다른 어떤 임무도 요구할 수 없다. ② 흄은 사회의 행복에 유용한 행위를 중시하였고, 벤담은 개인의 행복과 함께 사회적 행복의 추구를 강조하였다. ④ 흄은 이성이 인간의 행위에서 아무런 역할도 하지 못한다고 보지 않았다. 그에 따르면 이성은 도덕적 행동을 불러일으키는 동기를 수행하기 위한 방법 및 절차를 알려 줄 수 있다. ⑤ 벤담은 행위의 선악을 행위의 결과로 판단해야 한다고 보았다.

599

갑은 에피쿠로스이고, 을은 벤담이며, 병은 밀이다. 에피쿠로스가 개인적 쾌락을 추구한 개인주의적 쾌락주의 사상가라면 공리주의자들인 벤담과 밀은 개인적 쾌락과 사회적 쾌락을 함께 추구한 사상가들이라고 할 수 있다. 한편 벤담은 모든 쾌락은 질적 차이가 없으며 오직 양적 차이만 있다고 본 반면 에피쿠로스와 밀은 감각적 쾌락보다 정신적 쾌락을 추구해야 한다고 보았다.

바로잡기 ② 벤담은 쾌락의 질이 아니라 양을 측정하는 일곱 가지 기준을 제시하였다. ③ 벤담은 쾌락의 질을 고려해야 한다고 주장하지 않았다. ④ 에피쿠로스는 적극적인 욕망의 충족에 따른 쾌락이 아니라 고통을 제거함으로써 주어지는 쾌락을 추구해야 한다고 보았다. ⑤ 에피쿠로스와 밀 모두 감각적 쾌락보다 정신적 쾌락이 더 가치 있다고 보았다.

600

갑은 칸트, 을은 로스이다. 칸트에 따르면 거짓 약속은 곤경에 빠진 개인의 준칙은 될 수 있지만 모든 상황에서 누구에게나 적용되는 보편적 법칙은 될 수 없다. 칸트는 언제 어디서나 예외 없이 적용되는 보편적이고 무조건적인 정언 명령을 따라야 한다고 강조하였다. 이러한 칸트의 입장은 도덕적 의무들이 상충할 경우 구체적 상황에서 어떤 의무가 더 우선하는지에 대한 답을 주기 어렵다. 이러한 문제점을 해결하기 위해 로스는 칸트의 정언 명령보다 느슨한 원칙인 조건부 의무를 제시하였다. 로스의 조건부 의무론에 따르면 두 가지 이상의 도덕적 의무가 상충할 때 우리의 직관에 따라 상대적으로 약한 의무는 유보되고 강한 의무가 우리의 실제적인 의무가 된다.

바로잡기 ① 칸트는 거짓 약속이 보편적 법칙이라고 가정할 경우 아무도 약속을 지키지 않게 되는 자체 모순 또는 자기 파괴적 상황이 초래된다고 주장하였다. 하지만 이는 보편적 도덕 법칙이 자기 파괴적이라는 주장은 아니다. ③ 로스는 언제 어디서나 지켜야 하는 절대적 의무는 없다고 본다. ④ 로스에게 약속 지키기는 조건부 의무이므로 상식과 직관에 따라 유보될 수 있다. ⑤ 칸트는 언제 어디서나 지켜야 하는 절대적 의무가 있음을 강조하였다.

601

갑은 사르트르, 을은 키르케고르이다. 무신론적 실존주의자인 사르트르는 인간이 실존으로서 주체적인 삶을 살고 책임질 것을 강조하였다. 유신론적 실존주의자인 키르케고르는 인간이 신 앞에 선 단독자로서 신에게 귀의하기로 주체적인 결단을 할 때 참된 실존을 회복할 수 있다고 주장하였다. 이때 키르케고르가 말한 신은 그리스도교의 인격신이다.

바로잡기 ① 사르트르는 인간이 신에 의해 창조된 것이 아니라 우연히 이 세상에 내던져진 존재라고 주장하였다. ② 사르트르는 실존이 본질에 앞선다고 주장하였다. ④ 키르케고르는 절망 그 자체는 '죽음에 이르는 병'이지만 참된 실존을 회복하는 계기로 작용하며, 종교적 실존 단계에서 극복될 수 있다고 보았다. ⑤ 키르케고르만의 입장이다. 사르트르는 신이 존재하지 않는다고 보았다.

602

갑은 키르케고르, 을은 하이데거이다. 키르케고르는 실존적 선택 상황에서 불안을 느끼는 인간이 주체적 결정을 회피하면서 빠지게 되는 절망을 '죽음에 이르는 병'이라고 하였으며, 인간이 '신 앞에 선 단독자'로서 주체적인 결단을 할 때 참된 실존을 회복할 수 있다고 주장하였다. 하이데거에 따르면 현존재는 죽음에 대한 불안과 죽음에 이르는 존재하는 자각을 통해 삶의 유한성을 깨닫게 되면 일상적이고 획일적인 삶(비본래적 실존)에서 벗어나 자신의 본래적 실존에 대해 성찰할 수 있게 된다.

바로잡기 ① 키르케고르는 주체성과 주관적 진리를 강조하였다. ② 키르케고르에 따르면 실존은 심미적 단계에서 윤리적 단계를 거쳐 종교적 단계로 도약하게 된다. ③ 하이데거는 비본래적 실존에서 벗어나 본래적 실존을 회복해야 한다고 보았다. ⑤ 키르케고르는 인간이 신 앞에 선 단독자로서 신에게 귀의하기로 주체적 결단을 해야 참된 실존을 회복할 수 있다고 보았다.

603

갑은 사르트르, 을은 야스퍼스이다. 사르트르에 따르면 인간은 자유롭도록 운명 지워진 존재로서 신에게 의지하지 않고 스스로 자신의 모든 것을 선택하고 그에 대한 전적인 책임을 져야 하는 존재이다. 야스퍼스에 따르면 죽음, 고통, 투쟁 등 인간이 피하거나 변화시킬 수 없는 '한계 상황'은 실존을 각성하게 하는 근본 계기이며, 한계 상황 속에서 좌절을 경험한 인간이 한계 상황을 직시함으로써 참된 실존에 이를 수 있고 초월자에 대한 경험도 할 수 있다.

바로잡기 ㄷ. 야스퍼스에 따르면 한계 상황은 인간이 피하거나 변화시킬 수 없는 상황이다. ㄹ. 야스퍼스에 따르면 인간은 한계 상황에서 초월자의 존재를 수용하고 참된 실존을 회복할 수 있다.

604

그림의 강연자는 현대 실용주의 사상가인 듀이이다. 듀이는 도덕적 지식은 유용한 결과가 예상되는 일종의 가설이므로 수정되고 재구성될 수 있으며, 불변하는 고정된 진리나 지식은 존재하지 않는다고 보았다. 또한 그는 도덕이나 윤리는 시대와 상황에 따라 변화하고 성장하기 때문에 고정적이고 절대적인 도덕적 가치는 존재하지 않으며, 도덕적 인간도 고정불변하는 최고선을 지닌 사람이 아니라 더 나은 사람으로 성장해 가는 사람이라고 보았다.

바로잡기 ① 듀이는 유용성을 도덕 판단의 기준으로 보았다. ③ 듀이는 고정적이고 불변적인 가치 및 규범을 부정한다. ④ 듀이에 따르면 도덕적 지식은 오류 가능성이 없고 보편타당한 것이 아니라 삶의 개선을 위한 수단적 가치를 지닌다. ⑤ 듀이는 귀납적 방법을 중시하는 경험주의의 전통을 계승하였기 때문에 도덕 문제에 경험적 탐구 방법을 적용하는 것은 적절하다고 본다.

605

제시문은 플라톤의 '동굴의 비유'이고, ㉠이 상징하는 것은 '선(좋음)의 이데아'이다. 이 비유에서 동굴 속은 현상계이고, 동굴 바깥은 이데아계를 가리킨다. 동굴 속의 죄수들은 그림자를 참된 존재인 양 믿으며 사는 현실 세계의 사람들이며, 동굴 속으로부터 동굴 바깥으로 나아가는 것은 진리와 참된 존재의 세계를 향한 영혼의 등반 과정을 가리킨다. 그리고 동굴 바깥의 사물들은 여러 가지 이데아들이고, 태양은 선(善)의 이데아를 상징한다. 이데아(Idea)는 사물의 완전하고 이상적인 원형 내지 본질을 의미한다. 각각의 사물에는 그것들의 이데아가 있으며, 모든 이데아들 가운데 최고의 이데아는 선(善)의 이데아이다. 플라톤은 이러한 선의 이데아를 모방하고 실현하려는 삶이 이상적인 삶이라고 보았다.

606

플라톤에 따르면 세계는 감각적으로 경험되는 현상계와 오직 이성에 의해서만 파악될 수 있는 이데아계로 구분된다.

채점 기준	수준
이데아계의 특징과 현상계의 특징을 모두 옳게 서술한 경우	상
이데아계의 특징과 현상계의 특징 중 한 가지만 옳게 서술한 경우	중
이데아계의 특징과 현상계의 특징을 서술하였으나 미흡한 경우	하

607

제시문은 아퀴나스의 주장이고, ㉠에 들어갈 용어는 '자연법'이다. 아퀴나스에 따르면 세계는 신의 영원한 법칙인 영원법에 의해 다스려진다. 아퀴나스는 이 영원법이 인간의 자연적 성향에도 반영되어 있으며, 인간은 이성을 통해 자연적 성향을 인식하고 따름으로써 신의 뜻을 깨닫고 행복한 삶을 살 수 있다고 보았다. 자연법은 인간의 이성에 의해 인식된 영원법이며 이성을 가진 인간이라면 동의할 수밖에 없고 지켜져야 하는 보편적인 도덕 법칙이다.

608

아퀴나스에 따르면 자연법의 제1원리는 '선을 행하고 악을 피하라.'이다. 이러한 자연법의 원리는 인간의 자연적 성향, 즉 자기 생명을 보존하려는 성향, 종족을 보존하려는 성향, 신에 대해 알고자 하는 성향, 사회적 삶을 살고자 하는 성향 등에 의해 구체화된다. 여기서 앞의 두 성향들은 인간이 다른 존재와 공유하는 성향이며 뒤의 두 성향은 인간의 고유한 성향들이다.

채점 기준	수준
두 가지 성향을 모두 옳게 서술한 경우	상
두 가지 성향 중 한 가지만 옳게 서술한 경우	중
두 가지 성향을 서술하였으나 미흡한 경우	하

 사회사상

16 사회사상과 이상 사회

분석 기출 문제 105~106쪽

[핵심 개념 문제]

609 이상 사회 **610** 대동 사회 **611** 소국과민 **612** 불국정토 **613** ㉡ **614** ㉠ **615** ㉢ **616** ㉡ **617** ㉠ **618** ㉡ **619** × **620** ○ **621** ○ **622** ○ **623** ×

624 ⑤ **625** ① **626** ⑤ **627** ④ **628** ①

1등급을 향한 서답형 문제

629 이상 사회 **630** 예시 답안 현실을 개혁하는 데 필요한 기준과 목표를 제시한다. 인간에게 더 나은 사회를 만들고자 하는 신념과 실천 의지를 부여한다.

624

㉠은 '사회사상'이다. 사회사상은 인간이 사회적 삶 속에서 직면한 문제의 진단과 해결을 바탕으로 앞으로의 더 나은 사회의 모습을 제안하는 사상적 틀로서 자유주의, 공화주의, 민주주의, 사회주의 등이 대표적이다.

바로잡기 ⑤ 사회사상은 바람직한 공동체의 모습을 탐구한다. 바람직한 인간의 모습을 최우선적으로 탐구하는 것은 윤리 사상이다.

625

제시문은 현실 세계에서 이상이 완전하게 실현되기 어렵지만, 이상 사회를 추구함으로써 현실을 개선하고 더 나은 사회를 만들고자 하는 열정과 실천 의지를 갖게 하여 사회 진보와 발전을 이끄는 원동력으로 작용할 수 있음을 강조하고 있다.

바로잡기 ㄷ. 제시문은 사회 발전을 위한 사회적 노력의 필요성을 주장하고 있다. ㄹ. 제시문은 현실 사회가 처한 상황을 정확하게 진단하고 개선함으로써 더 나은 사회를 이룰 수 있음을 강조하고 있다.

626

갑은 대동 사회를 이상 사회로 제시한 공자, 을은 소국과민을 이상 사회로 제시한 노자이다. 노자는 영토가 작고 인구가 적은 나라인 소국과민 사회를 이상 사회로 제시하면서 문명의 발달이 없는 무욕(無欲)과 무위(無爲)를 강조하였다.

바로잡기 ①, ②, ④ 공자가 강조할 내용이다. ③ 노자는 통치의 목표를 물질적 풍요 증진과 같은 인위적인 가치나 규범에 두지 않고 백성들의 무지와 무욕에 두었다.

627

(가)를 주장한 사상가는 플라톤이다. 플라톤은 정의로운 국가를 이상 사회로 제시하였다. 그는 선의 이데아에 대한 인식과 지혜의 덕을 겸비한 철학자가 국가를 통치해야 한다고 주장하며 철학과 정치권력의 결합을 강조하였다. 또한 그는 통치자가 사유 재산을 지니거나 가정을 이루어서는 안 된다고 주장하였다.

바로잡기 ㄷ. 통치자는 사익의 극대화보다는 국가 전체의 이익을 고려해야 한다.

628

갑은 모어이고, ㉠은 유토피아이다. 을은 마르크스이고, ㉡은 공산 사회이다. 유토피아와 공산 사회는 공통적으로 생산과 소유에 있어 평등의 실현과 필요에 따른 재화의 분배를 강조한다.

바로잡기 ㄷ. 모어와 마르크스는 분배의 기준을 필요에 두었기 때문에 실적에 따라 재화를 차등적으로 분배해야 한다고 보지 않을 것이다. ㄹ. 모어와 마르크스 모두 능력에 따른 사적 소유를 허용하지 않았다.

629

사회사상과 이상 사회는 밀접하게 관련되어 있다. 왜냐하면 사회사상은 이상 사회를 통해 갈등과 대립을 넘어선 바람직한 공동체를 지향하기 때문이다.

630

이상 사회는 현실 사회의 모순과 부패가 시대마다 다르고, 이를 인식하는 사상가들에 따라 지향하는 모습도 달라 다양하게 나타났다. 하지만 현실을 개혁하고자 하는 목표를 제시하고, 이를 실현하기 위한 신념과 실천 의지를 부여해 주기 때문에 인류는 끊임없이 이상 사회를 추구해 왔다.

채점 기준	수준
이상 사회의 의의를 두 가지 모두 서술한 경우	상
이상 사회의 의의를 한 가지만 서술한 경우	중

적중 1등급 문제

107쪽

631 ② 632 ② 633 ③ 634 ①

631 이상 사회에 대한 노자와 공자의 사상 비교하기

갑은 노자, 을은 공자이다. 노자는 소국과민(小國寡民) 사회를 이상 사회로 제시하였다. 소국과민 사회는 작은 영토에 적은 수의 백성들로 구성되어 무위(無爲)의 다스림이 실현되고 모든 인간이 무지와 무욕의 상태에서 자연의 순리에 따라 소박한 본성대로 살아가는 사회이다. 한편 공자는 대동(大同) 사회를 이상 사회로 제시하였다. 대동 사회는 성인(聖人)이 다스리며 가족주의에 얽매이지 않고 모두가 어우러져 하나로 살아가는 도덕적 사회이다.

1등급 선택지 분석

ㄱ. 갑은 백성들이 무지(無知)한 사회를 추구하였다.
→ 노자는 백성들이 무지(無知)와 무욕(無欲)의 상태에서 소박하게 살아가는 사회를 추구하였다.

ㄴ. 을은 친소(親疏)의 분별이 없는 사회를 추구하였다.
→ 공자가 강조한 인(仁)은 존비친소(尊卑親疏)의 분별을 전제로 한 사랑이다.

ㄷ. 갑은 을과 달리 영토가 작은 나라[小國]를 추구하였다.
→ 노자는 공자와 달리 소국과민(小國寡民) 사회를 추구하였다.

ㄹ. 갑, 을은 궁핍과 차별이 없는 평등 사회를 추구하였다.
→ 노자의 소국과민 사회는 평등한 사회와는 관련이 없다.

632 마르크스의 공산 사회 이해하기

가상 대화의 선생님은 마르크스이다. 마르크스는 자본주의 사회에서 인간은 자본주의의 노동 분업과 착취로 인해 자신의 노동으로부터 소외된다고 비판하며 인간이 노동으로부터 소외되지 않고 자아실현을 할 수 있는 공산 사회를 이상 사회로 제시하였다. 공산 사회는 노동자 계급(프롤레타리아)의 폭력 혁명을 통해 사유 재산, 계급, 국가가 사라진 사회이다. 이러한 사회에서는 생산 수단이 공유되며, 능력에 따라 일하고 필요에 따른 분배가 이루어진다.

1등급 선택지 분석

① 생산 수단이 공유되고 사유 재산이 없는 사회이다.
② 폭력 혁명이 아닌 의회 활동으로 도래할 민주 사회이다.
→ 마르크스는 노동자 계급의 폭력 혁명으로 자본주의가 붕괴하고 공산 사회가 필연적으로 도래한다고 주장하였다.
③ 생산력이 고도로 발전하여 경제적으로 안정된 사회이다.
④ 모두가 경제적으로 평등하여 갈등이 생기지 않는 사회이다.
⑤ 계급과 국가가 사라지고 누구나 자아를 실현하며 살아가는 사회이다.

633 플라톤의 이상 국가와 모어의 유토피아 비교하기

갑은 플라톤이고, 을은 모어이다. 플라톤의 이상 국가는 철인이 통치하고 세 계층의 사람들이 각각의 덕을 갖추고 전체적으로 조화를 이룬 정의로운 국가이다. 모어의 유토피아는 모든 사람이 소유와 생산에 있어서 평등하고, 경제적으로 풍요로우며 도덕적으로 타락하지 않은 사회이다. 유토피아에서는 사유 재산이 없기 때문에 필요 이상의 노동을 하지 않고 정신적 자유와 문화생활을 누릴 수 있다.

1등급 선택지 분석

① 이상 사회에서는 모든 구성원의 재산이 공유되는가?
→ 플라톤은 '부정', 모어는 '긍정'의 대답을 할 질문이다.
② 이상 사회의 통치자는 지혜를 갖춘 철학자여야 하는가?
→ 플라톤은 '긍정', 모어는 '부정'의 대답을 할 질문이다.
③ 이상 사회는 과학 기술자가 다스리는 풍족한 사회인가?
→ 플라톤과 모어 모두 '부정'의 대답을 할 질문이며, 뉴 아틀란티스를 이상 사회로 제시한 베이컨이 '긍정'의 대답을 할 질문이다.
④ 이상 사회는 세 계층이 각자의 덕을 발휘하는 사회인가?
→ 플라톤은 '긍정', 모어는 '부정'의 대답을 할 질문이다.
⑤ 이상 사회에서는 좋음의 이데아가 국가 통치의 준거인가?
→ 플라톤은 '긍정', 모어는 '부정'의 대답을 할 질문이다. 플라톤은 좋음의 이데아에 대한 지식을 갖춘 철학자가 국가를 통치해야 한다고 보았다.

634 모어의 유토피아와 롤스의 정의로운 사회 비교하기

갑은 유토피아를 이상 사회로 제시한 모어이고, 을은 정의로운 사회를 추구한 롤스이다. 모어의 유토피아는 생산과 소유의 평등이 실현된 사회이며, 경제적으로 풍요롭고 도덕적으로 타락하지 않은 사회이다. 롤스는 구성원들의 선을 증진해 주면서도 공공의 정의관에 의해 효율적으로 규제되는 정의로운 사회를 추구하였다. 특히 롤스는 사회적·경제적 불평등은 최소 수혜자를 포함한 모두에게 이익이 될 경우 정당화될 수 있다고 보았다.

1등급 선택지 분석

㉠A: 이상 사회에서는 빈부 격차가 있는 것이 불가능한가?
→ 모어의 유토피아에서는 빈부 격차가 존재할 수 없지만, 롤스의 정의로운 사회에서는 차등의 원칙에 의해 빈부 격차가 허용된다.

㉡B: 이상 사회에서는 풍족한 재화와 높은 도덕성이 공존하는가?
→ 모어의 유토피아는 경제적으로 풍요롭고 도덕적으로 타락하지 않은 사회이다.

ㄷ. C: 재화는 구성원 모두에게 균등하게 분배되어야 하는가?
→ 롤스는 재화가 구성원 모두에게 균등하게 분배되어야 한다고 주장하지 않았다.

ㄹ. C: 경제적 불평등은 구성원 일부에게 이익을 주지 않아도 정당화될 수 있는가?
→ 롤스는 경제적 불평등이 모두에게 이익이 될 경우 정당화될 수 있다고 보았다.

17 국가

분석 기출 문제 109~112쪽

[핵심 개념 문제]

635 유교 **636** 정치적 본성 **637** 시민의 자유 보장 **638** 마르크스 **639** ㄴ **640** ㄱ **641** ㉡ **642** ㉡ **643** ㉠ **644** ○ **645** ○ **646** ×

647 ④ **648** ① **649** ④ **650** ③ **651** ④ **652** ② **653** ② **654** ② **655** ② **656** ③ **657** ④ **658** ④ **659** ①

1등급을 향한 서답형 문제

660 아리스토텔레스 **661** 예시 답안 국가는 시민에게 양질의 교육을 제공하고, 좋은 습관을 길러 영혼의 탁월성을 발휘하게 함으로써 시민이 행복한 삶을 살도록 이끌어야 한다. 사익보다 공익을 위해 공적 영역에 참여할 수 있는 제도를 마련해야 한다. **662** 예시 답안 국가는 시민의 생명권, 자유권, 재산권 등과 같은 자연권적 기본권을 지키고 보장하는 역할을 해야 한다. **663** 예시 답안 국가를 운영하는 정부가 시민의 기본권을 지키고 보장하는 역할을 수행하지 못한다면 정당성을 지니지 못하므로 저항권을 발휘하여 정부를 해체할 수 있다.

647

제시문은 맹자의 주장으로 유교에서 바라본 국가 기원을 유추할 수 있다. 유교에서는 민본주의에 바탕을 둔 정치의 실현을 목표로 국가를 백성들의 도덕적 삶을 위한 도덕 공동체로 규정한다. 또한 국가를 다스리는 군주의 권위는 하늘로부터 주어진 것으로, 군주의 참된 도리는 사람을 힘으로 다스리는 것이 아니라 덕으로 다스리는 것에 있다고 본다.

바로잡기 ㄱ. 유교는 민주주의가 아닌 민본주의를 바탕으로 한다. ㄷ. 유교에서는 군주의 권위를 하늘로부터 주어졌다는 천명의 관점에서 정당화한다.

1등급 정리 노트 민본주의와 민주주의

민본주의와 민주주의의 공통점과 차이점을 기억해 두자.

구분	민본주의	민주주의
의미	백성을 위하는 정치가 바른 정치임을 강조하는 정치 이념	국가의 주권이 국민에게 있고 국민을 위하여 정치를 행하는 제도 또는 그러한 정치를 지향하는 사상
공통점	국민을 위한 정치를 구현하려고 함	
차이점	민본주의는 국민이 통치의 대상이며, 민주주의는 국민이 정치적 주체임	

648

제시문을 주장한 서양 사상가는 아리스토텔레스이다. 아리스토텔레스는 인간이 가정을 이루고, 가정이 모여 마을이 되고, 마을이 모여 자연스럽게 국가를 이룬다고 주장하였다. 그에 따르면 국가란 다른 공동체와 달리 단순한 생존뿐만 아니라 구성원의 훌륭한 삶을 실현하여 궁극의 목적인 최고선으로서의 행복에 도달할 수 있도록 해 주는 도덕 공동체이다.

바로잡기 ②, ③ 국가에 대한 사회 계약론의 관점이다. ④ 아리스토텔레스는 구성원들의 덕성 함양을 위한 국가의 적극적인 태도를 강조하였다. ⑤ 아리스토텔레스는 국가 구성원으로서의 훌륭한 삶과 개인의 좋은 삶은 밀접한 관련이 있다고 본다.

649

제시문을 주장한 사상가는 로마의 공화주의 사상가 키케로이다. 키케로는 공화국을 공동의 이익이 실현되어야 하는 공공의 것(res publica)이자 시민의 것(res populi)이라고 규정하였다. 공화주의에서 국가는 시민들이 스스로 입법자가 되는 국가이며, 그러한 국가 안에서만 인간은 자유로울 수 있다고 보았다. 이러한 점에서 볼 때 국가는 자연 발생적인 산물이 아닌 시민적 연대에 의해 형성된 것이라고 볼 수 있다.

바로잡기 ④ 마르크스가 주장한 국가의 기원에 대한 설명이다.

650

제시문은 근대 계약 사상을 잘 보여 주는 미국 독립 선언서이다. 이 선언서에서는 국가가 인권을 보장하는 역할을 수행하는 수단이라는 점과 민의에 반하는 정부에 대해 저항할 권리가 국민에게 있음을 잘 드러내 주고 있다.

바로잡기 ㄱ. 선언서에서는 국가가 개인의 권리를 보장하기 위한 계약의 산물임을 보여 주고 있다. ㄴ. 근대 사회 계약론은 국가가 개인보다 우선하여 존재한다고 보지 않는다.

651

제시문은 로크의 주장이다. 로크는 국가를 개인의 동의에 의한 사회적 계약의 산물로 보았다. 그는 개인의 기본권을 보호하기 위해 시민의 저항권을 인정하고 부패 근절을 위해 권력 분립의 필요성도 주장하였다.

바로잡기 ㄱ. 자연 상태를 만인의 만인에 대한 투쟁 상태라고 본 것은 홉스이다. ㄷ. 로크의 사회 계약설과 거리가 멀다. 로크는 주권을 지닌 시민의 동의로부터 통치가 정당화된다고 보았다.

652

제시문을 주장한 사상가는 홉스이다. 홉스는 자기 생명을 보존하고 평화를 획득하기 위해 계약을 통해 국가를 만들었다고 보는 사회 계약론자이다.

바로잡기 ② 홉스는 국가가 생기기 이전의 자연 상태 속 인간은 이기적이라고 본다. 홉스에 따르면 자연 상태에서 인간은 자신의 생존과 이익만을 추구하며, 그 결과 만인의 만인에 대한 투쟁 상태에 빠지게 된다.

1등급 정리 노트 홉스, 로크, 루소의 '자연 상태' 개념 비교

근대의 사회 계약론에서 국가의 성립을 설명할 때 전제가 되는 상태인 '자연 상태'는 사상가마다 보는 관점이 다르다. 홉스, 로크, 루소의 '자연 상태'를 구분하여 파악해 두자.

사상가	자연 상태
홉스	만인의 만인에 대한 투쟁 상태
로크	자연권을 누리는 평화로운 상태
루소	자유롭고 평등한 상태

653

제시문을 주장한 사상가는 마르크스이다. 마르크스는 국가란 지배 계급의 특권을 유지하기 위한 수단에 불과한 것으로 보았다. 그는 혁명을 통해 공산주의 사회가 도래하면 계급 갈등이 없어지고 국가는 결국 유지되지 못한 채 소멸한다고 보았다.

바로잡기 두 번째 관점. 사회 계약론의 입장이다. 세 번째 관점. 마르크스는 공산주의 사회가 완성되면 계급과 국가가 모두 소멸된다고 본다. 따라서 마르크스는 국가를 유지되어야 하는 것으로 규정하지 않았다.

654

제시문은 아리스토텔레스의 주장으로, 그는 인간의 행복은 좋은 정치가 이루어지는 국가 공동체 안에서 실현 가능하다고 본다. 그에 따르면 국가는 국민의 선한 생활을 위해 존재하며, 국가는 구성원의 행복 실현을 목적으로 하는 도덕 공동체이다.

바로잡기 ㄴ. 아리스토텔레스는 국가가 정치적 본성에 의해 생겨났다고 본다. ㄹ. 아리스토텔레스에 따르면 국가는 개인의 정체성 형성에 영향을 끼치는데, 선한 정체성을 형성한 시민은 선한 공동체와 조화를 이루어야 한다.

655

제시문은 유교 사상가 맹자의 주장이다. 맹자는 민본 정치를 통해 위민(爲民)을 실현하고, 국가를 인륜이 실현되는 도덕 공동체로 만들고자 하였다. 이를 위해 군주는 백성들에게 일정한 생업을 보장하여 복지를 실현하고 백성들의 도덕성 함양을 위해 힘써야 한다고 주장하였다.

바로잡기 ② 유교에서는 통치자를 하늘로부터 위임받은 자로 보며, 백성을 정치의 주체로 보기보다는 통치의 대상으로 본다. 따라서 맹자는 통치자를 선출하는 절차의 제도화를 주장하지는 않을 것이다.

656

현대 국가는 국민 주권에 근거하여 국민의 생명과 자유 등 기본권을 보장하고, 경제적 불평등을 해소하여 최소한의 인간다운 삶을 실현하며, 국민의 도덕성과 시민성을 고양하여 도덕적인 삶을 살 수 있도록 해야 한다.

바로잡기 ③ 현대 국가가 정당성을 지니기 위해서는 주권자인 국민의 적극적인 정치 참여를 독려하며, 이를 보장하기 위한 제도를 수립해야 한다.

657

마르크스는 자본주의 사회에서 국가의 역할이 자본가 계급을 보호하는 일에만 한정되어 경제적 약자인 노동자에 대한 자본가의 착취를 방임했기 때문에 국가 자체가 정당성을 지니지 못한다고 보았다. 이러한 관점에서 그는 국가 소멸론을 주장하였다.

바로잡기 ① 마르크스는 국가가 기존의 계급 구조를 유지하려 했기 때문에 소멸시키고자 하였다. ② 마르크스는 국가가 노동자 계급을 제대로 보호하지 못했다는 점을 비판한다. ③ 마르크스는 국가가 피지배 계급 착취 과정에서 생겨났기 때문에 정당성을 지니지 못한다고 본다. ⑤ 마르크스와 관련 없는 내용이다.

658

제시문은 한국 유교 사상가인 정약용이 저술한 '원정'의 일부이다. 정약용은 조선 시대 후기에 날로 심각해지는 빈부 격차 문제를 지적하며 정의롭지 못한 사회·경제적 구조와 백성의 곤궁한 삶을 바로잡는 것이 정치라고 주장하였다.

바로잡기 ㄹ. 제시문은 민본주의 관점이다. 민본주의는 민주적 절차를 거쳐 권력의 형성을 강조하는 민주주의와 다른 입장이다.

659

공산주의 사상가인 마르크스는 국가가 소수의 지배 계급이 다수의 피지배 계급을 억압하고 착취하기 위한 수단으로 발생하며, 공산주의 사회가 도래하면 국가가 소멸한다고 주장하였다.

바로잡기 ㄷ. 마르크스는 국가를 지배 계급의 특권을 유지하는 수단으로 보았다. ㄹ. 마르크스는 국가 소멸뿐만 아니라 사유 재산 폐지를 주장하였다.

660

아리스토텔레스는 공적 영역에 참여할 수 있는 제도를 마련해 모든 구성원이 덕 있는 삶을 실현하고 행복을 추구할 수 있도록 해야 한다고 주장하였다.

661

아리스토텔레스에 따르면 국가는 시민에게 양질의 교육을 제공하고, 좋은 습관을 길러 영혼의 탁월성을 발휘하게 함으로써 시민이 행복한 삶을 살도록 이끌어야 한다. 또한 사적인 이익보다 공적인 이익을 위해 공적 영역에 참여할 수 있는 제도를 마련해야 한다고 주장하였다.

채점 기준	수준
국가의 역할을 행복한 삶과 공익의 관점에서 정확하게 서술한 경우	상
국가의 역할을 행복한 삶과 공익의 관점 중 한 가지만 정확하게 서술한 경우	중
국가의 역할을 제대로 서술하지 못한 경우	하

662

제시문을 주장한 사상가는 로크이다. 로크는 개인이 동의한 계약에 따라 국가는 시민의 생명권, 자유권, 재산권 등과 같은 자연권적 기본권을 지키고 보장하는 역할을 해야 한다고 보았다.

채점 기준	수준
국가의 역할이 개인의 기본권을 보장함에 있음을 정확하게 서술한 경우	상
개인과 맺은 계약을 수행해야 한다고만 서술한 경우	중

663

로크는 국가를 운영하는 정부가 시민의 기본권을 지키고 보장하는 역할을 수행하지 못한다면 정당성을 지니지 못하므로 시민이 가진 저항권을 발휘하여 정부를 해체할 수 있다고 보았다.

채점 기준	수준
저항권에 대한 개념을 이해하고 정확하게 설명한 경우	상
저항권에 대한 표현만을 설명 없이 서술한 경우	중

적중 1등급 문제

113쪽

664 ⑤ 665 ② 666 ② 667 ②

664 홉스와 로크의 사상 비교하기

갑은 홉스이고, 을은 로크이다. 홉스에 따르면 자연 상태에서 인간은 전쟁 상태(만인의 만인에 대한 투쟁 상태)에 이르게 되며, 여기에서 벗어나기 위해 절대적 권력인 리바이어던(국가)에 자신의 권리를 양도하고 법과 규범에 따르기로 사회 계약을 맺어 국가를 만들게 된다. 로크에 따르면 자연 상태는 자연법(이성)이 지배하는 비교적 평화로운 상태이지만 개인의 생명, 자유, 재산에 대한 권리가 확실히 보장되지 못하기 때문에 이러한 권리를 보장받기 위해 계약을 맺어 국가를 만들게 된다. 로크는 정부가 시민의 생명, 자유, 재산을 침해한다면 시민은 양도(신탁)한 권리를 되찾기 위해 저항권을 행사할 수 있다고 보았다.

1등급 선택지 분석

① 갑: 평화와 안전은 절대적 공통 권력 없이도 보장될 수 있다.
→ 홉스는 절대 권력을 지닌 리바이어던(국가) 없이는 평화와 안전이 보장될 수 없다고 보았다.

② 갑: 자연 상태의 인간은 이성을 지니지 않으므로 서로 투쟁한다.
→ 홉스는 자연 상태의 인간이 자기 보존 욕구와 함께 이성을 지닌다고 보았다.

③ 을: 자연권은 국가가 성립된 이후에만 존재할 수 있는 권리이다.
→ 로크는 자연권이 국가 성립 이전부터 존재하는 권리라고 보았다.

④ 을: 입법부는 신탁된 권력을 지니므로 교체 대상이 될 수 없다.
→ 로크에 따르면 입법권은 신탁된 권력이므로 입법부가 개인의 권리나 공동선을 침해할 경우 시민들이 저항권을 행사하여 입법부를 폐지하거나 변경할 수 있다고 보았다.

⑤ 갑, 을: 국가는 개인의 권리 양도를 통한 사회 계약의 산물이다.
→ 홉스와 로크 모두 국가를 사회 계약의 산물로 보았다.

665 홉스, 로크, 루소의 사회 계약론 비교하기

갑은 홉스, 을은 로크, 병은 루소이다. 홉스는 전쟁 상태인 자연 상태에서 인간이 자기 보존을 위해 리바이어던(국가)에게 자신의 권리를 양도하고 절대 권력에 따르기로 계약을 맺는다고 주장하였다. 로크는 자연 상태는 비교적 평화로운 상태이지만, 개인의 생명, 자유, 자산을 보존할 수 있는 권리(재산권)를 확실하게 보장받기 어렵기 때문에 계약을 맺어 국가를 형성한다고 보았다. 루소는 인간은 자연 상태에서 자유롭고 평등하며 평화로운 삶을 누리지만 사유 재산의 발생과 함께 불평등과 예속의 불행한 상태가 발생하므로 이를 극복하기 위해 계약을 맺어 국가를 형성한다고 보았다.

1등급 선택지 분석

① 갑: 자연 상태의 인간에게는 자기 보존의 욕구가 없다.
→ 홉스에 따르면 자연 상태의 인간은 자기 보존의 욕구와 이성을 지닌다.

② 을: 사회 계약 이후에는 국가만이 형벌권을 갖게 된다.
→ 홉스, 로크, 루소 등 사회 계약론자들의 공통 입장이다.

③ 병: 입법권은 국민이 선출한 대표자에게 위임될 수 있다.
→ 루소는 국민이 스스로 주권자이면서 입법자가 됨으로써 시민적 자유를 회복할 수 있다고 보아 입법권이 국민이 선출한 대표자에게 위임되어서는 안 된다고 주장하였다.

④ 갑, 을: 권력 분할보다 집중이 재산권을 보장하는 최선책이다.
→ 홉스는 권력 집중을, 로크는 권력 분할(분립)을 강조하였다.

⑤ 갑, 병: 법률에 복종하는 시민이 법률의 제정자가 되어야 한다.
→ 루소만의 입장이다. 홉스는 법률에 복종하는 시민은 법률의 제정자가 될 수 없다고 보았다.

666 로크와 루소의 사회 계약론 비교하기

갑은 로크이고, 을은 루소이다. 로크는 자연법이 지배하는 자연 상태에서 더욱 안전하게 자연권을 보장받기 위해 구성원들이 사회 계약을 체결함으로써 국가를 구성한다고 보았다. 루소는 자연 상태에서 인간이 자유롭고 평등하며 평화로운 삶을 누리지만 사회 상태로 옮겨 가면서 사유 재산의 발생과 함께 불평등과 예속의 불행한 상태에 처하게 된다고 보고, 불평등한 사회 상태를 극복하기 위해 계약을 맺어 국가를 만들게 된다고 주장하였다.

1등급 선택지 분석

ㄱ. 갑: 자연 상태의 인간은 불가침적 권리를 지닌다.
→ 로크에 따르면 자연 상태의 인간은 누구나 침해받아서는 안 되는 자연권적 기본권을 지닌다.

ㄴ. 갑: 국가 권력 분립은 가능하지도 정당하지도 않다.
→ 로크는 국가 권력을 입법권과 집행권으로 분립시킬 것을 주장하였다.

ㄷ. 을: 시민은 사회 계약을 통해 주권을 정부에 양도한다.
→ 루소에 따르면 주권은 정부에 양도될 수 없는 권리이다.

ㄹ. 갑, 을: 자연 상태에서 모든 인간은 자유롭고 평등하다.
→ 홉스, 로크, 루소 등 근대 사회 계약론자들은 자연 상태에서 모든 인간이 자유롭고 평등하다고 보았다.

667 아리스토텔레스와 홉스의 국가관 비교하기

갑은 아리스토텔레스이고, 을은 홉스이다. 아리스토텔레스에 따르면 국가는 정치적 동물인 인간의 본성에 의해 자연스럽게 형성된 완전하고 자족적인 공동체이다. 또한 그는 국가가 최고선, 즉 행복을 추구하는 최고의 공동체라고 보았다. 홉스에 따르면 국가는 전쟁 상태인 자연 상태에서 벗어나기 위해 인간들이 사회 계약을 맺어 성립된 정치 공동체이다.

1등급 선택지 분석

㉠ A: 국가는 최고선인 행복을 추구하는 최고의 공동체이다.
→ 아리스토텔레스만의 국가관이다. 홉스는 최고선이나 궁극 목적은 존재하지 않는다고 보았다.

ㄴ. B: 국가의 질서 유지를 위해서 주권은 분할되어야 한다.
→ 홉스는 주권자의 권력은 분할되어서는 안 된다고 보았다.

ㄷ. B: 국가는 인간들 간의 계약으로 형성된 정치 공동체이다.
→ 홉스만의 입장이다. 아리스토텔레스는 국가가 인간의 본성에 의해 자연적으로 형성되는 공동체라고 보았다.

㉣ C: 국가 이전의 상태는 만인의 만인에 대한 투쟁 상태이다.
→ 홉스는 자연 상태가 만인의 만인에 대한 투쟁 상태라고 주장하였다.

18 시민

분석 기출 문제 115~118쪽

[핵심 개념 문제]

668 소극적 자유 **669** 비지배로서의 자유 **670** 자연권 **671** 사회적 존재 **672** ㄴ **673** ㄱ **674** ㉠ **675** ㉡ **676** ㉡ **677** ○ **678** ○ **679** ×

680 ④ **681** ① **682** ② **683** ③ **684** ⑤ **685** ⑤ **686** ④ **687** ⑤ **688** ② **689** ② **690** ③ **691** ⑤ **692** ③

1등급을 향한 서답형 문제

693 예시 답안 어떤 옷을 입고 어떤 장소에 갈 것인지는 인간에게 주어진 기본적 자유이므로 종교적 이유로 수영복 입는 것을 막지 말고 허용해야 한다. **694** 공화주의 **695** 예시 답안 소극적 자유는 외부의 간섭을 받지 않을 자유이다. 비지배로서의 자유는 간섭의 부재가 아니라 타인에게 사적으로 종속되지 않는 상태를 지향하는 것이다. 즉 타인의 자의적인 지배에서 벗어나 법에 복종함으로써 누리는 자유이다. **696** 예시 답안 비지배로서의 자유는 법치를 통해 실현될 수 있다. 법은 자의적 지배의 권력으로부터 시민의 자유와 권리를 보호해 주는 역할을 하기 때문이다.

680

제시문은 개인의 자유를 강조하는 자유주의 입장이다. 자유주의는 외부의 간섭을 받지 않고 스스로 하고 싶은 일을 선택하여 실행할 수 있는 자유와 권리가 개인에게 있으며, 공동체가 공동선을 이유로 개인의 자유와 권리를 제한하는 것은 바람직하지 않다고 본다.

바로잡기 ㄱ. 자유주의에서 개인은 삶의 의미와 목적을 사회 속에서 찾기보다 스스로 설정하는 존재이다.. ㄷ. 자유주의에서는 개인을 공동체의 구성원들과 도덕적으로 상호 연결된 존재로 보지 않고 독립된 존재로 본다.

681

㉠은 '관용'이다. 자유주의에서 개인은 타인에게 간섭받지 않을 자유를 누릴 권리가 있으며, 동시에 타인의 자유를 침해하지 말아야 하는 의무를 지닌다. 이러한 의무를 이행하는 데 바탕이 되는 자세가 관용이다.

682

자유주의에서 개인의 자유와 권리의 근거가 되는 사상이 자연권 사상이다. 자연권은 인간이면 누구나 당연하게 누리는 권리이며, 누구도 빼앗거나 침범할 수 없는 천부 인권으로서의 권리이다.

바로잡기 ② 자연권은 인간이라면 누구나 보장되어 있는 권리로 국가의 상황에 따라 선택할 수 있는 권리가 아니다.

1등급 정리 노트 자연권의 특징

자유주의에서 개인적 자유의 근거가 되는 자연권은 인간이라면 누구나 당연하게 가지는 권리이자 모든 사람이 누리는 권리이다. 이러한 자연권의 특징을 파악해 두자.

보편성	인종, 성별, 사회적 신분과 관계없이 모든 인간이 누리는 권리
천부성	사람이면 누구나 처음부터 가지고 태어나는 권리
항구성	박탈당하지 않고 영구히 보장되는 권리
불가침성	누구도 빼앗거나 침범할 수 없는 권리

683

㉠은 '비지배로서의 자유'이다. 공화주의에서 주장하는 비지배로서의 자유는 간섭의 부재에서 그치는 것이 아니라, 일체의 사적인 지배 가능성 자체를 벗어나는 것을 의미한다.

바로잡기 ①, ②, ④, ⑤ 자유주의에서 강조하는 자유의 개념이다.

684

(가)는 자유주의 입장이고, (나)는 공화주의 입장이다. 공화주의는 공동체의 시민으로서 이행해야 할 의무와 공동체적 삶의 중요성을 강조한다. 공화주의는 개인선뿐만 아니라 공동체에 참여함으로써 실현되는 공동선도 중시하며 개인의 자유와 권리도 공동체 속에서 가능하다고 본다.

바로잡기 ①, ②, ③, ④ 자유주의 입장에서 강조할 내용이다.

685

제시된 사회사상은 자유주의이다. 자유주의는 타인에게 위해를 끼치지 않는 한 개인의 자유와 권리를 무제한적으로 보장하는 것이 정의롭다고 본다. 따라서 개인은 자신의 인격을 표현할 권리를 소유하고 있으며, 이러한 개인의 권리를 보장하는 사회를 정의로운 사회로 이해한다.

바로잡기 ① 자유주의는 개인의 권리를 공동체의 책무보다 중시한다. ② 자유주의는 공동선의 실현을 목적으로 개인의 헌신을 강요하지 않는다. ③ 자유주의는 사회를 개인들의 합산 그 자체로 본다. ④ 자유주의는 개인의 자유를 타인에게 피해를 주지 않는 한에서 보장하며, 타인에게 피해를 줄 경우 자유를 제한할 수 있다고 본다.

686

제시문은 자유주의자 밀의 주장이다. 밀은 개인의 자유가 스스로를 제외한 어떤 사람의 이익과도 관련되지 않는 한 사회적으로 제재를 받지 않아야 한다고 주장하였다.

바로잡기 두 번째 입장. 밀은 대표적인 자유주의자로 자신의 자유보다 타인의 자유와 권리를 우선하지 않는다.

687

제시문은 자유 지상주의자인 노직의 주장이다. 노직과 같은 자유주의의 입장은 개인의 자유와 권리를 침해하지 않으면서 국민을 보호하는 최소 형태의 국가인 최소 국가가 바람직하다고 보며, 애국심은 시민의 계약에 의해 수립된 헌법의 가치나 기본 이념을 수호하는 것으로 본다.

바로잡기 ⑤ 공화주의 입장에서 긍정의 대답을 할 질문이다.

688

갑은 자유주의에서 강조하는 애국심의 의미를 말하고 있으며, 자유주의의 애국심은 헌법 애국주의라고도 불린다. 을이 주장하는 애국심은 공화주의의 애국심으로 자신이 태어난 나라와 민족에 대한 무조건적 사랑인 민족주의적 애국심과 구별된다. 자유주의에서 강조하는 애국심은 헌법의 기본 이념인 자유, 민주주의, 인권 등에 헌신하고자 하는 마음으로 표현된다. 이와 달리 공화주의의 애국심은 특정 공화국에 대한 애정과 충성심으로 동료 시민에 대한 대승적·자발적 사랑을 의미한다.

바로잡기 ① 을의 입장이다. ③, ⑤ 민족주의적 애국심에 해당한다. ④ 갑의 입장이다.

689

갑은 자유주의 입장이고, 을은 공화주의 입장이다. 자유주의의 시민은 외부의 간섭을 받지 않고 하고 싶은 일을 선택하여 실행할 자유를 가진다. 공화주의의 시민은 정치에 참여하여 공동선을 실현하고자 노력한다.

바로잡기 ② 자유주의는 국가의 중립성을 강조한다. 국가의 중립성이란 국가의 구성원들이 서로 다른 신념 체계를 지닐 수 있음을 인정하고 각자가 원하는 가치를 추구하며 살아갈 수 있도록 어떤 특정한 가치나 삶의 방식을 따르도록 강제해서는 안 된다는 것이다.

690

제시문은 공화주의의 애국심을 보여 주는 주세페 마치니의 글이다. 공화주의에서 조국은 법으로써 시민의 자유와 행복을 지켜 주는 국가여야 하며, 애국심은 자유와 평등이 확립된 조국에 대한 사랑이라고 규정하고 있다.

바로잡기 ㄱ. 민족주의적 애국심으로, 공화주의의 애국심과 다르다. ㄹ. 공화주의에서 조국은 단순히 시민이 태어난 장소를 의미하지 않는다.

691

(가)는 자유주의 입장이고, (나)는 공화주의 입장이다. 자유주의의 관용은 자신과 다른 견해나 행동을 허용하며 자신의 견해나 행동을 다른 사람에게 강요하지 않는 태도를 의미한다. 이러한 관용은 사적 권리를 보호하기 위해 중요한 덕목이다. 공화주의의 관용은 비지배의 조건을 보장받기 위해 타인의 자율성을 존중하는 것으로 시민적 덕성과 밀접한 관련성을 가진다.

바로잡기 ⑤ 자유주의와 공화주의에서는 타인의 인권과 자유를 침해하는 일까지 관용하는 것은 아니다.

692

(가)는 자유주의 입장이고, (나)는 공화주의 입장이다. 자유주의는 가치에 대한 국가의 중립성을 강조하는 정도(A)가 높고, 공화주의는 공동선 증진을 위한 정치 참여를 중시하는 정도(B)가 높다.

바로잡기 자유주의는 공익을 위해 사익 추구 제한을 허용하는 정도(A)와 타인의 지배를 받지 않을 자유를 중시하는 정도(A)가 공화주의에 비해 낮다. 공화주의는 권리를 자연적이고 본래적인 것으로 여기는 정도(B)가 자유주의에 비해 낮다.

693

자유주의는 자유를 중시한다. 어떤 옷을 입고 어떤 장소에 갈 것인지는 인간에게 주어진 기본적 자유에 속하며, 마땅히 관용의 영역으로 인식해야 한다. 따라서 자유주의 입장에서 의식주의 자유는 인간의 기본적 권리에 해당하기 때문에 종교적 이유로 수영복 입는 것을 막지 말고 허용해야만 한다.

채점 기준	수준
허용해야 하는 이유를 자유를 중시하는 자유주의의 입장에서 정확하게 답변한 경우	상
허용해야 함은 말했으나 그 이유를 정확하게 답변하지 못한 경우	중
허용하지 말아야 한다거나 혹은 근거를 제시하지 못한 경우	하

694

㉠을 강조하는 사상은 공화주의이다.

695

소극적 자유는 타인과 국가와 같은 외부에 의한 간섭을 받지 않을 자유이다. 이와 달리 공화주의에서 주장하는 비지배로서의 자유는 간섭의 부재가 아니라, 타인에게 사적으로 종속되지 않는 상태를 지향하는 것이다. 즉 타인의 자의적인 지배에서 벗어나 법에 복종함으로써 누리는 자유이다.

채점 기준	수준
소극적 자유와 비지배로서의 자유의 차이를 정확하게 한 경우	상
소극적 자유와 비지배로서의 자유 중 한 가지만 정확하게 서술한 경우	중
소극적 자유와 비지배로서의 자유의 차이를 서술하였으나 미흡한 경우	하

696

공화주의적 자유는 법에 의한 지배, 즉 법치를 통해 실현될 수 있다. 따라서 법이 독재나 다수의 횡포와 같은 권력의 자의적 지배로부터 시민의 자유와 권리를 보호해 주는 방패 역할을 한다고 볼 수 있다.

채점 기준	수준
법의 역할을 정확히 제시하며 비지배로서의 자유와 법치의 관계를 서술한 경우	상
비지배로서의 자유와 법치의 관계를 대략적으로 서술한 경우	중

적중 1등급 문제

119쪽

697 ⑤ 698 ⑤ 699 ③ 700 ④

697 자유에 대한 자유주의와 공화주의 입장 비교하기

갑은 현대 자유주의 사상가 벌린이고, 을은 현대 공화주의 사상가 페팃이다. 벌린은 '~로부터의 자유', 즉 소극적 자유를 진정한 자유로 보았다. 이에 비해 페팃은 '비지배로서의 자유', 즉 타인의 자의적인 지배가 없는 상태를 진정한 자유로 보았다. 벌린과 페팃 모두 시민의 자유로운 삶을 보장하기 위해 법치, 즉 법의 지배가 필요하다고 본 점에서는 공통적이다.

1등급 선택지 분석

① 갑: 소극적 자유는 진정한 자유가 아니다.
→ 벌린은 소극적 자유를 진정한 자유로 본다.

② 갑: 타인의 간섭을 받지 않는 영역을 없애야 한다.
→ 벌린은 타인의 간섭을 받지 않는 사적 영역이 보장되어야 한다고 본다.

③ 을: 시민권은 자연적으로 주어지는 천부 인권이다.
→ 페팃에 따르면 시민권은 자연적으로 주어지는 것이 아니라 시민의 정치적 참여 및 공동체의 노력을 통해 만들어지는 것이다.

④ 을: 자의적 권력이 지배하는 사회를 지향해야 한다.
→ 페팃은 자의적 권력에 의한 지배가 사라진 사회를 지향해야 한다고 본다.

⑤ 갑, 을: 시민의 자유를 보장하기 위해 법치가 필요하다.
→ 벌린과 페팃 모두 시민적 자유를 보장하기 위해 법치가 필요하다는 입장이다.

698 공화주의와 자유주의 사상 비교하기

(가)는 공화주의, (나)는 자유주의 입장이다. 공화주의는 시민의 권리가 자연권과 같이 자연적으로 주어지는 것이 아니라 시민의 정치 참여 및 공동체의 법에 의해 형성되는 것이라고 본다. 또한 공화주의는 국가나 타인에 의해 자의적 권력에 종속되지 않는 비지배로서의 자유를 중시한다. 자유주의는 개인의 자유와 권리를 중시하는 사상으로 자연권 사상에 바탕을 두며, 외부의 간섭이나 방해가 없는 상태를 의미하는 소극적 자유를 중시한다.

1등급 선택지 분석

- X: 개인의 자유와 권리의 근거로서 자연권을 중시하는 정도
  → 높음. 자유주의는 자연권을 인정하지만, 공화주의는 자연권을 부정한다.
- Y: 국가나 타인에게 간섭받지 않는 사적 영역을 중시하는 정도
  → 높음. 자유주의는 간섭받지 않을 사적 영역을 중시하지만, 공화주의는 지배받지 않을 자유를 중시한다.
- Z: 국가나 타인의 자의적 권력에 종속되지 않을 자유를 중시하는 정도
  → 낮음. 자유주의는 비지배로서의 자유보다는 불간섭으로서의 소극적 자유를 중시한다.

699 자유에 대한 공화주의와 자유주의 입장 비교하기

(가)의 갑은 공화주의자 비롤리이고, 을은 자유주의자 벌린이다. 비롤리는 자의적 지배가 없는 상태를 참된 자유로 여기는 데 비해, 벌린은 간섭이나 방해의 부재를 참된 자유로 보았다. 하지만 공화주의와 자유주의 모두 법치를 주장하였다. 공화주의에서 법치의 목적은 권력의 자의적 지배를 방지하는 것이고, 자유주의에서 법치의 목적은 외부의 부당한 방해나 간섭을 받지 않도록 개인의 사적 영역을 보호하는 것이다.

1등급 선택지 분석

ㄱ. A: 법치의 목적은 시민의 자연권을 보호하는 것이다.
→ 공화주의자인 비롤리는 시민의 권리가 자연적으로 주어지는 권리가 아니라고 본다.

ⓛ B: 참된 자유는 '~가 없는 상태'로 표현될 수 있다.
→ 비롤리와 벌린의 공통 입장이다. 공화주의는 '지배가 없는 상태', 자유주의는 '간섭이 없는 상태'로 참된 자유가 표현될 수 있다고 보기 때문이다.

ⓒ B: 권력의 자의적 지배나 자의적 간섭을 배제해야 한다.
→ 비롤리와 벌린의 공통 입장이다. 공화주의는 자의적 지배에 반대하고, 자유주의는 자의적 간섭에 반대하기 때문이다.

ㄹ. C: 모든 법적 규제를 철폐해야 진정한 자유가 실현된다.
→ 비롤리와 벌린 모두 정당한 법적 규제로써 법치가 필요하다고 본다.

700 자유에 대한 벌린과 비롤리의 입장 비교하기

갑은 현대 자유주의 사상가 벌린이고, 을은 현대 공화주의 사상가 비롤리이다. 벌린은 '~로부터의 자유', 즉 소극적 자유를 진정한 자유로 보았다. 이에 비해 비롤리는 타인의 자의적 지배가 없는 상태를 진정한 자유로 보았으며, 이러한 자유는 법에 의해 실현이 가능하다고 보았다.

1등급 선택지 분석

① '~부터의 자유'가 진정한 자유임을 간과한다.
→ 벌린은 '~로부터의 자유'로 표현되는 소극적 자유를 진정한 자유로 본다.

② 지배가 아닌 간섭의 부재가 자유의 핵심임을 간과한다.
→ 벌린은 간섭이 부재한 상태를 자유의 핵심으로 본다.

③ 개인의 삶에 간섭하는 어떤 법도 정당할 수 없음을 간과한다.
→ 비롤리는 자의적 지배를 막기 위해 법이 개인의 삶에 간섭하는 것은 정당화될 수 있다고 본다.

④ 간섭의 부재만으로는 진정한 자유를 누릴 수 없음을 간과한다.
→ 지배의 부재를 자유의 핵심으로 보는 비롤리가 간섭의 부재를 자유의 핵심으로 보는 벌린에게 제기할 비판이다.

⑤ 선한 주인을 둔 노예는 진정한 자유를 누릴 수 있음을 간과한다.
→ 비롤리에 따르면 선한 주인을 두어 간섭받지 않는 노예라 하더라도 그는 노예일 뿐 자유인일 수 없으며, 그가 누리는 자유는 진정한 자유라고 할 수 없다.

19 민주주의

분석 기출 문제

121~122쪽

[핵심 개념 문제]

701 민주주의 702 엘리트 민주주의 703 정의관 704 × 705 ×
706 ○ 707 ⓛ 708 ㉠ 709 ⓒ 710 ⓛ 711 ㉠ 712 ⓛ
713 ㄱ 714 ㄴ

715 ② 716 ② 717 ③ 718 ⑤ 719 ② 720 ⑤

1등급을 향한 서답형 문제

721 하버마스 722 심의 민주주의 723 예시 답안 시민이 직접 공적 심의 과정에 참여해 정책을 결정하는 형태의 민주주의이다.

715

고대 그리스 아테네의 민주 정치는 장군을 제외한 주요 공직들은 추첨으로 선출하였다. 투표로 할 경우 명문가 출신이나 부자들이 뽑힐 확률이 높을 것이므로 이는 민주 정치 정신에 어긋난다고 생각했기 때문이다. 또한 30세 이상의 자유민인 남성만을 시민으로 규정하고, 여성과 노예, 외국인 등은 정치 참여를 제한하였다. 현대 민주주의는 모든 시민이 동시에 참여하기 어렵기 때문에 대표를 선출하여 의사 결정을 하는 대의 민주주의를 특징으로 한다. 이런 대의 민주주의는 선출된 대표자들이 시민들의 다양한 의견을 얼마나 잘 대표할 수 있는지에 대한 문제를 안고 있다.

바로잡기 ② 고대 그리스 아테네에서 여성은 시민이 아니었다.

716

㉠은 '자연법적 계약 사상'이다. 자연법적 계약 사상은 인위적인 실정법과 달리 보편적이고 불변하는 자연법에 바탕을 둔다. 자연법적 계약 사상에 따르면 모든 인간은 양도할 수 없는 자유롭고 평등한 권리를 가지며, 이러한 권리를 더욱 잘 보호하고자 자발적으로 계약을 맺어 사회를 구성했다고 본다. 대표적인 사상가로는 홉스, 로크, 루소 등이 있다.

바로잡기 ② 실정법이 아닌 자연법에 바탕을 둔 계약 사상이다.

717

제시문은 로크의 "통치론"의 일부이다. 사회 계약 사상가 중 홉스는 주권이 군주에게 있다고 주장함으로써 절대 권력을 옹호했지만, 로크는 주권이 시민에게 있고 시민의 자유와 권리를 보호하지 못하는 정부는 해체하고 새로운 정부를 구성할 수 있다고 주장하였다.

바로잡기 ㄱ. 루소의 주장에 해당한다. 루소는 사유 재산의 발생과 함께 인간은 불평등한 상황에 처하게 되었으며 자유가 속박되었다고 주장하였다.
ㄹ. 홉스의 주장에 해당한다. 홉스는 자연 상태를 약육강식의 상태로 보고 국가가 강력할수록 내부적으로 반란이 일어나지 않고 외적으로부터 침입이 없기 때문에 생명을 더욱 잘 지킬 수 있으므로 절대 권력이 필요하다고 주장하였다.

1등급 정리 노트 로크의 국가관

로크의 사회 계약론과 관련하여 국가 성립의 관점을 기억해 두자.

로크는 자연 상태에서는 각자 자신의 일에 관한 재판권을 가진다고 보았다. 이런 경우 사람들 사이의 분쟁을 해결할 공통의 재판관이 없다는 중대한 결함이 생기는데, 이를 해결하기 위해서 자연 상태의 개인들이 정치 사회를 만들기 위해 계약에 나서게 된다고 보았다. 즉 로크는 "모든 분쟁을 해결하고 공동체의 구성원들에게 발생하는 침해를 보상해 줄 권위를 가진 재판관을 지상에 설정함으로써 인간은 자연 상태에서 벗어나 국가 상태로 들어가게 된다."라고 주장하였다.

718

㈎는 엘리트 민주주의이고, ㈏는 참여 민주주의이다. 현대 사회에서 모든 시민이 동시에 모여 의사를 결정하는 것이 불가능하기 때문에 엘리트 민주주의는 직접 민주주의의 이상을 간접적인 방법으로 실현한 것으로 볼 수 있다. 그러나 선출된 대표자가 시민의 다양한 의견을 반영하지 못하거나 대표자와 시민의 의견이 다를 수 있다는 한계를 가진다. 한편 참여 민주주의는 시민들이 정책 결정과 집행 과정에 참여하여 의미 있는 일을 할 수 있도록 한 것이다. 그러나 참여한 시민들이 자기가 속한 집단만의 이해관계를 관철시키려고 노력할 경우 전체 시민의 의지가 왜곡될 수 있다는 한계를 가진다.

바로잡기 ⑤ 엘리트 민주주의와 참여 민주주의는 모두 국민 주권을 근거로 성립하는 정치 체제이다.

1등급 정리 노트 현대 민주주의의 규범적 특징

현대에는 다양한 형태의 민주주의가 등장하였다. 대표적으로 엘리트 민주주의, 참여 민주주의, 심의 민주주의가 있다. 각각의 규범적 특징을 정리해 두자.

구분	규범적 특징
엘리트 민주주의	• 투표라는 민주적 과정을 통해 자율적으로 대표 선출 • 시민은 대표자가 기대에 제대로 부응하지 못할 경우 물러나게 할 책임을 가짐
참여 민주주의	시민 다수가 공동체의 의사 결정 과정에 참여하기 때문에 자율성과 책임성의 범위가 시민 전체로 확대됨
심의 민주주의	• 공적 심의 과정에서 시민들과의 소통을 활성화함 • 의견 공유로 시민들 사이의 유대를 강화함

719

㈎는 시민 불복종에 대한 롤스의 주장이다. 롤스는 시민 불복종을 법이나 정부의 정책에 변혁을 가져올 목적으로 행해지는 것으로 공공의 정의관에 어긋나며 비폭력적이고 양심적이긴 하지만 법에 반하는 정치적 행위라고 규정하였다.

바로잡기 ② 시민 불복종은 법이나 정책에 변혁을 가져올 목적으로 행해지는 것으로 "예"라고 대답할 진술이다. 따라서 A에 들어갈 내용이 아니라 B에 들어갈 내용이다.

720

제시문은 심의 민주주의와 관련된 설명이다. 현대 민주주의의 한 형태인 심의 민주주의는 시민이 직접 공적 심의 과정에 참여하여 정책을 결정할 수 있다는 특징이 있다. 서로 다른 이해관계와 다양한 정치적 견해를 가진 시민은 전문가 및 대표자와 함께 공적 심의에 참여하여 자신의 선호를 반영할 수 있는 기회를 얻을 수 있다. 심의 과정에서는 모든 시민이 사회적·경제적 지위 등을 이유로 소통에서 배제되지 않으며 평등한 관계에서 자신의 의견을 자유롭게 나타낼 수 있는 권리를 가지고 있다. 다만 공적 심의 과정이 이루어지는 공론의 장에서 시민들은 참되고 옳고 진실하며 서로를 이해하고 존중하는 합리적인 의사소통 능력을 갖추어야 하는데, 그렇지 못할 경우 심의 결과에 대한 정당성과 적절성에 문제가 생길 수 있다.

바로잡기 ⑤ 전문가와 대표자를 통해 자신의 선호를 반영하는 것이 아니라 시민이 직접 공적 심의에 참여하는 것이 심의 민주주의이다.

721

갑과 을은 의사소통의 문제에 대해 토론을 하고 있으며, 이때 을이 언급한 '어떤 서양 사상가'는 하버마스이다.

722

하버마스는 누구나 외부에 의한 억압 없이 자유롭고 합리적으로 자신의 견해를 진술하고 서로를 비판할 수 있는 열린 토론의 장을 마련하는 것이 곧 합리적인 의사소통의 상태를 실현하는 것이라고 보았다. 이렇게 시민이 공적 심의 과정에 참여하여 합리적인 의사소통을 실현함으로써 정책 결정 과정의 정당성을 획득하고자 하는 것이 심의 민주주의이다.

723

심의 민주주의는 공적 심의 과정에 자유롭고 평등하게 참여한 시민들이 정책을 결정하는 형태의 민주주의이다.

채점 기준	수준
공적 심의 과정에 참여하여 정책을 결정한다는 내용이 포함되도록 서술한 경우	상
심의 과정에 참여한다고만 서술한 경우	중

123쪽

724 ⑤ 725 ① 726 ③ 727 ③

724 엘리트 민주주의 이해하기

제시문은 슘페터의 주장이다. 슘페터는 민주주의를 엘리트가 대중의 승인을 얻고자 자유롭게 경쟁하는 제도적 장치로 보았다. 그에 따르면 정치는 엘리트에게 맡겨야 하며 시민의 역할을 지도자를 선출하는 투표자의 역할에 한정해야 한다. 일반적으로 시민은 엘리트보다 비합리적인 편견을 가지거나 충동에 빠지는 경향이 있다고 보기 때문이다.

1등급 선택지 분석

ㄱ. 민주주의는 엘리트가 득표 경쟁을 하는 제도적 장치이다.
→ 슘페터에 따르면 민주주의는 엘리트가 국민의 표를 얻기 위해 경쟁하는 제도라고 보았다.

ㄴ. 시민은 국가의 모든 문제에 대한 결정권을 직접 행사해야 한다.
→ 슘페터에 따르면 시민은 정치를 엘리트에게 맡겨야 한다.

ㄷ. 시민의 역할은 지도자를 선출하는 투표자의 역할에 한정되어야 한다.
→ 슘페터는 시민이 직접 정치에 나서기보다 지도자를 선출하는 역할만 해야 한다고 보았다.

ㄹ. 시민은 엘리트보다 비합리적인 편견을 가지거나 충동에 빠지는 경향이 있다.
→ 슘페터는 시민들이 비합리적이며 충동적이라고 보았다.

725 현대 심의 민주주의의 특징 이해하기

그림의 강연자는 심의 민주주의의 필요성과 특징에 대해 말하고 있다. 심의 민주주의는 시민들 간의 대화, 토론, 소통을 통해 개인들이 자신의 선호를 계속 변화시키면서 공공성을 지향하며 집단적 의사 결정을 도출하려는 민주주의를 가리킨다. 이러한 심의 민주주의는 시민들 간의 토론과 소통을 통해 정책 결정의 공공성을 강화할 것을 강조한다.

1등급 선택지 분석

① 공적 심의를 통해 정책 결정의 공공성을 강화해야 한다.
→ 심의 민주주의는 각계각층의 사람들이 참여하는 공적 심의를 통해 정책 결정의 공공성을 강화해야 한다고 보았다.

② 선거로 선출된 사람들만 정책을 심의하고 결정해야 한다.
→ 심의 민주주의는 시민과 전문가 및 대표자가 함께 정책을 심의하고 결정해야 한다고 본다.

③ 신속한 의사 결정을 위해 의사 표현의 기회를 제한해야 한다.
→ 심의 민주주의는 심의 참여자의 의사 표현의 자유를 제한해서는 안 된다고 본다.

④ 정책 심의의 효율성을 위해 시민의 정치 참여를 배제해야 한다.
→ 심의 민주주의는 정책 심의 과정에 시민들이 적극적으로 참여할 것을 요청한다.

⑤ 시민들이 사적인 이익을 표출할 수 있는 기회를 확대해야 한다.
→ 심의 민주주의가 중시하는 심의는 공적 성격이 강하다.

726 엘리트 민주주의와 심의 민주주의 비교하기

갑은 엘리트 민주주의를 옹호하는 슘페터이고, 을은 심의 민주주의를 옹호하는 롤스이다. 슘페터는 시민의 역할이 지도자를 선출하는 투표자의 역할에 한정해야 한다고 주장하였다. 롤스는 민주주의의 기본 특징을 공적 심의로 보았으며, 시민들이 공적 심의를 통해 공공성을 추구하는 정책을 수립할 수 있다고 주장하였다.

1등급 선택지 분석

① 갑: 시민들은 엘리트 정치가의 통치를 거부해야 한다.
→ 슘페터는 민주주의를 엘리트의 통치 혹은 정치가의 지배로 보았다.

② 갑: 시민들은 정치 영역에서 직업적 전문성을 갖춰야 한다.
→ 슘페터에 따르면 정치 영역에서 직업적 전문성을 갖춰야 하는 것은 시민들이 아니라 정치가들이다.

③ 을: 시민들의 의견은 공적 심의 과정에서 변할 수 있다.
→ 롤스는 심의 과정에서 개인의 의견은 수정될 수 있다고 보았다.

④ 을: 시민들의 이해관계가 상충하면 공적 심의는 불가능하다.
→ 심의 민주주의의 기본 입장에 따르면 서로 다른 이해관계를 가진 시민과 전문가 및 대표자가 공적 심의에 참여한다.

⑤ 갑, 을: 시민들은 정책 결정을 정치가에게 일임해야 한다.
→ 슘페터만의 입장이다. 롤스는 시민들이 정책의 심의와 결정에 직접 참여해야 한다고 본다.

727 롤스와 하버마스의 시민 불복종 비교하기

갑은 롤스, 을은 하버마스이다. 롤스와 하버마스는 모두 부당한 법이나 정책에 대해 시민 불복종을 행할 수 있다고 보았다. 그러나 시민 불복종의 근거를 롤스는 공적인 정의관, 하버마스는 합리적인 의사소통에 두었다.

1등급 선택지 분석

① 갑은 시민 불복종을 합리적 의사소통이 결여된 정책에 대한 거부 행위로 본다.
→ 하버마스의 입장이다.

② 을은 시민 불복종이 비공개적 방식으로 이루어져야 한다고 본다.
→ 하버마스는 시민 불복종이 공개적인 방식으로 행해져야 한다고 본다.

③ 갑은 을과 달리 시민 불복종이 사회적 다수에 의해 공유된 정의관에 근거해야 한다고 본다.
→ 롤스는 공적인 정의관을 시민 불복종의 근거로 보았다.

④ 을은 갑과 달리 시민 불복종이 비폭력적인 방식으로 행해져야 한다고 본다.
→ 롤스와 하버마스 모두 시민 불복종이 비폭력적이어야 한다고 본다.

⑤ 갑, 을은 모두 개인의 양심을 시민 불복종의 판단 기준으로 삼는다.
→ 양심을 시민 불복종의 판단 기준으로 삼은 것은 소로이다.

20 자본주의

분석 기출 문제

125~126쪽

[핵심 개념 문제]

728 애덤 스미스 **729** 물신 숭배 **730** 인간 소외 **731** × **732** ○
733 × **734** ㉡ **735** ㉠ **736** ㉠ **737** ㉠ **738** ㉢ **739** ㉡
740 ㄴ **741** ㄱ

742 ④ **743** ① **744** ② **745** ② **746** ③

1등급을 향한 서답형 문제

747 자본주의 **748** 예시 답안 각 개인의 경제적 자율성과 사적 소유권을 최대한 보장한다. 이윤 추구를 위해 시장에서의 자유 경쟁을 허용한다.

749 예시 답안 경제적 효율성을 증진하여 물질적 풍요를 가져왔다. 개인의 자유와 권리 신장에 기여하였다. 개인의 자율성과 창의성을 증대시켰다.

742

㈎는 애덤 스미스의 주장이다. 애덤 스미스는 개인이 자신의 이익을 자유롭게 추구하도록 내버려 둠으로써 사회의 이익을 증진시킬 수 있다고 보았다. 따라서 ㉠에는 사회 전체의 부가 증가되는 원리가 들어가야 하고, ㉡에는 효율적인 자원 배분이 이루어지기 위해서 필요한 전제가 진술되어야 한다. 즉 ㉠에는 경제적 자율성의 보장, ㉡에는 자유 경쟁의 허용이 진술되어야 한다.

바로잡기 ① ㉡ 국가의 기능을 축소해야 한다. ② ㉠ 생산 수단의 사적 소유가 인정되어야 한다. ③ ㉡ 시장의 자율 조정 기능에 맡겨야 한다. ⑤ ㉡ 정부의 시장 개입을 최소화해야 한다.

1등급 정리 노트 자본주의의 특징

자본주의는 시대에 따라 다양한 유형으로 전개되어 오고 있다. 시대 상황에 따른 각각의 자본주의의 특징을 정리해 두자.

구분	특징
고전적 자본주의	• 국가의 개입 최소화와 시장의 역할 신뢰 • 자유방임주의 강조
수정 자본주의	• 시장 실패 비판 • 정부의 적극적 시장 개입 주장
신자본주의	• 정부 실패 비판 • 개인의 자유와 시장 경제의 확대 강조

743

갑은 케인스로 폐광 속에 돈을 넣고 메우고 다시 파내는 과정을 통해 정부가 실업 문제를 해결할 수 있다고 보았다. 이렇듯 케인스는 정부의 경제 활동이 민간 경제를 활성화시켜 경기를 부양할 수 있다고 보는 수정 자본주의의 입장을 갖고 있다. 을은 '샤워실의 바보'라는 개념으로 정부의 시장 개입을 비꼰 신자유주의자 프리드먼이다. 그는 정부의 시장 개입 정책의 효과는 적절한 때에 나타나지 않기 때문에 오히려 경제 혼란을 가중시키므로 정부의 시장 개입을 반대하며 정부의 기능을 축소하고 시장 경제를 확대해야 한다고 주장하였다.

바로잡기 ① 케인스는 경제 문제를 시장의 자율 조정 기능에 맡기지 말고 정부가 적극적으로 시장에 개입해야 한다고 주장하였다.

744

제시된 내용은 찰리 채플린의 '모던 타임스'의 장면을 묘사한 것이다. '모던 타임스'는 돈과 기계에 얽매인 현대 사회를 풍자한 영화로 자본주의 사회의 인간 소외 문제를 고발하고 있다.

바로잡기 ㄴ. 물아일체(物我一體)는 자연물과 자아가 하나가 된다는 뜻으로 도가에서 주장하는 인위적인 현실의 제약이나 세속의 구속에서 해방되어 자연의 섭리에 자신을 내맡긴 이상적인 상태를 말한다. ㄹ. 자본가가 아닌 노동자의 삶이 기술에 의해 지배되는 사회를 보여 준다.

745

㈎는 경제적 불평등이 심화되고 있다는 내용의 도표이다. ㈎의 도표를 통해 지니 계수가 점점 커지는 것을 알 수 있다. 지니 계수는 1에 가까울수록 그 사회의 소득 불평등이 심하다는 것을 의미한다. ㈏의 갑은 정부의 개입으로 시장 문제를 해결할 수 있다고 주장하므로 수정 자본주의 입장이다. 을은 노동자의 계급 투쟁을 주장하므로 마르크스와 같은 사회주의 입장이다. 갑의 입장에서는 정부의 시장 개입을 통해 불황과 실업을 극복하고 복지를 확대해야 한다고 주장할 것이며, 을의 입장에서는 양극화 해소를 위해 생산 수단을 공유화하는 계획 경제를 주장할 것이다.

바로잡기 ㄴ. 갑은 정부의 역할 확대를 주장할 것이다. ㄹ. 을은 계획 경제를 주장할 것이다.

1등급 정리 노트 사회주의의 등장 배경과 특징

자본주의의 윤리적 문제점을 제기하며 등장한 사상이 사회주의이기 때문에 사회주의는 자본주의와는 떼려야 뗄 수 없는 밀접한 관계이다. 이 사상의 등장 배경과 특징을 정리해 두자.

구분	내용
등장 배경	• 자본주의의 경제적 불안정성과 빈부 격차의 심화를 비판하며 등장함
특징	• 경제적 불평등의 해소 강조 • 생산 수단의 공동 소유 강조 • 생산보다 분배를 강조하여 계획 경제를 주장함

746

㈎는 자본주의 사회에서 발생하는 물질 만능주의의 팽배 문제와 빈부 격차 문제를 언급하고 있다. 이러한 사회 문제를 해결하기 위해서는 물질적 가치보다는 정신적 가치의 소중함을 강조하고 사회적 약자를 배려하는 복지 정책을 확충하며 사회적 기업을 확대해 나갈 필요가 있다. 일반 기업은 이윤 추구가 목적이지만 사회적 기업은 취약 계층에게 일자리나 사회 서비스를 제공하여 지역 주민의 삶의 질을 높이는 등 사회적 목적을 추구하면서 재화와 서비스를 생산하고 판매하는 기업을 말한다. 이러한 사회적 기업이 많이 확충되면 자본주의 문제를 해결하고 바람직한 자본주의 사회를 실현해 나갈 수 있다.

바로잡기 자본주의의 물질 만능주의 팽배 문제와 빈부 격차 문제를 해결하기 위해서는 X는 높아야 하고, Y는 낮아야 하며, Z는 높아야 한다. 따라서 ㉢이 정답이다.

747

자본주의는 16세기 무렵 신대륙의 발견과 새로운 항로의 개척으로 인한 상업과 교역의 확대라는 역사적 배경과 자유주의와 프로테스탄티즘이라는 사상적 배경을 바탕으로 등장하였다.

748

자본주의는 신분에 따라 경제 활동이 제한되는 전통적 시장 경제와는 달리 개인의 경제적 자율성과 사적 소유권 및 처분권을 보장할 뿐만 아니라 자신의 이윤 획득을 목적으로 행해지는 시장의 자유로운 경쟁을 허용한다.

채점 기준	수준
자본주의의 규범적 특징을 두 가지 모두 정확하게 서술한 경우	상
자본주의의 규범적 특징 중 한 가지만 정확하게 서술한 경우	중

749

자본주의는 물질적 풍요뿐만 아니라 개인의 자유와 권리를 신장하고 자율성과 창의성을 발휘하게 함으로써 인간의 계몽과 해방이라는 근대적 가치의 확산에 기여하였다.

채점 기준	수준
자본주의의 윤리적 의의를 세 가지 모두 정확하게 서술한 경우	상
자본주의의 윤리적 의의 중 두 가지를 정확하게 서술한 경우	중
자본주의의 윤리적 의의 중 한 가지만 정확하게 서술한 경우	하

적중 1등급 문제

127쪽

750 ④ 751 ⑤ 752 ③ 753 ②

750 애덤 스미스, 케인스, 마르크스의 사상 비교하기

갑은 애덤 스미스, 을은 케인스, 병은 마르크스이다. 애덤 스미스는 개인이 공익의 증진을 목표로 삼을 때보다 자신의 이익을 추구할 때 사회 전체의 이익이 증진된다고 보았다. 케인스는 실업, 공황 등의 문제를 해결하기 위해서는 국가가 시장에 적극 개입하여 유효 수요를 늘리는 정책을 추진해야 한다고 주장하였다. 마르크스는 자본주의적 생산 방식이 인간 소외를 심화시킨다고 보고, 사적 소유와 분업, 계급적 사회관계에서 벗어나 프롤레타리아 혁명에 의한 생산 수단의 공유와 공산주의 사회의 실현을 주장하였다.

1등급 선택지 분석

① 갑: 개개인이 사익을 추구하면 공익은 증대될 수 없다.
→ 애덤 스미스는 개인들의 사익 추구가 자연스럽게 공익 증대로 이어진다고 보았다.

② 을: 시장에 대한 국가의 개입을 최대한 배제해야 한다.
→ 케인스는 시장 실패를 해결하기 위해 국가가 시장에 적극적으로 개입해야 한다고 보았다.

③ 병: 자유 경쟁의 원리가 실현된 국가를 지향해야 한다.
→ 마르크스는 자본주의의 자유 경쟁에 대한 비판적 입장에서 계급과 국가가 소멸된 공산 사회를 추구하였다.

④ 갑, 을: 시장에서의 경제 활동의 자유를 인정해야 한다.
→ 애덤 스미스와 케인스 모두 자본주의 사상가들로서 시장에서의 경제 활동의 자유를 인정해야 한다고 보았다.

⑤ 을, 병: 의회 민주주의로 경제적 불평등을 해소해야 한다.
→ 케인스는 경제적 불평등 해소를 주장하지 않았고, 마르크스는 의회 민주주의가 아니라 혁명에 의한 경제적 불평등 해소를 주장하였다. 의회 민주주의란 의회를 통해 정책 결정과 집행을 하는 제도나 정치 사상을 말한다.

751 수정 자본주의와 신자유주의 비교하기

(가)는 케인스의 수정 자본주의이고, (나)는 하이에크의 신자유주의이다. 수정 자본주의는 실업 등의 문제를 해결하기 위해 정부가 다양한 정책 및 규제를 통해 적극적으로 시장에 개입해야 한다고 본 반면, 신자유주의는 정부의 시장 개입에 반대하며 개인의 자유와 시장 경제의 확대를 강조한다.

1등급 선택지 분석

- X: 개인과 기업의 자율성을 강조하는 정도
→ 높음. 신자유주의는 수정 자본주의에 비해 개인과 기업의 경제적 자율성을 확대할 것을 강조한다.
- Y: 시장의 가격 조절 기능을 신뢰하는 정도
→ 높음. 신자유주의는 시장의 가격 조절 기능을 강조하며, 정부의 시장 개입을 반대한다.
- Z: 국가의 적극적 시장 개입을 강조하는 정도
→ 낮음. 신자유주의는 정부 실패를 극복하고 시장의 효율성을 회복하기 위해 국가의 적극적 시장 개입의 축소를 주장한다.

752 애덤 스미스, 케인스, 하이에크의 자본주의 사상 비교하기

갑은 고전적 자본주의자 애덤 스미스이고, 을은 수정 자본주의자 케인스이며, 병은 신자유주의자 하이에크이다. 애덤 스미스는 개인의 경제적 자율성을 최대로 보장할 때 사회 전체의 부가 증가하게 된다고 보았다. 케인스는 시장의 불완전성으로 인해 경제 침체를 야기하는 시장 실패를 극복하기 위해 정부의 적극적 개입을 주장하였다. 하이에크는 계획 경제 체제가 자유를 억압하는 노예의 길로 이끈다고 비판하고, 자유로운 경쟁을 보장하는 시장 경제 체제만이 바람직하다고 보는 관점에서 시장에 대한 국가의 각종 개입을 철회할 것을 주장하였다.

1등급 선택지 분석

① A, C: 개인의 경제 활동의 자유를 인정해야 함을 간과한다.
→ 케인스도 자본주의 사상가로서 사유 재산제를 바탕으로 개인의 이윤 추구와 시장에서의 자유로운 경제 활동을 인정한다.

② B: 시장에 사익과 공익을 조화시키는 기능이 있음을 간과한다.
→ 애덤 스미스는 수요와 공급을 조절하는 시장의 가격 조절 기능(보이지 않는 손)이 사익과 공익을 일치시킨다고 본다.

③ D: 완전 고용을 위해 공공 지출 확대가 필요함을 간과한다.
→ 하이에크는 공공 지출 확대 등 정부의 기능을 축소해야 한다고 본다. 따라서 케인스가 하이에크에게 제기할 수 있는 비판으로 적절하다.

④ E: 시장 경제는 인간을 노예의 길로 인도하게 됨을 간과한다.
→ 하이에크는 계획 경제가 인간의 자유를 억압하여 노예의 길로 인도한다고 비판하며 시장 경제만이 바람직한 것이라고 주장하였다.

⑤ F: 정부 규모가 커질수록 시장 경제의 효율성이 저하됨을 간과한다.
→ 하이에크 등의 신자유주의에 따르면 정부의 시장 개입은 정부 규모의 거대화에 따른 비효율성이나 정부의 부패를 초래하여 시장 경제의 효율성을 저하시키게 된다고 본다.

753 케인스와 하이에크의 사상 비교하기

갑은 케인스이고, 을은 하이에크이다. 케인스는 대표적인 수정 자본주의 사상가로, 시장의 결함에서 드러나는 공황, 불황, 실업 등의 문제를 해결하려면 정부가 다양한 정책과 규제를 통해 시장에 개입하여 시장 실패를 교정해야 한다고 보았다. 하이에크는 대표적인 신자유주의 사상가로, 계획 경제가 사람들의 자유를 억압하여 노예의 길로 이끈다고 비판하며, 시장 경제 체제만이 바람직한 것이라고 주장하였다.

1등급 선택지 분석

① 시장의 자생적 질서를 신뢰해야 함을 간과한다.
→ 하이에크는 시장의 자생적 질서를 신뢰해야 하며, 정부가 시장의 자생적 질서에 개입하는 것은 치명적 자만이라고 보았다.

② 시장 실패를 정부 개입으로 해결해야 함을 간과한다.
→ 케인스가 하이에크에게 제기할 수 있는 비판이다.

③ 정부의 규모와 역할을 축소할 필요가 있음을 간과한다.
→ 하이에크는 정부의 규모와 역할을 축소할 필요가 있다고 보았다.

④ 공공 지출 확대로는 실업 문제를 해결할 수 없음을 간과한다.
→ 케인스는 불황과 실업 문제 등을 해결하기 위해 공공 지출을 확대해야 한다고 보았다.

⑤ 생산 수단의 공유화로 경제적 평등을 실현해야 함을 간과한다.
→ 생산 수단의 공유화로 경제적 평등을 실현해야 한다고 주장한 사상가는 케인스가 아니라 마르크스이다.

21 평화

분석 기출 문제 129~130쪽

[핵심 개념 문제]

754 소극적 평화 **755** 수신제가 치국평천하 **756** 이익 평등 고려의 원칙
757 × **758** ○ **759** ○ **760** ㉡ **761** ㉠ **762** ㉠ **763** ㉠
764 ㉡ **765** ㄴ **766** ㄱ

767 ② **768** ③ **769** ④ **770** ② **771** ④ **772** ②

1등급을 향한 서답형 문제

773 겸애 **774** 예시 답안 자비 / 평화 실현 방법: 모든 생명체의 상호 의존적인 관계를 자각하고 이를 바탕으로 생명을 훼손하는 생명체에 대한 폭력을 거부한다.

767

제시문은 갈퉁의 주장이다. 갈퉁은 모든 종류의 폭력의 부재나 감소를 평화라고 정의하였다. 또한 평화를 소극적 평화와 적극적 평화로 구분하였으며, 적극적 평화의 실현을 위해 물리적 폭력뿐만 아니라 구조적·문화적 폭력의 해소가 필요하다고 주장하였다.

바로잡기 ㄴ. 갈퉁은 폭력에 직접적·물리적 폭력뿐만 아니라 구조적 폭력과 문화적 폭력도 포함시켰다. ㄷ. 갈퉁은 물리적·신체적 폭력뿐만 아니라 구조적·문화적 폭력을 해소하는 것을 평화의 궁극 목적으로 보았다.

768

제시문은 묵자의 주장이다. 묵자는 남의 나라 보기를 자기 나라 보듯 하고, 남의 집안을 자기 집안 보듯 하며, 남의 몸 보기를 자기 몸 보듯 하는 차별 없는 사랑을 겸애라고 보았다. 묵자는 이러한 겸애를 바탕으로 서로 이로움을 나누면 불의와 갈등을 막을 수 있다고 주장하였다.

바로잡기 ㄴ. 인의 정신을 통한 평화 추구는 유교의 관점이다. ㄷ. 연기에 대한 자각을 통한 평화 추구는 불교의 관점이다.

1등급 정리 노트 동양 사상의 평화 실현

동양 사상에 해당하는 유교, 불교, 묵자는 모두 평화를 지향하고 있다. 하지만 평화를 실현시키는 방법에 있어서 차이가 있다. 그 차이점을 파악해 두자.

구분	평화 사상
유교	인(仁)을 바탕으로 한 덕성과 인간관계로 평화 실현
불교	개인의 도덕적 수양으로 마음속 삼독을 제거하고 연기에 대한 깨달음을 얻어 평화 실현
묵자	겸애와 비공을 바탕으로 평화 실현

769

제시문은 칸트의 주장이다. 칸트는 영구 평화론을 통해 영원한 평화의 실현을 위한 방법을 제시하였다. 그는 개별 국가의 주권이 보장되는 자유로운 공화국 간의 연방제가 평화에 도움이 된다고 보았다.

바로잡기 ①, ②, ③, ⑤ 칸트가 긍정의 대답을 할 질문이다.

770

갑은 정의 전쟁론의 입장을 지니고 있다. 정의 전쟁론의 입장에서는 전쟁이 정의 실현의 수단이 될 수 있으며, 적국의 침입을 방어하기 위한 경우에 허용할 수 있다고 본다.

바로잡기 ① 정의의 실현이 목적일 경우 무력을 사용하는 전쟁은 허용된다. ③ 전쟁은 자국의 이익이 아닌 공동선을 추구하는 경우에만 허용된다. ④ 정치적 목적보다 정의의 실현이 우선되어야 한다. ⑤ 정의 전쟁론은 갈등 해결 과정에서 도덕적 고려가 필요하다고 본다.

771

세계 시민주의는 고대 그리스의 스토아학파에서 발전해 온 사상으로 모든 사람은 평등하며, 이성적 법칙에 따라 동일한 권리와 의무를 지닌다고 본다. 또한 국가, 인종, 종교의 구분에 얽매이지 않고 세계 시민으로서 인류에 대한 연대 의식과 배려, 관용 등의 자세를 강조한다.

바로잡기 ㄹ. 국가, 인종, 종교를 하나로 통합하는 것은 세계 시민주의와 거리가 멀다. 세계 시민주의는 다양성을 존중하며 갈등을 평화롭게 해결하고자 한다.

772

제시문의 '나'는 싱어, '어떤 사상가'는 롤스이다. 싱어는 세계 시민주의 관점을 가지고 있으므로, 국가 차원의 정치적 부정의를 개선하기 위한 원조를 강조하는 롤스에 대해 국가적 경계를 넘어 고통을 겪고 있는 모든 인간이 해외 원조의 대상임을 모르고 있다고 비판할 수 있을 것이다.

바로잡기 ㄴ. 롤스는 국제적 분배 정의에 차등의 원칙을 적용하지 않는다. ㄷ. 롤스도 원조를 의무의 관점에서 본다.

1등급 정리 노트 롤스와 싱어의 국제관 비교

해외 원조의 바탕이 되는 롤스와 싱어의 국제관에 대해 파악해 두자.

구분	롤스	싱어
입장	국제주의	세계 시민주의
국제관	국가 간의 갈등과 전쟁보다 연대와 협력이 더 큰 이익을 가져다 준다고 봄	모든 인간의 이익을 평등하게 고려하는 보편적 인류애를 강조함

773

㉠에 들어갈 용어는 '겸애'이다. 겸애는 모든 사람에 대한 차별 없는 사랑을 의미한다.

774

㉡에 들어갈 용어는 '자비'이다. 제시문 속 "남을 사랑하고 가엾게 여기는 마음"이라는 부분에서 유추할 수 있다. 불교에서는 모든 생명체의 상호 의존적인 관계를 자각하고 이를 바탕으로 생명을 훼손하는 생명체에 대한 폭력을 거부한다면 평화가 실현될 것이라고 보았다.

채점 기준	수준
'자비'라는 용어를 썼고, 불교에서의 연기의 개념과 생명 존중의 개념이 포함되게 평화의 실현 방법을 서술한 경우	상
'자비'라는 용어를 썼지만 평화의 실현 방법에 대해서는 대략적으로 서술한 경우	중
'자비'라는 용어만 쓴 경우	하

적중 1등급 문제

131쪽

775 ① **776** ③ **777** ③ **778** ⑤

775 롤스, 싱어, 노직의 해외 원조의 입장 비교하기

(가)의 갑은 롤스이고, 을은 싱어이다. 롤스는 질서 정연한 사회의 만민은 불리한 여건으로 인해 고통받는 사회를 원조해야 할 의무가 있다고 주장하였으며, 일단 질서 정연한 사회가 되면 원조할 필요가 없다고 보았다. 싱어 역시 해외 원조를 의무라고 주장하지만, 롤스와 달리 '이익 평등 고려의 원칙'에 따라 세계의 모든 가난한 사람이 원조의 대상이라고 보았다. (나)는 노직의 주장에 해당한다. 노직은 싱어나 롤스와 달리 해외 원조를 의무로 보지 않고, 자율적 선택에 맡겨야 한다고 주장한다. 그는 자선의 관점에서 자발적인 선택에 의해 자신의 부를 빈곤으로 고통받는 사람을 위해 사용한다면 그것은 훌륭한 일이자 윤리적 행위라고 주장한다.

1등급 선택지 분석

①해외 원조는 당위적 차원의 의무임을 간과하고 있다.
→ 해외 원조를 의무의 차원에서 바라보는 롤스와 싱어가 제기할 수 있는 주장이다.

② 해외 원조의 직접적 목적은 정의 사회의 건설에 있음을 간과하고 있다.
→ 롤스만 제기할 수 있는 주장이다.

③ 절대 빈곤에 처한 모든 사람을 해외 원조에 포함시켜야 함을 간과하고 있다. → 싱어만 제기할 수 있는 주장이다.

④ 국가 간의 경계를 기준으로 해외 원조의 대상을 선정해야 함을 간과하고 있다. → 롤스와 싱어가 제기할 수 있는 주장과 관련 없다.

⑤ 해외 원조는 지구적 차원의 유용성 증진을 목적으로 하는 수단임을 간과하고 있다. → 싱어만 제기할 수 있는 주장이다. 싱어는 고통을 감소시키고 쾌락을 증진해야 한다는 공리주의적 관점에서 원조를 바라본다.

776 묵자의 평화 사상 이해하기

그림의 강연자는 고대 동양 사상가 묵자이다. 묵자는 타국을 자국처럼 생각하고 사랑하며[兼愛] 서로 이로움을 나누어야[交利] 전쟁과 같은 불의(不義)한 상황이 발생하지 않을 것이라고 보았다. 또한 묵자는 전쟁이 가져오는 불이익을 강조하며, 타국을 정복하거나 침략하기 위한 전쟁을 해서는 안 된다는 비공(非攻)을 주장하였다. 그리고 전쟁은 나라의 생산력을 떨어뜨리고 백성들의 생명을 희생시키기 때문에 전쟁에서 승리하더라도 자국에 손해를 준다고 보았다.

1등급 선택지 분석

① 자신의 나라에 이익이 되는 모든 전쟁은 의롭다.
→ 묵자는 다른 나라를 해치고 자기 나라를 이롭게 하는 침략 전쟁은 의롭지 않다고 보았다.

② 천하의 이익을 버려야만 전쟁이 일어나지 않는다.
→ 묵자는 전쟁이 천하에 이익이 되지 않기 때문에 의롭지 않다고 보았다.

③타국을 자국처럼 생각하면 전쟁은 일어나지 않는다.
→ 묵자는 남의 나라를 자기 나라처럼 생각한다면 전쟁은 일어나지 않는다고 보았다.

④ 전쟁은 패전국에만 해를 끼치기 때문에 의롭지 않다.
→ 묵자는 전쟁이 패전국뿐만 승리한 나라에도 해를 끼친다고 보았다.

⑤ 큰 나라가 작은 나라를 정복하면 천하에 이익이 된다.
→ 묵자는 큰 나라, 작은 나라를 떠나 타국을 정복하거나 침략하기 위한 전쟁에 반대하였다.

777 칸트와 갈퉁의 평화 사상 비교하기

갑은 근대 서양 사상가 칸트이고, 을은 현대 평화학자 갈퉁이다. 칸트는 영구 평화를 위해 각 국가는 공화 정체(공화정)를 갖추어야 하고 국제적으로는 '평화 연맹'을 창설해야 한다고 주장하였다. 갈퉁은 평화를 직접적·물리적 폭력이 없는 '소극적 평화'와 직접적·물리적 폭력뿐만 아니라 구조적·문화적 폭력까지 모두 사라진 '적극적 평화'로 구분하며, 인간이 인간다운 삶을 살 수 있고 자아실현이 가능한 적극적 평화를 적극적으로 추구해야 한다고 주장하였다.

1등급 선택지 분석

ㄱ. A: 단일한 세계 정부를 수립해 적극적 평화를 실현해야 하는가?
→ 칸트는 단일한 세계 정부 수립을 주장하지 않았다.

ㄴ.B: 영구 평화를 위해 모든 국가는 공화정이어야만 하는가?
→ 칸트는 영구 평화를 위해 모든 국가의 시민적 정치 체제는 공화정이어야 한다고 주장하였다.

ㄷ.B: 평화 연맹의 역할은 소속 국가들의 자유를 보장하는 것인가?
→ 칸트에 따르면 평화 연맹은 소속 국가들의 자유를 유지하고 보장하는 데에만 관여해야 한다.

ㄹ. C: 적극적 평화의 실현을 위한 구조적 폭력의 사용은 정당한가?
→ 갈퉁은 폭력에 반대하여 평화적 수단에 의한 평화를 추구하였다.

778 누스바움의 세계 시민주의 이해하기

제시문의 사상가는 세계 시민주의를 주장한 누스바움이다. 그녀에 따르면 우리는 모두 두 가지 공동체, 즉 '출생한 지역 공동체'와 이성과 도덕적 가치를 존중하는 '인간적 주장과 포부의 공동체'에 속한 주민이며, 우리의 도덕적 의무의 근본적 원천은 후자이다. 그러므로 우리는 보편적 인류애를 중시해야 한다.

1등급 선택지 분석

① 세계 시민으로서의 정체성을 공유해야 한다.
→ 누스바움은 모든 인간을 자신의 동료라고 생각하는 세계 시민으로서의 정체성을 강조하였다.

② 국가적 소속감보다 보편적 인간애를 중시해야 한다.
→ 누스바움에 따르면 국가적 소속감이나 자국 중심의 배타주의를 극복하고 보편적 인간애를 중시해야 한다.

③ 어떠한 사람도 우리의 관심 밖에 있는 이방인이 아니다.
→ 누스바움에 따르면 모든 사람은 연속적인 동심원 안에 있다.

④ 어떠한 편견도 타인을 혐오할 정당한 이유가 될 수 없다.
→ 누스바움에 따르면 모든 인간은 세계 시민으로서 동등한 위치에 있기 때문에 혐오의 감정을 갖는 것은 옳지 못하다.

~~⑤~~ 내가 출생한 지역 공동체가 나의 도덕적 의무의 원천이다.
→ 누스바움에 따르면 '출생한 지역 공동체'가 아니라 '인간적 주장과 포부의 공동체'가 도덕적 의무의 원천이다.

단원 마무리 문제

132~136쪽

779 ⑤ 780 ⑤ 781 ② 782 ⑤ 783 ⑤ 784 ① 785 ⑤
786 ③ 787 ② 788 ② 789 ① 790 ⑤ 791 ② 792 ⑤
793 ③ 794 ③ 795 ③ 796 ⑤ 797 민주주의 798 예시 답안 시민의 역할은 지도자를 선출하는 투표자의 역할에 국한되어야 한다. 일반적으로 시민은 엘리트보다 비합리적인 편견을 가지거나 충동에 빠지는 경향이 있기 때문이다. 799 ㉠ 칸트, ㉡ 국제 연맹 800 예시 답안 공화정은 국민의 자유와 평등을 보장해 주기 때문에 국민들은 전쟁의 필요성을 느끼지 못해 전쟁을 꺼릴 수밖에 없고 전쟁 결정에 대한 협조도 얻기 어려워 결국 영구 평화를 보장하게 된다고 보았기 때문이다.

779

갑은 모어, 을은 마르크스이다. 모어의 유토피아는 생산과 소유가 평등하고 재화가 풍족해 불평등과 빈곤이 사라진 사회이다. 마르크스의 공산 사회는 생산력이 고도로 발달하여 인간 각자가 능력에 따라 일하고 필요에 따라 분배받는 사회이다. 유토피아와 공산 사회는 사유 재산이 없고 경제적으로 풍요롭기 때문에 누구도 빈곤층으로 전락하지 않는다는 공통점이 있다.

바로잡기 ① 유토피아에서는 재화가 공평하게 분배되지만 개인의 소유나 사유 재산은 존재하지 않는다. ② 유토피아에서 생산적 노동에 종사하는 것은 성인 남녀들이다. ③ 공산 사회에서 노동은 생활을 위한 수단일 뿐만 아니라 인간 삶의 기본적 욕구이다. ④ 공산 사회에서는 능력에 따라 노동하고 필요에 따라 분배받는다.

780

제시문의 사상가는 노자이다. 노자는 인위적인 다스림이 없는 통치를 통해 백성들이 무지(無知)와 무욕(無欲)을 실현하여 평화롭고 소박한 삶을 살아갈 수 있다고 보았다. 그리고 그는 나라가 크고 사람이 많을수록 인위적인 제도와 규범이 생겨나 백성이 무위자연의 삶을 살아가기 어렵다고 보았다. 그래서 그는 작은 영토에 적은 백성이 모여 살아가는 소국과민(小國寡民)을 이상 사회로 제시하고, 인위적인 제도와 규범으로 운영되는 거대한 통일 제국에 반대하였다.

바로잡기 ①, ② 공자가 긍정의 대답을 할 질문이다. ③ 법가 사상가인 한비자가 긍정의 대답을 할 질문이다. ④ 노자가 부정의 대답을 할 질문이다. 노자는 무위의 정치를 통해 인위적인 제도와 규범에서 벗어나야 한다고 주장하였다.

781

갑은 아리스토텔레스, 을은 마르크스이다. 아리스토텔레스는 국가를 사회적·정치적 동물인 인간의 본성에 의해 자연스럽게 형성된 공동체로 보고, "국가가 없는 자는 인간 이하(동물)거나 인간 이상(신)이다."라고 주장하였다. 또한 그는 국가를 시민의 행복한 삶을 목적으로 하는 최고의 공동체로 보았다. 이에 비해 마르크스는 국가를 지배 계급의 이익을 대변하고, 피지배 계급을 억압하고 착취할 목적으로 만들어진 수단이라고 보았다. 하지만 아리스토텔레스와 마르크스는 국가가 어떤 목적을 위해 존재하는 공동체라고 보았다는 점에 있어서는 공통점이 있다.

바로잡기 ㄴ. 아리스토텔레스는 국가가 인위적 계약의 산물이 아니라 자연의 산물이며 인간의 본성에 의해 자연적으로 형성되는 것이라고 보았다. ㄷ. 마르크스에 따르면 국가는 지배 계급의 이익을 대변하며 피지배 계급을 억압하고 착취하기 위한 수단이다.

782

갑은 홉스, 을은 로크이다. 홉스는 인간을 이기적인 본성을 가진 존재로 파악하였기 때문에 자연 상태에서의 인간들은 항상 서로 갈등을 피할 수 없고, 생명의 위협을 느끼고 살아가게 된다고 보았다. 이른바 만인의 만인에 대한 투쟁 상태가 그것이다. 홉스는 이러한 상황을 극복하기 위하여 사람들이 사회 계약을 맺어 국가를 수립하고 그 주권자에게 절대권을 부여한다고 주장하였다. 그래서 그는 개인이 통치 권력에 저항하는 것을 거의 인정하지 않았다. 이에 반해 로크는 자연 상태를 비교적 평화롭고 자유로운 상태로 보았다. 그는 자연 상태에서 개인은 자유롭고, 평등하며, 독립적이어서 자연법에 의한 규제 이외에 자신들이 원하는 바대로 행위할 수 있고, 자신들의 소유물을 처분할 수 있는 자연권을 가진다고 보았다. 그리고 이러한 권리를 더 잘 보호하기 위해 사회 계약을 맺어 국가를 형성하였다고 주장하였다. 그래서 로크는 통치자가 국민에게서 계약을 통해 위임받은 권력으로 국민의 기본권을 침해하게 되면 국민은 계약을 해지함으로써 저항할 권리가 있다고 보았다. 한편, 홉스와 로크는 둘 다 국가를 수립하는 계약은 구성원의 만장일치로 결정된다고 보았다는 공통점이 있다.

바로잡기 ① 홉스에게 자기 보존의 욕구는 사회 계약 체결의 동기이다. ② 홉스는 계약의 안정성을 위해 강력한 절대 권력이 필요하다고 보았다. ③ 마르크스의 국가관이다. 로크는 국가를 개인의 생명, 자유, 재산을 보호하기 위한 수단으로 보았다. ④ 로크에 따르면 자연 상태는 자연법(이성)이 지배하는 비교적 평화로운 상태이지만 공통의 법률이나 재판관이 없기 때문에 분쟁이 발생한다.

783

갑은 사회 계약론자인 홉스, 을은 맹자이다. 홉스는 사람들이 만인의 만인에 대한 투쟁 상태인 자연 상태에서 벗어나 자신들의 생명과 안전을 보장받기 위해서 사회 계약을 맺으면서 국가가 발생하였으며, 이때 사람들은 통치자에게 자신의 주권을 양도한다고 보았다. 맹자는 백성을 국가의 근본으로 보는 민본주의 사상을 바탕으로, 국가 즉 군주가 인의(仁義)의 덕을 통해 백성들의 경제적 안정과 도덕성 함양을 위해 힘써야 한다고 보았다.

바로잡기 ⑤ 통치자의 권력을 국민들로부터 양도받은 것으로 보는 것은 홉스의 입장에만 해당한다. 맹자는 통치자의 권력을 하늘로부터 주어진 것이라는 천명의 관점에서 본다.

784

갑은 자유주의 사상가 벌린, 을은 공화주의 사상가 페팃이다. 벌린은 외부의 간섭이나 방해로부터 자유로운 상태인 소극적 자유를 진정한 자유로 보았다. 이에 비해 페팃은 타인에 의한 자의적 지배가 없는 상태인 비지배로서의 자유를 진정한 자유로 보았다. 하지만 벌린과 페팃은 모두 자유로운 삶을 보장하기 위해 법의 지배가 필요하다고 보았다는 점에서 공통적이다.

바로잡기 ㄷ. 페팃에 따르면 자비로운 주인을 두어 간섭받지 않는 노예라 하더라도 노예는 노예일 뿐이며 결코 자유인과 동등한 지위를 갖지 못한다. ㄹ. 벌린과 페팃은 모두 진정한 자유를 누리기 위해서는 법의 지배가 필요하다고 보았다.

785

갑은 공화주의 입장이며, 을은 자유주의 입장이다. 공화주의는 타인에게 지배받지 않을 자유를 누리려면 특정한 개인이나 집단의 뜻이 아닌 모두의 뜻에 의한 지배가 실현되어야 한다고 본다. 그리고 모두에 의한 지배를 정당화하는 법치가 비지배로서의 자유를 보장한다고 주장한다. 자유주의는 공동체의 가치보다 개인의 자유와 권리를 강조하며, 개인이 지닌 인격의 자유로운 표현을 보장해야 함을 주장한다.

바로잡기 ⑤ 공화주의에 따르면 법은 개인의 자유를 지켜 주고 증진한다. 자유주의는 타인으로부터 나의 자유가 침해받지 않기 위해 법의 필요성을 긍정한다.

786

갑은 로크, 을은 루소이다. 로크는 입법권이 개인의 생명, 자유, 재산의 보호를 위해 신탁된 권력이므로 입법부가 신탁을 위반할 경우 시민은 저항하여 입법부를 폐지하거나 변경할 수 있다고 주장하였다. 또한 로크는 권력 집중을 강조한 홉스를 비판하고 입법권과 집행권의 권력 분립을 주장하였다. 직접 민주주의자인 루소는 개인이 정치 공동체 안에서 스스로가 주권자이자 입법자가 되어 시민적 자유를 획득하게 된다고 보았다. 그에 따르면 주권을 가진 사람이 입법권도 가져야 한다.

바로잡기 ㄱ. 로크는 입법권과 집행권이 분리되어야 한다고 주장하였다. ㄹ. 루소는 주권이 양도될 수도 분할될 수도 없다고 보았다.

787

제시문의 '나'의 입장은 심의 민주주의이고, '어떤 사상가'는 엘리트 민주주의를 주장하는 슘페터이다. 심의 민주주의는 민주적 정책 결정의 정당성은 시민 참여로 이루어지는 공적 심의에 근거해야 한다고 본다. 이에 비해 엘리트 민주주의는 민주주의를 엘리트 정치가들이 대중의 승인을 얻고자 자유롭게 득표 경쟁을 하는 제도적 장치로 본다. 따라서 심의 민주주의 입장에서는 엘리트 민주주의 입장을 갖는 슘페터에게 민주적 정당성이 공적 심의에 근거해야 함을 간과한다고 비판할 수 있다.

바로잡기 ① 슘페터는 민주주의가 국민의 지배가 아니라 엘리트 정치가의 지배라고 보았다. ③ 슘페터는 시민의 역할이 지도자 선출로 국한되어야 한다고 보았다. 또한 심의 민주주의는 시민이 공적 심의에 참여해야 한다고 본다. ④ 슘페터는 민주주의를 엘리트가 득표 경쟁을 하는 제도적 장치로 보았다. ⑤ 심의 민주주의는 심의 과정에서 의견을 상호 교환하는 가운데 시민들의 선호가 변할 수 있다고 본다.

788

갑은 소로, 을은 롤스이다. 소로는 양심에 근거해 정의롭지 못한 정부에 대한 시민 불복종을 주장하였고, 롤스는 공적인 정의관(다수의 정의감)에 근거해 부정의한 법이나 정책에 대한 변화를 가져오기 위해 최후의 대책으로 시민 불복종이 정당화된다고 주장하였다. 또 롤스는 시민 불복종을 '공적이고, 양심적이지만 법에 반하는 정치적 행위'라고 정의하였다. 하지만 소로와 롤스 모두 시민 불복종이 신중하고 양심적인 신념의 표현이어야 한다고 보았다는 공통점이 있다.

바로잡기 ① 소로는 양심이 아니라 다수가 옳고 그름을 결정하는 것은 정의롭지 못하다고 보았다. ③ 롤스가 부정의 대답을 할 질문이다. 롤스는 시민 불복종을 법에 대한 충실성의 한계 내에서, 즉 국가 체제의 합법성을 인정하는 범위 내에서 이루어지는 정의롭지 못한 법에 대한 불복종(위법) 행위라고 보았다. ④ 소로는 양심에 어긋날 경우, 롤스는 정의의 원칙을 심각하게 위반할 경우 다수가 결정한 법이라 하더라도 복종하지 않을 수 있다고 보았다. ⑤ 롤스가 부정의 대답을 할 질문이다. 롤스에 따르면 시민 불복종의 목적은 부정의한 법이나 정부 정책의 개혁이다.

789

갑은 고전적 자본주의 사상가인 애덤 스미스이고, 을은 수정 자본주의 사상가인 케인스이다. 애덤 스미스는 시장 경제의 작동 원리인 '보이지 않는 손'의 역할을 강조하면서 시장에 대한 국가의 간섭을 최대한 배제할 것을 주장하였다. 이에 비해 케인스는 실업, 공황 등의 문제를 해결하기 위해서는 정부가 시장에 적극 개입하여 유효 수요를 늘리는 정책을 추진해야 한다고 주장하였다. 두 사상가는 모두 자본주의 사상가로서 효율적 자원 배분을 이루어야 한다고 본 점에서 공통적이다. 다만 효율적 자원 배분을 위해 애덤 스미스는 국가의 시장 개입을 최대한 배제하는 자유방임을, 케인스는 국가의 적극적 시장 개입을 주장한 점에서 다르다.

바로잡기 ㄷ. 사적 소유 내지 사적 재산의 폐지는 마르크스의 주장이다. ㄹ. 케인스는 유효 수요 부족 문제를 해결하기 위해 정부가 시장에 개입해야 한다고 보았다.

790

갑은 케인스이고, 을은 하이에크이다. 케인스는 대표적인 수정 자본주의 사상가로, 시장의 결함에서 드러나는 공황, 불황, 실업 등의 문제를 해결하려면 정부가 다양한 정책과 규제를 통해 시장에 개입하여 시장 실패를 교정해야 한다고 보았다. 하이에크는 대표적인 신자유주의 사상가로, 계획 경제가 사람들의 자유를 억압하여 노예의 길로 이끈다고 비판하며, 시장 경쟁 체제만이 바람직한 체제라고 주장하였다. 이러한 하이에크의 입장에서는 케인스가 주장하는 정부 개입이 효율적 자원 분배를 저해하는 정부 실패의 문제를 초래할 수 있다고 견해를 제시할 것이다.

바로잡기 ① 수정 자본주의에 제시할 견해로 적절하지 않다. 정부 실패는 수정 자본주의에서 나타날 수 있는 문제점이다. ② 신자유주의에 비해 수정 자본주의에서 분배의 형평성을 중시한다. ③ 수정 자본주의는 인간다운 삶을 위한 사회 복지의 확대를 추구한다. ④ 애덤 스미스의 고전적 자본주의에 대해 제시할 견해이다.

791

갑은 하이에크, 을은 마르크스, 병은 민주 사회주의자이다. 신자유주의를 대표하는 사상가인 하이에크는 정부의 기능을 축소하고 시장에서의 자유로운 경쟁을 최대한 보장할 것을 강조하였다. 그는 국가가 경제 계획을 통해 시장을 통제할 수 있다는 생각은 잘못이며, 국가는 단지 자유 경쟁이 최대한 효율적으로 작동할 수 있도록 해야 한다고 주장하였다. 또한 그는 개인의 경제 활동의 목적은 오직 자유 경쟁 체제에서만 실현할 수 있고, 국가가 개입하여 시장의 자율성을 훼손하면 전체주의로 향하게 된다고 설명하였다. 반면, 마르크스는 인간으로서의 존엄을 유지하기 위해서는 인간다운 삶을 살 수 있는 경제적 조건이 갖추어져야 하며, 이를 위해서는 생산 수단을 공유하고 사유 재산을 없애 경제적 평등을 실현해야 한다고 보았다. 또한 그는 프롤레타리아 혁명과 독재를 통해 자본주의가 필연적으로 붕괴되어 계급과 사유 재산이 철폐되고 국가가 소멸한 평등한 이상 사회인 공산 사회가 도래할 것이라고 주장하였다. 민주 사회주의는 마르크스주의의 급진적 방법으로는 사회주의의 이상을 실현하기 어렵다고 보고, 평화적이고 민주적인 방법을 통해 점진적으로 모든 사람들이 정치적·사회적·경제적 권리를 실질적으로 평등하게 누리는 사회주의의 이상을 실현하려고 하였다. 민주 사회주의는 민주주의의 원리인 의회주의와 언론·사상의 자유를 강조하고, 사익을 인정하지만 공익을 우선시하는 입장을 취한다. 따라서 마르크스와 민주 사회주의자는 하이에크에게 경제적 효율성보다 경제적 평등이 중요함을 간과한다고 비판할 수 있다.

바로잡기 ① 마르크스가 주장한 공산 사회에서는 구성원들이 능력에 따라 일하고 필요에 따라 분배받는 사회이다. ③ 마르크스는 자본가와 노동자 사이의 계급 투쟁을 통해 자본주의가 붕괴하고 프롤레타리아 독재를 거쳐 계급 없는 공산 사회가 도래할 것이라고 주장하였다. ④ 민주 사회주의는 사회주의가 필연적으로 달성되는 것은 아니며 의회 활동 중심의 점진적 사회 개혁의 노력을 기울여야 한다고 보았다. ⑤ 민주 사회주의는 공유제를 바탕으로 농업, 수공업, 소매업, 중소 공업 등의 중요한 부문의 사적 소유를 인정한다.

792

(가)는 대동 사회를 제시한 공자의 유교 사상이고, (나)는 묵자의 사상이다. 유교 사상에 따르면 도덕적 타락이 갈등의 원인이므로 평화를 위해서는 인(仁)과 의(義)를 실현해야 하며 통치자는 덕치(德治)와 인정(仁政)을 펼쳐야 한다. 유교에서는 평화로운 세상을 위해 수기이안인(修己以安人), 수신제가 치국평천하(修身齊家治國平天下)를 강조하였다. 묵자는 평화를 실현하기 위해 서로 차별 없이 사랑하고[겸애(兼愛)] 이로움을 나눌 것[교리(交利)]을 강조하였으며, 타국을 정복하거나 침략하기 위한 전쟁을 반대하는 비공(非攻)을 주장하였다. 따라서 유교 사상에 비해 묵자의 사상은 침략 전쟁에 반대하여 비공(非攻)을 강조하는 정도와 천하의 혼란을 막기 위해 겸애교리를 강조하는 정도는 높고, 평화의 실현을 위해 수기이안인(修己以安人)을 강조하는 정도는 낮다. 이를 나타내는 지점은 ⓜ이다.

793

그림의 강연자는 간디이다. 간디는 파괴와 고통을 의미하는 '힘사'에 맞서 불살생·비폭력을 의미하는 '아힘사'를 실천할 것을 강조하였다. 그에 따르면 인간은 쉽게 폭력에 휩쓸릴 수 있는 무기력한 존재이므로 폭력에서 벗어나기 위해 동정심을 행위 원칙으로 삼고 자제력을 키워야 하며, 적에게도 자비를 베풀며 복수심을 가져서도 안 된다고 주장하였다.

바로잡기 ㄱ. 간디는 강자와 약자를 가리지 않고 모든 사람이 비폭력의 의무를 실천해야 한다고 주장하였다. ㄴ. 간디는 아주 작은 생물의 살생도 피해야 한다고 주장하였다.

794

갑은 에라스뮈스, 을은 갈퉁이다. 에라스뮈스는 전쟁이 평화를 추구하는 종교 정신에 위배되는 악이며 다수가 혹독한 재앙에 휘말리게 되므로 도덕적으로 옳지 않다고 보았다. 또한 그는 전쟁보다 평화가 경제적 측면에서 더 이익이 된다고 보았다. 갈퉁은 물리적 폭력이 제거된 소극적 평화와 사회 구조적 차별이나 빈곤이 제거된 적극적 평화가 함께 실현되어야 한다고 보았다. 또한 갈퉁은 오직 평화적 수단으로만 평화를 실현해야 한다고 주장하였다.

바로잡기 ① 에라스뮈스는 전쟁이 도덕적으로 옳지 않다고 보았다. ② 에라스뮈스는 그리스도교의 종교 정신이 전쟁의 근본 원인이 아니라 전쟁이 평화를 추구하는 종교 정신에 위배된다고 보았다. ④ 갈퉁의 적극적 평화 개념은 국가 안보 차원에서 정의, 삶의 질, 인간의 존엄성을 중시하는 인간 안보 차원으로 확장된 개념이다. ⑤ 에라스뮈스와 갈퉁 모두 전쟁은 도덕적으로 옳지 않다고 보는 점에서 공통적이다.

795

갑은 생피에르, 을은 칸트이다. 생피에르는 공리적 관점에 근거하여 전쟁에 따르는 불이익과 평화에 따른 이익을 제시하면 군주 스스로 평화를 지향할 수 있고, 군주들의 연합을 만들면 영구 평화를 실현할 수 있다고 보았다. 칸트는 이성을 지닌 인간이라면 누구나 평화를 원하며, 또 평화를 이루어 내야 할 의무가 있다고 여겼다. 그는 인간이 이성을 잘 발휘하지 못하여 분쟁과 혼란, 그리고 전쟁이 일어난다고 보아 평화를 실현하려면 무엇보다 이성의 명령에 따라 인간의 존엄성을 인식하고 도덕적 의무를 이행하는 것이 필요하다고 주장하였다. 칸트는 전쟁을 예방하고 국가 간의 영구 평화를 보장하기 위해 국내적으로 국민의 자유와 평등을 보장해 주는 공화정을 도입하고, 국제적으로는 국제 연맹을 중심으로 한 국가 간 연방 체제 수립이 필요하다고 주장하였다.

바로잡기 ① 생피에르는 욕망과 이기심이 전쟁의 원인이지만 욕망과 이기심을 없앰으로써 전쟁을 종식시키는 것은 불가능하다고 보았다. ② 생피에르는 평화를 실현하기 위해 종교나 도덕성보다는 인간의 이기심과 합리적 이성을 따라야 한다고 보았다. ④ 칸트는 개별 국가의 자유를 보장하는 국제법을 실현할 수 있는 국제 연맹을 중심으로 한 국가 간 연방 체제 수립이 필요하다고 보았다. ⑤ 영구 평화 실현을 위해 생피에르는 군주들의 연합을, 칸트는 국제 연맹 창설을 제안하였다.

796

갑은 싱어, 을은 롤스이다. 싱어는 고통을 감소시키고 쾌락을 증진해야 한다고 보는 공리주의적 입장, 그리고 인종이나 국가와 상관없이 모든 인간의 이익을 평등하게 고려하며 보편적 인류애를 강조하는 세계 시민주의적 입장에서 세계의 모든 가난한 사람을 돕는 것을 의무라고 주장하였다. 이에 비해 롤스는 국가 간의 협력을 지향하는 국제주의적 입장에서 불리한 여건으로 고통받는 사회를 원조를 통해 질서 정연한 사회가 되도록, 즉 정치 문화와 사회 제도를 개선하도록 돕는 것을 의무라고 주장하였다.

바로잡기 ㄱ. 싱어는 자신의 이익을 크게 해치지 않는 한에서 해외 원조의 의무를 다해야 한다고 보았다. 따라서 싱어의 입장에서 원조는 원조하는 사람 자신의 이익과 관련 있다.

797

제시문은 엘리트 민주주의를 대표하는 슘페터의 주장이며, ㉠에 들어갈 말은 '민주주의'이다. 슘페터는 민주주의를 엘리트가 대중의 승인을 얻고자 자유롭게 경쟁하는 제도적 장치로 보았다.

798

슘페터에 따르면 정치는 정치 엘리트인 지도자에게 맡겨야 하며, 시민의 역할은 지도자를 선출하는 투표자의 역할에 국한되어야 한다. 일반적으로 시민은 정치적 문제에 대한 감각과 책임 의식을 지니기 어려워 비합리적인 편견을 가지거나 충동에 빠지는 경향이 있다고 보았기 때문이다.

채점 기준	수준
지도자를 선출하는 투표자로서의 시민의 역할과 시민이 비합리적인 편견을 갖거나 충동에 빠지는 경향이 있다는 이유를 모두 정확하게 서술한 경우	상
지도자를 선출하는 투표자로서의 시민의 역할과 시민이 비합리적인 편견을 갖거나 충동에 빠지는 경향이 있다는 이유 중 한 가지만 정확하게 서술한 경우	중
지도자를 선출하는 투표자로서의 시민의 역할과 시민이 비합리적인 편견을 갖거나 충동에 빠지는 경향이 있다는 이유를 서술하였으나 미흡한 경우	하

799

제시문은 칸트의 영구 평화론을 설명한 글이다. 칸트는 전쟁을 예방하고 국가 간의 영구 평화를 보장하기 위해 국내적으로 국민의 자유와 평등을 보장해 주는 공화정을 도입하고, 국제적으로는 국제 연맹을 중심으로 한 국가 간 연방 체제 수립이 필요하다고 보았다.

800

칸트는 국민의 자유와 평등을 보장해 주는 공화정에서는 국민이 전쟁의 필요성을 느끼지 못해 전쟁을 꺼릴 수 밖에 없을 뿐만 아니라 전쟁 결정에 대한 협조도 얻기 어려워 결국 영구 평화를 보장하게 된다고 보았다.

채점 기준	수준
공화정 국가는 국민의 자유와 평등을 보장한다는 점과 국민들로부터 전쟁 결정 협조를 얻기 어렵다는 점 등의 이유를 정확히 서술한 경우	상
공화정 국가가 국민의 자유와 평등을 보장한다는 점과 국민들로부터 전쟁 결정 협조를 얻기 어렵다는 점 중 한 가지만 서술한 경우	중
공화정 국가가 전쟁을 꺼릴 것이라는 점만 서술한 경우	하

memo

www.mirae-n.com

학습하다가 이해되지 않는 부분이나 정오표 등의 궁금한 사항이 있나요?
미래엔 홈페이지에서 해결해 드립니다.

교재 내용 문의
나의 교재 문의 | 수학 과외쌤 | 자주하는 질문 | 기타 문의

교재 정답 및 정오표
정답과 해설 | 정오표

교재 학습 자료
MP3

실전서

기출 분석 문제집

1등급 만들기

완벽한 기출 문제 분석으로 시험에 대비하는 1등급 문제집

국어 문학, 독서
수학 고등 수학(상), 고등 수학(하), 수학 Ⅰ, 수학 Ⅱ, 확률과 통계, 미적분, 기하
사회 통합사회, 한국사, 한국지리, 세계지리, 생활과 윤리, 윤리와 사상, 사회·문화, 정치와 법, 경제, 세계사, 동아시아사
과학 통합과학, 물리학 Ⅰ, 화학 Ⅰ, 생명과학 Ⅰ, 지구과학 Ⅰ, 물리학 Ⅱ, 화학 Ⅱ, 생명과학 Ⅱ, 지구과학 Ⅱ

실력 상승 실전서

파사쥬

대표 유형과 실전 문제로 내신과 수능을 동시에 대비하는 실력 상승 실전서

국어 국어, 문학, 독서
영어 기본영어, 유형구문, 유형독해, 25회 듣기 기본 모의고사, 20회 듣기 모의고사
수학 고등 수학(상), 고등 수학(하), 수학 Ⅰ, 수학 Ⅱ, 확률과 통계, 미적분

수능 완성 실전서

수능 주도권

핵심 전략으로 수능의 기선을 제압하는 수능 완성 실전서

국어영역 문학, 독서, 화법과 작문, 언어와 매체
영어영역 독해편, 듣기편
수학영역 수학 Ⅰ, 수학 Ⅱ, 확률과 통계, 미적분

수능 기출서

수능 기출 문제집

N기출

수능N 기출이 답이다!

국어영역 공통과목_문학, 공통과목_독서, 공통과목_화법과 작문, 공통과목_언어와 매체
영어영역 고난도 독해 LEVEL 1, 고난도 독해 LEVEL 2, 고난도 독해 LEVEL 3
수학영역 공통과목_수학 Ⅰ+수학 Ⅱ 3점 집중, 공통과목_수학 Ⅰ+수학 Ⅱ 4점 집중, 선택과목_확률과 통계 3점/4점 집중, 선택과목_미적분 3점/4점 집중, 선택과목_기하 3점/4점 집중

N기출 모의고사

수능의 답을 찾는 우수 문항 기출 모의고사

수학영역 공통과목_수학 Ⅰ+수학 Ⅱ, 선택과목_확률과 통계, 선택과목_미적분

미래엔 교과서 연계

자습서

미래엔 교과서 자습서

교과서 예습 복습과 학교 시험 대비까지 한 권으로 완성하는 자율 학습서

국어 고등 국어(상), 고등 국어(하), 문학, 독서, 언어와 매체, 화법과 작문, 실용 국어
수학 고등 수학, 수학 Ⅰ, 수학 Ⅱ, 확률과 통계, 미적분, 기하
사회 통합사회, 한국사
과학 통합과학(과학탐구실험)
일본어 Ⅰ, 중국어 Ⅰ, 한문 Ⅰ

평가 문제집

미래엔 교과서 평가 문제집

학교 시험에서 자신 있게 1등급의 문을 여는 실전 유형서

국어 고등 국어(상), 고등 국어(하), 문학, 독서, 언어와 매체
사회 통합사회, 한국사
과학 통합과학